LE GUIDE VERT

Canada ouest

de Vancouver à Montréal, du Yukon au Nunavut

1 Colombie-Britannique et Rocheuses 33

2 Provinces des Prairies 205

3 Ontario 297

4 Québec (Montréal) 425

5 Yukon 455

6 Territoires du Nord-Ouest et Nunavut 485

DÉCOUPAGE GÉOGRAPHIQUE DU GUIDE SUR LA CARTE CI-CONTRE

L'équipe du Guide Vert Michelin, de gauche à droite :
Camille Bouvet, Denis Rasse, Natacha Brumard, Amaury de Valroger, Lucie Fontaine, Philippe Orain, Florence Dyan, Catherine Guégan, Hervé Dubois, Julie Duhourcau, Hélène Payelle, Marie-Pierre Renier, Éric Boucher, Véronique Aissani, Marie Simonet, Carole Diascorn, Camille Therville, Marion Capéra, Pascal Grougon, Dominique Auclair.

Édito

Voyager au Canada, de l'Ontario à la côte Pacifique, c'est traverser des paysages démesurés, explorer des métropoles trépidantes, visiter d'incroyables musées... et peut-être même rencontrer un ours ou une baleine !

C'est également un moment privilégié pour rencontrer les femmes et les hommes qui préservent ce patrimoine naturel et culturel et le perpétuent au travers des fêtes, des arts, des traditions, de la gastronomie. Autant d'expériences incontournables ou insolites, de lieux connus ou confidentiels, que nos équipes ont dénichés au cours de leurs innombrables tournées sur le terrain.

Dans cette nouvelle édition du Guide Michelin Voyage et Cultures Canada Ouest, en complément des sites étoilés ★★★, nos auteurs partagent leurs itinéraires, leurs bonnes adresses ainsi que leurs plus beaux souvenirs de voyage. Sans oublier leurs coups de cœur pour des établissements engagés dans une démarche écoresponsable, signalés au fil des pages par le symbole/.

Nous sommes convaincus que chaque destination est digne que l'on s'y attarde, que chaque rencontre mérite que l'on s'y intéresse, que chaque culture a le pouvoir d'enrichir la nôtre.

Afin de redonner du sens au voyage, ralentissons le pas pour nous imprégner en profondeur de la richesse des lieux que nous traversons et des gens que nous croisons. Soyons curieux de tout ce qui se trouve sous nos yeux, en ville ou à la campagne, sur un chemin de traverse, loin de chez nous ou juste au bout de la rue.

Alors, avec ce Guide Michelin Voyage et Cultures, à votre tour de faire le plein de beau, de bon et de rencontres.

Philippe Orain,
Directeur du Guide Michelin Voyage & Cultures

Sommaire

Nos incontournables 6

Nos coups de cœur 10

Nos itinéraires 18

Nos spots en famille 28

DÉCOUVRIR LE CANADA

1 Colombie-Britannique et Rocheuses

Vancouver 42
Victoria 76
Île de Vancouver 89
Passage intérieur 107
Prince Rupert 109
Haïda Gwaii 123
Canyons du Fraser
et de la Thompson 135
Les Cariboo 140
Vallée de l'Okanagan 146
Monts Columbia
(Monashee et Selkirk) 152
Parcs des Rocheuses 159
Jasper National Park *170*
Banff National Park *179*
Yoho National Park *191*
Kootenay National Park *195*
Rocheuses de Kootenay 198
Waterton Lakes National Park 201

2 Provinces des Prairies

Calgary 213
Fort Macleod 230
Cypress Hills 235
Badlands de l'Alberta 239
Edmonton 245
Prince Albert National Park 255
Saskatoon 257
Regina 265
Moose Jaw 271
Riding Mountain National Park 275
Winnipeg 277
Churchill 292

3 Ontario

Toronto 305
Chutes du Niagara 343
Péninsule ontarienne 353
Oshawa 370
Kingston et les Mille Îles 374
Upper Canada Village 379
Ottawa 382
Baie Georgienne 402
Sudbury 412
Sault Sainte Marie 415
Thunder Bay 419

4 Québec

Montréal 428

5 Yukon

Route de l'Alaska 459
Whitehorse 465
Dawson City 473

6 Territoires du Nord-Ouest et Nunavut

Delta du Mackenzie 491
Nahanni National Park Reserve 493
Wood Buffalo National Park 495
Yellowknife 498
Nunavut 502

COMPRENDRE LE CANADA

Le Canada aujourd'hui 510

Paysages et nature 518

Saveurs locales 526

Histoire 528

Art et culture 543

Oleg Charykov/Getty Images Plus

buzbuzzer/Getty Images Plus

ORGANISER SON VOYAGE

Types de séjour 560

Aller dans l'Ouest canadien 563

Avant de partir 566

Sur place de A à Z 572

Agenda 580

Livres et films 581

Index général 586

Cartes et plans 597

Légende des cartes et plans 598

Retrouvez nos carnets d'adresses à la fin de chaque chapitre

Nos incontournables

★★★

Toronto

Installée au bord du lac Ontario, la plus vaste métropole canadienne, avec son atmosphère typiquement nord-américaine, regroupe autour des gratte-ciel de son centre-ville des quartiers cosmopolites et dynamiques. **Voir p. 305.**

Michal Stipek/Getty Images Plus

VisualCommunications/Getty Images Plus

★★

Churchill

Capitale mondiale de l'ours polaire, cette petite ville à l'ouest de la baie d'Hudson voit chaque automne débarquer ces « seigneurs de l'Arctique » aujourd'hui menacés par le réchauffement climatique. **Voir p. 292.**

YinYang/Getty Images Plus

★★★

Parcs des Rocheuses

Plus de 23000 m² de forêts, montagnes, lacs et vallées, forment ce trésor naturel sillonné de sentiers de randonnée. L'occasion d'observer de nombreux animaux sauvages, dans un cadre exceptionnel.
Voir p. 159.

★★★

Dinosaur Provincial Park

Plus belle section des Badlands de l'Alberta, cet enchevêtrement lunaire de canyons et cheminées de fée recèle des quantités inouïes de fossiles d'un autre âge. **Voir p. 243.**

powerofforever/Getty Images Plus

Lumir Pecold/Getty Images Plus

★★

Dawson City

Avec ses trottoirs en bois et ses façades western colorées, ce pittoresque village du Yukon, à la frontière de l'Alaska, fut jadis le théâtre d'une chimérique ruée vers l'or faite de rêves amers…
Voir p. 473.

Nos incontournables

peterspiro/Getty Images Plus

★★★

Montréal

La plus française des villes canadiennes séduit par sa douceur de vivre et son cocktail unique de modernité nord-américaine et d'influences du Vieux Monde.
Voir p. 428.

★★★

Ottawa

Dominant fièrement la rivière des Outaouais, la capitale fédérale réunit de superbes édifices parlementaires, des musées passionnants et des parcs verdoyants.
Voir p. 382.

UlyssePixel/Getty Images Plus

Starcevic/Getty Images Plus

D. Nunuk/All Canada Photos/age fotostock

★★★

Chutes du Niagara

Les chutes les plus puissantes d'Amérique du Nord, dont le célèbre mur d'eau en forme de fer à cheval se déverse dans un fracas stupéfiant, se transforment en hiver en une étrange sculpture de glace.

Voir p. 343.

★★★

Vancouver

Adossée aux montagnes et ouverte aux embruns salés du Pacifique, la capitale de la Colombie-Britannique occupe un site magnifique, face aux montagnes de l'île de Vancouver.

Voir p. 42.

vadimgouida/Getty Images Plus

★★★

Nahanni National Park Reserve

Les paysages grandioses des Territoires du Nord-Ouest servent d'écrin à cette réserve traversée par la rivière Nahanni Sud, qui plonge à hauteur des chutes Virginia dans un panache fracassant.

Voir p. 493.

Nos coups de cœur

Bateau de touristes au pied du « fer à cheval », chutes canadienne du Niagara.
zefart/Getty Images Plus

TOP 5 des plus beaux parcs naturels

1. Parcs des Rocheuses, C.-B. et Alb. (p. 159)
2. Nahanni NP Reserve, T. N.-O. (p. 493)
3. Dinosaur Provincial Park, Alb. (p. 243)
4. Kluane NP and Reserve, Yuk. (p. 482)
5. Wood Buffalo NP, Alb. et T. N.-O. (p. 495).

Parcs des Rocheuses, Mont Assiniboine.
bjuerges/Getty Images Plus

❤ **Enfiler un poncho** et monter à bord du *Hornblower* pour aller au plus près des mythiques chutes du Niagara… et prendre la plus belle douche de sa vie ! Face au fameux « fer à cheval », dont les eaux écumeuses tombent à une vitesse vertigineuse, on se sent bien petit ! **Voir p. 346**.

❤ **Écouter les loups de l'Arctique** hurler sous le soleil de minuit, dans la réserve faunique de Thelon, l'une des plus vastes et des plus isolées du monde, où, l'été, le soleil ne dort jamais. **Voir p. 505**.

❤ **Céder au plaisir** chic et gourmand d'un délicieux *afternoon tea* servi depuis près d'un siècle dans le « so british » hôtel Fairmont Empress de Victoria. **Voir p. 88**.

❤ **Partager l'engouement des Canadiens** pour le hockey sur glace en assistant à un match de l'une des sept équipes canadiennes de la NHL. **Voir p. 254**.

❤ **Promettre la lune** aux astronomes amateurs en leur faisant découvrir le Wood Buffalo National Park, plus grande « réserve de ciel étoilé » au monde. **Voir p. 495**.

Loups arctiques.
mirceax/Getty Images Plus

Nos coups de cœur

Icefield Skywalk, plate-forme d'observation dans la vallée de la Sunwapta, Jasper National Park.
Nigel Jarvis/Shutterstock

❤ **Célébrer le patrimoine** unique des Premières Nations, des Inuits et des Métis, à l'occasion de la Journée nationale des Autochtones, organisée chaque 21 juin partout dans le pays. **Voir p. 580**.

Chiens de prairie.
CreativeNature_nl/Getty Images Plus

❤ **Faire copain-copain** avec un chien de prairie, petit rongeur de la famille de l'écureuil aux cris semblables à des aboiements, que vous aurez tout loisir d'observer lors d'une excursion dans le Grasslands National Park. **Voir p. 238**.

❤ **Braver sa peur** du vide en empruntant l'Icefield Skywalk. Suspendue à 280 m au-dessus de la vallée de Sunwapta, au cœur des Rocheuses canadiennes, cette passerelle de verre aérienne offre une vue inouïe sur les sommets enneigés alentour. **Voir p. 166**.

❤ **Guetter** le souffle d'une orque depuis le rivage du parc de Pacific Rim et voir le puissant cétacé surgir des profondeurs de l'océan, dévoilant en un salto arrière son ventre noir et blanc. **Voir p. 89**.

Danses traditionnelles lors de la Journée nationale des Autochtones, Ottawa.
PaulMcKinnon/Getty Images Plus

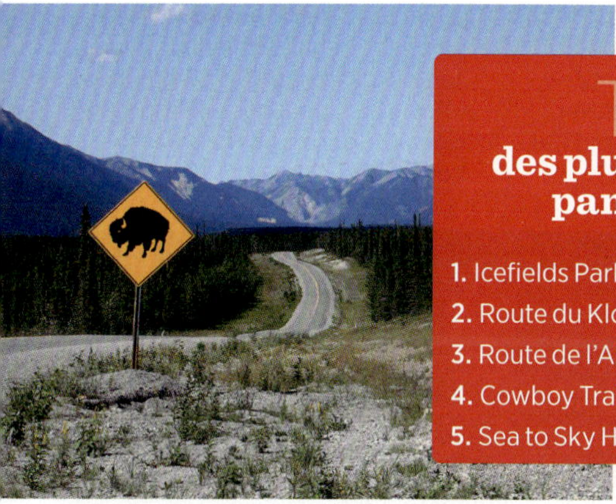

Alaska Highway.
mariemilyphotos/Getty Images Plus

TOP 5 des plus belles routes panoramiques

1. Icefields Parkway, Alb. (p. 159).
2. Route du Klondike, Yuk. (p. 468).
3. Route de l'Alaska, C.-B., Yuk. (p. 459).
4. Cowboy Trail, Alb. (p. 222).
5. Sea to Sky Highway, C.-B. (p. 66).

❤ **Admirer l'immensité** des Rocheuses à bord du Rocky Mountaineer qui relie en 2 jours Vancouver à Banff ou Jasper à travers de superbes paysages. **Voir p. 178**.

❤ **Se laisser porter** par la musicalité du grand orgue Casavant de la basilique Notre-Dame de Montréal, qui vit défiler à sa tribune les plus grands interprètes de musique sacrée du 20e s. **Voir p. 429**.

❤ **S'initier à la géologie** du Bouclier canadien en explorant la caverne rocheuse du remarquable centre des Sciences de Sudbury, ville située sur le plus grand gisement de nickel au monde ! **Voir p. 412**.

❤ **Monter son « camp de base »** dans la communauté de Pangnirtung et découvrir, à pied ou en bateau, le patrimoine naturel et culturel du Nunavut. **Voir p. 503**.

Nos coups de cœur

Pont suspendu, Capilano Canyon.
Stephanie Rae/Getty Images Plus

❤ Faire son numéro d'équilibriste en traversant le pont de Capilano, suspendu à 70 m au-dessus d'une rivière. Ce frêle ouvrage, qui constitue l'une des attractions les plus populaires de Vancouver, tanguera à chacun de vos pas. Effet garanti ! **Voir p. 63**.

❤ Revivre la folle épopée des chercheurs d'or du Klondike en lavant à la batée le gravier aurifère sur une ancienne concession minière non loin de Dawson City, légendaire « Reine du Klondike » aux façades dignes de décors de Hollywood. **Voir p. 478**.

Chercheurs d'or à Dawson City.
Pecold/Shutterstock

Les écluses du canal Rideau à Ottawa.
Instants/Getty Images Plus

TOP 5 des sites culturels Unesco

1. SGang Gwaay, C.-B. (p. 130)
2. Précipice à bisons de Head-Smashed-In, Alb. (p. 231)
3. Canal Rideau, O. (p. 385)
4. Writing-on-Stone Provincial Park, Alb. (p. 234)
5. Tr'ondëk-Klondike, Yuk. (p. 477)

❤ **Lever le coude** à Penticton dans l'Okanagan Valley, haut lieu de la production de vins, de cidres et de bières artisanales, pour ouvrir vos papilles à de nouveaux horizons gustatifs. **Voir p. 149**.

❤ **Se mettre sur son 31** à l'occasion du Stampede de Calgary, au mois de juillet, en arborant la panoplie parfaite du cowboy ou de la cowgirl. Sans oublier les célèbres chapeaux de Smithbilt Hats Inc., qui ont coiffé plus d'une star. **Voir p. 220**.

❤ **Soutenir la communauté artistique** de Pangnirtung, sur l'île de Baffin, en ramenant une œuvre en stéatite, serpentine ou andouiller de caribou réalisée par un sculpteur émérite de l'Arctique. **Voir p. 503**.

❤ **Percer le mystère** des dinosaures lors d'une visite du fabuleux Royal Tyrrell Museum. Son éblouissante collection de fossiles fait référence en matière de paléontologie. **Voir p. 242**.

Vignobles au bord du lac Okanagan.
Wirestock/Getty Images Plus

Nos coups de cœur

Sources d'eau chaude de la Miette.
Tatsuo115/Getty Images Plus

❤ **Se propulser** à bord d'un ascenseur à paroi de verre jusqu'au belvédère de l'audacieuse CN Tower, symbole de Toronto, et jouir d'un panorama époustouflant sur la ville, sa banlieue et les rives du lac Ontario, immense comme la mer. **Voir p. 318**.

❤ **Se prélasser** dans les eaux les plus chaudes des Rocheuses canadiennes : celles de la Miette, au cœur du parc national Jasper, et contempler la brume enveloppant les puissantes montagnes aux versants imposants, en sentant la chaleur apaiser peu à peu ses muscles fatigués. **Voir p. 174**.

❤ **Succomber au charme** de l'uniforme rouge éclatant de la Gendarmerie royale du Canada, et de passage à Ottawa lors de la Fête de la Confédération canadienne (1er juil.), assister au spectacle du Carrousel de la GRC et de sa célèbre troupe de cavaliers exécutant au son de la musique des figures équestres de haute volée. **Voir p. 267**.

❤ **Se connecter aux esprits** des rêves et de la nature en dormant une nuit dans un tipi Pieds-Noirs, au beau milieu des paysages magiques du parc national des Lacs Waterton. **Voir p. 201**.

❤ **Naviguer entre les Mille Îles** éparpillées dans les eaux scintillantes de l'exutoire du St-Laurent, au nord-est du lac Ontario. Sur les îlots de granit rose, cabanes perchées et extravagants palaces se cachent entre les arbres. **Voir p. 376**.

Bar U Ranch National Historic Site à Alberta.
Nalidsa Sukprasert/Getty Images Plus

TOP 5 **des lieux historiques nationaux**

1. **Col Rogers, C.-B.** (p. 155).
2. **Bar U Ranch, Alb.** (p. 224).
3. **Batoche, Sask.** (p. 262).
4. **Lower Fort Garry, Man.** (p. 286).
5. **Sault Sainte Marie Canal, O.** (p. 416)

Skyline de Toronto.
B. Gardel/hemis.fr

Nos itinéraires

15 jours L'Ontario au fil de l'eau

En bref : Une boucle de 1 600 km et les plus « belles eaux » de l'Ontario.

jenifoto/Getty Images Plus

Montréal J-1 à 3

Explorez le Vieux-Montréal (**p. 428**). Terminez par le Vieux-Port et visitez la Cité d'archéologie et d'histoire de Montréal (**p. 436**). Découvrez en soirée le quartier des Spectacles (**p. 440**). Le lendemain, matinée au vert dans le parc du Mont-Royal (**p. 442**), suivie d'une séance de « magasinage » dans la ville souterraine (**p. 438**) et le quartier du Plateau Mont-Royal (**p. 443**).

Au pied des chutes du Niagara.
ImagineGolf/Getty Images Plus

Consacrez le dernier jour à la visite du musée McCord Stewart (**p. 439**) et du musée des Beaux-Arts (**p. 440**), puis à la découverte du quartier du Parc olympique (**p. 444**).

Conseil : aux beaux jours, les vélos en libre service BIXI permettent de découvrir Montréal en toute liberté.

Ottawa J-4 & 5

Gagnez la capitale fédérale (**p. 382**), par la route 417 Ouest. Deux jours suffiront pour en prendre le pouls, admirer sa fameuse colline du Parlement (**p. 383**), son marché historique, le ByWard Market, (**p. 388**) et sa kyrielle d'institutions muséales, dont le très prestigieux musée canadien de l'Histoire (**p. 390**), à Gatineau (au Québec), de l'autre côté de la rivière des Outaouais. Le lendemain, venez vous poser, pique-niquer ou vous balader le long de l'incontournable canal Rideau (**p. 397**), pour un agréable moment de détente.

Baie Georgienne J-6 à 8

Après avoir fait 480 km de route, vous voici arrivé à Midland (**p. 407**), au bord de cette immense baie jouxtant le lac Huron, parsemée d'îlots à explorer en bateau. Visitez le village reconstitué de Ste-Marie-au-Pays-des-Hurons, arrêtez-vous à Wasaga Beach (**p. 405**), station balnéaire réputée pour sa longue plage d'eau douce, et offrez-vous une croisière autour des îles ou randonnez sur les sentiers du Bruce Peninsula National Park (**p. 403**).

Hamilton J-9

Cap vers Hamilton (**p. 353**) par la route 400. Cette ville dominant la plaine offre de jolies vues de l'escarpement du Niagara au loin. Profitez-en pour visiter les jardins botaniques et la Art Gallery of Hamilton.

Chutes du Niagara J-10

Ce détour de 74 km au départ de Hamilton vous permettra de découvrir l'une des merveilles naturelles de notre planète. Objet d'un merchandising démesuré, la ville de Niagara Falls (**p. 343**) vous décevra peut-être. Mais à bord d'un bateau, face à la fracassante beauté de ces chutes en forme de fer à cheval, laissez la magie opérer et appréciez le moment présent...

Conseil : très pratiques, les bus WeGo permettent de se déplacer autour de Niagara Falls sans avoir à se soucier de trouver une place de parking.

Toronto J-11 à 13

Pour vous faire une petite idée de la ville la plus peuplée du pays, commencez par contempler le panorama sur le lac Ontario et les îles du haut de la CN Tower (**p. 318**). Flânez dans la vieille ville de York (**p. 316**) et admirez la *skyline* du Downtown et de ses tours élancées. Et ne boudez pas le Grand Toronto qui cache des trésors insoupçonnés comme le McMichael Canadian Art Collection (**p. 333**) et le Toronto Zoo (**p. 334**).

Conseil : le trajet retour Toronto-Montréal (544 km en voiture) peut aussi se faire en train ou en avion.

Bruce Peninsula National Park dans la baie Georgienne.
benedek/Getty Images Plus

Kingston J-14

La route 401 Est mène à Kingston (**p. 374**), pivot central de l'archipel des Mille Îles, à la frontière des États-Unis et du Canada. Ici, une myriade d'îles et îlots de toutes tailles parsèment le St-Laurent, et offrent un magnifique spectacle à contempler à bord d'un bateau.

Conseil : si vous comptez visiter une île américaine au cours d'une croisière dans les Mille Îles, munissez-vous bien de vos papiers d'identité.

Retour à Montréal J-15

Passez par l'Upper Canada Village (**p. 379**), belle évocation d'un bourg au 19e s.

Nos itinéraires

15 jours Il était une fois dans l'Ouest

En bref : 1 400 km de Far-West canadien, hors des chemins battus.

Steven Rodrigues/Getty Images Plus

Calgary — J-1 & 2

Jeune et dynamique, cette cité née de l'industrie pétrolière et gazière, impressionne par sa forêt de gratte-ciel. Flânez le long de Stephen Avenue Walk, au cœur historique de Calgary (**p. 213**). Visitez le Glenbow, plus grand musée de l'Ouest canadien, et découvrez le tracé des rues de la ville à travers le plancher de verre de son emblématique Calgary Tower.

Consacrez le lendemain à la visite de Fort Calgary (**p. 218**) et de l'Heritage Park Historical Village (**p. 220**), et en soirée, flânez le long du « Music Mile ». Ce tronçon piétonnier regorge de brasseries artisanales et de restaurants. Il s'étend jusqu'à l'East village où se trouve le Studio Bell, temple de la musique (**p. 217**).

*Conseil : découvrez l'esprit western de Calgary à l'occasion du Stampede (***p. 220***), événement festif autour du rodéo célébré au mois de juillet.*

Cypress Hills Interprovincial Park.
Photawa/Getty Images Plus

Longview — J-3

Quittez Calgary par la route 22, dite « Cowboy Trail » (**p. 222 et 225**), et imprégnez-vous de la culture et des paysages de l'Ouest canadien en faisant une longue halte au Bar U Ranch (**p. 224**), ranch historique planté dans un décor sublime de montagnes Rocheuses. Poursuivez la route jusqu'à Fort Macleod où vous ferez étape pour la nuit.

Fort Macleod J-4

Cet ancien fort de la Police à cheval du Nord-Ouest (**p. 230**) mérite la visite pour son musée, son quartier historique et plus particulièrement son précipice à bisons de Head-Smashed-In (**p. 231**), à l'ouest de la ville. Ce site Unesco exceptionnel justifie d'y consacrer une bonne partie de la journée.

Conseil : de passage dans la région le 21 juin (Journée nationale des Autochtones), assistez aux spectacles de danse et de musique d'un chaleureux pow-wow *Blackfoot.*

Waterton Park J-5 à 7

La route 2 mène jusqu'à ce village situé à l'intérieur même du Waterton Lakes National Park (**p. 201**), entre Prairies et Rocheuses. Doté de toutes les infrastructures, il vous permettra de rayonner à travers ces merveilleux espaces protégés et de partir en randonnée le long de multiples sentiers.

Cypress Hills J-8 & 9

De retour à Fort Macleod, prenez la route en direction de l'est *via* Lethbridge (**p. 233**), ancienne ville minière au parfum de Wild West où vous découvrirez un vieux comptoir de trafic illicite du whisky. Continuez jusqu'à Elkwater (Alb.), en bordure ouest du Cypress Hills Interprovincial Park (**p. 235**). Vous pourrez y faire étape pour la nuit. Le lendemain, explorez le parc et suivez le circuit menant *via* le lac Reesor jusqu'à la frontière entre l'Alberta et la Saskatchewan. Continuez jusqu'à Fort Walsh (**p. 237**). Tout près de là se trouve le site du massacre de Cypress Hills, à l'origine de la création d'une force policière dans l'Ouest insoumis.

Cheminées de fée, vallée de Drumheller.
brytta/Getty Images Plus

Dinosaur PP J-10 à 12

Après avoir rejoint Maple Creek, à une trentaine de kilomètres au nord-est de Fort Walsh, suivez la Transcanadienne en direction de l'ouest jusqu'à Brooks, aux portes du Dinosaur Provincial Park (**p. 243**). Ses paysages érodés de début de monde et ses vestiges reptiliens invitent le visiteur à camper sur place pour mieux absorber tant de beauté ambiante et profiter de randonnées guidées dans un environnement à nul autre pareil...

Drumheller J-13 & 14

Pour rejoindre Drumheller (**p. 239**), petite capitale des Badlands de l'Alberta plantée au beau milieu de paysages dignes de westerns américains, il faut compter environ 3h de voiture. Sur place, visitez le Royal Tyrrell Museum (**p. 242**) et admirez les cheminées de fées du fameux Hoodoo Trail (**p. 239**).

Retour à Calgary J-15

Nos itinéraires

15 jours Entre Pacifique et Rocheuses

En bref : le grand classique dans l'Ouest canadien (3 000 km).

christiannafzger/Getty Images Plus

Vancouver — J-1 à 3

Vancouver bénéficie d'un cadre sublime au pied des montagnes en bordure du Pacifique. Flânez dans le quartier du Waterfront (**p. 47**), puis découvrez le secteur historique de Gastown (**p. 50**), et dînez dans le plus grand Chinatown (**p. 51**) du pays. Consacrez le lendemain matin au Stanley Park (**p. 51**), et profitez de l'après-midi pour gagner la rive nord du chenal Burrard et jouer au funambule sur le pont suspendu du Capilano (**p. 63**). Finissez ce séjour en beauté en visitant le Museum of Anthropology (**p. 60**) et sa collection de mâts totémiques des Premières Nations.

Canyon du Fraser — J-4

Quittez Vancouver par la Transcanadienne que vous suivrez sur 300 km environ jusqu'à la ville forestière de Hope (**p. 135**). La portion de route de Hope à Lytton dévoile sur une centaine de kilomètres les vallées en auge du Fraser et de la Thompson, qui serpentent à travers les défilés de la chaîne côtière. à hauteur de Hell's Gate (**p. 136**), un téléphérique descend au fond de la gorge du Fraser dans le fracas de ses eaux tumultueuses. Étape du soir dans les environs de Kamloops.

Kamloops — J-5

Après avoir visité le village Secwépemc de Kamloops (**p. 137**), cap toute vers l'est en direction de Revelstoke (**p. 153**), nichée entre les Monashee à l'ouest et les Selkirk à l'est. Au départ de la Transcanadienne, suivez la route panoramique Meadows-in-the-Sky Parkway (**p. 154**), puis gagnez Golden où vous passerez la nuit.

Golden — J-6

Aux portes des Rocheuses, cette ville étape (**p. 156**) bien desservie possède de nombreux atouts naturels. Le téléphérique de la station du Kicking Horse toute proche, très appréciée des skieurs de l'extrême, offre de superbes vues sur la vallée de la Columbia supérieure.

Conseil : si vous avez du mal à vous loger dans les parcs des Rocheuses, sachez que Golden constitue une base arrière très pratique pour partir à la découverte de trois géants : Yoho, Kootenay et Banff !

Banff J-7 & 8

À deux heures de route de Golden, se trouve le centre de villégiature de Banff (**p. 179**). Malgré l'afflux de touristes, cette bourgade de la vallée de la Bow a conservé son charme alpestre. Découvrez ses musées et profitez de ses sources chaudes. Dormez sur place. Le lendemain, prenez le téléphérique de Sulphur Mountain (**p. 181**) qui offre un éblouissant panorama sur le site et l'hôtel Fairmont.

Lake Louise J-9 & 10

Gagnez le village de Lake Louise (**p. 184**) par la pittoresque Bow Valley Parkway (**p. 183**). Arrivé à destination, faites le tour du sublime lac éponyme, et partez en randonnée jusqu'à la plaine des Six-Glaciers (**p. 185**). Le lendemain, explorez le lac Moraine (**p. 185**) en canoë, mais ménagez-vous pour la suite de ce périple !

Jasper J-11

Direction Jasper par la route 93 dite Icefields Parkway (**p. 159**) dont les spectaculaires paysages en font tout simplement un *road trips* inoubliable ! Nuit à Jasper (**p. 170**).

Conseil : attention ! La seule station d'essence sur l'Icefields Parkway se trouve à hauteur du Crossing Resort. Jasper et ses environs ayant été touchés par de nombreux incendies en 2024, renseignez-vous sur l'accessibilité des zones.

Mt Robson J-12

La route 16 (Yellowhead Highway) (**p. 174**) vous mène à un parc provincial de toute beauté : celui du mont Robson, plus haut sommet des Rocheuses canadiennes (3 954 m). Profitez-en pour faire la randonnée facile du Berg Lake (**p. 175**), et passez la nuit dans l'un des campings du coin.

Wells Gray PP J-13

La route 5 vous conduit vers le sud au Wells Gray Provincial Park (**p. 140**), étendue de nature primitive en plein cœur des Cariboo, puis poursuit sa course jusqu'à Kamloops (**p. 137**) où vous ferez étape.

Whistler J-14

Il reste à faire plus de 400 km pour regagner Vancouver par la Transcanadienne et la route 99. Dernier petit arrêt à Whistler (**p. 66**), mythique station de ski, puis vue spectaculaire sur Howe Sound avant de revenir au point de départ.

Retour à Vancouver J-15

Chutes de Helmcken, Wells Gray NP.
Schroptschop/Getty Images Plus

Nos itinéraires

21 jours De la côte Pacifique à la chaîne Côtière

En bref : un authentique road trip (3 400 km) entre mer et montagnes.

dmathies/Getty Images Plus

Vancouver J-1 à 3

Voir programme **p. 22**.

Victoria J-4 à 7

À Tsawwassen (**p. 69**), au sud de Vancouver, prenez un ferry pour rejoindre la capitale de la Colombie-Britannique (**p. 76**) située sur la côte est de l'île de Vancouver (**p. 89**). Prévoyez d'y rester assez longtemps pour jouir de la douceur de son climat et de son atmosphère British. Consacrez notamment un jour à la visite du Royal British Columbia Museum (**p. 78**), et un autre aux jardins Butchart (**p. 83**).

Pacific Rim J-8 à 11

Le lendemain, suivez la route 1 jusqu'à Parksville (**p. 99**), puis prenez la route 4 qui traverse montagnes et forêts d'arbres géants avant de rejoindre la côte ouest de l'île à hauteur de Tofino (**p. 98**) où vous poserez vos valises. La capitale

Parlement provincial à Victoria.
AlbertPego/Getty Images Plus

canadienne du surf vous servira de base pour explorer la Pacific Rim National Park Reserve (**p. 89**).

Conseil : de Long Beach, admirez le coucher de soleil sur le Pacifique…

Port Hardy J-12

De retour à Parksville, suivez la route 19 le long de la côte est de l'île de Vancouver jusqu'à Port McNeill (**p. 102**) d'où un ferry vous mènera à Alert Bay (**p. 103**), siège d'un important centre culturel autochtone. Retour à Port McNeill, puis route jusqu'à Port Hardy (**p. 103**) où vous ferez étape.

Passage Intérieur J-13

Embarquez tôt le matin pour cette traversée d'environ 16h le long d'une voie maritime côtière ponctuée d'une dizaine d'îles et d'un véritable ballet de baleines, d'orques et d'otaries (**p. 107**). Arrivée tardive à Prince Rupert où vous dormirez.

Prince Rupert J-14

Consacrez une journée à cette ville (**p. 109**) au cœur du territoire du peuple tsimshian. Visitez la collection d'objets ethniques du Museum of Northern British Columbia (**p. 110**), puis le North Pacific Historic Fishing Village (**p. 111**) à l'est de la ville.

Haïda Gwaii J-15 à 18

Pour vivre l'aventure, prenez le ferry au départ de Prince Rupert. Il vous déposera à Skidegate, sur l'île Graham, au nord de l'archipel Haïda Gwaii (**p. 123**). Comptez 2 jours pour en découvrir les principales curiosités, et 2 jours pour explorer la Gwaii Haanas National Park Reserve (**p. 128**) sur l'île Moresby, au sud.

Conseil : réservez bien à l'avance vos hébergements sur cet archipel isolé.

Vallée du Skeena J-19

De retour à Prince Rupert, suivez la route 16 le long de la vallée du Skeena (**p. 112**) et découvrez en chemin cinq villages Gitxsan décorés de mâts totémiques.

Williams Lake J-20

Départ matinal pour cette longue journée de route (674 km) *via* Fort Saint James (**p. 118**), qui vous mènera au cœur des Cariboo (**p. 140**), zone touristique où vous trouverez de quoi vous héberger sur place.

Vancouver J-21

Dernière ligne droite de 522 km avec arrêt dans la station de ski de Whistler (**p. 66**), puis retour au point de départ.

Otaries, Gwaii Haanas NP Reserve.
Bob Hilscher/Getty Images Plus

Nos itinéraires

15 jours Rêves d'or et d'aventure

En bref : 4 000 km sur les traces des pionniers et chercheurs d'or.

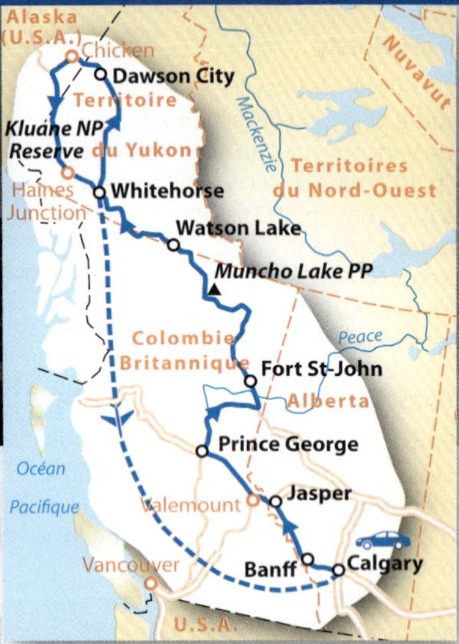

Scalia Media/Getty Images Plus

Calgary J-1 & 2

Voir programme **p. 20**.

Parcs des Rocheuses J-3 & 4

Départ matinal de Calgary. Suivez la Transcanadienne vers l'ouest puis la 93 en direction de Jasper (**p. 159**). La route traverse les majestueux paysages des parcs des Rocheuses. Faites étape à Jasper (**p. 170**), et si vous avez le courage de poursuivre votre route, explorez la superbe Maligne Valley (**p. 172**). Le lendemain, prenez la route 16 (Yellowhead Highway) qui vous mènera jusqu'à Valemount, au pied du mont Robson (**p. 174**). L'occasion de se dégourdir les jambes après cette longue journée de route. Nuit dans les environs.

Conseil : Jasper et ses environs ayant été touchés par des incendies en 2024, renseignez-vous sur leur accessibilité.

Whitehorse.
Mark-Wu/Shutterstock

Fort St. John J-5

Une longue route s'annonce au programme du jour… Nous sommes après tout au pays des horizons infinis ! Départ matinal pour Prince George, capitale du nord de la Colombie-Britannique où vous reprendrez des forces avant de continuer vers Fort St. John, bordé par la Peace River, où vous ferez étape pour la nuit.

Watson Lake J-6

La 97, dite « Alaska Highway » (**p. 459**), part vers le nord-ouest et rejoint Fort Nelson en 5h. Elle traverse une zone peuplée d'essences boréales, puis file vers les Rocheuses du Nord avant de rejoindre Watson Lake (**p. 463**), situé au Yukon où commence vraiment l'aventure… Ajoutez votre propre touche à sa célèbre forêt de panneaux indicateurs des quatre coins du monde, et passez une bonne nuit sur place, car la journée du lendemain promet d'être chargée.

Whitehorse J-7 & 8

Vous voici arrivé, après 5h de route, dans la capitale du Yukon (**p. 465**). Posez vos valises et partez à la découverte de ses très curieux « gratte-ciel » en rondins de bois et de sa gigantesque échelle à saumons. Petit arrêt conseillé au MacBride Museum, pour ses photos anciennes du Yukon, puis montez à bord du SS *Klondike*, bateau à aubes restauré (**p. 466**). Le lendemain, explorez le Miles Canyon (**p. 467**) et faites une croisière sur le Yukon.

Dawson City J-9 à 11

Direction Dawson (**p. 473**) par la route 2 (532 km). Posez-vous dans un B & B en pleine ville, et remettez-vous de la fatigue du voyage. Consacrez le lendemain à la visite de la « Reine du Klondike » et profitez de son pittoresque décor de western, avec son magasin général, son saloon, ses rues en terre battue bordées de maisons colorées. En soirée, assistez au spectacle de French cancan du casino local, le plus ancien du Canada (**p. 483**). Le jour suivant, rayonnez autour de la ville et visitez les mythiques champs aurifères du Klondike, notamment la « Concession de la découverte » et la drague n° 4 (**p. 478**).

Chemin de fer du White Pass & Yukon Route, Whitehorse.
VisionsbyAtlee/Getty Images Plus

Parcours en Alaska J-12

Gagnez la frontière américaine, à environ 100 km de Dawson, pour faire une incursion de 300 km en Alaska *via* Chicken et Tok. La route longe la vallée de la Fortymile et offre de superbes vues sur la chaîne d'Alaska. Retour au Canada *via* Tetlin Junction (**p. 480**).

Conseil : n'oubliez pas d'emporter les documents nécessaires pour le passage de la frontière américaine.

Kluane J-13 & 14

Ce périple de 15 jours finit en beauté par 2 jours de camping au sein de cette merveilleuse réserve (**p. 482**) située 154 km à l'ouest de Whitehorse. Vous apercevez la chaîne Icefield dominée par le mont Logan (5 959 m), 2e plus haut sommet d'Amérique du Nord !

Whitehorse J-15

Conseil : de Whitehorse, revenez à Calgary en avion afin d'éviter encore quelque 2 600 km de route.

Nos spots en famille

Lisa Marie/Getty Images Plus

Bison sauvage, Elk Island National Park.

Tout au long du guide, ce symbole vous aidera à repérer les sites ou activités qui intéresseront les enfants.

▶ **Observation des otaries sur l'île de Vancouver.** Les pieds dans le sable fin, on s'émerveille devant les otaries qui occupent le rocher de Sea Lion Rocks. On les regarde jouer entre elles, revenir de la pêche ou simplement s'adonner à une sieste au soleil. Dans les vagues, c'est un autre spectacle, celui des agiles surfeurs sur leur planche tandis qu'au loin, il n'est pas rare de repérer le panache des baleines grises. **Voir p. 97**.

▶ **Patinage sur le canal Rideau.** Quand les températures chutent, que le froid enveloppe Ottawa et que le canal Rideau se couvre de glace, on chausse ses patins pour glisser sur la plus grande patinoire du monde. Le lieu, au cœur de la capitale fédérale, est particulièrement magique en nocturne quand les patineurs virevoltent sous les halos des réverbères. **Voir p. 397**.

Royal Tyrrell Museum à Drumheller.
R. T. Nowitz/age fotostock

▶ **Voyage au centre de la terre à Kimberley.** On embarque sans plus tarder dans le train de la mine qui chemine dans les profondeurs de cet ancien site d'extraction du plomb et du zinc. Bercé par le bruit et le rythme du train, on s'enfonce sous terre, accompagné par d'anciens mineurs, jamais avares en renseignements et en anecdotes. **Voir p. 200**.

▶ **Journée festive au O'Keefe Ranch.** Fondé en 1867, ce ranch de la région de Vernon accueille les voyageurs pendant quelques heures pour leur dévoiler les secrets de la vie à la ferme. Au programme : visite du magasin général, démonstration à la forge, balade en diligence... Les enfants vont adorer ! **Voir p. 150**.

▶ À l'époque des dinosaures au Royal Tyrrell Museum. Les amateurs de très très grosses bêtes et les paléontologues en herbe auront de quoi se réjouir en découvrant l'incroyable collection de ce musée. Avec ses 40 squelettes de dinosaures reconstitués dont un impressionnant tyrannosaure, un albertosaure et, plus récemment, un nodosaure, le site a des airs de Jurassik Park en plein cœur des Badlands. **Voir p. 242**.

▶ Les engins volants de Winnipeg. On se sent bien petit au pied des machines exposées au Royal Aviation Museum of Western Canada ! Dédié à l'aviation canadienne, ce musée donne l'occasion de grimper dans un ancien avion d'Air Canada. En prime, d'immenses baies vitrées forment un point de vue de choix pour observer le ballet aérien de l'aéroport de Winnipeg. **Voir p. 285**.

▶ Rendez-vous au zoo de Toronto. Avec ses 5000 pensionnaires à poils ou à plumes, le zoo de Toronto est l'endroit idéal pour se familiariser avec la faune locale et admirer les animaux du monde entier. Parmi les espèces rares et menacées, vos bambins rencontreront léopard des neiges, tapir malais, hippopotame pygmée et rhinocéros indien. **Voir p. 334**.

▶ À la rencontre des bisons des plaines. Elk Island National Park, le plus petit parc national du Canada, près d'Edmonton, protège une fascinante harde de bisons des plaines, sauvés de l'extinction. Ces énormes bêtes poilues peuvent peser plus de 700 kg. De quoi impressionner petits et grands, installés bien à l'abri dans l'habitacle de la voiture. **Voir p. 251**.

▶ Châteaux de sable à Wasaga Beach. Bordée par les eaux de la baie Georgienne, cette étendue de sable est connue comme la plus grande plage d'eau douce du monde. Construction de châteaux de sable, activités balnéaires, baignade... Aux beaux jours, on s'y rend en famille, comme les nombreux habitants de la région qui viennent profiter de ses charmes. **Voir p. 405**.

▶ Coups de pagaie à Montréal. Et si vous vous lanciez dans la descente des rapides de Lachine ? Une aventure aquatique aussi inoubliable que mouvementée ! On embarque sur le raft et on descend le mythique fleuve St-Laurent. Les plus petits et les moins téméraires pourront toujours contempler les rapides depuis la rive, à l'écart du tumulte. **Voir p. 446**.

Patinoire sur le canal Rideau, Ottawa.
Vladone/Getty Images Plus

DÉCOUVRIR LE CANADA

L'Icefield Skywalk dans la vallée de Sunwapta par le cabinet Sturgess Architecture.
m-kojot/Getty Images Plus

Icefields Parkway.
chinaface/Getty Images Plus

1

Colombie-Britannique et Rocheuses

CARTE MICHELIN REGIONAL N° 585

Vancouver★★★ 42

Victoria★★★ 76

Île de Vancouver★★★ 89

Passage Intérieur★★ 107

Prince Rupert 109

Haïda Gwaii★★ 123

Canyons du Fraser et de la Thompson★★ 135

Les Cariboo★ 140

Vallée de L'Okanagan★★ 146

Monts Columbia (Monashee et Selkirk)★★ 152

Parcs des Rocheuses★★★ 159

Jasper National Park★★★ 170

Banff National Park★★★ 179

Yoho National Park★★ 191

Kootenay National Park★★ 195

Rocheuses de Kootenay★ 198

Waterton Lakes National Park★★ 201

A
B
1
2
3
Stikine
Skeena
Nass
PACIFIC OCEAN
Cranberry Junction
Kitwancool
Kispiox
New Hazelton
Kitseguecla
Willinston Lake
BRITISH
COLUMBIA
Nisga'a Memorial Lava Bed PP
Gingolx
Nass Valley
Totems Road
Skeena Valley
Terrace
Usk
Prince Rupert
Lake Stuart
Fort St James
North Pacific Historic Cannery Village
Masset
Graham Island
Haïda
Gwaii
Daajing Giids
Moresby Island
Inside Passage
Gwaii Haanas NP Reserve
SGANG GWAAY
Port Hardy
Telegraph Cove
Gold River
Campbell River
VANCOUVER ISLAND
Cathedral Grove
Cameron Lake
Parksville
Tofino
PACIFIC RIM NP RESERVE
Ucluelet
Chemainus
Duncan
37
16
27
19
28
4
14
1
N
Le sud de l'île de Vancouver
De Vancouver à Whistler par la Sea to Sky Highway
D'une côte à l'autre
La route côtière est
Le Nord sauvage, hors des sentiers battus
Vallée du Skeena, à la rencontre des Gitxsans
Vallée de la Nass, sur la route de Nisga'a
La route des chariots
Entre lacs et glaciers
Le canyon du Fraser
Le canyon de la Thompson
Entre lacs et vergers

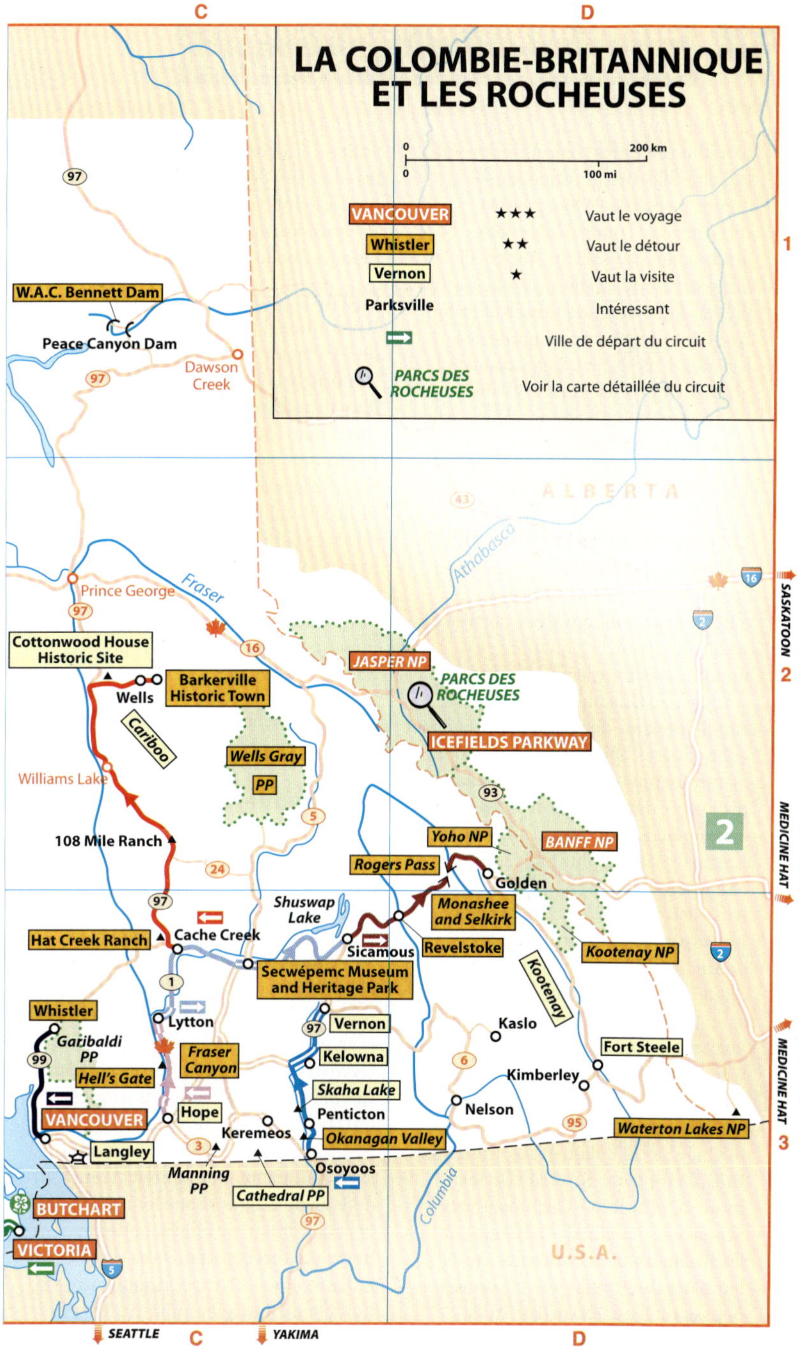
LA COLOMBIE-BRITANNIQUE ET LES ROCHEUSES
0
200 km
0
100 mi
VANCOUVER ★★★ Vaut le voyage
Whistler ★★ Vaut le détour
Vernon ★ Vaut la visite
Parksville Intéressant
Ville de départ du circuit
PARCS DES ROCHEUSES Voir la carte détaillée du circuit
C
D
1
2
3
W.A.C. Bennett Dam
Peace Canyon Dam
Dawson Creek
97
43
ALBERTA
Athabasca
Fraser
Prince George
16
SASKATOON
Cottonwood House Historic Site
Wells
Barkerville Historic Town
Cariboo
JASPER NP
PARCS DES ROCHEUSES
ICEFIELDS PARKWAY
Wells Gray PP
Williams Lake
5
93
108 Mile Ranch
24
Yoho NP
BANFF NP
Rogers Pass
Golden
MEDICINE HAT
Shuswap Lake
Monashee and Selkirk
Hat Creek Ranch
Cache Creek
Sicamous
Revelstoke
Kootenay NP
Secwépemc Museum and Heritage Park
Kootenay
1
Lytton
Whistler
Vernon
Kaslo
Garibaldi PP
99
Kelowna
6
Fort Steele
Hell's Gate
Fraser Canyon
Kimberley
Skaha Lake
Nelson
VANCOUVER
Hope
Penticton
95
Waterton Lakes NP
Keremeos
Okanagan Valley
Langley
3
Osoyoos
Manning PP
Cathedral PP
BUTCHART
Columbia
VICTORIA
U.S.A.
5
SEATTLE
YAKIMA

Grand angle sur la Colombie-Britannique et les Rocheuses

Connue sous le nom de Cordillère canadienne, cette région comprend la Colombie-Britannique ainsi qu'une partie de l'Alberta et du territoire du Yukon. Ensemble montagneux d'environ 500 km de large sur 2 600 km de long, elle s'étire du Pacifique aux Rocheuses et de la frontière américano-canadienne à la mer de Beaufort. Les paysages alpins, avec de nombreux glaciers, les rivières et les lacs composent ses principaux attraits.

Un relief vigoureux

Une multitude de massifs

Les montagnes de l'Ouest canadien sont communément appelées « Rocheuses » même si ces dernières ne désignent en fait qu'une des nombreuses formations de la région.
À l'ouest, la **Chaîne côtière** s'élève rapidement au-dessus des profondes échancrures boisées du littoral pour atteindre plus de 3 000 m. Elle est prolongée dans le Yukon par la **chaîne St. Elias**, qui culmine au mont Logan (5 959 m), plus haut sommet canadien.
Au centre s'étendent d'immenses **hauts plateaux** séparés par les collines accidentées des monts Skeena et Cassiar : dans le Sud, ils atteignent près de 300 km de large et abritent les pâturages des Cariboo et les vergers irrigués de l'Okanagan ; dans le Nord, le plateau du Yukon est une vaste étendue moutonnante drainée par le Yukon et ses affluents.
Enfin, à l'est, une fois franchi les **monts Columbia** – Cariboo, Purcell, Monashee et Selkirk – se dressent les **Rocheuses** canadiennes, avec leurs nombreux glaciers et sommets dépassant les 3 000 m d'altitude. Celles-ci dominent, côté oriental, les plaines de l'Alberta et, au nord, la vallée de la **rivière aux Liards**, qui les séparent des **monts Mackenzie**. Au nord de ces derniers, les monts Richardson et British s'étirent presque jusqu'à la mer de Beaufort.

Climat

Riveraine du Pacifique et des glaces de l'Arctique, étirée du 49e parallèle au nord du cercle arctique et dotée d'un relief dont l'altitude varie de 0 à presque 6 000 m, cette région montagneuse se caractérise par des climats très variés. Si la côte de la Colombie-Britannique subit l'influence du Pacifique avec des hivers cléments et des étés doux, à l'est de la Chaîne côtière règne un climat de type continental, d'autant plus rigoureux que l'on se rapproche du cercle polaire.

Quelques clefs de lecture historiques

Les premiers habitants

Parmi les dix aires culturelles nord-américaines communément admises par les anthropologues, trois sont situées en Colombie-Britannique.
La région côtière du nord-ouest – **Northwest coast** – s'étire de l'Alaska jusqu'à la Californie du Nord et abrite une forêt humide dotée de ressources marines (poissons, coquillages) et terrestres (gibier, cèdres) abondantes. Les principaux groupes ethniques qui l'occupent (Comox, Gitxsan, Haïda, Haisla, Nisga'a ou Tsimshian) s'y développent pleinement et leur densité démographique les a poussées vers des organisations sociales et politiques complexes. Dans leur culture, sans écriture, la sculpture du bois est un marqueur identitaire et socioculturel prédominant.

Le plateau canadien – **Interior Plateau** – comprend le sud de la Colombie-Britannique et la région nord-ouest Pacifique des États-Unis (Washington, Oregon, Idaho). Doté d'un climat relativement aride et de ressources plus rares, il a engendré, sous le prisme d'une démographie moins forte, des sociétés plus égalitaires, tels les Ktunaxa, les Okanagan ou les Secwepemc.
La région subarctique – **Subarctic area** –, située d'est en ouest sous le cercle arctique et structurée par des hivers longs, rigoureux et des étés très courts, est habitée par les Dene-thah, les Dunne-za ou les Kaska, des sociétés essentiellement nomades, vivant de la pêche (saumon) et de la chasse (élan, caribou).

L'arrivée des Européens

Dès 1579, l'anglais **Francis Drake** explora la côte nord-ouest jusqu'à l'actuel Vancouver lors de son périple autour du monde puis quelques Espagnols venus de Californie et Russes partis d'Alaska longèrent le littoral. Le capitaine **James Cook** fut le premier à descendre à terre, en 1778, sur l'île de Vancouver, pour acheter des fourrures aux Autochtones. Après l'accession à l'indépendance d'une partie des colonies britanniques de la côte est (1776), le gouvernement anglais, en vue de renforcer son emprise sur la côte pacifique, commandita une expédition dirigée par un ancien membre d'équipage de Cook, le capitaine **George Vancouver** (1757-1798), afin de cartographier la côte, de 1792 à 1794.

Nouvelles routes

Pendant ce temps, les **marchands de fourrures** venus de l'est cherchèrent d'autres sources d'approvisionnement et créèrent de nouvelles voies de communication et de nouveaux comptoirs. Ainsi, **Anthony Henday**, employé de la Compagnie de la baie d'Hudson *(voir p. 208)*, fut-il en 1754 le premier Européen à apercevoir les hauts versants des Rocheuses canadiennes. **Alexander Mackenzie**, émissaire de la Compagnie du Nord-Ouest, parti à la recherche d'une voie maritime entre le bassin Athabasca-Mackenzie et le Pacifique, franchit les Rocheuses par la rivière de la Paix et atteignit l'Océan (1793), précédant de douze ans l'expédition **Lewis et Clark**. Entre 1804 et 1811, le géographe **David Thompson** explora les cols Howse et Athabasca, le sud-est de la Colombie-Britannique et le nord de l'État de Washington en suivant le fleuve Columbia et la rivière Kootenay tandis que, sur les pas de Mackenzie, **Simon Fraser** descendait en 1808 le fleuve qui porte à présent son nom. Tous deux contribuèrent au développement des échanges avec les Autochtones pour le compte de la Compagnie de la baie d'Hudson qui finit par régner en maître sur la région, après sa fusion, en 1821, avec la Compagnie du Nord-Ouest. Elle ne vit pas d'un très bon œil l'établissement d'un comptoir à l'embouchure de la Columbia (dans l'actuel État américain de Washington), fondé par la compagnie américaine de **John Jacob Astor**, qui marqua la première contestation américaine de la souveraineté britannique dans le territoire de l'Oregon. La querelle prit fin en 1846 quand la Compagnie de la baie d'Hudson se vit contrainte d'accepter que le territoire des États-Unis s'étende jusqu'au 49e parallèle, qui marque encore la frontière entre les deux États. Le siège occidental de la Compagnie de la baie d'Hudson, situé auparavant dans la région de la Columbia, s'établit alors sur l'**île de Vancouver**, qui devint en 1849 colonie de la couronne britannique. Le reste de la région (plateau central

Exploitation de bois sur l'île de Vancouver.
brytta/Getty Images Plus

et hautes terres de Colombie-Britannique), appelée alors Nouvelle-Calédonie, demeurait le domaine exclusif de la Compagnie, comme le Yukon, où elle s'implanta après 1842.

Mainmise britannique

En 1848, la ruée vers l'or concentra tous les destins en Californie. Neuf ans plus tard, le filon était épuisé. Certains poursuivirent leur quête en Nouvelle-Calédonie où, à force de persévérance, le précieux métal fut découvert dans les alluvions du Fraser. Plus de 30 000 chercheurs d'or, surtout américains, affluèrent vers le fleuve ; les deux tiers passant par Fort Victoria. Cette présence inquiéta le gouverneur de l'île de Vancouver, **James Douglas** car la ruée vers l'or avait précipité l'intégration de la Californie à l'Union en 1850. Le 18 novembre 1858, il prêtait serment en tant que gouverneur de la nouvelle colonie de la Couronne : la **Colombie-Britannique**. Après la découverte de filons en 1862 dans les Cariboo, le tracé de la **route des Cariboo** *(voir p. 140)* affirma la présence britannique sur ce nouveau territoire.

Un chemin de fer contre une confédération

Les ressources aurifères de la région Fraser-Cariboo étaient presque épuisées à la fin des années 1860. Les prospecteurs prirent alors le chemin du nord et trouvèrent de l'or dans les monts Omineca et Cassiar, puis continuèrent leur progression vers le Klondike *(voir p. 456)*. La récession guettait. Il était temps de se tourner vers les autres colonies britanniques qui s'associèrent dès 1867 en Confédération canadienne, d'autant que cette même année les Américains achetèrent l'Alaska. Quatre ans plus tard, la Colombie-Britannique rejoignit la Confédération à condition toutefois d'être reliée à celle-ci par chemin de fer et ce, avant dix ans. Une gageure (3 200 km séparent la côte est de la côte ouest) qui poussa plusieurs fois la province à vouloir faire sécession. Les travaux commencèrent réellement en 1881 et s'achevèrent en 1886. Les premières liaisons transcontinentales, l'année suivante, marquèrent la transformation de la province. Le train apporta colons et capitaux, et, au bout du compte, la prospérité.

La Colombie-Britannique aux 20e et 21e siècles

Des richesses naturelles

La construction d'une seconde ligne de chemin de fer desservant les basses terres contribua, au tournant du 20e s., à une plus grande exploitation des ressources naturelles du sol et du sous-sol. Si ce dernier recèle encore de l'or, l'extraction s'est orientée vers des minerais moins précieux, comme le charbon, le cuivre et le zinc, et vers le gaz naturel. Les **forêts**, qui couvrent plus de la moitié du territoire, fournissent bois et pâte à papier, et les nombreux cours d'eau ont permis le développement de l'**hydroélectricité**, favorisant l'autonomie énergétique et l'exportation, notamment grâce aux barrages W.A.C. Bennett sur la rivière de la Paix et Mica sur la Columbia.

Une nature généreuse

Les agriculteurs contribuent à la valorisation des **terres cultivables** (3 % de la province) grâce aux productions fruitières, dans le delta du Fraser et les Kootenay, et céréalière, le long de la rivière de la Paix. La vallée de l'Okanagan, quant à elle, est renommée pour ses vins tandis que la région des Cariboo s'est spécialisée dans l'élevage bovin. Côté mer, malgré une certaine récession des **ressources halieutiques** depuis la fin des années 1990, la pêche demeure un secteur d'importance, notamment la pêche au saumon qui a entraîné l'implantation d'énormes conserveries le long de la côte.

Une économie diversifiée

Le **commerce** a de tout temps été le pivot de l'économie locale et l'ouverture du canal de Panama en 1914 favorisa l'essor des échanges vers l'Europe. À partir de la Seconde Guerre mondiale, Vancouver devient une plate-forme privilégiée vers le marché asiatique et se positionne aujourd'hui comme le **premier port canadien**. La ville est aussi un haut lieu de l'**industrie cinématographique** nord-américaine (les séries *X-Files*, *Les 100* ou *The Killing* ont été tournées ici) et la capitale économique de la province avec l'émergence de **nouveaux secteurs** : haute technologie, industrie informatique, axée sur les télécommunications, et aérospatiale. La région se révèle aussi une **destination touristique** de premier plan grâce aux attraits de Vancouver et de Victoria, à l'agrotourisme et, surtout, à l'éblouissante beauté des Rocheuses canadiennes. Des millions de personnes profitent chaque année des parcs provinciaux et nationaux et des activités de plein air qui s'y pratiquent. Cependant, il devient de plus en plus difficile de maintenir un juste équilibre entre présence humaine et nature, car l'affluence des véhicules et des promeneurs a pour corollaires la pollution, la réduction des espaces naturels sauvages et une menace pour la faune.

La Colombie-Britannique en quelques chiffres

Troisième plus grande province du Canada (944 735 km², près de 10 % de la superficie du Canada), la Colombie-Britannique abrite 5,5 millions d'habitants (environ 14 % de la population canadienne), dont 6 % d'Autochtones *(voir p. 538)* répartis en plus de 200 communautés. À plus de 85 % urbains, ils vivent en grande majorité dans le sud-ouest, et plus de la moitié dans la zone métropolitaine de Vancouver.

Carnet pratique

S'informer

Offices de tourisme

Destination British Columbia – *510 Burrard St. - Vancouver - destinationbc.ca, hellobc.com, britishcolumbia.com, tourisme-cb.com ou tourismvictoria.com.*

Travel Alberta – *travelalberta.com.*

Sites Internet des provinces

C.-B. – *www2.gov.bc.ca.*

Alberta – *www.alberta.ca.*

Sites Internet des parcs

C.-B. – *bcparks.ca.*

Alberta – *albertaparks.ca.*

Se déplacer

« Transports intérieurs », p. 577.

En avion

Vancouver International Airport (YVR) – *604 207 7077 - www.yvr.ca.* 15 km au sud du centre-ville. Vols vers toute la province et le pays. Liaisons directes avec les États-Unis, l'Asie et l'Europe.

En train

Pacific Central Station – *1150 Station St. #225.* Gare ferroviaire et routière de Vancouver.

Via Rail – *www.viarail.ca.* Via Rail propose des liaisons vers Jasper, Edmonton, Saskatoon, Winnipeg et Toronto. De Jasper, changement pour Prince Rupert.

Amtrak – *amtrack.com.* Liaisons avec Seattle.

Rocky Mountaineer – *rockymountaineer.com (voir p. ci-contre).* Itinéraires en train touristique dans les Rocheuses.

En autocar

Flixbus *(flixbus.ca)*, **Rider Express** *(riderexpress.ca)*, **Ebus** *(myebus.ca)*, **BC Ferries Connector** *(bcfconnector.com)*, **Skylynx** *(yvrskylynx.com)* proposent de très nombreuses liaisons de/vers les Rocheuses, l'Alberta et Seattle.

En bateau

BC Ferries Vacations – *1010 Canada Pl. - Vancouver - 1 888 223 3779 - bcferries.com.* La compagnie dessert une quarantaine de villes côtières, l'île de Vancouver (Nanaimo et Victoria) et les principales îles d'Haïda Gwaii et du Passage intérieur.

État des routes

C.-B. – *1 800 550 4997 - www.drivebc.ca.*

Informations utiles

Heure locale

L'Alberta et la partie Rocheuses de la Colombie-Britannique vivent à l'heure des Rocheuses. Le reste de la Colombie-Britannique est à l'heure du Pacifique. L'heure d'été ne s'applique pas dans la partie nord-est de la Colombie-Britannique, qui s'aligne toute l'année sur l'heure des Rocheuses.

Carte des fuseaux horaires, p. 568.

Taxes

En plus de la taxe fédérale sur les produits et les services de 5 % (GST ou Goods and Service Tax), la Colombie-Britannique prélève une taxe de vente provinciale (PST ou Provincial Sales Tax) de 7 %, 10 % pour les alcools. L'Alberta n'applique pas de PST.

Loi sur les alcools

L'âge légal pour la consommation d'alcool est 19 ans, 18 ans dans l'Alberta. L'alcool est en vente dans les magasins d'État.

Loi sur le tabac

L'achat de tabac est interdit aux moins de 18 ans, 19 ans en Colombie-Britannique.

Jours fériés provinciaux

Fête provinciale – C.-B. : 1er lun. d'août.

Jour de la Découverte – Yukon : 3e lun. d'août.

Jour du Patrimoine – Alberta : 1er lun. d'août.

Fête de la Famille – Alberta : 3e lun. de fév.

Activités

Rivières, montagnes et parcs favorisent la pratique d'activités de plein air, notamment les sports nautiques sur les cours d'eau navigables, comme dans le district du **lac Shuswap**. De la côte, partent croisières et expéditions d'observation.

Randonnées

La Colombie-Britannique est un paradis pour les marcheurs de tous niveaux qui aiment randonner 1h ou plusieurs jours (comme sur le fameux West Coast Trail), voire plusieurs semaines. Près de 8 000 itinéraires balisés (marche et VTT) sont proposés. *bcparks.ca/plan-your-trip/things-to-do/hiking.*

Randonnées équestres

Elles rencontrent un grand succès, avec des animaux de bât ou à cheval. Elles attirent les débutants comme les cavaliers confirmés.

Ski

Whistler, au nord de Vancouver, est l'une des plus belles stations de sports d'hiver au monde, avec hébergement de première classe et ski sur glacier de juin à octobre.

Plusieurs stations de la Colombie-Britannique intérieure telles que **Big White**, **Sun Peaks** et **Silver Star**, se développent. Les trois stations de ski des Rocheuses offrent, elles aussi, toutes sortes d'activités sportives.

Pêche

Beaucoup de pavillons de pêche proposent des forfaits (trajet en avion compris) dans des régions reculées. Les **permis** requis pour la pêche en eau douce ou en eau de mer s'obtiennent sur place.

Train touristique

Rocky Mountaineer Vacations – *1100-980 Howe St. - Vancouver - 877 460 3200 - rockymountaineer.com - sur réserv.* Circuits en train de 2 à 25 jours dans les Rocheuses canadiennes. Nuit à l'hôtel. Voyage possible en aller simple (dans un sens ou dans l'autre) ou en AR.

Hébergement

En Colombie-Britannique, il est conseillé de réserver son séjour toute l'année, et longtemps à l'avance pour la période estivale ou le week-end. Les taxes ne sont jamais comprises dans le prix, et le petit-déjeuner est souvent en sus.

Camping

La Colombie-Britannique et le Yukon proposent plus de 10 000 terrains de camping répartis le long des principales autoroutes. **Discover BC Reservations** – *1 800 689 9025 - bcparks.ca/reservations.*

B & B

British Columbia Bed & Breakfast – *bbcanada.com/british_columbia.*

1

Vancouver ★★★

Capitale économique de la Colombie-Britannique, troisième agglomération canadienne derrière Toronto et Montréal, Vancouver occupe un site superbe entre le chenal Burrard et le delta du Fraser. Tournée vers l'Asie, dotée d'un port libre de glaces abrité des remous du large par le détroit de Géorgie, cette métropole du Pacifique bénéficie d'atouts naturels à l'origine de sa spectaculaire croissance, renforcée par la notoriété acquise lors des Jeux olympiques de 2010. Cernée par la mer et dominée par de hautes montagnes souvent enneigées, elle jouit d'un climat exceptionnel. Prospère, elle ne cesse d'attirer de nouveaux citoyens. Il en résulte une remarquable diversité culturelle et sociale : des sikhs aux Suisses et aux Sushwap, chacun contribue à forger l'incomparable melting-pot de la ville dont bénéficie, au premier rang, sa gastronomie.

Se repérer

732 581 habitants (agglomération 2,7 millions habitants) – Colombie-Britannique

CARTE B4 (P. 34-35) - PLANS (P. 46-47 ET 54-55) - PLAN DU MÉTRO (P. 48-49) - CARTE DES ENVIRONS (P. 65).

La ville de Vancouver couvre une superficie de 113 km². Le centre-ville est situé sur une péninsule, avec le parc Stanley à son extrémité nord-ouest. Au sud-ouest, des promenades et des pistes cyclables relient entre elles les plages d'English Bay. Au sud, Yaletown et les tours résidentielles le long du front de mer de False Creek. À l'est, BC Place Stadium et Chinatown, sont séparés des boutiques de Gastown par East Hasting.

À ne pas manquer

La collection d'art autochtone du Museum of Anthropology ; le Stanley Park ; la rade de Vancouver, ourlée d'un arrière-plan spectaculaire de montagnes enneigées selon la saison.

Vue de Vancouver.
NikolayShubin/Getty Images Plus

Organiser son temps

Voir le tableau ci-dessous.

En famille

L'aquarium de Vancouver ; le H.R. MacMillan Space Centre ; le Science World ; le Kid's Market de Granville Island ; le pont suspendu de Capilano.

Carnet pratique p. 68

Nos adresses p. 69

Downtown Vancouver

PLANS P. 46-47 ET 54-55

★★ Robson PLAN II

C'est sur l'isthme étroit qui sépare False Creek du chenal Burrard, que se pressent gratte-ciel de verre et d'acier, banques, grands hôtels, bureaux et immeubles d'habitation. Le cœur de ce quartier est marqué par la **Robson Street** (AB1), principale

4 jours à Vancouver	
Jour 1	Découverte de Downtown Vancouver : promenez-vous à pied entre Coal Harbour et Waterfront. Pour la soirée, allez voir du côté de Gastown et de Chinatown.
Jour 2	Faites une balade à vélo du côté du parc Stanley et visitez l'aquarium. Filez à West End à l'heure du déjeuner, et faites votre shopping à Yaletown. Vous pourrez aussi vous promener à Granville Island et Kitsilano. Conseil : louez un vélo dans l'une des multiples boutiques qui bordent le parc.
Jour 3	Commencez par l'UBC Museum of Anthropology et, si vous avez une voiture, descendez jusqu'à Richmond. Au marché aux poissons de Steveston, vous pourrez déguster un *fish & chips* dans une ambiance asiatique !
Jour 4	Circuit dans « l'arrière-pays » : soit vers Whistler, avec pause au Lighthouse Park ; soit vers Grouse Mountain, avec pause au pont suspendu de Capilano.

artère commerciale du centre-ville, et **The Mall** (B1-2), longue section piétonne de **Granville Street**. On y trouve notamment des centres commerciaux souterrains (Pacific Centre, Vancouver Centre) reliant les bâtiments sous la chaussée. Son extrémité nord se termine par **Granville Square**, d'où l'on peut observer les activités du port et les jetées. Des escaliers conduisent à la gare ferroviaire, agréablement rénovée. Tout à côté s'étend le **quai Londsdale** où se trouve le traversier assurant la liaison avec North Vancouver par le **chenal Burrard** ; le passage offre de belles **vues** sur la rade et la ville.

Cathedral Place B1

Situé face au fameux **Fairmont Hotel Vancouver**, cet élégant gratte-ciel de bureaux (hauteur : 116 m, 23 étages, 1991, arch. Merrick) se distingue par son parement de verre bleuté et de calcaire.

★ Bill Reid Gallery B1

639 Hornby St. - ✆ 604 682 3455 - ♿ - www.billreidgallery.ca - de mi-mai à fin oct. : 10h-17h ; reste de l'année : merc.-dim. 11h-17h - 13 $; gratuit 1er vend. du mois 14h-17h.

D'origine haïda par sa mère, **William Ronald « Bill » Reid** (1920-1998) était un artiste complet *(voir p. 544)*, à la fois joaillier, orfèvre, sculpteur, sérigraphiste, illustrateur de livres, poète et conteur. C'est à l'éclectisme de cette très grande figure artistique canadienne que rend hommage cette galerie qui, par ailleurs, propose des expositions temporaires de qualité sur les productions artistiques autochtones.

★★ Vancouver Art Gallery B1

750 Hornby St. - ✆ 604 662 4700 - ♿ - www.vanartgallery.bc.ca - 10h-17h, jeu.-vend. 10h-20h (et mar. 12h-17h de mi-mai à déb. sept.) - 29 $; gratuit 1er vend. du mois 16h-20h.

Conçu en 1908 par Francis Rattenbury, cet édifice néoclassique fut pendant soixante-dix ans le palais de justice de Vancouver, avant d'abriter le musée d'Art. Il fut réaménagé avec goût par Arthur Erickson. Ses salles ouvrent sur une rotonde centrale coiffée par un dôme de verre. Parmi les 10 000 œuvres qui composent la collection du musée, les toiles et dessins d'**Emily Carr** (1871-1945), grande artiste peintre canadienne, originaire de Colombie-Britannique *(voir p. 548)*, sont l'un des points forts. Admirez notamment *Big Raven* (vers 1931) et *Scorned as Timber, Beloved of the Sky* (vers 1936). Les expositions temporaires sont aussi toujours d'un grand intérêt.

En 2028, la Vancouver Art Gallery devrait s'installer dans un nouveau bâtiment situé 200 m au sud du Library Square (à l'intersection de West Georgia St. et Cambie St.). Le spectaculaire édifice a été imaginé par le prestigieux cabinet suisse Herzog & de Meuron. En collaboration avec des artistes autochtones, la structure, sur neuf niveaux, sera comme drapée de cuivre, en hommage aux traditions de tissages des membres des Premières Nations de la région. S'inspirer des arts et artisanats autochtones semble d'ailleurs être une tendance à Vancouver où nombre de projets architecturaux s'y réfèrent.

★ Robson Square B1-2

Œuvre de l'architecte Arthur Erickson, ce projet urbanistique (1979) a transformé la physionomie du centre-ville. C'est une vaste esplanade qui couvre trois blocs entre Georgia Street et Nelson Street. Tantôt, elle passe sous Robson Street et accueille une patinoire, des terrasses de café et un centre des congrès ; tantôt

Vancouver au fil des siècles

Un cadre géographique contraignant

Ville du bout du monde, adossée au Pacifique, encadrée au nord par le **fjord de Burrard** et par le **delta du fleuve Fraser** au sud, la ville a dû s'adapter au cadre géographique contraignant de sa péninsule. Son climat, le plus tempéré du Canada, lui garantit un **port libre de glace** toute l'année. La ruée vers l'or (1850) et l'afflux de navires qu'elle suscita a poussé à l'établissement d'un port officiel. Côté est, la première ligne ferroviaire transcontinentale arrive de Montréal en 1886. Elle s'arrête à Port Moody, au fond du chenal Burrard ; il manque encore quelques kilomètres pour la rendre vraiment opportune. La ligne est prolongée l'année suivante de 20 km : port et rail se rejoignent. La ville trouve enfin son centre de gravité avec à la clef un nouveau nom : celui du capitaine britannique George Vancouver, le premier Européen à croiser dans l'*inlet* (le goulet) Burrard.

Porte de l'Asie

En quelques années, la ville étend son emprise, passant de 2 500 habitants à plus de 120 000 en 1911, au grand dam des premières populations, la **Première Nation des Salish**, qui habitaient la région. Principale force de travail pour la construction du chemin de fer, les immigrants asiatiques sont nombreux ; en particulier les Chinois, dont l'importante diaspora nourrit **Chinatown** *(voir p. 51)*. L'import-export se développe au rythme du transport ferroviaire. L'ouverture du canal de Panamá en 1914 favorise le développement commercial de Vancouver, qui devient dans les années 1960 le premier port canadien en tonnage. Porte de l'Asie, à deux pas des États-Unis, Vancouver a trouvé en la Chine son premier partenaire commercial, juste avant son voisin américain.

Aujourd'hui, l'agglomération compte plus de 2,7 millions d'habitants, et près d'un habitant sur deux à Vancouver est d'origine asiatique.

Les défis du 21e siècle

La ville se projette dans l'avenir par le biais de multiples fictions d'anticipation. Plus de 10 % des films américains sont tournés dans Vancouver, « l'Hollywood du Nord » comme on l'appelle ici, avec des succès planétaires qui mettent à profit ses ciels gris, ses forêts pluviales et ses tours vitrées. « Ville de verre », écrit Douglas Coupland, auteur fétiche de Vancouver depuis son roman culte, *Génération X*.

Vancouver garde cependant les pieds sur terre. Centre financier, commercial et industriel de la Colombie-Britannique, la ville sait se faire entendre du reste du monde. En 1986, elle fête son centième anniversaire avec l'exposition internationale **Expo'86**. En 2010, elle organise les Jeux olympiques d'hiver. Si l'autoroute Sea-to-Sky (de la mer au ciel), reliant Vancouver à Whistler (pour les épreuves de glisse), a été élargie, les travaux ont aussi nourri des polémiques. Leur impact sur l'environnement a grandement divisé les peuples autochtones. La réussite de Vancouver tiendra-t-elle, à l'avenir, à sa capacité à fédérer autour des grands projets ceux qui historiquement ont le plus de légitimité à se faire entendre, et à relever également le défi posé par le tourisme de masse ? À suivre…

elle enjambe Smithe Street pour rejoindre, en gradins couverts de jardins et de fontaines, l'entrée du **palais de justice**, spectaculaire bâtiment de sept étages revêtu d'une grande verrière oblique.

★★ Library Square B2

L'esplanade, ponctuée de salons de thé et d'échoppes, est un lieu de rencontres apprécié. Elle est dominée par la **bibliothèque publique** de Vancouver *(350 W Georgia St., à l'angle d'Homer St. - ✆ 604 331 3603 - www.vpl.ca - ♿ - 9h30-20h30, vend. 9h30-18h, sam. 10h-18h, dim. 11h-18h)*. L'édifice (1995), évoquant le Colisée de Rome, est l'œuvre de l'architecte canadien **Moshe Safdie**. Riche de plus d'un million d'ouvrages, c'est l'une des plus importantes bibliothèques d'Amérique du Nord.

VANCOUVER
Plan II

SE RESTAURER

- Blue Water Cafe ... 1
- L'Abattoir ... 2
- Bao Bei ... 3
- Guu Izakaya ... 4
- Boulevard Kitchen and Oyster Bar ... 5
- The Templeton ... 6
- Joe Fortes Sea Food ... 7
- Meat & Bread ... 8
- Nuba ... 10
- Oyster Express ... 11
- Sandbar Seafood Restaurant ... 14
- Santouka ... 15
- The Keefer Bar ... 16
- Tony's Fish & Oyster Cafe ... 18
- Water Street Cafe ... 19

SE LOGER

- Blue Horizon Hotel ... 3
- Skwachàys Lodge ... 5
- HI Vancouver Downtown ... 6
- Ashby House B&B ... 9
- The Burrard ... 11
- Metropolitan Hotel ... 12
- Samesun Vancouver ... 16
- Sylvia Hotel ... 18
- Victorian Hotel ... 19
- YWCA Hotel ... 20
- Wedgewood ... 21

★ Waterfront PLAN II

★★ Canada Place BC1

Œuvre de l'architecte canadien **Eberhard Zeidler**, le pavillon canadien de l'Expo'86 a transformé le front de mer. Ses cinq « voiles » en fibre de verre, recouvertes de Téflon, représentent l'histoire maritime de la région. Doté d'infrastructures variées (hôtel, bureaux, parking, palais des Congrès, centre d'interprétation du port de Vancouver), il offre, au troisième niveau, une agréable **promenade** en plein air d'où l'on découvre les monuments emblématiques de la ville et le trafic maritime. On peut observer à loisir **Port Metro Vancouver**, principal port d'attache des croisières vers l'Alaska, et ses deux gares maritimes, Place du Canada et Ballantyne.

NORTH SHORE
EAGLE HARBOUR
ALTAMONT
WEST VANCOUVER
NORTH VANCOUVER
WEST LYNN
LIGHTHOUSE PARK
CLEVELAND DAM
CAPILANO CANYON
CAPILANO RIVER RP
CAPILANO SUSPENSION BRIDGE
LYNN CANYON PARK
Montroyal Blvd.
Dempsey Rd.
Braemar Rd.
Lynn Valley Rd.
W. Queens Rd.
Lonsdale Ave.
Grande Blvd.
Trans Canada Hwy.
Marine Dr.
Capilano Rd.
Park Royal Exchange
Lions Gate Bridge
13th St. E.
Keith Rd.
3rd St. W.
LONSDALE QUAY MARKET
Lonsdale Quay
R2-Line
Phibbs Exc
ENGLISH BAY
STANLEY PARK
VANCOUVER AQUARIUM
STANLEY PARK SEAWALL
SeaBus
WATERFRONT
West Coast Express
VANCOUVER
Burrard
Granville
Vancouver City Centre
McGill St.
Hastings St.
Stadium-Chinatown
Pacific Central Station
R5-Line
Yaletown-Roundhouse
Main St-Science World
KITSILANO
Olympic Village
VCC-Clark
COMMERCIAL-BROADWAY
UBC MUSEUM OF ANTHROPOLOGY
JERICHO BEACH
N.W. Marine Dr.
W. 4th Ave.
W. 10th Ave.
Broadway
UBC
Westbrook Mall
UNIV. OF BRITISH COLUMBIA
W. 16th Ave.
99B - Line
BROADWAY-CITY HALL
SHAUGHNESSY
W. King Edward Ave.
E. King Edward Ave.
King Edward
Kingsway
Renfrew
Nanaimo
29th Ave
POINT GREY
PACIFIC SPIRIT REGIONAL PARK
Dunbar St.
Alma St.
Granville St.
Oak St.
Cambie St.
Main St.
Clark Dr.
Victoria Dr.
Knight St.
Rupert St.
Boundary Rd.
Kerr St.
QUEEN ELIZABETH PARK
VAN DUSEN BOTANICAL GARDEN
R4 - Line
S.W. Marine Dr.
W. 41st Ave.
Oakridge-41st Ave
Langara-49th Ave
W. 49th Ave.
Canada Line
IONA BEACH REGIONAL PARK
IONA ISLAND
SEA ISLAND
Marine Drive
Fraser
Sturgeon Bank
STRAIT OF GEORGIA
YVR-Airport
Sea Island Centre
Templeton
Grant McConachie Way
Vancouver International Airport
Baker Way
Bridgeport
Bridgeport Rd.
Aberdeen
Lansdowne
Alderbridge Way
Richmond Fwy.
LULU ISLAND
Westminster Hwy.
Richmond-Brighouse
RICHMOND
No. 1 Rd.
No. 2 Rd.
No. 5 Rd.
No. 6 Rd.
Garden City Rd.
Gilbert Rd.
Blundell Rd.
SEAFAIR
STEVESTON
BROADMOOR
Steveston Hwy.
Fraser River
TILBU
62b St.
0
3 km
Legende
Skytrain station
Correspondance
Rapid Line autobus
Gare

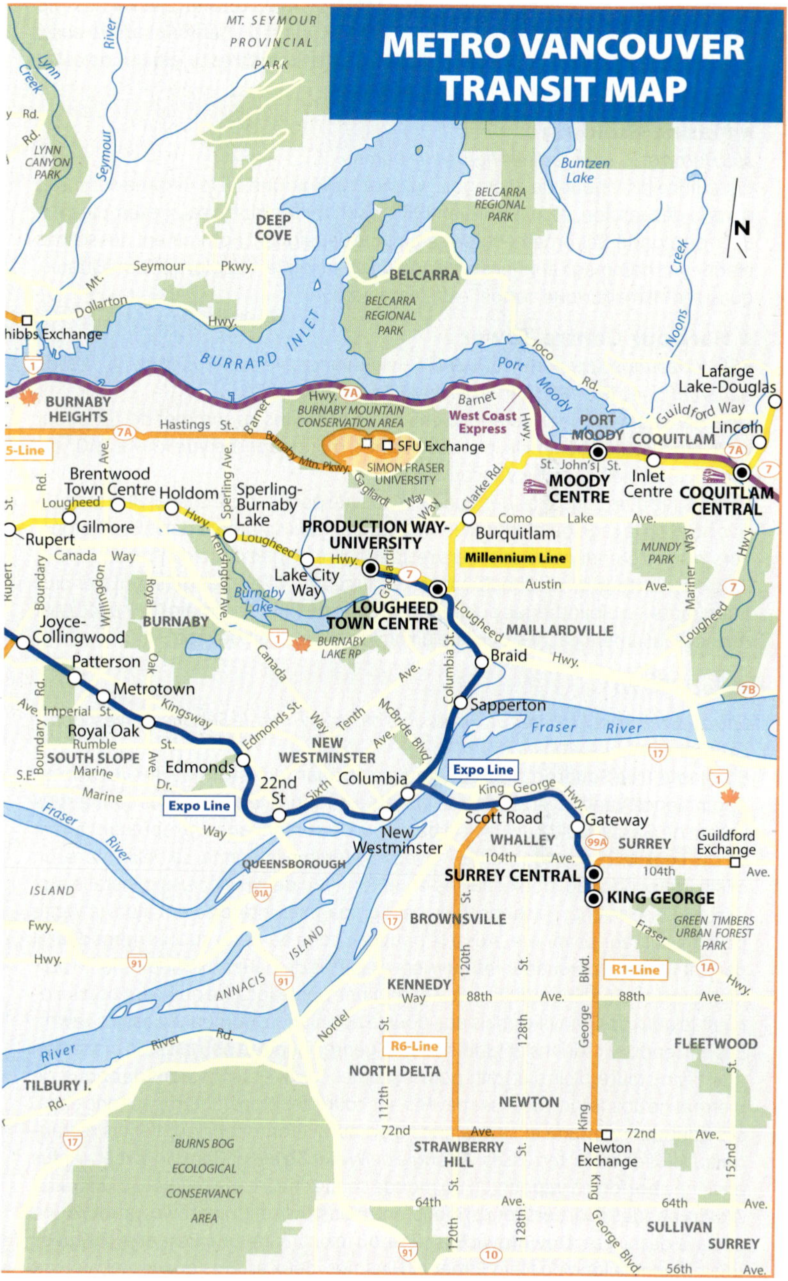
METRO VANCOUVER TRANSIT MAP
MT. SEYMOUR PROVINCIAL PARK
LYNN CANYON PARK
Lynn Creek
Seymour River
DEEP COVE
Seymour Pkwy.
Mt. Dollarton Hwy.
Phibbs Exchange
BURRARD INLET
BELCARRA
BELCARRA REGIONAL PARK
Buntzen Lake
Noons Creek
N
Port Moody
Ioco Rd.
Lafarge Lake-Douglas
Guildford Way
Lincoln
BURNABY HEIGHTS
Hastings St.
Hwy. 7A
Barnet
BURNABY MOUNTAIN CONSERVATION AREA
West Coast Express
Barnet Hwy.
PORT MOODY
COQUITLAM
SFU Exchange
Burnaby Mtn. Pkwy.
SIMON FRASER UNIVERSITY
Gagliardi Way
St. John's St.
MOODY CENTRE
Inlet Centre
COQUITLAM CENTRAL
Clarke Rd.
Brentwood Town Centre
Holdom
Sperling-Burnaby Lake
Sperling Ave.
Lougheed Hwy.
Gilmore
Rupert
Canada Way
PRODUCTION WAY-UNIVERSITY
Lake City Way
Como Lake Ave.
Burquitlam
Millennium Line
MUNDY PARK
Mariner Way
Austin Ave.
Burnaby Lake
LOUGHEED TOWN CENTRE
Kensington Ave.
Boundary Rd.
Willingdon
Royal
BURNABY
Joyce-Collingwood
BURNABY LAKE RP
Columbia St.
MAILLARDVILLE
Braid
Hwy.
Patterson
Oak
Metrotown
Kingsway
Imperial St.
Royal Oak
Rumble St.
SOUTH SLOPE
Marine Dr.
Edmonds
Edmonds St.
Tenth Ave.
McBride Blvd.
NEW WESTMINSTER
Sapperton
Fraser River
Expo Line
22nd St
Sixth
Columbia
King George Hwy.
Scott Road
Gateway
New Westminster
WHALLEY
104th Ave.
SURREY
Guildford Exchange
SURREY CENTRAL
KING GEORGE
QUEENSBOROUGH
ISLAND
BROWNSVILLE
GREEN TIMBERS URBAN FOREST PARK
Fraser Hwy.
R1-Line
KENNEDY Way
88th Ave.
120th St.
128th St.
King George Blvd.
ANNACIS ISLAND
Nordel
R6-Line
FLEETWOOD
NORTH DELTA
112th St.
NEWTON
TILBURY I.
River Rd.
72nd Ave.
Newton Exchange
STRAWBERRY HILL
BURNS BOG ECOLOGICAL CONSERVANCY AREA
64th Ave.
152nd
SULLIVAN
56th Ave.

Dans le hall d'entrée du palais des Congrès (Vancouver Convention Centre - *vancouverconventioncentre.com*) se dressent trois **mâts totémiques★★** de style gitxsan, dont un a été sculpté vers 1900 par Yakuglas. Le bâtiment abrite aussi la **Coast Salish Gallery** dédiée aux traditions artistiques très originales de cette population autochtone de l'Ouest canadien.

★ Marine Building B1

355 Burrard St. - ouv. pdt les heures de bureau.

Cet édifice historique de 21 étages, construit à l'époque où le Canada sombrait dans la dépression, et inauguré en 1930, est l'un des plus beaux exemples Art déco du monde. Ses ornements de céramique dépeignent notamment des scènes marines en hommage aux liens privilégiés de Vancouver avec la mer. Le vestibule, quasi fantasmagorique, rappelle un temple maya.

★ Harbour Centre Tower C1

555 W Hastings St. - ✆ 604 689 0421 - www.vancouverlookout.com - ♿ - étage panoramique : 10h-18h (17h30 dernière montée) - 18,25 $.

Un ascenseur vitré vous catapulte en un rien de temps au sommet de cette tour de 167 m d'où l'on bénéficie, par beau temps, d'une superbe **vue★★★** à 360° sur le port, la ville et le site de Vancouver.

Embrassez d'un coup d'œil les quais et l'activité portuaire, le chenal Burrard et la rive nord de la rade où plongent les montagnes aux sommets parfois enneigés ; vers le sud s'étendent les quartiers résidentiels et le plat delta du Fraser.

Au pied de la tour, on reconnaît les artères du centre-ville et ses bâtiments les plus marquants. La bibliothèque publique, en forme de Colisée romain *(voir p. 46)*, est malheureusement cachée derrière un building construit devant.

★ Gastown PLAN II

Entre Carrall St. et Richards St. Accessible par le SkyTrain, le SeaBus, le West Coast Express et les bus urbains.

Sur **Maple Tree Square** (C1), au cœur même du quartier historique de Gastown où a commencé Vancouver, se dresse la statue de John Deighton, plus connu sous le nom de **Gassy Jack**, ou « Jack le bavard ». Ce personnage entreprenant arriva en ces lieux le 29 septembre 1867, avec « sa femme indienne, sa belle-mère, un chien, deux poulets, deux chaises et un tonneau de whisky », et s'installa aux portes d'une scierie, Hastings Mills. Les compagnies interdisaient alors la vente d'alcool sur leur propriété. Aussi le nouveau venu eut-il un succès immédiat ; il parvint même à persuader les ouvriers assoiffés de bâtir eux-mêmes leur rudimentaire taverne ! Bientôt naquit alentour une petite localité qui reçut officiellement le nom de Granville, mais qui, pour la population, demeura Gassy's Town.

Les entrepôts victoriens et taudis en tout genre ont peu à peu laissé la place à un quartier restauré, plein d'attraits pour le promeneur, avec ses façades de brique, de pierre et de bois le long des rues pavées, ses courettes et ses lanternes à l'ancienne, ses boutiques vintage et ses galeries d'art autochtone, sans oublier les restaurants, pubs et cafés, terrasses. À l'angle de **Water Street** et Cambie Street, la plus ancienne **horloge à vapeur** (C1) du monde sonne l'heure à la manière d'un train.

À deux pas des quartiers touristiques, entre Gastown et Chinatown, perdure une enclave de misère : **Downtown Eastside**, où toxicomanes, dealers et prostituées déambulent le long de Main Street et Hastings, deux artères que les locaux ont surnommées à juste titre « Pain and Wasting » *(Douleur et Désolation)*. Aujourd'hui en voie de gentrification, ce lieu, symbole de la crise des opioïdes nord-américaine, voit timidement pousser des restaurants, et perd peu à peu centres sociaux et hôtels miséreux.

★ Chinatown PLAN II

On pénètre dans le plus important quartier chinois du Canada par la Vancouver **Chinatown Millenium Gate** *(angle W Pender St. et Taylor St.)*, porte construite en 2000 pour fêter le millénaire. Enseignes et affiches en caractères chinois, restaurants, magasins d'alimentation immergent progressivement le promeneur dans une Chine somme toute assez proprette, sauf à l'approche du Nouvel An chinois. Il est vrai que le quartier, construit à partir de 1885, fit l'objet de constantes mises aux normes. Sa population fut régulièrement et discrètement expropriée quand les circonstances économiques tarissaient les besoins de main-d'œuvre. Six mille Chinois furent ainsi délogés après la grave crise des années 1930, divisant presque par deux la population du quartier. Il faudra attendre les années 1970 pour voir le quartier chinois enfin réhabilité, et en partie revitalisé par une diaspora hongkongaise et continentale.
Une fois passé l'immense porte, vous trouverez sur votre droite l'**Historical Alley & West Han Dynasty Bell** *(Shanghai Alley, près de W Pender St.)*, réplique d'une cloche de la dynastie Han offerte à la municipalité par la ville de Guangzhou pour fêter le 15e anniversaire du jumelage entre les deux villes. Quelques mètres plus loin, remarquez le **Sam Kee Building** (*8 W Pender St.*), bâtiment de 1881 dont il reste à peine 1,82 m de largeur, à cause de l'élargissement de la rue Pender en 1912. Le **Chinese Canadian Museum**, inauguré en 2023, occupe un immeuble datant de 1889 et raconte l'histoire (ou les histoires) des Canadiens d'origine chinoise à travers leurs épreuves et leurs contributions *(51 E Pender St. - ✆ 604 262 0990 - chinesecanadianmuseum.ca - merc.-dim. 10h-17h - 15 $)*. Construit en 1920 et reconnaissable à ses murs jaunes, le **Kuomintang Building** *(296 E Pender St.)* était, quant à lui, le siège du Parti nationaliste (fondé en 1912 par Sun Yat-sen) pour tout l'Ouest canadien.

★ Dr Sun Yat-Sen Classical Chinese Garden) C2

578 Carrall St. (derrière le centre culturel chinois) - ✆ 604 662 3207 - vancouver chinesegarden.com - ♿ - tlj sf lun.-mar. 9h30-16h - 16 $, visite guidée incluse.
Achevé en 1986 sur le modèle des jardins tels qu'on les trouvait dans la ville de Suzhou pendant la dynastie des Ming (14e-17e s.), ce havre de paix dans la trépidante ville de Vancouver est un endroit paisible où pins, bambous et pruniers en fleurs poussent dans un harmonieux paysage de cascades, de ponts et de passages couverts. Jouxtant le jardin se trouve le **Dr Sun Yat-Sen Park**, serein îlot de verdure doté d'un joli étang, ouvert librement au public.

★★★ Stanley Park PLAN I

Entrée au 1798 W Georgia St. - ✆ 604 257 8400 - vancouver.ca/parks - ♿ - tte l'année. Cartes disponibles au kiosque d'information.
Principale attraction de Vancouver, Stanley Park (405 ha) jouit d'un **site** magnifique à la pointe de la péninsule qui ferme presque la rade au détroit **First Narrows**. Près du cœur de la ville, à l'entrée d'un port extrêmement actif, il offre un espace de nature et de détente avec ses plages et ses promenades parmi les **arbres géants**, vestiges de la forêt primitive qui couvrait jadis toute la région. Il fut créé en 1886 sur une réserve militaire qui occupait une situation stratégique de premier ordre

1

Mâts totémiques dans le parc Stanley.
laughingmango/Getty Images Plus

à l'entrée de cette rade. Nommé en l'honneur du gouverneur général de l'époque, **Lord Stanley**, le parc est si célèbre qu'un séjour à Vancouver ne se conçoit pas sans une balade le long de ses allées et une visite de son aquarium *(voir p. 53)*. De nombreux sentiers pédestres parcourent les lieux, et Stanley Park est par ailleurs très bien aménagé : terrains de cricket, courts de tennis, jeu de palet, aires de pique-nique et de loisirs, piscine.

Préférez le **vélo**, le **roller**, le **bus** (n° 19) ou la **marche** pour sillonner cet immense parc. Vous pourrez louer des vélos juste à l'entrée du parc *(voir « Carnet pratique » p. 68)* et en été, monter à bord d'un train *(stanleyparkrailway.ca)* pour mieux découvrir la faune et la flore ambiante. En période estivale, le service de navette Westcoast Sightseeing *(forfait 24h : adulte 63 $)* à montée et descente libre, avec commentaire à bord, propose quelques arrêts intéressants à Stanley Park, dont l'aquarium de Vancouver, les mâts totémiques, Prospect Point, Ferguson Point et Second Beach *(westcoastsightseeing.com)*.

Piscine à Second Beach, idéale pour les enfants *(de mi-mai à déb. sept. - ✆ 604 257 8371 - horaires, se rens. - 7,41 $)*.

★ Stanley Park Drive D1

10 km - dép. de Georgia St. (file de droite, suivez les indications).

Cette route à sens unique fait le tour de Stanley Park, dans le sens contraire des aiguilles d'une montre. Elle épouse les courbes du rivage et offre de nombreux points de vue sur Coal Harbour, le centre-ville et la rive nord de la rade. Peu avant **Brockton Point**, qui révèle de jolies **vues** sur le chenal Burrard et les montagnes de la rive nord, surgit un alignement de **mâts totémiques**★ face au port de plaisance et aux gratte-ciel. Ces œuvres en plein air, sculptées dans le cèdre rouge et parfois peintes, ont été réalisées par des artistes musqueam, squamish, salish et tsleil-waututh, et rappellent l'importance culturelle et spirituelle de ces lieux pour les Premières Nations. Elles arborent pour certaines à leur faîte une tête d'aigle (messager du monde des esprits) aux ailes déployées. Étape suivante du circuit, **Prospect Point★** fournit l'occasion d'observer l'intense activité portuaire. La route s'écarte ensuite de la rive, mais des sentiers permettent de descendre pour voir **Siwash Rock★**, un rocher qui se dresse comme un obélisque sur le rivage. À **Ferguson Point**, belles **vues** sur **Third Beach★**, l'une des plages de la presqu'île. On distingue également la pointe Grey, où se situe l'université de Colombie-Britannique *(voir p. 59)*, et les montagnes de l'île de Vancouver. La route passe ensuite par la plage de **Second Beach**, dotée d'une piscine de plein air, et emprunte North Lagoon Drive avant de revenir à son point de départ.

★★ Seawall D1

9 km au départ du Causeway Tunnel, au bout du Devonian Harbour Park.
Réservée aux marcheurs, cyclistes et adeptes du roller en ligne, cette spectaculaire promenade fait le tour de la côte de Stanley Park. Alanguie côté est, celle-ci prend l'aspect d'une falaise surmontée d'arbres centenaires en équilibre précaire, côté ouest. Les **vues★★** offertes sous le pont Lions Gate et au niveau de Siwash Rock, sentinelle de pierre associée à une légende autochtone, sont somptueuses. Third Beach, baignée par le soleil de l'après-midi, dévoile à l'horizon l'île de Vancouver, et se révèle un parfait emplacement de pique-nique.
Il est possible de prolonger le parcours par le **Seaside Greenway★★**, plus longue promenade en front de mer au monde *(26 km)* qui commence à Canada Place, inclut le Seawall et le tour de False Creek, et s'achève au bout de Trafalgar Street. Partant du Seawall, de nombreux sentiers (cyclables ou pédestres) traversent la forêt du parc et y offrent une solitude inattendue. Ils sont néanmoins à éviter après le crépuscule. Soyez prudents !
Voitures attelées – *Stanley Park Horse-Drawn Tours Ltd., 735 Stanley Park Drive - ☎ 604 681 5115 ou 1 888 681 5110 - stanleypark.com - dép. de Coal Harbour, parking situé près de l'entrée de Georgia St. - de déb. mars à fin nov. - durée 1h - 76 $.* Une façon originale de découvrir Stanley Park !

1

★★ Aquarium de Vancouver E1

845 Avison Wy - ☎ 778 655 9554 - www.vanaqua.org - ♿ - de fin juin à fin août : 9h30-17h30 ; reste de l'année : se rens. - 41,45/46,95 $ selon le jour de visite.
Jadis célèbre pour ses spectacles publics avec les **bélugas** et les **orques**, et son programme sur les cétacés en captivité, supprimés en 2016-2017, l'aquarium n'accueille plus de façon permanente ces impressionnantes créatures marines douées d'intelligence, mais continue chaque année de prêter assistance en coulisse à plus d'une centaine d'animaux échoués ou en détresse, incapables de survivre par leurs propres moyens dans la nature et qui, une fois rétablis, sont relâchés dans l'océan. L'aquarium héberge par ailleurs quelque 50 000 autres créatures aquatiques marines : loutres de mer joueuses, phoques, manchots, morses, lions de mer évoluant toutefois dans des enclos dont on peut parfois regretter l'exiguïté. Très réussie et éducative, l'exposition **Trésors de la côte de la Colombie-Britannique★** présente un bel échantillonnage d'habitats marins à travers une impressionnante série d'aquariums. Plusieurs **spectacles en 4D** viennent enrichir la visite en proposant d'incroyables expériences sensorielles.
Dans la **Graham Amazon Gallery**, rénovée en 2024, crocodiles, anacondas, tortues, lézards et paresseux à deux doigts vivent dans une atmosphère chaude et humide, entourés de plantes tropicales et d'une multitude d'oiseaux et de **papillons** aux couleurs vives. On y simule même une intense pluie tropicale toutes les heures ! Juste à côté, des bassins renferment requins, piranhas, anguilles électriques, murènes et autres créatures des tropiques. L'espace **Clownfish Cove**

accueille les enfants de moins de 8 ans avec des spectacles de marionnettes et des activités en rapport avec les animaux.

West End PLAN II

Centre-ville, au nord-ouest de Broughton St.

Le quartier de West End s'affiche fièrement comme étant le plus densément peuplé d'Amérique du Nord, avec ses tours dominant Stanley Park, False Creek et la côte nord. Les projets immobiliers continuent de s'y multiplier, faisant sortir de terre des buildings toujours plus hauts, novateurs et... instagrammables. Ainsi en est-il de l'ondulant The CURV, de 60 étages, prévu pour 2029.

Denman Street (A1) mérite une promenade, avec ses échoppes, boutiques et cafés. Et si vous quittez les grands axes, vous serez surpris de découvrir une atmosphère

très différente aux alentours de **Nelson Park** (A1) : sur quelques dizaines de mètres, l'alignement des petites maisons, toutes différentes et chacune dotée d'un jardinet, évoque le charme soigneusement bohème et désuet de certains quartiers de la vieille Angleterre.

★★ English Bay Beach A1

Beach Ave. et Denman St.

Cet endroit se distingue par son gigantesque **Inukskuk**. Taillé dans le granit par le sculpteur Alvin Kanak, ce cairn inuit anthropomorphe symbolise l'amitié et l'hospitalité, et compose un joli tableau au coucher du soleil. Les services des espaces verts entretiennent ici une série de jardins plantés de palmiers pour témoigner de la douceur du climat de Vancouver. Les habitants du quartier se délectent des après-midi d'été, lorsque les jardins sont en fleurs, et que le soleil réchauffe le sable.

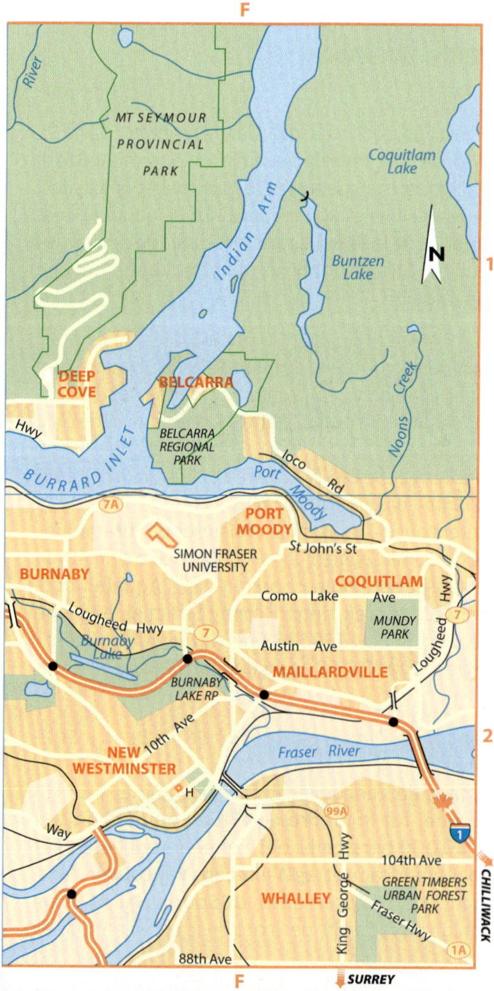

VANCOUVER

Plan I

SE RESTAURER

- Maria's Taverna............................ 31
- Sawasdee.. 32
- Pink Pearl Seafood Restaurant... 33
- Sun Sui Wah Seafood Restaurant.................................. 34
- Seasons in the Park..................... 35
- Lonsdale Quay Market................. 36

SE LOGER

- HI Vancouver Jericho Beach...... 33
- Thistledown House...................... 34

Artistes et artisans installent leurs tréteaux sur la promenade qui rejoint Stanley Park dès que le temps le permet. Au nord de la plage sourient les 14 sculptures qui composent *A-maze-ing Laughter* de l'artiste chinois Yue Minjun.

Roedde House Museum A1

1415 Barclay St. (à l'angle de Broughton St.) - ✆ 604 684 7040 - www.roeddehouse. org - juin-août : 11h-16h ; sept.-mai : 13h-16h - fermé lun.-mar. et sam. - 10 $.

Flanquée d'une tour polygonale bien caractéristique, cette demeure de style Queen Anne fut construite en 1893 pour Gustav Roedde, relieur de son état. La maison aurait été conçue par le célèbre architecte **Francis Rattenbury**, qui dessina les plans de la Vancouver Art Gallery et du célèbre hôtel Empress à Victoria. Les pièces ouvertes à la visite sont meublées selon l'époque. La demeure donne d'un côté sur un jardin victorien doté d'un petit kiosque, et de l'autre sur un parc des plus charmants : le **Barclay Heritage Square**.

Yaletown et False Creek PLAN II ABC2

Yaletown AB2

Situé dans le prolongement de West End, cet ancien quartier d'entrepôts *(Davie St. et Nelson St., aux environs de Homer St.)*, où se trouvait jadis le terminus de la ligne ferroviaire du Canadien Pacifique, a fait peau neuve. Doté d'élégants cafés, de magasins branchés, d'épiceries de luxe et de bureaux haut de gamme, il est devenu l'un des lieux les plus huppés de la ville. Les anciens quais de déchargement de Mainland Street et Hamilton Street sont désormais fréquentés par une clientèle d'artistes, designers et traders.

False Creek BC2

Ce bras de mer peu profond, qui sépare Downtown du reste de la ville, constitue un appendice de la **baie Burrard**. Pour le traverser, empruntez l'un des ferries de False Creek qui desservent 9 stations selon trois routes : Centre Aquatique–Granville Island (n° 1), Maritime Museum–Granville Island (n° 2), Granville Island–Village Olympique (n° 3) *(granvilleislandferries.bc.ca - 7h-21h (n° 1), 10h-18h (n° 2), 7h10 et 20h10 (n° 3) - dép. ttes les 5/15mn - pass journalier 20 $.*

Les ferries de False Creek se prêtent aussi à deux **mini-croisières panoramiques** appréciées des touristes : l'une de 30mn *(ligne n° 2, AR 10 $)* et l'autre de 40mn *(ligne n° 3, AR 14 $)*. Reconnaissable à ses couleurs arc-en-ciel, l'**Aquabus** dessert, quant à lui, 8 stations dans False Creek, entre Hornby Street et le Village Olympique, en passant par Yaletown *(✆ 604 689 5858 - www.theaquabus.com - 7h05-20h55 - ttes les 5/15mn - de 4,50 à 10 $ AS - pass journalier 19 $).*

★ BC Place Stadium BC2

777 Pacific Blvd (entrée principale à l'angle de Robson St. et Beatty St.) - ✆ 604 669 2300 - www.bcplace.com - ♿.

Conçu par Phillips Barratt, le stade de Vancouver, immense complexe sportif en forme de chapiteau de cirque, fut inauguré en 1983. Équipé d'un toit rétractable, il peut abriter les 60 000 personnes qui viennent régulièrement encourager les **BC Lions** (football américain) et les **Whitecaps Vancouver** (football - MLS) ou assister à des concerts. L'exposition du **BCSports Hall of Fame** *(bcsportshall.com)* rend hommage aux sportifs de la province et revient sur les J.O. de 2010.

Granville Island Public Market.
ronniechua/Getty Images Plus

Rogers Arena C2

800 Griffiths Wy - rogersarena.com - ♿.
Située juste à côté du stade, la moderne **Rogers Arena** peut accueillir près de 20 000 personnes. Elle vibre lors des concerts, des rencontres de lacrosse des Vancouver Warriors *(vancouverwarriors.com)* et, surtout, lors des matchs des idoles locales, les hockeyeurs des **Vancouver Canucks** *(nhl.com/canucks)*. Si vous avez l'occasion, venez assister à un match, sur place ou, à défaut, dans l'un des pubs alentour.

Science World C2

1455 Quebec St. (à l'angle de Quebec St. et Terminal Ave.) - ✆ 604 443 7440 - www.scienceworld.ca - ♿ - 10h-17h - 34,85 $; Omnimax se rens.
Ce centre d'animation scientifique fut créé en 1989 sur le site de l'Expo'86, face à False Creek. Ses expositions interactives et ses démonstrations en font un agréable musée de vulgarisation. Parmi les activités proposées, notez la salle de cinéma Omnimax, dont l'écran hémisphérique permet des projections à 360°, la salle des matières et des forces où l'on revoit les bases de la physique, la galerie des enfants destinée aux plus jeunes et la salle des tornades, spécialement conçue pour en reproduire les vents terribles.
À 500 m s'étire le long bâtiment de **Pacific Central Station**, édifié entre 1917 et 1919 pour accueillir les trains de la Canadian Northern Railway venus d'Edmonton. Elle demeure un hub majeur (trains, bus) d'où s'élancent les trains de Via Rail vers Toronto et d'Amtrack vers Seattle.

The Village C2

À une dizaine de minutes à pied de Science World, on peut se rendre au village olympique en empruntant la Seaside Walkway qui longe le bord de l'eau. Construit pour héberger les athlètes des Jeux olympiques de 2010, celui-ci a été converti en immeubles résidentiels. Différents ensembles industriels ont aussi fait l'objet de réhabilitations, parfois de façon audacieuse, comme celle de la compagnie de sel de Vancouver, qui trône en son centre.

Au sud : Granville, Kitsilano, UBC

PLANS P. 46-47 ET P. 54-55

★ Granville Island PLAN II

Le bus 50 (au départ de Gastown) s'arrête tout près de Granville Island, au coin de Anderson St. et de la 2nd Ave. W. L'aquabus (voir « False Creek », p. 56) sillonne False Creek et s'arrête au pied de Hornby St., à Stamp's Landing, à Yaletown (au pied de Davie St.) et à Science World. À Granville Island, le quai de l'aquabus est situé entre le marché public et l'Arts Club Theatre ; les traversiers accostent près de l'entrée du restaurant Bridges.

Créée en 1916 par des déblais de dragage provenant de False Creek, cette île artificielle, jadis exploitée à des fins industrielles, est devenue l'un des lieux les plus conviviaux de la ville. Aux côtés de quelques usines rescapées ont peu à peu surgi restaurants, galeries et studios d'art, boutiques, théâtres et hôtel. Dans les nombreux ateliers de l'île, vous verrez différents artisans à l'œuvre.

Si vous avez des enfants, emmenez-les faire un tour au **Kid's Market** qui regorge de jouets. Le **Granville Island Water Park** (*604 257 8195 - falsecreekcc.ca/waterpark - du w.-end de Victoria Day à fin juin : sam.-dim. 10h-18h ; de déb. juil. à déb. sept. : 10h-18h - gratuit*) devrait également leur plaire, notamment lors des grosses chaleurs, car il dispose de jets d'eau rafraîchissants et de toboggans aquatiques.

Granville Island Public Market A2

Johnston St. (bus 50 au départ de Gastown, suit Granville St. et s'arrête à hauteur de Granville Island, à l'angle d'Anderson St. et W 2nd Ave.) - 604 295 8844 - 9h-18h.

Promenades guidées avec dégustation *(2h)* tte l'année à partir de 119,99 $ *(foodietours.ca/granville-island-market-tour)*.

Ce très sympathique marché alimentaire vous séduira par ses étals de viande, poissons, légumes, fromages et produits fermiers en tous genres. C'est aussi l'endroit idéal pour trouver des objets d'artisanat fabriqués par les Premières Nations de Vancouver, et qui feront de jolis souvenirs de voyage.

Kitsilano PLAN II

De Downtown, bus 2, 22 ou 32 pour se rendre à Kitsilano et au parc Vanier (Vancouver Museum, Maritime Museum et MacMillan Space Centre).

Berceau du mouvement hippie dans les années 1960, ce quartier bohème très animé et densément peuplé, s'étend le long d'English Bay, au sud-ouest du centre-ville. Il doit son nom à un ancien chef de la Première Nation squamish. Son architecture éclectique, ses petits commerces et boutiques indépendantes, ses marchés bio, son ambiance très détendue et sa **plage** où il fait bon jouer au volley, en font un lieu de prédilection des étudiants de UBC qui pourront non seulement profiter de l'énorme **piscine d'eau salée** du quartier, mais aussi et surtout de la proximité des trois musées suivants.

★★ Museum of Vancouver (MOV) A2

1100 Chestnut St., Vanier Park, à l'ouest de Falls Creek - 604 736 4431 - www.museumofvancouver.ca - - 10h-17h ; jeu.-sam. 10h-20h - 22 $.

Devant la rotonde de ce musée d'art et d'histoire se trouve une énorme fontaine d'acier due au sculpteur George Norris. Probablement l'une de ses plus célèbres sculptures, elle représente le **crabe★** qui, selon les légendes autochtones, garde le port de Vancouver.
À l'intérieur du bâtiment, des expositions permanentes et temporaires donnent un excellent aperçu des cultures autochtones, de la faune locale et de la ville même de Vancouver. La **section historique★** retrace à travers plusieurs reconstitutions grandeur nature un peu similaires à celles du Royal British Columbia Museum de Victoria *(voir p. 78)* l'évolution de Vancouver et de sa région depuis l'arrivée des Européens. Elle est composée de cinq galeries : *The City before the City* (dédiée aux **Musqueam**, Nation autochtone de Colombie-Britannique dont la réserve est située au cœur même de Vancouver, et dont la langue aujourd'hui quasiment disparue était un dialecte Salish) ; *Gateway to the Pacific* (1900-1920) ; *Boom, Bust, and War* (1930-1940) ; *The Fifties* (1950) et *You Say You Want a Revolution* (1960-1970). Des expositions temporaires sont organisées chaque année.
Du parking, magnifiques **vues★★** sur le centre-ville et les montagnes de la rive nord.

★ H.R. MacMillan Space Centre A2

1100 Chestnut St., Vanier Park - ✆ 604 738 7827 - www.spacecentre.ca - ♿ - 9h30-16h30, merc. et vend. 18h30-21h30 - 22,75 $. Planétarium ttes les h de 10h45 à 13h45 et le soir à 19h et 20h30. Visite de l'observatoire le soir.

Ce gigantesque complexe comprend une station spatiale, un simulateur de vol, toutes sortes d'expositions interactives et d'autres sur la recherche spatiale. L'observatoire Southam permet aux visiteurs d'apercevoir le Soleil, la Lune, les planètes et les étoiles au travers d'un télescope géant. De forme conique, le **MacMillan Planetarium**, inauguré en 1968, est l'un des édifices les plus marquants de la ville.

1

★★ Vancouver Maritime Museum A2

1905 Ogden Ave., Vanier Park - ✆ 604 257 8300 - vanmaritime.com - ♿ - tlj sf lun. 10h-17h - 15 $.

Modèles réduits et expositions diverses évoquent l'histoire maritime de Vancouver et de la province. Site historique national, le **St. Roch** constitue l'attraction majeure du musée. Il s'agit d'un ancien bateau de la Gendarmerie royale du Canada, long de 32 m et savamment restauré. Le Norvégien **Roald Amundsen** ayant le premier réussi la traversée vers les îles de l'Arctique, divers pays envisagèrent d'y prendre position. Aussi, pour affirmer la souveraineté canadienne sur ces immensités quasi inoccupées, le *St. Roch* fut envoyé, sous le commandement du capitaine **Henry Larsen**. Parti de Vancouver en juin 1940, il ne put joindre Halifax qu'en octobre 1942, tant il fut bloqué par les glaces. Le retour fut plus rapide : parti le 22 juillet 1944, il arriva à Vancouver le 16 octobre, après avoir parcouru 13 510 km. C'était le premier bateau à franchir le passage dans les deux sens et à faire le voyage est-ouest en une seule saison.

★ University of British Columbia (UBC) - Campus de Vancouver PLAN I

Situé à la pointe Grey, à l'extrémité de la péninsule, où se succèdent les **plages**, le campus de l'université de Colombie-Britannique, à la fois entouré de forêts et bordé par l'océan, est célèbre pour son site magnifique face au détroit de Géorgie et aux montagnes de l'île de Vancouver. Il s'étale sur quelque 400 ha et constitue en soi un très joli but de promenade. Réputé pour ses départements de recherche en agronomie, sylviculture et océanographie, il abrite par ailleurs l'une des plus belles collections d'art des Premières Nations au monde, racontant l'histoire des premiers peuples de la Colombie-Britannique...

★★★ Museum of Anthropology (MOA) D2

6393 NW Marine Dr. - ✆ 604 822 5087 - moa.ubc.ca - ✕ ♿ - 10h-17h (21h jeu.) - 25 $. Bus 4 ou 14 (dir. UBC) jusqu'au terminus puis marchez ensuite env. 20mn à travers le campus (fléché).

Bâti sur le territoire traditionnel des **Musqueam**, le MOA, chef-d'œuvre d'architecture contemporaine (1976) dû à **Arthur Erickson**, sert d'écrin aux collections d'arts premiers du musée, et imite la structure traditionnelle des grandes maisons autochtones, avec ses poutres et ses piliers en béton.

Grande Salle – Après avoir poussé les solides portes en bois sculpté du musée, le visiteur accède, par une rampe décorée de figures réalisées par les **Salish**, à cette immense pièce qui prend de l'amplitude, s'élève, s'élargit et s'éclaire, tandis que le mur de verre, haut de 15 m, efface toute barrière entre l'éblouissante collection de **mâts totémiques★★★** et la superbe nature environnante.

Les pièces exposées, d'origine haïda ou kwakwaka'wakw, datent pour beaucoup de la seconde moitié du 19e s. Elles se distinguent notamment par une collection de **coffrets** traditionnels des peuples de la côte nord-ouest, fabriqués en cèdre et richement décorés.

Plus insolite, la grande sculpture de Joe David, **Cedar Man★**, fut érigée en 1984 devant le parlement de Victoria pour protester contre les exploitations sylvicoles qui dévastaient alors l'île de Meares sur la côte ouest de l'île de Vancouver.

Rotonde – Dans cet espace à part trône un chef-d'œuvre absolu : **The Raven and the First Men★★★** (*Le Corbeau et les Premiers Hommes*, 1983). Taillée dans du cèdre jaune, cette merveille née des mains du maître-sculpteur haïda **Bill Reid** (1920-1998), ancienne figure de proue de l'art contemporain haïda et doté d'une grande connaissance des techniques ancestrales, illustre avec brio la légende haïda selon laquelle le Corbeau aurait convaincu les humains de sortir d'un gigantesque coquillage échoué sur une plage pour rejoindre le monde terrestre.

★★ Multiversity Galleries – La visite ne saurait être complète sans la découverte inattendue de la fabuleuse **réserve ouverte** du musée. Celle-ci recèle une collection de quelque 16 000 masques rituels, canoës richement décorés et autres objets anthropologiques, bruts ou d'une finesse inouïe, donnant un aperçu de la créativité des cultures traditionnelles du monde entier. Parmi toutes ces merveilles, les Premières Nations de l'île de Vancouver sont à l'honneur, avec de très d'impressionnantes œuvres en bois peint Kwakwaka'wakw.

★ Exposition extérieure de mâts totémiques et de maisons haïdas – En sortant du musée, un sentier à droite mène à six mâts totémiques haïdas réalisés en 1958 par **Bill Reid**. Cet artiste construisit, avec le maître sculpteur kwakwaka'wakw

Parlez-vous musqueam ?

Dans un effort de réconciliation avec les peuples autochtones locaux, des plaques bilingues anglais-musqueam ont été érigées sur le campus de UBC et dans différents autres lieux de Vancouver, afin d'honorer cette Première Nation sur le territoire traditionnel de laquelle s'est développée toute la ville.

Doug Cranmer, et selon la technique d'architecture haïda *(charpente à tenons et mortaises retenant des planches de cèdre fendues à la main)*, une **maison mortuaire** ainsi qu'une **grande maison familiale**. Cette dernière se distingue par son mât frontal sculpté en 2000 par l'artiste haïda **Jim Hart** en hommage à Bill Reid.

★ Jardins du campus de UBC D2

Le campus de UBC accueille en son sein trois jardins très différents :
UBC Botanical Garden – *Administration Building, 6804 SW Marine Dr. - botanicalgarden.ubc.ca - ✆ 604 822 4208 - de déb. avr. à fin oct. : 10h-16h30 ; reste de l'année : 10h-14h - fermé lun. et de fin déc. à déb. janv. - billet combiné Botanical Garden, Greenheart TreeWalk et Nitobe Memorial Garden 28,50 $.* Fondé en 1916 pour étudier la flore indigène provinciale et la protéger, ce jardin universitaire, en tant qu'établissement d'enseignement et d'apprentissage, se distingue par son catalogue de 50 000 plantes issues de 5 000 types distincts, son impressionnante collection de 400 sortes de rhododendrons, et sa non moins impressionnante collection de quelque 130 érables.
Greenheart TreeWalk – *✆ 604 822 3928 - botanicalgarden.ubc.ca/visit/greenheart-treewalk - déb. avr.-oct. : 10h-16h30 - fermé nov.-mars.* La nature s'invite en ville grâce à cette agréable **promenade aérienne** en plein campus. Rattachée au jardin botanique de UBC, elle se découvre en visite libre ou en compagnie d'un naturaliste *(juin-oct.)*. Se promener à travers cette magnifique **forêt pluviale tempérée**, peuplée de gigantesques pins Douglas et cèdres centenaires, où résonnent les chants d'oiseaux, est un véritable enchantement, mais attention ! Bien plus branlants que ceux de Capilano *(voir p. 63)*, ces ponts de singe à 23 m au-dessus de la canopée testeront vraiment votre sens de l'équilibre !
Nitobe Memorial Garden – *1895 Lower Mall - ✆ 604 822 6038 - botanicalgarden.ubc.ca/visit/nitobe-memorial-garden - de mi-mars à fin-oct. : 10h-16h30 ; reste de l'année : 10h-14h - fermé lun. et de fin déc. à déb. janv.* Beaucoup plus zen, la visite de ce jardin traditionnel japonais de 1 ha, impeccablement entretenu et doté de sa traditionnelle **maison de thé**, vous promet un moment de détente absolu.

★★ VanDusen Botanical Garden E2

5151 Oak St. - ✆ 604 257 8335 - www.vandusengarden.org - ♿ - de déb. juin à déb. sept. : 9h-19h ; reste de l'année : se rens. - avr.-oct. : 13,80 $; nov.-mars : 9,80 $. Bus 17 (au dép. de Pender St.) en dir. du nord de Granville St., arrêt Oak & 37th.
Propriété du Canadien Pacifique, cette oasis en plein cœur de la ville, peuplée de **colibris**, de rapaces, de papillons et autres créatures, ouvre au visiteur un vaste espace paysager de 22 ha se voulant le reflet de la richesse et de la diversité du monde végétal (7 500 plantes des six continents). Dans le **Jardin pacifique nord-ouest** poussent des spécimens originaires de la région de Vancouver. Le **Jardin méditerranéen** est dominé, quant à lui, par les cèdres bleus et les cèdres du Liban ; dans le **Jardin de l'hémisphère sud** croissent les eucalyptus australiens et les araucarias du Chili et d'Argentine ; enfin, le **Jardin des bruyères** est reconnaissable à sa maisonnette écossaise en pierre, à ses pins sylvestres et à ses bouleaux. Le jardin botanique recèle aussi un jardin des plantes vivaces, une roseraie, une étonnante tourbière de plantes carnivores ou encore le jardin Phyllis Bentall et son bassin de nénuphars. S'y ajoutent des lacs et formations rocheuses, une longue allée bordée de rhododendrons, un labyrinthe, un jardin de magnolias, un jardin sino-himalayen et bien d'autres trésors. Le jardin botanique sert par ailleurs d'écrin à une collection de **sculptures** monumentales parmi lesquelles on citera

1

deux **mâts totémiques** Gitksan : *The Mosquito People* (Earl et Brian Muldoe, 1986) et *Al of the Gispuwada* (Arthur Sterritt, 1976).

★ Queen Elizabeth Park E2

À l'angle de W 33rd Ave. et Cambie St.

Situé au centre de la cité, ce joli parc occupe une colline (150 m) qui dévoile, par temps clair, des **vues★★** splendides sur la ville, les deux **pics des Lions** (alt. 1654 m), et tout au loin, côté États-Unis, le sommet enneigé du mont Baker, volcan actif de la chaîne des Cascades.

Bloedel Conservatory – *4600 Cambie St. - 604 257 8584 - www.vancouver.ca/parks - - de déb. mai à déb. sept. : 10h-19h ; reste de l'année : se rens. - 8,30 $.* C'est par une route s'enroulant autour de la colline et traversant l'arboretum que l'on accède à cette immense serre en verre et aluminium. Celle-ci abrite un jardin tropical riche de 500 espèces de plantes exotiques, où vivent en liberté plus d'une centaine d'oiseaux aux couleurs vives. Autre point d'intérêt, le **jardin de rocaille** niché au creux d'une ancienne carrière. Ses allées sinueuses serpentent parmi les massifs de fleurs multicolores au pied d'une cascade.

Le restaurant **Seasons in the Park**, qui reçut Bill Clinton et Boris Eltsine lors du sommet de Vancouver en 1993, sert des spécialités de la côte ouest *(voir « Nos adresses » p. 72)*.

La rive nord

PLAN P. 54-55

Les versants boisés de la **chaîne côtière** plongent directement sur la rive nord du chenal Burrard. Des petits cours d'eau ont creusé des gorges et des vallées encaissées, tandis que des **fjords** (Indian Arm, Howe Sound) dessinent de profondes échancrures. Quelques **banlieues résidentielles** s'accrochent aux basses pentes, bénéficiant de belles vues du chenal et de la ville.

La Hwy 1 (Transcanadienne), qui devient **BC Hwy 19**, suit la côte nord à 800 m d'altitude, déroulant ses 12 km de lacets **Horseshoe Bay** (D1), d'où appareillent les bacs de BC Ferries en partance pour l'île de Vancouver, l'île Bowen et la Sunshine Coast, au nord du détroit de Howe.

Le SeaBus assure la liaison Waterfront-Lonsdale en 12mn *(voir « Carnet pratique » p. 68)*. Au débarcadère de **Lonsdale**, une plate-forme *(Lonsdale Quay Bus - www.translink. ca)* regroupe les bus desservant la rive nord. Leur destination est indiquée sur chacun d'entre eux. Pratique et facile !

★★ Lighthouse Park D1

10 km à l'ouest de Vancouver - 604 925 7275 - www.lighthousepark.ca - 7h-22h. Bus 250 au départ de Downtown, le long de Georgia St.

Les habitants de Vancouver aiment se promener dans cette ancienne forêt primaire. Des promontoires rocheux de ce parc de 79 ha sur le détroit de Howe, le regard traverse le détroit de Géorgie et parcourt le parc Stanley, embrassant au loin la silhouette de Vancouver et du mont Baker en des **vues★★★** grandioses. Son classement en parc permit le développement de gigantesques **pins Douglas**, cèdres et sapins du Canada, qui furent protégés dès la construction du premier phare (1874) destiné à signaler la périlleuse **pointe Atkinson**. Se détachant sur le fond sombre de la forêt, cet amer se distinguait même par temps de brouillard. D'innombrables sentiers mènent au phare actuel (1912), le meilleur emplacement de la ville pour apprécier le coucher du soleil sur le détroit de Géorgie.

VanDusen Botanical Garden
M. Wheatley/All Canada Photos/age fotostock

★ Cypress Provincial Park D1

À 12 km du centre-ville. ✆ 800 698 9025 - bcparks.ca/cypress-park - ♿ - 7h-23h. Navettes gratuites à partir de Lonsdale Quay (en hiver) ou Cypress Mountain Express Bus (cypresscoachlines.com - ✆ 604 637 7669 - 19 $ AS, payables en espèces au chauffeur).

Activités : Randonnée, pique-nique, vélo, ski.

Ce parc de 3000 ha doit son nom aux **cyprès de Nootka** qui parsèment ses pentes. La route d'accès mène, à travers une forêt de Douglas et de sapins du Canada, jusqu'à un belvédère ménageant des **vues★★★** grandioses sur Vancouver et sa région. Par temps clair, la masse enneigée du mont Baker (côté États-Unis) ajoute à ce tableau déjà spectaculaire une touche de magie.

★ Capilano Canyon E1

À 9 km du centre-ville de Vancouver. Bus 236 ou navette gratuite AR au départ de Canada Place - horaires sur capbridge.com/shuttle-schedule.

Capilano Suspension Bridge Park – *3735 Capilano Rd - ✆ 604 985 7474 - capbridge.com - de mi-juin à déb. sept. : 8h30-20h ; reste de l'année : se rens. - 69,95 $, réductions en ligne.* Incontournable attraction touristique de la région de Vancouver, ce **pont suspendu** fut construit en 1889 par un certain George Grant Mackay, désireux de protéger ce bout de **forêt pluviale** tempérée de la hache des bûcherons. Longue de 137 m, l'étroite et gracieuse structure se balance à chacun de vos pas à 70 m au-dessus de la rivière Capilano, dévoilant un à-pic impressionnant. De l'autre côté de la rive, on découvre de superbes spécimens de thuyas géants et de pins Douglas en empruntant le **Treetops Adventure**, parcours suspendu dans les arbres qui mène de pont en pont, au cœur de la forêt. Deux autres activités à découvrir sans faute : la vertigineuse **Cliff Walk★** (promenade de la falaise) ancrée à la roche, et le **Nature's Edge Boardwalk**, série de promenades guidant le visiteur à travers cette forêt enchantée au parfum de cèdre.

Capilano River Regional Park – *Plus loin sur Capilano Rd. ✆ 604 224 5739 - de déb. juin à déb. sept. : 7h-22h ; reste de l'année : se rens.* Ce parc offre de jolies vues sur le canyon du Capilano. À l'extrémité nord *(accès par Nancy Greene Way)*, on arrive au barrage Cleveland et au lac Capilano, réservoir d'eau potable pour Vancouver. Au-delà, belle **vue★** sur le double sommet des Lions. Profitez d'une promenade dans le parc pour faire une halte au centre d'interprétation de l'**écloserie** du lac Capilano, qui explique le cycle vital du saumon. En aval du piège de capture, les fenêtres de la passe à poissons vous permettront d'observer des saumons **quinnat** *(oct.-nov.)* ou **coho** *(juin-nov.)* ainsi que des **truites arc-en-ciel** *(mars-avr.)* en cours de remonte. De là, les poissons sont glissés vers un réservoir où ils sont triés par espèces et frayés. Une fois fertilisés, les œufs sont prélevés, puis placés dans une salle d'incubation. Les alevins sont ensuite transférés dans des cuvettes d'élevage où ils resteront jusqu'au printemps, avant d'être relâchés vers la rivière.

★ Grouse Mountain E1

À 13 km du centre-ville. ✆ 604 980 9311 - www.grousemountain.com - ♿ - 80 $. Tramway aérien (9h-21h - ttes les 15mn), navette gratuite entre Canada Pl. et Grouse Mountain (juil.-août : 9h-18h - env. 30mn de trajet) ou bus 236 au départ de Lonsdale Quay.

Grouse Mountain est l'attraction naturelle la plus populaire de Vancouver et sa région. La montée en **tramway aérien (**Super Skyride) vers ce sommet à 1100 m d'altitude révèle de superbes **vues★★** sur la vallée du Capilano et son lac, puis sur Vancouver, le chenal Burrard, le delta du Fraser et l'île de Vancouver, au loin dans la brume. Les adeptes de sports d'hiver trouveront ici de quoi satisfaire leur passion, avec 26 pistes de ski et snowboard et de nombreuses possibilités de promenades en raquettes ou en traîneau, sans parler d'une vaste patinoire extérieure. L'été se prête à la randonnée : le très populaire **Grouse Grind** *(3 km)* permet par exemple de monter jusqu'au sommet de Grouse Mountain. Vous pourrez aussi vous laisser tenter par une multitude d'activités de plein air : tyrolienne, accrobranche, parapente, cabanes dans les arbres pour les enfants et l'incontournable visite du **Grouse Mountain Refuge for Endangered Wildlife**. Ce refuge *(grousemountain.com/wildlife-refuge)* pour espèces en voie de disparition accueille des oiseaux de proie et deux célèbres pensionnaires : les grizzlis **Grinder** et **Coola**. Devenus orphelins en 2011, ils vivent ici leur vie dans un large espace naturel muni d'un abri, et aiment se chamailler et se prélasser au soleil ! En saison, des **spectacles de bûcherons** *(env. 45mn)* suscitent des frissons parmi le public ébahi par l'adresse de ces hommes rompus au lancer de hache ou à l'épreuve des rondins.

À proximité

CARTE CI-CONTRE

Richmond

15 km au sud de Vancouver - accès en SkyTrain en 30mn.

Kiosque (Steveston Village, Bayview St.) et visitrichmondbc.com.

Depuis quelques années, une partie de la population du Chinatown de Vancouver a déserté le quartier pour aller s'installer à Richmond. Située au sud de l'aéroport international de Vancouver, cette ville côtière et résidentielle est célèbre pour ses galeries d'art et ses fresques peintes ici et là sur les murs. Si vous y passez, profitez-en pour découvrir le petit quartier portuaire de **Steveston**, réputé pour ses conserveries où travaillèrent des générations d'immigrants asiatiques, son marché aux poissons et ses délicieux *fish & chips*.

★ Fort Langley National Historic Site

56 km au sud-est de Vancouver. Glover St. et Mavis Ave. - ✆ 604 513 4777 - parcs.canada.ca/lhn-nhs/bc/langley - ♿ - 10h-17h - 9 $.

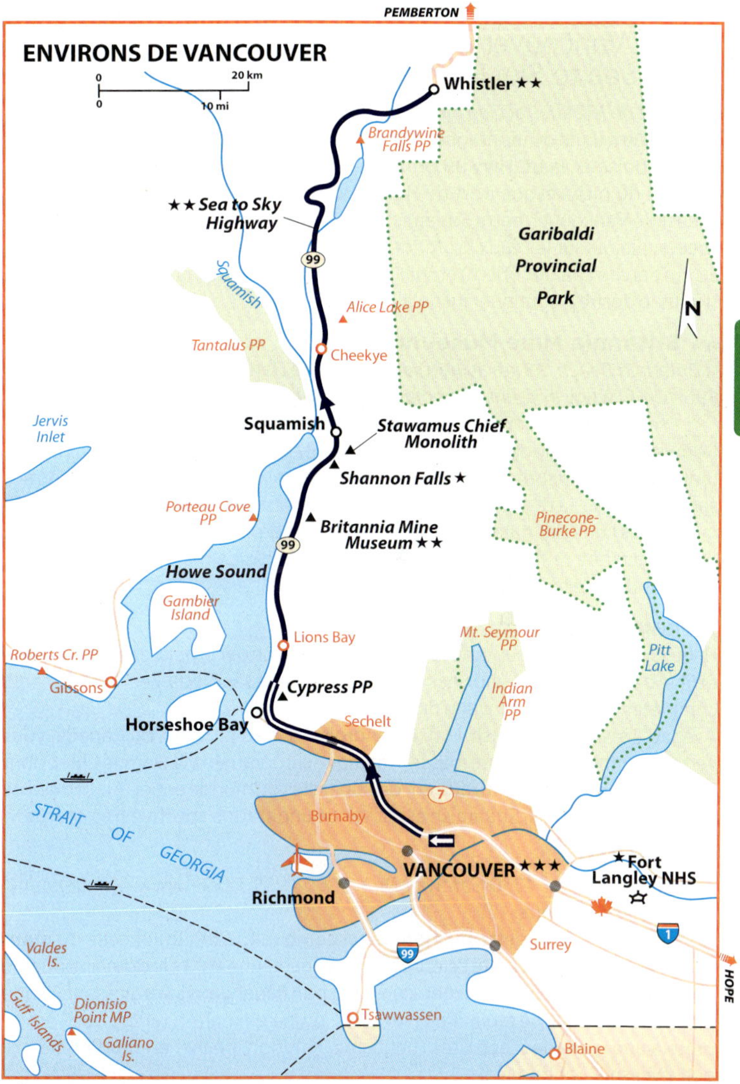

Visites guidées *(à 11h, w.-end à 11h et 14h)* et activités diverses proposées dans la forge et l'atelier du tonnelier.
Édifié en 1827, ce fort était un comptoir de fourrures, à l'époque où la Compagnie de la baie d'Hudson détenait le monopole dans la région. il possédait aussi une ferme et une conserverie de saumon. Une palissade carrée entoure les bâtiments, dont seul l'**entrepôt** est d'époque. Il se visite (collection de fourrures et produits de troc), ainsi que les quartiers des officiers.

Circuit conseillé

CARTE P. 65

★★ De Vancouver à Whistler par la Sea to Sky Highway

Circuit de 102 km tracé en bleu foncé sur la carte p. 65.
Accrochée à flanc de montagne et dominant le golfe où plongent de puissantes falaises boisées, la **BC Hwy 99** promet une magnifique promenade en voiture. Au-delà du pittoresque port de **Horsheshoe Bay** *(meilleure vue au retour)*, à l'ouest de Vancouver, entre Squamish et Whistler, elle offre des **panoramas★★★** spectaculaires sur les eaux profondes de **Howe Sound** (qui s'enfonce de près de 50 km dans la chaîne côtière) et sur les montagnes environnantes. Vous pourrez, si vous le désirez, continuer jusqu'aux stations de ski.

★★ Britannia Mine Museum

À Britannia Beach, 38 km au nord de Horseshoe Bay - ✆ 604 896 2233 ou 1800 896 4044 - www.britanniaminemuseum.ca - 9h-16h30 - 41,95 $.
La température est fraîche dans le musée ; emportez de quoi vous couvrir.
Ce musée est installé dans la mine de cuivre Britannia, qui fut l'une des plus importantes de l'Empire britannique. Une présentation audiovisuelle *(20mn)* retrace son histoire, de sa découverte en 1888 à sa fermeture en 1974. Une **visite guidée** mène dans l'une des galeries de la mine avec des démonstrations du matériel, et dans l'ancienne raffinerie à alimentation par gravité. La maison de la Mine présente l'industrie minière en Colombie-Britannique.

★ Shannon Falls

Haute de 335 m, cette superbe cascade impressionne par la puissance de la falaise qu'elle dévale et par les énormes éboulis dispersés à ses pieds. Les arbres géants complètent la beauté sauvage du site.
Avant d'arriver à **Squamish**, l'un des endroits les plus pluvieux du Canada, vous verrez une impressionnante masse granitique surnommée **Stawamus Chief**, dont les parois abruptes (700 m) attirent des alpinistes du monde entier. Ancien centre de l'industrie du bois, Squamish est devenue une station sportive très courue.

★★ Whistler

Visitor Centre – *4230 Gateway Dr. - ✆ 604 935 3357 - www.whistler.com/whistler-visitor-centre.*
Dominée par la silhouette du **mont Blackcomb** (alt. 2 284 m) et celle du **mont Whistler** (alt. 2 182 m), cette célèbre station canadienne abrite le domaine skiable le plus étendu du continent américain. Il fait bon flâner dans son ravissant village piétonnier au charme alpin. En hiver, le ski règne en maître, tandis que l'été se prête à une myriade d'activités : nautisme, natation, pêche, équitation, tennis, golf, cyclisme, randonnée.

Une vilaine petite bête

Lors de vos pérégrinations en voiture en Colombie-Britannique, vous remarquerez peut-être, de part et d'autre des routes, des fragments de forêt en piteux état. Il y a des chances que le coupable soit le **dendroctone du pin ponderosa**, coléoptère redouté dont la larve fragilise et assèche les arbres dont elle se nourrit, et rend les forêts plus inflammables.

Whistler Museum and Archives – *4333 Main St. - ✆ 604 932 2019 - www.whistlermuseum.org - 11h-17h, jeu. 11h-21h - fermé merc. - participation de 5 $ libre.* On y apprend comment l'endroit, d'abord consacré à la foresterie, devint un camp de pêcheurs, puis connut en trente ans un développement stupéfiant grâce au ski.

Forêt interprétative de Whistler – *Whistler's Interpretive Forest - 5 km à l'ouest du village principal, rte 99.* Elle offre des sentiers variés, dont une sente de 200 m où toutes les espèces végétales indigènes sont identifiées.

Garibaldi Provincial Park

Route d'accès au parking, non goudronnée, à partir de Whistler Village. ✆ 604 898 3678 - bcparks.ca/garibaldi-park - ouv. tte l'année - 10 $/nuit - réserv. obligatoire pour le camping.

Axé sur la randonnée, ce parc est traversé de pistes de tous niveaux. Selon votre forme, vous pourrez emprunter le **Chicamous Lake Trail** (*7 km, 2h*) ou tenter le **Garibaldi Lake Trail** (*19 km, de 7 à 11h*).

1

Randonnée dans le Garibaldi Provincial Park.
edb3_16/Getty Images Plus

Carnet pratique

S'informer

Tourism Vancouver Visitor Centre – PLAN II B1 - ✆ *604 683 2000 - destinationvancouver.com. Kiosque en été sur Canada Place.* *vancouver.ca.*

Arriver/Partir

En avion

Vancouver International Airport (YVR) – ✆ *604 207 7077 - www.yvr.ca.* 15 km au sud du centre-ville. Vols vers toute la province et le pays. Liaisons directes avec les États-Unis, l'Asie et l'Europe. De l'aéroport, des bus longue distance relient Victoria et Whistler.

Liaison vers Downtown Vancouver – Très simple d'accès, le monorail **SkyTrain** *(thecanadaline.com)* assure la desserte en 25mn environ *(9,65 $).*

Abbotsford International Airport (YXX) – ✆ *604 207 7077 - abbotsfordairport.ca.* 70 km au sud-est de la ville. Vols *low cost* de Westjet et Flair Air de/vers Edmonton, Calgary et Toronto.

Liaison vers Downtown Vancouver – **Shuttle** *(abbotsfordshuttles.ca)* vers le Skytrain de King George Station.

En autocar et en train

Voir p. 40

En voiture

Se garer – Les transports publics étant simples et efficaces, la voiture n'est pas indispensable à Vancouver. Garages et des parkings payants *(entre 10 et 20 $/nuit).*

Se déplacer

Transports en commun

Vancouver Regional Transit System – ✆ *604 953 3333 - translink.ca* - ♿. Réseau intégré de transports urbains : trains express (SkyTrain et West Coast Express), bus et bacs (SeaBus). Aux arrêts des trois lignes du **SkyTrain** (Expo Line, Millenium Line et Canada Line) et au débarcadère du **SeaBus**, un service de **bus** *(7 j./7)* assure les correspondances.

SeaBus - *Internettranslink.ca - 12mn de traversée - dép. de Vancouver lun.-vend. ttes les 15mn entre 6h16 et 21h16, puis ttes les 30mn entre 21h16 et 0h46; dernière traversée à 1h22; w.-end : se rens.* Il effectue le trajet entre Vancouver-Waterfront et la rive nord-Lonsdale Quay.

False Creek – Liaisons par bateau *(voir p. 56).*

Tarifs et tickets – Le **prix** est fonction de l'heure *(tarifs réduits après 18h30 et j. fériés)* et du nombre de zones traversées *(1 zone 3,20 $, 2 zones 4,65 $, 3 zones 6,35 $ - prévoyez l'appoint dans le bus).* Les correspondances sont gratuites pendant 90mn de déplacement. La façon la plus simple de prendre les transports en commun à Vancouver est de se procurer un **Compass Day Ticket** *(11,50 $, valable jusqu'à la fin de la première journée, avec trajet illimité dans ttes les zones).* Il s'achète aux distributeurs ou aux guichets du réseau de transports et chez certains commerces comme 7-eleven, Save on Foods ou Safeway. Sinon, paiement sans contact (carte de crédit ou applications de paiement) en validant à la montée ET à la descente.

À vélo

Bonne nouvelle : l'agglomération compte plus de **4 500 km de pistes cyclables** ou de voies aménagées ! Vous pouvez profiter des **vélos Mobi** *(mobibikes.ca)*, classiques ou électriques, en libre service, ou faire appel aux nombreux loueurs,

installés surtout à proximité de Stanley Park. Comptez en moyenne 8 à 22 $/h ou 20 à 68 $/j., selon le modèle. Casque obligatoire.
Spokes Bicycle Rentals – *604 688 5141 - spokesbicyclerentals.com.* Existe depuis 1938, à l'entrée du parc.
vancouver.ca/streets-transportation/biking.aspx (plan des pistes à télécharger) ; *destinationvancouver.com/activities/cycling-mountain-biking.*

Liaison vers les terminaux pour l'île de Vancouver

p. 85 et 103.
Horseshoe Bay Ferry Terminal – *translink.ca.* Bus **257 Horseshoe Bay/Vancouver Express** au départ de Dunsmuir St./Cambie St., *via* W Georgia St., Marine Dr., 15th St., Highway 1 Overpass, Marine Dr., Nelson Ave., Royal Ave. et Bruce St. Bus **250 Horseshoe Bay/Vancouver** au départ de Homer St./Dunsmuir St., *via* W Georgia St., Marine Dr., Nelson Ave., Royal Ave., et Bruce St. *(2 zones).*
Tsawwassen Ferry – De Downtown, **SkyTrain** (Canada Line) jusqu'à la station Bridgeport, puis bus **620 Tsawwassen Ferry** (au pied de la station) jusqu'à Tsawwassen *(env. 40mn).* Il s'arrête en face des BC Ferries.

Adresses utiles

Police/Ambulances/Pompiers – *911 (urgences) ou 604 717 3321.*
CAA Emergency Road Service – *1 800 222 4357* (24h/24).

Agenda

Chinese New Year Parade – *Janv. ou fév.* Parade dans Chinatown à l'occasion du Nouvel An chinois.
Cherry Blossom Festival – *Avr. - vcbf.ca.* Célébration des cerisiers en fleur dans toute la ville.
Sun Run – *Avr. - vancouversunrun.com.* Course de 10 km dans la ville.
Vancouver International Jazz Festival – *Juin-juil. - coastaljazz.ca.* Jazz dans toute la ville !
Vancouver Folk Music Festival – *Juil. - thefestival.bc.ca.* Deux jours de concerts sur Jericho Beach.
Vancouver Craftbeer Week – *En juil. - vancouvercraftbeerweek.com.* Dans le Hastings Park, l'événement le plus important autour des bières artisanales au Canada avec musique, *foodtrucks*...
Celebration of Light – *De fin juil. à déb. août - hondacelebrationoflight.com.* Concours international de feux d'artifice à English Bay Beach.
Vancouver International Film Festival – *Fin sept.-déb. oct. - viff.org.* Festival annuel de cinéma.

1

Nos adresses

PLANS I P. 54-55 ET II P. 46-47

Restauration

Centre-ville PLAN II

Budget moyen

4 **Guu Izakaya (Original)** – B1 - *838 Thurlow St. - 604 685 8817 - guu-izakaya.com - plats 9/25 $ - réserv. conseillée le soir.* Cet *izakaya* offre une escale japonaise réjouissante au cœur de la ville. Les petites portions variées de préparations traditionnelles accompagnent un grand choix de boissons.

Pour se faire plaisir

7 **Joe Fortes Sea Food** – B1 - *777 Thurlow St. - à l'angle de Robson St. - 604 669 1940 - joefortes.ca - service continu - plats 28/99 $ - réserv. conseillée le soir.*

Un bel espace très convivial, idéal pour déguster des huîtres de la côte ouest, des crabes Dungeness (crabes dormeurs) ou de la langouste de Nouvelle-Écosse, mais aussi des carpaccios de bœuf.

Une folie

5 **Boulevard Kitchen and Oyster Bar** – B1 - *845 Burrard St. - ✆ 604 642 2900 - boulevardvancouver.ca - service continu - plats 38/92 $ - réserv. conseillée le soir.* Situé sur l'une des artères du centre-ville, cet établissement, plusieurs fois primé, est dédié aux fruits de mer. Aux manettes, le chef Alex Chen propose, dans un décor épuré aux allures de bar de palace, une cuisine à la fois innovante et classique, aux délicieux parfums de la côte ouest. Sa Seafood Tower vous laissera sans voix...

Gastown PLAN II

Premier prix

8 **Meat and Bread** – C1 - *370 Cambie St. - www.meatandbread.com - fermé le soir - sandwich 10/14,50 $.* Des sandwichs à se damner. Idéal à midi mais préparez-vous à faire la queue...

Budget moyen

10 **Nuba** – C1 - *207 W Hasting St. - ✆ 604 688 1655 - www.nuba.ca - service continu - plats 19,95/30,95 $; mezze 12,95/18,95 $.* LE restaurant libanais de Vancouver, toujours bondé. Mezze chauds ou froids, houmous, *kafta* et plats traditionnels. Autres adresses à Kitsilano *(3116 W Broadway)* et Yaletown *(508 Davie St.).*

19 **Water Street Cafe** – C1 - *300 Water St. - ✆ 604 689 2832 - waterstreetcafe.ca - service continu - plats 24,50/60 $.* Face à la célèbre horloge de Gastown, ce restaurant élégant sert une cuisine classique (gnocchi, viande, volaille, fruits de mer) assez soignée.

Une folie

2 **L'Abattoir** – C1 - *217 Carral St. - ✆ 604 568 1701 - www.labattoir.ca - fermé le soir et lun. - plats 48/62 $; menu 160 $ - réserv. conseillée.* Bœuf, agneau, coquille St-Jacques, calamar, tout est apprêté avec soin et servi avec élégance dans ce cadre insolite. Les huîtres du Pacifique au four sont un délice.

Chinatown PLAN II

Premier prix

16 **The Keefer Bar** – C2 - *135 Keefer St. - ✆ 604 688 1961 - www.thekeeferbar.com - fermé le midi - plats 15/22 $.* Des cocktails savamment composés avec une gestuelle d'apothicaire qu'on peut accompagner de *dim. sum* et autres petits plats chinois.

11 **Oyster Express** – C2 - *296 Keefer St. - ✆ 604 684 3300 - facebook.com/oysterexpresscanada - fermé le midi et lun. - huîtres 2,75/3,95 $ par pièce; plats 12,95/17,95 $.* Venez déguster des moules et palourdes cuites à la vapeur et l'une des dix à douze variétés d'huîtres fraîchement débarquées chaque jour. Les ailes de poulet avec une sauce soja au citron et au miel, cuisinées à la coréenne, sont aussi très plébiscitées. Vins blancs au verre. L'une des meilleures adresses du moment pour savourer des fruits de mer.

Budget moyen

3 **Bao Bei** – C2 - *163 Keefer St. - ✆ 604 688 0876 - www.bao-bei.ca - 17h30-22h, vend.-sam. 17h30-23h - fermé le midi - plats 16/39 $ - réserv. conseillée.* Dans ce cadre raffiné et branché, on s'affaire avec élégance pour savourer une cuisine fusion telle que cet apocryphe cheeseburger mitonné avec une sauce aigre-douce ou cette poitrine de porc sur fond d'artichaut croustillant anisé par la badiane. Belle carte des vins.

Pour se faire plaisir

33 Pink Pearl Seafood Restaurant – PLAN I E2 - *1132 E Hastings St. - ✆ 604 253 4316 - www.pinkpearl.com - service continu - plats 29,95/48,95 $.* Ne vous méprenez pas ! Si ce gigantesque restaurant doté de tables de banquet manque sans doute de charme, il n'en demeure pas moins l'un des meilleurs restaurants chinois de Vancouver pour sa cuisine cantonaise et sichuanaise. Tout le monde vous le dira : ses *dim. sum* sont à tomber !

Stanley Park

Simples rafraîchissements sous une paillote à **Third Beach**, ou repas préparés sur place au **Teahouse** *(vancouverdine.com)*, à la pointe Ferguson, à déguster face à une vue magnifique.

West End PLAN II

Premier prix

15 Santouka – A1 - *1690 Robson St. - ✆ 604 681 8121 - santouka-canada.com - service continu - ramen 9,25/21,95 $; plats moins de 25 $.* Il est fréquent d'attendre devant ce petit restaurant japonais pour avaler des *ramen* façon Hokkaido : des pâtes servies dans un riche bouillon, à base de poisson ou de viande, nappée de sauce soja. Autre adresse à Kitsilano *(558 W Broadway)*.

Yaletown PLAN II

Premier prix

6 The Templeton – B2 - *1087 Granville St. - ✆ 604 685 4612 - thetempleton.ca - ♿ - fermé le soir de lun. à merc. - service continu - plats 13/17 $.* Dans ce *diner* au réjouissant décor des années 1950, c'est *breakfast* toute la journée ! Pancakes, œufs préparés de multiples façons, frites, saucisses... et quelques apports internationaux. De quoi tenir de longues heures.

Une folie

1 Blue Water Cafe – B2 - *1095 Hamilton St. - ✆ 604 688 8078 - www.bluewatercafe.net - fermé le midi - plats 29/65 $.* Dès son ouverture en 2000, ce restaurant chic est devenu le cœur du quartier des docks réhabilité. Boiseries chaudes et éclairage tamisé mettent en valeur sa riche carte, à laquelle figure sa célèbre tour d'entrées, pièce montée de délicieux produits de la mer, du sushi au pâté de crabe. Produits surtout régionaux.

Granville Island PLAN II

Budget moyen

18 Tony's Fish & Oyster Cafe – A2 - *1511 Anderson St. - ✆ 604 683 7127 - www.tonysfishandoystercafe.com - service continu - plats 19,99/43,99 $.* Le spécialiste du *fish & chips*.

Pour se faire plaisir

14 Sandbar Seafood Restaurant – A2 - *1535 Johnston St. - ✆ 604 669 9030 - www.vancouverdine.com - service continu - plats 31/52 $.* Vue insolite sous le pont de Granville et carte éclectique. Il y en a pour tous les budgets et tous les goûts : burgers, pizzas, wok ou produits de la mer fraîchement préparés.

Kitsilano et Shaugnessy PLAN I

Premier prix

34 Sun Sui Wah Seafood Restaurant – E2 - *3888 Main St. - ✆ 604 872 8822 - www.sunsuiwah.ca - moins de 20 $.* Il est l'un des meilleurs restaurants chinois de Vancouver. Prix un peu plus élevés qu'ailleurs.

Budget moyen

31 Maria's Taverna – D2 - *4 2324 W 4th Ave. - ✆ 604 731 4722 - mariason4th.com - fermé dim. midi - plats 15/30 $.* Chaleureux et apprécié par les Grecs... du quartier

1

grec, ce restaurant sert une cuisine authentiquement hellénique.

32 **Sawasdee** – E2 - *4250 Main St. - ✆ 604 876 4030 - sawasdeethairestaurant.com - fermé lun. et à midi le w.-end - plats 19/25 $.* Plébiscité comme l'un des meilleurs restaurants thaïs de Vancouver, le Sawasdee concocte des currys et des soupes très parfumés, ainsi que des desserts exotiques. Le festin peut commencer par un *pad thaï* et enchaîner avec un bœuf mariné, suavement épicé.

Pour se faire plaisir

35 **Seasons in the Park** – E2 - *W 33rd Ave. - dans Queen Elizabeth Park - ✆ 604 874 8008 - www.vancouverdine.com/seasons - service continu - plats 32/59 $.* Le restaurant du Bloedel Floral Conservatory sert des spécialités de la côte ouest, tel le Dungeness Crab Cake.

Rive nord PLAN I

Budget moyen

36 **Lonsdale Quay Market** – E1 - *À la sortie du SeaBus - ✆ 604 985 6261 - www.lonsdalequay.com.* Ces halles très populaires rassemblent 80 boutiques parmi lesquelles se distinguent de très bons restaurants dont le Akebono Sushi.

Shopping

False Creek Fishermen's Wharf – *East End of W 1st St. - près de l'île de Granville - ✆ 604 733 3625 - www.falsecreek.com.* Les étals de fruits de mer ne manquent pas à Vancouver mais, ici, on se ravitaille directement auprès des pêcheurs. En toute saison, on peut dénicher crabes et saumon, crevettes, poulpes et rascasse d'une fraîcheur incomparable.

Roundhouse Community Centre – *181 Roundhouse Mews (Davie St. et Pacific Blvd) - Yaletown - ✆ 604 713 1800 - www.roundhouse.ca.* Le pavillon Engine 374, situé à proximité, abrite une locomotive du Canadian Pacific Railway qui mena à Vancouver le premier train transcontinental le 23 mai 1887. Le centre accueille plusieurs galeries qui vendent le travail des artistes et artisans de Yaletown.

Inuit Gallery – *120 Carrie Cates Court - The Shipyards District (Londsdale Quay) - North Vancouver) - ✆ 604 688 7323 - inuit.com.* Belle galerie spécialisée dans les sculptures, les bijoux et l'artisanat inuits et des Premières Nations. Quelques articles « souvenirs », moins onéreux.

Boire un verre

Vancouver est une destination rêvée pour les amateurs de **bières artisanales**. Les microbrasseries y sont légion.
bcaletrail.ca/breweries.

The Cambie Pub – *300 Cambie St. - ✆ 604 688 9158 - cambiepubs.com - 11h-1h (vend.-sam. 3h).* Ce vénérable pub (125 ans), installé au cœur de Gastown, est le lieu idéal pour suivre les matchs des Canucks en très bruyante compagnie. Bières et fritures au menu !

Notch8 Lounge (au Fairmont Hotel) – *900 W Georgia St. - ✆ 604 684 3131 - www.fairmont.ca - 11h30-22h45 (vend.-sam. 0h45).* Faites une pause confortable dans l'oasis de luxe qu'est le *lounge bar* du prestigieux hôtel Fairmont, château historique coiffé de cuivre qui incarne l'élégance du style Canadian Pacific. Vins régionaux de qualité, vins de glace, cocktails réjouissants.

En soirée

Le *Georgia Straight* et le *Westender* publient la liste des manifestations culturelles, ainsi que *West Coast Life* et le supplément du jeudi du *Vancouver Sun*.

The Alliance for Arts and Culture – *938 Howe St. #100 - ☏ 604 681 3535 - www.allianceforarts.com - lun.-vend. 9h-17h.* Renseigne sur les principales manifestations artistiques.

www.thedancecentre.ca.

Ticketmaster – *☏ 855 985 4357 - www.ticketmaster.ca - call center 9h-17h30 - fermé le w.-end.* Réservation de billets pour les événements culturels et les manifestations sportives.

Rencontres sportives

Football américain – *Au BC Place Stadium - ☏ 604 589 7627 - www.bclions.com - sais. : juin-nov.*

Base-ball – *Vancouver Canadians (au Nat Bailey Stadium) - ☏ 604 872 5232 - www.milb.com - sais. : juin-sept.*

Hockey sur glace – *Vancouver Canucks (à la Rogers Arena) - ☏ 604 899 4600 ou 604 899 7400 - canucks.nhl.com - sais. : oct.-avr. (voire jusqu'à juin).*

Activités

Visites

En bus avec la Gray Line – *☏ 604 451 1600 ou 877 451-1777 - westcoastsightseeing.com.* Le forfait **Classic Pass**, valable 24h *(à partir de 59 $)* permet une visite commentée de Vancouver à bord d'un bus Hop-On, Hop-Off de la Gray Line *(ttes les 10 à 15mn sf imprévu)*, avec possibilité de descendre à l'arrêt de votre choix (il en existe 14 !), puis de reprendre le bus suivant pour continuer votre découverte de Vancouver en toute liberté.

En bateau – *☏ 604 688-7246 - www.boatcruises.com - dép. du 501 Denman St. - avr.-sept. : tlj sf lun. à 11h et 14h - 69 $ - réserv. conseillée.* Croisière commentée *(env. 1h)* dans le port de Vancouver à bord d'un bateau à aube.

Observation des baleines

Prince of Whales – *1666 Duranleau St. - ☏ 888 383 4884 - www.princeofwhales.com - mars-nov. - 3 à 5h - 199 $.* Fournit de multiples prestations pour observer les baleines.

Hébergement

L'hébergement est le point noir de Vancouver. Difficile de trouver une chambre correcte en haute saison à des prix raisonnables ! Il est donc nécessaire de réserver des mois à l'avance, en espérant obtenir des tarifs plus modérés sur Internet. Surveillez aussi les sites des omniprésentes grandes chaînes hôtelières *(voir « Organiser son voyage » p. 569)* pour d'éventuelles promotions saisonnières.

Robson PLAN II

Une folie

(3) **Blue Horizon Hotel** – B1 - *1225 Robson St. - ☏ 604 688 1411 - www.bluehorizonhotel.com - ▤ P payant - ♿ - 215 ch. 229/530 $ - ✕.* Cet immense hôtel de 30 étages propose de grandes chambres impersonnelles et confortables, certaines avec une belle vue sur la ville. Centre de fitness et cuisine de la côte ouest au bistro.

(21) **Wedgewood** – B1 - *845 Hornby St. - ☏ 604 689 7777 ou 800 663 0666 - www.wedgewoodhotel.com - ▤ P payant - ♿ - 83 ch. 354/815 $ - ✕.* À quelques pas de la bruyante Robson Street, l'élégant Wedgewood a été décoré par Eleni Skalbania, avec un mobilier ancien et des œuvres d'art originales. Sa fille Elpie Marinakis Jackson perpétue aujourd'hui la tradition. Le spa propose toutes sortes de traitements. La cuisine française du Bacchus est épicée de quelques accents méditerranéens ; une clientèle nombreuse se presse

1

après les heures de bureau dans le salon, qui devient piano-bar en soirée.

Centre-ville PLAN II

Budget moyen

16 Samesun Vancouver – B2 - *1018 Granville St. - ☎ 604 682 8226 - www.samesun.com - fermé temporairement en raison d'un incendie, se rens. - 66 ch. 175/275 $* ☕ - 🍴. Il est indispensable de réserver un ou deux mois à l'avance dans cette auberge de jeunesse festive, bien tenue (en partie rénovée) et qui propose des dortoirs à 8, 6 ou 4 lits *(69/75 $/pers.)*. Chambres privées avec ou sans salle de bains.

Une folie

12 Metropolitan Hotel – B1 - *645 Howe St. - ☎ 604 687 1122 - www.marriott.com -* ▤ P *payant -* 🏊 ♿ *- 181 ch. à partir de 397 $ -* ☕ *18/24 $-* 🍴. Ce petit hôtel luxueux de grand style soigne les voyageurs d'affaires, qu'il gratifie d'un club de remise en forme exceptionnel avec piscine intérieure, hammam et court de squash. Une touche luxueuse (linge de maison italien, literie en duvet, marbre et baignoires profondes dans la salle de bains) agrémente des chambres spacieuses. Boutiques, Canada Place et salles de spectacle à proximité. Très fréquenté pour les dîners d'avant-spectacle, le restaurant Diva doit son renom à sa cuisine créative de la côte ouest servie dans une salle au fastueux décor de cuivre et de cristal.

Chinatown PLAN II

Une folie

5 Skwachàys Lodge – C1 - *31 W Pender St. - ☎ 888 998 0797 - skwachays.com - 18 ch. 350 $ -* 🍴. Ce très confortable boutique hôtel est doublé d'une résidence d'artistes autochtones. Les chambres comme les parties communes proposent un décor original qui vous emmène en voyage et stimule vos sens.

Gastown PLAN II

Pour se faire plaisir

19 Victorian Hotel – C1 - *514 Homer St. - ☎ 604 681 6369 ou 877 681 6369 - victorianhotel.ca -* ▤ P *payant - 47 ch. 250/464 $.* Admirablement tenu et sis dans un magnifique édifice construit au début du 20e s., cet hôtel, rénové, est l'une des meilleures adresses de Vancouver dans cette gamme de prix. Chambres très confortables, literie impeccable, couette moelleuse. Seul bémol : pas de petit-déjeuner.

West End PLAN II

Premier prix

6 HI Vancouver Downtown – A2 - *1114 Burnaby St. - ☎ 778 328 2220 ou 604 684 4565 - www.hihostels.ca -* ♿ *- 217 lits : 63/114 $/pers. en dortoir de 4 pers. ; ch. double 129/335 $.* Cette auberge proprette offre aux voyageurs à petit budget une solution d'hébergement économique à deux minutes de la plage. Elle procure en plus un accès pratique au parc Stanley et à l'île de Granville. Elle se trouve à proximité des cafés et restaurants de la bourdonnante Davie Street.

Budget moyen

9 Ashby House B & B – A1 - *989 Bute St. - ☎ 604 837 3562 - ashbyhousevancouver.com -* P *payant - 4 ch. 190/240 $* ☕. Une maison des années 1900, des tapis, du parquet, une bibliothèque copieusement garnie, un chat et un jardin. Beaucoup de charme donc, un bon niveau de confort, un petit-déjeuner revigorant et un accueil avenant. Tout bon !

Pour se faire plaisir

(11) **The Burrard** – B2 - *1100 Burrard St. - ✆ 604 681 2331 - theburrard.com - 72 ch. 255/400 $.* Cet étonnant établissement évoque un motel de Floride avec ses coursives et sa cour intérieure plantée de palmiers. Les chambres, claires et judicieusement colorées, offrent le confort attendu. Café sur place. Vélos électriques en libre-service pour les résidents.

(18) **Sylvia Hotel** – A1 - *1154 Gilford St. - ✆ 604 681 9321 - www.sylviahotel.com - P payant - 120 ch. 228/373 $ -* ✕. Un ravissant bâtiment de brique (1912) enfoui sous le lierre et situé dans la baie English, près du parc Stanley, face à la plage. La plupart des chambres étant dotées d'une kitchenette, les plus grandes peuvent représenter un rapport qualité-prix intéressant pour une famille, qui peut y préparer tous ses repas et profiter des activités récréatives du parc en bas de la rue.

Yaletown PLAN II

Pour se faire plaisir

(20) **YWCA Hotel** – B2 - *733 Beatty St. - ✆ 604 895 5830 ou 800 663 1424 - ywcavan.org - ▤ P ♿ limité - 220 ch. 239/390 $.* À deux pas du Queen Elizabeth Theatre, cette institution est plébiscitée pour son rapport qualité-prix et l'amabilité de son personnel.

Kitsilano PLAN I

Premier prix

(33) **HI Vancouver Jericho Beach** – D2 - *1515 Discovery St. - Jericho Beach - ✆ 604 224 3208 - www.hihostels.ca - P payant - 223 lits -* ✕. Cette belle auberge est située à proximité du musée d'anthropologie, entre la plage de Jericho et le très vivant quartier de Kitsilano. Dortoirs de 14 à 18 lits *(54/68 $/pers.)* ou chambres privées *(133/155 $/2 pers.)*.

Rive nord PLAN I

Pour se faire plaisir

(34) **Thistledown House** – E1 - *3910 Capilano Rd North- ✆ 604 986 7173 - www.thistle-down.com - ▤ P ♿ - 6 ch. 255/325 $* ☕. Demeure de style Craftsman (1920) superbement rénovée, l'hôtel et son paisible jardin proposent un séjour au calme près de Grouse Mountain et de Capilano Canyon. Omelettes au saumon fumé et crêpes à la chantilly figurent au menu des somptueux petits-déjeuners gastronomiques. Le prix de la chambre comprend un petit-déjeuner, un thé et un apéritif en soirée.

À Whistler PLAN DES ENVIRONS DE VANCOUVER

☺ En plus des hôtels de grand luxe, comme le Fairmont, la station compte quelques options bon marché telles que l'auberge de jeunesse **HI Whistler** *(hihostels.ca)*, installée dans l'ancien village olympique de 2010 et équipée de dortoirs et chambres privées, et le **Pangea Pod** *(pangeapod.com)*, avec ses capsules ultramodernes et bien conçues, qui dépannent pour une nuit.

1

Victoria ★★★

La capitale de la Colombie-Britannique occupe la pointe sud-est de l'île de Vancouver, sur le territoire ancestral des Lekwungen. Face au détroit Juan de Fuca et aux monts Olympic et Cascades, dans l'État de Washington, elle se trouve à équidistance de Vancouver et de Seattle aux États-Unis. Jouissant d'un climat particulièrement doux, elle attire de nombreux retraités. Ses beaux édifices historiques flanqués de jardins verdoyants distillent une atmosphère toute britannique qui se prolonge en fin de journée dans ses très nombreux pubs.

Se repérer

100 505 habitants (Grand Victoria 363 222 habitants) – Colombie-Britannique

CARTE B4 (P. 34-35) - PLAN (P. 79) - CARTE DE L'ÎLE DE VANCOUVER (P. 92-93).

La ville de Victoria se trouve au sud de l'île de Vancouver, à quelques kilomètres des côtes américaines.

À ne pas manquer

Un délicieux *high tea* au « so british » Fairmont Empress Hotel ; une flânerie le long de la promenade panoramique en bord de mer, au départ de Thunderbird Park.

Organiser son temps

Comptez une bonne journée pour explorer à pied le centre-ville, assez dense, et Chinatown !

En famille

Miniature World et sa réplique de trains du Canadien Pacifique ; l'observation des oiseaux au Swan Lake Christmas Hill Nature Sanctuary et pour les plus studieux, une visite du Royal British Columbia Museum.

Carnet pratique p. 85

Nos adresses p. 85

Se promener

PLAN P. 79

★★ Le centre-ville autour du port

À l'extrémité nord du port intérieur et de ses quartiers anciens, le **centre d'accueil des visiteurs** se reconnaît à sa tour Art déco. Depuis la tour, belle **vue** sur le centre de Victoria.

★ Fairmont Empress Hotel 1-2

721 Government St. - voir « Nos adresses » p. 88.

Symbole de Victoria, cet imposant hôtel à tourelles couvert de vigne vierge règne depuis de nombreuses années sur la ville. Les promoteurs immobiliers du début du 20e s., prévoyant l'essor touristique de la côte pacifique, conclurent un accord avec le Canadian Pacific Railway qui visait à établir une liaison rapide avec le continent, et entamèrent la construction d'une série d'hôtels de prestige. L'Anglais **Francis Rattenbury** (1867-1935) dessina l'édifice original de l'Empress, qui reçut par la suite plusieurs ailes. L'hôtel d'origine ouvrit ses 116 chambres en fanfare en 1908, et tira sa renommée de ses jardins, ses palmiers en pots, son thé et les somptueux spectacles qu'il donnait en soirée. Fréquenté par les familles

Maisons flottantes dans la marina de Victoria.
Tetyana Babiy/Getty Images Plus

royales, les célébrités, la haute société et les jeunes mariés, l'hôtel fut rénové en 1989. Le salon **Palm Court**, la salle de bal, la salle à manger et le salon de thé ont ainsi retrouvé leur éclat d'antan.

Miniature World – *Dans l'Empress Hotel, sur Humboldt St. - miniatureworld.com - 10h-21h - 19 $.* Il présente des reproductions à échelle réduite de scènes et de sites célèbres (bataille de Waterloo, trains du Canadien Pacifique, etc.).

Derrière l'Empress Hotel *(angle de Douglas St. et Belleville St.)*, remarquez la magnifique verrière du **Crystal Garden**, réalisée par Rattenbury et désormais partie intégrante du Victoria Conference Centre.

1

★ Maritime Museum of British Columbia (MMBC) 1

744 Douglas St. - 250 385 4222 - mmbc.bc.ca - ♿ - 9h30-16h30 - 10 $.

Flanquant le Victoria Conference Centre, le Musée naval présente d'intéressants documents sur les explorateurs de la côte Pacifique, de nombreuses maquettes de bateaux et instruments de navigation. Remarquez le *Tilikum*, une pirogue autochtone qui quitta Victoria en 1901 pour rallier l'Angleterre en 1904, ainsi que le *Trekka*, voilier de 6 m construit à Victoria et qui fit le tour du monde de 1955 à 1959 (il s'agit d'ailleurs du plus petit bateau qui ait jamais entrepris un tel voyage).

★ Parliament Buildings 2

501 Belleville St. - 250 387 3046 - www.leg.bc.ca/visit/tour-information/public-tours - de mi-mai à déb. sept. : visites guidées (40mn) ou audioguidées (en français) 9h-16h30, w.-end visites guidées (40mn) 9h-16h40 ; reste de l'année : lun.-vend. 8h30-16h30 - gratuit.

Les visites guidées débutent à l'intérieur du Parlement en semaine, à l'extérieur le w.-end.

Œuvre de **Francis Rattenbury** (1898), le Parlement est un long édifice en pierre, illuminé le soir comme un palais des Mille et Une Nuits. Sa façade sur le port ne manque pas de majesté, avec son dôme central surmonté d'une statue dorée

du capitaine George Vancouver et son porche très travaillé. Il abrite aujourd'hui l'Assemblée législative de Colombie-Britannique. Dans les jardins, une statue en bronze de la **reine Victoria** regarde vers la baie James.
Du haut de ses 27 m, le clocher isolé de la **Netherlands Centennial Carillon Tower** domine les abords du musée. Le carillon, offert à la province par des Canadiens d'origine hollandaise, compte un jeu de 62 cloches *(concerts en saison)*.

★★ Royal British Columbia Museum 2

675 Belleville St. - ✆ 250 356 7226 ou 888 447 7977 - www.royalbcmuseum.bc.ca - ♿ - 10h-17h, jeu.-dim. 10h-18h - 29,95 $.

Le musée était, au moment de la rédaction du guide, en phase de restructuration afin de « décoloniser » le parcours muséographique. Il peut donc y avoir un décalage entre notre descriptif et la réalité.

Entourée d'un jardin de plantes natives emblématiques de la côte ouest du Canada, cette vénérable institution muséale, consacrée à la mise en valeur du patrimoine naturel et culturel de la Colombie-Britannique, annonce d'emblée la couleur, avec son vaste hall d'entrée vitré *(au rez-de-chaussée)* gardé par de majestueuses figures totémiques. Elle se distingue par la richesse de ses collections et la créativité de ses expositions temporaires.

★★ **Histoire naturelle** – On découvre de remarquables **dioramas**, plus vrais que nature, recréant, avec un réalisme déconcertant, l'ambiance de la forêt côtière de Colombie-Britannique, peuplée de gigantesques pins Douglas, de cèdres de l'ouest et de couguars, et de celle du delta du Fraser, plus vaste estuaire de la côte nord du Pacifique.
Une évocation de la **haute mer** prend comme point de départ les plongées effectuées en 1930 par l'Américain William Beebe dans sa bathysphère. Plates-formes d'observation, maquettes, etc. donnent l'occasion de pénétrer dans l'univers du grand large et de la **vie sous-marine**.
Un saut spectaculaire de quelque 80 millions d'années en arrière permet de découvrir l'impressionnant panorama d'une île soumise à un climat subtropical, en contraste absolu avec la reconstitution d'un **mammouth★**, typique de la période glaciaire, qui arpentait il y a quelque 17 000 ans les collines de Victoria alors recouvertes de fleurs alpines. Le message écologique est clair et rappelle les nombreux dangers d'un réchauffement climatique incontrôlé et ses conséquences néfastes sur la faune et la flore.

Un peu d'histoire...

En 1849, l'île de Vancouver fut érigée en colonie de la Couronne. En 1866, la colonie de Colombie-Britannique (née sur le continent en 1858) et celle de l'île de Vancouver s'unirent – choisissant d'abord comme capitale New Westminster, puis Victoria en 1869 –, puis rejoignirent la Confédération canadienne en 1871. Le terminus de la ligne du **Canadian Pacific Railway** se fixant à Vancouver en 1887, Victoria échappa à l'industrialisation. Aujourd'hui, son isolement – encore réel malgré les liaisons régulières avec les villes canadiennes et américaines du continent – lui permet de conserver en partie son caractère original. Ses principales activités découlent de son rôle de capitale provinciale, de la base navale des forces canadiennes, qu'abritent les rades découpées d'Esquimalt et, bien sûr, du tourisme.

VICTORIA

SE RESTAURER

- Little Yunnan 1
- Blue Fox 2
- John's Place Restaurant 6
- Murchie's 8
- Red Fish Blue Fish 10

SE LOGER

- Ocean Island Inn 1
- Bedford Regency 3
- The Fairmont Empress 9
- Helm's Inn 12
- James Bay Inn 17
- Swan Suite Hotel 19

Old Town – Reconstitution très réussie d'une rue du début du 19e s., avec un saloon, une gare, un hôtel, un garage, une imprimerie et un quartier chinois. La description de ces lieux qui, chacun à son échelle raconte la naissance de la province, est en pleine évolution et s'est d'ores et déjà enrichie d'histoires témoignant de la réalité quotidienne des différentes communautés.

Histoire des Premières Nations – Cette galerie a fermé en 2021 afin de présenter la collection d'une manière plus inclusive, notamment avec un projet de création d'une nouvelle galerie, et permettre la restitution de biens volés aux Premières Nations. En attendant, une partie des pièces est présentée dans le cadre d'expositions temporaires. Cette extraordinaire collection est composée de plusieurs milliers d'objets utilitaires et cérémoniels reflétant l'identité et la spiritualité des Premières Nations ainsi que leur histoire et le terrible impact de l'arrivée des Européens.

Imax – *imaxvictoria.com*. L'édifice du musée abrite le plus grand écran du genre de la province. Au programme : *blockbusters* hollywoodiens et documentaires.

★★ Thunderbird Park 2

En 1952, le musée a demandé au maître sculpteur Kwakwaka'wakw **Mungo Martin** (1879-1962) de reproduire un certain nombre de mâts détériorés dans le parc attenant, dit « de l'Oiseau-Tonnerre ». Un an plus tard, il construit une grande maison traditionnelle qui a pour nom Wawadit'la – et qu'on pourrait traduire par « il leur ordonne de venir à l'intérieur » – exprimant ainsi la puissance du chef à convier ses invités à la cérémonie du *potlatch*. Le monstre marin peint sur la façade est l'un des blasons familiaux. Une reconnaissance hors pair pour la lignée de Mungo, qui participe, en 1953, au premier *potlatch* public autorisé en Colombie-Britannique depuis son interdiction en 1884 (levée en 1951).

★ Helmcken House 2

638 Douglas St. - ☏ 250 356 7226 - 10h-16h - gratuit.
Derrière les arbres du parc se cache cette maison en bois, la plus ancienne de Colombie-Britannique encore installée sur son emplacement d'origine. Elle fut bâtie en 1852 par la Compagnie de la baie d'Hudson pour le médecin John Helmcken, son épouse et ses sept enfants. Cette simple cabane fut agrandie en 1856, puis en 1884. L'intérieur contient instruments médicaux et objets de famille.

★ Carr House 2

207 Government St. - ☏ 250 383 5843 - www.carrhouse.ca - juin-sept. : mar.-dim. 10h-15h ; reste de l'année : vend.-sam. 10h-15h - don suggéré 5 $.
En découvrant la proprette maison natale d'**Emily Carr** (1871-1945), on imagine le caractère bien trempé qu'il fallut à cette jeune femme pour échapper au conditionnement familial et social de la bonne société victorienne. On se dit aussi, en visitant cet intérieur conventionnel, que l'art des Premières Nations, le post-impressionnisme et le cubisme ont été, pour cette jeune peintre avant-gardiste, des engagements moins radicaux que salvateurs.

Bastion Square 1

Cette petite place, qui accueille quelques pubs et cafés, est très courue pour ses marchés artisanaux et fermiers *(mai-sept. : jeu.-sam. 11h-17h, dim. 11h-16h).*

★ Market Square 1

560 Johnson St. - marketsquare.ca - centre commercial : 10h-17, dim. 11h-17h.
Hôtels, saloons, échoppes en tout genre, cet ensemble de bâtiments en brique concentrait à la fin du 19e s. tout ce dont avaient besoin les visiteurs d'alors : marins, mineurs, chercheurs d'or, en route vers le Klondike. Restaurés depuis, ils ont cédé la place à des boutiques de mode, restaurants et galeries d'art.

★ Chinatown 1

Pour une passionnante promenade historique à travers le temps, vous pourrez visiter le quartier avec l'association **Chinatown Walks** – *1689 Government St. - ☏ 250 384 6698 - discoverthepast.com - de déb. mai à déb. sept. : sam. à 10h30 (autres visites possibles sur le site) - durée 1h30 (env. 3 km de marche) - 22 $ - achat du billet en ligne - RV 15mn avant la visite à la statue de Sun Yat-Sen (à l'angle de Government St. et de Fisgard St., juste en face de Gate of Harmonious Interest).*
Second plus vieux quartier chinois d'Amérique du Nord après celui de San Francisco, le Chinatown de Victoria, inscrit au registre du Patrimoine historique national, recèle des bâtiments d'une grande valeur patrimoniale rénovés avec goût, et mérite bien le détour ! La ruée vers l'or qui embrasa la vallée inférieure

Mât totémique, parc Thunderbird.
Barrett & MacKay/All Canada Photos/age fotostock

de la rivière Fraser avait attiré dès 1858 à Victoria les premiers immigrants chinois de San Francisco. La construction du chemin de fer du Canadien Pacifique augmenta l'immigration chinoise dans les années 1880. Malgré la ségrégation et les nombreuses discriminations dont furent victimes les Chinois, le quartier se développa dans le nord de Victoria pour devenir un centre d'import-export assez prospère, connu sous le nom de « **Petit Guangzhou** ». Il forma bientôt la première communauté de Chinois nés au Canada. Aujourd'hui, le quartier a été largement investi par des boutiques chics et branchées, comme en atteste le fameux **Market Square** *(Johnson St.)*, sorte de marché à ciel ouvert établi au beau milieu d'un vénérable bâtiment en briques. Malgré tout, il a su conserver sa part de mystère avec ses portes, ses temples et ses venelles étroites. Ces dernières, à l'image de la pittoresque **Dragon Alley** ou de **Fan-Tan Alley★** *(entre Fisgard St., à la hauteur du n° 549, et Pandora Ave.)*, résonnent encore du temps où elles menaient, à l'abri des regards, à des fumeries d'opium, salons de jeux et maisons closes. Au n° 10 de Fan Tan Alley, vous pourrez faire une halte instructive au **Chinese Canadian Museum** *(chinesecanadianmuseum.ca - tlj sf mar.-merc. 11h-17h - 15 $)*.

Fort Street EN DIRECTION

Remontez vers l'est Fort St., jalonnée de commerces et de galeries (voir « Nos adresses » p. 86). Comptez 40mn à pied à partir du port.

★ Art Gallery of Greater Victoria

1040 Moss St. - ✆ 250 384 4171 - www.aggv.ca - ♿ - 10h-17h, jeu. 10h-21h, dim. 12h-17h, fermé lun. - 15 $; gratuit jeu. 17h-21h et le 1er sam. du mois 10h-17h, sur participation libre le 1er mar. du mois.

Une demeure victorienne de 1889 accueille désormais les œuvres d'**Emily Carr** (1871-1945), peintre et écrivain de talent très attachée à l'art totémique des Premières Nations, et qui fut l'une des figures de proue de la peinture canadienne. Le musée est également réputé pour ses collections éclectiques mêlant l'Est et l'Ouest, l'ancien et le moderne. L'art oriental, présenté par roulement, trouve ici son point d'orgue dans le petit jardin japonais doté d'un ravissant temple shintoïste (1899-1900). Les expositions temporaires sont de très grande qualité.

★ Craigdarroch Castle

1050 Joan Crescent - ✆ 250 592 5323 - www.thecastle.ca - 10h30-16h - 20,60 $.
Hérissée de pignons pointus, de tourelles et de cheminées, cette imposante demeure en pierre, typique des fortunes *bonanza* (subitement acquises), trônait jadis au milieu d'un parc de 11 ha. Elle fut construite dans les années 1880 par **Robert Dunsmuir**, industriel d'origine écossaise qui fit fortune dans le charbonnage. La famille Dunsmuir faisait partie de la haute société de Victoria : l'un des fils devint Premier ministre, puis lieutenant-gouverneur de la province. Remarquez le porche, sous lequel on pouvait descendre de fiacre à l'abri des intempéries, et la cage d'escalier coupée d'un palier où s'installaient les musiciens lors des réceptions. Le dernier étage est une immense salle de bal, d'où l'on accède à la tour pour profiter d'un beau **point de vue** sur Victoria.

Fisherman's Wharf Park EN DIRECTION

Comptez 40mn à partir du Inner Harbour (port de l'intérieur) en suivant la très agréable promenade qui longe le front de mer vers l'ouest.
Situé à la pointe nord-occidentale du quartier James Bay, ce village de pêcheurs très coloré réunit trente-trois **maisons flottantes**, dont certaines ont été transformées en restaurants ou en centres d'activité nautiques. Remarquez la station de carburant, également flottante, où viennent s'avitailler les hydravions.

Butchart Gardens.
Cybernesco/Getty Images Plus

★★ Scenic Marine Drive EN DIRECTION

13 km au sud par Douglas St., au départ de Thunderbird Park.

Cette splendide **promenade panoramique** en bord de mer permet d'apprécier Victoria, son site superbe sur le détroit Juan de Fuca ainsi que ses ravissants jardins. Elle croise d'abord le **Beacon Hill Park** sur lequel veille un impressionnant **mât totémique★**. Haut de 39 m et sculpté par le célèbre chef tribal et artiste Kwakwaka'wakw **Mungo Martin** (1879-1962), ce monument constamment exposé aux éléments a fort heureusement été restauré en 2011.

La route continue et passe devant la borne zéro de la **Transcanadienne**, qui commence là son parcours de presque 8 000 km jusqu'à St. John's, à Terre-Neuve.

Prenez Dallas Rd à gauche.

Des pointes Finlayson et Clover, les **vues★★** s'étendent par temps clair jusqu'aux monts Olympic, dans l'État de Washington.

Continuez jusqu'à Hollywood Crescent. À la hauteur de Robertson St., prenez à droite Ross St., qui devient Crescent Rd. Tournez ensuite à gauche sur King George Terrace pour gravir la colline.

La route pénètre dans la commune d'**Oak Bay**, banlieue résidentielle au cachet très britannique, puis suit la côte, donnant un aperçu du rivage déchiqueté et des villas cossues aux jardins florissants. Des belvédères aménagés permettent d'apprécier la beauté des **vues**, en particulier à la pointe Harling, d'où l'on domine la mer face aux îles Trial.

Prenez Beach Dr.

La route longe la baie McNeill, puis traverse, à la hauteur de la pointe Gonzales, le terrain de golf d'Oak Bay. Ce dernier dévoile, par temps clair, de splendides **vues★★** sur le détroit, les îles San Juan et les pics enneigés de la chaîne des Cascades, dominée par le mont Baker.

La route suit ensuite la baie Oak jusqu'au **Uplands Park** et à la **pointe Cattle**, d'où le regard embrasse la côte.

Continuez vers le sud sur Beach Dr. Tournez à droite sur Bowker Ave., puis à gauche sur Cadboro Bay Rd ; suivez ensuite Fort St. et retournez vers le centre-ville.

À proximité

CARTE P. 92-93

Swan Lake Christmas Hill Nature Sanctuary D2

6 km au nord de Victoria. 3873 Swan Lake Rd - ✆ 250 479 0211 - www.swanlake.bc.ca. Pour un moment de détente loin de l'animation de la ville, passez quelques heures dans cette paisible réserve boisée de 45 ha. Le gibier d'eau et les oiseaux nicheurs fréquentent volontiers le petit lac du parc, couvert de nénuphars, tandis qu'un agréable sentier de 2,5 km mène au sommet de la colline Christmas qui révèle un agréable **panorama★** sur Victoria et ses environs, avec le lac Elk au nord.

★★★ Butchart Gardens D2

23 km au nord de Victoria. 800 Benvenuto Ave., Brentwood Bay - ✆ 250 652 5256 - www.butchartgardens.com - ♿ - de juin. à mi-sept. : lun.-mar. 9h-17h, merc.-dim. 9h-22h ; reste de l'année : se rens. - de 26,80 $ à 41,50 $ selon la saison.

Les jardins étant particulièrement fréquentés en juil.-août, il est recommandé de les visiter avant 10h30 ou après 15h30 pour en profiter plus sereinement. Concerts en haute saison.

1

Ces admirables jardins s'étendent sur 20 ha. Créés en 1904 par Jennie Butchart, dont le mari possédait une cimenterie, ils occupent le site d'une ancienne carrière de pierre à chaux métamorphosée à force de soins en un lieu superbe qui ne cesse, depuis le début du 20e s., d'attirer les visiteurs.
Véritable joyau du parc, le **jardin en contrebas** *(sunken garden)* offre un ravissant paysage de massifs de fleurs, de pelouses et d'arbres harmonieusement disposés, auquel on accède par de petits sentiers parmi la rocaille ; on peut en apprécier la beauté depuis l'îlot rocheux qui en marque le centre. Le parc comprend en outre la **fontaine Ross**, animée en permanence de jeux d'eau sans cesse renouvelés, la **roseraie** *(floraison juin-sept.)*, le **jardin japonais**, avec ses petits ponts laqués et ses pavillons de thé, ainsi que le **jardin italien**, orné de statues et d'un bassin de plantes aquatiques en forme d'étoile.

★★ Fort Rodd Hill et Fisgard Lighthouse National Historic Site D2

14 km à l'ouest de Victoria. 603 Fort Rodd Hill Rd - ✆ 250 478 5849 - parcs.canada.ca/lhn-nhs/bc/fortroddhill - mai-mi-oct. : 10h-17h ; reste de l'année : 10h-16h - 9 $.
Le phare de Fisgard et les bâtiments historiques ne sont ouverts que le w.-end.
Cette base navale britannique, reprise par le Canada en 1906 et désaffectée depuis 1956, commande l'entrée de la rade d'**Esquimalt**. Elle occupe un terrain de 18 ha où se visitent la cantine, les batteries Belmont et inférieure, et la salle de calcul du tir de la forteresse. Du **phare Fisgard**, jolies **vues★** sur la rade, le détroit Juan de Fuca et les monts Olympic (États-Unis).

★ Juan de Fuca Marine Trail D2

bcparks.ca/juan-de-fuca-park. De déb. mai à fin sept., la compagnie de bus West Coast Trail Express Inc. (✆ 250 477 8700 ou 1 888 999 2288 - trailbus.com) assure la liaison entre Victoria et la plupart des points d'accès au sentier (AS 50 $), tous situés sur la rte 14 : China Beach (70 km, 1h20 depuis Victoria), Sombrio Beach (95 km, 1h40) et Parkinson Creek (100 km, 1h50). Un aller (dép. Victoria 6h45) et un retour (retour Victoria 19h45) par jour. Infos et réserv. fortement recommandées.
40 km - 12h de marche difficile. Moins fréquenté que le légendaire West Coast Trail *(voir p. 90)*, le sentier Juan de Fuca *(à l'ouest de Victoria)* peut se fractionner en plusieurs randonnées ou se parcourir en deux à cinq jours. Il démarre à **China Beach** *(à une demi-heure à l'ouest de Sooke, mais il existe d'autres points de départ le long de la route 14)* et aboutit à **Botanical Beach** *(à la sortie de Port Renfrew)*. Ce parcours côtier dévoile de larges plages ventées, des promontoires rocheux, des bassins de marée basse, et multiplie les occasions d'observer la faune sauvage.

Carnet pratique

S'informer

Tourism Victoria Visitor Centre – PLAN 1 - *812 Wharf St. - ✆ 250 953 2033 - tourismvictoria.com (guide à télécharger) ou attractionsvictoria. com.*

Arriver/Partir

Liaisons vers l'île de Vancouver (bateaux/bus), voir p. 69 et 103.

En bateau

BC Ferries – *www.bcferries.com/ schedules/mainland - 7h-22h, env. 1 ferry/h.* Au départ du terminal de Vancouver, comptez 1h35 de traversée *(à partir de 18,15 $ pour un passager piéton ou 59,55 $ pour un véhicule standard + 18,15 $ par passager)* pour gagner Swartz Bay Ferry Terminal. Il vous faudra donc environ 4h30 pour venir en ferry de Vancouver en comptant les liaisons vers le centre-ville. Si vous arrivez en simple piéton (sans voiture), sachez qu'au **Swartz Bay Ferry Terminal**, le bus 70 (bondé) ou 72 (généralement à moitié rempli) *(2,50 $, valable pour une durée de 60mn)* peut vous emmener dans le centre de Victoria. Le terminus se trouve à deux pas du port.

En avion

Victoria International Airport (YYJ) – *26 km au nord de Victoria.* Liaisons avec les grandes villes du pays, le Yukon et Seattle.

Liaison vers Downtown Victoria – Liaisons avec les **bus BC Transit** *(bctransit.com/victoria - 5 $, payable à bord du bus).*

En voiture

Se garer – Parkings payants en journée sauf le dimanche.

Se déplacer

H20 Taxi – *✆ 250 514 9794 - victoriaharbourferry.com - 15 $/ pers. pour un trajet simple.* La compagnie vous emmène d'un point à un autre du port en **taxi-bateau**. Pratique et amusant !

BC Transit – *bctransit.com/victoria - trajet 2,50 $; 1 j. 5 $.* La compagnie gère tous les transports de l'agglomération.

1

Agenda

Greater Victoria Flower Count – *En mars - flowercount.com.* Destinée à promouvoir la douceur du climat, la fête annuelle du comptage des fleurs investit toute l'agglomération de Victoria. En 2024, plus de 38 milliards de fleurs ont été recensées !

Downtown Buskers Festival – *Juil.* Théâtre de rue.

Nos adresses

PLAN P. 79

Restauration

Premier prix

6 **John's Place Restaurant** – 1 - *723 Pandora Ave. - ✆ 250 389 0711 - www.johnsplace.ca - fermé le soir - plats moins de 20 $.* Indétrônable pour le petit-déjeuner (merveilleux jus de fruits, expresso digne de ce nom), ce lieu très populaire ne désemplit pas. Délicieux *fish & chips halibut* (flétan).

2 **Blue Fox** – 1 - *919 Fort St. #101 - ✆ 250 380-1683 - www. thebluefoxcafe.com - fermé le soir et merc. - plats 17/24 $.* Les amateurs de petits-déjeuners, servis toute la journée dans ce

bistro du quartier des antiquaires, font la queue jusque sur le trottoir : énormes assiettes de « pain perdu très épais », de *huevos rancheros* et d'omelettes à trois œufs, sandwichs généreux et hamburgers.

Barb's Fish and Chips – HORS PLAN - *1 Dallas Rd - ✆ 250 384 6515 - facebook.com/BarbsFishNchips - service continu - plats 11,95/24,95 $.* Adresse inévitable pour tous ceux qui arpentent le quai. Le *fish & chips* est quand même nettement moins savoureux qu'à l'adresse précédente.

8 **Murchie's** – 1 - *1110 Government St. - ✆ 250 381 5451 - www.murchies.com - fermé le soir - moins de 20 $.* La famille Murchie, dont les thés et les cafés ont fait la renommée depuis 1894, présente un assortiment de délices pour le petit-déjeuner ou le déjeuner. Poussez la porte du magasin adjacent et vous pourrez acheter du thé, du café fraîchement moulu, ou l'un des nombreux accessoires pour préparer ces doux breuvages.

1 **Little Yunnan** – 1 - *546 Fisgard St. - littleyunnan.com - fermé lun. - service continu - plats 15/20 $.* Situé à côté de la porte de l'Harmonie, dans le quartier chinois, ce restaurant spécialisé dans la cuisine du Yunnan propose de bons plats, de copieuses portions et des petits prix.

Budget moyen

Sen Zushi – HORS PLAN - *940 Fort St. - ✆ 250 385 4320 - www.senzushi.com - fermé le midi, lun. fériés et dim. - sushi 20/39 $.* Si vous cherchez un restaurant japonais, choisissez assurément celui-ci. Également de beaux plats de poissons.

10 **Red Fish Blue Fish** – 1 - *1006 Wharf St. - ✆ 250 380-1683 - www.redfish-bluefish.com - fermé le soir - plats 19/33 $.* Le classique *fish & chips* peut révéler des saveurs beaucoup plus épicées en barbecue ou en tempura. Également huîtres, coquilles St-Jacques. Une adresse très populaire.

Spinnakers Gastro Brewpub – HORS PLAN - *308 Catherine St. - ✆ 250 386 2739 - www.spinnakers.com - service continu - plats 18/27 $.* Premier pub du Canada à posséder une licence de brasseur (1984), le Spinnaker's est une véritable institution. Il occupe deux niveaux d'un édifice Tudor sur la partie nord-ouest du port intérieur. Il sert un excellent filet de porc avec des patates frites ou du saumon sauvage du Pacifique. Chambres dans la *guest house*.

Pour se faire plaisir

Cafe Brio – HORS PLAN - *944 Fort St. - ✆ 250 383 0009 ou 866 270-5461 - cafebrio.com - fermé dim.-lun. et le midi - plats 29/55 $ - réserv. recommandée.* Le décor reste discret dans ce bâtiment restauré : planchers, œuvres d'art sur les murs de stuc. Table inspirée par la cuisine toscane et les fruits de mer locaux.

Boire un verre

Bard and Banker – 1 - *1022 Government St. - ✆ 250 953 9993 - www.bardandbanker.com - 11h-1h.* Dans ce beau bar écossais, bière et musique coulent à flots.

Craft Beer Market – 1 - *450 Swift St. - ✆ 250 361 1940 - craftbeermarket.ca - 11h-0h (1h vend.-sam.).* Vaste brasserie moderne, installée dans un ancien site industriel magnifiquement rénové et tournée vers le port. Grand choix de bières artisanales (ou pas), notamment « maison », et de solides plats de pub.

Shopping

Dans la grande artère de **Fort St.** (1), nous vous recommandons quelques excellentes adresses :

Mark Loria Gallery – *621 Fort St. - 250 383 8224 - www.markloriagallery.com - 11h-18h - fermé dim.-lun.* Une galerie d'art autochtone.

Dutch Bakery – *718 Fort St. - 250 385 1012 - thedutchbakery.com - 8h-16h - fermé dim.-lun.* Une institution néerlandaise très gourmande.

Russell Books – *734 Fort St. #100 - 250 361 4447 - www.russellbooks.com - 9h30-18h.* Un libraire au choix ahurissant de livres neufs ou d'occasion.

Cuban Cigar Shop – *938 Fort St. - 250 592 7966 - www.cubancigar-shop.com - 9h-18h, dim. 10h-17h.* Une échoppe de cigares cubains.

Munro's Books – *1108 Government St. - 250 382 2464 - www.munrobooks.com - 9h30-18h (19h30 jeu.-vend.).* Située dans un bâtiment en pierre de style néoclassique, cette librairie fut créée en 1963 par l'écrivaine Alice Munro et son mari. Plus de 50 000 titres référencés.

Rogers Chocolates – *913 Government St. - 250 881 8771 - www.rogerschocolates.com - 10h-18h, dim. 11h-19h.* Cette boutique créée en 1885 s'est spécialisée dans les truffes au chocolat. Une institution qui essaime dans l'ensemble du Canada.

Activités

Observation des orques et des baleines

Voici l'une des activités phare de Victoria *(avr.-oct.)*, proposée par une quinzaine de compagnies.

Eagle Wing Tours – *1 Dallas Rd- Fisherman's wharf - 250 384 8808 - www.eagle wingtours.com - mai-oct. - durée 3h30 à 4h - 159 $.* Pour observer les baleines, c'est l'entreprise idéale. Personnel professionnel, amical et respectueux de l'environnement.

Voir aussi les excursions proposées par Prince of Whales *(p. 73)*.

Hébergement

Premier prix

Surveillez la réouverture de l'**HI Victoria** *(hihostels.ca)*, prévue pour 2025.

1 **Ocean Island Inn & Backpackers & Suites** – 1 - *791 Pandora Ave. - 250 385 1789 - oceanisland.com - - dortoir 35/55 $; ch. 80/250 $ -* Cet *hostel* dispose d'une grande variété de chambres, du dortoir à la double avec salle de bains. Préférez les parties rénovées et évitez les chambres donnant sur la rue. Certaines manquent aussi de vue. Les plus : les parties communes chaleureuses, le bon petit-déjeuner, inclus dans le prix, et la possibilité de dîner sur place. Parfait pour dépanner.

Budget moyen

17 **James Bay Inn** – 2 - *270 Government St. - Esquimalt - 250 384 7151 ou 800 836 2649 - www.jamesbayinn.com - P - 44 ch. 146/251 $ -* . Situé dans une belle rue verdoyante, à deux pas de la maison d'Emily Carr, ce plaisant hôtel (une ancienne maison de retraités) propose des chambres simples et confortables et un cottage privé, idéal pour une famille *(416 $)*. Sympathique restaurant au rez-de-chaussée de l'hôtel.

Pour se faire plaisir

12 **Helm's Inn** – 2 - *600 Douglas St. - 250 385 5767 ou 800 665 4356 - www.helmsinn.com - P payant - limité - 49 ch. 163/337 $.* À deux pas de Belleville St., ce petit hôtel, dans une rue assez passante, possède des chambres bien équipées et des mini-studios avec kitchenette.

1

3 **Bedford Regency** - 1 - *1140 Government St. - 250 384 6835 ou 800 665 6500 - www.bedfordregency.com - payant - 40 ch. 176/324 $.* Cet hôtel de quatre étages, un peu passé de mode, est situé à quelques pas du port intérieur et des commerces de Government Street. Les chambres, munies de grandes chaises, de couettes en duvet d'oie, de Jacuzzi (pour certaines), profitent d'une belle vue sur la baie James.

19 **Swan Suite Hotel** - 1 - *506 Pandora Ave. - 250 361 3310 - www.swanshotel.com - 30 ch. 257/339 $ -* . Situé à deux pas du Chinatown, l'élégant Swan Suite Hotel est aménagé dans un entrepôt (1913) où étaient stockées des semences (blé, maïs) pour les fermiers de l'île de Vancouver. On passe d'agréables moments dans le pub du rez-de-chaussée, lumineux et aéré.

Une folie

9 **The Fairmont Empress** - 1 - *721 Government St. - 250 384 8111 ou 800 441 1414 - www.fairmont.fr/empress-victoria - payant - - 464 ch. 399/620 $ -* .
Pierre angulaire de la réputation bon chic bon genre de la ville depuis son ouverture en 1908, l'établissement incontournable d'Inner Harbour a reçu des résidents distingués, de Rudyard Kipling à la reine Élisabeth II. Après une superbe rénovation en 2017, Palm Court, la salle de bal Crystal, l'Empress Dining Room et le Tea Lobby ont retrouvé leur splendeur victorienne, avec une touche de modernité propre à la côte ouest. Prenez le thé dans le vénérable salon **Tea Lobby** ou savourez un curry au **Bengal Lounge**, pour vous transporter au temps des maharajahs indiens.

Fairholme Manor - HORS PLAN - *638 Rockland Pl. - 250 598 3240 ou 877 511 3322 - www.fairholmemanor.com - - 6 suites 289/498 $* . Construite par le Dr John Davie en 1885, la demeure de style italianisant est campée au sommet d'une colline bucolique du quartier de Rockland et abrite un jardin potager. Les visiteurs sont logés dans des appartements de bois blond ou dans des suites plus formelles avec cheminées, hauts plafonds, baies vitrées et grandes salles de bains (certaines chambres bénéficient d'une véranda ou d'un Jacuzzi). Petit-déjeuner très copieux, composé en grande partie de produits bio.

Inn at Laurel Point - HORS PLAN - *680 Montreal St. - 250 386 8721 ou 800 663 7667 - www.laurelpoint.com - payant - - 196 ch. 292/562 $ -* . Moderne, scintillant de verre et d'acier, l'édifice occupe une petite péninsule à l'entrée du port intérieur. Il jouit de quiétude (parfois troublée par un hydravion) et de magnifiques vues sur la baie. Chaque chambre, claire et spacieuse, possède un balcon et les lits sont couverts de couettes douillettes. Bassin et cascade dans le jardin japonais.

Huntingdon Hotel & Suites - HORS PLAN - *330 Quebec St. - 250 381 3456 - www.huntingdonmanor.com - - 113 ch. 248/423 $ -* . Niché dans un quartier verdoyant, l'hôtel centenaire propose d'excellentes chambres dans un cadre délicieusement désuet. Beaucoup de style, un service amical et professionnel, pour un prix très attractif. Une aubaine dans sa catégorie.

Île de Vancouver ★★★

Vancouver Island

Avec ses 32000 km², l'île de Vancouver est la plus grande du littoral pacifique nord-américain. Montagneuse (quelques sommets dépassent 2100 m), elle possède une côte ouest échancrée, sauvage et ouverte aux assauts de l'Océan, une côte est en pente douce, de belles plages vers le sud, là où se concentre la population, et un relief plus escarpé vers le nord. Son climat tempéré et sa forte pluviosité ont favorisé la croissance d'une forêt, géante et dense, principale ressource de l'île. La variété des paysages, l'accès facile à une nature superbe et sa proximité avec Vancouver et Seattle l'ont transformée en une destination touristique très prisée.

Se repérer

881700 habitants – Colombie-Britannique

CARTE B4 (P. 34-35) - CARTE DE L'ÎLE DE VANCOUVER (P. 92-93).

Les voies rapides **Hwy 1** (Transcanadienne de Victoria à Nanaimo), et **BC Hwy 19** (de Nanaimo à Port Hardy) desservent la côte est.

La route touristique **BC Hwy 19 A** longe la BC Hwy 19 en suivant la côte de Parksville à Campbell River.

La **BC Hwy 4** traverse l'île et dessert Tofino sur la côte ouest.

Au nord de Victoria, les **BC Hwy 17** et **17 A** traversent la péninsule de Saanich.

Organiser son temps

On accède à l'île par les ports de Nanaimo et Swartz Bay *(voir p. 103)*. Prévoyez 4 à 6 jours pour parcourir les 4 circuits proposés, qui couvrent l'essentiel de l'île. Comptez une journée pour revenir à Victoria.

En famille

Long Beach (Pacific Rim) et ses otaries; les mâts totémiques de Duncan; le tour en locomotive à vapeur au BC Forest Discovery Centre; le toboggan de Malahat Skywalk.

Carnet pratique p. 103

Nos adresses p. 104

1

Pacific Rim, joyau de l'Île de Vancouver

CARTE P. 92-93

★★★ Pacific Rim National Park Reserve BC2

Bureaux du parc – *2791 Pacific Rim Hwy - Ucluelet - ✆ 250 726 4600 - parcs.canada.ca/pn-np/bc/pacificrim - parc et bureau ouv. tte l'année - 11 $.*

Activités : randonnée, canoë-kayak, voile, baignade, vélo, camping.

Son nom décrit bien ce parc, étroite bande de littoral sur la côte ouest de l'île qui s'étire sur 130 km, de Port Renfrew à Tofino, dans les territoires des Premières Nations des Nuu-chah-nulth. Cette côte sauvage et découpée fait fantasmer bien des marcheurs avec des plages de sable isolées, immenses ou minuscules, des forêts pluviales tempérées intactes et une riche faune composée d'oiseaux, d'otaries, de couguars, de loups, d'ours... et, au large, de baleines grises.

★★ **West Coast Trail** – *75 km - parcs.canada.ca/pn-np/bc/pacificrim/activ/sco-wct- de mi-mai à fin sept. - session d'orientation exigée - randonnée/camping 166,75 $ - navette fluviale pour la traversée du lac Nitinaht en cas d'entrée ou de sortie par Nitinaht Village AS 70 $ - traversiers pour le passage des Nitinaht Narrows 28 $ et le passage de la Gordon River 28 $.* Il faut compter de 6 à 7 jours de marche en **totale autonomie** pour faire l'intégralité de ce **trek mythique** de 75 km destiné aux randonneurs confirmés. Le sentier traverse une zone protégée difficile et comporte de réels risques.

De déb. mai à fin sept., la **West Coast Trail Express Inc.** *(250 477 8700 - trailbus.com) assure la liaison entre Victoria et les points d'entrée au sentier (AS 60 $ pour Gordon River, 110 $ pour Nitinaht Village et 120 $ pour Pachena Bay et Bamfield). Un aller (dép. Victoria 6h45) et un retour (retour Victoria 19h45) par jour. Réserv. obligatoire minimum 48h à l'avance.*

Barkley Sound – Au centre de la réserve, ses innombrables îles et îlots rocheux sont connus sous le nom de **Broken Group Islands**. Il est possible de camper sur cet archipel uniquement accessible par bateau *(voir Port Alberni p. 96)*.

★★ **Long Beach** – *Voir p. 97.*

Circuits conseillés

CARTE P. 92-93

Le sud de l'île de Vancouver

Circuit de 318 km (détours compris) au départ de Victoria tracé en vert foncé sur la carte p. 92-93. Prenez Douglas St. vers le nord jusqu'à la route 1.

Malahat Drive D2

Cette section de la Transcanadienne, qui s'étend sur 19 km entre le parc provincial Goldstream et Mill Bay Rd, s'élève en corniche au flanc de la crête Malahat et ménage de belles **vues★** sur les bras de mer Finlayson et Saanich, les îles du golfe, la côte continentale et, par temps clair, le **mont Baker** (sommet de la chaîne des Cascades aux États-Unis) que l'on aperçoit à travers les arbres.

Le panorama est encore plus spectaculaire depuis le **Malahat Skywalk**. Une passerelle de 600 m de long, aménagée parmi les arbres, aboutit en une douce spirale au sommet de cette spectaculaire tour de 32 m de haut *(à 33 km de Victoria par la route 1 - malahatskywalk.com - ♿ - été : 9h-18h, jeu.-dim. 9h-19h30 ; reste de l'année : se rens. - 38 $. Possibilité de navette de/vers Victoria)*. Et la descente peut même se faire… en toboggan *(20 m de long - à partir de 6 ans)* !

Pacific Rim : quelques conseils

Les plages de la réserve du Pacific Rim National Park ne sont pas surveillées et les dangers des **vagues déferlantes** et des **courants d'arrachement** ainsi que les risques d'**hypothermie**, bien réels. Il faut aussi se méfier des **billots de bois** qui peuvent rouler sur la plage et blesser les promeneurs. Enfin, il est obligatoire de prendre en compte la présence dans le parc de l'**ours noir**, du **loup** et du **couguar** et de respecter les autres espèces sauvages et les habitats avoisinants. Des bulletins émanant de Parcs Canada *(parcs.canada.ca/pn-np/bc/pacificrim)* avisent régulièrement les promeneurs de la présence potentielle d'un de ces trois prédateurs dans l'un des secteurs du parc.

Vue panoramique sur la côte ouest de l'île de Vancouver, aux environs de Tofino.
MarkSkalny/Getty Images Plus

Continuez sur la Transcanadienne (Hwy 1) vers le nord sur env. 3 km, et traversez Mill Bay. Prenez à gauche la Shawnigan Lake Mill Bay Rd, puis à droite la Shawnigan Lake Rd. Tournez ensuite à gauche dans Renfrew Rd, puis à droite dans Glen Eagles Rd où vous trouverez le parking sud de Kinsol Trestle.

1

★★ Kinsol Trestle D2

Cet ancien **pont ferroviaire** à chevalets en bois, construit en 1920 et entièrement restauré en 2011, trône fièrement à 187 m au-dessus de la rivière à saumons Koksilah, livrant aux amateurs de photos une merveilleuse dentelle de bois propice à de subtils jeux d'ombre et de lumière. Là où roulaient jadis les locomotives à vapeur transportant les trains forestiers, circulent désormais en pleine nature cyclistes, randonneurs, cavaliers et promeneurs locaux.

Rebroussez chemin et tournez à gauche dans Renfrew Rd. Au bout de celle-ci, prenez à gauche la Shawnigan Lake Rd, puis suivez la direction de Duncan vers le nord.

Duncan D2

Cowichan Regional Visitor Centre – *2896 Drinkwater Rd, à l'intersection de la Hwy 1 et Bell McKinnon Rd - ✆ 604 827 4486 - www.tourismcowichan.com.*

Faites une pause dans cette charmante petite ville bohème de la **vallée de la Cowichan**. Visitez le **Cowichan Valley Museum**, sympathique petit musée régional installé dans l'ancienne gare Qualicum Museum, puis offrez-vous une promenade le long de Station Street, et revenez à votre véhicule par Government Street et Kennedy Street. Vous découvrirez une collection unique de **mâts totémiques★★** parfaitement intégrés au décor urbain.

Rejoignez la Hwy 1 et suivez-la vers le nord.

★ **BC Forest Discovery Centre** – *2892 Drinkwater Rd - ✆ 250 715 1113 - bcforestdiscoverycentre.com - ♿ - de déb. juil. à déb. sept. : jeu.-lun. 10h-16h30 ; de fin mars à fin juin et de déb. à fin sept. : jeu.-lun. 10h-16h30 ; reste de l'année : se rens. - 16/18 $ selon la saison.* Les énormes machines désuètes disposées dans un domaine

PRINCE RUPERT
A
B
1
2
Cape Scott PP
Port Hardy
Fort Rupert
Quatse Salmon Stewardship Centre
Malcolm I.
Alert Bay
Port McNeill
Telegraph Cove
Sayward
19
Port Alice
Nimpkish Lake PP
Brooks Peninsula PP
Tahsish-Kwois PP
Pair Harbour
Woss Lake PP
Zeballos
Tahsis
28
Gold River
White Ridge PP
Nootka Island
Strathcona RP
Flores Island
Ahousat
Clayoquot Sound
Meares Island
Tofino
4
Long Beach Unit
Wild Pacific Trail
PACIFIC RIM NATL
PACIFIC OCEAN
ÎLE DE VANCOUVER
0
40 km
0
20 mi
A
B

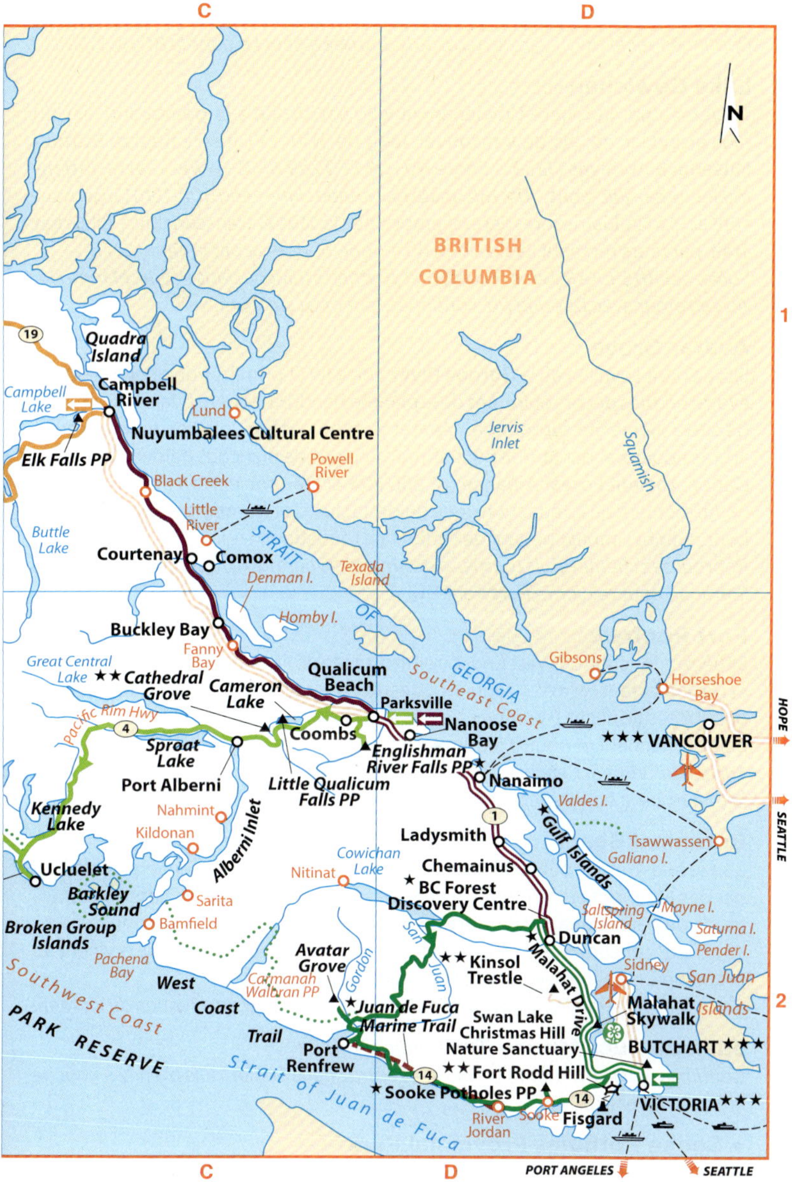
C
D
N
BRITISH COLUMBIA
1
2
19
Quadra Island
Campbell River
Campbell Lake
Lund
Nuyumbalees Cultural Centre
Elk Falls PP
Powell River
Jervis Inlet
Squamish
Black Creek
Little River
Buttle Lake
Courtenay
Comox
STRAIT OF GEORGIA
Texada Island
Denman I.
Hornby I.
Buckley Bay
Fanny Bay
Great Central Lake
★★ Cathedral Grove
Cameron Lake
Qualicum Beach
Southeast Coast
Gibsons
Horseshoe Bay
Pacific Rim Hwy
4
Parksville
Nanoose Bay
HOPE
★★★ VANCOUVER
Sproat Lake
Coombs
Englishman River Falls PP
Port Alberni
Little Qualicum Falls PP
Nanaimo
Kennedy Lake
Nahmint
Valdes I.
1
SEATTLE
Kildonan
Alberni Inlet
Ladysmith
Gulf Islands
Tsawwassen
Galiano I.
Cowichan Lake
Chemainus
Ucluelet
Nitinat
★ BC Forest Discovery Centre
Barkley Sound
Sarita
Saltspring Island
Mayne I.
Broken Group Islands
Bamfield
Duncan
Saturna I.
Pender I.
Avatar Grove
Gordon
San Juan
★★ Kinsol Trestle
Malahat Drive
Sidney
Pachena Bay
West Coast Trail
Carmanah Walbran PP
San Juan Islands
Southwest Coast
★ Juan de Fuca Marine Trail
Malahat Skywalk
PARK RESERVE
Swan Lake Christmas Hill Nature Sanctuary
Port Renfrew
BUTCHART ★★★
14
★★ Fort Rodd Hill
Strait of Juan de Fuca
★ Sooke Potholes PP
14
VICTORIA ★★★
River Jordan
Sooke
Fisgard
C
D
PORT ANGELES
SEATTLE

de 40 ha, la forêt de pins Douglas, les expositions du petit musée, le **camp de bûcherons** reconstitué dressent un tableau impressionnant de l'industrie forestière de Colombie-Britannique. Les visiteurs pourront, de mai à août, monter à bord d'une **locomotive à vapeur** *(w.-end seulement)* ou classique *(tous les jours)*.
Continuez sur la Hwy 1 vers le nord, puis tournez à gauche dans la BC Hwy 18.

Lake Cowichan CD2

Traversée par la rivière Cowichan, la ville est située à la pointe sud-est du plus grand lac de l'île de Vancouver, long de 31 km. Visitez le **Kaatza Station Museum & Archives** *(125B S Shore Rd - ✆ 250 749 6142 - www.kaatzastation-museum. ca - juil.-août : 10h-16h ; reste de l'année : lun.-vend. 10h-16h)* largement consacré à l'industrie forestière, et empruntez le sentier transcanadien, dit **Great Trail**, parcours récréatif le plus long du monde qui passe par la ville !
Suivez South Shore Rd vers l'ouest, puis tournez à gauche dans Pacific Marine Rd. Au carrefour avec Deering Rd, continuez tout droit sur 7 km.

Avatar Grove

Située dans la vallée de la **Gordon River**, cette forêt primitive de quelque 50 ha, évocatrice des décors oniriques de la planète Pandora si chère à James Cameron (le site a même été surnommé « Avatar Grove »), est peuplée de gigantesques arbres noueux et parcourue par des promenades de planches gérées par l'association **Ancient Forest Alliance** *(✆ 250 896 4007 - ancientforestalliance.org)*.
Au moment de la rédaction de ce guide, le site était (temporairement ?) fermé pour réduire l'impact négatif de l'affluence touristique.
Rebroussez chemin, puis tournez à droite dans Deering Rd, qui traverse la rivière San Juan pour rejoindre Port Renfrew.

Port Renfrew C2

Située à la jonction du West Coast Trail et du Juan de Fuca Trail, cette communauté est un important carrefour routier, pédestre et maritime. Elle offre de nombreuses possibilités de pêche (saumons, flétans et crabes) ou de randonnées le long d'une baie où viennent se nourrir les **lions de mer**.
Suivez Cerantes Rd, et garez-vous au parking à la fin de la route. Vous y trouverez le départ de la boucle pédestre menant à Botanical Beach.

Botanical Beach

Située à l'extrémité ouest du Juan de Fuca Trail, cette plage singulière, traversée par des affleurements de **schiste** et de **basalte**, dévoile à marée basse une multitude de petits **aquariums intertidaux.** Étoiles de mer, pouces-pieds blancs du Pacifique, concombres de mer, anémones, oursins, moules bleues se révèlent au promeneur dans une symphonie de couleurs éclatantes...
Retournez vers Port Renfrew, puis prenez la BC-14 vers l'est en direction de Victoria.

Juan de Fuca Marine Trail *(voir p. 84)* D2

Continuez sur la BC Hwy 14 vers l'est et entrez dans Sooke, puis prenez à gauche la Sooke River Rd.

★ Sooke Potholes Provincial Park

Sooke River Rd - ✆ 250 474 1336 - bcparks.ca/sooke-potholes-park.
Fréquentée en été par les promeneurs, et important lieu de reproduction des saumons **coho** et **chinook**, la rivière Sooke livre un paysage étonnant de **marmites de géants glaciaires** créées par érosion tourbillonnaire. De nombreux sentiers de

Les arbres noueux d'Avatar Grove.
Poemnist/Getty Images Plus

randonnée sillonnent la vallée, qui forme un corridor vital pour de grands mammifères tels l'**ours noir** et le **wapiti de Roosevelt**.
Retournez vers Sooke, puis prenez la BC Hwy 14 vers l'est en direction de Victoria.

1

★★ D'une côte à l'autre

Circuit de 232 km (détours compris) au départ de Parksville tracé en vert clair sur la carte p. 92-93 - durée conseillée : 2 jours, avec nuit à Ucluelet.

Parksville *(voir p. 99)* C2

Prenez la BC Hwy 19 A vers l'ouest.

Qualicum Beach C2

Située au pied du mont Arrowsmith, sur le territoire de la Première Nation des Qualicum, cette communauté côtière, tranquille, bordée d'interminables plages de galets, se prête à d'agréables promenades à pied ou à vélo, le long du front de mer.
Dans une **forêt primitive**, déployée sur un promontoire dominant le détroit de Géorgie qui sépare l'île de Vancouver de la côte continentale de la Colombie-Britannique, se cachent les **Milner Gardens★★**, 28 ha de splendides jardins sauvages *(2179 Island Hwy W - ✆ 250 752 6153 - milnergardens.viu.ca - de fin mars à fin sept. : jeu.-dim. 11h-17h ; de déb. fév. à fin mars et de déb. à fin oct. : vend.-sam. 11h-15h30 - fermé reste de l'année sf Milner Christmas Magic - 7/14 $ selon la saison).*
Prenez la BC Hwy 4 vers le sud, puis tournez à gauche dans la BC Hwy 4 A.

Coombs C2

Pour une halte ludique, faites un arrêt dans la petite ville de Coombs, réputée pour son pittoresque **Goats on the roof Old Country Market** *(2326 Alberni Hwy - ✆ 250 248 6272 - oldcountrymarket.com - 9h-20h),* immense bazar éclectique dont le toit herbeux accueille des chèvres !
Continuez sur la BC Hwy 4 A vers l'est, puis tournez à droite dans Errington Rd.

★ Englishman River Falls C2

2245 Errington Rd, à Errington.

Aux chutes supérieures, la rivière Englishman se faufile dans un canyon étroit et profond. Le sentier mène à travers la forêt luxuriante, jusqu'aux chutes inférieures, où deux cataractes de plus de 30 m plongent dans un cirque rocheux.

Rebroussez chemin jusqu'à la BC Hwy 4, puis tournez à gauche dans celle-ci.

Little Qualicum Falls C2

Parking sur la droite. Les **chutes supérieures** de la Little Qualicum se composent de deux cascades superposées séparées par un bassin naturel creusé dans le roc. Un agréable sentier forestier y conduit, d'où l'on aperçoit le canyon dans lequel s'engouffre la rivière. Aux chutes inférieures, plus modestes, le torrent traverse un chaos de rochers blancs encombrés de troncs d'arbres morts.

Continuez sur la BC Hwy 4 vers l'ouest.

★★ Cathedral Grove C2

452 Alberni Hwy - bcparks.ca/macmillan-park. Petit parking de part et d'autre de la route pouvant accueillir une trentaine de véhicules maximum - sentiers des deux côtés de la route.

Restituée à la province par la compagnie **MacMillan Bloedel Paper**, cette forêt pluviale, humide, sombre et préservée s'étend dans le parc provincial MacMillan. Elle doit à ses arbres géants le surnom de « forêt-cathédrale ». La promenade parmi ces gigantesques arbres centenaires est impressionnante. Le plus vieux d'entre eux (huit siècles), plus grand que la tour de Pise, fait 76 m de haut et 9 m de circonférence, et se trouve côté gauche de la route dans le sens du circuit. Il avait plus de 300 ans lorsque Christophe Colomb découvrit l'Amérique en 1492 ! Entre les pins poussent également des thuyas géants (appelés aussi cèdres rouges) et des sapins du Canada, tandis qu'au sol courent de grandes fougères. La pruche de l'ouest *(western hemlock)* est désormais l'essence qui croît à l'ombre des douglas, et qui finira par se substituer à eux au fil des générations.

Continuez sur la BC Hwy 4 vers l'ouest.

Port Alberni C2

Cet important centre forestier et nautique est situé à l'extrémité d'un bras de mer profond que 19 km seulement le séparent à vol d'oiseau de la côte est de l'île.

MV Lady Rose – *Lady Rose Marine Transportation - 5425 Argyle St. - ☎ 250 723 8313 ou 1 800 663 7192 - ladyrosemarine.com. Croisière à destination de Bamfield : dép. de Port Alberni dim. de déb. juil. à déb. sept. : mar., jeu. et sam. à 8h ; arrivée à Bamfield à 13h30, retour à Port Alberni à 17h - AR 95 $.* Ce petit cargo sillonne le **fjord d'Alberni** depuis plus d'un demi-siècle. Bien que sa fonction première soit de transporter des marchandises, le *Lady Rose* promène aussi les touristes désireux de rejoindre le **lieu historique national de Bamfield★**, ancien village fortifié de la Première Nation des Huu-ay-aht, un rarissime exemple d'architecture traditionnelle.

Très prisé des kayakistes, l'**archipel des Broken Group**, situé dans le **Barclay Sound**, n'est accessible qu'en bateau taxi *(brokenislandslodge.com).*

Continuez sur la BC Hwy 4 vers l'ouest.

Après Port Alberni, la route longe le **lac Sproat** et suit la vallée de la Taylor, zone d'activité forestière. La route atteint le col avant d'entreprendre sa sinueuse descente le long de la rivière Kennedy vers le Pacifique, offrant de jolies **vues★**

sur les sommets enneigés du **mont Klitsa**. La rivière s'élargit pour former le **lac Kennedy**, plus grande étendue d'eau douce de l'île.
Suivez la BC Hwy 4 le long des rives du lac jusqu'au centre d'accueil des visiteurs de la réserve de parc national Pacific Rim.

Pacific Rim Visitor Centre

2791 Pacific Rim Hwy, Ucluelet - 250 726 4600 - discoverucluelet.com.
Endroit idéal pour glaner quelques conseils, se fournir en brochures et cartes, et acheter l'indispensable **permis de visite** de Parcs Canada *(15,60 $/pers./2 j)*.
Quittez la BC Hwy 4 et prenez la direction d'Ucluelet par la Peninsula Rd.

Ucluelet C2

Ce petit village côtier mérite la visite pour son sympathique **aquarium** entretenu par des bénévoles *(15 $)*, mais aussi et surtout son célèbre sentier du **Wild Pacific Trail★★**, 8 km de pure nature face au majestueux océan Pacifique dont les puissantes vagues viennent s'écraser avec fracas contre les rochers, tandis que le **phare** octogonal de la pointe Amphitrite veille sur la côte. D'immenses arbres centenaires luttant pour atteindre le ciel, longent la plage et viennent compléter ce magnifique tableau.
Rebroussez chemin et suivez la direction de Tofino par la Peninsula Rd, puis la BC Hwy 4. Entrez dans le parc de Pacific Rim (permis à placer sur le tableau de bord).

★★ Long Beach B2

Cette longue plage de sable fin *(11 km)*, où déferlent les vagues du Pacifique, s'étend au pied des montagnes et attire les surfeurs émérites. La puissance des lames y est immense – déposant d'énormes troncs flottés, parfois enlevés à la marée suivante, sur le rivage – et le niveau du sable peut varier de presque 2 m entre l'été et l'hiver d'une même année. À marée basse, la plage est découverte sur près de 1 km, et l'on peut y observer une faune marine abondante.
Plus loin sur les rochers, des **otaries** se prélassent au soleil, tandis que des **baleines grises** croisent parfois dans les parages. Un très grand nombre d'oiseaux vivent en permanence ou séjournent régulièrement sur la rive et dans la forêt proche. D'importantes précipitations et le climat relativement tempéré ont favorisé l'existence d'une forêt pluviale où prospèrent l'épicéa de Sitka, le **thuya géant** et le tsuga.
Kwisitis Visitor Centre – *485 Wick Rd, Ucluelet - de déb. mars à fin avr. et de mai à mi-oct. : vend.-dim. 10h-17h ; de mai à mi-oct. : 10h-17h.* Promenades guidées par un ranger naturaliste à la découverte de la plage ou de la forêt. Accueillant et très bien renseigné, ce centre expose une instructive maquette en 3D de cette complexe région côtière, et met en avant le mode de vie et les traditions des Premières Nations vivant sur ce territoire. Le nom du centre signifie d'ailleurs « l'autre bout de la plage » en nuu-chah-nulth. De la terrasse extérieure du bâtiment, vous pourrez observer d'intrépides surfeurs faire de véritables prouesses aériennes dans ces eaux dangereuses. Avec un peu de chance, vous pourrez peut-être même apercevoir au loin le souffle d'une baleine...
Plusieurs sentiers mènent à l'Océan ou à travers la forêt qui le borde. Le sentier du **Schooner Cove Trail** *(2 km - fermé pour l'entretien des passerelles, se rens.)* coupe à travers une forêt ancienne et des épicéas de Sitka pour aboutir à une plage isolée. Le **Nuu-chah-nulth Trail★** *(3 km)* mène à Florencia Bay à travers une forêt d'épicéas. Au milieu de Long Beach, se trouve le **Combers Beach Trail** qui donne sur le **Sea Lion Rocks**, « l'île aux otaries » *(munissez-vous de jumelles)*.

1

Surfeurs sur la plage de Tofino.
Tomas_Handfield/Getty Images Plus

Également au milieu de Long Beach se trouvent les deux boucles enchantées du **Rain Forest Trail★★**, qui permettent une rencontre intime avec la forêt pluviale, à l'aide d'un chemin de planches qui en épouse le relief.
Poursuivez sur la BC Hwy 4 en direction de Tofino.

★ Tofino B2

1426 Pacific Rim Hwy - 888 720 3414 ou 250 800 7380 - tourismtofino.com.
La route s'achève dans cette petite bourgade huppée située sur la pointe de la péninsule d'Esowista, qui vit l'arrivée de **James Cook** en 1778. Cernée par de magnifiques plages (Cox Bay, Chesterman...) battues par les vagues, Tofino est reconnue comme la **capitale canadienne du surf**. Les surfeurs du monde entier s'y retrouvent en hiver, rejoints, en été, par les sportifs et touristes « d'aventure » attirés par la vaste offre de loisirs de la réserve du parc national Pacific Rim. Tofino bourdonne alors d'une intense activité culturelle et festive. Chaque année, en mars, y est célébrée la migration de milliers de baleines grises lors du **Pacific Rim Whale Festival** *(pacificrimwhalefestival.com)*.
Ancien foyer de la contre-culture, Tofino accéda à la célébrité mondiale en 1993, au cours d'une campagne écologiste contre l'**exploitation forestière** du littoral de **Clayoquot Sound,** aujourd'hui protégé par son statut de réserve de biosphère. Fort heureusement, la pratique de l'abattage systématique a pratiquement cessé depuis. C'est la Première Nation des Nuu-chah-nulth, alors menée par son chef Wickaninnish, qui amorça au 18e s. le peuplement de Clayoquot Sound. Cette nation est toujours installée dans son village d'Opitsat, sur l'**île Meares**, célèbre pour ses thuyas géants, ses rivières à saumons et son abondante faune sauvage.
Observation des baleines – Des croisières touristiques partent de Tofino pour Clayoquot Sound. D'autres excursions d'une journée en bateau permettent de découvrir les magnifiques bassins de **Hot Springs Cove**.

La route côtière est

Circuit de 221 km (détours compris) au départ de Duncan tracé en bordeaux sur la carte p. 92-93.

Duncan *(voir p. 91)* D2

Prenez la Hwy 1 vers le nord, puis tournez à droite dans la Hwy 1 A.

Chemainus D2

102-9799 Waterwheel Crescent - 250 737 3368 - visitchemainus.ca.
En quittant Duncan, vous pourrez pousser jusqu'à cette charmante bourgade du bord de mer *(18 km au nord)* blottie entre une chaîne de montagnes et l'océan. Fondée au 19e s., à l'époque de la construction navale, elle fut sauvée du déclin grâce à un projet artistique visant à égayer les bâtiments de la ville en les habillant de peintures murales en trompe-l'œil. Ces dernières évoquent l'histoire de Chemainus et de ses habitants, mais aussi des tribus autochtones alentour. Chaque année viennent s'ajouter de nouvelles œuvres.
Continuez sur la Hwy 1 A, puis la Hwy 1 vers le nord.

Ladysmith D2

Fondée en 1898, cette petite ville de la **vallée de la Cowichan**, située 23 km au sud de Nanaimo, vit principalement des ressources forestières, de l'agriculture et du tourisme. Elle accueillit jadis les familles de mineurs de Nanaimo. Aujourd'hui, il fait bon flâner le long de sa rue principale *(1st Ave.)*, découvrir ses antiquaires, ses librairies de livres anciens et d'occasion et faire une pause gourmande dans l'un de ses petits cafés avant de poursuivre l'exploration de l'île de Vancouver.
Continuez sur la Hwy 1 vers le nord.

Nanaimo D2

Cet ancien **poste de traite** aux rues disposées en étoile, fut érigé sur le territoire traditionnel des **Snuneymuxw**, et se distingue par sa **forteresse** octogonale en bois *(98 Front St.)*, construite au 19e s. par des ouvriers de la Compagnie de la baie d'Hudson. En 1852, la découverte du **charbon** allait faire de Nanaimo un important centre d'exploitation. Aujourd'hui, cette ville de 100 000 habitants est avant tout la porte d'entrée de l'île, accueillant les ferries en provenance de Vancouver.
Quittez la ville en empruntant la BC Hwy 19 vers le nord. Tournez à droite dans Arlington Rd à partir de la BC Hwy 19.

1

Nanoose Bay

La **réserve nationale de faune de Qualicum★**, à l'ouest de Nanaimo, abrite des prairies humides et marais fréquentés par une très riche **faune aviaire** (grand héron du Pacifique, cygne trompette, bernache cravant...). Non loin de Nanoose Bay, on découvre aussi la ville fantôme de **Red Gap** qui abrita, de 1912 à 1942, la **scierie de la Straits Lumber Company,** considérée jadis comme la plus importante de la région du Pacifique Nord-Ouest.
Rebroussez chemin et reprenez la BC Hwy 19, que vous quitterez à son embranchement avec la BC Hwy 19 A pour suivre la direction de Parksville.

Parksville C2

Située sur la côte est de l'île, le long de la route côtière 19A, Parksville est une station balnéaire très courue, réputée pour sa longue plage de sable blond propice à la baignade et à la pratique du beach-volley.
À proximité, le **Rathtrevor Beach Provincial Park** *(bcparks.ca/rathtrevor-beach-park)* offre un agréable contraste, avec ses vénérables pins Douglas et ses deux chutes dévalant au beau milieu de la forêt.
Continuez vers l'ouest par la BC Hwy 19 A.

Qualicum Beach *(voir p. 95)* C2

Continuez vers le nord-ouest par la BC Hwy 19 A.

Buckley Bay

Poussez jusqu'à cette charmante bourgade de bord de mer, point de départ des BC ferries pour les îles Denman et Hornsby appartenant au groupe des **Gulf Islands★** *(voir encadré ci-contre)*. Ces dernières se découvrent en bateau ou mieux encore, en avion, à l'occasion d'un vol inoubliable !

Continuez vers le nord par la BC Hwy 19 A.

Courtenay C1

Au cœur de la vallée de Comox, cette petite ville tranquille aux nombreuses boutiques et cafés, recèle un intéressant musée d'histoire locale : le **District Museum & Palaeontology Centre** *(207 4th St. - ✆ 250 334 0686 - courtenay museum.ca - 10h-16h - fermé dim.-lun.)*. Celui-ci expose un rare fossile d'élasmosaure (reptile marin du crétacé supérieur) et met à la disposition du public de très riches archives sur l'histoire de la ville *(consultables sur place)*.

Reprenez la BC Hwy 19 A, puis tournez à droite dans Comox Rd après le pont.

Comox C1

Cette ville prospère, installée en bordure du **détroit de Géorgie**, abrite une base militaire des Forces aériennes du Canada. Elle doit sa fondation au peuple salish qui y construisit les toutes premières habitations il y a quelque 4 000 ans. Entourée de champs de pommes de terre et autres cultures maraîchères, elle fournit aujourd'hui la région en produits frais.

Cernée par les montagnes, la **vallée de Comox** *(terre fertile* en Salish), à environ 2h de Victoria par la BC Hwy 19 A, est l'un des sites les plus pittoresques de Colombie-Britannique, avec ses nombreux sentiers (tous niveaux), aménagés le long des rivières et des lacs.

Rejoignez la côte en direction de Seal Bay Nature Park, puis reprenez la BC Hwy 19 A.

Campbell River C1

ℹ *Maritime Heritage Centre – 621 Island Hwy - ✆ 250 204 4384 - campbellriver. travel.*

Campbell River offre de multiples occasions d'observer, à l'occasion d'**excursions animalières★★**, une riche faune composée d'ours, de majestueux pygargues à tête blanche et de mammifères marins en tous genres.

Museum at Campbell River – *470 Island Hwy, à l'angle de 5th Ave. - ✆ 250 287 3103 - www.crmuseum.ca - de mi-mai à fin sept. et déc. : 10h-17h ; reste de l'année : mar.-dim. 12h-17h - 10 $.* Situé à l'entrée de la ville, ce musée s'étend dans un joli jardin. Ses collections éclectiques comptent notamment une galerie consacrée aux Premières Nations, avec des sculptures contemporaines de **Max Chickite**, figure bien connue de la Première Nation des Lekwiltoq.

Atelier du maître sculpteur Bill Henderson – *1430 Drake Rd - ✆ 250 286 0818.* L'atelier du très célèbre sculpteur kwakwaka'wakw se trouve à proximité du cimetière familial, une terre qui a pu rester en sa possession. Une belle rencontre qui introduit le visiteur à la **culture kwakwaka'wakw**. En utilisant des méthodes ancestrales et en façonnant ses propres outils, ce grand maître et danseur traditionnel émérite réussit avec brio à capturer dans les aigles, épaulards et ours qu'il façonne, toute la légende et la spiritualité de son peuple.

Gulf Islands National Park Reserve

Située dans le détroit de Géorgie, entre l'île de Victoria et la Colombie-Britannique continentale, cette myriade d'îles et d'îlots, sur le territoire des **Salish du littoral**, constitue un véritable terrain de jeu pour les oiseaux migrateurs, loutres, phoques, orques et autres créatures marines et terrestres qui évoluent ici dans la douceur d'un climat quasi méditerranéen. *parcs.canada.ca/pn-np/bc/gulf.*

Quadra Island – *www.quadraisland.ca - ferry au départ de Campbell River sans réserv. avr.-mars - 28/29 dép./j. tlj sf dim. entre 6h35 et 22h30 (vend.-sam. 23h30) - retour : 28/29 dép./j. tlj sf dim. entre 6h15 et 22h05 (23h vend.-sam.) - traversée : 10mn - AS 23,80 $/véhicule standard + 10,20 $/passager) - vérifiez les horaires sur www.bcferries.com ; certains jours étant fermés à la navigation.* Campbell River est la porte d'accès vers cette île, gardienne d'un formidable centre culturel : le **Nuyumbalees Cultural Centre** *(34 Weway Rd, Quatheiaski Cove - 250 202 7707 - museumatcapemudge.com - fermé temporairement ; se rens. - 10 $).* Expositions de quelques pièces de choix en lien avec la cérémonie du *potlatch* : masque de deuil, sifflets en écorce de cèdre, sistres imitant le grondement de la montagne lors d'un séisme, grelots et autres merveilles...

Le Nord sauvage, hors des sentiers battus

Circuit de 379 km (détours compris) tracé en orange sur la carte p. 92-93.

Gold River B1

Blottie entre les rivières Gold et Heber, cette bourgade installée au cœur de l'île est appréciée des kayakistes et randonneurs séduits ses paysages sauvages. Elle s'ouvre sur la **baie de Nootka**, située sur le territoire ancestral des Nuu-chah-nulth. *Prenez la BC Hwy 28 vers l'est.*

★★ Strathcona Provincial Park B2

Westmin Rd Comox-Strathcona D - 844 435 9453 - bcparks.ca/strathcona-park. Le plus ancien parc provincial de Colombie-Britannique (2 458 km²) abrite les plus hauts sommets de l'île de Vancouver, dont le **Golden Hinde** (alt. 2 198 m), ainsi que la réserve de biosphère de Clayoquot Sound *(voir p. 98)*, protégée par l'Unesco.

Dans ce parc sauvage à couper le souffle partent de très nombreux sentiers de randonnée, dont un grand classique *(Lake Helen Mackenzie, 8, 9 km, 2 à 3h). Continuez sur la BC Hwy 28 vers l'est, puis tournez à gauche dans Canal Access Rd.*

Elk Falls Provincial Park

Hwy 28, à 2 km de Campbell River. 250 850 7125 - bcparks.ca/elk-falls-park.
Les habitants de Campbell River fréquentent ce parc ponctué de jolies chutes. Il est doté de sentiers faciles, et se prête aux balades à vélo et en forêt. **Capitale mondiale du saumon**, il attire de nombreux pêcheurs. Un **pont suspendu** permet de prendre de belles photos des chutes et profondes gorges en contrebas. *Rebroussez chemin, puis prenez la BC Hwy 28 vers l'est.*

Campbell River *(voir p. 100)* C1

Prenez la BC Hwy 19 et rejoignez l'embarcadère à destination de Quadra Island.

Quadra Island *(voir ci-dessus)* C1

1

Peinture kwakwaka'wakw, Alert Bay.
S. Cordier/hemis.fr

Rejoignez Campbell River en bateau, et reprenez la BC Hwy 19 vers le nord. Tournez à droite dans Sayward Rd.

Sayward

Ce petit village côtier sur la baie Kelsey est ouvert à la randonnée, au kayak, à l'observation de la faune et à la spéléologie. On peut y explorer, librement ou en visite accompagnée, les profondeurs des fameuses **Horne Lake Caves** *(3905 Horne Lake Caves Rd, Qualicum Beach - ✆ 250 248 7829 - hornelake.com)*, réseau de belles formations rocheuses et de passages souterrains.
Rebroussez chemin et reprenez à droite la BC Hwy 19 vers le nord-ouest. Longez le Nimpkish Lake puis tournez à droite dans Beaver Cove Rd.

★★ Telegraph Cove B1

Ce photogénique village de pêcheurs, niché dans un écrin de verdure, se distingue par ses bâtiments colorés sur pilotis, reliés entre eux par des trottoirs en bois, et doit son nom à une station établie en 1912 à l'extrémité de la ligne télégraphique de Campbell River. On vient y observer orques, baleines, dauphins, phoques, lions de mer, pygargues à tête blanche... Rançon du succès, la population estivale explose et la pression touristique atténue le charme des lieux.
Rebroussez chemin, puis tournez à droite dans la BC Hwy 19, puis encore à droite dans Campbell Way.

Port McNeill A1

ℹ 1594 Beach Dr. - ✆ 250 956 3881 - portmcneill.ca.
Port McNeill est un lieu de passage obligé pour qui veut se rendre sur l'**île de Cormorant**, où se trouve Alert Bay *(voir p. ci-contre)*. Vous y découvrirez la plus grosse **loupe d'arbre** au monde, provenant d'un épicéa de Sitka. Exposée en centre-ville, cette gigantesque excroissance ligneuse aux formes fantasques est devenue le symbole de ce bourg axé sur les activités forestières.
Rejoignez l'embarcadère pour Alert Bay.

Alert Bay B1

118 Fir St. - 250 974 5024 - www.alertbay.ca.
Ferry au départ de Port McNeill - www.bcferries.com/schedules - 6 départs/j. entre 9h25 et 21h30 - trajet 45mn - 27,85 $/véhicule standard + 12,05 $/passager - vérifiez les horaires; certains jours étant fermés à la navigation.
U'mista Cultural Centre – *250 974 5403 - www.umista.ca - tlj sf w.-end 9h-17h - 15 $.* La maison U'mista recèle l'une des plus fines collections de masques sculptés en lien avec la cérémonie du **potlatch**, basée sur des partages symboliques avec dons et contre-dons. Les visiteurs découvrent divers objets exposés dans la **grande maison**. Il s'agit surtout d'**objets en cuivre**, de **masques** (le Corbeau ayant une importance particulière) et de **sistres**.
Namgis Big House – *500 m environ en direction nord-ouest.* Près de son émouvant **cimetière** *(accès interdit)*, cette grande maison Namgis abrite une peinture réalisée par **Doug Cranmer** (1927-2006). L'ensemble est toisé par un mât totémique de 57 m de hauteur dont chaque figure représente un groupe kwakwaka'wakw.
Rebroussez chemin et reprenez à droite la BC Hwy 19 vers l'ouest.

Port Hardy A1

7250 Market St. - 250 949 7622 - www.visitporthardy.com.
Point d'embarquement du ferry, Port Hardy ne manque pas d'atouts pour y passer la journée. Outre le **Quatse Salmon Stewardship Centre**, centre d'élevage du saumon *(www.thesalmoncentre.org - juil.-sept. : 10h-17h - 8 $)*, la réserve autochtone de **Fort Rupert** est l'un des lieux les plus attachants du port. Face au cimetière traditionnel, la **Big House** (1988) affiche les blasons des quatre principales familles kwakwaka'wakw de Fort Rupert, lignées d'illustres artistes représentés par de grandes galeries de Vancouver.

1

Carnet pratique

S'informer

Se reporter aux offices de tourisme indiqués sous le nom des villes traversées.
vancouverisland.travel; hellobc.com; destinationbc.ca.

Arriver/Partir

En bateau

Plusieurs compagnies maritimes desservent l'île de Vancouver. En été, les week-ends et les jours fériés sont particulièrement chargés.
BC Ferries – *1 888 223 3779 - www.bcferries.com.* Traversées (piétons ou voitures) au départ ou à l'arrivée de **Vancouver** *(p. 69) via* deux terminaux : Horseshoe Bay, à West Vancouver, et Tsawwassen, au sud de l'aéroport international. Les ferries au départ d'Horseshoe Bay arrivent sur l'île de Vancouver à **Nanaimo** ; ceux qui partent de Tsawwassen desservent **Nanaimo** ou **Swartz Bay**, au nord de Victoria.
Pour visiter **Campbell River**, **Port Hardy** (côte est de l'île) et **Tofino** (côte ouest), mieux vaut arriver à Nanaimo ; pour **Victoria**, vous passerez par Swartz Bay.
Black Ball / Coho Ferry – *360 457 4491 (Port Angeles) ou 250 386 2202 (Victoria) - www.cohoferry.com.* De Port Angeles (WA, É.-U.) à Victoria (C.-B.).

Clipper Navigation, Inc. – *☏ 1800 888 2535 - www.clippervacations.com.* Catamaran pour passagers seulement, de Seattle (WA, É.-U.) à Victoria (C.-B.).

Se déplacer

En voiture

Le meilleur moyen pour visiter l'île. On peut louer une voiture à Victoria et la laisser à Port Hardy (contre supplément ou « Drop Charge ») pour ceux qui empruntent ensuite l'Inside Passage.

Budget à Victoria – *724 Douglas St. - Downtown - ☏ 250 953 5218; aéroport - ☏ 250 953 5300 - www.bcbudget.com.* Parmi les moins chers. Autres agences à **Port Hardy** – *4850 Byng Rd - Downtown - ☏ 250 949 6442 ou 3675 Byng Rd, aéroport - ☏ 250 949 6442.*

Agenda

Pacific Rim Whale Festival – *En mars - pacificrimwhalefestival.com.* Plusieurs événements à Tofino et Ucluelet, autour de la migration des baleines et de la faune de l'île.

World Championship Bathtub – *En juil. - bathtubbing.com.* À Nanaimo, le championnat du monde de course de baignoires !

Nos adresses

Restauration

À Duncan

Premier prix

Duncan Garage Café et Bakery – *330 Duncan St. - ☏ 250 748 6223 - facebook.com/DuncanGarageCafeBakery - fermé le soir et dim. - plats 10,25/16 $.* Le Community Farm Store rassemble plusieurs échoppes de producteurs bio, un café, une librairie, une boulangerie et une cantine. Tout y est végétarien et tous fonctionnent sur des modes de consommation alternatifs.

À Port Alberni

Premier prix

The Starboard – *2-5440 Argyle St. - ☏ 778 421 2826 - starboardgrill.com - fermé le soir - plats 14/29 $.* Situé en front de mer, ce restaurant lumineux est l'adresse la plus plaisante de la ville pour caler petites et grosses faims (poutines, sandwichs, salades, burgers...).

À Tofino

Premier prix

Voir aussi Common Loaf dans « Petite Pause ».

Budget moyen

Wolf in the Fog – *150 4th St. - ☏ 250 725 9653 - wolfinthefog.com - fermé le midi - plats 26/46 $ - réserv. conseillée.* Avec son élégant décor en bois brut et sa cuisine soignée, d'inspiration internationale et à base de produits locaux, le « Loup dans la brume » a tout bon.

Une folie

The Schooner Restaurant – *311 Campbell St. - ☏ 250 725 3444 - www.schoonerrestaurant.ca - fermé lun.-merc. midi - plats 38/112 $ - réserv. conseillée.* Excellent restaurant où l'on côtoie le gratin de Tofino. Les fruits de mer sont cuisinés avec soin : huîtres, crabes, crevettes... se bousculent dans un décor baroque, rythmé par le shaker intrépide du barman.

À Port Hardy

Budget moyen

The Sporty Bar & Grill – *8700 Hastings St. - ✆ 250 949 7811 - www.sportybar.ca - fermé dim.-lun. - plats 19,50/35 $.* Une carte éclectique (fruits de mer, pizzas, pâtes, escargots à la provençale !) et des plats copieux et soignés.

À Nanaimo

Budget moyen

Bistro Taiyo – *321 Wesley St. - ✆ 250 716 8861 - bistrotaiyo.com - plats 16/30 $ - réserv. conseillée.* Cantine japonaise sans prétention, pour se régaler de délicieux *donburi*, *tempura*, *ramen* et d'avantageux *set lunch (18/25 $).*

Petite pause

À Tofino

Common Loaf Bake Shop – *180 1st St. - ✆ 250 725 3915 - @commonloafbakeshop - 8h-16h - fermé dim.-lun.* Une institution locale ! Délicieux muffins, pâtisseries, pains, café et thés variés et tout ce qu'il faut pour un déjeuner (soupes, sandwichs, pizzas) sain et vegan. Sur place ou à emporter.

Boire un verre

À Tofino

Tofino Brewing Company – *691 Industrial Wy - ✆ 250 725 2899 - tofinobrewingco.com - 12h-21h - fermé dim.-lun.* Cette microbrasserie, dont les bières se vendent en ville, propose, « à la source », sa gamme de breuvages et sa *street food* bien faite.

À Nanaimo

Dinghy Dock Pub – *8 Pirates Lan, Protection Island (accès en bateau depuis la marina). - ✆ 250 753 2373 - dinghydockpub.com - 11h30-21h (22h vend.-sam.) - fermé dim.-lun.* Une agréable promenade en bateau mène à ce sympathique pub flottant où l'on teste la production de la microbrasserie en regardant passer les ferries.

Shopping

Art ethnique à Campbell River

House of Treasures – *1370 Island Hwy - ✆ 250 286 1440 - www.weiwaikumhouseoftreasures.com - 10h-17h.* Art natif dans une belle réinterprétation contemporaine de grande maison.

Activités

Surf à Long Beach

Tofino Surf School – *381 Main St. - ✆ 250 522 0189 - www.tofinosurfschool.ca - en été - cours collectifs (3h) 99 $.* Cette école offre des cours de surf personnalisés.

Hébergement

À Duncan

Budget moyen

Jacquie Gordon's B & B – *2231 Quamichan Park pl. - (2 km à l'est du centre-ville) - ✆ 250 746 7736 - www.jacquiegordon.com - P - 2 ch. 170,50/192,50 $ (2 nuits mini).* Deux chambres bien aménagées à l'intérieur d'une charmante maison nichée dans un beau jardin fleuri.

À Tofino

Premier prix

HI Tofino / Whalers on the Point Guesthouse – *81 West St. - ✆ 250 725 3443 - tofinohostel.com - P payant - ♿ - lits en dortoirs 69/93 $; ch. et suites 140/303 $.* Auberge de jeunesse située le long de la baie Clayoquot, avec toutes les commodités : cuisine, machine à laver, Internet, salle de jeu, sauna. Location de vélos, forfaits surf et randonnée.

1

Budget moyen

Paddler's Inn – *320 Main St. - ✆ 250 725 4222 - tofino paddlersinn.com - P - 5 ch 160/200 $.* Posée au bord de l'eau, cette jolie pension compte cinq chambres, avec salle de bains et cuisine communes, soignées et d'un bon rapport qualité-prix. Excursions en kayak proposées.

Pour se faire plaisir

The Inn at Tough City – *350 Main St. - ✆ 250 725 2021 ou 877 725 2021 - toughcity.com - P ♿ - fermé de mi-nov. à fin mars - 8 ch. 199/309 $ - ✕.* Campée au centre de Tofino, cette rustique maison ouvre de belles chambres face à la mer. Bar à sushis et huîtres au comptoir.

The Shoreline Tofino – *350 Olsen - ✆ 250 668 2051 ou 866 725 3441 - www.theshorelinetofino.com - P - 5 suites et 2 cottages 262 $.* Maison traditionnelle construite en cèdre au cœur de la baie Clayoquot. Certaines chambres disposent de Jacuzzi en plein air avec ponton privatif.

À Ucluelet

Pour se faire plaisir

Ocean Mist Guesthouse – *966 Peninsula Rd - ✆ 250 726 7199 - www.oceanmistgh.com - P - 2 ch. 199/279 $/nuit (2 à 3 nuits mini).* Située à proximité du Wild Pacific Trail, cette maison d'hôtes bénéficie d'un relaxant environnement côtier. Son paisible jardin est parfois visité par des cerfs à queue noire, et son délicieux panier gourmand du matin, composé de produits frais faits maison.

À Campbell River

Budget moye,

Passage View Motel – *517 Island Hwy - ✆ 250 286 1156 - www. passageviewmotel.com - P - 30 ch. à partir de 138 $.* Tenu par un couple sympathique, ce motel propose des chambres bien équipées, dont certaines donnent sur la mer.

À Port McNeill

Budget moyen

Dalewood Inn – *1703 Broughton Blvd. - ✆ 250 956 3304 - dalewoodinn.ca - P ♿ - 32 ch. 150 $ - ✕.* Pratique et fonctionnel, ce motel proche du port, doté d'un pub et d'un restaurant, a fait peau neuve. Il se trouve à 25 km au nord de Telegraph Cove, lieu emblématique d'observation des mammifères marins.

À Port Hardy

Si vous embarquez pour l'Inside Passage, réservez la veille, auprès de l'office de tourisme, la navette qui passera vous prendre à l'hôtel *(8 $).*

Premier prix

North Coast Trail Backpakers Hostel – *101-8635 Granville St. - ✆ 250 949 9441 ou 866 448 6303 - www.porthardyhostel.com - P - lit en dortoir 58 $; ch. 103/109 $.* Simple et conviviale, cette auberge en plein cœur de Port Hardy, à deux pas du front de mer et des quais, propose un hébergement à prix doux. C'est une base idéale pour rayonner dans la région et en découvrir les nombreuses curiosités naturelles.

Pour se faire plaisir

Glen Lyon Inn – *6435 Hardy Bay Rd - ✆ 250 949 7115 - www. glenlyoninn.com - P - 44 ch. à partir de 231 $ - ✕.* Chambres avec balcon entièrement rénovées face à la baie de Hardy.

Passage intérieur ★★

Inside Passage

Née des anciennes glaciations, cette voie d'eau à l'abri des houles de l'Océan s'étire de Puget Sound (État de Washington) à Skagway (Alaska) sur une distance de 1696 km. Elle passe entre un chapelet d'îles entaillées de nombreux fjords et la côte déchiquetée du nord-ouest du Canada, dont les falaises à pic plongent dans le Pacifique. Les bacs qui sillonnent le Passage intérieur de Port Hardy à Prince Rupert parcourent 507 km à travers des paysages sauvages empreints de silence et de beauté.

Se repérer

Colombie-Britannique

CARTE A2 (P. 34-35).

Pour traverser le Passage intérieur, deux options : soit partir de **Port Hardy** (à 5h de route au nord de Nanaimo, sur l'île de Vancouver), soit partir de **Prince Rupert** (à 1500 km par la route, au nord de Vancouver).

Organiser son temps

Vous pouvez réaliser un circuit en boucle, en empruntant le ferry au départ de Vancouver pour rejoindre l'île de Vancouver, puis, à Port Hardy, le ferry (tôt le matin) en direction de Prince Rupert. Le retour s'effectuera *via* les Cariboo et le canyon du Fraser.

Traversée par le Passage intérieur

BC Ferries – *250 386 3431 ou 888 223 3779 - bcferries.com/ - ♿ - voyage à bord du MV Northern Expedition - 3 ou 4 dép./sem. - dép. à 7h30 de Port Hardy, arrivée à 23h50 à Prince Rupert - escale possible à Bella Bella ou Klemtu (se rens.). Billets en vente à l'office de tourisme de Port Hardy - réserv. obligatoire pour les véhicules (662,65 $/véhicule standard + passager ; piéton à partir de 195 $) - attention : embarquement 2h avant le départ !*

Parmi les suppléments proposés par BC Ferries, la réservation dans le salon Aurora garantit une belle vision panoramique en proue du bateau (à condition d'être placé dans les premiers rangs) ; le copieux dîner buffet a, quant à lui, beaucoup de succès ! Des *packages* incluant la traversée et diverses excursions sont aussi proposés.

Le bateau atteint la pleine mer au niveau du **détroit de la Reine-Charlotte,** puis pénètre dans les eaux calmes du **Fitz Hugh Sound**. Du pont d'observation, les **vues★★** sont magnifiques. De loin en loin, la présence humaine se révèle par la découverte d'un petit port de pêche orné de quelques mâts totémiques ou d'une usine de pâte à papier. Au cours des migrations de printemps et d'automne, on rencontre aigles, oiseaux de mer et mammifères marins.

La traversée est scandée par différentes explications à mesure qu'apparaissent lieux et villages : **Namu**, où s'est établie la première conserverie de 1893 à 1970 ; **Bella Bella**, patrie de la Première Nation Heiltsuk et seule véritable agglomération dans cette région peu peuplée ; **Boat Bluff**, établi en 1907 et dont le phare est visible à plus de 40 km à la ronde, signale l'entrée du chenal Tolmie ; **Swanson bay**, ville fantôme qui fut pourtant le premier centre de production de pâte à papier au

Le long du Passage intérieur.
Jon Arnold Images/hemis.fr

sulfite en Colombie-Britannique ; **Butedale** et sa conserverie désormais en ruine. Après onze heures de navigation, la traversée atteint son apogée à l'entrée du **chenal de Grenville★★**, au nord de Port Hardy. À son point le plus étroit, ce chenal ne mesure que 427 m de largeur, pour une longueur totale de 70 km et une profondeur maximale de 500 m. Grâce à l'étroitesse du Passage intérieur, on peut admirer, par beau temps, d'innombrables îles à l'ouest, et un littoral échancré à l'est. Les rives abruptes des fjords, couvertes d'épicéas et de sapins du Canada, plongent soudainement dans la mer.

Les Heiltsuk

Appelés autrefois **Bella Bellas**, les Heiltsuk vivaient essentiellement de la pêche et de la conservation du poisson, sur la côte centrale de la Colombie-Britannique, leur territoire traditionnel. Après l'arrivée des Blancs (1780), la population heiltsuk, décimée par la variole, passa de 20 000 individus à 200 dans les années 1880. Elle se regroupa au début du 20e s. autour de Bella Bella sous la tutelle de missionnaires méthodistes. Aujourd'hui, la communauté, composée de quelque 2 000 personnes dont la moitié réside dans la réserve de Bella Bella, vit de la pêche commerciale des œufs de hareng et de l'exploitation forestière. La pratique du *potlatch* *(voir p. 538)* perdure.

Prince Rupert

Construite sur l'île Kaien près de l'estuaire du Skeena, Prince Rupert surgit en 1903 au cœur du territoire des Tsimshians. Il s'agissait alors d'accueillir le terminus du Grand Trunk Pacific Railway. Libre de glace toute l'année, la ville portuaire est progressivement devenue la capitale mondiale du flétan. Production halieutique et exploitation forestière ont également participé à sa prospérité, tandis que l'activité portuaire se développait parallèlement autour des céréales et du charbon. Aujourd'hui, la ville constitue une escale de choix pour les croisières maritimes vers l'Alaska et un point d'accès aux grandioses vallées du Skeena et de la Nass.

Se repérer

12 883 habitants – Colombie-Britannique

CARTE A2 (P. 34-35) - CARTE DES VALLÉES DU SKEENA ET DE LA NASS (P. 113).

Prince Rupert se situe 440 km au nord de Port Hardy (15h *via* BC Ferries), 149 km au nord-est de Skidegate, Haïda Gwaii (8h *via* BC Ferries), et 721 km à l'ouest de Prince George par la route 16.

À ne pas manquer

Les merveilleux objets des groupes ethniques tsimshian et haïda conservés au Museum of Northern British Colombia, notamment la collection de mâts totémiques monumentaux. Les mâts-totems et le village reconstruit de 'Ksan, dans la vallée du Skeena. L'impressionnant champ de lave du parc provincial du Nisga'a Memorial Lava Bed, dans la vallée de la Nass.

Organiser son temps

Il faut bien compter une journée pour visiter la ville, et une autre pour ses alentours. Prévoyez au moins deux jours pour découvrir la vallée du Skeena, et un jour minimum pour la vallée de la Nass.

En famille

La visite du village historique de pêcheurs de North Pacific ; le Diana Lake Provincial Park, aménagé pour la baignade aux beaux jours ; la route des Totems, pour en savoir plus sur la culture des gitxsans ; le village historique 'Ksan avec démonstrations d'artisanat et de danses.

Carnet pratique p. 120

Nos adresses p. 120

1

Découvrir

CARTE P. 113

Lorsque la ville fut fondée en 1903 dans ce site superbe, **Charles Melville Hays** (1856-1912), président du Grand Trunk Pacific Railway, cherchait à dynamiser le trafic sur la ligne de chemin de fer en attirant les touristes. Il fut ainsi demandé à l'architecte Sir Frances Mawson Rattenbury d'élever un **hôtel** de 450 places. Mais Hays sombra en 1912 dans le naufrage du *Titanic*, et avec lui ses projets pharaoniques. À la place de l'hôtel se dressent aujourd'hui le **Rupert Square Mall** *(500 2nd Ave. W)* et une statue du magnat du Railway. Aux alentours se concentrent les principaux centres d'intérêt de la ville, que l'on relie aisément à pied par des rues agréables et cossues. Puis on revient instinctivement vers l'océan, regarder les eaux de Cow Bay, les oiseaux et le ballet des hydravions qui décollent de Seal Cove (quartiers nord de la ville).

★★ Museum of Northern British Columbia

100 1st Ave. W - ✆ 250 624 3207 - www.museumofnorthernbc.com - ♿ - été : mar.-sam. 9h-17h (16h le reste de l'année) - 8 $.

Ce bâtiment en cèdre rouge massif abrite une très belle collection d'environ 8 000 objets de groupes ethniques de la côte nord-ouest (essentiellement tsimshian et haïda). On relève quelques pépites, comme cette **robe de pouvoir** (Chilkat Robe) tissée en laine de chèvre et en écorce de cèdre ou cette **coiffure cérémonielle** élaborée à base de cornes caprines et de coquillages d'abalone (galerie des Trésors). Remarquez le **vêtement de deuil** et le magnifique **ours sculpté**, deux objets uniques dans les arts funéraires tsimshians. Belle collection de **mâts**. Dans l'atelier, des artisans autochtones organisent parfois des démonstrations.

Prenez la 1st Ave. W sur votre droite en sortant du musée jusqu'au Bill Murray Dr.

★ Kwinitsa Railway Station Museum

Sur le front de mer - ✆ 250 624 3207 - museumofnorthernbc.com/exhibits/kwinitsa-railway-museum - ♿ - juin-août : 9h-12h, 13h-17h.

La petite gare de Kwinitsa, que desservait le **Grand Trunk Pacific**, a été transformée en musée. Celui-ci retrace, grâce à des objets et photographies d'époque, l'épopée du chemin de fer dans la région ainsi que la vie des cheminots et de leur famille.

City Hall

À l'angle de 3rd St. et 3rd Ave.

Dans l'agréable petit centre-ville, l'architecture Art déco de certains vieux édifices se conjugue avec des motifs tsimshians. Le **City Hall**, construit en 1938 pour abriter le bureau de poste puis converti en hôtel de ville en 1964, en est la plus belle illustration. Juste à côté se dresse la reproduction d'un **mât totémique** haïda, bien que nous soyons en territoire tsimshian. La Compagnie des chemins de fer canadienne promouvait alors davantage l'art haïda (même si ces totems

Fils de roi et roi des fourrures

Fils de Frédéric V et d'Élisabeth Stuart, elle-même fille de Jacques Ier d'Angleterre et sœur du roi Charles Ier, le **prince Rupert** (1619-1682) est né à Prague, capitale de Bohême, en pleine guerre de Trente Ans (1618-1648). Le conflit, qui opposait les catholiques emmenés par Ferdinand II, empereur de Habsbourg, et les réformés de Bohême, ayant osé couronner le protestant Frédéric V, se solda par la défaite du père du prince Rupert. Rapidement contraint à l'exil et pris dans les rets de l'histoire, le jeune homme entama une carrière de simple soldat avant d'être nommé amiral quelques décennies plus tard par Charles II, roi d'Angleterre. Féru de sciences, il fut membre fondateur de la Royal Society et bailleur de fonds d'un voyage exploratoire consacré à la traite des fourrures avec l'Amérique du Nord. Son bateau, le **Nonsuch**, jeta l'ancre dans la baie James, à l'embouchure de la rivière Rupert en 1668 *(voir p. 280)*. Le 2 mai 1670, le roi Charles II nommait le prince Rupert premier gouverneur de la Compagnie de la baie d'Hudson.

Girls, don't hitchhike on the highway of tears !

« Mesdames, ne faites pas d'auto-stop sur l'autoroute des larmes ! » Affiché fréquemment au bord de la route 16, cet avertissement rappelle que plus de 80 jeunes filles, surtout des Autochtones, ont été assassinées, de 1969 à nos jours, le long de cette route, qui traverse d'est en ouest le nord de la Colombie-Britannique sur 724 km. Aucun de ces meurtres n'a été élucidé.

étaient parfois exécutés par des artistes tsimshians), qu'elle pensait plus attractive auprès des touristes.
Prenez 3rd St. et tournez à droite dans la 1st Ave.

★ Court House et Sunken Gardens

Derrière le **palais de justice**, qui s'élève sur une éminence, se cache l'un des lieux les plus charmants de Prince Rupert : un petit **jardin japonisant**. Le premier chantier de construction du palais de justice ayant été retardé à cause de la Première Guerre mondiale, puis légèrement déplacé, on transforma alors les excavations originelles en ce joli espace de verdure au cœur de la ville.

Cow Bay

Au bout de 1st Ave. E.
Avec ses quais, sa marina, ses maisons sur pilotis, ses cafés, ses auberges et ses boutiques, ce charmant quartier est le plus touristique de la ville. Son nom consacre le premier débarquement de vaches dans la baie en 1908 : en témoignent les taches noires et blanches reproduites jusque sur les bennes à ordures !
2,5 km - facile et bien aménagé. Le **Rushbrook trail** longe le littoral et relie le centre-ville à Seal Cove et sa base d'hydravions.

1

À proximité

CARTE P. 113

★★ North Pacific Historic Cannery Village

22 km à l'est de Prince Rupert, au sud-est de Port Edward. 1889 Skeena Dr., Prince Edward - 250 628 3538 - www.northpacificcannery.ca - - mai-sept. : 10h-17h - fermé lun. en mai-juin et sept. - 15 $.
À la fin du 19e s., la Colombie-Britannique comptait plus de 220 conserveries de poisson. Construit en 1889 sur un bras du Skeena, ce village pittoresque, qui appartenait en grande partie à la conserverie, constitue le plus ancien témoignage de l'industrie sur la côte nord. Les employés, venus de tout horizon, vivaient et travaillaient sur place. L'usine est restée telle qu'au temps de sa fermeture, en 1972. La visite guidée présente les techniques de pêche et de mise en conserve.
Le restaurant du village propose des menus à base de poissons et fruits de mer, tandis que le café sert des repas légers.
À l'est de **Port Edward**, la route 16 rejoint le Skeena et longe sa magnifique vallée. Les sommets enneigés de la chaîne côtière dominent les eaux tumultueuses du fleuve tout au long de la route. Différents points de vue jalonnent ce bel itinéraire.

Diana Lake Provincial Park

16 km à l'est de Prince Rupert. De déb. mai à déb. sept - bcparks.ca/diana-lake-park.
Les rives du lac de ce parc de 233 ha se prêtent à la baignade, au canoë et au kayak. Équipé de tables à pique-nique et de toilettes, cet espace devient

très populaire le week-end et attire les habitants de Prince Rupert. D'août à septembre, on peut observer les saumons du Pacifique venus frayer dans les eaux du parc.

Circuits conseillés

CARTE CI-CONTRE

★★ Vallée du Skeena, à la rencontre des Gitxsans

Circuit de 348 km au départ de Prince Rupert, tracé en gris sur la carte ci-contre.
Né dans les monts Skeena, le « fleuve des brumes » est le deuxième plus grand cours d'eau de la province. Dépourvu de barrage, il s'écoule sur 565 km vers le sud jusqu'à New Hazelton avant de filer en direction du sud-ouest jusqu'au détroit d'Hécate. Creusée à la période glaciaire, la vallée verdoyante du Skeena est réputée pour ses paysages grandioses et ses fameuses truites arc-en-ciel. Elle abrite la riche culture tsimshian du groupe ethnique des Gitxsans, qui vit toujours en bordure du fleuve, où fraient chaque année plus de 5 millions de saumons.

Terrace

À 147 km de Prince Rupert (2h).
4511 Keith Ave. - 250 635 4944 - www.visitterrace.com.
Ville principale de 13 000 habitants, Terrace se trouve à la croisée de deux circuits : le premier part à l'est vers **New Hazelton** et **'Ksan**, par la route 16 *(130 km, 2h)* ; le second file au nord vers **Gingolx** *(170 km)* et, par la route 113, rejoint la magnifique vallée de la Nass *(voir p. 116)*. Bien pourvue en hôtels et restaurants (où l'on sert la bonne bière locale Sherwood Mountain), Terrace constitue un excellent point de chute pour rayonner dans la région. Les rues sont ici décorées de belles **fresques murales**, legs du Skeena Salmon Arts Fest créé à l'initiative d'artistes autochtones *(skeenasalmonartsfest.com)*. Au **Heritage Park**, vous découvrirez la vie des pionniers dans la région dans huit authentiques cabanes en rondins d'époque *(4702 Kerby Ave. - 250 635 4546 - www.heritageparkmuseum.com - juin-août : mar.-sam. 10h-16h ; reste de l'année : sur RV - participation libre).*
Après Terrace, la vallée s'ouvre un temps pour laisser la route s'élancer vers les monts Hazelton. Environ 20 km à l'est de Terrace se trouve le village d'**Usk**. La petite chapelle miniature sur la droite est une réplique de celle qui fut détruite pendant la grande inondation de 1936. Sur la gauche, on peut braver les tourbillons du Skeena en bac à câbles, dont l'histoire remonte à 1912.

Les Tsimshians ou peuple du Skeena

Les Tsimshians (« peuple du Skeena ») vivent sur un territoire qui s'étend d'ouest en est, de la côte pacifique aux montagnes Skeena et, sur un axe nord-sud, de la **rivière Nass** au **détroit Douglas**. Les Tsimshians se répartissent en quatre grands groupes : les **Nishga** (ou Nisga'a) sur la rivière Nass, les **Gitxsans** sur la partie supérieure du Skeena, les **Tsimshians** sur la partie côtière et inférieure du Skeena et les Tsimshians de la côte sud à la baie Milbanke, qui jouxte l'aire des **Bella Bella**. Si ces groupes partagent une culture commune (érection de mâts et *potlatch*), ils ne parlent pas les mêmes langues, à l'exception des Nishga et Gitxsans, qui se comprennent.

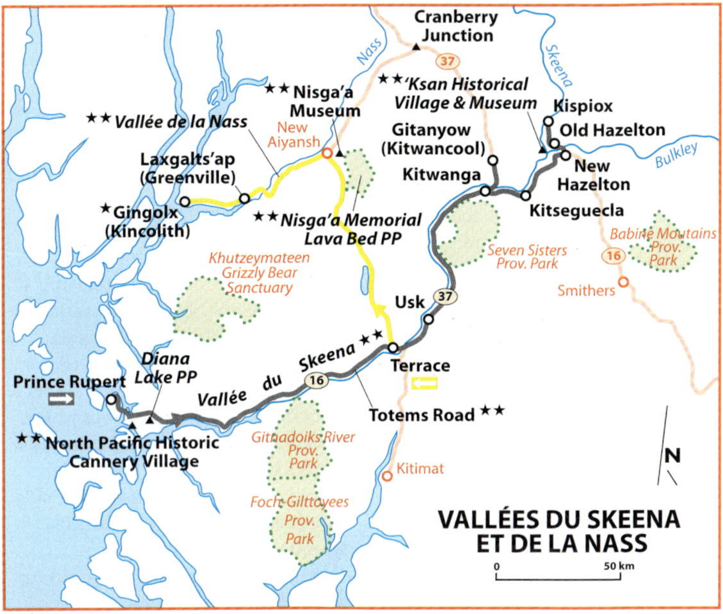

★★ Totems Road (ROUTE DES TOTEMS)

Visite libre en voiture.

De nos jours, cinq villages situés sur le cours du Skeena et de ses affluents sont encore peuplés de Gitxsans. Quatre d'entre eux sont ornés d'impressionnants alignements de **mâts totémiques**★★★ de la fin du 19e s. Battus par les intempéries, ces poteaux de 5 à 9 m ont bien sûr perdu leur peinture polychrome.

Kitwanga – *Traverser le Skeena, continuer jusqu'à la jonction des routes 16 et 37 Nord, puis prendre à droite la Bridge St.* Une douzaine de mâts-totems, certains datant du 19e s., s'élèvent dans un pré verdoyant en bordure du Skeena. La silhouette impressionnante des **monts Seven Sisters** (2 755 m) se détache au loin.

Gitanyow (Kitwancool) – *18 km au nord de Kitwanga.* Ce petit village de 450 personnes possède le plus ancien alignement de mâts-totems gitxsans. La célèbre peintre canadienne **Emily Carr** a illustré ce site dans de nombreuses toiles à partir de 1928. Certains de ces mâts sont entreposés à l'abri des intempéries dans un petit **musée** adjacent qui sert de centre d'interprétation *(entrée et participation libres)*.

Reprendre la route 16 en direction de l'est.

Kitseguecla – *19 km à l'est de la jonction avec la route 37.* Dans ce village, de nouveaux mâts-totems sont venus remplacer les plus anciens, victimes d'incendies (1872) et d'inondations.

Continuer vers l'est jusqu'à New Hazelton.

New Hazelton

À 26 km de Kitseguecla. Prendre à gauche la route 62 (Kispiox Valley Rd).

À l'angle de Hwy 16 et Hwy 62 - 250 842 6071 - www.hazeltonstourism.ca.

Un petit arrêt s'impose à New Hazelton, ne serait-ce que pour une halte à l'office de tourisme local, et pour manger sur le pouce en potassant son itinéraire. On

+ Un territoire ancestral

Depuis près de dix mille ans, les **Gitxsans** ou « peuple de la côte nord-ouest » occupent une aire qui s'étend de l'embouchure de la rivière Skeena jusqu'à 150 km à l'intérieur des terres, principalement le long de ses affluents. Avant l'arrivée des Européens (premier contact autour de 1832), ils vivaient traditionnellement de la pêche (au saumon surtout, pêché au hameçon) et de la cueillette. Le **cèdre rouge**, abondant dans ces forêts luxuriantes, leur fournissait le matériau nécessaire aussi bien à la construction de leurs maisons communautaires (faites de larges planches) qu'à la fabrication des boîtes (angles ployés à la vapeur) ou à la confection des nattes qui tapissaient par exemple les murs afin d'isoler l'habitat contre le froid. Les vêtements étaient, quant à eux, réalisés avec l'écorce interne du cèdre, qui servait tantôt de chaîne tantôt de trame.

Posséder pour obliger

Chaque événement marquant de la vie (mariage, funérailles, désignation, adoption, etc.) s'accompagnait d'un rituel et d'une grande fête : le **yukw**. Ce banquet servait de tribune aux individus de haut rang pour faire reconnaître publiquement leurs titres et privilèges.
Et comme lors du **potlatch** *(voir p. 538)*, la distribution des richesses, en obligeant ceux qui recevaient, conférait au donateur son prestige. Le banquet offrait l'occasion de prendre à témoin les invités. Plus les convives étaient nombreux, plus les témoignages consacraient les largesses du donateur et avec elles sa position sociale. Pour donner et obliger, il fallait donc posséder beaucoup de richesses.

L'oralité reconnue

Au 19e s., sous la tutelle de la Compagnie de la baie d'Hudson, les Européens établirent des comptoirs en bordure du Skeena. Les colons prenaient possession des terres, engendrant en 1872 l'un des premiers conflits territoriaux enregistrés en Colombie-Britannique. Conflits qui n'allaient être réglés sur le fond qu'un siècle plus tard grâce à une série de jugements, dont le **Delgamuukw contre la Colombie-Britannique**, dit aussi **Delgamuukw contre la reine** (1997). Ce dernier ferait jurisprudence puisque la Cour suprême, en cherchant à définir le contenu et la portée du titre aborigène, élevait l'histoire orale au même niveau que le témoignage écrit. Le *yukw* était décortiqué, car s'y expriment non seulement les lois des Gitxsans, mais aussi leurs *adaawak* (histoires appartenant à un *wilp* ou maison) et *kungax* (histoires transmises oralement), leurs emblèmes, leurs chants anciens, leur vie spirituelle, leurs croyances, leurs médecines, tout ce qui fait leurs relations, leur adaptation à ce territoire, à cette nature particulière dans laquelle sourd aussi la leur.
Et si nous sommes ainsi, dit en substance le Conseil tribal gitxsan (*www.gitxsan.com*), c'est parce que nous n'avons jamais cessé d'être ici...

Maisons traditionnelles et totems du Ksan Historical Village & Museum.
SL-Photography/Shutterstock

traverse bientôt le célèbre **Hagwilget Bridge★**, le plus haut pont suspendu du Canada à la date de sa construction, en 1931. Très beau point de vue au-dessus des eaux de la rivière Bulkley, qui coule 80 m plus bas. Pour la petite histoire, le **mât Kaiget**, qui est aujourd'hui présenté dans le hall d'entrée du musée parisien du **Quai-Branly**, fut érigé ici, à deux pas de la rivière, sur ces terres occupées non par des Gitxsans, mais par des **Wet'suwet'en**, des nomades issus de la branche des Carrier. Le mât du clan de la grenouille fut acquis dans les années 1930 par le peintre surréaliste Kurt Seligmann pour les collections du musée de l'Homme.
★★ **'Ksan Historical Village & Museum** – *7 km au nord-ouest de New Hazelton. 1500 Hwy 62 - ✆ 250 842 5544 - ksan.org ; ksanvillage.ca - mai-oct. : 10h-17h - visite guidée (45mn) 15 $. Des spectacles de danse 'ksan ont lieu en juil. (se rens.).* Situé au confluent du Skeena (*'ksan* en gitxsan) et du Bulkley, ce village gitxsan reconstitué occupe un très beau site que dominent les sommets aigus du rocher Déboulé. Il se compose de sept maisons, dont un **musée**, doté d'une modeste mais assez belle collection, un **atelier** de sculpture et de sérigraphie (où des artistes autochtones exercent leurs talents), ainsi que trois **maisons** – celle de l'Épilobe, celle du Loup et celle de la Grenouille (il manque celle de l'Aigle puisque les Gitxsans se répartissent généralement en quatre clans) –, accessibles exclusivement par le biais de la visite guidée. Extraordinairement riches en **objets★★** grâce aux nombreux prêts des chefs héréditaires, ces maisons se mettent soudain à vivre sous les commentaires éclairants des guides gitxsans.
Old Hazelton – *✆ 250 842 6071 - www.hazelton.ca - mai-sept. : jeu.-lun. 9h-17h - gratuit.* Pendant du village gitxsan, ce **hameau reconstitué** montre comment les pionniers vivaient au début du 20e s. Une trentaine de maisons en bois ont été reconstruites : hôtel, café-saloon, commerces, librairie, musée (Pionner

L'ours-esprit

Bien qu'il ne soit en réalité qu'une sous-espèce très rare de l'ours noir (lui-même omniprésent au Canada), l'**ours kermode** de Colombie-Britannique, dont la couleur varie du blanc pâle au beige clair, a toujours revêtu une **importance spirituelle majeure** pour les Autochtones de la région, qui le nomment ours-esprit. On le croise au début de l'automne, près des voies de **montaison du saumon**. On ne le rencontre que dans la **forêt pluviale** qui recouvre les îles et les **vallées côtières** au sud de Prince Rupert : seuls subsistent aujourd'hui 60 à 100 spécimens dans le monde. Les écologistes font actuellement pression sur le gouvernement de Colombie-Britannique pour freiner les coupes sylvicoles afin que son habitat soit préservé.

Museum), etc. Une déambulation historique un peu plus touristique que son homologue gitxsan.

Kispiox – *19 km au nord de 'Ksan. Kispiox Valley Rd - www.kispioxband.com.* Ce village, au confluent du Skeena et du Kispiox, abrite 24 mâts-totems dressés au bord de l'eau. Les plus vieux dataient de 1880, les plus récents de 1995 environ. Ceux-ci appartiennent à différentes familles ou **wilp** (maisons), divisées en trois **pdeek** (clans) principaux : les Gisgaast, les Lax See'l et les Lax Gibuu.

Chaque clan est représenté par un ou plusieurs blasons qu'on retrouve sur chacun des mâts commémoratifs : la grenouille pour les Lax See'l, le loup pour les Lax Gibuu et l'épilobe pour les Gisgaast, une plante à la symbolique conquérante puisqu'elle a pour particularité de réinvestir les espaces naturels soumis à un événement traumatique comme un incendie ou une coupe de bois.

La **Cranberry Junction** relie la vallée du Skeena et la vallée de la Nass, entre Kitwanga et New Aiyansh, sans passer par Terrace. Plus ou moins carrossable selon les aléas climatiques, ce segment rejoint la Nisga'a Highway par la route 37. Renseignez-vous au préalable sur l'état de la route.

★★ Vallée de la Nass, sur la route des Nisga'a

Circuit de 360 km AR, entre Terrace et Gingolx, tracé en jaune sur la carte p. 113.

La seule et unique station-service de la vallée de la Nass se trouve à New Aiyansh *(5221 Skateen Ave. - 8h-18h, 17h le dim.)*, à 82 km de Gingolx.

Région de très haute montagne, de lacs glaciaires et de forêts anciennes, cette vallée en partie pétrifiée par la lave présente une géographie à multiples facettes. Grâce aux abondantes ressources naturelles de leur vallée d'origine, les Nisga'a ont produit l'une des cultures matérielles et spirituelles les plus riches des peuples autochtones. Ce n'est donc pas un hasard si la Nation des Nisga'a a été la première à revendiquer des droits fonciers sur ses terres et à les faire reconnaître par un traité désormais célèbre.

Terrace *(voir p. 112)*

De Terrace, la route 113 (Nisga'a Highway) conduit en 3h à Gingolx.

La route suit la merveilleuse **rivière Tseax**.

Crater Creek - **Beaupre Falls** (chutes de Beaupre) - **Vetter Falls** (chutes de Vetter) - **Tree Mould Trail** - **Vetter Creek Trail** - **Fish Wheel Trail**. Quelques arrêts et petites marches enchanteresses très accessibles sont indiqués le long de la route. Les sentiers *(trails)* sont bien balisés car ils sont entretenus par le parc provincial, le premier à être conjointement dirigé par la Colombie-Britannique et une Première Nation, suite au traité négocié par les Nisga'a.

★★ Nisga'a Memorial Lava Bed Provincial Park

À 94 km de Terrace. bcparks.ca/explore/parkpgs/nisgaa - ✆ 250 641 4400 - de mi-mai à mi-sept.

Nisga'a Visitor Centre – *Dans le camping du Nisga'a Memorial Lava Bed Provincial Park - ✆ 250 633 3000 - www.nisgaanation.ca/lava-bed-park et bcparks.ca.*

Au milieu du 17ᵉ s., plus de 2 000 Nisga'a perdirent la vie lors de l'éruption du **volcan Tseax**. Un impressionnant champ de lave se détache désormais sur fond de cimes enneigées (39 km^2 sur les 179 km^2 que compte le parc). Cette terre inhabitable a été transformée en un parc provincial doté d'une double mission : protéger les traces d'un événement géologique important, la dernière éruption volcanique connue au Canada, et honorer la mémoire des ancêtres Nisga'a.

Laxgalts'ap (GREENVILLE)

À 50 km du parc Nisga'a.

Située sur l'estuaire de la rivière Nass, Greenville, rebaptisée en 2000 Laxgalts'ap, est un petit bourg de 520 personnes. Si le nom nisga'a est imprononçable pour la plupart des visiteurs, son sens est d'une grande importance. Laxgalts'ap signifie **village sur village**, laissant entendre que l'actuel fut construit sur un autre, plus ancien. Un changement de nom qui n'est pas sans symbole. C'est en effet grâce à cette occupation historique que les Nisga'a obtinrent de la Cour suprême du Canada des droits juridiques sur leurs terres. Une première pour les Premières Nations, dont découleraient nombre d'heureuses décisions, en particulier la création d'un musée.

★★ **Nisga'a Museum/Hli Goothl Wilp-Adokshl Nisga'a** – *810 Highway Dr. - ✆ 250 633 3050 - nisgaamuseum.ca et nisgaanation.ca/nisgaa-museum - horaires se rens. - 8 $.* On pourrait traduire le nom du musée par « le cœur de tous les blasons, symboles, de la maison Nisga'a ». La formule se trouve au cœur de l'interprétation architecturale du bâtiment, dont les formes relèvent autant de la maison cérémonielle que des **embarcations** traditionnelles (dans la cosmogonie nisga'a, le monde émerge après une immense inondation). La toiture recourbée imite la ligne des canoës, et les pagaies courent de part et d'autre de l'édifice comme les arcs-boutants de nos vaisseaux gothiques. Outre le transport des denrées et des hommes, ces embarcations symbolisent la rivière, la source, la vie et implicitement le passage d'une rive à l'autre, de l'ignorance au savoir, de

Le traité des Nisga'a

Dès 1887, les chefs nisga'a se rendaient à Victoria pour régler la « question des terres ». Le 11 mai 2000, soit 113 ans plus tard, un traité reconnaissant les terres nisga'a entrait en vigueur. Entre ces deux dates s'enchaîna une suite ininterrompue de revendications et de procédures, dont l'arrêt Calder, du nom du chef nisga'a **Frank Calder**, qui consacra un véritable tournant juridique. La Cour suprême du Canada, pour la première fois, déclarait que les Nisga'a détenaient un titre aborigène avant que les Européens n'arrivent. Aujourd'hui, les Nisga'a sont propriétaires de leurs terres (environ 2 000 km^2) et disposent d'un fondement juridique pour diriger leurs propres affaires. Le 8 novembre 2000, la Première Nation des Nisga'a tenait sa première élection, comme prévu par le traité. Le 11 mai 2011, elle inaugurait le Nisga'a Museum.

1

l'ombre à la lumière, ainsi que l'illustre le magnifique volume du musée derrière sa haute façade de verre. Nulle surprise donc si, dans cet espace inondé de lumière, le visiteur croise l'immense sculpture de **Txeemsim**. Dans la mythologie nisga'a, Txeemsim, le Corbeau, apporte à son peuple la lumière, laquelle miroite de mille feux. Ou plus précisément trois cents. Tel est le nombre de pièces (objets, masques, vêtements, supports chamaniques...), que le musée canadien des Civilisations (Ottawa) et le Musée royal de la Colombie-Britannique (Victoria) ont restituées aux Nisga'a, exposés sans vitrine (à l'exception des plus petits), au plus près de ceux qui les observent.

★ Gingolx (KINCOLITH)

À 30 km de Laxgalts'ap.

La route qui s'achève à Gingolx est magnifique. Elle suit l'extrémité intérieure du bras maritime (Portland Inlet) qui, de l'océan Pacifique, s'enfonce à travers les terres nisga'a jusqu'à la Nass Bay, où se jette la rivière Nass, après son périple de quelque 400 km depuis les montagnes Skeena. C'est à ce carrefour que se trouve Gingolx, un village de 500 âmes. De ses hauteurs, la vue panoramique s'ouvre sur la crique de Portland où tournoient les aigles. Quelques beaux mâts héraldiques jalonnent le bord de mer, notamment près de la longue maison (sur la gauche à l'entrée du village).

Excursion

CARTE P. 34-35

★ Fort Saint James B2

À l'extrémité de la route 27, 386 km au sud-est de New Hazelton et 154 km au nord-ouest de Prince George. ☏ 250 996 7191 - parcs.canada.ca/lhn-nhs/bc/stjames - ♿ - de mi-mai à déb. sept. : 9h-17h - 9 $. Comptez 3 à 4h pour visiter le fort et ses environs. Aire de pique-nique et emplacements de camping à proximité.

Dans un cadre charmant au bord du lac Stuart, **Fort St. James National Historic Site** est l'une des plus anciennes localités de l'ouest du Canada. Ce comptoir, fondé par Simon Fraser au centre d'une vaste région sauvage, prit de l'importance lorsqu'il devint en 1821 le plus grand magasin de la région de la Compagnie de la baie d'Hudson. En pénétrant dans la bourgade éloignée de tout centre urbain, on imagine à quel point la solitude devait peser sur les premiers occupants du fort. Au début du 19e s., le commerce des fourrures était presque entièrement entre les mains de la Compagnie de la baie d'Hudson et de sa concurrente, la Compagnie du Nord-Ouest. **Simon Fraser**, employé de cette dernière, établit en 1806 un comptoir au lac Stuart. Rebaptisé Fort St. James, celui-ci devint rapidement le quartier général du commerce des fourrures à l'ouest des Rocheuses. La fusion des deux entreprises en 1821 fit passer le fort sous le contrôle de la nouvelle Compagnie de la baie d'Hudson (CBH).

Fort Saint James.
SL_Photography/Getty Images Plus

La vie dans cet avant-poste isolé était dure et solitaire. Le personnel stationné à Fort St. James affrontait un climat rude, une alimentation fruste, une routine implacable et l'éloignement de son milieu familial. Les trappeurs, issus des Premières Nations pour la plupart, apportaient les peaux au magasin où elles étaient évaluées et troquées contre des produits de consommation. Cependant, le comptoir commença dans les années 1870 à être fréquenté par des prospecteurs et des colons possédant de l'argent liquide et, vers la fin du 19e s., les échanges se firent contre monnaie sonnante et trébuchante. Le fort cessa son activité en 1952.

Visite – Le site historique national regroupe plusieurs bâtiments restaurés de la CBH, construits entre 1884 et 1889. On visite notamment la **maison des hommes**, et les quartiers des officiers à l'ameublement méticuleusement reconstitué. Aménagée à l'écart, la **cache à poisson** contenait les réserves de saumon séché. L'**entrepôt général** abrite quant à lui une inestimable collection de fourrures. À chaque détour, des acteurs costumés proposent diverses attractions et content des anecdotes sur la vie passée du fort. Au centre d'accueil, des expositions variées et un film retracent l'histoire de Fort St. James.

Carnet pratique

S'informer

Prince Rupert Visitor Services – *215 Cow Bay Rd #200 - ✆ 250 624 5637 - visitprincerupert.com.*

Arriver/Partir

En bateau

BC Ferries – *✆ 1888 223 3779 - www.bcferries.com - voir p. 103.* Traversée Port-Hardy-Prince Rupert (piétons et voitures).

The Ferry Traveler – *✆ 1800 686 0446 - www.ferrytravel.com.* Liaisons avec Haïda Gwaii et Port Hardy.

En train

Via Rail – *✆ 1888 842 7245 - www.viarail.ca - env. 3 dép./sem.* Prince Rupert est relié par le rail à Jasper (Alberta), d'où l'on peut prendre une correspondance pour Vancouver ou Edmonton. Comptez 33h, avec un arrêt d'une nuit à Prince Georges (pensez à réserver votre hôtel).

En avion

Prince Rupert Airport (YPR) – *✆ 250 624 6274 - ypr.ca.* Situé sur l'île de Digby, 8 km à l'ouest du centre-ville.

Air Canada Express – *✆ 1 888 247 2262 - aircanada.com.* En général, deux vols quotidiens pour Vancouver *(1h45).*

Airport Bus & Ferry Service – *Rens. à l'OT pour les horaires.* Service de bus + ferry *(ticket groupé)* pour rejoindre la ville.

En voiture

Visiter les îles de la côte ouest avec sa voiture nécessite de bien organiser ses déplacements en ferry. La location sur place offre plus de souplesse, à condition de réserver la voiture bien à l'avance.

National Car Rental – *815 1st Ave. W - ✆ 250 624 5318 - nationalcar.ca.* Le parc locatif étant limité et cette agence l'un des rares loueurs de Prince Rupert, il est prudent de réserver. Autres adresses à **Terrace** *(4542 Lakelse Ave. - ✆ 250 635 6855)* et **Smithers** *(6421 Airport Rd - ✆ 250 847 2216).*

Nos adresses

Restauration

À Prince Rupert

Premier prix

Breakers Pub – *117 George Hills Wy - breakerspubpr.com - plats 14/29 $.* Pour déguster un *fish & chips* et bien d'autres plats, parfois très copieux, agréablement installé sur la terrasse sur pilotis de cet établissement situé dans Cow Bay.

Budget moyen

Javadotcup – *516 3rd Ave. W - ✆ 250 622 2822 - tlj sf dim. 8h30-17h - plats 17 $.* Dans cet agréable café, les macarons du jour, les viennoiseries et les cappuccinos invitent à s'attarder. La carte « restaurant » est, elle, sous influence asiatique. À tester, le *tonkatsu* – porc pané et frit – ou le curry javanais.

The Smiles Sea Food Café – *113 Cow Bay - ✆ 250 624 3072 - fermé lun. - plats 21/50 $.* Une institution ouverte depuis 1934, où l'on savoure poissons, viandes, et l'incontournable *fish & chips* préparé avec du *halibut* (flétan), qui fit la fortune de la ville. Crabes d'Alaska, homards, huîtres grillées, coquilles St-Jacques…

À Terrace

Premier prix

Bear Country Inn – *4702 Lakelse Ave. - ✆ 250 635 6302 - www.bearcountryinn.bc.ca - service continu - plats 14,50/22 $.* Du petit-déjeuner au dîner, le restaurant, au décor quelconque, de ce motel est plébiscité par les gens du coin pour son menu éclectique (*waffle benedict*, burgers, pâtes...).

Budget moyen

Blue Fin Sushi Bar – *4604 Lakelse Ave. - ✆ 250 638 0058 - www.bluefinsushibar.ca - service continu - plats 15/25 $, assortiment de sushis 21 $.* Ce restaurant de cuisine japonaise réjouit les fins palais avec ses ingrédients frais.

À Smithers

Premier prix

Blue Water Sushi – *1232 Main St. - ✆ 250 847 5341 - bluewatersushi.ca - fermé dim.-lun. - plats 15/40 $.* Une belle adresse pour les amateurs de cuisine japonaise.

Budget moyen

Alpenhorn Bistro & Bar – *1261 Main St. - ✆ 250 847 5366 - alpenhornbistro.com - fermé dim. - plats 25/38 $.* Ce chalet pub très chaleureux est parfait pour prendre une bière, goûter des fromages locaux ou manger des cakes au crabe Dungeness. Groupes de musique.

À Gingolx

Budget moyen

« U » Seafood « Ù » Eat it – *206 Cliff St. - ✆ 250 326 4936 - fermé le soir - plats 24/38 $.* Fruits de mer et poissons, selon arrivage, sont ici préparés par le cuisinier de l'unique restaurant installé dans le village. Les plats proposés ne vous décevront pas mais il est plus prudent d'appeler pour s'assurer du menu du jour.

Petite pause

À Prince Rupert

Cowpuccino's – *25 Cow Bay Rd - ✆ 250 627 1395 - facebook.com/yawnbegone - 7h-18h.* À deux pas du Pioneer Backpacker's, le Cowpuccino's est le bon endroit pour prendre un café et savourer d'énormes muffins en toute tranquillité. Restauration rapide le midi (sandwichs, soupes).

Shopping

À Prince Rupert

Boutique Museum of Northern British Columbia – *100 1st Ave. W - ✆ 250 624 3207 - museumofnorthernbc.com.* Bien achalandée, la boutique du Museum of Northern British Columbia *(voir p. 110)* regorge de jolis objets d'artisanat et bijoux des Premières Nations. Idéal pour rapporter des souvenirs de qualité !

À New Hazelton

Hazelton Farmer's Market – *Centre d'accueil des visiteurs - www.hazeltonfarmers.ca - mai-oct. : dim. 10h-14h.* Ce pittoresque marché fermier met en avant les produits frais de la région. De quoi bien remplir votre panier pique-nique. Vous y dénicherez aussi des objets d'artisanat faits main.

Activités

À Prince Rupert

Skeena Kayaking – *1534 11th Ave. E - ✆ 250 624 1921 - www.skeenakayaking.ca.* Belle occasion de découvrir, non loin du centre, un petit coin de paradis nommé Kloyia Bay, où les débutants s'essaieront aux joies du kayak. Les kayakistes confirmés opteront pour une virée d'une journée dans la partie nord de Porcher Island.

1

À Terrace

Split Mountain Adventures – *4329 Birch Ave. - ✆ 250 615 7852 ou 866 324 5617 - splitmountain.ca - Kitselas Canyon Tour (4h) 40 $/pers., Nisga'a Valley Tour (8h) 90 $/pers., 250 $/voyage, Glacier Tour (2 j.) 300 $/voyage.* Riche d'une expérience de plus de 30 ans dans cette région si particulière, cette agence propose plusieurs formules pour découvrir toute la beauté de ces montagnes côtières et la richesse culturelle de sa population autochtone.

Hébergement

À Prince Rupert

Premier prix

Cow Bay Pioneer Guesthouse – *167 3rd Ave. E - ✆ 250 624 2334 - pioneerprincerupert.ca - P ♿ - dortoirs de 2 à 8 lits et 3 suites 136 $.* Idéalement située dans le quartier de Cow Bay, cette auberge de jeunesse accueillante et très internationale propose de bonnes prestations pour toutes les bourses. Une très bonne adresse qui saura vous en donner d'autres.

Pour se faire plaisir

Crest Hotel – *222 1st Ave. W - ✆ 800 663 8150 - cresthotel.ca - P ♿ - 108 ch. à partir de 250 $ -* ✕. Depuis près de 65 ans, cet établissement est une étape « grand confort » à Prince Rupert. Certaines chambres donnent sur la mer. Très bon restaurant.

À Port Edward

Pour se faire plaisir

Cassiar Cannery – *3900 Skeena Dr. - ✆ 250 628 9260 - cassiarcannery.com - P ♿ - 4 maisons 170/396 $.* Cette ancienne conserverie de saumon du 19e s. a fait peau neuve et abrite désormais quatre jolies maisons posées au bord de l'eau. Depuis leur agréable terrasse qui donne sur le Skeena et les montagnes au loin, on observe la multitude d'oiseaux qui peuplent le lieu. Le café du matin pris sur le ponton est un moment magique.

À Terrace

Budget moyen

Bear Country Inn – *4702 Lakelse Ave. - ✆ 250 635 6302 - www.bearcountryinn.bc.ca - ▤ P ♿ - 57 ch. à partir de 167 $ -* ✕. Ce motel est l'une des valeurs sûres du centre-ville dans sa catégorie. Préférez les chambres à l'étage.

À Smithers

Nettement plus charmante que Terrace, cette petite ville, située à 80 km de New Hazelton et aux accents tyroliens, constitue une agréable étape pour une nuit.

Pour se faire plaisir

Stork Nest Inn – *1485 Main St. - ✆ 250 847 3831 - www.storknestinn.com - ▤ limité - P ♿ - 22 ch. à partir de 217 $* ☕. Petit hôtel très accueillant. Chambres confortables, réception sympathique et petit-déjeuner pantagruélique. Mieux vaut réserver.

À Gingolx

Budget moyen

Lavinia's Bed & Breakfast – *403 Front St. - ✆ 250 326 4335 - nisgaanation.ca/lavinias-bb - P - 6 ch. à partir de 130 $* ☕. Vous logerez dans la plus belle maison du village, face à l'anse de Portland. Installées au premier étage (la famille au second), les chambres sont bien tenues et se partagent deux salles de bains. Ambiance locale garantie. On peut y déjeuner ou y dîner, à condition de réserver.

Haïda Gwaii ★★

Séparé de la côte nord-ouest de la Colombie-Britannique par le vaste détroit d'Hécate, l'archipel Haïda Gwaii compte quelque 150 îles, dont les principales sont Graham, au nord, et Moresby, au sud. Seule la partie septentrionale est aujourd'hui réellement habitée, l'île Moresby étant en grande partie protégée par son statut de réserve de parc national. Cet écosystème insulaire et sauvage particulièrement bien préservé ne serait rien sans ses habitants, les Haïdas, qui vivent en osmose avec leur milieu naturel depuis plus de douze mille ans. Des liens étroits qu'ils ont tissés avec la terre, la mer et le ciel est née l'une des cultures les plus fortes de la côte Pacifique dont témoignent les mâts totémiques, traits d'union symboliques entre ces différents éléments naturels. Pour autant, n'oublions pas que les Haïdas faillirent disparaître dans le sillage de la colonisation et sa cohorte d'épidémies et de prédations (exploitations forestières, pêches industrielles). Aujourd'hui, ce que nous observons, c'est aussi la façon dont ce peuple a su se réapproprier son territoire, faire valoir ses traditions, inventer en somme sa propre modernité.

Se repérer

4526 habitants – Colombie-Britannique

CARTE A2 (P. 34-35) - CARTE DE HAÏDA GWAII (P. 124).

L'archipel d'Haïda Gwaii se trouve 55 km à peine au sud de l'Alaska, 120 km à l'ouest de Prince Rupert et 770 km au nord de Vancouver.

Organiser son temps

Comptez au minimum 2 j. pour visiter l'île Graham, et 2 à 4 jours pour visiter Gwaii Haanas National Park Reserve.

À ne pas manquer

Le village de SGang Gwaay, classé au Patrimoine mondial de l'Unesco ; le Haïda Gwaii Museum, dans le village de Skidegate.

En famille

Grande plage dans le Naikoon Provincial Park ; observation de la faune marine et des vestiges de villages Haïdas dans le Gwaii Haanas National Park Reserve.

Carnet pratique p. 130

Nos adresses p. 131

Découvrir

CARTE P. 124

Graham Island (ÎLE GRAHAM)

Avant le 18e s., près de 15 000 Haïdas vivaient dans les villages disséminés le long des côtes de l'archipel. Un siècle plus tard (1862), la population était décimée par la **variole** après leur première rencontre avec les Européens. On ne comptait plus alors que 1598 Haïdas. Les survivants abandonnèrent leurs villages pour se réfugier dans deux d'entre eux, encore viables : Skidegate et Masset. Depuis, la plus grande des îles, **Graham**, est de loin la plus peuplée. Elle compte plus de

4000 personnes, contre moins de 300 à **Sandspit (K'il Kun)**, le principal bourg de Moresby. Ses habitants vivent principalement dans les villages haïdas et les petites communautés de l'est de l'île, dont l'économie reposait beaucoup sur l'exploitation forestière et la pêche. Deux activités aujourd'hui en déclin, que tentent de compenser le développement du tourisme et la production artisanale.

La reine Charlotte s'efface

Le navigateur espagnol **Juan Perez Hernandez** (1725-1775) fut le premier Européen à découvrir ces îles en 1774, lors d'une expédition partie de Californie. Durant les années 1780 et 1790, d'autres Européens naviguèrent le long de la côte nord-ouest, pratiquant le troc des précieuses peaux de loutres de mer avec les autochtones. Un capitaine de la marine marchande anglaise, George Dixon, baptisa les îles en l'honneur de la **reine Charlotte**, épouse de George III (1738-1820), roi de Grande-Bretagne et d'Irlande. Ce n'est qu'en 2010 que les îles de la Reine-Charlotte retrouvèrent officiellement leur nom originel : Haïda Gwaii, les « îles du Peuple ». Ce nom, souligne alors le ministre des Affaires autochtones et du Nord canadien, rappelle à chacun que « la Nation haïda est partie intégrante de l'histoire du lieu ». En 2022, c'est la localité de Queen Charlotte City qui reprend son nom de Daajing Giids.

Prolongement de la route Yellowhead (sur le continent), la **route 16** traverse la partie orientale de l'île entre Daajing Giids (Queen Charlotte City) et Masset.

Daajing Giids (QUEEN CHARLOTTE CITY)

6 km à l'ouest de Skidegate Landing (débarcadère des bacs et ferrys de visiteurs).
Le centre administratif de l'archipel porta le nom de Queen Charlotte City à partir de 1891 avant de retrouver son appellation d'origine en 2022. C'est un village-rue d'un millier d'âmes, qui concentre la majorité des hôtels, restaurants, banques et boutiques de souvenirs de l'île. L'**office de tourisme**, installé juste à côté du petit port, est le point de départ indispensable avant de rayonner dans l'île. N'oubliez pas de demander le *Art route Haïda Gwaii* si vous désirez visiter les ateliers d'artistes vivant sur Graham.

1

Skidegate

À 1,5 km de Skidegate Landing.
Située face à la baie Rooney, cette ancienne communauté haïda – que la population locale appelle « le Village » – est aujourd'hui le centre politique et culturel des Haïdas. Les bureaux du Conseil de tribu de Skidegate se trouvent dans l'impressionnante réplique d'une **longue maison** (habitation communautaire) en cèdre. **Bill Reid** en a créé le **mât totémique★★** frontal. Plusieurs échoppes arborent les œuvres d'autres artistes haïdas.

10 km. Une randonnée mène par la plage jusqu'à l'épave du *Pesuta*, embarcation de bois échouée en 1928.

★★ **Haïda Gwaii Museum** – *2 Second Beach Rd, au sud de Skidegate - Kay Llnagaay - 250 559 4643 - haidagwaiimuseum.ca - - tlj sf dim. 10h-17h - 18,90 $.* Pour comprendre la portée de ce centre patrimonial, il faut avoir une image en tête (visible au sein du musée, juste en face de la Eating House) : celle que réalisa en 1878 **George Mercer Dawson** (1849-1901), considéré comme le père de l'anthropologie canadienne. Photographe accompli, ce géologue, botaniste et ethnologue surdoué montre Skidegate seize ans après l'épidémie de variole de 1862. Un village fantôme, avec ses maisons aveugles comme des cercueils, équarries à coups de planches de cèdre, toisées par une vingtaine de mâts-totems, sous lesquels languissent face à la marée des canoës monoxyles. Cent vingt ans plus tard, la communauté haïda décida de reconstruire ce village historique afin de réaffirmer avec force son identité culturelle.

Les Corbeaux et les Aigles

La société haïda est divisée en deux unités appelées moitiés *(moieties)* : les Corbeaux et les Aigles. La première était subdivisée en vingt-deux lignages (groupe de parenté ou lignées dont les noms dérivent généralement du lieu d'origine) ; la seconde en vingt-trois lignages. Au sein de chaque lignage se trouvaient des membres des deux moitiés car un mariage ne pouvait se conclure qu'entre Aigles et Corbeaux selon le principe exogamique, qui répond aussi à une logique d'expansion territoriale. Chaque lignée possédait des droits sur certains cours d'eau (saumons), rivages (flétan, morue) et parcelles de terre (plantes, tabac, chasse, cèdres) afin d'assurer sa survie matérielle (habitat, nourriture), sociale, politique et spirituelle (thuyas géants pour élever des mâts mortuaires par exemple).

Société matrilinéaire, patriarcale

Tout Haïda appartient donc à l'une des deux moitiés dès sa naissance. Dans une société à filiation matrilinéaire (le nom et le statut social sont transmis par la mère) et patriarcale (c'est l'homme qui détient l'autorité), les enfants sont obligatoirement membres de la moitié de leur mère ; l'héritier du chef n'étant jamais son propre fils mais le fils aîné de sa sœur aînée. Ces groupes de parentés sont placés sous l'autorité d'un leader, dépositaire d'un blason (*crest* en anglais), représentation symbolique d'un ancêtre lignager associé à une entité naturelle (animal, végétal ou objet naturel), à laquelle le groupe ou la lignée s'identifie. Ils revendiquent à travers cette entité une commune nature faite de qualités physiques et morales transcendant la nature des espèces. Nulle surprise donc si les corbeaux et les aigles, très présents sur l'archipel, sont à l'origine des deux principaux mythes fondateurs haïdas. Pour revendiquer publiquement leur appartenance à l'une des deux moitiés, les membres sculptent ou/et peignent ces emblèmes familiaux héréditaires sur les grands **mâts totémiques** plantés devant les maisons nobles, les boîtes et canots funéraires, les proues de canot, les couvertures et les vêtements *(voir p. 543)*. L'érection d'un mât est toujours l'occasion de grandes fêtes cérémonielles *(potlatch, voir encadré p. 538)* qui, au-delà de la publicité faite à l'emblème de l'une des deux moitiés, servaient à revitaliser, *via* des cérémonies dispendieuses et ostentatoires, une compétitive et nécessaire interdépendance.

Traditions et pragmatisme

Les Haïdas élèvent toujours des mâts pour réaffirmer leur identité, désormais à travers le monde entier où leurs productions artistiques sont de plus en plus prisées. Montrer, transmettre leurs traditions à l'aune d'événements importants est toujours d'actualité. Ainsi en est-il de l'érection d'un mât de 16 m dans l'île de Lyell (Gwaii Haanas) en 2013. Cette œuvre réalisée par le très talentueux sculpteur Jaalen Edenshaw (né en 1980), aidé de son frère Gwaii et de Tyler York, a été commandée par le gouvernement fédéral pour fêter le vingtième anniversaire d'une gestion coopérative entre la Nation haïda et le gouvernement fédéral de la réserve de Gwaii Haanas. Chaque partie est bien sûr consciente que ce mât devient un nouvel atout touristique pour l'île.

Ce complexe, qui aligne en front de mer cinq longues maisons et six mâts monumentaux, plus qu'un musée, est un centre d'art et de culture. Il se charge de transmettre et d'enseigner la **culture haïda**, qui faillit disparaître avec la colonisation. Songeons qu'il fallut attendre presque un siècle avant de voir réapparaître en 1969 la silhouette d'un nouveau mât-totem : celui de **Robert Davidson**, sur Old Masset. L'ensemble, achevé en 2007, concentre un musée, des expositions d'histoire naturelle et d'artisanat autochtone (en particulier des sculptures sur argilite et des mâts totémiques), le **Bill Reid Teaching Centre** consacré à l'artiste, un restaurant et une boutique-librairie. La maison du Canoë renferme la superbe **Loo Taas**, une pirogue de 15 m creusée à la main dans le plus pur style haïda pour l'Expo'86 de Vancouver.

Les six mâts placés à l'extérieur du centre représentent chacun l'un des six villages ancestraux. Le mât Skidegate, le plus proche de la route, représente le village le plus septentrional, tandis que le mât SGang Gwaay, proche du musée, évoque le village éponyme le plus méridional. Sur ce dernier, exécuté par LaadaTim Boyko, on observe, de bas en haut, l'ours tenant dans sa gueule un humain – métaphore de l'ours parlant le langage des hommes, ou plus exactement des histoires d'ours rapportées par les hommes –, un castor, un cormoran, puis un **aigle** au sommet (le mythe fondateur), surmonté par trois anneaux. Ceux-ci indiquent le nombre de *potlatch* effectué par le chef, dont le mât retrace l'histoire et la mémoire.

Gamadiis (PORT CLEMENTS)

67 km au nord de Daajing Giids (50mn en voiture).

Ce bourg s'est développé pour les besoins de l'exploitation forestière. Son petit **musée** *(45 Bayview Dr. - ✆ 250 557 4576 - www.portclementsmuseum.com - de mi-mai à fin sept. : 10h-16h - 5 $)* joue le rôle de **centre d'accueil des visiteurs** tout en donnant un aperçu de la vie de pionnier des habitants d'autrefois.

1

Masset

40 km au nord de Port Clements et 107 km de Queen Charlotte (1h30 en voiture).

Cette localité se trouve non loin de l'endroit où les eaux d'un petit bras de mer, le Masset Sound, rejoignent celles de la baie McIntyre. Autrefois principale ville de l'île, en partie grâce à la présence d'un poste des forces canadiennes désormais fermé, Masset accueille pêcheurs et promeneurs attirés par les plages du nord de l'île. Le village opère lui aussi un **centre d'accueil des visiteurs** *(✆ 250 626 3982 - massetbc.com - de mi-juin à mi sept. : 9h-17h).* Dans son **église** (1912), la plus ancienne de l'île, vous verrez des *ex-voto* marins.

Dixon Entrance Maritime Museum – *2183 Collison Ave. - ✆ 250 626 6066 - massetmuseum.ca - été : 12h-16h ; hiver : sam.-dim. et événements - participation libre.* Ce musée, certes petit, mais très intéressant, donne un excellent aperçu de l'activité maritime dans la région.

Old Masset

À 107 km du débarcadère de Skidegate.

L'ancien village de Masset court le long du rivage. Ses maisons sont jalonnées par d'imposants mâts-totems comme celui qui se trouve devant la St. John's Anglican Church, réalisé par un célèbre artiste haïda, **Robert Davidson**. Des œuvres d'artistes haïdas sont en vente dans plusieurs échoppes du village, dont celle de Sarah's *(voir « Nos adresses » p. 131)*, à la façade ornée de motifs traditionnels et d'un mât totémique finement sculpté par le frère de Robert Davidson, **Reg Davidson**.

Naikoon Provincial Park

9 km à l'est de Masset, par une route de plage non goudronnée. ✆ 250 557 2047 - bcparks.ca/naikoon-park/; naikoonpark.com - ouv. tte l'année - bureaux du parc à Tlell - campings d'Agate Beach et de Misty Meadows ouv. de juin à fin sept. - aucun service assuré en hiver.

Activités : randonnée, pêche, kayak.

Ce parc de 72 640 ha englobe le littoral nord-est de Graham, de vastes plages (110 km) et dunes faisant face aux détroits d'Hécate (à l'est) et de Dixon (au nord).

★★ **Agate Beach** – *À 20 km de Masset. Parking et chemin d'accès pour la plage au terrain de camping.* Les minéralogistes amateurs trouveront ici peut-être quelques-unes de ces gemmes auxquelles la plage doit son nom. Le terrain de camping le plus fréquenté de l'île étant celui d'Agate Beach (43 emplacements), il convient d'arriver tôt le matin pour avoir une place. Belle aire de pique-nique.

Tow Hill – *À 25 km de Masset (compter 20mn en voiture).* Au nord, à l'aire de stationnement pour Tow Hill, un affleurement de basalte boisé s'élève à 133 m au-dessus de la mer. Un sentier très facile (*1h AR*) mène au **Blow Hole**, cavité par où l'eau jaillit à marée montante, comme par le trou d'évent d'une baleine. Il se poursuit jusqu'au sommet, offrant un **panorama**★ sur la vaste étendue de plages à l'est et à l'ouest. Par beau temps, on peut voir l'Alaska par-delà le détroit de Dixon.

Moresby Island (ÎLE MORESBY)

Sandspit se trouve à 20mn en ferry de l'île Graham.

Deuxième de l'archipel par sa taille, cette île profondément découpée de fjords et de criques et bordée d'îlots abrite, dans sa partie méridionale, l'essentiel de la réserve du parc national Gwaii Haanas. Ancien centre d'exploitation forestière, sa seule ville, **Sandspit (K'il Kun)**, est le rendez-vous des kayakistes et des excursionnistes faisant le tour de la réserve en bateau.

Moresby a subi, au cours du 20e s., les ravages encore visibles du déboisement. S'ensuivit, vers le milieu des années 1970, un conflit entre l'industrie forestière d'une part, et les Haïdas appuyés par les écologistes de l'autre. L'affrontement aboutit finalement à la création de la réserve. Les versants boisés des montagnes de la Reine-Charlotte (élévation maximale d'environ 1 000 m), qui forment l'arête dorsale de l'île, plongent souvent à pic dans la mer.

★★ Gwaii Haanas National Park Reserve, National Marine Conservation Area Reserve, and Haïda Heritage Site

✆ 250 559 8818 - parcs.canada.ca/pn-np/bc/gwaiihaanas - voir « Nos adresses » p. 131 - uniquement accessible par bateau, kayak ou hydravion.

Activités : kayak, observation des oiseaux et de la faune marine, randonnée, découverte culturelle des vestiges haïdas, visites d'interprétation, visites guidées gratuites (env. 90mn).

Gwaii Haanas comprend la **réserve du parc national**, créée en 1988 (138 îles couvrant 1 495 km^2), la **réserve d'aire marine nationale de conservation** (3 400 km^2) et le **site du patrimoine haïda**, soit 600 vestiges archéologiques d'anciens villages. En tout, près de 6 000 km^2 de terre et de mer bénéficient de cette protection. Gwaii Haanas est géré par le gouvernement du Canada, de concert avec le peuple autochtone haïda, par l'entremise du conseil de gestion de l'archipel.

Dans ces denses forêts pluviales, aux sous-bois riches en plantes à baies poussent principalement trois espèces de conifères : le **thuya géant**, dans lequel sont taillés

Roches volcaniques du Naikoon Provincial Park.
Chase Clausen/Shutterstock

les mâts héraldiques, l'**épicéa de Sitka** et la **pruche de l'ouest**. Si le couguar, le loup et le grizzli sont absents de Haïda Gwaii, l'**ours noir** – doté d'imposantes mâchoires à force de se nourrir d'invertébrés à coquille dure pêchés sur l'estran – est bien présent. Parmi les espèces introduites, comme le rat noir et le surmulot, le **cerf de Sitka** pose aujourd'hui un grave problème : il menace en effet la régénération du thuya géant, lequel – jusqu'à l'arrivée de l'homme blanc – n'avait jamais développé de défenses chimiques, et fait malheureusement aujourd'hui le régal des cerfs. Un plan d'éradication de ce mammifère herbivore est donc en cours.
Placé sur la voie migratoire printanière des **baleines grises** et des **rorquals à bosse**, Haïda Gwaii abrite diverses espèces de mammifères marins. Ses eaux sont riches en saumons, flétans, harengs, sébastes, poulpes, et crabes.
Cinq sites du patrimoine naturel et historique se visitent. La surveillance de ces anciens villages considérés comme sacrés est assurée par des **Haïda Gwaii Watchmen**, gardiens résidents de Haïda Gwaii.
K'uuna Llnagaay (Skedans) – *Côte orientale de l'île Louise (hors de la réserve).* Il dévoile quelques traces de longues maisons et quelques mâts mortuaires et commémoratifs dévorés par la végétation.
T'aanuu Llnagaay (Tanu) – *Côte orientale de l'île Tanu.* On aperçoit les vestiges de ce village qui comptait autrefois entre 25 et 40 longues maisons.
Hik'yah GaawGa (Windy Bay) – *Côte orientale de l'île de Lyell.* Les Haïdas s'opposèrent ici en 1985 aux coupes sylvicoles qui saignaient à blanc l'île de Lyell. Cette contestation mena à la création du Gwaii Haanas National Park.
Gandll K'in Gwaay.yaay (île Hotspring) – L'île est très courue pour ses mystérieuses sources thermales, où l'on barbote en profitant d'une vue formidable, ainsi que pour ses pouponnières de chauve-souris de Keen.

★★★ **SGang Gwaay (île Anthony ou Ninstints)** – Inscrit sur la liste du patrimoine mondial de l'Unesco en 1981, ce village occupe un site spectaculaire au bord du Pacifique. C'était l'un des plus grands du sud de l'archipel, habité selon toute probabilité pendant 1500 ans, et comptant 400 personnes. Des mâts funéraires et commémoratifs ont résisté aux intempéries. Encore dressés, ils témoignent fièrement du mode de vie de ce peuple insulaire né de l'Aigle et du Corbeau.

Carnet pratique

S'informer

Sandspit Visitor Information Centre – *1 Airport Rd - Sandspit - ✆ 250 637 5362 - www.sandspitbc.ca.*

Daajing Giids Visitor Centre – *3220 Wharf Way - Daajin Giids (Queen Charlotte City) - ✆ 250 559 8316 - daajinggiidsvisitorcentre.com.*

gohaidagwaii.ca – Site du tourisme à Haïda Gwaii.

haidanation.ca – Site du Conseil de la Nation haïda.

Arriver/Partir

En avion

Sandspit Airport (YZP) – *✆ 250 637 5313.* L'aéroport est relié quotidiennement à Vancouver par **Air Canada** *(✆ 1888 247 2262 - www.aircanada.com - durée env. 2h).*

Accès aéroport – Pour rejoindre ou quitter l'aéroport, réservez votre place dans la navette **Eagle Transit** *(✆ 250 559 4461 - eagletransit.net - 27 à 30 $/pers.)* qui assure les liaisons avec Daajing Giids et Skidegate. Des **taxis** *(voir « Se déplacer »)* relient aussi Sandspit Airport et l'embarcadère du ferry Alliford Bay-Skidegate, où d'autres taxis mènent à Daajing Giids.

Masset Airport (ZMP) – Liaison quotidienne de/vers Vancouver avec **Pacific Coastal Airline** *(✆ 1800 663 2872 - pacificcoastal.com)* et de/vers Prince Rupert avec **Inland Air** *(✆ 250 624 2577 - inlandairaircharters.ca).*

En bateau

BC Ferries – *✆ 1888 223 3779 - bcferries.com - sur réserv. pour les véhicules - de mi-juin à mi-sept. : dép. de Prince Rupert tlj sf mar., arrivée à Skidegate après 7 à 8h de navigation; reste de l'année 3 traversées/sem. - 204 $/véhicule standard + 45 $/passager.* Vérifiez les horaires et arrivez 2h à l'avance.

Bac inter-îles – *www.bcferries.com - juin-mars : env. 1 bac ttes les h de 7h15 à 19h30 (puis en été 1 à 22h30) - trajet : 20mn env. - 10 $/passager + 25 $/véhicule standard.* Liaisons entre Alliford Bay et Skidegate.

Se déplacer

Il n'y a pas de transports en commun dans l'archipel. Les déplacements se font en voiture, taxi ou moto.

Compagnies de taxis

Gwaii Taxi and Tours – *✆ 250 559 2380 ou 250 876 1866. - gwaiitaxiandtours.ca - 24h/24.* Dessert Skidegate et Daajing Giids. Également locations de voitures et excursions pour petits groupes.

Mile Zero Taxi Service – *✆ 250 626 8999.* Basée à Masset, cette compagnie dessert la partie nord d'Haïda Gwaii.

Locations de voitures et scooters

Sandspit – Budget Car Rentals - *✆ 250 637 5688.*

Daajing Giids – Budget Car & Truck Rentals - *✆ 250 559 4641;* Island Auto Rentals *✆ 250 559 4118.*

Masset – Masset Car and Truck Rentals - *✆ 250 626 7089.*

Certains motels, lodges et *guest houses* louent des voitures. Réservez plusieurs mois à l'avance entre juin et septembre.

Nos adresses

Restauration

À Daajing Giids

Budget moyen

Steller's Jay – *3200 Oceanview Dr. - ✆ 778 260 0961 ou 250 559 2323 - fermé dim.-mar. et le midi (se rens. en été) - plats 20/30 $.* Ce « community pub » qui porte le nom d'un emblématique oiseau de l'île jouit d'une vue sur la mer. Ambiance décontractée et grande salle, parfaite pour échanger des informations, boire un verre, manger une part de tarte à la rhubarbe, une poutine ou dîner entre amis (bonne cuisine de pub avec ingrédients locaux). Concerts occasionnels.

Black Tail – *3207 Wharf Way. - ✆ 604 762 5742 - été : tlj sf lun. café 7h-14h, restaurant 17h-21h - plats 26/32 $.* Ce café-restaurant, prolongé d'une terrasse, vaut pour son beau menu international, qui n'exclut pas les produits locaux (flétan en tête), et s'avère moderne et bien fait.

À Masset

Premier prix

The Ground Gallery and Coffee House – *1598 Main St. - ✆ 250 626 5251 - fermé le soir et w.-end.* Ambiance chaleureuse dans cette sympathique adresse des années 1940. Les visiteurs pourront y faire une pause-café ou prendre une petite collation tout en admirant les œuvres d'art à vendre sur les murs.

Shopping

À Old Masset

Sarah's Haïda Arts – *387 Eagle Rd - ✆ 250 626 5560 - www.sarahshaidaarts.com - 10h-17h.* Située dans une longue et très belle maison haïda, cette boutique mérite vraiment le détour. Elle présente des objets artistiques de qualité : masques, pagaies, sculptures en argilite, bijoux, et autres souvenirs. Librairie bien fournie.

Activités

Au choix : de nombreuses excursions à la découverte de sites culturels, de l'art et de l'artisanat locaux, du patrimoine naturel comme les sources d'eau chaude ou l'observation de la faune (oiseaux, baleines, dauphins...). Côté loisirs : sorties en kayak pour 1h ou plusieurs jours, croisières itinérantes, randonnées... l'éventail est large.

Gwaii Haanas National Park

Le parc accepte peu de visiteurs par site. Pour parcourir la réserve, il est nécessaire de passer par une **agence agréée**, à moins de se déplacer en kayak, mais pour ce faire, il faut être **parfaitement équipé et entraîné**.

parks.canada.ca/pn-np/bc/gwaiihaanas/visit/voyagistes-operators – Recense activités et

1

agences qui proposent des sorties de différentes durées. Si vous avez le temps, choisissez une excursion itinérante avec plusieurs nuits à bord d'un bateau.
Risques d'hypothermie, mer dangereuse et conditions météorologiques changeantes (camping et commodités basiques).
Séance d'orientation – *À Skidegate, Sandspit, Vancouver ou Victoria - 877 559 8818 (réserv.) - lun.-vend. 8h30-16h30 - gratuit*. Séance obligatoire pour les voyageurs indépendants qui recevront ainsi un **permis d'entrée** dans le parc *(26 $)*.

Hébergement

À Daajing Giids

Premier prix

Premier Creek Lodging – *3101 Oceanview Dr. - 250 559 8415 ou 250 617 1251 - premiercreek.ca - P - 12 ch. 92/152 $*. Le plus ancien hôtel de Queen Charlotte n'est pas dépourvu de charme. Chambres pour toutes les bourses selon que l'on partage ou non la salle de bains. Adresse courue par les plus jeunes. Location de voitures.

Budget moyen

Spruce Point Lodge – *611 6th Ave. - 250 559 8234 - sprucepointlodge.com - P - 7 ch. 145/200 $*. Cette auberge accueillante, « les pieds dans l'eau », propose des petites chambres basiques avec salle de bains. Toutes ont un accès privé et une vue sur la mer ! Laverie à disposition.

À Tlell

Une folie

Haida House at Tllaal – *2087 Beitush Rd - 1 888 602 0989 - haidatourism.ca/haida-house - P - 10 ch. 380 $ et 12 chalets 800 $*. À mi-chemin entre Daajing Giids et Masset, lové au bord d'une rivière (forêt et plage à proximité), cet établissement très confortable dispose de chambres classiques ou d'élégants chalets (4 pers.). Excellent restaurant *(jeu.-lun. 17h-20h)* de cuisine moderne d'inspiration locale.

À Masset

Budget moyen

Copper Beech Guest House – *1590 Delkatla Rd - 250 626 9666 - copperbeechhouse.com - P - 5 ch. 204 $ (2 nuits mini)*. À deux pas du petit port de Masset, vous attend un véritable cabinet de curiosités, écrin de volupté débordant de livres et d'objets insolites. Il est vrai que cette maison d'hôte appartient à la célèbre écrivaine canadienne Susan Musgrave, dont l'originalité littéraire est à l'image de cette énonciation du monde.
Masset OceanView Hotel – *1970 Harrison Ave. - 250 626 3388 - massethotel.com - P - 18 ch. 215 $*. Chambres propres et confortables, prestations classiques irréprochables et petit-déjeuner face à la mer, dans une salle lumineuse, mais peu fantaisiste.

À Sandspit

Budget moyen

Seaport B & B – *371 Beach Rd - 250 637 2215 ou 800 806 7633 - seaportbb.com - P - 8 ch. 180/210 $*. Chambres simples mais impeccables, avec ou sans salle de bains, dans une grande maison face à la baie. Organisedes excursions avec Moresby Explorers *(moresbyexplorers.com)*.

Détail d'un mât totémique haïda.
ranplett/Getty Images Plus

Coquihalla Canyon Park.
poweroffforever/Getty Images Plus

Canyons du Fraser et de la Thompson ★★

Fraser and Thompson Canyons

Le Fraser s'écoule sur 1200 km, des Rocheuses, où il prend sa source, au détroit de Géorgie près de Vancouver. Jusqu'au lac Shuswap, la Transcanadienne (route 1) longe les profondes vallées en auge du Fraser et de la Thompson, qui serpentent à travers les défilés de la Chaîne côtière et les collines arides et sauvages du plateau intérieur de la Colombie-Britannique. Dans des paysages de toute beauté, le fracas des eaux tumultueuses s'oppose au silence majestueux des montagnes.

Se repérer

Colombie-Britannique

CARTE C3 (P. 34-35).

Le canyon du Fraser se trouve au sud de la Colombie-Britannique, à proximité de la frontière américaine.

À ne pas manquer

Une descente en rafting sur le Fraser, avec le passage de la redoutable « Porte de l'Enfer » (Hell's Gate).

Organiser son temps

Le lac Shuswap étant à 8h de route de Vancouver, mieux vaut prévoir une nuit dans un camping ou un motel entre Hope et Kamloops.

Carnet pratique p. 139

Nos adresses p. 139

Circuits conseillés

CARTE P. 34-35

★★ Le canyon du Fraser C3

Circuit de 109 km, entre Hope et Lytton, tracé en rose sur la carte p. 34-35.

★ Hope

Les montagnes, fortement découpées et couvertes de forêts, composent le cadre agréable de cette bourgade qui est en compétition avec d'autres anciennes villes forestières pour le titre de « capitale de la sculpture à la tronçonneuse ». Des œuvres d'artistes locaux sont disséminées dans les rues. Elle est aussi réputée comme un haut lieu du **rafting** et connue pour avoir servi de décor, ainsi que le Coquihalla Canyon Park, au premier volet du film *Rambo* ! Un guide recensant les sites du tournage est disponible au Visitor Centre *(voir p. 139)*.

Coquihalla Canyon Park – *8 km à l'est - bcparks.ca/coquihalla-canyon-park.* Ce parc provincial englobe une partie du canyon creusé par la rivière Coquihalla (« eaux voraces » en langue autochtone). Un itinéraire aménagé *(3,5 km AR - facile - se renseignez sur l'accès en raison de chutes de pierres et de glace pendant l'hiver)* suit le tracé d'une ancienne voie ferrée, initiée par la Pacific Canadian Railway aux débuts des années 1900. Il emprunte un ensemble de tunnels dénommé **Othello Tunnels** et donne à voir formations rocheuses verticales, torrent qui gronde, panoramas… Le spectacle est grandiose !

★ **Hope Slide** – *18 km au sud-est.* Ce glissement de terrain illustre éloquemment la nature rebelle de cette région sauvage. En 1965, une énorme masse rocheuse se détacha du **pic Johnson** et dévala les pentes, comblant au passage un lac, et obligeant la reconstruction de la route, 45 m au-dessus de son niveau antérieur.
Camp de Tashme – *Route 3, Km 11 - tashme.ca.* De 1942 à 1946, après l'attaque de Pearl Harbour, furent internés ici plus de 2600 Canadiens d'origine japonaise – ils venaient pour la plupart de ce que l'on appelle aujourd'hui le quartier de Japantown de Vancouver. Un petit musée *(tashme.ca - sam.-dim. 10h-16h)* est consacré à l'histoire du camp et au quotidien des détenus.
Après Hope, vers le nord, la vallée se rétrécit progressivement et la route longe des saillies rocheuses ou descend au niveau du fleuve. Le paisible hameau de **Yale**, entouré d'impressionnantes falaises, fut, au temps de la ruée vers l'or, une ville fort active de 20000 habitants, charnière entre la partie navigable du Fraser et la route des Cariboo. Au nord de Yale, les falaises verticales enserrent la vallée étroite et la route traverse de nombreux tunnels perchés à mi-paroi au-dessus du fleuve bouillonnant. Juste après **Spuzzum**, la Transcanadienne franchit le Fraser et continue en suivant la rive est du fleuve.

★★ Hell's Gate

À cet endroit, le canyon atteint une profondeur de 180 m. Le fleuve, large d'à peine 36 m, s'y engouffre violemment à la vitesse de 8 m par seconde. Ce sont les travaux de la voie du Canadian National Railway qui sont responsables de cette furie, quand en 1914, ils firent s'effondrer une partie de la falaise, obstruant partiellement le lit du fleuve. Incapables de remonter le courant, les **saumons** du Fraser ne purent rejoindre leurs frayères de la Colombie-Britannique intérieure et, dans les années qui suivirent, l'industrie du saumon connut de graves difficultés. Il fallut construire dans les années 1940 des **échelles à poissons** pour permettre à ceux-ci de poursuivre leur montaison et de se reproduire normalement.
★ **Hell's Gate Airtram** – *☏ 604 867 9277 - www.hellsgateairtram.com - ♿ - de mi-avr. à fin-oct. 10h-16h - 36,99 $.* Ce vertigineux téléphérique descend dans la gorge *(150 m)*, d'où l'on appréciera l'incroyable puissance du courant. Les eaux boueuses et les tourbillons empêchent généralement de voir les saumons emprunter les couloirs, mais une exposition et un film *(20mn)* fournissent d'intéressants détails sur ces poissons migrateurs *(voir encadré ci-dessous)*. En descendant une route escarpée *(500 m)* près du parking, les visiteurs apercevront l'étroit défilé.
Après Hell's Gate, les versants s'écartent et les arbres se raréfient sur les parois rocheuses. Près du **mont Jackass**, la route en corniche offre des **vues**★ sur la vallée boisée et **Cisco Creek**, où deux ponts ferroviaires franchissent le fleuve.

Le saumon du Pacifique

Le saumon naît dans les torrents de montagne, vit un ou deux ans dans un lac avant de descendre vers l'Océan où il passe de deux à cinq années, puis remonte le fleuve vers sa frayère natale (fin de l'été), parcourant jusqu'à 48 km par jour. Quand il a pondu, le saumon du Pacifique meurt tandis que son cousin de l'Atlantique est capable d'exécuter plusieurs migrations. C'est dans le Fraser que les saumons sont les plus nombreux (environ 10 millions) ; ils remontent jusqu'à Stuart Lake au nord, près de Fort St. James.

Le téléphérique du Hell's Gate sur la Fraser River.
iploydoy/Shutterstock

★★ Le canyon de la Thompson C3

Circuit de 230 km tracé en bleu clair sur la carte p. 34-35.
Quittant la vallée du Fraser, la Transcanadienne et les deux voies ferrées s'engagent dans le **canyon★★** rocheux et encaissé de la Thompson. La route serpente tantôt au bord de l'eau, tantôt à flanc de coteau. La **vallée★** s'élargit ensuite en collines semi-arides parsemées de buissons de sauge. On rencontre parfois des cultures en terrasses, rendues possibles par l'irrigation. 17 km après **Cache Creek**, au lieu-dit **Walhachin** (« terre d'abondance »), se trouvait entre 1907 et 1914 l'une de ces exploitations florissantes. Les propriétaires disparurent lors de la Première Guerre mondiale et, depuis, la nature a repris ses droits. Juste avant **Savona**, la Thompson s'élargit pour former le **lac Kamloops**, sur lequel la Transcanadienne – surplombant les eaux bleues cernées de collines désolées – ménage de belle **vues★**.

★ Kamloops

Tourism Kamloops – *778 586 8687 - www.tourismkamloops.com.*
Cette ville administrative et commerciale en plein essor se trouve au cœur de l'une des régions viticoles les plus récentes et septentrionales du pays. Elle est aussi réputée pour ses plantations de ginseng *(voir encadré p. 138)* et abrite l'un des plus beaux sites autochtones de l'ouest du Canada.
★★ **Secwépemc Museum and Heritage Park**– *330 Chief Alex Thomas Way #200 - 250 828 9749 - secwepemcmuseum.ca - 8h-16h ; w.-end : sur RV - 12,67 $.* Le parc comprend un petit **musée** *(fermé pour rénovation, se rens.)* dédié à la vie quotidienne, parfois très rude, du peuple Shuswap. Un **village traditionnel** a été reconstitué, avec ses *kekulis*, maisons d'hiver creusées dans le sol et recouvertes

d'un toit de terre. Un jardin ethnobotanique explique l'usage que les Shuswap faisaient des plantes. Enfin, le parc organise aussi des visites de l'ancien pensionnat pour Autochtones de Kamloops.

Shuswap Lake

bcparks.ca/shuswap-lake-park.
La Transcanadienne remonte la Thompson sud jusqu'à ce lac où elle prend sa source. Cette région de forêts et d'eaux miroitantes contraste étonnamment avec la zone aride précédente. Chaque année, à la saison du frai, les nombreux bras du lac accueillent une multitude de saumons arrivés au terme d'une pénible montaison. Le petit bras au nord du lac Shuswap est ainsi tous les quatre ans le théâtre d'un grand spectacle naturel : l'un des plus grands rassemblements de saumons au monde ! Le frai compte de 1,5 à 2 millions de saumons qui repartent en octobre. Pour célébrer l'événement, les habitants et les employés des pêcheries organisent un **festival★** coloré, le **Salute to the Sockeye** *(www.salmonsociety.com).*
Adams Lake Provincial Park (Bush Creek) – *À Squilax (à l'est de Kamloops), 7 km au nord de la route 1 - haute sais. de mi-mai à fin sept. - 13 $/nuit - réserv. au ✆ 1 800 689 9025 - bcparks.ca/adams-lake-park-bush-creek-site - camping interdit en hiver.* Les visiteurs connaîtront mieux le fascinant cycle de vie des saumons *(voir encadré p. 136)* après avoir observé leur frai sur ce site. En été, les eaux chaudes du lac attirent des milliers de vacanciers. En louant une **mini-péniche aménagée**, il est possible de naviguer sur les bras moins fréquentés du lac ; c'est à **Sicamous** que vous trouverez le plus grand choix. *Location de péniches : Twin Anchors - 200 Old Town Rd W - ✆ 1 800 663 4026 ou 250 836 2450 - www.twinanchors.com.*

À proximité

CARTE P. 34-35

E. C. Manning Provincial Park C3

136 km AR au départ de Hope.
Visitor Centre – *7500 Hwy 3 - ✆ 604 668 5922 - bcparks.ca/ec-manning-park et manningpark.com - de mi-juin à mi-sept. : 9h-18h. Parc ouvert tte l'année.*
Activités : randonnée, équitation, bicyclette, ski de fond, camping été et hiver.
Rapidement, la route traverse **Rhododendron Flats★**, où ces arbustes fleurissent à profusion en juin, puis elle franchit le **col Allison** (1 341 m). Le parc est l'un des deux seuls au Canada, avec le Mount Revelstoke National Park *(voir p. 153)*, où l'on peut accéder en voiture à des paysages de type subalpin : à l'ouest, forêt dense humide des régions côtières de la Colombie-Britannique ; au centre, zone de transition ; à l'est, steppe semi-aride semblable au plateau intérieur de la province.

Le ginseng

L'explosion de la phytothérapie a profondément influencé l'agriculture des vallées intérieures de la Colombie-Britannique. Le ginseng, apprécié depuis longtemps dans les cultures asiatiques pour ses vertus tonifiantes, pousse ici à l'état sauvage. Il a été introduit près de **Kamloops** en 1982 et occupe plusieurs milliers d'hectares dans les vallées de la Thompson, du Fraser et de l'Okanagan. La maturation des racines, généralement utilisées en infusion ou en poudre, prend cinq ans.

Carnet pratique

S'informer

Hope Visitor Centre – *919 Water Ave. - Hope - ✆ 604 869 2021 - tourismhcc.ca.*

Arriver/Partir

L'**aéroport de Kamloops** *(YKA - kamloopsairport.com)* est relié quotidiennement à Vancouver, Calgary et Victoria.
Les **bus** de Rider Express *(riderexpress.ca)* et Ebus *(myebus.ca)* relient Vancouver à Hope *(2h30)* et Kamloops *(4h30)*.
Enfin, Kamloops se trouve sur la ligne de **train** Vancouver-Jasper-Edmonton *(www.viarail.ca)*.

Agenda

Kamloopa Pow Wow – *Août.* Une des plus importantes manifestations culturelles des Premières Nations de l'Ouest canadien. Danses, chants et contes traditionnels, dans un hommage vibrant au peuple secwépemc *(voir p. 137)*.

Nos adresses

Restauration

À Hope

Budget moyen

Home – *665 Old Hope-Princeton Hwy - ✆ 604 869 5558 - homerestaurants.ca - plats 15/25 $.* Croquez une grosse part de cliché en vous attablant dans ce *diner* de chaîne qui régale les habitants depuis 70 ans. Solides *breakfasts* (pancakes, œufs, bacon...) et, toute la journée, burgers, sandwichs, ribs, tarte aux pommes...

À Kamloops

Budget moyen

The Noble Pig – *650 Victoria St. - ✆ 778 471 5999 - thenoblepig.ca - fermé dim. midi - plats 15/32 $.* Faites coup double dans cette microbrasserie : testez les bières maison et profitez d'une belle carte de pub avec poutines, salades, burgers et quelques plats plus élaborés.

Petite pause

Marché fermier de Horsting – *2 km au nord de Cache Creek sur la route 97 - ✆ 250 457 6546 - www.horstingsfarm.com - 9h-17h.* À Horsting, tôt le matin, le pain frais est mis à cuire au four, immédiatement suivi par les tartes aux fruits frais. Tout sera prêt pour le déjeuner, qui offre un large choix de sandwichs, de soupes roboratives et d'irrésistibles tartes maison. Quasiment tous les produits utilisés sont issus de la ferme.

The Art We Are – *246 Vitoria St. - Kamloops - ✆ 250 828 7998 - theartweare.com - tlj sf dim.-lun. 8h-18h.* Réjouissant café et galerie d'art où l'on fait une halte pour une petite faim (cakes, snacks) ou un déjeuner sain, local et coloré (salades, quiches, panini).

Hébergement

Vous trouverez quelques motels sans grande originalité à Hope.
À Kamloops, le confortable **South Thompson Inn** *(3438 Shuswap Rd - ✆ 250 573 3777 - souththompsonhotelkamloops.com - 58 ch. 350 $)*, auquel l'architecture « ranch » et la situation au bord de la rivière donnent beaucoup de charme, dispose de belles chambres.

Les Cariboo ★

Cariboo

La région des Cariboo se situe dans la basse vallée du Fraser, au nord de la rivière Thompson. Encadrée à l'ouest par la Chaîne côtière et à l'est par les monts Cariboo, auxquels elle doit son nom, elle fait partie intégrante du plateau intérieur de la Colombie-Britannique. Ses vastes pâturages sont entourés de collines semi-arides ponctuées de lacs aux eaux paisibles.

Se repérer

Colombie-Britannique

CARTE C2-3 (P. 34-35).

Williams Lake, au cœur de la région, est à 8h de route au nord de Vancouver en passant par le canyon du Fraser.

Organiser son temps

Les sites les plus intéressants nécessitent une excursion à partir de la route 97. Prévoyez de passer une nuit près de Barkerville afin de pouvoir disposer d'une journée de visite.

En famille

Le Hat Creek Ranch et le village historique de Barkerville.

Carnet pratique p. 144

Nos adresses p. 144

Découvrir

CARTE P. 34-35

★★ Hat Creek Ranch C3

22 km (AR) au nord de Cache Creek, à la jonction des routes 97 et 99. ☏ 250 457-9722 ou 1800 782 0922 - hatcreek.ca - de déb. mai à fin sept. : 9h-17h - 19,50 $, tour en diligence compris.

Ce site provincial, autrefois relais routier de la route des Cariboo, est constitué d'un magnifique ensemble de bâtiments restaurés du 19e s. Élégante demeure victorienne, **Hat Creek House** fut jadis un hôtel ; l'écurie du relais a conservé son sol usé en bois.

Les visiteurs pourront aussi profiter de ce lieu ravissant en voiture à cheval. Légèrement en amont, des Autochtones organisent une démonstration de **campement d'été** traditionnel.

★★ Wells Gray Provincial Park C2

204 km à l'est de Williams Lake. À Clearwater, continuer 35 km au nord jusqu'à l'entrée du parc.

Visitor Information Centre – *416 Eden Rd, Clearwater - ☏ 250 674 3334 - wellsgray. ca et bcparks.ca/wells-gray-park - mai-oct. : 9h-17h.*

Activités : randonnées pédestres, canoë, natation, pêche, équitation, camping, ski à la période hivernale.

À cheval sur un canyon spectaculaire et le versant ouest de la chaîne des Cariboo, le parc provincial de Wells Gray est un immense joyau, souvent dédaigné des visiteurs, mais très apprécié des habitants de Colombie-Britannique. Ses forêts et

Barkerville Historic Town.
M. DeFreitas/DanitaDelimont.com/age fotostock

son arrière-pays très étendu sont un terrain de randonnée idéal, et il est possible de pratiquer les sports nautiques sur ses quatre lacs principaux.
Créées par le plongeon de la Murtle du haut d'une falaise de basalte (137 m), les **chutes de Helmcken** *(accessibles par la route de Clearwater)* sont certes la curiosité la plus célèbre du parc, mais celui-ci compte un total de 39 chutes ! Une courte marche *(3 km)* à travers une forêt de bouleaux, de trembles et de peupliers mène à **Ray Farm**, une ancienne ferme, puis à une source minérale. Un terrain de camping très apprécié est installé au **lac Clearwater**, où sont organisées des randonnées en canoë à la journée ou à la semaine. Niché dans une cuvette d'altitude à la limite sud-est du parc, le **lac Murtle** n'admet aucune embarcation à moteur.

Circuit conseillé

CARTE P. 34,35

La route des chariots C2-3

Circuit tracé en rouge sur la carte p. 34-35.
De Cache Creek, la **route 97** quitte le désert du canyon de la Thompson pour atteindre les hauteurs du magnifique plateau des Cariboo, dont les forêts de trembles, de sapins et d'épicéas alternent avec de vastes prairies. Située au cœur de cette région, l'aire de repos de **108 Mile Ranch** comprend une demi-douzaine de bâtiments provenant d'un relais routier séculaire. Le bâtiment principal est une grange de bois à deux étages, de 1908 (la plus ancienne construite en bois du Canada), édifiée pour la famille Clydesdale, qui fait aujourd'hui office de salle de bal communale. La route traverse **Williams Lake**, où le **Museum of the Cariboo-Chilcotin** *(B-1660 Broadway Ave. S - ✆ 250 392 7404 - www.cowboy-museum.*

La ruée vers l'or des Cariboo

La région s'est d'abord ouverte aux marchands de fourrures, puis aux chercheurs d'or. Après la Californie en 1848 et le Fraser dix ans plus tard, des prospecteurs trouvèrent de l'or dans les Cariboo vers 1859. Mais c'est en 1862 qu'un matelot de Cornouailles, **Billy Barker**, découvrit dans le lit du ruisseau Williams un riche filon dont il tira, en deux jours à peine, 1 000 dollars de métal précieux. S'ensuivit une ruée vers l'or qui fit naître des localités comme Barkerville, Camerontown et Richfield et amena la construction de la route des Cariboo. Une dizaine d'années plus tard, les ressources aurifères étaient épuisées et les établissements des Cariboo commencèrent à décliner. Barkerville demeura à l'abandon jusqu'en 1958, date à laquelle le gouvernement canadien décida d'en faire une ville-musée et de lui rendre son lustre d'antan.

La route des Cariboo

Dans la région sauvage des Cariboo, les biens nécessaires aux mineurs étaient acheminés par convois de bêtes de somme. La jeune colonie de Colombie-Britannique, créée en 1858, décida donc de construire, avec l'aide de l'armée britannique et de compagnies privées, 650 km de route reliant Barkerville à Yale, dans la basse vallée du Fraser, jusqu'où les bateaux remontaient facilement. Véritable exploit technique, cette voie de communication, qui longeait le dangereux canyon du Fraser, fut inaugurée en 1864. Contrairement aux autres pistes de pionniers, elle a été transformée en autoroute et remplacée par la Transcanadienne, la route 97 (dite « route des Cariboo ») et la route 26.

Une contrée d'élevage

Après le départ des chercheurs d'or, les habitants exploitèrent les ressources de leur environnement : du bois de construction à profusion et de gras pâturages. Les moyens de communication existants furent mis à profit pour expédier le bois et les produits agricoles au marché de Vancouver.

Aujourd'hui, les Cariboo sont une zone de ranchs immenses dont le centre est **Williams Lake**. Le tourisme est une activité importante dans cette contrée particulièrement renommée pour la pêche, la chasse, les vacances équestres et le site de **Barkerville**, ancien témoin de la ruée vers l'or et ville fantôme aujourd'hui restaurée.

En selle, cow-boy !

À Williams Lake se tient chaque année au mois de juillet le **grand Stampede des Cariboo** qui met le rodéo à l'honneur pendant plusieurs jours. Les meilleurs cow-boys nord-américains débarquent pour l'occasion et s'affrontent devant plusieurs milliers de personnes. Au programme : rodéo, concerts, barbecues...
williamslakestampede.com.

com) met les cow-boys et l'histoire de la région à l'honneur. La route se poursuit vers le nord avant de parvenir à **Quesnel** et ses scieries. Ensuite, la **route 26** pénètre dans les monts Cariboo.

★ Cottonwood House Historic Site C2

4460 Barkerville Hwy Quesnel - 250 992 2071 (en été) ou 1 888 994 3332 - acebook.com/cottonwood.house - ♿ - de déb. juin à déb. sept. : jeu.-dim. 9h-17h - participation libre.

C'est l'un des derniers relais de l'ancienne route des chariots. Le bâtiment en peuplier de Virginie est remarquable malgré son âge (il date de 1865).

Un peu avant Barkerville, on atteint la bourgade minière de **Wells**.

★★ Barkerville Historic Town C2

14301 Hwy 26 E - 1 888 994 3332 - www.barkerville.ca - ♿ - centre d'accueil des visiteurs : juin- déb. sept. 9h-17h, reste de l'année se rens. - 20 $ en été, participation libre le reste de l'année.

Bâtie dans la vallée du riche ruisseau Williams, cette localité historique occupe un très joli **site★** dominé par les Cariboo. Le long des trottoirs de bois s'alignent les façades restaurées d'une ville minière au 19e s. : magasins, saloons, hôtels, bureau de titrage de l'or... Le **centre d'accueil** présente audiovisuels et expositions sur la ruée vers l'or des Cariboo, Barkerville à cette époque et les méthodes d'orpaillage. Dans le village, **St. Saviour's Anglican Church**, petite église anglicane en bois chantourné et clous de section carrée, se distingue par sa silhouette singulière. À l'autre bout de la rue se trouve le quartier chinois, groupé autour de son temple maçonnique, le **Chinese Freemasons' Hall**. Notez aussi l'emplacement de la **concession de Billy Barker**. Les visiteurs pourront chercher de l'or à la batée à l'Eldorado Mine *(payant)*.

Theatre Royal – *250 994 3225 (été) ou 250 851 8540 (hiver) - ♿*. Vous y découvrirez des spectacles typiques de ceux auxquels auraient assisté les chercheurs d'or du 19e s. dont une comédie musicale.

Richfield – En longeant à pied le ruisseau Williams sur 1,6 km, on arrive dans cette autre ville minière où chaque été, de mi-juin à fin août, des acteurs font revivre le tribunal du célèbre **juge Begbie** au cours de trois représentations par jour. Ce personnage peu ordinaire sut imposer l'ordre à la communauté de mineurs des Cariboo, mettant en place un modèle suivi plus tard au Klondike.

1

Carnet pratique

S'informer

The Cariboo Chilcotin Coast Tourism Association – *204-350 Barnard St. - Williams Lake ☏ 1800 663 5885 ou 250 392 2226 - landwithoutlimits.com.*

Agenda

Williams Lake Stampede – *Voir encadré p. 143.*

Nos adresses

Hébergement/restauration

Ranchs – *bcguestranches.com.* Plusieurs ranchs de la région complètent leurs revenus en recevant des hôtes. L'accueil varie de la cabane rustique chauffée par un poêle à bois au luxueux chalet doté de cheminées. Parmi les activités, sont généralement organisées des **randonnées** d'une demi-journée **à cheval ou à VTT**, des excursions d'une journée dans les marais ou en montagne ; les pêcheurs ayant souvent l'occasion de rapporter une truite arc-en-ciel. Des **stages** (« familiarisation » avec les ours, pansage des chevaux ou prise de bétail au lasso) sont aussi couramment proposés ainsi que diverses prestations comme des massages, des séances d'aromathérapie et autres services de remise en forme, saunas, piscines chauffées, salles de sport.

Quant à l'aspect gastronomique de ces séjours, on trouvera aussi bien de la cuisine traditionnelle (bœuf élevé sur place) que des poissons et fruits de mer et, à l'occasion, des repas diététiques, des régimes personnalisés ou des menus gastronomiques.

La saison s'étend **de juin à septembre**, avec un climat remarquablement stable : des matinées fraîches et ensoleillées suivies de températures pouvant s'élever à 21 °C, parfois accompagnées d'averses.

De nombreux Européens organisent leur voyage en Colombie-Britannique un an à l'avance, ce qui donne une idée du succès de ces séjours qui coûtent de 900 $ à nettement plus de 3000 $ pour une semaine. Voici une sélection des établissements les plus réputés.

Premier prix

Wells Gray Ranch – *5565 Clearwater Valley Rd - Clearwater - ☏ 250 674 2792 - wellsgrayranch.com - P ♿ - cabines 202/305 $ ☕, 4 cabines de camping 138 $/4 pers., empl. camping 42 $ - ✕.* Composé de cabanes confortables en bois, de dortoirs et d'une salle où planter la tente pour les plus économes, ce ranch possède un saloon très fréquenté le soir. Il est connu pour les randonnées avec sac à dos qu'il organise le long de la crête du canyon de Clearwater, quelque 800 m plus bas.

Budget moyen

Spruce Hill Resort & Spa – *4871 Hwy 97 - 108 Mile Ranch - ☏ 800 668 2233 ou 778 885 0828 - sprucehillresort.com - ▤ P 🏊 ♿ - ch. et 3 chalets 109/229 $, empl. camping 30 $ - ✕.* Le ranch, se consacrant à l'équitation et à la remise en forme (soins à l'huile d'églantine), offre le choix entre être dorloté ou vigoureusement massé...

ou les deux à la fois. La cuisine diététique est excellente et les promenades à cheval dans les prés verdoyants, magiques.

Une folie

Helmcken Falls Lodge – *6664 Clearwater Valley Rd - Clearwater - ✆ 250 674 3657 - helmckenfalls.com - P - 33 ch. 260/395 $ -* ✕. Cette sympathique auberge proche de l'entrée du parc Wells Gray donne sur des prairies et le mont Trophy. Au choix : bungalows de bois bien aménagés, appartements en chalet ou en cottages jumelés. Un petit parfum d'aventure attend les amateurs de randonnée pédestre, de canoë et de promenades à cheval (activités guidées).

Sundance Guest Ranch – *Highway 97c - Ashcroft - ✆ 250 453 2422 ou 800 553 3533 - sundanceguestranch.com - - de mi-avr. à mi-oct. - 22 ch. 457 $/pers. en pension complète et 2 balades à cheval/j. (2 à 3 nuits mini) -* ✕. Perché sur une lande de terre au-dessus du canyon Thompson près d'Ashcroft *(4h au nord de Vancouver)*, ce lieu de séjour propose des balades à cheval, un court de tennis, une salle de billard, une piscine chauffée et d'autres équipements.

Echo Valley Ranch – *10635 Jesmond Rd - Jesmond - ✆ 800 253 8831 - evranch.com - P - fermé janv. - 18 ch. à partir de 449 $/pers. en pension complète.* Echo Valley se distingue par son côté haut de gamme : bungalows en rondins, luxueux et pimpants, centre de remise en forme, piscine intérieure, cuisine gastronomique et promenades à cheval guidées le long du canyon du Fraser. Donnant sur le murmure d'un ruisseau, le cottage « lune-de-miel » possède un charme fou. Forfaits pension complète et activités (spas, piscine, pêche, etc.).

Flying U Ranch – *5947 N Green Lake Rd - 70 Mile House - ✆ 877 456 7717 - flyingu.com - P limité - de mai à mi-oct. - 28 cabines et 3 maisons à partir de 460 $ la nuit/ pers. (290 $/pers. sans équitation) (2 à 3 jours mini).* Ce ranch fut le premier du pays, dans les années 1920, à lancer la formule du séjour payant. Il est célèbre pour son atmosphère « bonne franquette » : les clients choisissent et sellent eux-mêmes leur cheval, puis partent découvrir à leur guise les paisibles forêts de trembles et de conifères. Les chambres sont confortables et accueillantes. Les prix comprennent la pension complète et l'équitation.

Vallée de l'Okanagan

★★

Okanagan Valley

Réputée pour ses vignes et ses vergers, cette région agricole et touristique au sud de la province s'étire autour du lac et de la rivière Okanagan, qui rejoint la Columbia vers la frontière américaine. Située dans la zone aride de l'intérieur, domestiquée par l'irrigation, la vallée de l'Okanagan constitue aujourd'hui un arrière-pays nourricier, producteur de fruits délicats. La beauté des paysages lacustres, le climat ensoleillé, les lacs aux eaux chatoyantes agrémentés de plages de sable en font un important lieu de villégiature très fréquenté en saison.

Se repérer

Colombie-Britannique

CARTE C3 (P. 34-35).

Située au sud de la Colombie-Britannique, la vallée englobe le lac Okanagan, quelques petits lacs secondaires et la rivière Okanagan (appelée Okanogan aux États-Unis).

À ne pas manquer

Quelques-uns des 100 domaines viticoles qui proposent presque tous des visites-dégustation.

Organiser son temps

Cette région est relativement compacte et bien desservie par les routes ouvertes presque toute l'année.

En famille

Le ranch O'Keefe, près de Vernon, les lacs et alpages fleuris du Cathedral Provincial Park.

Carnet pratique p. 151

Nos adresses p. 151

Vergers dans la vallée de l'Okanagan.
D. Weixl/All Canada Photos/age fotostock

Découvrir

Visite des domaines vinicoles

Penticton & Wine Country Visitor Centre – *888 Westminster Ave. W, Penticton - 1800 663 5052 - www.visitpenticton.com.*

Liste des vignobles : okanaganwines.ca.

Les visiteurs qui arpentent la région en automne n'auront pas à subir les embouteillages du nord de la Californie vinicole.

Consacrez une pleine journée d'automne à rayonner autour de **Kelowna** ou de **Penticton** pour visiter et déguster. Les tournées d'été en bus négligent parfois les caves les plus importantes. Les offices de tourisme d'Osoyoos, de Penticton et de Kelowna peuvent apporter leur concours à la préparation d'un itinéraire et procurent des cartes essentielles à une visite individuelle ; néanmoins, la signalisation routière mentionne les principales exploitations, qui proposent presque toutes des dégustations et des offres avantageuses.

Parmi les **caves intéressantes** : Quail's Gate, Summerhill, Cedar Creek, Tinhorn Creek, Gehringer Brothers, Nk'Mip Cellars et Hester Creek sont particulièrement réjouissantes pour l'œil. Le vin de glace de l'Okanagan est aussi très apprécié.

La région est également réputée pour ses cidreries et ses microbrasseries *(bcaletrail.ca/breweries).*

Similkameen River Valley

138 km AR au départ d'Osoyoos.

similkameenvalley.com.

En quittant Osoyoos pour **Keremeos**, la route traverse les contreforts du désert à l'ouest de la ville, puis atteint un col peu élevé, avant de redescendre vers la vallée de la Similkameen. Là, entre les remparts abrupts des monts Cathedral, la vallée se dévoile, bucolique, agrémentée de peupliers, de vignes et de vergers.

★ **Gristmill** – *3 km environ au nord-est de Keremeos. 2691 Upper Branch Rd - 250 499 2888 - oldgristmill.ca.* Non loin de Keremeos, charmante bourgade où l'on trouve des étals de fruits à chaque coin de rue, cet ancien moulin à grain (1877) s'élève dans un parc provincial ; des tables de pique-nique s'alignent le long du petit cours d'eau qui actionne la roue. Démonstrations et vente de farine de blé complète.

★ **Cathedral Provincial Park and Protected Area** – *22 km au sud-ouest de Keremeos. ✆ 250 548 0076 - bcparks.ca/cathedral-park - se rens. avant la visite sur d'éventuelles fermetures.* Activités : camping, canoë, pêche, randonnée, escalade, baignade. Accessible par une route presque entièrement gravillonnée, il est l'un des tout premiers sites de randonnée de la province. Une haute cuvette alpine et ses cinq lacs aux eaux saphir (les lacs Cathedral) en constituent le cœur ; les sentiers de crête bien entretenus montent, bien au-dessus de la limite de la forêt, jusqu'à des alpages fleuris.

Circuit conseillé

CARTE P. 34-35

Entre lacs et vergers C3

Circuit de 177 km, d'Osoyoos à Vernon, tracé en bleu sur la carte p. 34-35.

Osoyoos

Osoyoos Visitors Centre - *9912 Hwy 3 - ✆ 250 495 5070 - www.destinationosoyoos.com - mar.-sam. 9h-16h.*

Cette petite localité, avec son architecture de style méditerranéen qui lui donne l'apparence d'une station balnéaire, se situe non loin de la frontière américaine, au bord du **lac Osoyoos**, dont les eaux sont les plus chaudes du pays. Les opulents vergers qui en occupent les rives contrastent étrangement avec les collines arides des environs, où poussent buissons de sauge, cactus et autres plantes grasses. Du **mont Anarchist** *(6 km à l'est)*, très belle **vue★★** sur toute la région.

Bien que le Canada occidental compte de nombreux paysages arides et semi-arides, Osoyoos s'est autoproclamée « unique désert canadien ».

★ **Desert Centre** – *14580 146th Ave., Osoyoos - ✆ 250 495 2470 - desert.org - visite libre 9h-16h de fin avr. à déb. oct. - 10 $.* Il propose des visites le long des contreforts du « désert de poche », sur une promenade en planches.

★ **Nk'Mip Desert Cultural Centre** – *1000 Rancher Creek Rd - ✆ 888 495 8555 - nkmipdesert.com - été : 9h-16h ; reste de l'année : se rens. - 18 $.* Ce vaste centre, géré par le peuple Syilx (Okanagan), propose un parcours guidé du « désert de poche » agrémenté d'une « approche » des serpents à sonnettes, des expositions consacrées à sa faune et sa flore, ainsi qu'une présentation de la culture autochtone.

★★ Route 97 jusqu'à Penticton

D'Osoyoos à **Oliver**, les vergers et les étals de fruits et légumes se multiplient au bord de la route. En approchant du **lac Vaseux★**, le paysage devient plus spectaculaire, avec d'énormes rochers et des pentes dénudées.

Prenez garde, en roulant, aux troupeaux de mouflons d'Amérique sur les coteaux ; les abords du lac sont une réserve pour les oies, les canards et les cygnes. Plus loin, les collines qui entourent le **lac Skaha★** sont sablonneuses, couvertes de sauge et d'arbustes, formant un parfait contraste avec les eaux bleues de ce ravissant point d'eau.

Penticton

Penticton & Wine Country Visitor Centre – *Voir p. 147.* Arrêt incontournable si vous désirez visiter les exploitations viticoles de la région, obtenir cartes et brochures ou participer à une dégustation de vins.

La ville tire son nom de la langue salish *Pen-tak-tin*, « endroit où rester pour toujours ». Située sur un isthme entre les lacs Skaha et Okanagan, elle doit à ses plages, son **site★** enchanteur, ses vignobles et ses microbrasseries, une intense activité touristique. Penticton n'était accessible que par bateau lorsque la route 97 n'existait pas encore.

SS Sicamous – *1099 Lakeshore Dr. W - ✆ 250 492 0403 - sssicamous.ca - été : 10h-16h30 - 10 $.* Sur la rive du lac Okanagan repose cet ancien bateau à aubes du Canadian Pacific.

★★ Route 97 jusqu'à Kelowna

Après Penticton, la route suit les rives du **lac Okanagan★★**, sur lequel elle offre de belles perspectives. Vers Summerland, elle court au pied d'impressionnantes falaises blanches, et traverse les vignes et vergers irrigués qui occupent les terrasses limoneuses dominant le lac. Eaux bleues miroitantes, espaces agricoles verdoyants et collines sèches et rocailleuses produisent d'harmonieux contrastes. La route longe ensuite le coude que dessine le lac à hauteur de Peachland, puis s'élève au-dessus du lac, dont elle s'éloigne momentanément, et traverse une zone d'exploitations fruitières avant d'arriver sur Kelowna.

★ Kelowna

Visitor Info Centre – *238 Queensway - ✆ 250 861 1515 ou 1 800 663 4345 - www.tourismkelowna.com - 8h30-20h30.*

Un pont flottant (construit en 1958, c'est le plus ancien d'Amérique du Nord), dont une partie peut s'élever pour laisser passer les bateaux, permet à la route 97 de rejoindre Kelowna, sur la rive est du lac.

La ville, fondée en 1859 par le **père Pandosy**, un missionnaire oblat qui encouragea les colons à cultiver la terre, occupe un très beau **site** au pied de collines tourmentées. La **mission★** du père Pandosy, au carrefour des routes de Benvoulin et Carorso au sud de Kelowna, est un site provincial. Ses six bâtiments de bois, restaurés, présentent de rares assemblages à queue-d'aronde de l'époque des pionniers.

Kelowna, aujourd'hui destination touristique en plein essor, également prisée des retraités, connaît un développement économique rapide.

Okanagan Wine and Orchard Museum – *Laurel Packinghouse, 1304 Ellis St. - ✆ 778 478 0325 - www.kelownamuseums.ca - jeu.-sam. 10h-17h - participation conseillée 5 $.* Pour mieux connaître les productions viticoles de la région.

Jardin japonais – *Queensway Ave., en face de Pandosy St.* Une oasis de sérénité.

★ **Kettle Valley Steam Railway** – *18404 Bathville Rd, Summerland - ✆ 250 494 8422.* À sa construction en 1910, ce chemin de fer permit de rallier la côte ouest à l'Okanagan et même au-delà, défiant les prédictions pessimistes des sceptiques convaincus que les monts Cascade et Cathedral tiendraient les ingénieurs en échec. La voie, abandonnée en 1963 lorsque la construction de l'autoroute rendit le train obsolète, a été transformée sur la majorité de son tracé en une splendide piste de randonnée pédestre et cycliste *(informations sur le départ de la piste – carte indispensable – et sur les randonnées auprès du centre d'accueil des visiteurs de Kelowna).* La portion la plus empruntée, qui longe Little White Mountain au

1

Le monstre ogopogo

Selon les légendes des Premières Nations, ce monstre qui, bien que personne ne l'ait jamais vu, est représenté par une statue dans le parc municipal de Kelowna, vivrait à proximité de Peachland, sous les falaises. Son corps offre la particularité de posséder des extrémités parfaitement identiques, comme l'exprime son nom, lisible dans un sens comme dans l'autre.

sud de Kelowna, contourne la montagne et passe, en une vertigineuse randonnée, par 16 ponts sur chevalets. Au loin, bien plus bas, le lac Okanagan scintille. **Locomotive à vapeur** – *www.kettlevalleyrail.org - horaires, se rens. - 33 $.* Avis aux passionnés de train ! Cette beauté circule sur les 16 km de voie conservés, et traverse le spectaculaire pont Trout Creek Trestle.

Route 97 jusqu'à Vernon

Quittant le lac Okanagan, la route rejoint le lac Wood, toujours dans une région fruitière, puis offre de fort belles vues en serpentant au bord du **lac Kalamalka★★**. Les collines annoncent la verdoyante région d'élevage qui s'étend au nord de Vernon.

★ Vernon

ℹ 3004 39th Ave. - ✆ 250 542 1415 ou 1 800 665 0795 - www.tourismvernon.com. Cette petite ville discrète est située au cœur de la région septentrionale de l'Okanagan, dans une vallée célèbre pour son cheptel bovin et sa production laitière, mais qui succombe aux sirènes de l'immobilier. Au centre-ville, le **parc Polson** borde le cours de la Vernon, le long de la route 97. Les bâtiments de l'hôtel de ville abritent un musée de curiosités locales.

★★ O'Keefe Ranch – *À Spallumcheen. 9380 Hwy 97N. ✆ 250 542 7868 - okeeferanch.ca - de mi-mai à fin août : merc.-dim. 10h-16h ; reste de l'année : se rens. - 10 $.* Autrefois consacrée à l'élevage, cette ferme occupe un ravissant site pastoral à l'extrémité nord du lac Okanagan. Le ranch que Cornelius O'Keefe fonda ici en 1867 demeura dans la famille jusqu'en 1977, puis devint un parc d'attractions. La visite passe par **O'Keefe Mansion**, une élégante demeure victorienne construite en 1887 et remarquable par ses boiseries, puis par le **magasin** où sont entreposées les marchandises figurant à l'inventaire du début des années 1920. Elle donne aussi à voir l'**église Ste-Anne**, spartiate chapelle campagnarde de 1889, ainsi qu'une splendide collection de poêles à bois. Les enfants apprécieront particulièrement les promenades en diligence.

Carnet pratique

S'informer

thompsonokanagan.com – Informations générales sur la vallée de l'Okanagan (hébergement, activités, vignobles...) et nombreux liens.
visitsouthokanagan.com – Informations et liens sur la partie sud de la zone.

Arriver/Partir

En bus – Plusieurs compagnies comme Ebus *(myebus.ca)* relient Osoyoos, Kalowna ou Penticton depuis Vancouver *via* Hope et Kamloops *(voir p. 40)*.

Agenda

Divers événements sont consacrés au vignoble local avec comme points d'orgues l'**Okanagan Wine Spring Festival** *(en juin)* et l'**Okanagan Fall Festival** *(en oct.)*.
thewinefestivals.com.
The Okanagan Fest of Ale – *En avr. - festofale.ca.* Pour les amateurs de bières.
À Penticton.

Nos adresses

Restauration

À Osoyoos

Budget moyen

Campo Marina – *5907 Main St. - 250 495 7650 - campomarina.com - fermé dim.-lun. et le midi - plats 26/38 $.* Depuis 1994, ce restaurant régale les locaux comme les touristes grâce à une combinaison magique : cuisine italienne de qualité et vins locaux.

À Kelowna

La ville propose le plus large choix de cafés, *wine bars* et restaurants de la vallée. Vous y trouverez à coup sûr votre bonheur !

Premier prix

Pour tester la production des microbrasseries locales tout en vous restaurant, tournez-vous vers **Red Bird Brewing** *(1080 Richter St. - redbirdbrewing.com)* où l'on sert d'excellentes pizzas, et **BNA BRewing** *(1250 Ellis St. - bnabrewing.com)* pour ses classiques de pubs américains.

Pour se faire plaisir

Waterfront Wines Restaurant – *104-1180 Sunset Dr. - 250 979 1222 - waterfrontrestaurant.ca - fermé dim.-lun. et le midi - plats 30/45 $.* Ce n'est certes pas son décor quelconque qui attire, mais bien sa courte carte de plats aux influences multiples, parfaitement préparés et unanimement salués. Belle carte des vins.

À Penticton

Budget moyen

The Dream Café – *67 Front St. - 604 869 5558 - thedreamcafe.ca - les soirs d'événements - plats 15/35 $.* Ce café est avant tout une petite salle de spectacle au décor éclectique où, les soirs de *shows* – musique folk essentiellement – on sert une savoureuse cuisine dans l'air du temps.

1

Monts Columbia (Monashee et Selkirk) ★★

Columbia Mountains

Les monts Selkirk et Monashee, ou « montagnes de la paix », qui appartiennent à la chaîne des monts Columbia, s'étendent dans la partie sud-est de la Colombie-Britannique entre les Rocheuses et le plateau intérieur. Traversées par la Transcanadienne, ces montagnes regorgent de paysages spectaculaires, en particulier à hauteur des cols Eagle et Roger. Les pics rocheux, les crêtes acérées et les glaciers font place par endroits à de paisibles vallées boisées de moindre altitude. Et pour couronner le tout, la vallée de la Columbia bénéficie des températures les plus clémentes des Rocheuses canadiennes. On vient ici se baigner dans ses lacs à la belle saison, profiter des couleurs automnales et glisser sur les pistes de ski, en hiver.

Se repérer

Colombie-Britannique

CARTE D3 (P. 34-35) - CARTE DE MONTS COLUMBIA (P. 154).

Les monts Monashee et Selkirk se dressent à équidistance (à vol d'oiseau) de Calgary et Vancouver.

À ne pas manquer

La vue sur la vallée de la Columbia depuis le téléphérique du Golden Eye Express ; la splendide route panoramique de Meadows-in-the-Sky, dans le Revelstoke National Park ; le rafting dans les eaux vives de la rivière Kicking Horse.

Organiser son temps

D'abondantes chutes de neige peuvent bloquer les routes locales d'octobre à mai.

En famille

Le franchissement du vertigineux Golden Skybridge ; la rencontre avec Boo, le grizzli orphelin, au Grizzly Bear Interpretive Centre ; les bisons du Rocky Mountain Buffalo Ranch.

Nos adresses p. 157

Circuit conseillé

CARTE P. 154

Entre lacs et glaciers

Circuit de 219 km, entre Sicamous et Golden, tracé en bordeaux sur la carte p. 154.
De **Sicamous**, bâtie entre les lacs Shuswap et Mara, la Transcanadienne remonte la vallée de la rivière Eagle et atteint, après 26 km, **Craigellachie**, où fut planté, le 7 novembre 1885, le dernier crampon du **Canadian Pacific** (plaque commémorative en bordure de la voie ferrée). Ensuite, la vallée se resserre et la pente s'accentue. La route passe par **Three Valley Gap**★ *(47 km)*, qui jouit d'un fort joli

La Columbia River à Revelstoke.
AscentXmedia/Getty Images Plus

1

site★ au bord du lac Three Valley où plongent d'abruptes falaises. Peu après, la Transcanadienne franchit le col *(55 km)*, puis descend rapidement vers la vallée du Tonakwatla.

★ Eagle Pass

Découvert en 1865 par **Walter Moberly** alors qu'il suivait le vol d'un aigle dans les montagnes, ce col à travers les monts Monashee devint une voie de passage pour le Canadian Pacific et la Transcanadienne.

★★ Revelstoke

Cette petite communauté au confluent de la Columbia et de l'Illecillewaet s'élève dans un **site★** montagneux entre les Monashee à l'ouest et les Selkirk à l'est. La ville doit son nom à **Lord Revelstoke**, directeur d'une grande banque londonienne qui finança en 1885 l'achèvement du Canadian Pacific.

Le domaine skiable de **Revelstoke Mountain** – réputé dans le monde entier – s'est doté d'un téléphérique et d'un ascenseur haute vitesse pour équiper la piste la plus longue d'Amérique du Nord (1829 m).

Revelstoke Dam (barrage de Revelstoke) – *4 km au nord. Centre d'accueil : ✆ 250 814 6697 - www.bchydro.com - ♿ - de fin mai à déb. sept. : 10h-16h - 8 $.* Il s'élève juste au nord de la ville, 175 m au-dessus de la rivière Columbia. Le centre d'accueil, rénové, offre plusieurs expositions relatives aux ouvrages hydrauliques et des activités pour tous les âges. Il abrite en outre une galerie des Premières Nations et un théâtre.

Mount Revelstoke National Park

Ouv. tte l'année, mais l'enneigement rend les installations inaccessibles d'octobre à mai - ✆ 250 837 7500 - parcs.canada.ca/pn-np/bc/revelstoke - 11 $.

Avec ses glaciers et montagnes, ses vallées profondes, ses lacs alpins et ses vastes espaces de toundra, ce parc offre un merveilleux condensé des paysages de la **chaîne des monts Columbia**. Le parc offre un cadre idéal pour pratiquer la randonnée, la pêche, le ski alpin et le ski de fond, faisant ainsi de Revelstoke un centre de villégiature couru en hiver comme en été.

★★ **Meadows-in-the-Sky Parkway** – *Dép. de la Transcanadienne, 1,6 km à l'est de la sortie pour Revelstoke - parcs.canada.ca/pn-np/bc/revelstoke/activ/promenade-parkway - promenade fermée oct.-mai en raison d'un fort enneigement - 26 km, compter 45mn pour la montée.* La route des « Prés dans le ciel » : tout un programme ! Elle escalade le flanc sud-ouest du mont Revelstoke par une série de 16 lacets. À 5,6 km du bas de la route, un **point de vue★** dévoile toute la ville de Revelstoke, dominée par les deux cimes enneigées du **mont Begbie**. À l'est, l'étroite **vallée du Tonakwatla** se faufile à travers les montagnes. Au sommet, **vue★★** générale *(table d'orientation)* sur la vallée encaissée de la Columbia et les pics glacés de la **chaîne Clachnacudainn**. De nombreux sentiers offrent des promenades parmi de typiques **alpages** de haute montagne, qui contrastent avec les forêts de cèdres de l'ouest, de sapins du Canada et d'épicéas qui couvrent les pentes à moindre altitude. Ici, il n'y a plus que quelques épinettes, pruches et sapins rabougris, tandis que le sol est tapissé de maigres buissons et de **fleurs sauvages subalpines** aux couleurs vives, notamment la castillège (écarlate), le lupin (bleu), l'arnica (jaune) et la valériane (blanche).

Giant Cedars Trail – *20 km à l'est de Revelstoke.* Un peu plus loin sur la route 1, une promenade en planches de 500 m traverse une **forêt primitive** de vénérables **cèdres rouges** (thuyas géants), que l'on ne rencontre normalement pas aussi loin à l'intérieur des terres. Des panneaux permettent d'identifier les différentes essences de cet écosystème de **forêt pluviale.**

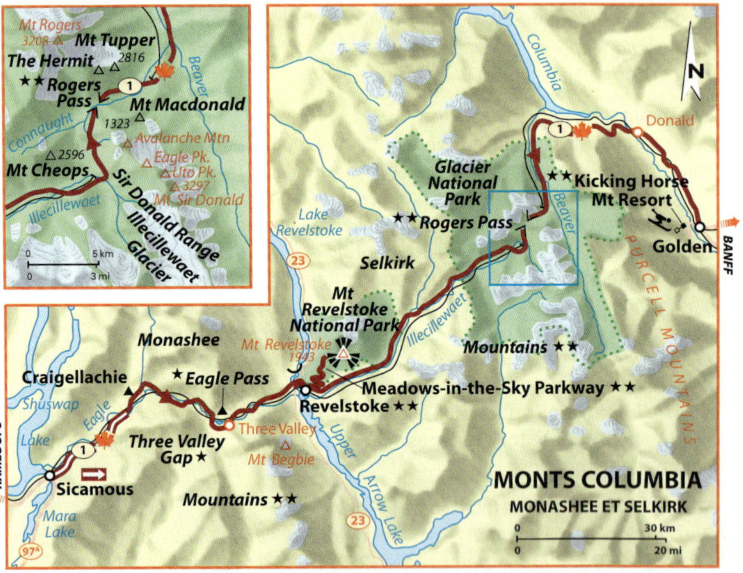

Rogers Pass : un col dans les neiges

Les premières difficultés pour circuler dans ces montagnes apparurent rapidement, car les Selkirk reçoivent chaque année d'énormes chutes de neige (940 cm en moyenne), causant de multiples **avalanches** le long des parois abruptes et dénudées qui dominent Rogers Pass. On construisit des kilomètres de galeries de protection sur la voie ferrée, mais la lutte contre les éléments restait si coûteuse qu'il fallut, en 1916, percer le **tunnel Connaught** *(8 km)* sous le mont Macdonald, afin d'écarter les trains de la zone la plus dangereuse. En 1959, les travaux reprirent dans le col, cette fois-ci pour faire passer la route ; le tronçon le plus difficile à construire et le plus onéreux de toute la **Transcanadienne**. Son achèvement en 1962 permit l'inauguration de la route. Un second tunnel ferroviaire *(14 km)*, doublant la voie sous le mont Macdonald, fut ouvert en 1988. Il est actuellement le plus long d'Amérique du Nord. Le danger d'avalanches existe toujours, mais un système sophistiqué de **protection** a quelque peu diminué les risques de coulées dévastatrices.

★★ La route jusqu'à Golden

Fermeture provisoire possible en cas de risques d'avalanche.
En hiver, les directives du personnel du parc sont impérativement à suivre.
La Transcanadienne remonte la pittoresque **vallée de l'Illecillewaet** aux versants encaissés, et pénètre, après 48 km, dans le Glacier National Park.

Glacier National Park

Ouv. tte l'année - ✆ 406 888 7800 - parcs.canada.ca/pn-np/bc/glacier. - 15/20 $ selon la sais. Consultez le site Internet du parc pour les bulletins importants (risques d'avalanches et fermeture de certains secteurs...). À l'est pointent les quatre principaux sommets de la **chaîne Sir Donald** : le mont Avalanche, les pics Eagle et Uto, et la grande dalle inclinée du mont Sir Donald. Au nord, le **mont Cheops** se distingue par sa forme pyramidale, tandis qu'au sud se dressent des glaciers au-delà de la rivière. Activités : randonnée, pêche, ski alpin et ski de fond.

★★ **Rogers Pass** – *En raison de la neige, certaines installations peuvent d'être inaccessibles d'oct. à mai.* Après avoir franchi les Rocheuses au col Kicking Horse, le chemin de fer du Canadian Pacific devait suivre la tortueuse vallée de la Columbia, car les Selkirk étaient réputés infranchissables. C'est un arpenteur du Canadian Pacific, **Albert Rogers**, qui, en remontant la vallée de l'Illecillewaet, découvrit le col qui porte son nom, écourtant de 240 km le voyage sur rail. Au sommet du col Rogers *(72 km)*, un double arc de bois commémore l'achèvement de la Transcanadienne en 1962. Le **Centre de la découverte du Col-Rogers**★ présente une exposition, des maquettes et des films sur l'histoire du col et l'éternelle lutte contre les éléments *(9520 Trans-Canada Hwy - ♿ - ✆ 250 837 7500 - de mi-juin à déb. sept. : 8h-18h de déb. mai à mi-juin et de déb. sept. à mi-nov. : 9h-17h ; reste de l'année : 8h-15h).* Du col se découvre un beau **panorama**★ : au nord, les monts **Tupper** et **Hermit**, aux flancs meurtris par des couloirs d'avalanches ; au sud, la **chaîne Asulkan** et les champs de neige du **glacier Illecillewaet** – surnommé « Grand Glacier » jusque dans les années 1960, il s'est retiré sur plus de 1,5 km en moins d'un siècle – ainsi que les cimes de la **chaîne Sir Donald** et du mont Cheops. La route amorce sa descente entre les monts Tupper et Hermit au nord et le **mont Macdonald** au sud, dans la vallée du Connaugh, puis elle rejoint la vallée du

Beaver, qui sépare les pics des Selkirk des pentes plus douces des monts Purcell. Elle quitte ensuite le parc, et à hauteur de Donald, franchit la Columbia, dont elle suit le cours jusqu'à Golden, au creux du sillon des Rocheuses.
7 à 15 km. Plusieurs sentiers fournissent l'occasion de très belles randonnées dans le parc. Le « **sentier du Grand Glacier** » *(8 km AR - 2h30)* offre déjà un bel aperçu des paysages de la région.

Golden

Golden Visitor Centre - *1000 Trans-Canada Hwy - 250 439 7290 - tourismgolden.com.*
Nichée au cœur de la **vallée de la Columbia supérieure**, Golden est une bourgade ferroviaire sans prétention, bien ancrée dans la culture montagnarde. Elle constitue une base arrière idéale pour partir à la découverte de cinq grands parcs canadiens : Yoho *(voir p. 191)* tout proche, bien sûr, mais aussi Kootenay *(voir p. 195)*, Banff *(voir p. 179)*, Glacier *(voir p. 155)* et Mount Revelstoke *(voir p. 153)* ! Loin d'être dénués d'intérêt, ses environs immédiats offrent aussi aux amateurs de sports de plein air un terrain de jeu hors pair.
À voir, le **Kicking Horse Pedestrian Bridge** (2001), plus long pont pédestre couvert en bois du pays. Un sacré titre ! Et dans un tout autre style, le **Golden Skybridge**, une passerelle suspendue à plus de 130 m au-dessus de la vallée qui permet 150 m d'une inoubliable – mais coûteuse – traversée panoramique *(503 Golden Donald Upper Rd - banffjaspercollection.com - juil.-août : 8h-20h, w.-end 8h-21h ; mai-juin et sept.-oct. : 10h-18h, w.-end 10h-20h - 43 $).*

★★ Kicking Horse Mountain Resort

800 258 7669 - kickinghorseresort.com.
Accessible par le téléphérique du **Golden Eye Express**, qui survole la vallée et s'élève à 2 350 m d'altitude, cette célèbre station située environ 13 km à l'ouest de Golden, offre en été une impressionnante palette d'activités sportives de plein air : VTT, via ferrata, randonnée, canoë-kayak, rafting, golf, équitation, escalade, parapente *(baptême 300 $ avec altitudeadventures.ca)*, pêche, observation de la faune. Les férus de deltaplane, se lancent du **mont Steven**, à l'est de la ville, dans un vol qui les mène aux États-Unis. L'hiver, la station se transforme en l'un des **domaines skiables** les plus mythiques au monde. Avec quelque 128 pistes déployées sur plus de 113 ha, elle offre aux puristes et amateurs de **ski extrême**, dont la **poudreuse** est le terrain de jeu favori, des pentes abruptes et complexes s'ouvrant 1 260 m plus bas dans le gouffre géant de la vallée de la Columbia… Des pentes moins vertigineuses accueillent, un peu plus bas, les adeptes de ski de fond.
Grizzly Bear Interpretive Centre - *1500 Kicking Horse Trail - 250 439 5425 - kickinghorseresort.com/purchase/boo-grizzly-bear - de mi-mai à fin sept. : visite guidée 10h-15h, ttes les h - 39 $; visite guidée du refuge (2h) à 9h, 14h et 16h - 89 $.*
Visites matinales recommandées, l'ours étant plus actif en déb. de journée.
Orphelin de naissance, **Boo le grizzli** vit paisiblement sa vie d'ours solitaire depuis 2003 à l'intérieur d'un énorme enclos de plus de 8 ha. Du haut de leur télésiège – qui offre au passage de merveilleuses **vues★★** sur les monts Selkirk et la vallée de la Columbia – les visiteurs pourront l'observer en train de jouer, chasser, explorer, faire la sieste, se baigner dans une mare d'eau lorsque le mercure monte, ou tout simplement crâner, comme s'il était en liberté ou presque ! Des visites à l'intérieur du refuge permettent de mieux cerner ce puissant animal, rare représentant d'une population qui a diminué de moitié au cours du 20e s.

Nos adresses

Restauration

À Golden

Budget moyen

Eleven 22 – *1122 10th Ave. S - ✆ 250 344 2443 - eleven22 restaurant.com - fermé le midi - plats 20/40 $.* Ce restaurant attrayant propose une cuisine fusion bien faite et suffisamment éclectique pour plaire à tous.

Pour se faire plaisir

Eagle's Eye Restaurant – *1500 Kicking Horse Trail - Golden - ✆ 250 439 5425 - kickinghorseresort.com - fermé de fin sept. à fin mai - plats 30/54 $ - téléphérique : se rens.* Ce restaurant d'altitude (3 433 m) du Kicking Horse Mountain Resort est réputé pour être le plus haut du Canada. Le panorama est à couper le souffle, et l'assiette ne déçoit pas.

Petite pause

Bluebird Café – *802 9th St. N - Golden - ✆ 250 439 0008 - bluebirdcafegolden.com - 7h30-15h.* On vient y déguster un bon chocolat chaud ou un délicieux *macchiato*. L'établissement propose aussi des *brown bag lunches (22 $)*, des repas à emporter, composés d'un sandwich gourmand, un dessert et une boisson chaude ou froide. Solution idéale pour partir en excursion.

Activités

Voir aussi Kicking Horse Mountain Resort p. ci-contre.

Les **activités aquatiques** dans la région de Golden vont du sensationnel (descente de rapides sur la célèbre rivière Kicking Horse) au serein (observation de la faune des marais de la Columbia.

The Alpine Rafting Company – *1509c Lafontaine Rd - Golden - ✆ 250 344 6521 - alpinerafting.com.* Descentes de la Kicking Horse.

Northern Lights Wildlife Wolf Centre – *1745 Short Rd - Golden - ✆ 250 344 6798 - northernlightswildlife.com.* Menée par des passionnés, une promenade pour comprendre le rôle des loups sur l'environnement des Rocheuses. Très instructif, mais les loups que vous verrez ici sont en captivité.

Rocky Mountain Buffalo Ranch – *1739 Oberg Johnson Rd (18 km au nord de Golden) - ✆ 250 344 4779 - leodowney.com/rocky-mountain-buffalo-ranch - mai-sept. - 25 $.* Un ancien guitariste passionné par les bisons propose de rencontrer son troupeau.

Hébergement

À Golden

Parmi la demi-douzaine d'hôtels de chaîne, tout confort mais sans surprise : **Prestige Inn** *(prestigehotelsandresorts.com)* ou **Holiday Inn Express Golden-Kicking Horse** *(ihg.com/holidayinnexpress/hotels/fr/fr/golden).*

Premier prix

Dreamcatcher Hostel – *528 9th Ave. N - ✆ 250 439 1090 - dreamcatcherhostel.com - P - de déb. mai à mi-oct. - dortoirs 35/80 $; ch. 100/240 $ (2 nuits mini en été).* Une auberge chaleureuse et impeccable, proposant des lits en dortoir et des chambres avec ou sans salle de bains.

Pour se faire plaisir

Blaeberry Mountain Lodge – *1680 Moberly School Rd - 18 km au nord de la ville - ✆ 250 344 5296 blaeberrymountainlodge.bc.ca - 205/430 $.* Beaucoup de charme pour ces cabines et cottages installés en pleine nature.

1

Se repérer dans les Rocheuses

Si vous disposez de peu de temps pour découvrir les Rocheuses, nous vous en proposons une traversée nord-sud par la route 93, dite Icefields Parkway *(voir p. 159)*. Créée à l'attention des touristes, celle-ci offre de superbes vues et de multiples occasions de rencontre avec la faune. Si vous souhaitez séjourner plus longtemps dans la région, vous découvrirez aux chapitres suivants huit parcs nationaux et provinciaux inscrits au Patrimoine mondial de l'Unesco, ainsi qu'une sélection de plusieurs parcs provinciaux périphériques de grand intérêt.

Quel parc choisir ?

Parcs Unesco	Attraits particuliers	Infrastructures touristiques	voir p.
Jasper National Park★★★	Lac et canyon de la Maligne - vue du sommet du Mont Whistlers	Hôtels, chalets camping, lodge	170
Banff National Park★★★	Lake Louise - Moraine Lake - Johnston Canyon, Sulphur Mountain	Campings, refuges, lodges, bungalows, hôtels, motels	179
Yoho National Park★★	Burgess Shale - Emerald Lake - Takakkaw Falls	Camping, lodge, chalets, maisons d'hôtes	191
Kootenay National Park★★	Marble Canyon - Radium Hots Springs	Camping, lodge, hôtels	195
Waterton Lakes National Park★★	Observation du ciel étoilé de la Prairie	Camping, refuge, tipis, hôtels	201
Mount Robson Provincial Park★★	Mont Robson - Rearguard Falls - Kinney Lake	Camping, refuge	174
Mount Assiniboine Provincial Park★★	Lake Magog, dominé par le sosie canadien du mont Cervin (3618 m)	Lodge, camping, petits chalets	197
Hamber Provincial Park★★	Fortress Lake, l'un des lacs les plus spectaculaires des Rocheuses	Lodge, camping (forte concentration de grizzlis)	175
Autres parcs	**Attraits particuliers**	**Infrastructures touristiques**	**voir p.**
William A. Switzer Provincial Park★	Impressionnante chaîne de 5 lacs nichés dans un joli écrin de forêt boréale mixte	Camping rustique et camping RV	176
Willmore Wilderness Provincial Park★	750 km de sentiers pédestres et équestres	Camping, cabanes	176
Peter Lougheed Provincial Park★	Chester Lake, l'une des excursions les plus populaires du pays de Kananaskis	Camping	186
Elk Lakes Provincial Park★	Abrite une très importante population de chèvres des montagnes Rocheuses.	Lodge, camping	186
Height of the Rockies Provincial Park★	Superbe série de 9 lacs aux couleurs profondes	Cabanes, chalet collectif, camping	186

Parcs des Rocheuses

★★★

Rocky Mountain Parks

Joyau de l'Ouest canadien, cette chaîne de quatre parcs nationaux contigus – Banff, Yoho, Jasper et Kootenay – groupés dans la partie centrale des Rocheuses, est renommée dans le monde entier. Leurs merveilleux paysages à la topographie accidentée, leur végétation et leur faune variées attirent chaque année plusieurs millions de visiteurs. Autour du noyau fondateur se sont greffés trois parcs provinciaux : Hamber, monts Robson et Assiniboine, qui viennent compléter l'entité Unesco « Parcs des montagnes Rocheuses canadiennes ». Celle-ci compose l'une des plus vastes réserves naturelles du monde, soit 23 623 km^2. Des routes parcourent les vallées, et des sentiers sillonnent l'arrière-pays et ses remarquables étendues sauvages coupées de lacs et de cascades, entourées de montagnes couvertes de neiges éternelles et de glaciers majestueux.

Se repérer

Alberta, Colombie-Britannique

CARTE CD3 (P. 34-35) - CARTES DES PARCS DES ROCHEUSES (P. 160-161), DE JASPER (P. 173), DE BANFF (P. 182) ET DE LAKE LOUISE (P. 184).

Les parcs sont reliés par d'excellentes routes. La 93, qui démarre à Radium Hot Springs, rejoint au nord les parcs de Kootenay, Banff et Jasper. D'est en ouest, la Transcanadienne (route 1) relie Calgary à Banff (128 km), puis bifurque vers le nord en direction de Lake Louise où elle s'oriente vers l'ouest, traverse le parc Yoho et finit à Golden. Au nord, la route 16, la Yellowhead Highway, relie d'est en ouest Edmonton et Jasper (366 km) et finit à Tête Jaune Cache, en Colombie-Britannique.

À ne pas manquer

L'Icefields Parkway, qui concentre, entre le Lake Louise et Jasper, ce que les Rocheuses ont peut-être de plus beau à vous offrir !

Organiser son temps

Prévoyez une semaine bien chargée dans les parcs des Rocheuses pour espérer en découvrir les principales merveilles naturelles.

En famille

Les sources chaudes dans les parcs de Banff ou Kootenay.

Carnet pratique p. 168

★★★ Icefields Parkway

CARTE P. 160-161

Circuit de 233 km (rte 93) au départ de Lake Louise - tracé en vert clair sur la carte p. 160.

La **seule et unique station d'essence** sur l'Icefields Parkway se trouve à mi-chemin, à hauteur du **Crossing Resort**.

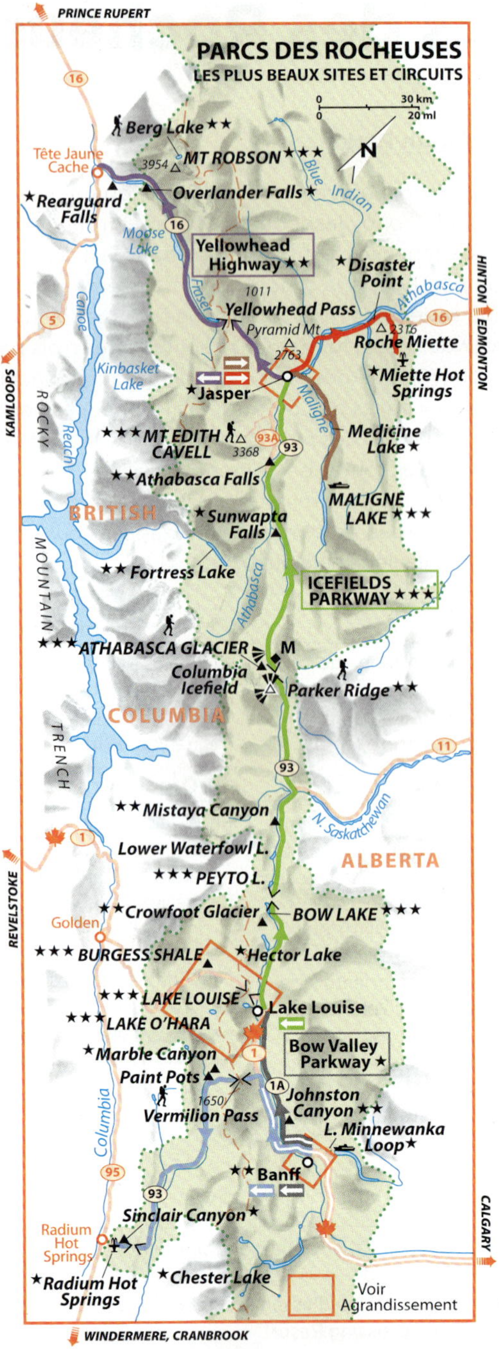
PRINCE RUPERT
PARCS DES ROCHEUSES
LES PLUS BEAUX SITES ET CIRCUITS
0 30 km
0 20 ml
N
Berg Lake ★★
MT ROBSON ★★★
3954
Tête Jaune Cache
Overlander Falls ★
★ Rearguard Falls
Blue
Indian
Moose Lake
16
Yellowhead Highway ★★
★ Disaster Point
Athabasca
HINTON EDMONTON
1011
Yellowhead Pass
Fraser
Canoe
5
Pyramid Mt
2763
2316
Roche Miette
★ Miette Hot Springs
KAMLOOPS
Kinbasket Lake
★ Jasper
ROCKY
Reach
Maligne
★★★ MT EDITH CAVELL
3368
93A
93
Medicine Lake ★
★★ Athabasca Falls
MALIGNE LAKE ★★★
BRITISH
★ Sunwapta Falls
MOUNTAIN
★★ Fortress Lake
Athabasca
ICEFIELDS PARKWAY ★★★
★★★ ATHABASCA GLACIER
M
Columbia Icefield
Parker Ridge ★★
COLUMBIA
TRENCH
11
N. Saskatchewan
★★ Mistaya Canyon
1
Lower Waterfowl L.
★★★ PEYTO L.
ALBERTA
REVELSTOKE
★★ Crowfoot Glacier
BOW LAKE ★★★
Golden
★★★ BURGESS SHALE
★ Hector Lake
★★★ LAKE LOUISE
Lake Louise
★★★ LAKE O'HARA
Bow Valley Parkway ★
★ Marble Canyon
Paint Pots
1A
Johnston Canyon ★★
1650
Vermilion Pass
Columbia
L. Minnewanka Loop ★
95
★★ Banff
93
Sinclair Canyon ★
CALGARY
Radium Hot Springs
★ Radium Hot Springs
★ Chester Lake
Voir Agrandissement
WINDERMERE, CRANBROOK

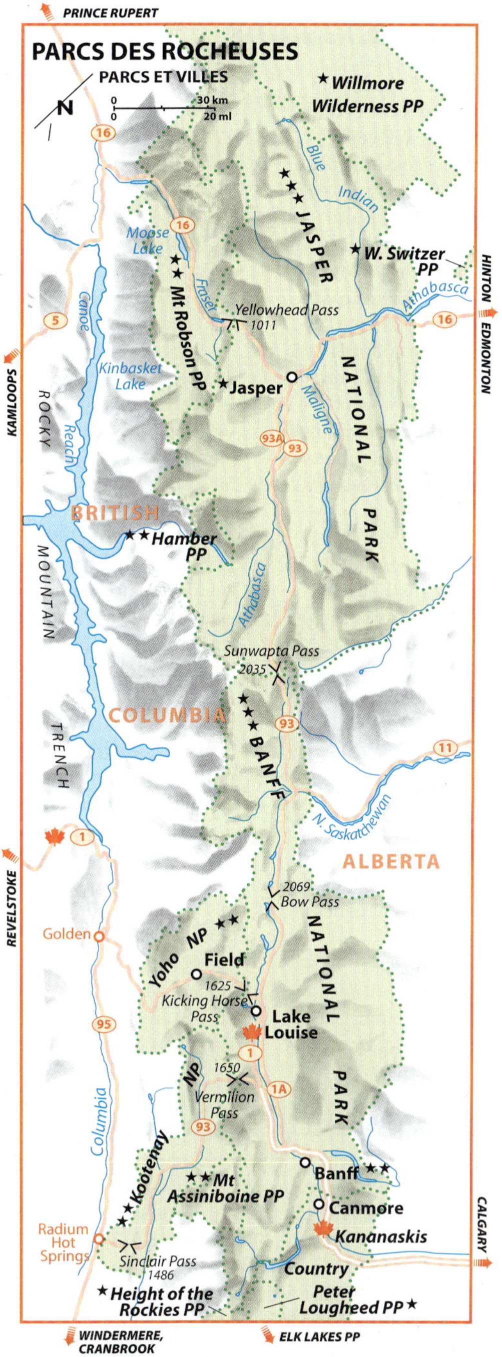
PARCS DES ROCHEUSES
PARCS ET VILLES
N
0 30 km
0 20 ml
PRINCE RUPERT
HINTON
EDMONTON
KAMLOOPS
REVELSTOKE
CALGARY
WINDERMERE, CRANBROOK
ELK LAKES PP
Willmore Wilderness PP
JASPER NATIONAL PARK
W. Switzer PP
Mt Robson PP
Moose Lake
Fraser
Blue
Indian
Athabasca
Yellowhead Pass 1011
Jasper
Maligne
Canoe
Kinbasket Lake
ROCKY MOUNTAIN TRENCH
Reach
BRITISH COLUMBIA
Hamber PP
Sunwapta Pass 2035
BANFF NATIONAL PARK
N. Saskatchewan
ALBERTA
2069 Bow Pass
Golden
Yoho NP
Field
1625 Kicking Horse Pass
Lake Louise
1650 Vermilion Pass
Kootenay NP
Columbia
Banff
Canmore
Mt Assiniboine PP
Kananaskis Country
Radium Hot Springs
Sinclair Pass 1486
Height of the Rockies PP
Peter Lougheed PP
16
5
93A
93
11
1
1A
95

Le toit du Canada

Les Rocheuses canadiennes, dont la crête forme une partie de la **ligne de partage des eaux**, s'élèvent fréquemment au-dessus de 3 000 m. Elles se dressent en une barrière continue d'environ 1 550 km qui s'étend de la frontière des États-Unis à travers le sud-ouest de l'Alberta et l'est de la Colombie-Britannique. Cet arc montagneux constitue la chaîne la plus à l'est de la **Cordillère canadienne**. Il est limité au nord par la vaste plaine de la rivière aux Liards, à l'est par les plaines de l'intérieur, et à l'ouest par le **sillon des Rocheuses**, l'une des plus longues dépressions du continent américain.

Les Rocheuses doivent leur apparence stratifiée à des **dépôts sédimentaires** marins vieux d'environ 1,5 milliard d'années et commencent à surgir 120 à 70 millions d'années avant notre ère à la suite du mouvement des plaques tectoniques. La dernière glaciation (de -75000 à -10000) marque le terrain avec la formation de vallées en auge, glaciers, lacs, canyons, cirques cratériformes et vallées suspendues. Depuis la fin du « petit âge glaciaire » de 1870, les glaciers des Rocheuses connaissent malheureusement un recul très marqué…

Faune et flore

Les Rocheuses abritent une grande variété d'animaux et de plantes. **Ours noirs**, coyotes, **wapitis**, **orignaux**, cerfs-mulets et **mouflons d'Amérique** sont nombreux, même au bord des routes, sans compter les écureuils et les tamias rayés. On croise parfois des **chèvres des montagnes Rocheuses**. Les **grizzlis** sont un spectacle plus rare, réservé aux lieux plus isolés.

Les étages montagnards, subalpin et alpin, s'accompagnent chacun d'une végétation caractéristique. Les fleurs sauvages, qui abondent à toute altitude, fleurissent à flanc de montagne de fin juin à début août. Des forêts de **douglas**, de **pins lodgepoles**, d'**épicéas blancs** et de **trembles** couvrent souvent les vallées, cédant progressivement la place aux sapins subalpins, aux **mélèzes de Lyall** et aux **épicéas d'Engelmann** sur les pentes plus élevées. La ligne supérieure de la forêt (généralement 2 200 m pour les versants ensoleillés, moins pour ceux à l'ombre) comporte des espèces ligneuses réduites au nanisme par les rigueurs du climat. Au-delà ne survit qu'une **végétation alpine** de mousses, de lichens, de fleurs sauvages naines et de plantes herbacées.

Sauvegarder la nature

La présence humaine dans les Rocheuses remonterait à plus de 10 000 ans. Au début du 18e s., avant l'arrivée des Européens, la tribu des

Les grands marqueurs géographiques

De nombreuses montagnes des Rocheuses canadiennes dépassent ou flirtent avec les 3 000 m. En voici quelques-unes : **Mt Robson** (3 954 m), **Mt Temple** (3 549 m), **Mt Victoria** (3 464 m), **Mt Edith Cavell** (3 368 m), (3 361 m), **Mt Murchison** (3 337 m), **Mt Chephren** (3 307 m), **Mt Unwin** (3 300 m), **Howse Peak** (3 290 m), **Mt Wilson** (3 261 m), **Mt Charlton** (3 260 m), **Mt Stephen** (3 185 m), **Mt Christie** (3 103 m), **Cascade Mountain** (2 999 m) et **Mt Kerkeslin** (2 956 m).

Mont Edith Cavell, Jasper National Park.
sara_winter/Getty Images Plus

Stoneys avait soumis les peuplades autochtones et investi la région. La seconde moitié du 18e s. fut marquée par le **commerce des fourrures**, le 19e s. par la venue d'**alpinistes** et d'**explorateurs**. Le **Canadian Pacific**, réalisant le potentiel touristique de cette nature splendide, convainquit le gouvernement de créer des réserves, ancêtres des parcs actuels. À la fin du 18e s. et au début du 19e s., il fit construire chalets et hôtels de qualité *(voir « Nos adresses »)*. Établis dès les années 1920, les quatre premiers parcs nationaux furent désignés « sites du patrimoine mondial » en 1984. La région abrite d'autres parcs remarquables, notamment ceux du mont Assiniboine *(entre Banff et Kootenay ; inaccessible par la route)* et du pays de Kananaskis *(40 km au sud-est de Banff)*. Le parc national Waterton Lakes *(voir p. 201)*, plus à l'écart, fait également partie de l'écorégion des Rocheuses.

Impact du tourisme

Véritable aubaine pour l'industrie touristique, et moteur de l'**activité économique régionale**, l'**afflux exponentiel** de visiteurs dans les Rocheuses canadiennes génère aujourd'hui de très sérieuses inquiétudes quant à la **protection des écosystèmes** de ce joyau naturel. Il soulève une double problématique : celle de gérer le nombre croissant de nuisances résultant du **tourisme de masse** – augmentation du trafic routier, des détritus et des dégâts occasionnés à la faune et à la flore, conjuguée à une demande de plus en plus forte d'hébergements – tout en garantissant la **pérennité** de ces parcs afin de permettre à un public toujours croissant de continuer à les visiter. Un délicat numéro d'équilibriste en perspective…

Parallèle à l'axe des Rocheuses, la bien nommée « route des champs de glace » relie **Lake Louise** à **Jasper**. L'inoubliable spectacle qu'elle offre sur les amples vallées, chutes d'eau, lacs, glaciers et sommets majestueux, en fait tout simplement l'un des plus beaux *road trips* au monde ! Prévoyez toute une journée pour la parcourir, car elle offre de très nombreux points de vue aménagés présentant l'histoire humaine et naturelle de la région. Dès le départ, la route s'élève rapidement au-dessus de la Transcanadienne et offre d'intéressants points de vue sur la **chaîne Waputik**.

★ Hector Lake

Km 16. Belvédère. Cette belle étendue d'eau doit son nom au géologue James Hector. Elle est surplombée par la chaîne Waputik au sud, le mont Hector à l'est et le pic Bow au nord.

★★ Glacier Crowfoot

Km 33. Après avoir contourné le pic Bow, la route offre une perspective sur ce glacier qui recouvre les plateaux rocheux inférieurs du mont Crowfoot. En reculant, le glacier a perdu une partie de sa calotte qui le faisait ressembler à une patte de corbeau.

★★★ Bow Lake

Km 37. Ce lac en bordure de la route offre d'exceptionnels jeux d'ombre et de lumière ! Pour le photographier sous son meilleur jour, il faut marcher quelques minutes jusqu'au belvédère menant au **Num-ti-jah Lodge**, bâtiment historique dont on aperçoit le toit rouge sur la rive nord. Vous serez récompensé par de sublimes photos du glacier Bow qui projette son élégante silhouette au-dessus du lac, entre les pics Portal et St. Nicholas.

La route traverse une verte prairie de bouleaux et de saules avant d'atteindre le **col Bow** (2069 m), point culminant du parcours.

★★★ Peyto Lake

Rte d'accès au km 40. Du parking supérieur, un petit sentier (env. 500 m) mène à un joli point de vue sur le lac Peyto, puis au belvédère du Bow Summit (env. 3 km).

Baptisé, comme le glacier qui l'alimente, du nom d'un guide de montagne du début du 20e s., ce lac est célèbre pour sa couleur bleu-vert qui vire progressivement au **turquoise** à mesure que les eaux de fonte y mêlent leurs alluvions. Sur la rive opposée se détache l'impressionnante silhouette du **mont Mistaya**, à droite du pic Peyto, tandis qu'au-delà du lac commence la vallée de la Mistaya.

La route descend dans la vallée et longe plusieurs lacs. Au belvédère du **lac Lower Waterfowl** *(km 56)*, belle **vue★** sur la formidable étendue rocheuse des sommets de la **ligne de partage des eaux**, particulièrement le **pic Howse** (3290 m) et la pyramide du **mont Chephren** (3307 m).

★★ Mistaya Canyon

Rte d'accès au km 72. Suivre le sentier vers la vallée pendant 400 m.

La Mistaya a creusé dans le calcaire une merveilleuse gorge, étroite et sinueuse. Continuant vers le nord, la route longe le mont **Murchison** (3337 m) à l'est, puis passe sous les parois abruptes du **mont Wilson** (3261 m). Tous deux font partie d'une chaîne de synclinaux connue sous le nom de **Castle Mountain Syncline**, qui s'étire du mont Castle à l'extérieur de Banff, au mont Kerkeslin près de Jasper.

On débouche ensuite dans la **vallée de la Saskatchewan nord**. Un belvédère

+ Du désert au tourisme

Le chemin de fer plaça les Rocheuses à la portée des voyageurs de l'Est, mais encore restait-il à mettre en place une infrastructure touristique pour les recevoir. **William Van Horne** (1843-1915), président de la compagnie du Canadian Pacific et l'un des pionniers du transport ferroviaire nord-américain, résolut le problème. Son **hôtel Banff Springs** était, à l'ouverture en 1888, le plus vaste (250 chambres) et le plus somptueux du monde. Bien qu'il n'exploite plus les sources thermales, l'établissement accueille aujourd'hui un vaste centre de remise en forme disposant d'un bassin d'eau minérale qui rappelle les sources voisines de Cave et Basin.

Édifié au bord du lac en 1890, le **Chateau Lake Louise**, jadis simple gîte de montagne, est le berceau de la tradition canadienne des randonnées avec guides. Plusieurs excellents restaurants (mention spéciale pour le **Wallister Stube**, à l'atmosphère intime, dont la cuisine suisse classique accompagne les spécialités de fondue) régalent les voyageurs. Construit près de la ligne Grand Trunk Pacific Railway en 1922, **Jasper Park Lodge** *(voir « Nos adresses », p. 178)* est un bâtiment de bois d'un seul niveau. Grâce à son golf 18 trous, créé par le Canadien Stanley Thompson, il était très apprécié des célébrités hollywoodiennes des années 1950 et servit de cadre au film *La Rivière sans retour*. Les golfeurs du 21e s. jouent sur le terrain qu'affectionnait Bing Crosby et descendent les rapides de l'Athabasca qui promurent Marilyn Monroe au rang de star.

Les trois établissements, qui appartiennent désormais à la chaîne **Fairmont**, respectent tous la vision originale de William Van Horne : de somptueux châteaux-hôtels à l'ombre des Rocheuses...

Hôtel Fairmont au bord du lac Louise.
F. Klingen/Michelin

(km 76 - sentier parmi les arbres) révèle une **vue** sur la vallée de la Howse. C'est la voie que suivit l'explorateur **David Thompson** en 1807, lorsqu'il fonda le premier comptoir à l'ouest de ces montagnes, près d'Invermere.
Après la jonction avec la route 11, dite route David Thompson *(station-service The Crossing)*, la promenade se poursuit sous les parois abruptes du mont Wilson (à l'est), tandis qu'on aperçoit d'abord le pic Survey et le mont Erasmus à l'ouest, puis la façade stratifiée du **mont Amery**.
Au km 105, la route passe au pied du mont Cirrus, dont les falaises abruptes portent le nom très évocateur de **Weeping Wall** (Mur des lamentations) en raison des torrents qui s'en échappent. Elle escalade ensuite très rapidement le **col Sunwapta** (on gagne 430 m d'altitude en un seul tournant, nommé « big bend », le grand virage) et offre, d'un premier belvédère, un **panorama★★** spectaculaire sur toute la vallée de la Saskatchewan nord. Un second belvédère, presque adjacent, fait face aux embruns des **Bridal Veil Falls** (Chutes du Voile de la mariée).

★★ Parker Ridge

Km 118. Cette crête offre une **vue★★★** splendide sur les montagnes de l'arrière-pays et tout particulièrement sur le **glacier Saskatchewan**, l'un des principaux émissaires du champ de glace Columbia.
2,4 km. Un sentier grimpe en serpentant à travers une forêt subalpine, puis une toundra dépourvue d'arbres, tapissée en été de fleurs naines.
Au km 122, la route franchit le **col Sunwapta** (2 035 m) pour pénétrer dans le parc national Jasper, découvrant le mont Athabasca et les autres sommets qui entourent le champ de glace Columbia.

★★★ Glacier Athabasca

Km 127. Le **champ de glace Columbia**, qui s'étire entre la Colombie-Britannique et l'Alberta, représente la plus vaste calotte glaciaire (325 km²) non polaire du continent. De son flanc est s'écoulent le glacier Athabasca (3 000 m) et quatre glaciers émissaires importants (Saskatchewan, Dome, Stutfield et Columbia), ainsi que d'autres, plus petits. Leurs eaux de fonte alimentent trois océans : l'Atlantique, le Pacifique et l'Arctique. En 1898, un groupe d'alpinistes de la Société géographique royale de Grande-Bretagne découvrit ce champ de glace jusqu'alors inconnu, semble-t-il, et lui donna le nom du fleuve Columbia.
Columbia Icefield Glacier Discovery Centre – *103 km au sud de Jasper sur la rte 93 - ✆ 780 852 6288 - parcs.canada.ca - ♿ - de juin à déb. sept. : 10h-17h ; de déb. à fin sept. : 10h30-16h ; de déb. mai à fin mai et de fin sept. à mi-oct. : 11h-16h.* Extrêmement fréquenté, ce centre d'accueil propose quelques expositions ainsi qu'une présentation audiovisuelle du glacier. De l'énorme parking, admirables **vues★★★** sur les glaciers Athabasca, Kitchener et Dome.
De l'**autre côté de la route** se trouve le **lac Sunwapta**, alimenté par le glacier Athabasca. Un court sentier mène de la petite aire de stationnement aux abords de la langue de glace. Des panneaux, jalonnant la route d'accès et le sentier, indiquent les étapes de la régression spectaculaire de ce glacier sur lequel sont encore organisées des excursions en véhicule tout-terrain *(www.banffjaspercollection.com/canadian-rockies/columbia-icefield)*.
★ **Icefield Skywalk** – *Pursuit - www.banffjaspercollection.com/attractions/columbia-icefield/skywalk - de déb. mai à mi-oct. - 41 $ - navette ttes les 15mn au dép. du Columbia Icefield Glacier Discovery Centre.* Parsemée de panneaux d'interprétation sur la **faune** et l'**histoire géologique** de la région, une rampe en pente

Randonnée sur le glacier Athabasca

Belle occasion de goûter au plaisir de la **marche sur glace** à 2000 m d'altitude et de découvrir à un rythme tranquille, un monde tout en blanc, bleu et noir fait de **moraines** et de **crevasses**. Encadrée par des pros, cette randonnée entrecoupée d'explications intéressantes sur la glaciologie, fait prendre conscience du fait que malgré toute sa beauté, cet émissaire du champ de glace Columbia a perdu en un peu plus d'un siècle plus de la moitié de son volume à cause du **réchauffement climatique**...
Ice Walks - *www.icewalks.com - ✆ 780 852 3803 - dép. du petit parking situé au pied du glacier Athabasca, à l'opposé de l'énorme parking du Columbia Icefield Glacier Discovery Centre - de fin mai à mi-oct. : à 9h30 ou 14h (arriver 15 à 20mn avant pour se préparer) - durée : 3h - distance : 5 km - dénivelé : 250 m - 130 $. Se munir de vêtements chauds et imperméables et de chaussures de randonnée montantes. Crampons fournis.*

douce construite à flanc de montagne amène à ce spectaculaire arc de métal et de verre qui s'avance dans le vide, à 280 m au-dessus de la **vallée de la Sunwapta**. Une **vue★★** imprenable sur les glaciers et les pics environnants vous y attend.

★ Sunwapta Falls

Km 176. Rte d'accès au parking (400 m) de la route 93A.

La Sunwapta contourne un îlot, dévale une falaise, fait un brusque coude autour d'une ancienne moraine et pénètre dans un profond canyon de calcaire.

Peu après les chutes, la Sunwapta se jette dans la rivière **Athabasca**, dont la route suit jusqu'à Jasper l'impressionnante vallée, dominée à l'ouest par la forme pyramidale excentrée du **mont Christie** (3103 m) et les trois pics du **mont Fryatt** (3 361 m). Au nord-ouest apparaît peu à peu le sommet enneigé du **mont Edith Cavell** *(voir p. 172)*, tandis qu'à l'est de la route se dresse le **mont Kerkeslin** (2 956 m), dernier massif de la chaîne des synclinaux.

★★ Athabasca Falls

Km 199. Prendre à gauche la route 93A sur 400 m.

Les eaux limoneuses de l'Athabasca dévalent un rebord de **quartzite** et s'engouffrent dans un **canyon** aux parois devenues lisses sous l'action érosive d'un ruissellement constant. En arrière-plan, les roches siliceuses rougeâtres du mont Kerkeslin rappellent, par leur aspect stratifié, celles que l'on trouve à proximité des chutes. En arrivant sur Jasper, on distingue à l'ouest le mont Whistlers, droit devant le mont Pyramid et, à l'est, la cime du **mont Tekarra**. Au crépuscule, des **wapitis** viennent souvent paître le long de la route.

Carnet pratique

S'informer

Parks Canada – *parcs.canada.ca.* Chaque parc possède son centre d'accueil où l'on peut se procurer brochures, cartes, horaires, permis divers et les tickets d'accès *(11 $)*, également disponibles aux kiosques des campings. Des forfaits sont également proposés *(voir « Parcs nationaux », p. 575).*

Informations utiles

Les parcs des Rocheuses sont ouverts toute l'année mais certains services ne sont pas assurés en hiver. La saison estivale s'étend de juin à mi-septembre. En juillet-août, il fait jour jusqu'à 22h. Pensez à vous équiper contre le froid, les chutes de neige en août et septembre n'étant pas rares. L'hiver, la plupart des routes restent ouvertes. Malgré un déneigement régulier, les pneus neige sont recommandés de novembre à avril.

www.skiresort.fr/meteo/rocheuses-canadiennes – Prévisions à 7 jours pour les Rocheuses canadiennes et les stations de ski, avec webcam et *live streaming.*

Arriver/Partir

En avion

Les compagnies internationales, canadiennes et américaines desservent les aéroports internationaux de **Calgary** *(voir p. 226)* et d'**Edmonton** *(voir p. 253).* Des services de cars font la liaison entre les aéroports et les principales villes des parcs *(voir « En autocar »).*

En train

VIA Rail – *✆ 1 888 842 7245 - www.viarail.ca.* Le **Canadian** roule entre Toronto et Vancouver en passant par Edmonton et Jasper. Liaisons entre Jasper et Prince Rupert avec une halte de nuit à Prince George (pensez à réserver votre hôtel). Banff n'est desservi que par le train touristique **Rocky Mountaineer** *(rockymountaineer.com).*

En autocar

Roam Transit – *roamtransit.com.* Bus locaux qui rayonnent autour de Banff et Canmore et desservent nombre de sites touristiques.

Rider Express – *riderexpress.ca.* Relie Banff et Lake Louise à Vancouver, Kamloops et Calgary.

Brewster Express – *banffjaspercollection.com/brewster-express.* Relie l'aéroport de Calgary à Canmore, Banff, Lake Louise ou Jasper.

Flixbus/Greyhound – *flixbus.ca.* Relie (en collaboration avec diverses compagnies) Banff à Vancouver et Calgary.

Sun Dog Tour Company – *sundogtours.com.* Propose des connexions entre Jasper et Edmonton, ainsi qu'entre Jasper, Banff, Lake Louise et Calgary, et des visites thématiques : mont Edith Cavell ; vallée de la Maligne ; glaciers Columbia ; découverte de la faune.

Yoho et Kootenay sont les parcs les moins bien desservis par les transports en commun.

Villes-ressources

Chaque année, plusieurs millions de visiteurs déferlent dans les Rocheuses canadiennes. Trouver un hébergement dans les zones les plus touristiques lorsqu'on n'a pas réservé des mois à l'avance relève de l'exploit ! Le **camping** reste l'option la plus « raisonnable » *(camping.bcparks.ca* et *albertaparks.ca)* mais si vous préférez une chambre, vous pouvez vous tourner vers l'une des « villes-ressources », sortes de **bases arrière** plus ou moins éloignées des centres d'intérêt. Moyennant plus de route, vous trouverez un hébergement meilleur marché, loin de la foule et toujours dans des paysages de toute beauté. Ces localités, parfois moins pittoresques, présentent cependant d'incontestables avantages. Vous pourrez tranquillement y faire le plein d'**essence** – il n'y a pas beaucoup de stations-essence, mieux vaut toujours garder la moitié du réservoir plein. Vous pourrez aussi vous **ravitailler** et vous pourvoir en fournitures diverses (vêtements chauds ou de pluie, crème solaire ou antimoustique, etc.) sans interminables queues et sans problème de parking !

Voici quelques « villes-ressources » : **Golden** (accès à Yoho NP) ; **Hinton** (accès à Jasper NP) ; **Radium Hot Springs** (accès à Kootenay NP) ; **Canmore** (accès au Kananaskis Country et à Banff NP).

Les ours et les humains

Le meilleur moyen de coexister avec les ours est de les éviter, ces animaux étant très sensibles au stress créé par l'activité humaine. Les Rocheuses servant d'habitat à l'ours noir et au grizzli, les possibilités d'une rencontre sont toutefois bien réelles.

Par précaution

– Randonner en **groupe serré de 4 personnes minimum** (règle obligatoire sur certains sentiers, sous peine d'amende... Bien lire les panneaux pour ne pas être pris au dépourvu).

– **Faire du bruit** en chantant, en tapant des mains, en parlant fort ou en accrochant des **canettes vides** à son sac à dos. Les **clochettes** sont inefficaces !

– Acheter du **spray répulsif au poivre** ou une **corne de brume à air comprimé**, disponibles dans la plupart des magasins locaux.

En cas de rencontre

– Garder son sang-froid, même si l'ours jappe, claque des mâchoires ou plie les oreilles en arrière. Ne surtout pas crier, éviter tout geste brusque et reculer doucement en parlant calmement à l'animal.

Si l'ours ne s'éloigne pas

– Préparer le spray au poivre, s'écarter tout doucement de son chemin, et s'il vous suit, crier très fort et agir de manière agressive pour l'intimider et lui tenir tête.

– Ne pas céder à la tentation de courir, la plupart des ours pouvant courir aussi vite... qu'un cheval !

En cas d'attaque

S'il y a contact, s'allonger face contre terre en ramenant ses jambes près de la poitrine et ses mains sur la nuque, et faire le mort pour éviter de se faire retourner. Rester immobile jusqu'au départ de l'animal. Si ce dernier n'abandonne pas, se défendre à tout prix car cela signifie que l'animal est en mode prédatorial...

6 règles de base à respecter dans les parcs

1. Évitez de vous arrêter au bord de la route pour mitrailler la faune avec votre appareil photo. Si vous le faites, allumez par prudence les feux de détresse et ne sortez pas de votre véhicule.

2. Ne donnez pas de nourriture à la faune sauvage.

3. Garez-vous uniquement aux emplacements prévus.

4. Ne cueillez pas fleurs et fruits.

5. Gérez vos déchets en utilisant les poubelles couvertes et en ne laissant jamais traîner de nourriture ou de vaisselle sale.

6. Réduisez au maximum l'impact des feux de camp.

Parcs des Rocheuses - Jasper National Park

★★★

Véritable trésor naturel servant d'habitat à quelque 69 espèces de mammifères, le plus grand parc des Rocheuses (10 878 km^2) fournit maintes occasions d'observer grizzlis, ours noirs, cerfs, mouflons d'Amérique, coyotes, loups, chèvres des montagnes Rocheuses et caribous. Remplissez vos poumons et vos yeux de paysages improbables, composés d'une alternance inouïe de pics acérés et de cirques glaciaires, de lacs et d'étangs, de prairies alpines, de chutes belles et rebelles et de canyons profondément encaissés... Laissez-vous séduire par leur authentique beauté, rendue plus mystérieuse encore lorsque, à la tombée de la nuit, un magnifique ciel constellé vient envelopper montagnes et vallées d'un sombre manteau qui transforme ces lieux magiques en l'une des plus grandes réserves de ciel étoilé au monde.

Se repérer

Alberta

CARTE CD2 (P. 34-35) - CARTES DES PARCS DES ROCHEUSES (P. 160-161), DE JASPER ET SES ENVIRONS (P. 173).

Jasper National Park se trouve à environ 370 km à l'ouest d'Edmonton, 256 km au nord-ouest de Calgary et 805 km au nord-est de Vancouver.

À ne pas manquer

L'incontournable promenade en bateau sur le lac Maligne.

Organiser son temps

Une randonnée sur le Berg Trail, sentier mythique du mont Robson, nécessite au minimum une nuit de camping en montagne.

En famille

Piquer une tête dans les délicieuses sources d'eau chaude de la Miette.

Carnet pratique p. 177

Nos adresses p. 177

Découvrir

★ Jasper et ses environs CARTE P. 173

Bon à savoir – Durant l'été 2024, la ville de Jasper et les forêts environnantes ont été gravement touchées par de gigantesques et dramatiques incendies. Les destructions sont majeures. En conséquence, certains sites peuvent être inaccessibles et/ou partiellement ravagés. Se rens. sur les conditions de visite.

www.facebook.com/PNJasper; parcs.canada.ca/pn-np/ab/jasper.

Bâtie dans la vaste vallée de l'Athabasca, au confluent de la Miette, cette importante villégiature est entourée de ravissants petits lacs : **Pyramid**, **Patricia**, **Annette**, **Edith** et **Beauvert** (où se trouve le fameux Fairmont Jasper Park Lodge – *voir p. 178*). Au sud se dressent les parois enneigées du mont Edith Cavell, tandis

Spirit Island sur le lac Maligne, Jasper National Park.
lucky-photographer/Getty Images Plus

1

qu'au nord pointent les formes déchiquetées du **mont Pyramid**, haut de 2 763 m. La petite ville doit son nom à un employé de la Compagnie du Nord-Ouest, Jasper Hawes, qui établit vers 1801 un comptoir (Jasper House) sur le lac Brûlé, 35 km au nord du site actuel de Jasper. Mais alpinistes et trappeurs mis à part, la région fut peu habitée avant le début du 20e s. En 1907, les projets de construction d'un **chemin de fer** passant par le col Yellowhead amenèrent la création de la réserve du Jasper Park puis le développement de la ville autour d'un camp de base établi pour le chantier ferroviaire : en 1911, le **Grand Trunk** atteignait le parc, doublé en 1915 du **Canadian Northern**. Aujourd'hui, située à la jonction des routes Yellowhead et Icefields, la ville s'étire en forme de boomerang le long des rails. Détruite à 30 % lors de l'incendie de 2024, elle écrit désormais une nouvelle page de son histoire.

★★ Mont Whistlers

✆ 780 852 3093 ou 1 866 850 8726 - www.jasperskytram.com - téléphérique de fin mars à mi-mai et déb. sept.-oct. : 10h-17h ; de mi-mai à mi-juin : 9h-20h ; de fin juin à déb. sept. : 8h-21h - 53,60/67 $. Mai-oct. : service de navette (sundogtours.com) entre les principaux hôtels de Jasper et la station du téléphérique.

Le **téléphérique** s'élève de plus de 900 m jusqu'au terminus, perché sur la crête de ce mont (2 470 m) qui doit son nom au sifflement *(whistle)* strident des marmottes, nombreuses sur ses flancs. À cette hauteur, le **panorama**★★★ embrasse le site de la ville, la vallée de l'Athabasca parsemée de lacs et la chaîne des monts Colin au nord-est, puis le mont Yellowhead et la chaîne Victoria Cross au nord-ouest. Par temps clair, on aperçoit au-delà la grande pyramide blanche du **mont Robson** *(voir p. 174)*. Un joli sentier mène au sommet même du mont Whistlers, d'où se découvrent vers le sud des perspectives sur les monts Edith et Kerkeslin.

★★★ Mont Edith Cavell EN DIRECTION

24 km au sud de la ville par l'Icefields Parkway jusqu'à la jonction avec la 93A, puis par Mount Edith Cavell Rd, étroite et sinueuse, invitant à la prudence.
Jadis, les voyageurs nommaient ce pic majestueux (3368 m) « la montagne de la grande traverse ». Il fut rebaptisé, après la Première Guerre mondiale, du nom d'une infirmière anglaise exécutée par les Allemands pour avoir prêté secours à des prisonniers alliés.

Path of the Glacier Trail – *1,4 km AR - dénivelé : 70 m.* Du parking, à l'extrémité de Mount Edith Cavell Road, ce sentier facile surplombe le lit de la **rivière Astoria**, dominé par le mont Edith Cavell et les **glaciers Ghost** et **Angel** qui doit son nom à sa forme rappelant les ailes d'un ange. Il aboutit à un **point de vue★★** spectaculaire sur toute la vallée, du **lac Cavell** (Cavell Lake), d'un beau vert émeraude, à l'**étang glaciaire Cavell** (Cavell Pond), envahi de blocs de glace. En août 2012, un énorme pan du Ghost Glacier a cédé, tombant d'une hauteur de 1000 m dans l'étang Cavell. Cette chute provoqua une crue éclair qui emporta une partie du sentier et charria d'énormes blocs de glace et de pierre, érodant profondément le lit de la rivière. Par sécurité, les promeneurs sont tenus de ne pas s'éloigner du sentier.

Cavell Meadows Trail – *6 à 7 km AR - dénivelé : 500 m.* Ce sentier de difficulté modérée démarre dans une forêt subalpine, puis traverse la ligne des arbres avant d'aboutir à une prairie d'altitude.

★★★ Maligne Valley CARTES CI-CONTRE ET P. 160

Circuit de 96 km AR, au départ de Jasper, tracé en marron clair sur la carte p. 160 et p. ci-contre. Route 16 et Maligne Lake Rd.
Cette pittoresque vallée, l'une des plus belles des Rocheuses, abrite un canyon et un lac magnifiques. Ce sont les voyageurs, au temps du commerce des fourrures, qui nommèrent ainsi la rivière en raison des dangereux courants qu'elle crée en se jetant dans l'Athabasca au sortir de sa gorge.

★★★ Maligne Canyon

À 7 km de la jonction avec la route 16.
Attention : mousse glissante ; ne pas s'aventurer de l'autre côté des garde-fous.
Ce long défilé taillé dans la roche calcaire constitue la gorge la plus spectaculaire des Rocheuses. Maligne Canyon atteint 50 m de profondeur sur une portée de moins de 3 m par endroits. Un chemin goudronné et plusieurs **ponts** (dont un d'une hauteur de 38 m !) permettent d'en suivre les bords et de voir les marmites de géant creusées dans la roche par les tourbillons, ainsi que les cascades qui jalonnent le cours de la rivière. Trois espèces d'oiseaux nichent sur les inhospitalières parois en calcaire de la gorge : le **cincle d'Amérique**, le **martinet sombre** et le **grand corbeau**.

★ Medicine Lake

Km 22. En vérité, Medicine Lake n'est pas un lac, mais plutôt une rivière qui s'enfonce. Après la montée des eaux à la fonte des neiges *(début de l'été)*, son niveau baisse progressivement à mesure qu'avance la saison, jusqu'à atteindre le fond vaseux. Curieusement, en l'absence de déversoir, les eaux s'infiltrent dans la roche calcaire pour réapparaître plus loin dans la rivière Maligne. La route, ponctuée de plusieurs points de vue agréables, longe sur 8 km cette curieuse étendue d'eau dominée au sud par la **chaîne Maligne** et au nord par la crête en dents de scie de la **chaîne Colin**.

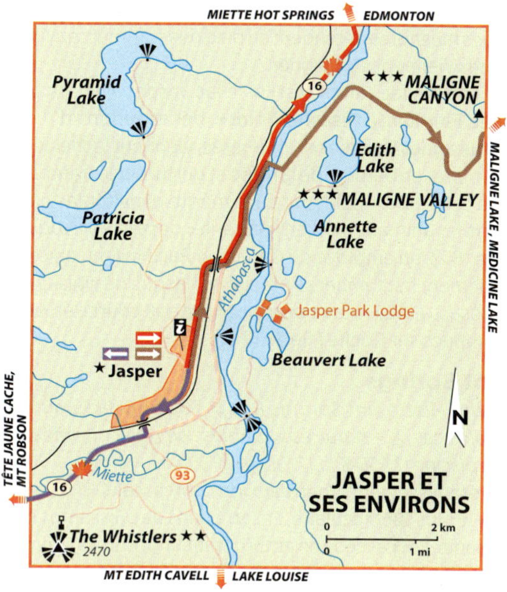

★★★ Maligne Lake

Ce lac glaciaire de 23 km de long, surnommé « Chaba Imne » (lac des castors) par les autochtones, est le plan d'eau le plus grand et l'un des plus renommés des Rocheuses. Il fut découvert en 1875 par **Henry MacLeod**, qui cherchait alors un passage pour le Canadian Pacific. En 1908, une veuve de Philadelphie nommée **Mary Schaffer** réussit à en explorer minutieusement les berges ainsi que les pics voisins grâce à une carte que lui avait dessinée un certain **Samson Beaver**, issu de la Première Nation des Stoneys, fils d'éclaireur et figure célèbre dans l'histoire des Rocheuses.

De la route qui prend fin sur la rive nord du lac, on aperçoit les sommets jumeaux des **monts Unwin** (3 300 m) et **Charlton** (3 260 m) au sud-ouest.

★★★ **Promenade en bateau** – *À Jasper. Maligne Tours – ✆ 888 900 6272 - banffjaspercollection.com/attractions/maligne-lake-cruise - plusieurs dép. tlj du chalet du lac Maligne - de fin mai à mi-juin et de déb. sept. à fin sept. : 9h-17h30 ; de mi-juin à déb. sept. 9h30-18h ; de fin sept. à mi-oct. : 9h-16h30 - AR 1h30 - 82 $.* On notera le changement de couleur des eaux glaciaires, vertes à l'extrémité nord du lac et d'un bleu-vert profond au sud. Passé le détroit Samson Narrows, le bateau fait un arrêt non loin d'un îlot nommé **Spirit Island**, l'un des endroits les plus photographiés au monde. Il permet alors de bénéficier de **vues★★★** extraordinaires sur les sommets gelés qui dominent l'extrémité méridionale du lac.

★★ Vers les sources de la Miette CARTES CI-DESSUS ET P. 160

▶ *Circuit de 60 km, au départ de Jasper, tracé en rouge sur la carte p. 160 et ci-dessus.*

À l'est de Jasper, la route s'engage dans l'immense vallée de l'Athabasca. À l'horizon paraissent, en ombres chinoises, les crêtes déchiquetées de la chaîne Colin. On découvre, sur les 40 km restants, de remarquables **vues★★★** sur la rivière peu

profonde dont les méandres s'étendent au pied des sommets environnants. Matin et soir, les **wapitis** viennent s'y baigner.
La route passe entre le **lac Talbot** (est) et le **lac Jasper** avec, en toile de fond, la **chaîne De Smet**. Plus loin, à **Disaster Point★**, des **mouflons d'Amérique** et des **chèvres des montagnes Rocheuses**, plus rares, viennent lécher le sel qui affleure dans de petites mares en bordure de la route et perturber le trafic. Le nom « anxiogène » donné à cette portion de route a le mérite d'inviter les conducteurs à la prudence envers les animaux mais en réalité, le « désastre » évoqué est d'un tout autre genre : en 1872, un employé du Canadian Pacific venu en ces lieux y aurait malencontreusement fait tomber sa précieuse flasque de whisky qui se brisa par terre. Un vrai désastre... La route poursuit ensuite sa course en offrant des vues quasi ininterrompues sur **Roche Miette** (2 316 m).

★ Miette Hot Springs

À 42 km, prendre Miette Hot Springs Rd. ✆ 780 866 3939 ou 1 800 767 1611 - sourcesthermales.ca - ♿ - horaires variables : se rens. - fermé de mi-oct. à fin avr. - accès à la piscine : 17,50 $.
De tous les établissements thermaux des parcs, celui-ci occupe sans aucun doute le **site★★** le plus spectaculaire, enserré dans de puissantes montagnes aux versants imposants. On y accède en empruntant une route qui serpente sur 18 km à travers une agréable gorge verdoyante. Riches en minéraux, ces sources sont les plus chaudes des Rocheuses canadiennes (température maximale 54° C).
Après la jonction, la route continue vers l'est sur 7 km jusqu'à l'entrée du Jasper National Park.

À proximité

CARTES P. 160-161

★★ Yellowhead Highway

La route 16 traverse deux parcs, Jasper et Mt Robson, et poursuit sa course en direction de l'ouest jusqu'à Prince Rupert, au bord du Pacifique. Cette grande voie de l'Ouest canadien doit son nom à un Iroquois blond surnommé **Tête Jaune** *(Yellow Head)* qui, vers les années 1820, s'était constitué une cache où il entreposait fourrures et provisions dans une petite localité qui porte aujourd'hui son nom.

★ Vers le mont Robson

Circuit de 100 km, au départ de Jasper, tracé en violet sur la carte p. 160.
À l'ouest de Jasper, la route 16 longe la vallée de la Miette, qui va en se rétrécissant. Au **col Yellowhead** (le moins élevé des Rocheuses), à la limite de l'Alberta et de la Colombie-Britannique, la route quitte le parc national Jasper *(km 24)* et pénètre dans un parc provincial de toute beauté.

★★ Mount Robson Provincial Park

bcparks.ca/mount-robson-park - parc ouvert tte l'année - camping.
Visitor Centre – *À l'entrée ouest du parc - ✆ 250 566 4038.* Exposition sur l'histoire naturelle de la région.
Inscrit dans un remarquable site montagneux, ce parc de 224 866 ha englobe le **mont Robson★★★** (3 954 m), point culminant des Rocheuses canadiennes. Une fois dans le parc, la route 16 suit le cours du Fraser, longeant au passage les rives

Mont Robson et le lac Berg.
Adeslo/Getty Images Plus

1

des lacs Yellowhead et Moose. Aux **chutes Overlander★** *(km 88)*, les eaux bleu-vert du Fraser dévalent une grande plate-forme rocheuse et s'engouffrent dans une gorge étroite.

Berg Lake Trail – *42 km AR - dénivelé : 800 m - enregistrement obligatoire auprès du Visitor Centre.* Veillé par la silhouette omniprésente du mont Robson, ce mythique sentier de grande randonnée s'adresse aux sportifs confirmés. Il s'enfonce dans l'arrière-pays et peut se faire sur plusieurs jours, quelques campings semi-aménagés jalonnant le sentier. Après être passé par le **Kinney Lake**, le sentier mène jusqu'à la **Valley of the Thousand Falls** (vallée aux mille chutes) et se termine en apothéose face au **Berg Lake★★**, aux eaux d'une couleur digne de la mer des Caraïbes…

★ Rearguard Falls

5 km à l'est de Yellowhead. bcparks.ca/rearguard-falls-park.

3,2 km. Cette large cascade de faible hauteur fait partie d'un petit parc provincial du même nom. Elle plonge dans le **Fraser**, faisant bouillonner les eaux turquoise du fleuve. À la saison du frai *(août)*, des **saumons du Pacifique** s'offrent en spectacle alors qu'ils remontent par bonds successifs le fleuve à contre-courant, au terme d'une montaison de 1200 km.

Parcs provinciaux

★★ Hamber Provincial Park

Accessible en hélicoptère, à pied ou à ski ou raquettes en hiver. bcparks.ca/hamber-park. Enregistrement obligatoire auprès de BC Parks. Laisser sa voiture

On vous emmène en train dans les Rocheuses

Envie de quitter votre train-train quotidien et de renouer avec la lenteur ? Pourquoi ne pas tenter cette expérience en parcourant la Colombie-Britannique, de Vancouver à Jasper, au fil des rails avec le *Rocky Mountaineer* ? L'occasion d'admirer les plus beaux espaces sauvages du Canada tranquillement installé dans son fauteuil, de prendre le temps de contempler la région et ses sommets et de s'émerveiller devant des points de vue uniques. L'occasion aussi de profiter des atouts d'un train luxueux. Pendant la traversée, on goûte au confort des wagons et au raffinement de la cuisine du chef tandis que les sublimes paysages des Rocheuses défilent sous nos yeux à travers de larges baies vitrées panoramiques. En prime, les nombreux arrêts permettent de partir à la découverte de la faune et de la flore locales. Alors, prêt à embarquer pour une inoubliable traversée ?
Voir « Nos adresses », p. 178.

sur le parking des chutes Sunwapta, au départ de l'Icefields Parkway (voir p. 159), et suivre sur 22 km un sentier longeant la rivière Chaba (délicat passage à gué). Camping rustique.
Attention ! Importante population d'ours noirs et grizzlis.
Inaccessible par la route, ce parc Unesco a comme un goût de bout du monde ! Situées dans des paysages d'une beauté vierge, les eaux cristallines de **Fortress Lake★★**, son joyau, attirent les mordus de **pêche à la mouche** qui séjournent volontiers à l'abri du **Fortress Lake Lodge** *(fortresslake.com)*. Les randonneurs confirmés gagneront la rive ouest du lac en canoë afin de tenter l'ascension du **Chisel Peak** *(alt. 3 049 m)*.

★ Willmore Wilderness Provincial Park

Au sud-ouest de Grande Cache. 780 865 8395 - albertaparks.ca/parks/central/willmore.
Voitures interdites dans cette réserve - découverte à pied, cheval (corrals de Big Berland, Cowlick Tail, Rock Lake et Sulphur Gate), VTT ou ski - camping rustique.
Le **piégeage** est encore actif dans ce parc montagneux réputé pour sa très riche **faune** et sa **flore** sauvage, qui forme au printemps un merveilleux tapis multicolore. Très boisés, les sentiers souvent difficiles d'accès, s'adressent aux randonneurs et cavaliers chevronnés. Ils découvriront des lacs spectaculaires, dont le **Ptarmigan Lake★**, et le long de la **ligne de partage des eaux**, des rivières et torrents tumultueux alimentant l'Athabasca et la Peace River.

★ William A. Switzer Provincial Park

20 km au nord-ouest de Hinton. 780 865 8395 ou 780 865 5600 (visitor centre) - albertaparks.ca/parks/central/william-a-switzer-pp.
Niché dans son écrin de **forêt boréale**, ce parc peu connu recèle un joli chapelet de **lacs** dont le plus couru, **Jarvis Lake**, doté d'une **plage**, est l'un des pôles d'attraction des lieux. Ses cinq étendues d'eau sont reliées l'une à l'autre par une rivière navigable. Onze sentiers pédestres ou cyclables de tous niveaux *(de 1 à 13 km)* sont à la disposition du public. L'**Athabasca Lookout Trail** *(8 km AR)* offre à 1585 m d'altitude une superbe **vue★★** sur la **vallée de Joachim** et les **contreforts des Rocheuses.** Côté faune, peut-être aurez-vous la chance d'apercevoir un loup, un grizzli, un ours noir, voire un **couguar**...

Carnet pratique

S'informer

Jasper National Park Visitor Centre – *500 Connaught Dr., Jasper - ✆ 780 852 6176 - parcs.canada.ca.*

Hinton Visitor Information Centre – *309 Gregg Ave., Hinton - ✆ 1 800 252 3782 - explorehinton.org.*

Nos adresses

Lors de l'incendie de juillet 2024, de nombreux établissements ont été touchés ; certaines de nos adresses peuvent être fermées temporairement ou définitivement.

Restauration

À Jasper

Budget moyen

Jasper Brewing Co. – *624 Connaught Dr. - ✆ 780 852 4111 - jasperbrewingco.ca - plats 15/35 $.* Dans une vaste salle ou en terrasse, cette microbrasserie invite ces convives à déguster ses bières en les accompagnant de solides classiques de pub.

Pour se faire plaisir

Becker's Gourmet Restaurant – *Rte 93 - ✆ 780 852 3535 - www.beckerschalets.com - fermé le midi - plats 30/48 $.* Face aux montagnes s'élevant au-delà de l'Athabasca, on se régale de bœuf de l'Alberta, bison, gibier, flétan… Lorsque le temps fraîchit, le feu ronronne dans la cheminée de pierre. Les habitués savent qu'il faut, en dépit du froid extérieur, réserver leur part de crème glacée maison.

Petite pause

Wicked Cup – *912 Connaught Dr. - dans le village de Jasper - ✆ 780 852 1942 - www.wickedcup.ca - 7h-14h30 - fermé de fin oct. à déb. déc.* L'endroit idéal pour siroter un délicieux Peppermint Mocha ou un non moins décadent Green Tea Mojito, avec vue imprenable sur les Rocheuses…

Café Mount Robson – *Yellowhead Hwy 16 - ✆ 250 566 4332 ou (888) 814 1600 - www.cafemtrobson.com - 8h-17h.* Petit service de restauration et délicieuses glaces à déguster à l'extérieur, sur l'un des bancs de bois disposés face au mont Robson !

Shopping

Les paysages, parmi les plus spectaculaires du monde, ont toujours inspiré les artistes locaux. Néanmoins, il est difficile de trouver de véritables galeries parmi l'amoncellement de colifichets pour touristes.

À Jasper

Our Native Land – *601 Patricia St. - ✆ 780 852 5592 - www.ournativeland.com - 10h-19h.* Objets d'art et d'artisanat des Premières Nations : mocassins de peau, des instruments et des bijoux en jade.

Activités

Découverte de la vie sauvage

Le **Fairmont Jasper Park Lodge** *(voir « Hébergement »)* propose les services de guides naturalistes qualifiés pour découvrir la montagne, sa faune, sa flore, ses légendes et son histoire. Contactez

1

également le **Jasper Adventure Centre** *(jasperadventurecentre.com)* pour leurs activités.

Sports d'hiver

Marmot Basin – *1 Marmot Rd - Jasper - ✆ 780 852 3816 - www.skimarmot.com.* Restaurants, garderies, location de skis, écoles de ski accréditées sont à votre disposition.

Train panoramique

Rocky Mountaineer – *✆ 604 606 7245 ou 1 877 460 3200 - www.rockymountaineer.com - à partir de 2 049 €/j - période recommandée : d'avr. à sept.* Organise de nombreuses excursions dont une boucle de 13 jours (dont 5 à bord du train) au départ de Vancouver *via* Kamloops, Banff, Lake Louise, Jasper, Quesnel et Whistler *(voir encadré p. 176).*

Hébergement

À Jasper

La ville compte de nombreuses chambres d'hôtes : liste mise à jour sur le site de l'office de tourisme et sur stayinjasper.com. Surveillez également la réouverture de la jolie auberge de jeunesse HI Jasper (*hihostels.ca*) détruite par l'incendie en 2024.

Premier prix

Jasper Downtown Hostel – *400 Patricia St. - ✆ 780 852 2000 - jasperdowntownhostel.ca - P - tte l'année.* Central, moderne et bien tenu, cet *hostel* privé dispose de lits en dortoirs et de chambres avec ou sans salle de bains. Belles parties communes.

Une folie

Fairmont Jasper Park Lodge – *Old Lodge Rd - PO Box 40 - ✆ 780 852 3301 ou 866 540 4454 - fairmont.com - limité - P - 442 ch. et bungalows à partir de 977 $ -* ✕. Le domaine historique, qui s'étire le long des eaux turquoise du lac Beauvert, est fier de son terrain de golf de compétition et de ses diverses installations sportives (équitation, tennis, canoë). La clientèle peut choisir les sobres chalets ou les anciens bungalows de bois, qui ont accueilli la reine Élisabeth II. L'établissement propose une grande variété de restaurants.

À Mount Robson PP

Pour se faire plaisir

Mount Robson Lodge Campground – *16875 Fransworth Rd, Valemount, 5 km à l'ouest du Parc sur la rte 16 - ✆ 250 566 4821 - mountrobsonlodge.com - de mi-mai à mi-oct. - 18 cabines 277 $ (3 nuits mini).* Découvrez ce refuge rustique au beau milieu des sommets escarpés, des lacs immaculés et des vallées tapissées de forêts. Vous apprécierez ses cabanes en rondins clôturées et tout équipées. Les petits budgets opteront pour un emplacement de camping avec foyer et accès à des douches chaudes, en bordure du Fraser, à l'ombre du mont Robson.

Parcs des Rocheuses - Banff National Park

★★★

Créé en 1885 au cœur de vastes espaces préservés, le patriarche des Rocheuses règne en maître absolu sur les autres parcs canadiens, et recèle certains des plus beaux sites naturels au monde. Contigu aux parcs nationaux de Jasper, Yoho et Kootenay, ce fabuleux corridor naturel de quelque 6 641 km² délimite la Colombie-Britannique et l'Alberta, et figure sur la liste du Patrimoine mondial de l'Unesco. Comment ne pas s'émouvoir devant son cortège inouï de pics accidentés ou rabotés, ses forêts peuplées d'une faune omniprésente, ses lacs étincelants et ses folles cascades creusant inlassablement leur chemin dans d'étroits canyons… Une destination privilégiée des amoureux de la nature.

Se repérer

Alberta

CARTE D2 (P. 34-35) - CARTES DES PARCS DES ROCHEUSES (P. 160-161), DE BANFF ET SES ENVIRONS (P. 182), DE LAKE LOUISE ET LE YOHO NP (P. 184).

Le parc de Banff se trouve 120 km à l'ouest de Calgary, au sud du Jasper National Park.

À ne pas manquer

La vue panoramique sur Banff et l'hôtel Fairmont qu'offre le téléphérique de Sulphur Mountain ; l'incomparable Lake Louise, et son rival Moraine Lake, entouré par l'enfilade surréaliste des montagnes et des sommets enneigés de l'ahurissante « vallée des Dix Pics ».

Organiser son temps

À l'intérieur du parc, la ville de Banff et le village de Lake Louise offrent un vaste choix d'hébergements. Inutile de préciser qu'à la belle saison Lake Louise et Moraine Lake sont littéralement assaillis de touristes.

En famille

Les wapitis viennent parfois faire un tour dans Banff ; pour leur bien, ne les nourrissez pas !

Carnet pratique p. 187

Nos adresses p. 187

1

Découvrir

★★ Banff et ses environs CARTE P. 182

L'imposante silhouette de **Cascade Mountain** (alt. 2 998 m) veille sur ce célèbre centre de villégiature qui s'est développé dans la vallée large et plate de la Bow, à 1380 m d'altitude. En dépit d'une activité touristique quasi constante, la communauté a réussi à conserver le charme d'une petite bourgade alpestre dont le cœur se concentre le long de **Banff Avenue**, rue principale animée qui regorge de cafés, restaurants et boutiques en tous genres.

★ Whyte Museum of the Canadian Rockies

111 Bear St. - ✆ 403 762 2291 - www.whyte.org - ♿ - 11h-17h - 12 $.

Situé en bordure de la rivière Bow, ce bâtiment contemporain abrite une galerie entièrement dédiée au monde des Rocheuses canadiennes, à son histoire, son peuplement et ses spécificités. Le musée s'appuie sur un riche fonds documentaire et photographique doublé d'une importante collection d'artefacts autochtones et d'œuvres d'artistes canadiens de renom pour proposer des expositions temporaires sur des thématiques sans cesse renouvelées.

★ Banff Park Museum National Historic Site

91 Banff Ave. - ✆ 403 762 1558 - parcs.canada.ca/lhn-nhs/ab/banff - de mi-mai à mi-oct. : lun., jeu.-dim. 9h30-17h ; reste de l'année : w.-end 11h-17h - 4,50 $.

Construit dans le style « pagode » typique des gares du début du 20e s., le plus vieux musée d'histoire naturelle de l'Ouest canadien a conservé son plafond de bois en lanterne, qui créait un puits de lumière bien utile avant l'arrivée de l'électricité. Sa collection de minéraux et d'animaux naturalisés des Rocheuses, exposée dans des vitrines au charme victorien, témoigne des débuts balbutiants de l'interprétation de l'histoire naturelle au Canada. Belle série de gravures du peintre animalier Robert Bateman.

★ Cascades of Time Gardens

101 Mountain Ave., à l'extrémité sud de Banff Ave., au-delà du pont sur la Bow - floraison : fin juin-déb. sept.

De ces jardins en terrasses agrémentés de bassins rocailleux et de cascades, **vue★** superbe sur le **mont Cascade** qui domine l'extrémité nord de Banff Avenue. Au centre, un édifice de pierre de style néogothique (1935) abrite les bureaux administratifs du parc.

★ Buffalo Nations Luxton Museum

1 Birch Ave., sur la rive sud de la Bow - ✆ 403 762 2388 - www.buffalonations museum.com - ♿ - 11h-18h - 12 $.

Ne faites pas l'impasse sur ce petit musée fort intéressant. Logé dans la réplique sans prétention d'un fort en rondins de l'époque du commerce des fourrures, il expose une jolie collection d'objets et présente des dioramas grandeur nature évoquant divers aspects de la vie des Peuples autochtones des Plaines.

Des démonstrations de danse et de musique traditionnelles sont régulièrement proposées pour le plus grand plaisir du public, dans une ambiance chaleureuse.

★ Bow Falls

Une promenade au pied du **Fairmont Banff Springs Hotel** offre un bel aperçu : à gauche, la chute tumultueuse, en face, les rapides qui contournent le promontoire rocheux du mont Tunnel ; à droite, la Spray, petit affluent de la Bow.

★★ Cave and Basin National Historic Site

311 Cave Ave., Banff - ✆ 403 762 1566 - parcs.canada.ca/lhn-nhs/ab/caveandbasin - ♿ - de mi-mai à mi-oct. : 9h30-17h ; reste de l'année : lun., jeu.-dim. 11h-17h - 9 $.

Berceau des parcs nationaux du Canada, cet ancien établissement de bains a été restauré selon son aspect de 1914. Doté d'une façade en pierre ornée de fenêtres cintrées, il comporte un bassin naturel alimenté par des **sources thermales** *(30-35 °C - baignade interdite)*. À l'intérieur du complexe, un musée retrace l'histoire des parcs canadiens.

Cave and Basin National Historic Site, Banff National Park.
ronniechua/Getty Images Plus

1

★★ Sulphur Mountain

À 3,5 km du centre-ville. ✆ 1 866 756 1904 ou 403 762 2523 - www.banffjaspercollection.com/attractions/banff-gondola - ♿ - télécabine (8mn) de fin juin à déb. sept. : 8h-22h ; de déb. avr. à mi-mai : 9h-21h ; de mi-mai à fin juin et de déb. sept. à mi-oct. : 8h-21h - dernière montée 90mn avant la fermeture - 66 $.

L'accès à pied au mont Sulphur emprunte une montée ardue de 2h à 2h30. Été comme hiver, le sommet du mont Sulphur (2 285 m) est traversé par des vents glaciaux. Couvrez-vous bien, sinon vous devrez vous réfugier au chaud dans l'un des deux restaurants du complexe. Vous attend un éblouissant **panorama★★★** à 360° sur le site de Banff et les montagnes enneigées qui l'entourent, avec au nord le mont Norquay, la vallée de la Bow, **Banff** et son **hôtel Fairmont** ; au nord-est, le lac Minnewanka et la chaîne Fairholme ; à l'est, le mont Rundle et la vallée de la Spray ; et au sud-ouest, la chaîne Sundance. Il n'est pas rare d'apercevoir des **mouflons d'Amérique** juste en bordure des sentiers.

Promenez-vous le long de la crête montagneuse et empruntez la promenade de planches de 800 m environ qui mène jusqu'à l'**observatoire météorologique** du pic Sansom. Celui-ci est installé sur le site de l'ancienne station d'étude des rayons cosmiques du mont Sulphur qui fut démantelée en 1981.

★ Upper Hot Springs

À 3,5 km du centre-ville par Mountain Ave.- ✆ 403 762 1515 ou 1 800 767 1611 - www.hotsprings.ca - ♿ - 10h-22h - 17,50 $.

Découvertes un an après celles de Cave et de Basin *(voir p. ci-contre)*, ces sources chaudes (38 °C en moyenne) alimentent une grande piscine publique perchée à flanc de montagne, d'où les baigneurs dominent la vallée de la Bow.

★ Hoodoos

Dép. de Tunnel Mountain Rd.

ou *boucle de 10 km.* Un pittoresque sentier offre des vues sur la vallée de la Bow et sur de curieuses cheminées de fée, formations naturelles coiffées de blocs plus résistants que la roche environnante.

★ Lake Minnewanka Loop EN DIRECTION

4 km au nord du centre-ville.

La Lake Minnewanka Scenic Drive longe le lac Two Jack puis le lac de Minnewanka, plus grande étendue d'eau du parc de Banff, qui se prêtent à la pratique du canoë et à la baignade pour les plus courageux. Un sentier de randonnée suit la rive nord du lac Minnewanka que l'on peut aussi découvrir à l'occasion d'une croisière *(voir ci-dessous).*

Lake Minnewanka Cruise – *Lake Minnewanka Scenic Dr. - banffjaspercollection.com/attractions/lake-minnewanka-cruise - de mi-mai à mi-oct. - dép. ttes les heures ou demi-heures - horaires, se rens. - 65 $.* Possibilité de louer un kayak *(47 $ la première heure)* ou un canoë *(87 $ la première heure).*

La route passe par **Bankhead**, mine de charbon abandonnée au début du 20e s. Un sentier d'interprétation relate l'histoire du site.

★ Mont Norquay

À 8 km du centre-ville. 403 762 4421 - banffnorquay.com - navette gratuite à partir de nombreux hôtels de Banff.

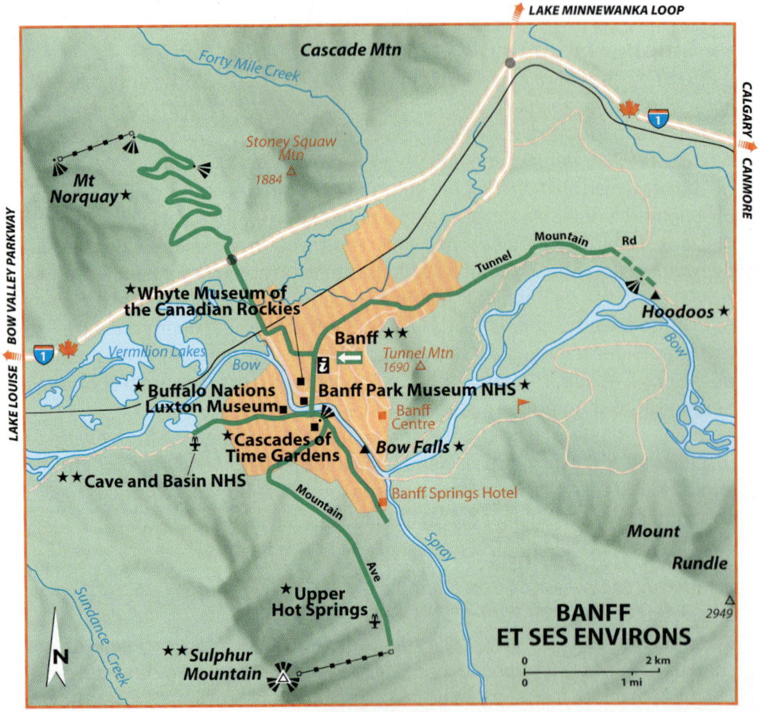

Une route sinueuse gravit le mont Stoney Squaw vers le télésiège du mont Norquay, offrant de remarquables **vues** sur la vallée de la Bow, le site de Banff, et en toile de fond, le pan incliné du **mont Rundle**. En hiver, les skieurs évoluent sur ses pentes.

Canmore EN DIRECTION

22 km au sud de Banff, route 1.

Tourism Canmore Kananaskis / Travel Alberta Canmore Information Centre – *2801 Bow Valley Trail, à proximité de la Transcanadienne - 403 678 5277 et 1800 252 782 - explorecanmore.ca.*

Ancienne petite ville minière logée au pied des Rocheuses, Canmore est très agréable à parcourir à pied et son centre-ville, ensemble ordonné de boutiques, cafés et petites auberges, moins encombré que celui de Banff. Elle est une destination prisée des sportifs. Les Jeux olympiques de Calgary (1988) ont favorisé son essor, entraînant la création de chambres d'hôtes, restaurants... et le développement d'activités de plein air (golf, randonnée, VTT, deltaplane, escalade, kayak et rafting). À proximité se trouvent cinq centres de ski alpin, des pistes de ski de fond. Au total, plus de 700 km d'itinéraires à parcourir en raquettes, ski et VTT ! Située dans la large vallée de la Bow, Canmore est également la porte vers le **Kananaskis**, réserve de l'Alberta très appréciée pour sa nature et ses activités récréatives, qui englobe la plupart des montagnes au sud-est de Canmore.

★ Bow Valley Parkway CARTES P. 160-161

Circuit de 48 km tracé en gris sur la carte p. 160. Dép. 5,5 km à l'ouest de Banff, route 1A.

Alternative à la rapide Transcanadienne, la pittoresque **route de la vallée de la Bow** était le seul moyen de se rendre de Banff à Lake Louise dans les années 1920. Elle serpente à travers les forêts d'arbres à feuilles persistantes le long de la rive nord de la Bow et offre des **vues★** sur la chaîne Sawback au nord-est – particulièrement les crénelures du mont Castle – et sur les sommets de la ligne de partage des eaux au sud-ouest. De nombreux belvédères présentent une interprétation de la géologie, de la flore et de la faune régionales. On aperçoit parfois ours noirs, cerfs et coyotes au bord de la route.

Au **canyon Johnston★★** *(17 km)*, un sentier goudronné, souvent en corniche, surplombe l'étroite gorge de calcaire et mène aux **chutes inférieures★★** *(env. 1 km)* et **supérieures★★** *(env. 1,6 km)*. Dans une prairie au-dessus du canyon sourdent les sources d'eau froide des « pots d'encre » *(6 km)*.

À Castle Junction, la route 93 mène vers Kootenay National Park (voir p. 195).

★★★ Lake Louise et ses environs CARTE P. CI-CONTRE

Plus petit et moins encombré que Banff, cet ancien poste isolé au bout de la voie ferrée du Canadien Pacifique fut fondé en 1890. Il se situe dans la partie centre-ouest du parc, célèbre pour ses pics glacés et ses étendues d'eau limpide. La Première Nation des Stoneys fit découvrir, en 1882, à **Tom Wilson**, membre de l'équipe chargée des relevés topographiques pour le futur chemin de fer, le fameux lac Louise qu'elle surnommait le « lac aux petits poissons ». Wilson le baptisa Emerald Lake en raison de sa couleur, mais le nom fut changé deux ans plus tard en Lake Louise, en l'honneur de la fille de la reine Victoria, épouse du gouverneur général du Canada. Après l'achèvement de la voie ferrée, le lac devint une étape appréciée et attira bientôt des alpinistes du monde entier, fascinés par les abruptes

1

falaises qui l'entourent. Aujourd'hui, le **Château Lake Louise**, imposant hôtel du Canadian Pacific achevé en 1925, trône élégamment près du lac.

Village de Lake Louise

Lake Louise Visitor Centre – *Voir « Carnet pratique » p. 187.* Ce centre d'accueil présente d'excellentes expositions sur l'histoire naturelle de la région et fournit nombre d'informations sur les circuits routiers, randonnées, curiosités locales... La petite station de Lake Louise est un carrefour situé à la sortie de la Transcanadienne. Elle est bien équipée avec notamment une clinique, une épicerie, une station-service, un bureau de poste, un guichet bancaire, un poste de la Gendarmerie royale du Canada, des restaurants, des cafés et des hôtels.

★★★ Lake Louise

À 4 km du village du même nom - www.banfflakelouise.com.

Enserré dans les puissantes montagnes qui forment la ligne de partage des eaux, caché dans une vallée suspendue au-dessus du large sillon de la Bow, ce magnifique lac glaciaire demeure l'un des points les plus célèbres des Rocheuses canadiennes. On aperçoit au loin le **glacier Victoria**, qui s'avançait autrefois jusqu'à l'emplacement actuel du Château Lake Louise. En se retirant, le glacier a laissé derrière lui un énorme barrage morainique (sur lequel fut bâti l'hôtel) qui bouche en partie la vallée, provoquant la formation d'un petit lac de montagne (2 km de long, 500 m de large, 75 m de profondeur, température maximale de 4 °C). En été, le fin limon glaciaire en suspension dans les eaux de fonte du lac réfléchit les rayons du spectre solaire et émet des nuées virant, selon la luminosité, du bleu-vert à l'émeraude.

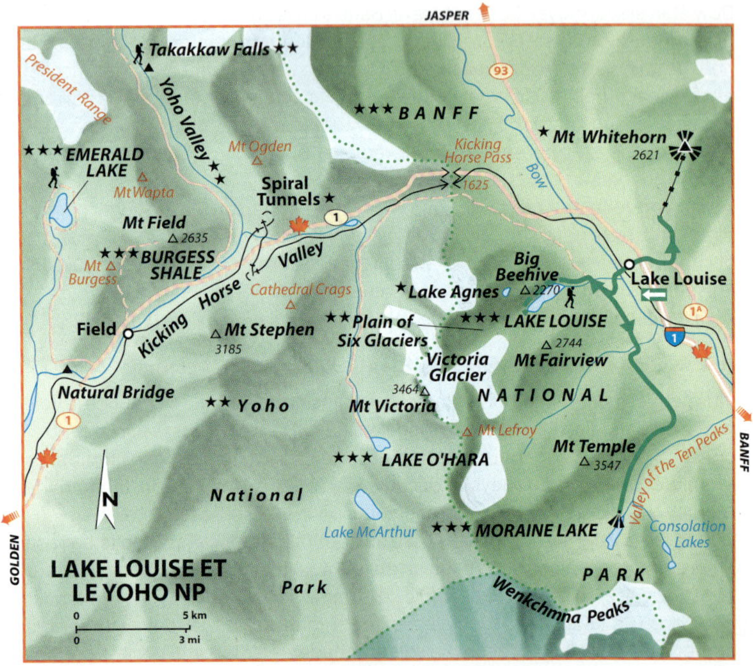

Canoës sur le lac Moraine, Banff National Park.
lucky-photographer/Getty Images Plus

L'extrémité du lac est dominée par le **mont Victoria** (3 464 m), flanqué à gauche de la paroi rocheuse du **mont Fairview** (2 744 m), et à droite du **Big Beehive** (« la grande ruche »), ainsi nommé en raison de sa forme arrondie.
Parmi les nombreux sentiers, l'un d'eux, de 2 km, longe la rive nord du lac. Deux randonnées mènent à des salons de thé : l'un sur le **lac Agnes★** *(14,5 km AR)* et l'autre à la **plaine des Six-Glaciers★★** *(5,5 km)*. L'escalade est une activité très couramment pratiquée autour du lac Louise *(rens. à l'hôtel Fairmont Chateau Lake Louise – voir « Nos adresses » p. 188 – et au centre d'accueil du parc).*

★ Mont Whitehorn

À 5 km du village. ✆ 1 877 956 8473 - www.skilouise.com - télécabine panoramique (14mn) - été : 9h-17h30 ; reste de l'année : se rens. - 62 $.
Du sommet (où se trouve un restaurant) se découvre un **panorama★★** spectaculaire sur la vallée de la Bow : au sud, les pics Wenkchemna et le mont Temple, et à l'ouest le lac Louise, niché sous le glacier Victoria.

★★★ Moraine Lake

À 13 km du village.
Ce joli lac jouit d'un **site** splendide composé d'un côté par la barrière aiguisée des pics Wenkchemna et de l'autre par l'épaisse forêt qui descend jusqu'à la rive. La route *(Moraine Lake Rd)* s'élève au-dessus de la vallée de la Bow et offre une **vue★★** impressionnante sur le **mont Temple** (3 549 m), puis sur les pics glacés des **Wenkchemna**, également appelés **Ten Peaks**.
Un court sentier mène à un éboulis qui barre l'extrémité nord du lac, d'où l'on profite de la meilleure **vue★** sur les alentours. Cet énorme amas de pierres proviendrait de l'éboulement d'une partie de la « Tour de Babel », sommet adjacent.

D'autres sentiers serpentent jusqu'à l'extrémité du lac Moraine et permettent d'accéder aux vallées et lacs avoisinants de l'arrière-pays.

À proximité

CARTES P. 160-161

Parcs provinciaux

★ Peter Lougheed Provincial Park

En Alberta, au sud-est de Banff National Park - accessible par les routes 40 et 142. ✆ 403 678 0760 - albertaparks.ca/parks/kananaskis/peter-lougheed-pp - Discovery & Information Centre : de déb. mai à mi-oct. : 9h-18h ; déc.-mars : 9h-16h15.

Notons en préambule que ce parc de 304 km² est traversé par la **Joffre Range★**, impressionnante barrière rocheuse comptant à son actif dix sommets de plus de 3 000 m ! Il se trouve en pleine **région des Kananaskis**, regroupement de parcs provinciaux gratuits situés au sud de Canmore. Dans le secteur nord du parc, le petit **Chester Lake★,** dominé par la silhouette de **Mount Chester** (3 054 m), révèle de superbes paysages. Beaucoup plus vaste, l'**Upper Kananaskis Lake**, au sud du parc, se prête à de fabuleuses randonnées à pied, à cheval ou à ski le long de ses rives.

★ Elk Lakes Provincial Park

Au sud-est de la Colombie-Britannique, à la frontière avec l'Alberta - contigu au Peter Lougheed Provincial Park - Visitor Centre : 750 Fording Dr., Elkford - ✆ 250 865 4015 - bcparks.ca/elk-lakes-park.

Plusieurs sentiers relient le Elk Lakes Provincial Park et le Peter Lougheed Provincial Park *(comptez 3 à 4h de marche).*

Plusieurs figures de la Première Guerre mondiale ont donné leur nom aux montagnes de ce parc. Vous découvrirez avec surprise **Mount Petain** et son énorme glacier, Mount Nivelle ou encore Mount Foch !

Le parc est surtout réputé pour **Lower Elk Lake** et **Upper Elk Lake,** deux lacs alpins aux eaux limpides qui font le bonheur des **pêcheurs**, mais aussi des **castors**. En hiver, il attire les mordus d'**escalade** sur glace qui s'en donnent à cœur joie en gravissant les **cascades gelées** du parc.

★ Height of the Rockies Provincial Park

Au sud-est de la Colombie-Britannique, contigu avec le Elk Lakes. ✆ 1 800 689 9025 - bcparks.ca/height-of-the-rockies-park.

Un sentier relie les Height of the Rockies et Elk Lakes Provincial Parks.

Aucune route ne pénètre dans ce parc de 542 km² où est autorisé le piégeage, mais formellement interdit tout mode de transport mécanisé : voiture, hélicoptère, motoneige et même VTT. Et pour cause : il a pour mission de protéger un fragile écosystème situé au nord et au sud de la **ligne de partage des eaux**.

Les amateurs de photo apprécieront le **Queen Mary Lake**, niché dans un cadre spectaculaire, avec en arrière-plan l'impressionnante **chaîne du Royal Group** et ses pics de plus de 3 000 m, un **lac suspendu** et pour couronner le tout, une **cascade** de plus de 300 m de hauteur ! À tout cela vient s'ajouter de très belles **observations animalières**, la région regorgeant de wapitis, couguars, chèvres et mouflons des Rocheuses.

Carnet pratique

S'informer

Banff National Parc Visitor Centre – *224 Banff Ave. - Banff - ✆ 403 762 1550.*
Lake Louise Visitor Centre – *Samson Mall, 201 Village Rd - Lake Louise - ✆ 403 522 3833.*
banfflakelouise.com et parcs.canada.ca/pn-np/ab/banff.

Se déplacer

Bus – Banff, Lake Louise et Canmore sont bien reliées à Vancouver et Calgary *(voir p. 168)*. Les bus locaux de **Roam Transit** *(roamtransit.com)* desservent la majorité des sites touristiques.
Se garer – Pour espérer se garer sans avoir à tourner inlassablement, il est impératif d'arriver sur place au plus tard à 9h30.

Agenda

Banff Summer Arts Festival – *De mai à fin sept. - www.banffcentre.ca.* Il donne l'occasion d'assister à des concerts et des spectacles de danse, d'opéra et de théâtre.

Nos adresses

Restauration

À Lake Louise

Pour se faire plaisir

Lake Louise Railway Station and Restaurant – *200 Sentinel Rd - ✆ 403 522 2600 - lakelouisestation.com - ♿ - fermé lun.-mar. - plats 30/60 $; menu 85 $.* La gare de Lake Louise, élégant bâtiment de rondins datant de 1910, accueille toujours les visiteurs puisqu'elle a été convertie en restaurant. Rénové dans le style Arts and Crafts, avec des photos anciennes et des objets ayant trait au chemin de fer, l'intérieur dégage une atmosphère prestigieuse et rétro. Les menus, composés de plats de brasserie (bison, saumon, poulet, quelques options végétariennes). Le wagon-restaurant de la Canadian Pacific de 1925 propose uniquement un menu pour le dîner. Pour l'authenticité, les trains de fret continuent de rouler bruyamment.

À Banff

Voir aussi « Prendre un verre ».

Pour se faire plaisir

Maple Leaf – *137 Banff Ave. - ✆ 403 760 7680 - www.banffmapleleaf.com - service continu - plats 28/79 $ (filet de bison).* La cuisine canadienne est servie dans une salle ornée de cèdre, de pierre et autres matières naturelles. Les convives se restaurent sous la surveillance d'une tête d'orignal. Parmi les spécialités régionales du déjeuner, on appréciera les paninis, les *fish & chips*, le bison, les burgers d'élan. Le menu du dîner propose des plats plus raffinés : poissons des mers, agneau, bœuf, bison. Également un menu enfant. Demandez une table à l'étage pour une meilleure vue et une atmosphère plus calme.

À Canmore

Premier prix

Communitea Cafe – *Angle de 10th St. et 6th Ave. - ✆ 403 678 6818 - thecommunitea.com - plats 16/22 $.* Ce café moderne et lumineux propose de quoi composer un petit-déjeuner sucré-salé sain et savoureux, qualités que l'on retrouve, en journée, dans les sandwichs, *wraps* et *bowls*, richement garnis. Pour changer des steaks...

Petite pause

À Lake Louise

Laggan's Mountain Bakery – *101 Village Rd - Samson Mall - ✆ 403 522 2017 - 7h-17h.* Cette boulangerie propose un en-cas à peu de frais : sandwichs, pâtisseries, muffins, gâteaux... Chacun se sert de café. Si l'on ne trouve pas de table, on peut franchir l'allée pour s'asseoir au bord de la Pipestone, qui coule derrière les arbres.

À Banff

Cows – *138 Banff Ave. - ✆ 403 760 3493 - cows.ca - 10h-22h.* Cette microchaîne de glacier fondée sur l'île du Prince-Édouard, tout à l'est du Canada, régale les touristes avec ses très (très) riches glaces... au brownie, *bubble gum, coconut cream pie* et autre *peanut butter*...

À Canmore

Electric Wolf Café – *610 8th St. - electricwolf.ca - 8h-17h.* Café(s), viennoiseries, cookies, sandwichs, mini-pizzas, scones... tout est bon, plutôt sain, et semble tout juste sorti du four.

Boire un verre

La région n'échappe bien sûr pas à la mode des microbrasseries. À Canmore, la vaste *taproom* de **Canmore Brewing** *(1460 Railway Ave. - canmorebrewing.com)* permet de se sociabiliser autour d'une large gamme de bières et de quelques snacks légers. Pour une ambiance pub et burgers, voyez **The Grizzly Paw** *(622 Main St. - thegrizzlypaw.com)*, géré par la brasserie éponyme. À Banff, **Banff Ave Brewing Co.** *(110 Banff Ave. - banffavebrewingco.ca)* a ouvert un pub où écouler sa Ride Or Dry (idéale en été) avec de solides burgers, pizzas et autres *mac & cheese*...

Activités

Randonnée, bicyclette, équitation, canoë, pêche, baignade (sauf à Yoho), promenades en bateau et sports d'hiver se pratiquent dans les quatre parcs nationaux.

Sur l'eau

Vous pouvez opter pour une balade avec un guide ou louer un canoë en autonomie. Le long des forêts silencieuses, vous aurez peut-être la chance de voir des orignaux, des cerfs, des ours ou des aigles.

Rocky Mountain Raft Tours – *Banff - ✆ 403 762 3632 - www.banffrafttours.com.*

The Banff Canoe Club – *À l'angle de Wolf St. et Bow Ave. - ✆ 403 762 5005 - banffcanoeclub.com - de déb. mai à fin sept. : canoë ou kayak 60 $/1h, 90 $/2h ; stand up paddle 30 $/h, 90 $/j.*

Voir aussi « Lake Minnewanka » p. 182.

Découverte de la vie sauvage

Les hôtels Fairmont Banff Springs et Fairmont Lake Louise *(www.fairmont.com)* proposent des guides naturalistes qualifiés pour découvrir la montagne, sa faune, sa flore, ses légendes et son histoire. Vous pouvez également faire appel à des agences spécialisées comme **Lutra** (*lutrawildlife.com*) ou **Discover Banff Tours** (*banfftours.com*).

Sports d'hiver

Ski de fond, alpin et de randonnée, patinage, traîneau à chiens et autres activités hivernales se pratiquent dans la région de Banff et Lake Louise de mi-nov. à mi-mai.

Ski de piste – Trois stations de ski se trouvent près de Banff :

Lake Louise – ✆ *877 956 8473 - www.skilouise.com.*
Sunshine Village – *1037 11th Ave. SW - ✆ 877 542 2633 - www.skibanff.com.*
Ski Banff Norquay – *2 Mt Norquay Rd - Banff - ✆ 403 762 4421 - banffnorquay.com.*
Ski de fond – 80 km de pistes s'étendent autour de Banff et un vaste réseau sillonne les parcs, notamment Kananaskis.
Canmore Nordic Centre Provincial Park – ✆ *403 678 2400 - albertaparks.ca/parks/kananaskis/canmore-nordic-centre-pp.* Il englobe le site des épreuves de ski de fond des Jeux olympiques de 1988 et comporte plus de 65 km de pistes. Location de skis, leçons et logement.

Randonnée à cheval

Banff Trail Riders – *138 Banff Ave. - Banff - ✆ 403 762 4551 ou 800 661 8352 - horseback.com.* Organise des circuits dans les zones désertiques des environs.

Cyclisme/VTT

Banff Adventures – *211 Bear St. - Banff - ✆ 403 762 4554 ou 800 644 8888 - www.banffadventures.com - 8h30-19h (20h en été) - réserv. obligatoire.* Location de tous types de vélos *(de 45/74 $/3h à 55/95 $/j selon le modèle choisi)* casque et carte fournis.

Culture

Mountain Galleries – *405 Spray Ave - Banff - ✆ 403 760 2382 ou (888) 310 9726 - www.mountaingalleries.com - 10h-18h, vend.-sam. 10h-22h.* Située dans le mythique Fairmont Banff Springs Hotel (1888), cette galerie met en avant l'art canadien sous toutes ses formes. Vous y découvrirez notamment de superbes œuvres sculptées inuites et des tableaux de collection.

Hébergement

Entre d'inabordables adresses de très haut standing et des tarifs qui s'envolent en haute saison, se loger à Banff et à Lake Louise relève de la gageure. Réservez au plus tôt ! Passez par les sites des offices de tourisme pour une liste actualisée des chambres d'hôtes et des B & B. Pensez aussi à Canmore, plus abordable.

À Lake Louise

Premier prix

HI-Lake Louise Alpine Centre – *203 Village Rd - ✆ 403 522 2201 ou 866 762 4122 - www.hihostels.ca - P ♿ - 58 lits 55/92 $/pers. ; ch. doubles 153/262 $ - ✕.* Les voyageurs non familiers des auberges de jeunesse seront surpris de l'aspect soigné de cet établissement aux poutres apparentes, ainsi que de ses prestations. Les dortoirs sont impeccables, mais le centre propose aussi des chambres privées. Les clients ont accès à une cuisine, une salle de lecture, une laverie, un sauna et un café avec Internet sans fil.

Une folie

Paradise Lodge and Bungalows – *105 Lake Louise Dr. - ✆ 403 522 3595 - www.paradiselodge.com - P ♿ - de mi-mai à fin sept. - 21 cabines et 23 suites à partir de 560 $.* Le charme indéniable de cette propriété classée située sur une parcelle boisée entre le fond de la vallée et Lake Louise attire une clientèle fidèle. Des jardins bien entretenus agrémentent les cabanes construites dans les années 1930, dont certaines arborent des plafonds voûtés et des baignoires à pieds griffus. Plus vastes, les suites dotées de cheminées offrent une meilleure vue ; certaines ont une cuisine sommairement équipée. Pas d'animaux domestiques.

1

Post Hotel & Spa – *200 Pipestone Rd - ✆ 403 522 3989 - www.posthotel.com - P ♨ ♿ - fermé avr., de fin oct. à fin nov. et de déb. à mi-déc. - 94 ch. 458/725 $ - ☕ 50 $ -* ✕. Situé à quelques pas du village, cet établissement chic borde les eaux tumultueuses de la Pipestone. Les chambres, spacieuses et élégantes, sont dotées de lits confortables et de luxueuses salles de bains ; toutes possèdent un balcon, beaucoup sont dotées d'un Jacuzzi et d'une cheminée.

☺ Si vos moyens vous le permettent, sachez que la station compte d'autres adresses historiques de standing : **The Lodge at Bow Lake** *(lodgeatbowlake.com)*, **Baker Creek Moutain Resort** *(bakercreek.com)* et, bien sûr, **Fairmont Chateau Lake Louise** (*fairmont.com - voir p. 165*).

À Banff

Premier prix

HI Banff Alpine Centre – *801 Hidden Ridge Way (à 2 km de la ville) - ✆ 403 762 4123 - hihostels.ca - ♿ - dortoir 40/80 $; ch. 250/350 $ avec et sans salle de bains.* Bienvenue dans la plus vaste auberge de jeunesse de la province ! Moderne, chaleureuse, grâce à l'omniprésence du bois, et très bien équipée (salon, cheminée, cuisines, jeux...), elle dispose de lits en dortoir, de chambres doubles et de confortables chalets.

Samesun Banff – *433 Banff Ave. - ✆ 403 762 4499 - samesun.com/banff-hostel - ♿ - dortoir 50/100 $ ☕.* Cet *hostel* situé au centre de la station est à la fois moderne, joliment décoré et bien pensé. Cuisine, laverie, bar et nombreuses activités *outdoor* proposées.

Une folie

Brewster's Mountain Lodge – *208 Caribou St. - PO Box 2286 - ✆ 403 762 2900 - www.brewstermountainlodge.com - P payant - ♿ - 77 ch. 281/662 $ ☕.* Le style « Ouest canadien » de cette hôtellerie moderne, située à deux pas de la rue la plus animée du centre-ville, saute aux yeux dès que l'on aperçoit sa silhouette de rondins écorcés. Un impressionnant escalier de bois mène aux chambres spacieuses et au décor rustique. Salle de fitness.

Buffalo Mountain Lodge – *700 Tunnel Mountain Rd - PO Box 1326 - ✆ 800 661 1367 ou 403 762 2400 - www.crmr.com - P - 108 ch. 377/777 $ -* ✕. Immense, l'établissement offre une retraite paisible. Les grandes chambres, au décor contemporain à base de bois, comprennent une cheminée et un balcon ou une terrasse.

☺ Parmi les autres prestigieuses adresses, citons l'historique **Fairmont Banff Springs** *(fairmont.com - voir p. 165).*

À Canmore

Une folie

Lamphouse by Basecamp – *610 8th St. - ✆ 587 807 6276 - basecampresorts.com/lamphouse - ♿ - à partir de 400 $ en été.* Ce motel, très joliment rénové, propose des chambres dans un style scandinave très réussi. Tout confort évidemment !

Parcs des Rocheuses - Yoho National Park ★★

Le plus petit parc des Rocheuses canadiennes (1310 km²) devrait son curieux nom à une expression en langue cree exprimant l'émerveillement devant la beauté de cette région, où les Autochtones installaient jadis leurs camps de chasse estivaux. Avec une enfilade de 28 sommets de plus de 3000 m, de parois rocheuses abruptes et de folles cascades, comment ne pas le croire? Rendez-vous incontournable des paléontologues du monde entier qui trouvent dans les schistes argileux de Burgess un théâtre d'étude exceptionnel, ce magnifique espace naturel en retrait des autres parcs des Rocheuses semble avoir miraculeusement échappé au tourisme de masse et offre une expérience plus intime de la nature. Il attire aussi les amateurs de sports d'altitude, notamment les fondeurs et les glaciéristes, Yoho leur offrant parmi les meilleurs parcours d'escalade de cascades de glace au monde.

Se repérer

Colombie-Britannique

CARTE D2 (P. 34-35) - CARTES DES PARCS DES ROCHEUSES (P. 160-161), DE LAKE LOUISE ET LE YOHO NP (P. 184).

La Transcanadienne fend le Yoho NP en diagonale et franchit le col Kicking Horse (1625 m). Ce dernier marque la ligne de partage des eaux et la frontière entre l'Alberta et la Colombie-Britannique et entre les parcs nationaux de Banff et de Yoho.

À ne pas manquer

Suivre le sentier menant au pied des Takakkaw Falls, au palmarès des plus hautes chutes du Canada!

Organiser son temps

En dehors de Field, au cœur même du parc, les villes les plus proches offrant tous les services sont Golden *(voir p. 156)* et Banff *(voir p. 179)*.

Carnet pratique p. 194

Nos adresses p. 194

1

Découvrir

CARTE P. 184

Field

Field se trouve dans l'étroite **vallée du Kicking Horse** dont la traversée du col, au 19ᵉ s., permit d'ouvrir la Colombie-Britannique au reste du Canada par voie de chemin de fer. Elle doit son pittoresque nom de « col du cheval qui rue » à un incident dont **James Hector**, géologue de l'expédition Palliser (1857-1860), fit les frais. Assommé par son cheval, le pauvre homme était resté si longtemps inconscient que ses hommes, le croyant mort, avaient failli l'enterrer...

Seul village à l'intérieur du parc, cette sympathique bourgade montagnarde en est inévitablement le pivot central. Vous y trouverez de quoi vous loger, vous restaurer et faire le plein, relativement loin des hordes de vacanciers peuplant les grands centres touristiques des Rocheuses.

★ Spiral Tunnels

À 9 km de l'entrée nord-est du parc. Points de vue accessibles par la route de mi-juin à mi-oct. - parcs.canada.ca/pn-np/bc/yoho/culture/kickinghorse/visit/spirale-spiral.

La vue des tunnels étant partiellement obstruée par les arbres, mieux vaut vous munir d'une paire de jumelles, sinon, vous risqueriez fort d'être déçu !

Lorsqu'en 1884 la voie ferrée franchit le col, elle descendait droit vers la vallée du Kicking Horse par une pente à 4,5 %, ce qui occasionna plusieurs déraillements. C'est pourquoi deux **tunnels en spirale**, inspirés d'un ingénieux système de pente graduelle employé en Suisse, furent construits en 1909, et permirent de réduire la dangereuse inclinaison de la voie ferrée à 2,2 %.

Un belvédère situé sur la Transcanadienne, à quelques kilomètres à l'est de Field, présente des panneaux d'interprétation retraçant l'histoire de ces deux tunnels du Canadian Pacific. De ce point de vue, on aperçoit l'orifice du **tunnel inférieur** creusé dans le **mont Ogden** et, de la voie d'arrêt située à environ 2 km sur la route de la vallée du Yoho, on peut voir le **tunnel supérieur** (991 m), creusé dans le **mont Cathedral**. Aujourd'hui encore, entre 25 et 30 trains empruntent quotidiennement les tunnels. Et c'est évidemment lors du passage de l'un d'eux que vous pourrez saisir l'ingéniosité de ces ouvrages d'art.

★★ Route de la vallée du Yoho

À 13 km de la Transcanadienne. Route d'accès en lacet, caravanes interdites.

Logée entre le mont Field et le mont Ogden, la charmante vallée du Yoho est accessible par une route escarpée dotée d'un point de vue sur le confluent du Yoho et du Kicking Horse. Vers la fin de son parcours, la route fait face au pic et au glacier Yoho, flanqués à droite de superbes chutes.

★★ **Takakkaw Falls** – En dévalant la falaise qui domine la vallée du Yoho, le torrent d'eau de fonte du **glacier Daly** forme un long jet vertical, visible de la route et coupé d'un seul rebond. Un sentier goudronné mène au pied de ces chutes, qui comptent parmi les plus hautes du Canada (254 m).

★★★ Burgess Shale

Compter 8 km AR jusqu'aux lits de trilobites du mont Stephen (sur réserv. de juin à fin sept. - dénivelé : 795 m - 92 $) et 22 km AR jusqu'aux schistes argileux de Burgess (sur réserv. de juil. à fin sept. - dénivelé : 825 m - 118 $). Ces deux randonnées ardues par des sentiers escarpés prennent la journée. La fragilité des gisements fossilifères rend l'accompagnement par un guide obligatoire - infos et réserv. sur : parcs.canada.ca/pn-np/bc/yoho/activ/burgess ou auprès de The Burgess Shale Geoscience Foundation (250 343 6006 ou 1 833 340 7408 - www.burgess-shale.bc.ca).

Au nord de Field, le site fossilifère du **mont Field** (2 635 m) recèle des traces de vie pluricellulaire vieilles de quelque 540 millions d'années. D'une incomparable valeur géologique et biologique, ces restes fossilisés d'**animaux marins à corps mou** donnent plus que tout autre site au monde une vue d'ensemble extrêmement complète de la vie marine au début de l'évolution.

C'est en 1886 qu'un employé du Canadian Pacific découvrit de remarquables lits de trilobites sur le **mont Stephen** (3 185 m). Quelques années plus tard, en 1909, le paléontologue **Charles Walcott** trouva sur le mont Field un rare fossile d'invertébré dans un morceau de schiste argileux, et se rendit compte de la présence d'une couche fossilifère exceptionnelle. Walcott passa trois étés à excaver le site.

Chutes de Takakkaw, Yoho National Park.
Spondylolithesis/Getty Images Plus

Depuis sa mort, d'autres chercheurs ont pris la relève et travaillent sur ce site par intermittence. Les sentiers menant aux schistes de Burgess offrent des **vues**★★ splendides sur Emerald Lake et la chaîne President.

1

★★★ Emerald Lake

8 km à partir de la Transcanadienne.

La route du lac offre, depuis une aire de stationnement, des vues sur un **pont naturel** creusé dans le calcaire par le Kicking Horse. Les écoulements glaciaires de la **chaîne President**, au pied de laquelle il se situe, lui ont donné cette belle couleur émeraude qui lui valut le nom choisi par Tom Wilson en 1882 *(voir p. 183)*. Le **site** est agréable, dominé au nord-est par le **mont Stephen** et à l'ouest par la **chaîne Van Horne**.

5 km. Un joli **sentier** fait le tour du lac. À l'extrémité sud-est, sur fond de mont Burgess, se dresse **Emerald Lake Lodge** ancien chalet du Canadian Pacific transformé en hôtel. Au nord-est, se distingue la silhouette du **mont Wapta**.

Après le détour par Emerald Lake, la Transcanadienne suit la pittoresque **gorge inférieure** du torrentueux Kicking Horse jusqu'à sa jonction avec la Columbia et la ville de **Golden** *(voir p. 156)*.

★★★ Lake O'Hara

13 km à l'est de Field par la Transcanadienne.

Service de navette au départ du parking situé entre Lake Louise et Field de mi-juin à déb. oct. à 8h30 et 10h30; retour 9h30, 11h30, 14h30, 16h30 et 18h30 - 8 $ AS - réserv. obligatoire sur : parcs.canada.ca/pn-np/bc/yoho/activ/randonnee-hike/ohara - 1877 737 3783 - sur tirage au sort en haute saison compte tenu de la forte affluence : s'y prendre quelques mois à l'avance.

Niché dans un cadre féerique de vallées suspendues, de forêts subalpines et de majestueuses falaises, ce lac scintillant aux eaux turquoise pourrait bien être le plus beau trésor caché des Rocheuses...

Carnet pratique

S'informer

Yoho National Park Visitor Centre et Filed Visitor Information Centre – *En bordure de la Transcanadienne (Hwy 1), à Field - ✆ 250 343 6783 - parcs.canada.ca/pn-np/bc/yoho.*
field.ca.

Nos adresses

Restauration

À Field

Premier prix

The Siding Café – *318 Stephen Ave. - ✆ 250 343 6002 - thesidingcafe.ca - fermé le soir et de mi-sept. à déb. juin - moins de 20 $.* Construit en 1915 par le Canadian Pacific, ce bâtiment historique servit tour à tour de maison particulière, de magasin de souvenirs, de restaurant, d'épicerie et même de station radio ! Point focal de la minuscule communauté de Field (moins de 200 habitants), il accueille désormais un café des plus convivial proposant au menu une alléchante variété de soupes et salades, paninis, burgers, desserts sucrés et boissons chaudes et froides en tous genres.

Hébergement

Le parc national compte plusieurs campings pour lesquels il convient de réserver au plus tôt *(parcs.canada.ca/pn-np/bc/yoho/activ/camping).*

À Field

À Field, l'essentiel de l'offre est constitué de chambres chez l'habitant, petites pensions ou B & B. *field.ca/accommodation.*

Une folie

Emerald Lake Lodge – *1 Emerald Lake Rd - ✆ 250 343 6321 ou 800 663 6336 - www.crmr.com -* P *♿ - wifi limité - 85 ch. 310/783 $ -* ✕. Encadré par de grands espaces vierges, idéal pour les escapades en montagne, l'établissement trône sur les hauteurs de l'un des plus pittoresques lacs de la région. Les vastes chambres aménagées dans les chalets, dotées d'une entrée privée, arborent cheminée de pierre et mobilier en pin. Prenez vos repas dans le bâtiment principal ou à l'un des sympathiques cafés des berges du lac. L'hôtel propose des activités d'été et d'hiver ainsi qu'une navette gratuite pour la station de ski de Lake Louise.

Près du Lake O'Hara

Une folie

Post Hotel & Spa – *200 Pipestone Rd.* *Voir p. 190.*

Parcs des Rocheuses - Kootenay National Park ★★

Situé sur le versant occidental de la ligne de partage des eaux, le parc le plus aride des Rocheuses canadiennes est un véritable creuset de diversité avec des d'écosystèmes allant de la toundra alpine aux forêts de sapins en passant par des vallées semi-arides plantées ici et là de cactus et des forêts de cèdres rouges typiques des zones humides de l'Ouest. Tout de feu et de glace, ses paysages composent un décor sans cesse renouvelé : pics glacés, étroits canyons aux eaux rugissantes, fantomatiques forêts calcinées. Victimes de la foudre, celles-ci montrent déjà des signes de régénération, illustrant la ronde infinie du cycle de la vie.

Se repérer

Colombie-Britannique

CARTE D3 (P. 34-35) - CARTES DES PARCS DES ROCHEUSES (P. 160-161).

La route 93, dite « Kootenay Parkway », traverse le parc de Castle Junction (au nord) à Radium Hot Springs (au sud). À Castle Junction se croisent les routes 1 (Transcanadienne), 93, 1A (Bow Valley Parkway) et la ligne de chemin de fer du CPR.

À ne pas manquer

Les eaux turquoise et glaciales de Marble Canyon.

Organiser son temps

Comptez une journée pour découvrir les curiosités le long de la Kootenay Parkway. Attention ! aucune station d'essence avant Radium Hot Springs.

En famille

Après avoir crapahuté toute la journée, prélassez-vous ensemble dans des eaux atteignant 37 à 40 °C.

Carnet pratique p. 197

Nos adresses p. 197

1

Découvrir

CARTES P. 160-161

De Castle Junction aux sources Radium

Circuit de 94 km tracé en bleu clair sur la carte p. 160.

Cette **route**★★ pittoresque quitte la Transcanadienne au lieu-dit **Castle Junction**, situé dans le parc de Banff tout proche. Elle ne pénètre véritablement dans le Kootenay National Park qu'à hauteur du **col Vermilion** (1650 m), sur la crête des Rocheuses. Celui-ci marque, à la fois, la limite des parcs nationaux Banff et Kootenay, et la frontière provinciale entre l'Alberta et la Colombie-Britannique.

★ Marble Canyon

17 km au sud-ouest de Castle Junction.

3,2 km AR. Un sentier en sous-bois mène à une étroite gorge calcaire dans laquelle s'engouffrent les eaux du **Tokumm** avant de se jeter dans le Vermilion. Des panneaux fournissent des explications sur les affleurements de marbre blanc du canyon et sur les autres curiosités rencontrées en chemin, dont un **pont naturel.**

Paint Pots

Env. 3 km au sud-ouest de Marble canyon. *Un sentier de 1,5 km AR mène à ces petites mares qui se remplissent ou s'assèchent en fonction des précipitations.* Formés par l'accumulation d'oxyde de fer autour des décharges de trois **sources minérales froides★**, ces étranges **lits d'ocre** jaune orangé intense furent activement exploités au début du 20e s., puis peu à peu abandonnés. Aujourd'hui encore, les **Premières Nations** vénèrent cet endroit où leurs ancêtres kootenays, stoneys et pieds-noirs venaient puiser ce colorant naturel pour dessiner des peintures corporelles lors d'importants rituels, décorer leurs tipis et leurs vêtements, ou encore dessiner sur les rochers...

Le site des Paint Pots marque le point de départ de l'une des randonnées les plus difficiles du parc : le **Rockwall Trail** *(boucle de 54 km AR - dénivelé : 3 400 m - nécessite 3 à 4 j. - à faire de mi-juil. à déb. oct. - réserv. obligatoire auprès de Parks Canada).* Cet immense monolithe de calcaire, qui culmine à plus de 900 m au-dessus du sentier, franchit trois cols alpins et révèle d'exaltants paysages composés de glaciers suspendus, de ruisseaux et de chutes impressionnantes. Prudence vis-à-vis des ours !

La route suit la **vallée du Vermilion** jusqu'à son confluent avec le Kootenay. Au km 89, un belvédère offre une **vue★** panoramique sur la **vallée du Kootenay**, immense et boisée, avec la **chaîne Mitchell** sur son flanc ouest. Après avoir franchi le col Sinclair (1486 m), la route rejoint la **vallée du Sinclair★**, bordée de falaises rouges nommées **Iron Gates** en raison de l'oxyde de fer qui les colore.

★ Radium Hot Springs

3 km au nord-est du village de Radium Hot Springs. ✆ 250 347 9485 ou 1800 767 1611 - www.hotsprings.ca - ♿ - 8h30-22h - 17,50 $.

Ces eaux chaudes (de 37 à 40 °C) alimentent un complexe thermal. Leur teneur en minéraux est moins forte que celle des autres sources des Rocheuses. La grande piscine principale, adossée à la paroi du canyon, borde le Sinclair.

Radium Hot Springs.
Victoria Ditkovsky/Shutterstock

On traverse bientôt le **canyon du Sinclair★**, où deux murailles abruptes enserrent la route comme dans un étau, pour atteindre l'entrée sud du parc.

À proximité

CARTES P. 160-161

★★ Mount Assiniboine Provincial Park

Env. 35 km au sud de Banff. bcparks.ca/mount-assiniboine-park.
Aucune route ne dessert ce magnifique parc Unesco qui jouxte le Kootenay National Park. Les randonneurs confirmés le gagneront par conséquent à pied *(soit 27,5 km de marche) via* **Briant Creek** et le **col Assiniboine**. Solution de repli : se faire déposer en hélicoptère au **Lake Magog Lodge** *(rens. ✆ 403 678 2883 - assiniboinelodge.com).* Particulièrement fréquenté par les mordus d'**escalade** et de **ski de fond**, ce parc se distingue par ses nombreux pics de plus de 2 700 m, ses **reliefs karstiques,** ses **prairies alpines** dominées par le **mont Assiniboine** (alt. 3 618 m), ses lacs scintillants et ses cours d'eau propices à la pêche à la truite.

Carnet pratique

S'informer

Kootenay National Park Visitor Centre – *7556 Main St. E, Radium Hot Springs - ✆ 250 347 9505 - ♿ - parcs.canada.ca/pn-np/bc/kootenay.*

Radium Hot Springs Visitor Information Centre – *Même adresse que ci-dessus - ✆ 1 888 347 9331 - radiumhotsprings.com.*

1

Nos adresses

Restauration

À Radium Hot Springs

Budget moyen

Old Salzburg Restaurant – *Sur la Hwy 93 - 2 km à l'ouest de l'entrée du parc - ✆ 250 347 6553 - oldsalzburgrestaurant.com - fermé le midi - plats 25/37 $.* Ambiance chalet autrichien. Laissez-vous tenter par un *schnitzel* et des *spätzle* au fromage faits maison, avec pour dessert un *apple strudel* suivi d'un redoutable « Austrian Kiss », café à la crème de cacao, cointreau et advocaat.

Hébergement

À Radium Hot Springs

Pour se faire plaisir

Radium Elk Park B & B – *4943 Saddle Wood Lane - ✆ 250 347 9522 - www.radiumelkparkbnb.com - ▤ 🅿 - 2 ch. 220 $ ☕ et 1 suite 464 $ ☕ (2 nuits mini).* Vous apprécierez le côté *cocooning* de ce sympathique B & B après une dure journée de randonnée dans le parc. Préférez une chambre avec cuisinette et terrasse, et attendez-vous à un petit-déjeuner hors pair ! Dehors, vous croiserez peut-être une biche et son faon ou quelques mouflons des Rocheuses...

Rocheuses de Kootenay ★

Kootenay Rockies

Le Kootenay prend sa source dans les Rocheuses, sillonne le sud-est de la Colombie-Britannique, traverse le parc national du même nom, et descend vers les États-Unis avant de remonter au Canada. Il forme alors un lac ceinturé par les pics glacés des monts Selkirk et Purcell puis rejoint la Columbia à Castlegar. Cette région très particulière abrite un joli paysage de montagnes boisées et de vallées fertiles couvertes de champs cultivés et de vergers. Des sites historiques et patrimoniaux reflètent son passé minier et l'époque des chemins de fer qui, aujourd'hui encore, empruntent de pittoresques tunnels en spirale.

Se repérer

Colombie-Britannique

CARTE D3 (P. 34-35).

Les Rocheuses de Kootenay s'étendent de la frontière de la Colombie-Britannique et de l'Alberta, à l'est, au-delà du lac Kootenay, à l'ouest. Du nord au sud, elles démarrent des environs de Revelstoke et de Golden jusqu'au nord du Montana, aux États-Unis, qu'elles englobent.

Organiser son temps

La région des Rocheuses de Kootenay regroupe 4 parcs nationaux et 75 parcs provinciaux, de quoi s'occuper pendant plusieurs jours !

En famille

La locomotive à vapeur de Fort Steele Heritage Town, le petit train de Kimberley Underground Mining Railway, le SS *Moyie*, plus ancien bateau à aubes au monde.

Découvrir

CARTE P. 34-35

★ Fort Steele Heritage Town D3

16 km au nord-est de Cranbrook. ✆ 250 417 6000 - www.fortsteele.ca - de mi-juin à déb. sept. : 9h30-16h ; reste de l'année : se rens. - tarif, se rens.

Niché dans un joli **site** au pied des Rocheuses, ce parc présente un exemple de **communauté minière** de la fin du 19e s., typique de la région. Son déclin définitif fut signé lorsqu'en 1898, le chemin de fer préféra passer par Cranbrook. Sauvé de l'abandon par le gouvernement provincial qui entreprit sa restauration, l'ensemble s'anime à nouveau. Au centre d'accueil des visiteurs, une présentation historique de la région met en perspective le site, dominé par une grande roue de bois qui pompait l'eau d'infiltration des galeries de mine. L'établissement le plus intéressant est l'ancien **hôtel**. On verra aussi les **quartiers de la Police montée** ainsi que l'unique bâtiment d'origine et ses expositions sur le régiment. Assistez aussi aux spectacles du **Wildhorse Theatre**, montez dans un ancien train à vapeur ou prenez la diligence. Des acteurs costumés incarnent d'anciens habitants de Fort Steele, tandis que des cafés et boutiques vendent divers articles et aliments des années 1890, de la salsepareille aux caleçons longs en laine !

De Galbraith's Ferry à Fort Steel

Les prospecteurs sont venus ici pour chercher de l'or. Quand, en 1864, ils en découvrirent dans la vallée du Wild Horse, une petite localité nommée **Galbraith's Ferry** se forma au confluent du Kootenay, près de la boutique du passeur John Galbraith. La vie était parfois violente à Galbraith's Ferry. En 1886, une vive tension entre mineurs et le peuple kootenay fut stoppée par un détachement de la police montée, sous les ordres de **Sam Steele** (1849-1919). Quand le conflit fut apaisé, les policiers regagnèrent leurs casernes à Fort Macleod, laissant à la ville son nom de **Fort Steele**.
De nouvelles découvertes minières dans les dernières années du 19e s. drainèrent une activité intense dans la région. Il fallut construire une route jusqu'à la capitale d'alors, New Westminster. Un ingénieur anglais, **Edgar Dewdney**, en dirigea les travaux. La route 3, qui suit aujourd'hui son tracé tortueux entre les montagnes, porte encore son nom.

Kimberley D3

43 km à l'ouest de Fort Steele par les routes 95 et 95A.

Kimberley Visitor Centre – *270 Kimberley Ave. - ✆ 778 481 1891 - tourismkimberley.com.*

Kootenay Rockies Tourism – *1905 Warren Ave. - kootenayrockies.com.*

Première ville du Canada à posséder et gérer sa propre centrale solaire appelée **SunMine**, cette ancienne ville minière est peu à peu devenue une destination touristique prisée, avec ses parcours de golf, son parc, ses festivals l'été et sa station de ski. La place principale, **Platzl**, où se trouvent boutiques et cafés, revêt une tournure de village alpin bavarois.

Kimberley Alpine Resort – *À 10mn du centre-ville - ✆ 1 800 258 7669 - skikimberley.com.* Grâce à un enneigement assuré et selon certains, l'une des meilleures poudreuses du continent nord-américain, cette station dispose de 68 pistes de ski et 5 remontées mécaniques. L'affluence y reste néanmoins, pour le moment, moins importante que dans les stations plus cotées des Rocheuses.

Fort Steel Heritage Town.
Melba/age fotostock

1

Kimberley Underground Mining Railway – *111 Gerry Sorensen Way - ✆ 250 427 7365 ou 250 427 0022 - kimberleysundergroundminingrailway.ca - de mi-mai à fin juin : w.-end ; fin juin-déb.sept. : lun., jeu.-dim. - visites guidées à 11h, 13h et 15h - 40 $; petit tour en train à 10h - 20 $.* À bord de ce petit train, vous plongerez dans le monde souterrain de la fameuse **mine Sullivan**, célèbre pour son exceptionnel gisement de plomb et de zinc, découvert en 1893 et qui fut exploité jusqu'en 2001. Dotée d'énormes compresseurs du début du 19e s. qui fournissaient de l'air comprimé aux mineurs et aux machines du fond, elle dévoile aussi d'intéressants bâtiments de surface : école, maison de mineur, etc.

Nelson D3

234 km à l'ouest de Kimberley.

Nelson Visitor Centre – *91 Baker St. - ✆ 250 352 3433 - discovernelson.com.*

À mi-chemin de la vallée lacustre, ce centre minier a su admirablement conserver les traces de son passé : plus de 350 bâtiments et demeures du 19e s. et du début du 20e s. ont été restaurés. Ceux qui ont vu le film *Roxanne* de Steve Martin, tourné ici en 1984, ont pu apprécier le charme rétro de la bourgade.

Bon à savoir – Durant l'été 2024, la vallée de Slocan, au nord de Nelson *(par la route 6)*, a été touchée par d'importants incendies.

Kaslo D3

66 km au nord de Nelson.

Kaslo Visitor Centre – *324 Front St., sur le site du SS Moyie - ✆ 250 353 2525 - visitkaslo.com.*

Bourgade ancienne située sur les rives du lac, elle connut la prospérité il y a un siècle, car c'est d'ici que les propriétaires des mines d'argent expédiaient le minerai. Ses rues bordées d'arbres, ses demeures et églises admirablement conservées ainsi que le site incomparable la rendent très attirante.

SS Moyie National Historic Site – *Au bord du lac, sur Front St. - ✆ 250 353 2525 - www.klhs.bc.ca - 2e sem. mai à 2e sem. oct. : lun.-vend. 9h-17h (dernière dép. à 16h15) ; se rens. pour les w.-ends - 14 $.* C'est le dernier bateau à aubes du lac Kootenay, et le plus ancien de ce type au monde en parfait état de conservation ! À l'apogée de son activité, au début du 20e s., il transportait passagers, marchandises et minerai d'argent jusqu'à la gare de Creston. Lorsqu'il a cessé de naviguer en 1957, les habitants de Kaslo ont lancé sa restauration. Ses boiseries d'acajou, ses cuivres et ses ornements raffinés (jusqu'à la feuille d'or qui décore une frise du pont supérieur) brillent de mille feux. Les cabines, les quartiers de l'équipage et la cale ont conservé leur aspect de 1920. Sur le rivage, la reconstitution d'une cabane de prospecteur fait apparaître par contraste la dureté de l'existence des mineurs.

De multiples ressources

La région du **lac Kootenay** est riche en attractions touristiques et naturelles. Le lac même est célèbre pour ses **truites arc-en-ciel**, certaines atteignant 15 kg ! Côté paysages, la région est gâtée, comme en attestent les pics glacés des monts **Purcell** et **Selkirk** qui l'entourent. Autour de **Creston**, au sud du lac, **parcelles céréalières** et **vergers** caractérisent le paysage agricole. Les environs du **col Crow's Nest** recèlent certains des plus riches gisements de charbon d'Amérique du Nord, tandis que plus à l'ouest, plomb, cuivre, zinc et argent sont traités à l'impressionnante fonderie de **Trail**.

Waterton Lakes National Park ★★

Vous voici arrivé au point de convergence entre Rocheuses et Prairies, à l'angle sud-ouest de l'Alberta. Situé hors de la zone des Parcs des montagnes Rocheuses canadiennes telle que l'a définie l'Unesco, ce merveilleux espace naturel fait partie du vaste parc international de la Paix, constitué également du Glacier National Park, qui se trouve de l'autre côté de la frontière, au Montana. Abritées par des vallées en auge, les étendues cristallines des lacs Waterton sont encadrées de splendides paysages escarpés, sculptés par l'érosion et le mouvement des glaciers, et composés de pics acérés, moraines, pâturages et forêts. L'âme des Blackfoot plane au-dessus de ces lieux magiques...

Se repérer

Alberta

CARTE D3 (P. 34-35).

Les lacs de Waterton se trouvent dans le sud-ouest de l'Alberta, près de la frontière avec la Colombie-Britannique. Prenez la route 2 de Calgary à Lethbridge. La ville de Waterton se trouve au centre du parc.

À ne pas manquer

La randonnée mythique de Crypt Lake.

Organiser son temps

Dans le parc, peu d'activités fonctionnent de la fin de l'automne au début du printemps.
Waterton recèle de nombreuses possibilités d'hébergement et de restauration.

En famille

L'enclos des bisons près de l'entrée du parc.

1

Découvrir

Bon à savoir – Gravement touchée par un incendie en 2017 (35 000 ha ravagés, dont 19 303 ha dans le parc), la zone offre des paysages contrastés. La végétation reprend peu à peu ses droits et les infrastructures ont, quant à elles, été reconstruites. Renseignez-vous avant de vous engager sur les sentiers.

Waterton Lakes National Park Visitor Centre – *✆ 403 859 5133 ou 1 888 773 8888 - parcs.canada.ca/pn-np/ab/waterton - 8h-19h.*

Ancien fief des **Blackfoot**, ces montagnes furent explorées en 1858 par Thomas Blakiston, avec l'expédition Palliser, qui donna aux trois principaux lacs (supérieur, moyen et inférieur) le nom du naturaliste anglais du 18e s. **Charles Waterton**. Quelques années plus tard, le premier puits de pétrole de la future province Alberta fut mis en service, mais le gisement ne s'avéra pas rentable. La région fut déclarée parc national en 1895.

Waterton

Bâtie sur les alluvions du ruisseau Cameron, près du détroit de Bosphore qui sépare le lac supérieur et le lac moyen, cette petite station occupe un **site★★** ravissant dominé par le **mont Richards** et le **mont Bertha**, dont les flancs sont striés par

Randonnée jusqu'à Crypt Lake

Voici, à en croire le *National Geographic*, l'un des 20 plus beaux sentiers de randonnée au monde ! Si le beau temps est de la partie, tentez cette aventure mythique. Après la traversée du lac Waterton en bateau, vous arrivez au départ du sentier. Celui-ci s'élance vaillamment à travers la **forêt**, et suit les contours d'un **canyon** spectaculaire creusé par l'**Hell Roaring Creek**, puis dévoile une impressionnante cascade appelée **Crypt Falls**. Pour traverser le très étroit **tunnel naturel**, l'un des clous de la randonnée, il faut emprunter une **échelle** qui n'est pas des plus rassurantes... puis il faut se tenir bien fort à une **chaîne** fixée à la paroi rocheuse dominant un ravin. Après plus de 3h, arrive enfin la récompense : turquoise et scintillant, le lac glacial se dévoile dans toute sa beauté. Il est temps d'admirer le paysage environnant avant de reprendre le long chemin du retour...

17,2 km AR - dénivelé : 700 m - 6 à 8h - niveau difficile. Navette Waterton Shoreline Cruise Co. au dép. de la marina de Waterton - ✆ 403 859 2362 - www.watertoncruise.com - de fin juin à déb. sept. : dép. 8h30 et 9h, retour 15h30 et 17h30 ; juin et de déb. sept. à déb. oct. : dép. 9h, retour 17h30 - traversée : 15mn - 32 $ AR.

des couloirs d'avalanche. De l'autre côté du lac supérieur, qui se prolonge dans le Montana par les montagnes de la chaîne Lewis et Clark, se dressent le **pic** et la **crête Vimy**. Derrière la ville, on aperçoit les **chutes du Cameron**.

Croisière panoramique – *Waterton Shoreline Cruise Co. - ✆ 403 859 2362 - www.watertoncruise.com - dép. de Waterton Marina de fin juin à déb. sept. - horaires, se rens. - AR 2h15 - 85 $.* En été, le bateau mène à l'extrémité sud du lac, aux États-Unis, et fait une courte escale à **Goat Haunt**, aux portes du Glacier National Park. Il donne l'occasion d'observer la faune sauvage.

★ Buffalo Paddock

400 m au nord de l'entrée du parc. Circuit de 3 km.

Un petit troupeau de **bisons** paît dans un vaste enclos au pied des Rocheuses. Le **site** est pittoresque, avec les monts Bellevue et Galway en arrière-plan.

★★ Cameron Lake

À 17 km de Waterton par l'Akamina Parkway.

La route passe devant les vestiges du **Lieu historique national du Premier puits de pétrole de l'Ouest canadien** *(parcs.canada.ca/lhn-nhs/ab/puits-well)*, foré en 1902 par l'entrepreneur John Lineham (évènement qui déclencha l'un des premiers booms pétroliers albertains), puis monte jusqu'au joli site du lac, logé au creux d'un ancien cirque glaciaire au pied de la crête montagneuse marquant la ligne de partage des eaux. De l'autre côté du lac qui, comme le lac Waterton, chevauche la frontière, se dressent à droite le **pic Forum** et à gauche le **mont Custer**.

★ Red Rock Canyon

À 19 km de Waterton. Tourner à gauche après le pont sur le ruisseau Blakiston.

La route jusqu'au petit canyon offre de jolies **vues★** des montagnes environnantes.

2 km. Un **sentier de découverte** permet de longer l'étroite gorge qui doit son nom à la couleur grenat de la roche, témoin de la présence d'oxyde de fer.

Red Rock Canyon.
bgsmith/Getty Images Plus

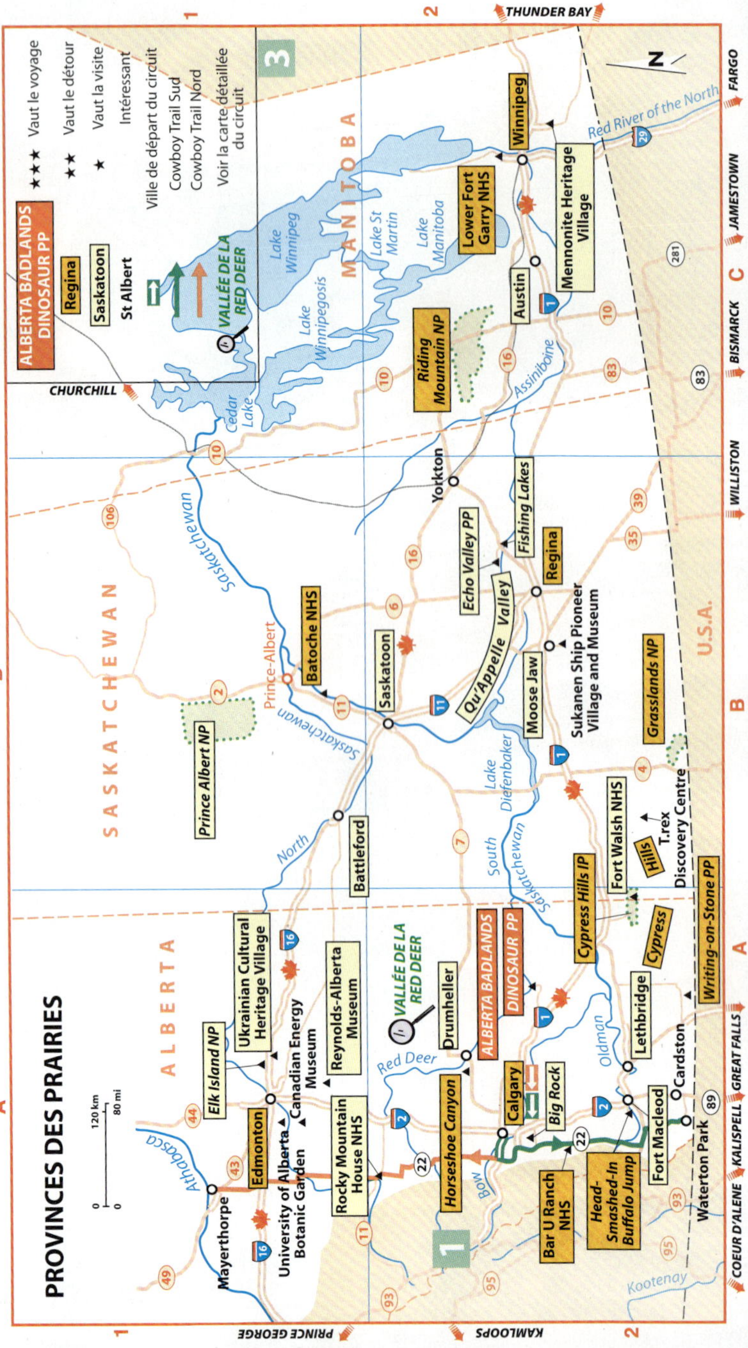
PROVINCES DES PRAIRIES
0 120 km
0 80 mi
ALBERTA BADLANDS DINOSAUR PP
Regina
Saskatoon
St Albert
★★★ Vaut le voyage
★★ Vaut le détour
★ Vaut la visite
Intéressant
Ville de départ du circuit
Cowboy Trail Sud
Cowboy Trail Nord
Voir la carte détaillée du circuit
VALLÉE DE LA RED DEER
THUNDER BAY
CHURCHILL
PRINCE GEORGE
KAMLOOPS
COEUR D'ALENE
KALISPELL
GREAT FALLS
WILLISTON
BISMARCK
JAMESTOWN
FARGO
ALBERTA
SASKATCHEWAN
MANITOBA
U.S.A.
Mayerthorpe
Edmonton
Elk Island NP
Ukrainian Cultural Heritage Village
University of Alberta Botanic Garden
Canadian Energy Museum
Reynolds-Alberta Museum
Rocky Mountain House NHS
Horseshoe Canyon
Drumheller
ALBERTA BADLANDS DINOSAUR PP
Calgary
Big Rock
Bar U Ranch NHS
Head-Smashed-In Buffalo Jump
Fort Macleod
Cardston
Waterton Park
Lethbridge
Cypress
Writing-on-Stone PP
Cypress Hills IP
Fort Walsh NHS
Hills
T.rex Discovery Centre
Battleford
Prince Albert NP
Prince-Albert
Batoche NHS
Saskatoon
Moose Jaw
Sukanen Ship Pioneer Village and Museum
Grasslands NP
Qu'Appelle Valley
Echo Valley PP
Fishing Lakes
Regina
Yorkton
Riding Mountain NP
Austin
Lower Fort Garry NHS
Mennonite Heritage Village
Winnipeg
Lake Winnipeg
Lake Winnipegosis
Lake St Martin
Lake Manitoba
Cedar Lake
Lake Diefenbaker
Athabasca
Red Deer
Bow
Oldman
South Saskatchewan
North Saskatchewan
Saskatchewan
Assiniboine
Red River of the North
Kootenay
1
2
3
A
B
C

2

Provinces des Prairies

CARTES MICHELIN REGIONAL N° 585 ET N° 583

Calgary★★ 213

Fort Macleod★ 230

Cypress Hills★★ 235

Badlands de l'Alberta★★★ 239

Edmonton★★ 245

Prince Albert National Park★ 255

Saskatoon★ 257

Regina★★ 265

Moose Jaw★ 271

Riding Mountain National Park★★ 275

Winnipeg★★ 277

Churchill★★ 292

Grand angle sur les provinces des Prairies

L'**Alberta**, la **Saskatchewan** et le **Manitoba** forment ce que l'on appelle les provinces des Prairies, vastes plaines cultivées et peu peuplées du Canada central. La platitude du modelé, à peine bosselé, est cependant rompue çà et là par des **vallées fortement encaissées** qui abritent les formes sculptées des Badlands de l'Alberta et de la Saskatchewan.

Trois grands plateaux

Malgré la variété insoupçonnée de leurs paysages, les provinces des Prairies tiennent leur nom des vastes étendues herbeuses d'Amérique du Nord où évoluaient jadis en toute liberté d'immenses troupeaux de **bisons**, chassés par les **peuples autochtones des Plaines**. Peu de pâturages ont survécu, tels ceux de la Saskatchewan et du Manitoba, aujourd'hui protégés.

« Marches » des Prairies

Les Prairies forment un plateau légèrement incliné qui s'élève progressivement de l'est (240 m à Winnipeg) vers l'ouest (1050 m à Calgary) en trois paliers : le premier s'achève par l'**escarpement du Manitoba** (altitude maximale 831 m) ; le deuxième se termine par le **coteau du Missouri**, dont les 879 m sont visibles depuis Moose Jaw ; le troisième prend fin au pied des **Rocheuses**. Quelques vallonnements rompent la **platitude du paysage**, tandis que les rivières dessinent un relief en creux caractéristique. Les Prairies sont interrompues par de nombreuses chaînes de collines au nord, par les Cypress Hills *(voir p. 235)* et la vallée de la Pembina au sud.

Sud-Ouest semi-aride

La frange méridionale de l'Alberta et de la Saskatchewan est une zone relativement aride d'herbe rase. Elle se compose de riches pâturages qui ont contribué à faire de la région, et plus particulièrement des Cypress Hills et de la vallée de la Pembina, la seconde zone d'élevage du pays derrière les Cariboo.

Croissant céréalier

Au nord des terres arides se trouve une riche région agricole, plus arrosée, où l'herbe poussait jadis à hauteur d'homme. C'est aujourd'hui le **grenier à blé du Canada**, la « Prairie », où des fermes modèles parsèment d'immenses exploitations de blé, orge, colza et lin.

Le parc des forêts de trembles

La majorité de la population des trois provinces se concentre au nord des grands **espaces céréaliers**, sur un territoire en forme de croissant qui marque la transition entre la prairie et la forêt boréale. Les bosquets de trembles parsèment le paysage et l'agriculture mixte y prospère.

Forêt boréale et toundra

Le **Bouclier canadien** s'étend sur près de la moitié de la surface totale des trois provinces. Amalgame de roches précambriennes, de forêts et d'un essaim de lacs, cette région nord, encore sauvage, est marquée par de petites communautés autochtones. Vaste étendue de neige en hiver, la **toundra** située sur les bords de la baie d'Hudson, dans le nord du Manitoba, se couvre en été d'un tapis de **busseroles rouge vif**, et autres plantes et fleurs subarctiques qui lui confèrent une beauté saisissante.

Climat

Cette région connaît un climat rude et fortement **continental**. Les hivers sont généralement longs et rigoureux, les étés courts et chauds. Les précipitations sont faibles, parfois sous forme de **blizzard** en hiver et de violentes **pluies d'orage** en été. L'**ensoleillement** est fort toute l'année, particulièrement en juillet, le mois le plus chaud et le plus sec. Au sud-ouest, l'hiver est adouci par le **chinook**, vent chaud du Pacifique qui traverse les Rocheuses et peut, en quelques heures, faire remonter les températures et fondre la neige.

Une société multiculturelle

Les peuples autochtones des Plaines

Les **Assiniboines**, **Pieds-Noirs**, **Crees**, **Gros-Ventres** et **Sarcees** vivaient de la chasse au bison qui leur permettait d'élaborer le **pemmican** (mélange nutritif de viande séchée réduite en poudre, de graisse animale et parfois de baies d'amélanchier) qui pouvait se garder un an. La peau servait à la confection des vêtements (décorés de franges, et par la suite, de perles)et recouvrait les fameux **tipis**, tentes coniques à mâts de bois (pouvant atteindre 12 m).
Ces tribus nomades se déplaçaient à pied en petites bandes isolées, et utilisaient des **travois** (assemblage de perches fixées aux flancs d'un chien et, dès le milieu du 18e s., d'un cheval) pour transporter leurs effets personnels. Elles suivaient les **troupeaux de bisons** tout l'été, chassant les animaux à l'arc ou les poussant vers des enclos ou des précipices, puis se dispersaient en hiver. Elles se retrouvaient au printemps pour attendre le retour des bisons et célébrer la **danse du Soleil**.
L'apparition successive du **cheval** (introduit par les Espagnols), du **fusil** et des **colons** bouleversa cette vie. Rivalités et **guerres entre tribus** devinrent plus meurtrières à mesure que les marchands de fourrures leur fournissaient armes et munitions. Dès les années 1880, les grands troupeaux de bisons avaient disparu, victimes d'un véritable **massacre** et des clôtures posées par les agriculteurs. Réduits à la famine et peu à peu dépossédés de leurs terres par les colons, les peuples autochtones des Plaines se virent contraints de s'installer dans des **réserves**.

Les trappeurs

Le **commerce lucratif des peaux** incita les Français à établir les premiers postes permanents sur le continent au 17e s., et à en explorer l'intérieur. Dans la perspective d'éviter le long voyage en canoë entre le lac Supérieur et Ville-Marie (aujourd'hui Montréal), deux marchands, **Pierre Radisson** et **Médard Chouart des Groseilliers**, proposèrent de transporter les fourrures vers l'Europe plus rapidement et moins coûteusement, par la **baie d'Hudson**. Ne trouvant pas de capitaux français pour arriver à leurs fins, ils convainquirent les

Une erreur d'appréciation

En 1857, une expédition scientifique fut ordonnée par le gouvernement britannique afin d'étudier les possibilités de colonisation des Prairies. **John Palliser**, qui la dirigeait, déclara la région impropre à la culture, sans envisager le développement de l'irrigation, qui permet désormais son exploitation, et sans reconnaître la valeur nutritive des herbages naturels.

Anglais et leur roi Charles II du bien-fondé de leur projet. Partis de Londres à bord du *Nonsuch* en juin 1668, les deux hommes revinrent à bon port l'année suivante, munis d'un précieux chargement de fourrures. La **Compagnie de la baie d'Hudson** (CBH) doit sa création au succès de cette expédition : en 1670, une charte royale octroyait au « Gouverneur et à la Compagnie des aventuriers » le monopole de la traite sur la **Terre de Rupert**, immense territoire drainé par les fleuves se jetant dans la baie où furent rapidement établis des **comptoirs**.

Premier Européen à explorer l'intérieur de cette vaste région, **Henry Kelsey** traversa le nord du Manitoba et de la Saskatchewan au début des années 1690. Menacé par les contacts de Kelsey avec les Autochtones, **La Vérendrye** établit en 1730 les premiers comptoirs français des Plaines. Lors de son voyage pour la CBH à travers l'Alberta en 1754, **Anthony Henday** vit les Français si bien implantés dans les Prairies qu'il recommanda à la compagnie d'établir des comptoirs à l'intérieur des terres. Cependant, la chute de la Nouvelle-France en 1759 semblant réduire la menace, la suggestion de Henday ne fut pas adoptée.

Fondée par des Écossais établis à Montréal, la **Compagnie du Nord-Ouest** fut, vers la fin du 18e s. et le début du 19e s., une concurrente acharnée de la CBH, entraînant des rivalités qui prirent fin en 1821 avec la fusion des deux compagnies.

Les Métis et la création du Manitoba

Un nouveau groupe ethnique dut son existence au commerce des fourrures. Issus de **femmes autochtones** et de **coureurs des bois** français (qui pratiquaient le commerce indépendant des fourrures), et plus tard de marchands écossais et anglais, les Métis formaient un peuple à part : pour la plupart catholiques et francophones, semi-nomades, ils chassaient le bison et vendaient leur pemmican aux négociants de fourrures. L'arrivée des colons sur la **rivière Rouge** en 1812 représenta la première atteinte à leur mode de vie. En 1870, le nouveau Dominion du Canada racheta la Terre de Rupert à la Compagnie de la baie d'Hudson et procéda à son arpentage, traçant les lots des futurs colons sans tenir compte des terres déjà occupées par les Métis. Inquiets, ceux-ci se regroupèrent sous l'autorité de **Louis Riel**, jeune homme de 25 ans revenu

Les silos élévateurs

Près de 900 silos élévateurs traditionnels en bois, rectangulaires, coiffés d'un toit pointu et généralement peints de couleurs vives, ponctuent encore l'horizon des Prairies. Construits à partir des années 1800 le long de la voie de chemin de fer, ils permettaient de stocker les céréales à une vingtaine de mètres de sol avant leur expédition. Le caractère très explosif de la poussière de céréales ainsi que l'évolution des matériaux, de la mécanisation et du commerce ont entraîné l'abandon de ces greniers à grains à la fin des années 1920. La communauté d'**Inglis**, dans le Manitoba, associée à Parcs Canada, a pu faire classer en **lieu historique national** la dernière rangée complète de silos. Cinq d'entre eux, désaffectés depuis 1995, ont été convertis en écomusée *(Railway Avenue, Inglis - juin : w.-end 12h-18h ; de juil. à déb. sept. : 10h-18h, dim. 12h-18h ; reste de l'année : sur RV - ✆ 204 564 2243 - www.ingliselevators.com).*

Silo à grains dans le sud du Manitoba.
mysticenergy/Getty Images Plus

au pays après avoir reçu une solide éducation au collège de Montréal. Il s'empara de **Fort Garry**, créa un gouvernement provisoire et présenta au gouvernement fédéral la « liste des droits » revendiqués par les Métis. Le gouvernement céda : en juillet 1870, la nouvelle province du **Manitoba** (« l'esprit qui parle »), dotée d'une assemblée élue, fut créée ; les propriétés des Métis furent reconnues, et la tenue des actes officiels et des procès en deux langues, le français et l'anglais, adoptée. Les Métis obtinrent donc gain de cause, mais une péripétie de la rébellion fut lourde de conséquences : au cours de la prise de Fort Garry, Riel avait fait quelques prisonniers ; l'un d'eux, **Thomas Scott**, jeune Ontarien, fut si provocant que, pour faire un exemple, Riel le fit condamner à mort. Élu au Parlement à plusieurs reprises, Riel ne put jamais siéger à Ottawa en raison de ressentiment de l'Ontario. Finalement exilé aux États-Unis, il fit reparler de lui quinze ans plus tard *(voir encadré p. 260)*.

Une mosaïque humaine

Après la cession de la Terre de Rupert par la Compagnie de la baie d'Hudson au gouvernement, il fallait encore négocier avec les peuples indigènes : des traités furent signés en 1877, lesquels n'empêchèrent pourtant pas la rébellion du nord-ouest en 1885. Il s'agissait aussi de procéder à la distribution des terres : par le **Dominion Lands Act** de 1872, les nouveaux venus recevaient des lots de 65 ha dont ils devenaient officiellement propriétaires au bout de trois ans, à condition d'y avoir construit une ferme et cultivé une partie du sol. Pour assurer la loi et le maintien de l'ordre, fut créée, en 1873, la **Police montée du Nord-Ouest**. Enfin, la construction du **Canadian Pacific Railway**, commencée en 1881, eut de très fortes répercussions sur le peuplement des Prairies. De 150 000 habitants à l'achèvement du chemin de fer (1885) ; le territoire comptait 1,5 million d'habitants moins de trente ans plus tard. 1905 vit la création des provinces de l'**Alberta** et de la **Saskatchewan**. Le gouvernement de **Wilfrid Laurier** ne ménagea pas ses efforts pour attirer les immigrants, proposant des terres « gratuites » et finançant en partie le voyage.

Le mythe du cowboy

La formation de la nation canadienne est intimement liée à l'expérience de la « Frontière », période charnière où les colons venus de l'Est partirent à la conquête des Prairies. De cette époque demeure, dans l'imaginaire collectif, l'image d'un cowboy fier, viril et protecteur, véhiculée notamment par le légendaire **Peter Knight** (1903-1937), plus grand cowboy de l'histoire du fameux Stampede de Calgary *(voir p. 220)*. Mais la réalité se révèle beaucoup plus sombre : celle d'une vie de labeur dans des conditions climatiques souvent très dures et sous la menace constante des bêtes sauvages, des voleurs de bétail et des attaques des communautés autochtones. Encore vénérée, la culture cowboy perdure en Alberta, à travers la tenue vestimentaire, les rodéos, la danse et les musiques country et folk, longtemps incarnée par **Ian Tyson** (1933-2022), « cowboy chantant » le plus populaire du Canada. En parcourant le **Cowboy Trail** *(voir p. 222)*, vous aurez maintes occasions d'observer les cavaliers et leurs montures au milieu des troupeaux, et de découvrir le folklore de l'Ouest albertain.

Ils vinrent nombreux du Canada de l'Est, des États-Unis et d'une Europe surpeuplée où la révolution industrielle avait provoqué un exode massif. Les colons européens, pour la plupart **hongrois**, **ukrainiens** ou **scandinaves**, formèrent de petites communautés conservant leur langue et leurs traditions. Aux huttérites et mennonites de langue allemande, aux doukhobors d'origine russe persécutés en Europe vinrent s'ajouter catholiques, protestants, orthodoxes, juifs, mormons et, à partir de 1915, réfugiés politiques d'horizons divers. Tous participèrent à la formation d'une société multiculturelle.

Les Prairies aujourd'hui

Une terre de culture et d'élevage

Entre 1876 et 1915, le paysage des Prairies changea de physionomie. L'avènement des **chemins de fer transcontinentaux** ouvrit les Plaines à la colonisation, jouant ainsi un rôle primordial dans leur mise en valeur agricole, notamment grâce à l'introduction en 1842 du Red Fife, une variété de blé adaptée aux particularités de ce territoire. Aujourd'hui, les terres agricoles de l'Alberta, et de la Saskatchewan dans une moindre mesure, représentent l'une des plus vastes zones de **culture céréalière** du monde. Si la production de blé reste largement majoritaire, on y cultive aussi orge, seigle, avoine, colza et lin. L'économie de ces deux provinces repose également sur l'**élevage bovin**, porcin et l'aviculture ainsi que sur les industries liées au secteur : agroalimentaire, matériel agricole, engins de transport...

Un riche sous-sol

De la découverte du **charbon** en 1869 à Lethbridge en Alberta, à l'extraction du **nickel** depuis les années 1960 à Thompson dans le Manitoba, le sous-sol des provinces des Prairies a livré de nombreuses ressources.
L'Alberta, qui produit une part importante des **hydrocarbures** et du **gaz naturel** canadiens, est aujourd'hui critiquée pour sa très polluante exploitation du **pétrole de schiste** *(voir encadré p. 219)*. La Saskatchewan, premier producteur mondial de **potasse** (utilisée comme fertilisant), fournit aussi du **sulfate de sodium**, de l'**or** et de l'**uranium**, tandis que le sous-sol du Manitoba abrite **zinc**, **cadmium** et **cuivre**.

Carnet pratique

S'informer

Offices de tourisme

Travel Alberta – *1601 9 Ave. SE Unit 400 - Calgary - ✆ 403 648 1000 - travelalberta.com.*

Manitoba – *21 Forks Market Rd - Winnipeg - ✆ 204 927 7800 ou 1 800 665 0040 - travelmanitoba.com.*

Tourism Saskatchewan – *189, 1621 Alberta St. - Regina - ✆ 1 877 237 2273 - tourismsaskatchewan.com.*

Sites des gouvernements provinciaux

Alberta – *alberta.ca*

Manitoba – *gov.mb.ca*

Saskatchewan – *saskatchewan.ca*

Sites Internet des parcs

Alberta – *albertaparks.ca*

Manitoba – *gov.mb.ca/sd/parks*

Saskatchewan – *parks.saskatchewan.ca*

Se déplacer

« Transports intérieurs », p. 577.

En avion

Principaux aéroports

Voir le « Carnet pratique » de chaque ville.

Principales compagnies aériennes

Westjet – *✆ 1 888 937 8538 - www.westjet.com.* Assure les liaisons dans les Prairies.

Flair Airlines – *✆ 1 833 711 2333 - flyflair.com.* Compagnie *low cost* basée à Calgary.

Calm Air – *✆ 1 800 839 2256 - www.calmair.com.* Propose des vols réguliers pour Churchill au départ de Winnipeg.

Air North – *✆ 1 800 661 0407 - flyairnorth.com.* Relie les Prairies au Yukon.

En train

Via Rail – *www.viarail.ca.*
VIA Rail assure un service régulier sur la ligne Toronto-Winnipeg-Saskatoon-Edmonton-Jasper-Vancouver.

En autocar

Rider Express *(riderexpress.ca)* dans le Manitoba, Saskatchewan, Alberta et Colombie-Britannique, **Red Arrow** *(redarrow.ca)* et **Ebus** *(myebus.ca)* en Alberta.

En voiture

État des routes – *511.alberta.ca ; hotline.gov.sk.ca ; manitoba511.ca.*

Informations utiles

Heure locale

L'Alberta vit à l'heure des Rocheuses, le Manitoba à celle du Centre. La plus grande partie de la Saskatchewan vit à l'heure du Centre toute l'année, et se trouve ainsi à l'heure de l'Alberta l'été, à celle du Manitoba l'hiver. Certaines localités frontalières préfèrent s'aligner toute l'année sur l'heure de la province voisine.

Carte des fuseaux horaires, p. 568.

Loi sur les alcools

Âge légal pour la consommation d'alcool : 18 ans en Alberta et au Manitoba, 19 ans en Saskatchewan. Vente d'alcool dans les magasins d'État et certains détaillants autorisés au Manitoba et en Saskatchewan ; en Alberta, vente d'alcool exclusivement dans les magasins d'État. Dans les régions reculées du nord, vente d'alcool dans les épiceries autorisées.

Loi sur le tabac

L'achat de tabac est interdit aux moins de 18 ans dans les trois provinces.

Jours fériés provinciaux

Fête de la Famille – Alberta et Saskatchewan : 3e lun. de fév.
Jour de Louis Riel – Manitoba : 3e lun. de fév.
Jour civique – Alberta, Manitoba et Saskatchewan : 1er lun. d'août.

Activités

Sports de plein air

L'abondance de lacs et de cours d'eau permet la pratique de nombreux **sports nautiques** : bateau, voile, canoë, ski nautique et baignade. La Saskatchewan est renommée pour les **descentes de rapides** en canot pneumatique, notamment sur la rivière Clearwater. L'Alberta propose des excursions en rafting d'une demi-journée à plusieurs jours. Les **descentes en canoë** sur la rivière Churchill, qui traverse la Saskatchewan et le Manitoba, sont très populaires. Dans les nombreux parcs nationaux et régionaux des Prairies se pratiquent l'été **toutes sortes de sports** : randonnée, cyclisme, équitation et camping ; l'hiver : ski de fond, ski de descente, raquette et motoneige.

Pêche

Le nord du Manitoba et le nord de la Saskatchewan sont renommés pour leurs gîtes accessibles par avion. La région du lac La Ronge, en Saskatchewan, est très réputée pour la pêche sportive. Le permis requis pour la pêche ou la chasse s'obtient dans la plupart des magasins de sport. Des guides gratuits procurent tous les renseignements sur les règlements de pêche.

Observation animalière

Les trois provinces des Prairies promettent des rencontres palpitantes avec la faune locale. Ainsi, le vaste réseau de parcs provinciaux et zones récréatives de l'**Alberta** accueille quelque 587 espèces de mammifères et d'oiseaux à observer, si possible, en mai-juin.
Le Parc national des Prairies, en **Saskatchewan**, accueille plus d'une vingtaine d'espèces en péril, sans parler des stars : chiens de prairie à queue noire, putois d'Amérique, iguanes à petite corne ou encore bisons des plaines.
Enfin, le **Manitoba**, en raison de sa topographie particulière, recèle une faune variée allant du faucon pèlerin, oiseau le plus rapide au monde, aux couleuvres rayées, en passant par le célèbre **ours polaire,** plus grand carnivore terrestre que l'on peut observer en se rendant à Churchill *(voir p. 292)*.

Hébergement

Chambres d'hôte et hôtels sont nombreux sur les itinéraires fréquentés. Possibilité de **vacances à la ferme** dans les trois provinces. L'Alberta dispose de nombreux ranchs d'accueil avec randonnées équestres et camping pour cavaliers de tous âges et de tous niveaux.
Dude Ranchers'Assn – duderanch.org.

Calgary ★★

Jeune et dynamique, multiculturelle et quelque peu déconcertante, la « capitale des cowboys » se révèle chaque année à l'heure du Stampede et de son cortège de rodéos, de danses et de parades, attirant des milliers de spectateurs. Derrière cette image d'Épinal se cache une autre ville, celle d'une forêt de gratte-ciel dominée par la vertigineuse silhouette de la Bow Tower, qui témoigne du poids de l'industrie pétrolière et gazière sur cet ancien avant-poste aux confins de l'Ouest et de son rang de place financière d'envergure mondiale. En flânant dans ses quartiers anciens et le long de la rivière Bow, où la nature s'invite, on prend la mesure du chemin parcouru par cette ville qui s'affiche fièrement en haut des classements mondiaux en matière de qualité de vie.

Se repérer

1481466 habitants – Alberta

CARTE A2 (P. 204) - PLAN (P. 214) - CARTE DU COWBOY TRAIL (P. 223).

Calgary est située au sud d'Edmonton, dans les contreforts des Rocheuses, sur le tracé de la Transcanadienne.

À ne pas manquer

L'excellent musée Glenbow ; la vue du haut de Calgary Tower ; le Studio Bell ; une balade le long de Stephen Avenue.

Organiser son temps

Comptez deux jours minimum pour apprécier la ville. Si vous prévoyez d'assister au Stampede, prenez-vous y un an à l'avance. Succès oblige !

En famille

Telus Spark Science Centre ; Heritage Park ; le parc préhistorique du zoo de Calgary ; le Bar U Ranch National Historic Site.

Carnet pratique p. 226

Nos adresses p. 227

2

Calgary.
M. Wheatley/All Canada Photos/age fotostock

Découvrir

PLAN CI-DESSOUS

★★ Downtown

Le cœur de la ville s'étire d'ouest en est, sur la rive sud de la rivière Bow. Au pied de la célèbre et un brin rétro **Calgary Tower** *(voir p. 216)*, le quartier des boutiques, des banques et des compagnies pétrolières est hérissé de nombreux gratte-ciel, dont la fameuse tour du **Suncor Energy Centre**, en marbre brun, qui abrite le siège de **Petro-Canada**. Un réseau de **passerelles aériennes** relie les grands magasins, permettant ainsi aux clients de faire leurs courses tout en échappant à la rigueur du froid hivernal. Côté ouest se trouve le quartier d'affaires : le **Royal Bank Centre**, le **Scotia Centre** et le **Toronto Dominion** (TD) **Square**, **The Bay** et **Eaton's**. Parmi les curiosités « cachées » au cœur de ce labyrinthe de béton, ne manquez pas les **Devonian Gardens**★ *(317 7 Ave. SW, au 4e niveau du CORE Shopping Centre - ✆ 403 268 2489 - calgary.ca/devo - ♿ - entrée par Eaton's, ou, après fermeture des magasins, par un ascenseur à l'entrée de TD Square, sur 8th Ave. - 10h-18h, dim. 12h-17h - gratuit)* nichés entre les tours noires du TD Square. Cet espace de verdure d'un hectare abrite sous ses grandes verrières obliques quelque 20 000 plantes tropicales qui en font un petit coin de paradis inattendu.

www.calgary.ca/planning/projects/downtown.html. Pour en savoir plus sur les nombreux projets urbanistiques en cours dans Downtown qui accompagnent la création de la nouvelle Green line du C-Train.

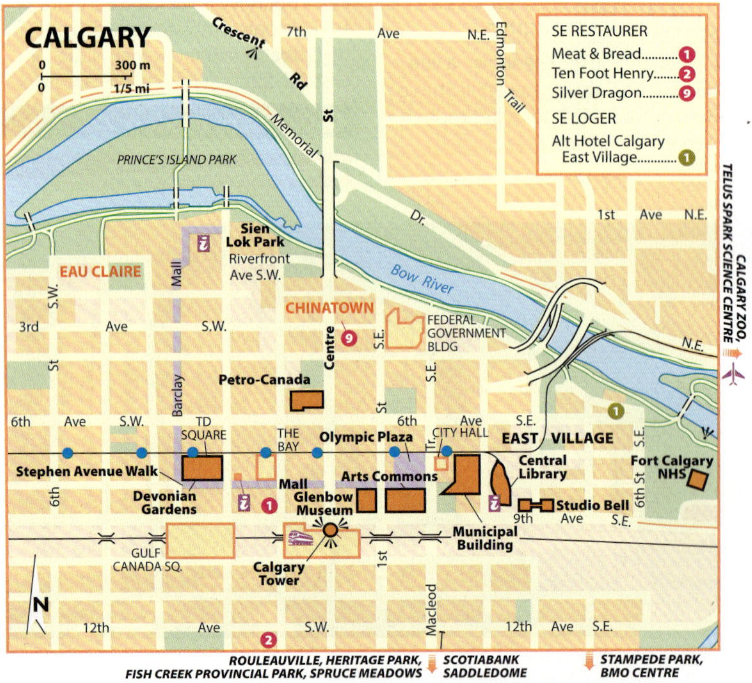

★★ Stephen Avenue Walk

8th Ave. entre 1st St. SE et 4th St. SW.

Très tendance et particulièrement animée, cette pittoresque **rue** partiellement **piétonne** mérite qu'on s'y attarde. Elle constitue en effet le cœur du **centre historique** de Calgary, avec ses nombreux édifices en grès du 19e s. et du début du 20e s., souvent convertis en boutiques et salons de thé. Parmi eux, on notera, au nº 131 de la 8th Ave. SW, le magasin **T.C. Power & Bro.** (1885), seul et unique bâtiment en bois ayant survécu à l'incendie de 1886 ; l'**Alberta Hotel** (1888-1906), au 804 1st St. SW ; et l'**Allen Palace Theatre** (1921), au 219 8th Ave. SW.

Le quartier historique s'étend aussi sur les rues adjacentes avec, par exemple, la **Cathedral Church of the Redeemer** (1905), au 218 7th Ave. SE ; l'**Oddfellows' Temple** (1921), loge maçonnique au 517 Centre St. SW ; et la **Dominion Bank** (1911), au 200 8th Ave. SE.

C'est à l'extrémité est de Stephen Ave. Walk, sur le quadrilatère arboré de l'**Olympic Plaza**, que l'on remettait les médailles lors de J.O. de 1986. Les habitants de Calgary viennent y patiner en hiver et prendre le frais près de la fontaine en été. Promise à un vaste programme d'aménagement, cette place est entourée d'édifices remarquables et d'institutions de premier ordre. Ainsi en est-il du **Municipal Building** (1985), siège du gouvernement local, où se pressent quelque 2 000 employés. Sa silhouette d'aluminium et de verre aux reflets bleutés descend en cascade vers un atrium. Il contraste avec le magnifique bâtiment néoroman (1911) de l'**ancien hôtel de ville★**, rénové en 2020. Au sud de la place, un bel ensemble de bâtiments en brique abrite l'**Arts Commons** (ex Centre for the Performing Arts), consacré aux arts du spectacle et promis à une prochaine rénovation et extension.

★★ Glenbow Museum

Convention Centre - 130 9th Ave. SE - ✆ 403 268 4101 - www.glenbow.org - ♿ - fermé jusqu'en 2026 ; expositions temporaires au The Edison (150 9th Ave. SW).

Bientôt hébergé au sein d'un édifice considérablement modernisé, ouvert sur Stephen Ave. et coiffé d'un *rooftop* végétalisé, le plus grand musée de l'Ouest canadien passe en revue toute l'histoire de l'Alberta. La richesse de ses collections permanentes d'art et d'histoire se déploie à travers quatre grandes thématiques.

★ **Picturing the Northwest : Historical Art from Glenbow's Collection** – Remarquable collection de toiles de **Carl Rungius** (1869-1959), peintre animalier allemand venu à la fin du 19e s. croquer la nature de l'Alberta, et intéressantes œuvres illustratives ou topographiques d'explorateurs et artistes itinérants du 19e s. et du début du 20e s., ainsi que des tableaux et sculptures inuits de 1940 à 1975.

Mavericks : An Incorrigible History of Alberta – La statue d'un cheval cabré en fil barbelé illustre à merveille la thématique de cette section consacrée à ceux et celles dont l'audace, l'ambition et la résilience ont forgé l'histoire albertaine. On y découvre des destinées exceptionnelles comme celle d'un certain **John Ware** (1845-1905), ancien esclave né sur une plantation de Caroline du Sud, qui devint le premier cowboy et rancher noir de la province.

Niitsitapiisinni : Our Way of Life – Malgré le non-respect par le gouvernement des modalités du fameux **Traité nº 7**, qui allait ultimement confiner son peuple à une parcelle infime de son ancien territoire, **Crowfoot** (1830-1890), chef des Siksika appartenant à la confédération des Pieds-Noirs, aura fait honneur à son nom en demeurant jusqu'au bout un artisan de la paix. Cette exposition lui rend hommage et honore l'histoire millénaire des peuples autochtones des Plaines de l'Alberta.

2

★ **New Sun Gallery of Aboriginal Art and Culture** – Découvrez la diversité artistique des Premières Nations, grâce à cette collection de pièces raffinées des 19e et 20e s. : peaux de bison et parflèches historiés ; costume d'apparat siksika en peau de cerf blanche décorée de scalps et d'hermine ; selle de cheval perlée cri ; gilet métis frangé, décoré de motifs floraux perlés en peau de wapiti...

★★ Calgary Tower

Palliser Sq. - 101 9th Ave. SW - ✆ 403 266 7171 - www.calgarytower.com - ♿ - sept.-mai : 10h-21h, juin-août : 10h-22h (21h dim.) - 22 $, réduction en ligne.

Ce champignon géant (hauteur : 191 m), paré de rouge, ménage depuis 1967 d'excellentes **vues★★** sur la ville : on découvre à travers un **plancher de verre** à donner le vertige, le tracé des rues, l'inextricable réseau de voies ferrées et les vertes frondaisons des parcs, tandis qu'à l'ouest se profile les Rocheuses.

★ Chinatown

Le quartier chinois de Calgary, l'un des plus grands du pays, s'étend au nord-est du centre-ville, de part et d'autre de **Centre Street**, entre 4th Ave. SW et Riverfront Ave. N. Son histoire, et de façon plus générale, celle des Chinois au Canada, débute au 19e s. avec la volonté d'unification du pays d'est en ouest, liée à la construction d'un **chemin de fer**. Au début des années 1880, quelque 18 000 travailleurs chinois, souvent d'origine cantonaise, furent ainsi recrutés pour couper les arbres, enlever les rochers, dégager les tunnels et aplanir le terrain. La fin des travaux du chemin de fer du **Canadien Pacifique**, dont le siège se trouve aujourd'hui à Calgary, les conduisit à chercher du travail en ville. Vers 1910, le quartier chinois, ramassé sur une dizaine de pâtés de maisons, comptait à peine quelques **restaurants** et **tailleurs**, plusieurs **blanchisseries**, ainsi qu'une **mission chinoise** fondée par un révérend dévoué. Aux alentours de 1980, une campagne de nettoyage et de réhabilitation du quartier à des fins résidentielles et commerciales entraîna la

La Calgary Central Library conçue par Snøhetta and DIALOG.
Michael Grimm/Snøhetta

destruction de la quasi-totalité de ses bâtiments anciens. Aujourd'hui, on vient essentiellement à Chinatown pour tester ses délicieux **restaurants**, assister au **Chinatown Street Festival** célébré tous les ans en août, visiter les boutiques de l'immense **Dragon City Mall** *(328 Centre St. SE - 9h30-22h - www.visitcalgarychinatown.com)* ou faire un saut au **Chinese Cultural Centre** *(197 1st St. SW - ✆ 403 262 5071 - 10h-17h ; musée 10h-17h30 - gratuit).* Construit d'après le Temple du Paradis de Pékin, son musée propose une intéressante exposition, qui s'attarde longuement sur la condition des immigrants chinois au Canada.

Quittez Chinatown par la 1st St. SW qui permet d'accéder au **Sien Lok Park**. On peut y pratiquer le tai-chi et admirer la sculpture *In search of Gold Mountain* (1999) illustrant le travail des Chinois sur le rail. Cette œuvre fut taillée dans un bloc de granit venu de Chine et créée pour honorer l'histoire des Chinois au Canada.

Eau Claire et Kensington

L'agréable et verdoyant faubourg résidentiel et commerçant d'Eau Claire s'étend au nord de Downtown, le long de la belle rivière Bow, là où s'élevaient autrefois des scieries. Avec ses sentiers, parcs, terrasses et passerelles, l'agréable **Bow River Pathway/Eau Claire Promenade** permet de s'éloigner du bruit de la ville. Le **Jaipur Bridge** mène à **Prince's Island Park**, véritable poumon vert de 20 ha où alternent pelouses et bosquets peuplés d'écureuils. L'île relie les deux rives de la Bow River, offre des vues superbes sur Downtown et accueille de nombreux festivals.

Plus à l'ouest, le très photogénique **Peace Bridge**, dessiné par Santiago Calatrava, donne accès au quartier branché et gentiment alternatif de **Kensington** *(accès en C-Train, station Sunnyside)*. Ses rues regorgent de boutiques indépendantes, de restaurants, de cafés et de pubs, à découvrir sans modération.

East Village

2

Continuation du Bow River Pathway, l'agréable **Jack and Jean Leslie RiverWalk** (2012) invite à la découverte de ce « village urbain » où les premiers Calgariens s'installèrent vers 1876. Lancé vers 2005, un plan de revitalisation de ce quartier jadis délabré et mal famé lui a donné un second souffle. Aujourd'hui, musique et culture se sont invitées dans l'East village.

★ Central Library

800 3rd St. SE - ✆ 403 260 2600 - calgarylibrary.ca - 9h-20h, vend. 9h-18h, sam. 9h-17h, dim. 12h-17h.

Inaugurée fin 2018, cette bibliothèque multimédia a été dessinée par les architectes Snøhetta et DIALOG. Sa silhouette audacieuse évoque une goutte, habillée de panneaux blancs hexagonaux. Il faut la voir en soirée, quand la façade déstructurée laisse passer la lumière des salles de lecture. À l'intérieur, un impressionnant atrium de bois dessert les différents espaces.

★ Studio Bell

850 4th St. SE - ✆ 403 543 5115 - www.studiobell.ca - 10h-17h (dernière entrée 90mn avant la fermeture) - 24,50/39,75 $, selon le j.

Le Studio Bell (Brad Cloepfil, Allied Works Architecture, 2016) est un bâtiment d'une audacieuse modernité, doté d'un élégant pont aérien, qui a intégré un hôtel particulier du 20e s. à sa structure. Doté d'une salle de spectacle et de studios d'enregistrement et de radiodiffusion, il accueille en son sein la maison du **National Music Centre (NMC)**, première institution culturelle nationale exclusivement dédiée à la musique canadienne. Les visiteurs découvriront sur cinq étages les riches collections de son musée qui racontent l'histoire de la musique au Canada. Le CNM se voulant un lieu vivant de création musicale, ils pourront explorer toutes sortes d'installations interactives, voire exercer leurs cordes vocales dans des « cabines à chanter ».

★ Fort Calgary National Historic Site

750 9th Ave. SE - ✆ 587 288 1406 - www.fortcalgary.com - ♿ - de fin mai à déb. nov. : merc.-dim. 10h-17h ; reste de l'année : vend.-dim. 10h-17h - fermé 24 déc.-1er janv. - 10 $.

En 1875, la Police montée du Nord-Ouest, chargée de l'application de la loi fédérale dans le district et de l'éradication du trafic de whisky le long de la rivière Bow, fondait sur sa rive ouest le **Fort Brisebois**. Celui-ci fut rebaptisé Fort Calgary par le colonel James Macleod en souvenir de son Écosse natale. Autour, se greffa un hameau qui se développa rapidement avec l'arrivée du chemin de fer (1883). Ainsi naquit Calgary. De grands projets de réhabilitation sont en cours. Pour l'heure, le **centre d'interprétation** conte l'histoire du fort et des débuts de la ville. On y découvre la réplique de casernes des années 1880, les écuries, les ateliers du maréchal-ferrant et du menuisier, le quartier des hommes et **Deane House**, vaste maison de l'ancien surintendant convertie en restaurant. Du parc, **vues** sur les rives verdoyantes de la Bow.

Un pont piétonnier permet aussi d'accéder à la pittoresque **île St-George** et au zoo *(voir ci-contre)*.

Victoria Park et Stampede Park

Ce quartier historique s'étend entre Downtown et la rivière Elbow qui serpente au sud de la ville. Ses rues bordées de cafés, d'épiceries, d'anciens entrepôts investis par des boutiques de créateurs et des petites salles de concert, mènent à une immense zone dédiée à la culture et aux événements : le **Stampede Park**. Inauguré en 2024, le spectaculaire **BMO Centre** (centre de congrès) en est désormais la porte d'entrée. Il fait onduler ses façades cuivrées au-dessus d'un vaste espace dédié aux piétons. Première étape d'un important projet de restructuration du quartier.

★ Scotiabank Saddledome

555 Saddledome Rise SE - ✆ 403 777 4646 ou 403 777 1375 - www.scotiabanksaddledome.com - visite guidée (1h) au dép. du hall d'entrée ouest du Saddledome : juin-août lun., merc. et vend. à 11h, 12h et 13h (si pas d'événement) - gratuit.

Construit en 1983, cet ancien stade olympique accueille concerts, conférences et championnats sportifs, ainsi que certains des événements du Stampede *(voir encadré p. 220)*. Célèbre dans le monde entier grâce à son toit en forme de selle de cheval, il évoque l'importance de la culture cowboy dans l'histoire de la ville. Le Saddledome semble pourtant être voué à la destruction à l'horizon 2030, quand une aréna flambant neuve sera inaugurée à proximité pour devenir le nouvel antre des Calgary Flames et accueillir les tournées des plus grandes stars internationales. Un site à même de rivaliser avec l'ultramoderne Rogers Place du « voisin » Edmonton. Au sud du Saddledome débutent les infrastructures du vaste **Stampede Park**, site du plus grand événement annuel à Calgary.

Le **Grain & Academy Museum** qui s'élevait dans le Stampede Park jusqu'en 2022 a été intégré au Pioneer Acres of Alberta, situé à Irricana *(voir p. 221)*.

L'or noir de la discorde

L'Alberta possède la troisième plus grande réserve mondiale de pétrole brut. Au sein d'une vaste région agricole traditionnellement associée à l'élevage, Calgary doit sa prospérité et son développement fulgurant à cette manne, depuis la découverte, en 1914, d'un gisement à **Turner Valley**, au sud-ouest de la ville, puis celle, en 1947, d'un autre gisement à **Leduc**. Calgary est devenue le **centre administratif de l'industrie pétrolière et gazière**, dont elle abrite la majeure partie des sièges sociaux. De puissantes entreprises telles **Cenovus Energy** ont ainsi élu domicile dans la fameuse **Bow Tower** *(500 Centre St. S - www.the-bow.com)*, haute de 237 m. Depuis le début des années 2010, l'exploitation des **sables bitumineux** en Alberta – jugés quatre fois plus polluants que le pétrole conventionnel – est au cœur d'une gigantesque controverse, portant sur les conséquences environnementales désastreuses de cette activité. L'enjeu est de taille pour la province – et le gouvernement fédéral – qui doit concilier impacts écologiques et rentabilité, face au très compétitif pétrole de schiste américain.

17th Avenue et Rouleauville

Circuit autoguidé à télécharger sur baladodecouverte.com/circuits/882/rouleauville-le-quartier-historique-francophone-de-calgary.

Pour une atmosphère urbaine bien différente, suivez la **17th Avenue** qui file à l'ouest du quartier de Victoria Park. Entre la 14th Street et 2nd Street, se succèdent quelques édifices historiques, bars, clubs de la communauté LGBTQ+ , cafés, boutiques d'antiquaires et friperies qui forment un réjouissant patchwork. C'est aussi le long de la 17th Avenue que se trouve le quartier de **Rouleauville**, né d'un ancien comptoir francophone éponyme fondé à la fin du 19e s. par des pionniers et marchands, absorbé par Calgary et anglicisé sous le nom de Mission.

2

Bridgeland-Riverside HORS PLAN

★★ Calgary Zoo

Sur l'île St-George au nord de Fort Calgary. Entrée principale 210 St. George's Dr. NE - 403 232 9300 ou 1 800 588 9993 - www.calgaryzoo.com - ♿ - P 13 $ - 9h-17h - 38,95 $.

Immense et agréable, ce zoo de premier ordre présente quelque 900 animaux du monde entier appartenant à 120 espèces différentes. Voisin de la **serre tropicale**, où évoluent papillons et oiseaux multicolores, le **parc préhistorique**, dédié à l'Ouest canadien au temps des dinosaures, offre un magnifique cadre de montagnes et de volcans, de cheminées de fées, de marais et de paysages du Bouclier canadien. Vient ensuite la section **Canadian Wilds★** qui reproduit des habitats de l'ouest du Canada : forêt boréale, tourbière, toundra, forêt de trembles et paysages des Rocheuses, peuplés d'orignaux, d'ours, de castors, de mouflons, de cerfs... Le zoo, qui a participé au sauvetage des rarissimes **grues blanches d'Amérique**, en accueille ici un spécimen.

Telus Spark Science Centre

220 St. George's Dr. NE - sparkscience.ca - 9h-16h, w.-end 19h - 26 $.

Si vous voyagez en famille, nous vous conseillons la visite de ce lieu formidable pour explorer activement les sciences et technologies. Des expositions, spectacles, jeux et ateliers par dizaines permettent de découvrir l'espace, le corps humain, la robotique, les éléments, la musique... Bref, jouer, créer, apprendre, à tout âge.

Calgary sud HORS PLAN

★ Heritage Park Historical Village

16 km au sud-ouest du centre-ville. Suivre Macleod Trail SW. 1900 Heritage Dr. SW - 403 268 8500 - www.heritagepark.ca - de mi-mai à déb. sept. : 10h-17h; sept.-oct. : w.-end 10h-17h - 34,95 $, visite du village historique, du Gasoline Alley Museum, promenade en chariot, virée en train à vapeur ou à bord d'un bateau à aubes inclus dans le billet.

Des bâtiments de l'époque des pionniers, provenant des environs ou habilement reconstitués, ont été réunis dans un agréable **site** sur les rives du **lac Glenmore**, pour former ce musée d'histoire vivante du Canada. Imprégné de culture western, le parc propose de parcourir le temps, des années 1860 aux années 1930.

Des quatre thématiques proposées, à savoir le Fort de traite des fourrures et campement des Premières Nations (années 1860), le Peuplement des années 1880 avant l'arrivée du chemin de fer, **le Village du chemin de fer des Prairies de 1910** et la Place Héritage des années 1930, nous nous attarderons sur la période 1910. Celle-ci met à l'honneur une ville typique des Prairies à l'avènement du Canadien Pacifique. On y découvre son **train à vapeur**, son élégante **Maison Prince** (1894), qui appartenait à un magnat de l'énergie hydraulique, et sa **maison en grès**, représentative des logements résistants aux flammes construits aux lendemains du grand incendie de Calgary en 1886. La réplique du **Puits de découverte Dingman n° 1** vient rappeler l'importance de ce qui allait déclencher le premier boom pétrolier albertain, tandis que la **Blanchisserie Wing Chong** évoque le sort des immigrants chinois, « travailleurs jetables » qui durent accepter des emplois de fortune, une fois le chemin de fer achevé. Les autres parties du parc méritent, elles aussi, qu'on s'y attarde. Il faut par ailleurs mentionner la réplique du **SS Moyie** *(voir p. 200)*, bateau à aubes qui naviguait autrefois sur le lac Kootenay pour transporter les

Stampede de Calgary

Chaque année en juillet, l'esprit de l'Ouest sauvage renaît à l'occasion de cette fête durant laquelle la quasi-totalité de la population arbore une tenue western. Menée par la **Calgary Stampede Showband**, réputée l'une des meilleures fanfares au monde, la **Grande parade**, avec son impressionnant cortège de chars, de majorettes et de groupes équestres, défile dans le centre-ville et marque le lancement des festivités qui attirent chaque année plus d'un million de visiteurs. Au **Stampede Park** se tiennent des compétitions endiablées qui font la renommée de la fête : **rodéos**, courses de chariots et de cantines ambulantes, **épreuves de dressage** (monte d'un cheval sauvage et chevauchée de 8 secondes) ou **épreuves de vitesse et d'agilité** (prise du veau au lasso, terrassement du bouvillon par les cornes). Démonstrations agricoles, concerts en plein air et vente d'objets d'artisanat autochtone viennent compléter cette belle affiche. Si vous avez les moyens (et la chance) de pouvoir vous y rendre... vous vivrez une expérience inoubliable !

Réserv. en ligne sur www.calgarystampede.com.

Réservez hébergement et transports plusieurs mois, voire un an, à l'avance.

Calgary Stampede Parade.
Jeff Whyte/Shutterstock

passagers du Canadien Pacifique, du terminal ferroviaire de Kootenay Landing jusqu'à Nelson (C.-B.). Ce bateau permet d'effectuer d'agréables promenades sur le lac Glenmore.

Fish Creek Provincial Park

albertaparks.ca/parks/kananaskis/fish-creek-pp.
Au sud de la ville, profitez de ce parc, poumon vert et aire de loisirs, prisé des habitants. Des sentiers et pistes cyclables y serpentent le long des méandres des rivières Bow et Fish Creek, et sillonnent des zones sauvages, couvertes de bosquets et prairies inondables, où l'on aperçoit des coyotes et des cerfs de Virginie.

Aux environs CARTE P. 223

★ Pioneer Acres of Alberta

À Irricana, 65 km au nord-est de Calgary. 263204 Township Rd 274 - ✆ 403 935 4357 - pioneeracres.ab.ca - tlj sf mar.-merc. 9h-17h - 15 $.
Le Grain Museum, longtemps installé au sein du Stampede Park de Calgary, fait désormais partie du Pionneer Acres of Alberta, un musée « vivant » consacré aux équipements agricoles des Prairies depuis le début du 20e s. Présentées maintenant sous la forme d'une exposition dénommée « Grain Academy », ses collections sont dédiées à l'industrie céréalière d'Alberta. À voir, une **maquette** de silo élévateur équipée d'un mécanisme de levage en état de marche, d'innombrables outils et objets du quotidien qui illustrent l'épopée des premières familles de colons en Alberta et leur vie dans les prairies, une ferme de 1914, remarquablement conservée, et un ensemble de camions et machines agricoles.

Circuits conseillés

CARTE CI-CONTRE

Nous vous proposons ici une pittoresque immersion au pays des cowboys de l'Alberta, sur fond de paysages montagneux spectaculaires, de ranchs et de pâturages entrecoupés de villages où le temps semble s'être arrêté. Située à mi-chemin sur le mythique Cowboy Trail, Calgary sera le point de départ de cette route panoramique. Nous avons sélectionné pour vous quelques étapes majeures, à découvrir au gré de vos envies. Celles-ci vous donneront un avant-goût de la culture country et western albertaine, avec ses rodéos, son blues du cowboy solitaire et ses inoubliables randonnées à cheval...

★★ Cowboy Trail Sud

Circuit d'env. 352 km (détours non compris), tracé en vert sur la carte ci-contre au départ de Calgary. Quittez Calgary par la route 22 Sud.

Bragg Creek

Env. 72 km au sud-ouest de Calgary.

Les ranchers du coin viennent acheter les denrées de première nécessité au célèbre **poste de traite** du village *(117 White Ave.)* tandis que les membres de la Première Nation des Tsuu T'ina y troquent leurs productions artistique et artisanale.

Détour possible : Depuis Bragg Creek, l'**Elbow River Valley** *(albertaparks.ca/parks/kananaskis/elbow-falls-pra)* est propice à de courtes mais pittoresques randonnées.

Millarville

40 km au sud-est de Bragg Creek.

Très couleur locale, le marché fermier de Millarville se tient chaque samedi de mi-juin à début octobre *(9h-14h)*. Par ailleurs, le village accueille régulièrement des rodéos ainsi que des courses de chariots bâchés et de cantines ambulantes *(programmation sur www.millarvilleracetrack.com)*.

Turner Valley

Env. 13 km au sud-est de Millarville.

Ici fut découvert en 1914 le premier champ pétrolifère et gazier de l'Ouest canadien, qui allait déclencher un véritable boom pétrolier. Une histoire à découvrir au **Turner Valley Gas Plant National Historic Site** *(turnervalleygasplant.ca - visite guidée en été : w.-end 10h-17h - 12 $)*. Autre point d'intérêt : la **distillerie Eau Claire** *(113 Sunset Blvd SW - eauclairedistillery.ca - ✆ 403 933 5408 - visite et dégustation 29,99 $ - réserv. obligatoire)* dont les vodkas, gins et whiskies sont aussi profondément ancrés dans la culture western qu'une queue de bœuf aux haricots !

Black Diamond

Env. 5 km au nord-est de Turner Valley.

Campé devant le bâtiment de la mairie, un singulier monument en forme de diamant noir revendique le passé minier de cette ville bohème. Ses nombreuses boutiques et galeries d'art et d'artisanat offrent un intéressant mélange de créativité contemporaine et de culture western traditionnelle.

Détour possible : 23 km au nord-est de Black Diamond par la route 7, se trouve la ville d'**Okotoks**. Vous y découvrirez **Big Rock★**, énorme bloc erratique déplacé jusqu'ici par un glacier durant le Petit Âge glaciaire. Vénéré par les populations autochtones locales, il comporte des peintures rupestres sur sa surface.

Mayerthorpe
Rochefort Bridge Trestle
43
N
Rangeton Park
Entwistle
Evansburg
16
16
Edmonton
22
Cowboy Trail Nord ★
13
2
21
ALBERTA
11
Rocky Mountain House NHS ★
Sundre
2
21
22
Pioneer Acres of Alberta ★
1
Cochrane
Bow
Elbow River Valley
Calgary ★★
Kananaskis Country
Elbow
Bow
1
Bragg Creek
22
40
Millarville
Okotoks
Big Rock ★
Turner Valley
Black Diamond
95
Longview
★★ Bar U Ranch NHS
BRITISH COLUMBIA
2
★★ Cowboy Trail Sud
22
Head-Smashed-In Buffalo Jump ★★
Frank Slide Interpretative Centre
Fort Macleod
3
Pincher Creek
6
COWBOY TRAIL
Hill Spring
0
50 km
0
30 mi
Cardston
Waterton Lakes NP

2

Longview

Env. 17 km au sud de Black Diamond.

Star locale, voire internationale, le **Longview Jerky Shop** *(148 Morrison Rd)* a la réputation de produire le meilleur *beef jerky* (bœuf séché) au monde. Facile à grignoter et conserver, cette collation fort appréciée des cowboys se décline ici en une vingtaine de saveurs différentes.

★★ **Bar U Ranch National Historic Site** – *13 km au sud de Longview, à la jonction des routes 22 et 540 - ✆ 403 395 3044 ou 1 888 773 8888 - parcs.canada.ca/lhn-nhs/ab/baru - ♿ - de mi-mai à fin sept. : 10h-17h - 13,25 $.* Typique des grands ranchs de l'Ouest canadien, ce complexe historique (1882), dont le nom renvoie au marquage du bétail, fut longtemps l'archétype de l'exploitation agricole en Alberta. Planté dans un décor de rêve, il ouvre aux visiteurs de nombreux bâtiments d'origine (forge, écurie des chevaux de selle, cantine ambulante, étable de vaches laitières, corrals...) et leur propose une multitude d'activités : lancer de lasso, tour du site en chariot tiré par des percherons... Les visiteurs pourront déguster un authentique repas de cowboy autour d'un feu de camp, dans une sympathique ambiance de bivouac western.

Détour possible : la route 541, qui croise la route 22 au nord du ranch, prend d'assaut les contreforts des Rocheuses et devient la route 40 pour traverser **Kananaskis Country** *(voir p. 183)*. cette immense réserve récréative se prête à merveille à la **randonnée équestre**, le cheval étant le meilleur moyen de se déplacer dans cette région montagneuse.

Pincher Creek

Env. 135 km au sud de Longview.

Cette petite ville du sud-ouest de l'Alberta, fondée vers la fin des années 1880, accueille chaque année le plus vieux spectacle de rodéo du pays.

L'**Heritage Acres Farm Museum National Historic Site** *(7316 Range Rd 293 - ✆ 403 627 2082 - heritageacres.org - de fin mai à mi-sept. 9h-17h ; reste de l'année : sur RV - 10 $)* présente une importante collection d'instruments aratoires et de matériel agricole d'antan.

Le **Kootenai Brown Pioneer Village** *(1037 Bev McLachlin Dr. - ✆ 403 627 3684 - www.kootenaibrown.ca - 10h-18h, dernière entrée 2h avant la fermeture - 15 $)* recrée l'ambiance d'un village typique de la « frontière » canadienne.

Détours possibles : de Pincher Creek, rejoindre, à l'est, le précipice à bisons de **Head-Smashed-In Buffalo Jump★★** *(voir p. 231)* ou, à l'ouest, le **Frank Slide Interpretive Centre** *(Blairmore - ✆ 403 562 7388 - frankslide.ca - 10h-17h - fermé lun. de mi-oct. à mi-mai - 15 $)* pour découvrir l'histoire de l'un des plus grands et spectaculaires glissements de terrain du pays.

Waterton Park

Env. 57 km au sud de Pincher Creek.

Dominé par la silhouette du **Prince of Whales**, hôtel de la Great Northern Railway (1926), ce village joue un rôle central au cœur du **Waterton Lakes National Park** *(voir p. 201)* et marque l'étape la plus au sud du Cowboy Trail. Balades à cheval dans le parc *(Waterton Alpine Stables - www.alpinestables.com - ✆ 403 859 2462).*

Détours possibles : **Cardston** *(voir p. 232)* ou **Hill Spring** *(46 km au nord-est de Waterton Park)*, pour s'essayer à la **danse country** *(Great Canadian Barn Dance - ✆ 403 626 3407 - www.gcbd.ca).*

★ Cowboy Trail Nord

Circuit d'env. 423 km (détours non compris), tracé en orange sur la carte p. 223 au départ de Calgary. Quittez Calgary par la route 22 Nord.

Cochrane

Env. 47 km au nord-ouest de Calgary.

Sise dans la vallée de la Bow, à l'écart de sa tumultueuse voisine Calgary, cette petite ville a su garder un certain cachet agricole qui fait tout son charme. Belle occasion pour découvrir le **lieu historique du Ranch Cochrane** (1881-1888), premier grand éleveur de bétail de l'Ouest canadien dont on peut parcourir librement l'immense propriété transformée en parc public.

Sundre

Env. 80 km au nord de Cochrane.

Reconstitution réussie d'un village de pionniers, le **Museum & World of Wild Life** *(211 1st Ave. SW - ✆ 403 638 3233 - www.sundremuseum.com - 10h-17h - 10 $)* vaut aussi la visite pour sa « belle » collection d'animaux empaillés (plus de 150 spécimens).

Détour possible : **Ya Ha Tinda Ranch** *(env. 84 km à l'ouest de Sundre par les routes 584,63 et 64, puis suivre le cours de la Red Deer - parcs.canada.ca/pn-np/ab/banff/activ/cheval-horse/yahatinda).* Géré par Parcs Canada, ce ranch sert de station d'élevage, de dressage et d'hivernage des chevaux utilisés pour patrouiller les parcs nationaux de l'Ouest canadien. Il est permis de s'y promener à cheval.

★ Rocky Mountain House National Historic Site

Env. 82 km au nord-ouest de Sundre. ✆ 403 845 2412 - parcs.canada.ca/lhn-nhs/ab/rockymountain - ♿ - de déb. mai à déb. sept. : 10h-17h ; de déb. à fin sept. : jeu.-dim. 10h-17h - fermé le reste de l'année - 9 $.

Ancien centre névralgique du commerce dans l'Ouest, ce comptoir bâti en 1799 servit de quartier général au grand explorateur et cartographe **David Thompson** (1770-1857) durant ses expéditions à la recherche d'un passage vers la côte ouest. La visite des lieux permet de mieux comprendre le rôle de la traite des fourrures dans le développement du pays. Possibilité de prolonger son séjour en passant la nuit sous un tipi ou dans une tente de trappeur plantée au bord de la Saskatchewan Nord *(rens. et réserv. au ✆ 877 737 3783 ou 519 826 5391).*

2

Entwistle

Env. 160 km au nord du Rocky Mountain House National Historic Site.

Née au début du 20e s. de la construction du **Pembina River Bridge** (1910), ancien pont ferroviaire de la Grand Trunk Pacific Railway permettant aujourd'hui encore de relier le Canada au Pacifique, la « Capitale canadienne du diamant » doit son surnom à la découverte en 1958 d'un diamant de gros calibre sur les berges de la Pembina. S'ensuivit une ruée vers le diamant sans lendemain.

Evansburg

Env. 4 km au nord-ouest d'Entwistle.

Baigné par la rivière Pembina, le **Rangeton Park** *(rangetonpark.com)*, au nord d'Evansburg, accueille en juin, à l'occasion du **Rangeton Farmer's Day Festival**, des musiciens venus des quatre coins de l'Alberta. Ambiance country et tenue de mise assurées !

Mayerthorpe

Env. 47 km au nord d'Evansburg.

Ouvertement revendiquée, la culture du cowboy est solidement ancrée dans l'identité de cette ville qui a produit de très nombreux **champions de rodéo**, dont plusieurs membres de la prestigieuse **famille Hay**.

Détour possible : 8 km à l'est de la ville se trouve le **Rochefort Bridge Trestle**, pont de chemin de fer en bois le plus long du Canada (700 m).

Carnet pratique

S'informer

Tourist Calgary Office – *Central Library - 800 3 St. SE - 1800 661 1678 - visitcalgary.com.*

Arriver/Partir

En avion

Calgary Airport (YYC) – *www.yyc.com.* 17 km au nord-est de Dowtown, l'aéroport est relié par la ligne 300 en 45mn. La ligne 100 rejoint la station de Saddletowne en 15mn d'où partent les trams de la Blue Line vers le centre. En taxi, compter 35mn et de45 à 50 $.

En train

Seul le train touristique et panoramique **Rocky Mountaineer** *(voir p. 41)* dessert Calgary.

En autocar

Red Arrow *(redarrow.ca)* et Ebus *(myebus.ca)* assurent des liaisons avec Edmonton *(4h env.)*. Plusieurs compagnies desservent Banff *(2h)* *(banffjaspercollection.com)* et son aéroport *(banffairporter.com)*.

Se déplacer

Transports en commun

Deux lignes de tramways (C-Train) – Blue Line, Red Line – sillonnent la ville et desservent les principales attractions. Une troisième est en construction. Moins utiles, les bus MAX et les bus classiques complètent l'offre. Compter 3,70 $ pour un trajet et 11,60 $ pour 24h. Achat aux bornes situées aux arrêts.
calgarytransit.com.

En voiture

Se garer – Parcmètres de 9h à 18h. Compter 5 $/h pour une durée de 2h maximum. Vastes parkings autour de Downtown pour 20 à 35 $/j.

À vélo et trottinette

Deux compagnies gèrent le marché des vélos et trottinettes électriques partagés. Idéal pour les courtes distances dans cette ville essentiellement plate.
calgary.ca/bike-walk-roll/electric-scooters.html.

Agenda

Calgary International Beerfest – *Début mai au BMO Centre, Stampede Park.* Le plus grand événement lié à la bière du Canada.

Stampede Calgary – *2e sem. juil. pendant 10 j. Voir l'encadré p. 220.*

Calgary Folk Music Festival – *Dernier w.-end de juil. - calgaryfolkfest.com.* Concerts dans le parc de Prince's Island.

Masters – *1re sem. de sept. - www.sprucemeadows.com.* Célèbre concours hippique de sauts d'obstacles qui se déroule au Spruce Meadows.

Nos adresses

PLAN P. 214

Restauration

Downtown *(8th Ave.)*, la 17th Avenue et Kensington regroupent la plupart des restaurants.

Premier prix

1 **Meat & Bread** – *Grain Exchange, 821 1st St. SW - 403 764 6225 - meatandbread.com - fermé le soir et w.-end - 15 $.* Les beaux et (très) riches sandwichs de cette enseigne ultra-centrale font le bonheur des employés du quartier comme des touristes. Salades et frites pour accompagner.

Budget moyen

2 **Ten Foot Henry** – *106 3rd Ave. SE - 403 475 5537 - tenfoothenry.com - service continu - plats 20/41 $.* La salle lumineuse et les sourires des convives invitent à s'installer dans cette belle cantine où les plats – certains végétariens – colorés, inventifs et gourmands font l'unanimité.

9 **Silver Dragon** – *106 3rd Ave. SE - 403 264 5326 - www.silverdragoncalgary.com - service continu - plats 16,95/39,95 $.* Situé en plein cœur de Chinatown, ce restaurant sans prétention propose une authentique cuisine cantonaise aux saveurs délicates et légèrement sucrées, et une cuisine sichuanaise réputée pour sa saveur pimentée. Excellent rapport qualité-prix pour les quelque 200 plats allant des classiques rouleaux de printemps au bœuf macéré au gingembre.

Pour se faire plaisir

Model Milk – HORS PLAN - *308 17th Ave. SW - 403 264 5326 - modelmilk.ca - fermé le midi et lun. - plats 30/60 $, petits plats à partager 11/28 $.* Aménagée dans une ancienne laiterie, l'une des bonnes adresses du quartier branché de la 17th Avenue a choisi un chef qui, avec une petite touche d'inventivité, donne du peps aux classiques locaux.

Deane House – HORS PLAN - *806 9th Ave. SE - 403 264 0595 - www.deanehouse.com - fermé lun.-mar. - plats 29/50 $ - menu dégustation 120 $.* Situé à la confluence de la Bow et de l'Elbow, sur le site de l'ancien Fort Calgary (1875), ce bâtiment rénové avec goût offre à sa clientèle un cadre historique hors pair. La délicieuse cuisine canadienne contemporaine de saison, fait la part belle aux produits locaux.

Rouge – HORS PLAN - *1240 8th Ave. SE - 403 531 2767 - www.rougecalgary.com - fermé le midi et lun. - plats 32/54 $.* Bienvenue dans l'une des meilleures tables de la ville, installée dans une belle bâtisse aux murs rouges. Ici, on déguste une cuisine d'inspiration française en contemplant le joli jardin et le potager du chef.

Sur le Cowboy Trail Sud

Premier prix

Chuckwagon Cafe and Cattle Co. – *105 Sunset Blvd NW - Turner Valley - 403 933 0003 - facebook.com/ChuckwagoncafeTV - fermé le soir - plats 14,95/22,95 $.* Logé dans une grange rouge vif, cet établissement a fait de sa spécialité de copieux sandwichs maison, à tomber par terre. Attention, végétariens s'abstenir ! Ici, on ne rigole pas avec la qualité de la viande 100 % Alberta, maturée 24 jours pour un effet bœuf !

Petite pause

Les amateurs d'excellents cafés se précipiteront vers les différentes boutiques des torréfacteurs locaux **Phil & Sebastian** *(philsebastian.com)* et **Gravity** *(gravitycalgary.*

2

com) qui parsèment le centre-ville. Espresso ou spécialités irrésistibles à accompagner d'en-cas sucrées ou salées dans des décors soignés.

Vendôme Café – *940 2nd Ave. NW - ✆ 403 453 1140 - www.vendomecafe.com - 8h-15h.* Après une nuit endiablée à écouter de la musique Honky Tonk ou une *jam session* improvisée dans l'un des établissements de la ville, faites une pause gourmande dans ce petit bistro de Kensington qui fleure bon l'Europe. Pour vous réveiller, quoi de mieux qu'un bon petit-déjeuner composé d'un yaourt maison saupoudré de granola et d'une gaufre aux fruits rouges ?

Made by Marcus – *1013 17th Ave. SW - ✆ 403 452 1692 - madebymarcus.ca - 12h-23h.* Produites sur place à base d'ingrédients locaux, ces glaces artisanales comptent parmi les meilleures de la ville. Parfums classiques ou originaux (caramel au lait de chèvre-sel, Saskatoon berry, Mac & Cheese...). Autres adresses à Calgary.

Boire un verre

Wild Rose Brewery – *4580 Quesnay Wood Dr. SW - ✆ 403 727 5451 - wildrosebrewery.com - 11h-22h, vend.-sam. 11h-23h, dim. 11h-21h.* À Calgary, les brasseries de qualité ont le vent en poupe ! Celle-ci, logée dans un ancien hangar d'aviation, propose une visite guidée des lieux, accompagnée d'une dégustation de la fameuse Wild Rose, à l'étape la plus importante du brassage.

Last Best Brewing – *607 11th Ave. SW - ✆ 587 353 7387 - lastbestbrewing.com - 11h30-0h (fin de sem. 2h).* Briques, bois et cuir chaleureux ou terrasse abritée, tout ici invite à s'attarder pour tester la production de cette microbrasserie réputée. Pizzas, burgers et plats de qualité.

Bridgeland Distillery – *77 Edmonton Trail NE - ✆ 403 455 9335 - www.bridgelanddistillery.com - lun.-mar. 12h-16h, merc.-jeu. 16h-21h, vend.-sam. 14h-22h, dim. 14h-18h.* Whisky, brandy, amaretto, limoncello : il y en a pour tous les goûts à l'heure de l'apéritif dans cette distillerie moderne, régulièrement citée comme l'une des meilleures de la région.

Shopping

Smithbilt Hats Inc. – *1015 11th St. SE - ✆ 403 244 9131 - smithbilthats.com - fermé dim.* Lors de leur visite à Calgary à l'occasion du Stampede 2011, le duc et la duchesse de Cambridge avaient arboré un look western. Vêtue d'un jean retenu par une ceinture à grosse boucle tombant sur une paire de Santiag, Kate Middleton s'était fait remarquer par son superbe Stetson blanc, marque de fabrique de ce célèbre chapelier. Celui-ci entretient d'étroits liens avec Hollywood, ses créations ayant coiffé plus d'une star, dont Clint Eastwood dans *Impitoyable*...

En soirée

Wildhorse Saloon – *500 6th Ave. SW - ✆ 403 244 6773 - www.wildhorsesaloon.ca.* Situé en plein centre-ville, cet établissement est l'un des piliers de la vie nocturne de Calgary. Durant le fameux Stampede, il accueille, sous une immense tente, une piste de danse équipée d'une (très) puissante sono, trois bars où la bière coule à flots, et des concerts live de rock et de musique country qui ont fait son succès. Un buffet et un BBQ sont même aménagés sur place pour rassasier la foule de fêtards.

Ironwood Stage and Grill – *1229 9th Ave. SE - ✆ 403 269 5581 - www.ironwoodstage.ca - 16h-1h, w.-end 12h-1h.* Cette légendaire scène musicale produit des grands noms du jazz, du blues, du folk et de la country music alternative. Elle est située sur le fameux « Music Mile », tronçon piétonnier animé, bordé de brasseries artisanales et de bons restaurants, qui s'étend d'Inglewood jusqu'à l'East village où se trouve le Studio Bell, autre temple de la musique.

Palomino – *109 7th Ave. SW - ✆ 587 532 1911 - thepalomino.ca - 11h30-22h (jeu.-sam. 1h).* Une bonne adresse pour croquer à pleines dents dans les clichés locaux au cœur de Downtown : viandes grillées, bières à gogo, riffles de grosses guitares et matchs des Flames sur les écrans !

Hébergement

Premier prix

City Centre River Path B & B – HORS PLAN - *1011 Maggie St. SE - ✆ 403 228 6167 - ▤ P - 4 ch. à partir de 90 $ ☕.* Sis au beau milieu d'un plaisant jardin fleuri, sur les bords de la rivière Elbow, ce charmant cottage a de quoi étonner. Difficile de croire que nous sommes ici à deux pas du centre-ville ! Vues imprenables sur la *skyline* de Calgary et les montagnes... Un secret bien gardé, à partager avec modération !

Pour se faire plaisir

(1) **Alt Hotel Calgary East Village** – *635 Confluence Wy SE - ✆ 587 441 6635 - germainhotels.com - P (33 $/j.) - 155 ch. à partir de 260 $ ☕.* Cet hôtel ultramoderne a tout bon : chambres belles, confortables et lumineuses, vues sur la rivière, parties communes agréables et situation enviable dans un quartier branché au cœur de la ville.

Aloft Calgary University – HORS PLAN - *2359 Banff Trail NW - ✆ 403 289 1973 - marriott.com - 🏊 P - 143 ch. à partir de 260 $ ☕.* Outre de jolies chambres, modernes et colorées, cet hôtel de chaîne propose une piscine intérieure et un parking gratuit, bienvenu pour les voyageurs motorisés. Arrêt de tram juste à côté pour rejoindre Downtown en 25mn.

Sur le Cowboy Trail Nord

Premier prix

Red Lodge Guest Ranch – *34502 Range Rd 22 - 50 km au nord-est de Sundre - ✆ 403 224 3082 ou 888 546 6199 - www.redlodgeoutfitters.com - P ♿ - 17 cabines 60/80 $.* Voici l'adresse parfaite pour vivre, sur ce sympathique ranch familial en activité, votre propre épopée de l'Ouest. Une mignonne cabine en rondins toute équipée vous y attend. Vous pourrez, le temps d'une journée ou deux, participer aux activités quotidiennes de la ferme, nourrir les animaux et vous offrir le luxe d'une longue balade à cheval en pleine nature...

Fort Macleod ★

Fort Macleod est un centre agricole prospère dans une région de ranchs et de cultures irriguées autour des Porcupine Hills. Première ville d'éleveurs de bétail de l'Ouest canadien, elle se trouvait jadis sur le « Red Coat Trail », en référence à la couleur écarlate des uniformes des officiers de la Police à cheval du Nord-Ouest. La fameuse marche forcée qu'ils firent vers l'Ouest avait pour but de faire régner la loi dans cette partie turbulente du pays, mettre fin aux incursions américaines en territoire canadien et éradiquer le trafic du whisky. Aujourd'hui, on vient volontiers à Fort Macleod pour visiter la réplique de son ancien fort, mais aussi flâner dans son quartier historique, avant de partir à la découverte de l'un des sites majeurs de la culture des peuples autochtones des Plaines.

Se repérer

3038 habitants – Alberta

CARTE A2 (P. 204).

Fort Macleod se situe 165 km au sud de Calgary, au bord de la rivière Oldman.

Organiser son temps

Consacrez une heure aux expositions du musée du Fort, une heure à la visite du quartier historique, et une demi-journée à celle du précipice à bisons de Head-Smashed-In.

En famille

Fort Museum ; les spectacles de danse de Head-Smashed-In ; les voitures à cheval du Remington Carriage Museum.

Carnet pratique p. 234

Nos adresses p. 234

Découvrir

403 553 4425 - www.fortmacleod.com.

onthisspot.ca/cities/fortmacleod : guides thématiques très précis pour imaginer des itinéraires historiques en ville.

★ Fort Museum of the North West Mounted Police and First Nations Interpretive Centre

219 Jerry Potts Blvd - 403 553 4703 ou 1 866 273 6841 - nwmpmuseum.com - - mai-juin : 9h-17h (fermé w.-end en mai) ; juil.-août : 9h-18h ; de déb. sept. à déb. oct. : merc.-dim. 10h-16h - 14,40 $.

Spectacle équestre musical de la Police montée du Nord-Ouest en juillet et août *(7,20 $ en sus du billet d'entrée).*

À l'origine, le **fort Macleod** (1874) se trouvait sur une île de la rivière Oldman. Sujette à des inondations, elle nécessita la relocalisation du complexe militaire 2 km à l'ouest du site original où fut bâti le centre-ville actuel. La **reconstitution** du fort tel qu'il se présentait dans la seconde moitié du 19e s., évoque la vie en Alberta du Sud vers 1875. Entouré d'une palissade, le complexe abrite plusieurs bâtiments en rondins. L'exposition **Tradition écarlate** vient rappeler le rôle de la Police à cheval du Nord-Ouest dans l'histoire du pays. On découvre aussi un **dispensaire**, une **chapelle** dont l'autel est orné de syllabiques Blackfoot, la **Kanouse**

C.W. Stevens Building, Fort Macleod.
F. Klingen/Michelin

House qui illustre le mode de vie des premiers colons, et la **Galerie centenaire**, dédiée au quotidien et à l'art décoratif des Premières Nations.

2

★ Main Street Fort Macleod Provincial Historic Area

Proche voisine du musée du Fort, la **rue principale** de Fort Macleod et les artères adjacentes ne paient pas de mine, du moins à première vue. Mais en y regardant de plus près, vous découvrirez une étonnante concentration de bâtiments résidentiels et commerciaux en pierre ou en brique des années 1910-1920, les édifices les plus anciens datant de 1878. On notera tout particulièrement l'**Empress Theatre** (1910 - *macleodempress.com*), plus vieil opéra en activité de l'Alberta, avec ses loges couvertes de graffitis, et le **C.W. Stevens Building**★ (1897). Déplacé en 1980 à l'angle de la 2e Ave. et de 25th St., ce pittoresque bâtiment qui abritait jadis un bureau de poste au rez-de-chaussée, et une loge maçonnique à l'étage, est l'un des rares édifices commerciaux en bois à avoir survécu à l'incendie de 1906. Vous le reconnaîtrez à ses murs habillés de bardeaux blancs et à son toit coiffé de deux cheminées de brique *(voir photo ci-dessus).*

À proximité

CARTE P. 204

★★ Head-Smashed-In Buffalo Jump Interpretive Centre A2

18 km au nord-ouest de Fort Macleod. ✆ 403 553 2731 - ♿ - headsmashedin.ca - 10h-17h - fermé lun.-mar. de mi-oct. à fin mai et en cas de conditions climatiques extrêmes - 15 $.

Toute l'année, le site propose des événements spéciaux à ne manquer sous aucun prétexte : Journée nationale des Autochtones *(21 juin)*, spectacles de danse et musique Blackfoot, possibilité de randonnée sur l'ancienne piste des bisons, etc.
Inscrit au patrimoine mondial de l'Unesco en 1981, ce site exceptionnel abrite l'un des **précipices à bisons** les plus anciens, les plus grands et les mieux préservés d'Amérique du Nord. Durant des milliers d'années, les bisons furent conduits à la mort du haut de cette falaise au pied de laquelle gît une impressionnante pile d'ossements de plus de 9 m de profondeur. Amener des troupeaux entiers à se jeter dans le vide nécessitait le recours à une technique de **chasse communale** extrêmement maîtrisée. Précédée d'une cérémonie spirituelle, celle-ci consistait à baliser des sentiers avec de petits amoncellements de pierre disposés en forme d'entonnoir, positionner de courageux chasseurs revêtus de **peaux de bisons** sur le flanc des troupeaux, et effrayer les bêtes en faisant du bruit de manière à les diriger vers la falaise.
Creusé à même la roche, le **centre d'interprétation** s'ouvre sur une promenade extérieure qui dévoile un superbe **panorama★★** sur la falaise de Head-Smashed-In, avec au nord le précipice à bisons de Calderwood, à l'est la vaste étendue des Prairies, et au sud, les Rocheuses... On regagne progressivement l'étage inférieur du bâtiment en découvrant au passage cinq expositions relatives à l'écologie des plaines du nord-ouest, le mode de vie de leurs habitants, les techniques de chasse, le contact avec l'homme blanc et l'archéologie.
La visite se conclut par une découverte des sentiers qui descendent au pied du précipice, et passent par le campement où les bisons blessés étaient achevés, puis solennellement dépecés. Les Premières Nations reconnaissaient le **sens sacré** du cheminement terrestre de cet animal, principale ressource des tribus des Plaines, qui leur fournissait la viande pour se nourrir, la peau pour se vêtir et s'abriter, et les os pour façonner leurs outils.

Cardston A2

65 km au sud de Fort Macleod.
Cardston Visitor Information Centre – *621 Main St. - 403 653 3787.*
Située à proximité du parc national Waterton Lakes, 25 km au nord de la frontière du Montana (É.-U.), la petite ville de Cardston est l'une des seules du pays où il est impossible d'acheter ou vendre de l'alcool depuis plus d'un siècle, et pour cause... Elle fut créée en 1887 par un groupe de **mormons** venus de l'Utah sous la conduite de **Charles Ora Card**, gendre de **Brigham Young** dont les fidèles fondèrent Salt Lake City en 1847. Installés au Canada (particulièrement en Alberta), les mormons introduisirent dans la région l'irrigation et la culture de la betterave sucrière qui, aujourd'hui encore, constitue une activité locale majeure. Ils édifièrent à Cardston un impressionnant **temple** de granit blanc *(9h-21h)*, désormais reconnu en tant que **Lieu historique national du Temple-de-l'Église-de-Jésus-Christ-des-Saints-des-Derniers-Jours,** dont la construction fut achevée en 1923.

★★ Remington Carriage Museum

623 Main St. - 403 653 5139 - remingtoncarriagemuseum.ca - ♿ - de mi-mai à fin sept. : 9h-16h - 15 $; promenade en voiture à cheval : 7 $.
Ce fascinant musée des transports possède la collection la plus complète de voitures à cheval d'Amérique du Nord. L'épopée des pionniers y est évoquée de façon originale à travers une collection variée de quelque 270 véhicules restaurés

Head Smashed In Buffalo Jump.
F. Klingen/Michelin

de main de maître : chariot bâché, diligence, cantine ambulante, phaéton, corbillard… Vous y découvrirez d'abondantes photos d'archives et la reconstitution de plusieurs scènes typiques de l'Ouest (campement des Prairies, entreprise de fabrication des carrosses, poste d'incendie, etc.), accompagnées d'effets sonores. Le musée contient également une **sellerie**, un **atelier de restauration** et, à l'extérieur du bâtiment principal, un **relais de diligences** et des **écuries**.

★ Lethbridge A2

49 km à l'est de Fort Macleod.
2805 Scenic Dr. S - ✆ 403 394 2403 ou 1888 384 8687 - tourismlethbridge.com.
Située au centre d'une riche région agricole, Lethbridge (107 225 hab.) fut établie en 1870 au bord de l'Old Man River qu'enjambe l'un des plus hauts ponts ferroviaires en activité au monde. Il flotte encore comme un parfum de Wild West sur cette ancienne ville minière où le whisky coulait jadis à flot. Déconcertante et attachante à la fois, elle vous surprendra par son réseau de parcs et jardins en plein cœur de la cité.

★ Fort Whoop-Up

200 Indian Battle Rd S - ✆ 403 320 3777 - fort.galtmuseum.com - de déb. à mi-juin : jeu.-dim. 10h-17h ; de mi-juin à déb. sept. : merc.-dim. 10h-17h - 15 $ visite guidée incluse - promenade en chariot à travers la vallée (30mn) de mi-juin à déb. sept. : ttes les h de 11h à 14h.
Venez découvrir ici la reconstitution du plus important comptoir de **trafic illicite de whisky** de l'Alberta, bâti en 1869 par des Américains venus de Fort Benton, dans le Montana. De l'Indian Battle Park où est aménagé le centre d'interprétation, on bénéficie d'une vue imprenable sur le **High Level Bridge**. Édifié entre 1907 et 1909 pour la Canadian Pacific Railway, ce pont en acier aux lignes fines, très photogénique, mesure 95 m de haut et 1,6 km de long.

★ Nikka Yuko Japanese Garden

À l'angle de 9th Ave. S et Mayor Magrath Dr. - ✆ 403 328 3511 - ♿ - www.nikkayuko.com - été : lun., jeu.-dim. 9h-18h ; reste de l'année : se rens. - 13,50 $.

Créé en 1967, ce jardin de l'amitié rend hommage aux quelque 6 000 immigrants japonais déplacés dans un camp de travail de Lethbridge après les attaques du Japon à Pearl Harbor en 1941.

★★ Writing-on-Stone Provincial Park A2

180 km au sud-est de Fort Macleod. À Milk River. Visitor Centre : ✆ 403 647 2364 - www.albertaparks.ca/parks/south/writing-on-stone-pp - de mi-mai à mi-oct.

En plein cœur du territoire des Blackfoot, les paysages saisissants de ce parc constitué de falaises érodées et de cheminées de fée recèlent un trésor inestimable, inscrit au Patrimoine de l'Unesco. Il s'agit de la plus importante concentration de **peintures** et **gravures rupestres** originaires des grandes plaines d'Amérique du Nord. Sacrées pour les Premières Nations, ces œuvres, dont la plus célèbre figure une **scène de bataille★**, constituent un émouvant paysage culturel.

1 km et 2,5 km AS. Deux très courts sentiers balisés mènent aux peintures rupestres les plus proches du Visitor Center et donnent un aperçu de la prairie. Pour une visite plus poussée, au sein de la réserve archéologique inaccessible en individuel, suivez un guide *(1h30 à 3h - réserv. en ligne - 21 à 28 $)*.

Carnet pratique

S'informer

Fort McLeod *(voir p. 230)* et Lethbridge *(voir p. 233)*.

Arriver/Partir

Être motorisé permet de sillonner librement la région. Au besoin, sachez que la compagnie de bus **Red Arrow** *(redarrow.ca)* et **Flixbus** *(flixbus.com)* effectuent le trajet Calgary-Lethbridge en 3h environ.

Nos adresses

Restauration

Lethbridge

Premier prix

Two Guys & A Pizza Place – *316 11th St. S - ✆ 403 331 2222 - twoguyspizza.ca - tlj sf dim. 11h-22h (vend. et sam. 23h) - pizza 13/41 $ selon la taille ou 5 $ la part.* Cette adresse fait le plein pour ses pizzas riches et parfois inventives (pas sûr qu'un Napolitain s'y retrouve !) et son très large choix de bières, certaines artisanales.

Hébergement

Lethbridge compte un large éventail d'hôtels et de motels de chaîne : Wingate, Holiday inn, Days inn, Sandman, Comfort Inn, Best Western...

Cypress Hills ★★

Non loin de la frontière américaine, à cheval sur l'Alberta et la Saskatchewan, les Cypress Hills émergent d'une vaste plaine semi-aride couverte d'herbe rase. Entrecoupées de ravines, de lacs et de nombreux cours d'eau, ces collines basses et verdoyantes sont coiffées de pins tordus latifoliés dont les Autochtones se servaient pour construire leurs tipis. Ce sont les premiers colons français qui, prenant à tort ces arbres pour des pins gris de l'Est – ou « cyprès » –, donnèrent son nom à la région.

Bison dans les Cypress Hills.
Jillian Cooper/Getty Images Plus

Se repérer

Alberta, Saskatchewan

CARTE AB2 (P. 204).

Les Cypress Hills se trouvent au sud du Canada, environ 70 km au nord de l'État américain du Montana.

À ne pas manquer

L'observation des étoiles et des chiens de prairie au parc interprovincial de Cypress Hills ; la visite du Farwell's Trading Post qui recrée la vie frontalière d'antan.

En famille

Le fort Walsh de la Police à cheval du Nord-Ouest ; la visite guidée du Farwell's Trading Post ; l'observation des étoiles lors de la Summer Star Party en été.

Au temps des Tuniques rouges

Le massacre de Cypress Hills

La vénérable **Gendarmerie royale du Canada** (Royal Canadian Mounted Police) doit sa création à un épisode malheureux dont les Cypress Hills furent le théâtre.

Vers les années 1870, des commerçants américains établirent plusieurs comptoirs dans la région. Ils se livraient au troc avec les Autochtones, leur fournissant des marchandises diverses, dont la terrible « eau de feu », whisky de contrebande extrêmement fort, voire mortel. En 1873, un groupe de chasseurs de loups venu du Montana accusa à tort les membres de la Première Nation assiniboine qui campaient sur la colline voisine, non loin des postes de Farwell et Solomon, du vol de leurs chevaux (ils étaient en fait partis à la recherche de pâturages). Le whisky aidant, la querelle dégénéra en bagarre sanglante et 36 Assiniboines furent tués. Les responsables du massacre furent arrêtés, puis relâchés, faute de preuves. Cependant, l'impartialité de la Police montée dans cette grave affaire, impressionna favorablement les Assiniboines et contribua à établir la réputation de ce tout nouveau corps policier.

Grande marche vers l'Ouest et fondements d'une institution

Craignant un soulèvement général des peuples autochtones si de tels drames se reproduisaient, le Premier ministre **John A. Macdonald** (1815-1891) ordonna dès 1873 la création immédiate d'un service de police centrale qui allait prendre le nom de **Police à cheval du Nord-Ouest** avant de devenir Gendarmerie royale du Canada en 1920.

Dans un premier temps, quelque 150 recrues furent dépêchées au Manitoba. L'année suivante, les effectifs ayant presque doublé, 275 officiers entreprirent de gagner l'Alberta pour mettre fin aux activités de commerce illicite en tous genres, comme celles de l'infâme Fort Whoop-up *(voir p. 233)*, qui n'avait d'ailleurs de fort que le nom !

En 1874, un poste permanent fut établi à **Fort Macleod** *(voir p. 230)*, où fut affectée la moitié du contingent, le reste des hommes étant réparti entre **Fort Edmonton** *(voir p. 250)* et **Fort Garry**, ancien comptoir de traite de la Compagnie de la Baie d'Hudson au nord-est de Yorkton, en Saskatchewan *(voir p. 286)*. Dans la foulée, deux nouveaux forts allaient être construits en 1875 : **Fort Calgary** *(voir p. 218)* et **Fort Walsh** *(voir p. 237)*.

Vers 1885, la Police à cheval du Nord-Ouest comptait désormais un millier d'hommes, et son efficacité était largement reconnue au niveau national. Et pourtant, à l'arrivée au pouvoir de **Wilfrid Laurier** (1841-1919) en 1896, il s'en fallut de peu pour que le corps ne soit dissous. Son rôle crucial durant la **ruée vers l'or du Klondike** allait définitivement asseoir sa popularité auprès des populations et des dirigeants.

Une route touristique balisée, appelée **Red Coat Trail**, en référence à l'uniforme écarlate des officiers de la Police montée, permet de retracer, sur 1300 km environ, le chemin parcouru par ces hommes courageux venus rétablir l'ordre dans cet Ouest indiscipliné et encore enveloppé de mystère.

Découvrir

CARTE P. 204

★★ Cypress Hills Interprovincial Park AB2

65 km au sud-est de Medicine Hat (Alb.) et 30 km au sud de Maple Creek (Sask.). Ouv. tte l'année - 11 $. Centre d'accueil d'Elkwater (Alb.) : ☏ 403 893 3833; centre d'accueil de Maple Creek (Sask.), avec expositions et activités d'interprétation : ☏ 306 662 5411 - albertaparks.ca/parks/south/cypress-hills-pp.

Cinquante kilomètres de sentiers équestres et pédestres sillonnent ce parc peu fréquenté, qui présente des paysages et des activités variés. Attirée par cette zone forestière au milieu des prairies, la riche faune locale se compose de wapitis, élans, couguars et 220 espèces d'oiseaux. Depuis le lac Elkwater, un joli circuit *(40 km)* passe par **Horseshoe Canyon★★** et rejoint **Head of the Mountain** (alt. : 1466 m), point culminant du parc, d'où la **vue★** s'étend jusqu'aux **collines Sweet Grass** et aux **monts Bear Paw** du Montana. Le circuit mène ensuite au belvédère du **lac Reesor** et à la limite est du parc. Il franchit la frontière entre l'Alberta et la Saskatchewan et continue vers Fort Walsh *(env. 18 km au sud - voir ci-dessous)*. Plus sauvage, la partie ouest du parc s'étend jusqu'à Lethbridge *(voir p. 233)*.

Classé parmi les plus vastes réserves de **ciel étoilé** du monde, le parc de Cypress Hills dispose de son propre **observatoire** doté d'un amphithéâtre et de trois télescopes *(été : merc.-dim. à 21h30 - participation libre - programme et horaires au ☏ 306 662 5411)*. Chaque été au mois d'août, à l'occasion de la **Summer Star Party** *(40 $)*, les astronomes amateurs se réunissent ici pour partager leur passion.

★ **Fort Walsh National Historic Site** AB2

En Saskatchewan, 52 km au sud-ouest de Maple Creek. ☏ 306 662 3590 - parcs.canada.ca - ♿ - fin juin à déb. sept. : 10h-17h; de fin mai à fin juin et sept. : mar.-sam. 10h-17h - 11 $.

Ce fort de la Police à cheval du Nord-Ouest, qui doit son nom à son fondateur, un certain John Walsh, fut bâti en 1875. Quartier général de la police de 1878 à 1882, il joua un rôle capital dans les rapports entre le gouvernement canadien et les peuples autochtones des Plaines. Réhabilité en 1942 pour abriter le haras de la Police montée, il fut désaffecté en 1968. Expositions et films constituent une bonne introduction à la visite *(accessible à pied ou en autocar)* des bâtiments blanchis à la chaux : **caserne**, **écuries**, **atelier** et **demeure du chef de garnison**.

★ **Farwell's Trading Post** – *2,5 km au sud - accès en autocar depuis le fort - visite guidée (45mn).* Cette reconstitution sommaire d'un comptoir d'antan, avec ses grossiers bâtiments et son crâne de bison au-dessus de la porte d'entrée, donne aux visiteurs l'occasion de découvrir la rude atmosphère d'une époque sans foi ni loi marquée par le trafic illicite du whisky. Le poste de traite se trouve sur le **site historique du massacre de Cypress Hills** *(voir p. ci-contre)*.

Excursion

CARTES P. 204

T.rex Discovery Centre B2

À Eastend, en Saskatchewan, 110 km à l'est de Fort Walsh. 1 T.rex Dr. - ☏ 306 295 4009 - royalsaskmuseum.ca/trex - été : 10h-18h; reste de l'année : se rens. - 10 $.

2

Cette attraction, aménagée dans un paysage nu, est entièrement consacrée à Scotty, un tyrannosaure dont le squelette quasi-complet fut découvert dans les environs en 1991. Haut de 15 m, il est décrit dans les moindres détails et presque ramené à la vie, grâce à diverses bornes interactives.

★★ Grasslands National Park B2

En Saskatchewan, 223 km au sud-est de Fort Walsh. 306 662 3590 - parcs.canada.ca/pn-np/sk/grasslands - parc ouv. tte l'année - 6,50 $. **Centres d'accueil : Secteur ouest** - *101 centre St., à Val Marie - 306 298 2257 ou 1 877 345 2257 - de mai à mi-oct. : 9h-17h ;* **McGowan, secteur est** - *terrain de camping du Ruisseau-Rock - 306 750 0937 - de mai à mi-oct. : 11-19h.*

Situé à la frontière entre la Saskatchewan et le Montana, le parc national des Prairies, d'une superficie de 900 km^2, préserve l'un des rares exemples de **prairies naturelles** subsistant en Amérique du Nord, avant que les pionniers ne labourent ces espaces infinis. Relativement méconnu, il possède pourtant de très nombreux atouts notamment une population de **bisons des plaines**, géants de quelque 300 kg qui, après avoir frôlé l'extinction vers 1880, prospèrent ici en toute liberté. Il recèle les seules colonies de **chiens de prairie à queue noire** du pays et, en tant que **réserve de ciel étoilé**, il offre une vue dégagée de la voûte céleste nocturne. La **prairie florissante** est aussi étonnante pour la diversité des espèces qui s'épanouissent sous le soleil de juin. Enfin, des vestiges d'une importante occupation autochtone sont disséminés dans ce parc qui compte quelque 12 000 **cercles de tipis** !

Le parc se compose de deux vastes ensembles naturels : à l'ouest, la **vallée de la rivière Frenchman**, et à l'est, les terres érodées des **badlands**, truffées de fossiles de dinosaures. Les centres d'accueil des deux secteurs étant distants de 234 km, nous nous concentrerons ici sur la partie ouest du parc, proche de **Val Marie**. Parmi les incontournables de ce secteur, on notera l'**Écocircuit** (20 km de parcours autoguidé en voiture) réputé être l'une des routes les plus pittoresques de la Saskatchewan et qui permet d'observer les chiens de prairies, ou encore un coucher de soleil au sommet de la **butte 70-Mile**, l'un des points les plus élevés du parc. La partie est du parc, proche de **Wood Mountain**, réserve elle aussi de très belles surprises, à découvrir à l'occasion d'un autre voyage en raison des distances à parcourir.

Sittting Bull au Canada

Après la bataille de Little Big Horn aux États-Unis (1876), où ils exterminèrent les troupes du général **George Custer**, les Sioux s'attendaient à de terribles représailles. Sous la conduite de leur chef **Sitting Bull** (1831-1890), 4 000 Sioux, vinrent trouver refuge au Canada. C'est à **James Walsh**, de la Police montée, qu'incomba la délicate mission de leur faire regagner le territoire américain. Il s'agissait à la fois d'éviter une crise diplomatique entre les deux pays, et de protéger les Crees, ennemis jurés des Sioux, en empêchant une guerre fratricide sur le sol canadien. Accompagné de quatre policiers et de deux éclaireurs, Walsh se rendit au campement sioux près de **Wood Mountain** *(350 km à l'est de Fort Walsh)* afin de lui ordonner de quitter le pays. Malgré cet acte de bravoure qui impressionna leur chef, les Sioux n'acceptèrent que quatre ans plus tard de regagner le sol américain.

Badlands de l'Alberta

★★★

Alberta Badlands

Passer en quelques heures du brouhaha de Calgary avec ses gratte-ciel étincelants aux improbables cheminées de fée d'une fragilité palpable des Badlands, est pour le moins singulier. En été, on se prend à maudire la chaleur caniculaire qui s'abat impitoyablement sur ces « mauvaises terres », avant qu'elles ne ruissellent sous de violents orages. Pourtant, comment ne pas s'émouvoir de la douceur des adorables chiens de prairie, de la beauté mystérieuse de ces horizons multicolores et, en hiver, de la délicatesse d'une jolie dune saupoudrée de neige au clair de lune ?

Se repérer

CARTE A2 (P. 204) - CARTE DE LA VALLÉE DE LA RED DEER (P. 241).

Drumheller se trouve 138 km au nord-est de Calgary.

À ne pas manquer

Les expositions du Royal Tyrrell et le Hoodoo Trail.

Organiser son temps

Prévoyez une grosse journée pour visiter le musée Tyrrell, suivre le Hoodoo Trail et randonner dans le Horseshoe Canyon, et au moins deux jours pour découvrir le Dinosaur Provincial Park.

En famille

Une mine de charbon ; la galerie des Dinosaures du Royal Tyrrell Museum ; la randonnée du Dinosite pour jouer au paléontologue.

Nos adresses p. 244

2

Circuits conseillés

CARTE P. 241

Hoodoo Trail

Boucle d'env. 51 km au départ de Drumheller, tracée en vert sur la carte p. 241.
Ce circuit, qui longe les deux rives de la Read Deer, offre un excellent condensé de ces « mauvaises terres » creusées de profondes ravines. S'y dressent les *hoodoos*, nom local des cheminées de fée, ces pinacles rocheux aux formes étranges.

★ Drumheller

60 1st Ave. W - Drumheller - 1 866 823 8100 - traveldrumheller.com.
L'arrivée sur Drumheller donne le saisissant spectacle d'une rude vallée d'environ 120 m de profondeur sur 1,6 km de largeur. Ancienne bourgade minière, entourée de riches terres à blé parsemées de puits de pétrole, la « capitale des Dinosaures » se trouve dans la **vallée de la rivière Red Deer**, au cœur des Badlands. D'ailleurs, la gueule béante du kitchissime et énorme **tyrannosaure** *(25 m)*, auquel on accède par un escalier niché dans ses entrailles et dont la silhouette trône au-dessus du centre d'accueil des visiteurs *(voir ci-dessus)*, offre une belle vue sur cette région. Mais l'une des meilleures façons de découvrir la beauté sauvage de ce territoire

est de quitter la ville par la route 9 jusqu'au **Horseshoe Canyon★★** *(18 km au sud-ouest)*. Là, divers **sentiers**, sans difficulté, vous mènent à travers les collines jusqu'au fond de cette poche isolée de Badlands *(chaussures de randonnée, crème solaire et bouteille d'eau de rigueur - parking 2 $)* en vous livrant, une superbe **vue★** sur ses paysages ruiniformes recélant des **bancs d'huîtres pétrifiées**.

Quittez Drumheller au sud-est par la route 10.

Rosedale suspension bridge

Construit en 1931 pour le compte de la mine de charbon de la **Star Mine**, ce **pont suspendu** (longueur : 117 m) enjambe la rivière Red Deer dont il offre une jolie **vue** sur les méandres.

★ Hoodoos

9,1 km au sud-est du pont suspendu.

Ne boudez pas cette colline ravinée, située en bordure de la route et envahie à la belle saison par des hordes de touristes avides de se prendre en photo devant ses mythiques **cheminées de fées★★**. En vous écartant un peu, vous jouirez d'une vue plus intime de ce paysage lunaire, mais, pour respecter l'intégrité du site et de ses piliers naturels faits de roches fragiles, ne sortez pas du **sentier balisé** par le Royal Tyrrell Museum.

East Coulee School Museum

À East Coulee - 6,3 km au sud-est de Hoodoos. 359 2nd Ave. - ☏ 403 822 3970 - ecsmuseum.ca - juin-août : 10h-17h - 9 $.

Ce village aujourd'hui quasi fantôme (moins de 200 habitants) s'est développé avec l'arrivée, en 1929, du Canadien Pacifique qui desservait alors les **mines de charbon** Atlas et Empire. Concurrencées par le gaz naturel, celles-ci fermèrent en 1970, entraînant dans la foulée la fermeture de l'**école** des années 1930. Réouverte

Paysage des Badlands.
AngusChanPhoto/Getty Images Plus

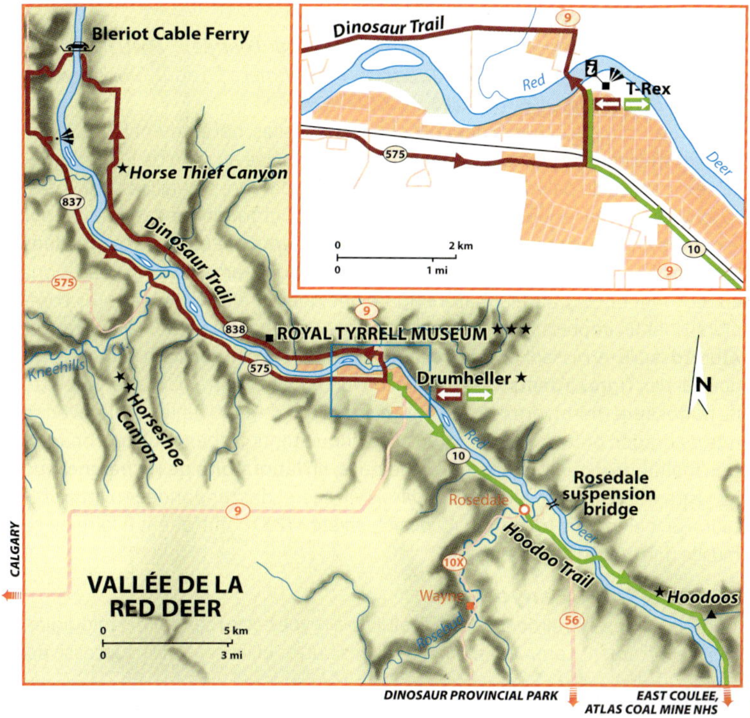

en 1985, elle rend hommage aux familles de pionniers et mineurs qui contribuèrent au développement de la vallée de la Red Deer.

★ Atlas Coal Mine National Historic Site

2,8 km au sud-est du musée d'East Coulee. 110 Century Dr. W - ✆ 403 822 2220 - atlascoalmine.ab.ca - bâtiments de surface 15,95 $; visite en train 23,27 $; mine 32,68 $; usine 30,59 $ - réserv. obligatoire au plus tard 2 sem. avant.

Les installations de surface et la galerie de la mine de charbon la mieux préservée du Canada, qui se découvre à la lueur d'une lampe de mineur, vous ramènent à l'époque où ce précieux combustible régnait en maître sur la vallée de la Red Deer. Vous pourrez explorer à pied ou en **train** *(env. 20mn)* ce site de 31 ha dominé par la silhouette du dernier **culbuteur** en bois du pays, qui servait au chargement et au tri du charbon.

Retour à Drumheller *(23,4 km)* ou prendre la route 570, puis la 876 pour rejoindre le **Dinosaur Provincial Park** *(voir p. 243)*, 147 km au sud-est de l'Atlas Coal Mine.

Dinosaur Trail

Circuit de 51 km tracé en bordeaux sur la carte ci-dessus. Quittez Drumheller au nord-ouest par la route 838.

La piste des Dinosaures forme une boucle sur la plaine qui domine la rivière Red Deer et ménage de beaux points de vue sur les Badlands.

★★★ Royal Tyrrell Museum

Dans le Midland Provincial Park (3 km au nord-ouest de l'entrée) - ✆ 403 823 7707 ou 1 888 440 4240 - tyrrellmuseum.com - ♿ - de mi-mai à fin août : 9h-21h ; reste de l'année : mar.-dim. 10h-17h - 21 $.

L'extraordinaire richesse des collections de fossiles, notamment les quelque 80 000 spécimens de dinosaures, a propulsé ce musée au rang de leader mondial en matière de paléontologie. En constante évolution, ses salles et galeries, regorgeant de mises en scène spectaculaires et d'informations fascinantes sur le monde animal et végétal préhistorique, proposent un fabuleux **voyage dans le temps** à travers 3,9 milliards d'années d'évolution. Parmi les reconstitutions ou reproductions grandeur nature figure une quarantaine de squelettes complets, dont un impressionnant **Tyrannosaure** figé dans son agonie, un effrayant **Albertosaure** terrassant un **Centrosaure**, ou encore un **Mammouth laineux** attaqué par des **Tigres à dents de sabre**. Découvert en 2011, l'extraordinaire squelette de **nodosaure** (herbivore cuirassé) ne manque pas de captiver le public, avec sa tête de dragon prête à cracher le feu et ses inquiétants globes oculaires béants ! Une multitude d'outils interactifs et ludiques, un **laboratoire de recherche**, que les visiteurs observent derrière des parois vitrées, et des randonnées d'interprétation aux alentours du musée *(Dinosite, en été - 12 $)* contribuent à faire de ce musée une étape incontournable.

★ Horse Thief Canyon

Après le musée Tyrrell, le Dinosaur Trail livre à la vue cette merveille géologique, l'enchevêtrement complexe et lunaire de ses buttes et leurs strates successives.

Bleriot Cable Ferry

8,5 km au nord-ouest de Horse Thief Canyon.

Le circuit traverse ensuite la rivière sur ce bac rustique *(mai-sept. : 7h-11h, de fin sept. à fin oct. : 7h-19h)* actionné par des câbles et baptisé en hommage à son créateur français. En remontant sur le plateau dominant la rive opposée de la Red Deer, suivre le panneau pointant vers **Orkney viewpoint**. Ce belvédère *(5 km au*

Dimetrodon au Royal Tyrrell Museum.
F. Klingen/Michelin

Paléofaune et paléoflore

Aussi improbable que cela puisse paraître au vu de leur aspect actuel, les Badlands correspondent à une ancienne zone marécageuse située en bordure d'une mer intérieure. Elles recèlent des fossiles de **végétaux primitifs** (plantes aquatiques, gingkos, cyprès et autres conifères), de **poissons, d'amphibiens**, de **reptiles** et de petits **mammifères** primitifs. Mais c'est la densité et la diversité des fossiles de **dinosaures** du **Crétacé tardif** qui a fait la renommée de cette région : révélés à l'air libre par l'érosion, **cératopsidés** (herbivores à cornes et à collerettes), **hadrosauridés** (herbivores à bec de canard), **ankylosauriens** (herbivores dotés d'une armure de plaques osseuses sur le dos et la tête), **tyrannosauridés** carnivores dont le célèbre **Albertosaure**, super prédateur de la zone et star du Tyrrel Museum *(voir p. ci-contre)*, composent un bestiaire unique au monde.

sud du ferry - route non revêtue partant de la route 837 sur la gauche, avant une pente descendante très raide vers la vallée) offre un superbe **panorama★** sur la vallée de la Red Deer dont les verts pâturages contrastent étrangement avec les collines presque stériles alentour.
Retour sur Drumheller *(18 km au sud-est)* par la 837 S et fin du Dinosaur Trail.

Excursion

CARTE P. 204

★★★ Dinosaur Provincial Park A2

Env. 176 km au sud-est du Royal Tyrrell Museum (voir p. ci-contre). ✆ 403 378 4342 - albertaparks.ca - parc ouv. tte l'année - centre d'accueil de déb. avr. à mi-mai : lun., vend.-dim. 9h-17h ; de mi-mai à déb. sept. : 9h-17h (19h30 mar. et jeu.) ; de déb à fin sept. : lun., jeu.-dim. 9h-17h ; reste de l'année : w.-end 12h-16h - galerie d'exposition 2 $ - excursions en minibus, randonnées d'interprétation : se rens.

La remarquable concentration de **fossiles** de dinosaures, de mammifères primitifs, d'oiseaux, de tortues, de poissons et d'amphibiens pris au piège dans les vasières de la **Red Deer River**, et la saisissante beauté naturelle de ce site érodé, sinueux et escarpé, qui s'étend sur 27 km de part et d'autre de la rivière dans sa partie la plus spectaculaire, ont valu à ce parc d'être inscrit au Patrimoine mondial de l'Unesco dès 1979. À peine entré dans le parc, le visiteur découvre un éblouissant **panorama★★★** sur cette étendue rudement érodée. La route descend vers le centre d'accueil qui abrite le **Royal Tyrrell Museum Field Station**, où d'impressionnants spécimens issus du gigantesque site fossilifère sont exposés.
La réserve naturelle n'est accessible qu'aux chercheurs, au personnel du parc et aux visites guidées. Mais cinq courts **sentiers pédestres** d'environ 1 km mènent à de superbes points de vue et à des vitrines d'exposition. L'une d'elles contient *in situ* le squelette quasi complet d'un adrosaure ou « dinosaure à bec de canard ». Peut-être apercevrez-vous également des cerfs, des coyotes et des crotales. Pour une découverte plus approfondie, prenez part aux nombreuses visites guidées thématiques *(liste et réserv. sur le site)* qui se déroulent en bus ou à pied à travers ces paysages ciselés par l'érosion où ne pousse guère que l'armoise.

Nos adresses

Restauration

À Drumheller

Premier prix

Bernie & The Boys Bistro – *305 4th St. W - ✆ 403 823 3318 - bernieandtheboys.com - fermé lun. - burgers 10/19 $.* Sans prétention et un peu kitsch, cette adresse « dans son jus » propose de solides burgers et autres réjouissances immanquablement frites et copieuses.

À Wayne

Premier prix

Last Chance Saloon – *555 Jewell St. - ✆ 403 823 9189 - visitlastchancesaloon.com - été : fermé dim. soir ; reste de l'année : se rens. - plats 16,50/34 $; burgers 15/22 $.* Faire un petit détour par ce saloon centenaire se mérite ! Après avoir quitté Drumheller, il faut gagner Rosedale puis franchir 11 ponts à sens unique avant d'arriver dans ce village minier fantôme. Dans un cadre très couleur locale, vous dégusterez un généreux burger 100 % Alberta Beef arrosé d'une Molson ou d'une Wild Rose.

Shopping

À Drumheller

The Fossil Shop – *61 Bridge St. - ✆ 403 823 6774 - www.thefossilshop.com - 10h-18h.* Paléontologues amateurs, faites votre shopping d'os de dinosaure ou autres créatures dans ce magasin ou dans la boutique de souvenirs du musée Tyrrell ; le ramassage sauvage de fossiles est formellement interdit en Alberta et puni d'une amende de 50 000 $ accompagnée d'un petit séjour en prison !

Hébergement

À Drumheller

Budget moyen

Tyrannosaurus Rest B & B – *281 2nd St. W - ✆ 403 823 5889 - t-rest.ca - ▤ P - 3 ch. et 1 suite 200 $ ☕.* Idéalement située dans le centre historique de Drumheller, cette demeure au cachet d'antan vous servira de base pour rayonner dans la vallée de la Red Deer. L'intérieur décoré de jolis meubles et objets chinés est chaleureux. Petit-déjeuner soigné et composé de produits locaux.

☺ L'hôtel de chaîne **Ramada by Wyndham Drumheller** *(wyndhamhotels.com)* est une alternative sans charme mais bien pratique.

Au Dinosaur National Park

Premier prix

Dinosaur Park Campground – *✆ 403 378 3700 ou 1 877 537 2757 - P - de fin mai à fin sept. : 7 Canvas Wall Tent 100/115 $ - de mi-avr. à fin oct. : empl. camping 31/39 $ - ✕.* Les hôtels et B & B à proximité de ce parc isolé étant rares et vite complets (vous pouvez néanmoins essayer dans la ville de Brooks, à 45 km), ce type de camping tout équipé, à mi-chemin entre une tente et un chalet rustique, peut se révéler pratique et tout de même confortable. D'autant que le cadre des Badlands, à l'ombre des peupliers poussant le long de la méandreuse Deer River, est somptueux.

Edmonton ★★

Dominant la rivière Saskatchewan, la prospère capitale de l'Alberta est une cité jeune, au centre universitaire renommé. Image de son développement tentaculaire fondé sur l'industrie des hydrocarbures et l'agriculture, son extravagant centre commercial est le plus vaste d'Amérique du Nord. Attachée à son passé pionnier et à sa verdoyante vallée qui offre aux joggers, cyclistes et fondeurs une trentaine de kilomètres de sentiers, Edmonton a su conserver des quartiers historiques et bohèmes, des marchés fermiers bio et des jardins où il fait bon flâner. C'est aussi une métropole culturelle qui héberge certaines des plus importantes institutions muséales et galeries d'art du Canada.

Se repérer

1128 811 habitants – Alberta

CARTE A1 (P. 204) - PLANS (P. 248).

Edmonton enjambe la vallée de la Saskatchewan nord, au cœur de l'Alberta.

À ne pas manquer

L'excellent Royal Alberta Museum; Old Strathcona, quartier historique et branché sur la rive sud de la Saskatchewan.

Organiser son temps

Comptez deux jours minimum pour apprécier Edmonton et venez durant l'un de ses nombreux festivals. La ville n'en sera que plus vivante!

En famille

Les animations de Telus World of Science Edmonton, de West Edmonton Mall et de Fort Edmonton Park; le tram historique au-dessus de la Saskatchewan Nord.

Carnet pratique p. 253

Nos adresses p. 253

Découvrir

PLANS P. 248

Rive nord de la Saskatchewan nord

Le **centre-ville** d'Edmonton (PLAN II) se situe dans le quartier de **Jasper Avenue** et de **Sir Winston Churchill Square**. La vaste pelouse du parc est entourée de bâtiments modernes, dont le **City Hall** (hôtel de ville), le **Court House** (palais de justice), l'Art Gallery et le **Royal Alberta Museum**, l'élégant **Citadel Theatre** (A) doté de trois scènes, la bibliothèque **Stanley A. Milner Library** (B) et le centre commercial Edmonton City Centre.

Deux rues plus au sud se dresse la structure en acier et en verre du **Shaw Conference Centre** d'Edmonton. En face, **Canada Place** abrite les bureaux du gouvernement fédéral.

★ Art Gallery of Alberta (AGA) PLAN II

2 Sir Winston Churchill Sq. - ✆ 780 422 6223 - www.youraga.ca - ♿ - 11h-17h (jeu. 19h) - fermé lun.-mar. - 14 $.

Une passerelle vers le Nord

Un prospère comptoir de fourrures

À la fin du 18e s., la **Compagnie de la baie d'Hudson** et sa rivale, la **Compagnie du Nord-Ouest**, possédaient toutes deux un comptoir près de l'actuelle ville d'Edmonton et troquaient avec les **Cris** et les **Pieds-Noirs** des couvertures, des fusils et des objets usuels contre des **fourrures**. Avec la fusion des deux compagnies en 1821, le fort appelé **Edmonton House** devint le principal comptoir de fourrures de l'Ouest, et une petite colonie s'établit autour du poste. Il étendit ses activités de l'Oregon au bassin du fleuve Mackenzie dans les régions arctiques, et de Le Pas, au nord-ouest du lac Winnipeg, jusqu'à l'ouest des Rocheuses. Les marchandises arrivaient de York Factory sur les fameux **bateaux d'York**, ou de Winnipeg sur les **charrettes de la rivière Rouge**. La croissance se ralentit quelque peu avec le passage plus au sud de la ligne du **Canadien Pacifique**, pour reprendre à la fin du 18e s., quand d'autres lignes ferroviaires arrivèrent à Edmonton.

Un carrefour économique

La ville devint alors un important centre d'approvisionnement pour toutes les régions du Nord-Ouest, en particulier pendant la ruée vers l'or du Klondike (1896-1899). Sa nouvelle vocation de « **porte du Nord** » et sa situation stratégique entre les terres agricoles au centre et les ressources énergétiques au nord expliquent principalement son ascension au statut de capitale de l'Alberta en 1905.

L'or noir

Edmonton aurait pu demeurer un paisible centre administratif et commercial si l'on n'avait trouvé de pétrole à **Leduc** (environ 30 km au sud) en 1947. D'autres découvertes suivirent, notamment celle de **Redwater** en 1948. Aujourd'hui, la majorité des réserves d'hydrocarbures du pays se trouvant en Alberta, principalement dans la région d'Edmonton, cette discrète capitale provinciale est devenue le lieu de prédilection de ceux qui, malgré la terrible volatilité du prix du pétrole, poursuivent sans répit leurs rêves d'or noir et de fortune...

K-Days

Concerts, manèges, **rodéo**, compétitions équestres, concours d'agilité canine, feux d'artifice, barbecues et grand défilé de chars sont au programme des réjouissances du plus gros festival d'Edmonton, célébré chaque année en juillet, cinq jours après le Stampede de Calgary. Jadis axé sur l'époque des chercheurs d'or et la ruée vers l'or du Klondike, le festival a beaucoup évolué au fil des ans, mais deux grands classiques : les **compétitions de bûcherons** et le **ruisseau aurifère** aménagé pour l'occasion, et qui permet aux festivaliers de jouer à l'orpailleur, remportent toujours un franc succès auprès du public. Le **pow wow**, qui permet aux meilleurs danseurs et joueurs de tambours d'Amérique du Nord de se mesurer à leurs compétiteurs, est un événement à ne manquer sous aucun prétexte !
k-days.com.

Centre-ville d'Edmonton.
Lisa Marie/Getty Images Plus

Ce musée d'art occupe depuis 2010 un spectaculaire édifice imaginé par l'architecte Randall Stout et mêlant des fenêtres angulaires et un ruban sinueux d'acier de près de 200 m. Sur près de 3 000 m², il présente des expositions temporaires, alimentées en partie par la collection permanente de plus de 6 000 pièces retraçant le développement de l'expression artistique canadienne. Une emphase particulière est mise sur la **peinture canadienne abstraite** et la **sculpture**. La collection de **photos** d'Hubert Hohn et Orest Semchishen est aussi remarquable.

2

★★ Royal Alberta Museum (RAM) PLAN II

9810 103a Ave. NW - ✆ 1 825 468 6000 - www.royalalbertamuseum.ca - ♿ - 10h-16h (20h jeu.) - fermé lun. - 21 $.

Vaste et riche de superbes collections (près de 2,5 millions d'objets), ce musée est sans doute le plus passionnant de l'Ouest canadien. Il s'organise en deux grandes sections dédiées à l'**histoire naturelle et humaine de l'Alberta**, du Crétacé à nos jours. Ne manquez pas la galerie (Human Gallery Hall) dédiée aux Premières Nations : modes de vie, croyances, relation à la nature, contacts avec les premiers colons. La section nature (géologie, squelettes, insectes…), est réputée pour ses **dioramas** spectaculaires figurant les animaux de l'Alberta dans leur cadre naturel.

Autour de Rogers Place PLAN II

Deux rues à l'ouest du Churchill Square, se dressent les plus hauts immeubles de la ville, autour de la spectaculaire **Rogers Place** *(rogersplace.com)*. Cette aréna aux lignes ultramoderne est, au cœur de l'**Ice District** *(voir « Nos adresses »)*, un ensemble de boutiques et restaurants très animés. Ice… pour glace, car si Rogers Place accueille aussi des concerts, ce sont surtout les matchs des **Edmonton Oilers** *(voir « Nos adresses »)* qui font vibrer le quartier. Le club de hockey a dominé la Ligue nationale dans les années 1980, notamment grâce à Wayne Gretzky, élu meilleur joueur de la Ligue huit années consécutives, qui mena son équipe à la victoire de la Stanley Cup pendant quatre ans. Sa statue trône d'ailleurs sur Rogers

EDMONTON
Plan I

SE RESTAURER
- Chianti Café 1
- Café Bicyclette 2
- MEAT 3
- Normand's Restaurant 4
- Duchesse Bake Shop 5

SE LOGER
- Metterra Hotel on Whyte 1
- HI Edmonton 2

Place. Le club, qui fut « presque champion » en 2024, fait toujours la fierté de la ville. N'hésitez surtout pas à assister à un match !

Non loin, le **Neon Design Museum** (*104 St. NW - gratuit*) est le premier « musée » d'enseignes lumineuses en tubes au néon du pays. En plein air et en accès libre, il compte une vingtaine de spécimens restaurés et disposés sur les murs en briques d'anciens ateliers. Autrefois disséminés dans toute la ville, ces visuels ornaient les commerces et les établissements les plus connus d'Edmonton. La visite s'apprécie d'autant plus la nuit, quand les enseignes sont illuminées. N'hésitez pas à flâner le long de la **104th St.**, très animée et plutôt branchée avec ses anciennes manufactures transformées en boutiques et galeries.

★ Alberta Legislature Building PLAN II

10800 97th Ave. - 780 427 7362 - assembly.ab.ca - ♿ - visite guidée gratuite (45mn), réserv. sur le site Internet - centre d'accueil des visiteurs : de fin mai à déb. sept. : merc.-dim. 10h-16h ; reste de l'année : merc.-sam. 11h-15h.

Situé dans de jolis jardins en bordure de la Saskatchewan nord, le Parlement est un majestueux édifice en grès ocre coiffé d'un élégant dôme à lanternon. Bâti en 1912, il occupe le site original de Fort Edmonton. L'entrée principale *(côté nord)* s'ouvre sur un impressionnant vestibule d'où un escalier mène jusqu'à la **salle de l'Assemblée**. Au cinquième niveau, dans la galerie circulaire qui surplombe le vestibule, une intéressante exposition raconte l'histoire de la province.

Rive sud de la Saskatchewan nord

★ High Level Bridge Streetcar PLAN II

Station de Strathcona (angle de 103 St. et 84 Ave.) ou de celle de Jasper Plaza (100 Ave., entre 109 St. et 110 St.) - 780 437 7721 - www.edmontonstreetcars.ca - de mi-mai à déb. sept. : lun., vend.-dim. ; de déb. sept. à mi-oct. : vend.-dim. - dép. ttes les 20 à 40mn - 8 $ AR (paiement en liquide).

Le **Pont-haut d'Edmonton** (1913) relie le quartier de Strathcona, sur la rive sud de la Saskatchewan, au centre-ville d'Edmonton, sur la rive nord. L'ouvrage compte deux voies de circulation au niveau inférieur, des trottoirs et des pistes cyclables de part et d'autre de la structure. Au niveau supérieur se trouvaient jadis une voie réservée aux trains, et deux destinées aux tramways. Il n'en reste plus qu'une. Considérée comme la plus haute d'Amérique du Nord, elle fut arrêtée en 1951. Animé aujourd'hui par des bénévoles passionnés, un **tram historique** donne aux visiteurs le plaisir d'une traversée à 49 m au-dessus de la rivière. **Vues★★** exceptionnelles sur Edmonton et émotion garanties !

★ Muttart Conservatory PLAN II

9626 96A St. - 780 442 5311 - ♿ - 10h-17h, merc.-jeu. 10h-21h - 14,95 $.

Ce jardin regroupe près de 700 variétés de plantes sous d'audacieuses pyramides de verre reconstituant tour à tour la végétation des zones désertique, tropicale et tempérée, une quatrième pyramide étant réservée aux présentations saisonnières de plantes ornementales.

★ Old Strathcona PLAN I

Fondée aux environs de 1870, Old Strathcona reçut le statut de ville en 1899 et fut raccordée à Edmonton en 1912. Voisin du campus de l'**Université d'Alberta**, ce quartier bohème et branché accueille chaque samedi un pittoresque **marché fermier** *(10310 83rd Ave. NW - 8h-15h)*. Réputé pour ses restaurants, pubs, boîtes de nuit, théâtres, cinémas et boutiques de vêtements qui se pressent le long de **Whyte Avenue** *(82nd)*, le quartier recèle par ailleurs un riche patrimoine architectural couvrant la période 1891-1914. Au cœur de l'ancienne ville de Strathcona, aire historique délimitée par un quadrilatère allant de 85th Ave. South à 80th Ave. et de 102nd St. à 106th St., et débordant sur Whyte Ave., vous découvrirez plusieurs bâtiments caractéristiques de l'époque, parmi lesquels : le **Strathcona Hotel** (1891), l'un des derniers établissements en bois d'alors ; le bureau de poste du

South Side Post Office (1913) ; la **gare** du Canadien Pacifique (1907) ; le **Princess Theatre** (1914), plus grande scène de l'Ouest canadien ; le **Connaught Armoury** (1911), caserne de Dragons ; l'**Old Scona Academic High School** (1908), l'un des premiers lycées de l'Alberta, qui hébergea l'université jusqu'en 1911.

★★ Fort Edmonton Park PLAN I

À l'angle de Fox Dr. et Whitemud Dr. 7000 143 St. NW - ✆ 780 496 7381 - www.fortedmontonpark.ca - ♿ - de mi-mai à déb. sept. : merc.-dim. et lun. fériés 10h-17h ; de déb. à mi-sept. : w.-end 10h-17h - 31 $.

Niché en bordure de la Saskatchewan nord, ce parc de 64 ha fait revivre à travers de savantes reconstitutions les grands marqueurs de la colonisation européenne à Edmonton. La promenade commence par la découverte des peuples des Premières Nations et des Métis installés dans la région puis se poursuit dans un **fort de traite des fourrures** de la Compagnie de la baie d'Hudson (1946). On aperçoit notamment, à l'intérieur d'une haute palissade, la Grande Maison de l'intendant général, le quartier des employés, dont beaucoup étaient Métis, ainsi que la cale où étaient construits les « bateaux de York ». Quelques tipis, à l'extérieur du fort, viennent rappeler l'importance des échanges avec les Cris et Nakoda dans le commerce des fourrures. La seconde étape évoque le **peuplement des années 1880**, avant l'arrivée du chemin de fer, illustré par une rue large et boueuse où passaient des chariots entre des trottoirs de bois le long desquels s'alignaient de modestes échoppes, un poste de la Police montée et l'imprimerie du journal local. L'étape suivante présente le **village du chemin de fer des Prairies** (1905) à une époque de plein essor et de prospérité. Un tramway circule au milieu d'une chaussée bordée notamment d'une caserne de pompiers. La **Place des années 1920** fait rentrer le visiteur dans l'âge moderne et la pleine croissance urbaine et vient conclure cette visite amusante et instructive.

Au nord et à l'ouest de la ville

★ Telus World of Science Edmonton PLAN I

11211 142nd St. NW- ✆ 1 780 451 3344 - telusworldofscienceedmonton.ca - ♿ - 9h-17h - 36,95 $.

Sa structure d'acier blanc en forme de soucoupe volante confère au bâtiment une allure très futuriste. Outre sa salle de projection IMAX et son planétarium (Zeidler Dome), ce centre destiné à l'apprentissage scientifique des enfants se distingue particulièrement par ses expositions permanentes ludiques et interactives : The Science Garage, Dinousaurs, Arctic Journey, S.P.A.C.E Gallery...
Installé dans un bâtiment annexe, le **RASC Observatory** fournit l'occasion de contempler de près étoiles et planètes.

West Edmonton Mall PLAN I

De 170th St. à 178th St. et de 87th Ave. à 90th Ave. - ✆ 780 444 5330 ou 780 444 5321 - www.wem.ca - ♿ - centre commercial 10h-21h, dim. 11h-18h.

Avec une surface de quelque 500 000 m², 800 boutiques, une centaine de restaurants, 20 000 places de parking, un cinéma IMAX, deux hôtels, un casino et une pléthore d'attractions payantes (roue, parc aquatique...), ce centre commercial et de loisirs se place en tête du palmarès des plus grands *shopping malls* d'Amérique du Nord. En son centre trône une **réplique de la Santa Maria★**, bateau de Christophe Colomb lors de sa première traversée de l'Atlantique en 1492.

Fort Edmonton.
wwing/Getty Images Plus

À proximité

CARTE P. 204

★ Elk Island National Park A1

Env. 48 km au nord-est d'Edmonton.

Site 4 - Fort Saskatchewan - 780 922 5790 - parcs.canada.ca/pn-np/ab/elkisland - - parc ouv. tte l'année - centre d'accueil situé près de la porte sud, à proximité de la route 16 E - de mi-mai à déb. sept. : 9h-18h, vend.-dim. 9h-20h ; reste de l'année : 9h-18h - 9 $.

Activités : randonnée, canoë, ski de fond, golf, camping.

Ce parc national, l'un des plus petits du Canada (194 km^2), abrite une faune variée : bisons, élans, orignaux, coyotes, musaraignes pygmées et de nombreux castors (facilement observables). Le **lac Tawayik** regorge de gibier d'eau. Le rarissime cygne trompette fréquente de temps à autre le **lac Astotin**, autre plan d'eau au nord du parc. Une centaine de kilomètres de sentiers *(1 à 5h)* sont aménagés à travers de paisibles paysages de marais, de forêts de trembles et d'étendues herbeuses. Une bonne façon de découvrir les lieux ! Avec un peu de chance, peut-être pourrez-vous aussi observer une **aurore boréale**.

Ne quittez pas le parc sans avoir emprunté en voiture la **boucle de l'enclos des bisons des plaines** qui serpente à travers la prairie. Vous y verrez des hardes d'imprévisibles et impressionnants individus de quelque 730 kg broutant l'herbe des pâturages. Une visite en coulisses explique les techniques de conservation mises en œuvre dans les parcs nationaux du pays pour rétablir peu à peu cette espèce terriblement décimée au 19e s. au point de frôler l'extinction. *The bison is back !*

★ Ukrainian Cultural Heritage Village A1

Env. 50 km à l'est d'Edmonton. 780 662 3640 - ukrainianvillage.ca - ♿ - de mi-mai à déb. sept. : lun. fériés et merc.-dim. 10h-17h - 15 $.

Bien se chausser, certains chemins étant très boueux.

Pour pleinement apprécier ce site, il faut le mettre en relation avec la colonisation de la Prairie canadienne par les Ukrainiens aux 19e et 20e s. Attirés par une vaste campagne publicitaire, menée de 1886 à 1930 par le ministère de l'Intérieur canadien, et par la promesse de terres gratuites, des milliers de colons s'établiront dans les trois provinces des Prairies où ils vivront une vie de dur labeur et recréeront, comme dans leur pays d'origine, des réseaux informels de villages tels que celui-ci.

Le site compte une trentaine de bâtiments historiques ou reconstitués, allant des abris sommaires creusés à même le sol et recouverts de mottes de terre jusqu'aux maisons plus cossues, plâtrées de boue et blanchies à la chaux. La **ville ukrainienne d'antan** (1925-1930), avec son **silo élévateur**, sa gare en bordure du Goose Lake, son poste de police, son église orthodoxe, son hôtel, ses magasins et ateliers divers, contraste étrangement avec la modeste **commune rurale**, de la même époque, composée d'une petite école de campagne, de bâtiments rustiques entourés de poulaillers, d'enclos à cochons et d'adorables petits jardins potagers. Divers événements (danses folkloriques, concerts, ateliers culinaires, foire agricole, Ukrainian Day...) contribuent à faire renaître l'atmosphère ukrainienne.

En route vers le Saskatchewan, vous verrez, 50 km à l'est dans le village de **Vegreville**, un œuf de 9 m de long décoré selon la tradition pascale ukrainienne.

★ Reynolds-Alberta Museum A1

À Wetaskiwin, env. 72 km au sud d'Edmonton. 6426, 40 Ave. - 780 312 2065 - reynoldsmuseum.ca - 10h-17h - 15 $.

Les amateurs de belles mécaniques se précipiteront dans ce superbe musée qui rassemble une vaste collection d'automobiles (de 1890 à la fin du 20e s.) – dont certains modèles rarissimes –, de camions, de vélos et de matériel agricole ou industriel (tracteurs, élévateurs, grues) d'un autre temps mais dans un bon état de conservation. La muséographie, agrémentée de bornes interactives, est réussie. Vous pouvez aussi parcourir les immenses entrepôts où des centaines de modèles attendent d'être restaurés.

University of Alberta Botanic Garden A1

À Parkland County, env. 38 km au sud-ouest d'Edmonton. 780 492 3050 - ualberta.ca/botanic-garden - mai : vend.-dim. 10h-17h ; juin-sept. : 10h-18h - 19,75 $.

Ces vastes et beaux jardins thématiques sont prétexte à une balade au grand air. Vous y verrez le jardin d'Aga Khan, des jeux d'eaux, un jardin japonais, des papillons tropicaux sous serres et apprendrez à reconnaître les plantes utilisées par les autochtones, les plantes de montagnes... Concerts et pique-niques.

Canadian Energy Museum : Home of Ledux #1 A1

Env. 40 km au sud-ouest d'Edmonton. 780 987 4323 - www.canadianenergy museum.ca - sur réserv. uniquement - 6 $.

Installé sur un champ pétrolifère, ce musée retrace la longue histoire de la production de pétrole dans la région à travers une série de photos, de vidéos, d'outils et d'instruments de forage. L'occasion de mieux comprendre l'importance de ce secteur dans l'économie locale.

Carnet pratique

S'informer

Edmonton Welcome Centre – PLAN II - *World Trade Centre Bldg - 9990 Jasper Ave. - ✆ 780 401 7696 - exploreedmonton.com.*

Arriver/Partir

En avion

Edmonton Airport (YEG) – *flyeia.com.* 28 km au sud du centre-ville. La ville est accessible par bus, ligne 747 *(5 $) via* le Century Park Transit Centre d'où repartent bus et tram. Plus pratique, les navettes des hôtels relient le centre en 45mn. En taxi, compter 45mn et 60 $.

En train

Central Station – *121st St NW.* Train Via Rail *(www.viarail.ca)* 2/sem. sur la ligne Toronto-Vancouver.

En autocar

Liaisons avec Calgary *(4h env.)*, avec **Red Arrow** *(redarrow.ca)* et **Ebus** *(myebus.ca).*

Se déplacer

Transports en commun – *edmonton.ca/edmonton-transit-system-ets - ticket 3,50 $.* Des dizaines de lignes de bus et, plus pratiques, 3 lignes de tram.

Mobilité douce – *edmonton.ca/transportation/cycling_walking/bike-electric-scooter-sharing.* Trois compagnies proposent des vélos et trottinettes électriques partagés.

Agenda

K-Days – *Juil. - voir l'encadré p. 246.*

Edmonton Folk Fest – *Août - edmontonfolkfest.org.* Grand festival folk, blues, gospel...

Edmonton Fringe Theatre Festival – *Août - www.fringetheatre.ca.* L'un des plus importants festivals de théâtre alternatif.

2

Nos adresses

PLANS P. 248

Restauration

Premier prix

Le samedi, rendez-vous au **Farmers Market** de **Old Strathcona** *(voir p. 249)* pour grignoter.

5 Duchess Bake Shop – PLAN I - *10718 124th St. - ✆ 780 488 4999 - duchessbakeshop.com - fermé le soir et lun. - pâtisserie et tartes env. 5 $.* Une odeur de macarons et de croissants émane de cette boulangerie-pâtisserie qui sert aussi des tartes salées à déguster sur place ou à emporter.

Budget moyen

1 Chianti Café – PLAN I - *10501 82nd Ave. - ✆ 780 439 9829 - chianticafe.ca - service continu - plats 18,50/27,50 $.* Déjeunez italien dans l'ancien bureau de poste.

3 MEAT – PLAN I - *8216 104th St. - ✆ (587) 520 6338 - meatfordinner.com - plats 15/30 $.* Blanc, bleu, bois pour le décor de cette cantine moderne où l'on se régale de belles portions de viandes grillées et/ou fumées. Vaste choix de sauces, accompagnements variés et belle sélection de bières et de whiskys.

2 Café Bicyclette – PLAN I - *8627 91st St. NW - cafebicyclette.ca - ✆ (587) 524 8090 - fermé dim. soir, lun. et mar. soir. - plats 20/34 $.* Un petit air de France flotte ici. On y vient pour un café-croissant, un brie au four, une brioche au poulet ou un bon cassoulet.

4 **Normand's Restaurant** – PLAN I - *11639 Jasper Ave. - ✆ 780 482 2600 – www.normands.com - fermé le midi et lun. - plats 25/52 $.* Cette institution sert une excellente cuisine locale. Si la décoration est un peu désuète, le service s'avère irréprochable.

Pour se faire plaisir

6 **The Butternut Tree** – PLAN II - *9707 110th St. NW - ✆ 780 760 2271 - thebutternuttree.ca - fermé mar.-sam. le midi et dim. soir-lun. - plats 35/65 $.* Une cuisine régionale délicieuse et sublimée à savourer dans un cadre bois-béton soigné et vues imprenables sur l'Alberta Legislative Building.

Boire un verre

Downtown

Coffee Burau – *10505 Jasper Ave. - ✆ 780 424 2337 - tlj sf dim. 7h-15h (sam. 9h-14h).* Un discret café de poche qui sert les meilleurs expressos et capuccinos de la ville.

Craft Beer Market – *10013 101A Ave. - ✆ 780 414 6766 - craftbeermarket.ca - 11h-0h (vend.-sam. 1h30).*Bières par centaines, solides plats, jeux, *rooftop* et déco « industrielle » tendance.

À Old Strathcona

O'Byrnes Irish Pub – *10616 82nd Ave. NW - ✆ 780 414 6766 - www.obyrnes.com - mar.-jeu. 12h-0h30, vend. 12h-2h, sam. 11h-2h, dim. 11h-0h30.* Un endroit agréable pour boire une bière ou un whisky irlandais.

Blues on Whyte – *10329 82nd Ave. NW - ✆ 825 333 3583 - www.bluesonwhyte.com - 10h-2h, dim.-mar. 11h-2h.* Un lieu mythique pour les mordus de *blues*.

Shopping

À Old Strathcona

Farmers Market – *10310 83rd Ave. NW - www.osfm.ca - sam. 8h-15h.* Produits régionaux et artisanat local.

Activités

Plus de 100 km de sentiers et de pistes cyclables bordent la rivière Saskatchewan Nord.

edmonton.ca

Ice District/Rogers Plane – *10360 102 St. NW - www.icedistrict.com; rogersplace.com.* Le temple du sport et du divertissement : concerts, matchs de hockey *(nhl.com/oilers)*, grand casino et une multitude de restaurants.

Hébergement

Premier prix

2 **HI Edmonton** – PLAN I - *10647 81st Ave. - ✆ 866 762 4122 - hihostels.ca - ♿ - lit 40 $, ch. 100 $* ☕. Idéalement située dans Old Strathcona, moderne et très bien équipée, cette auberge de jeunesse constitue un bon point de chute.

Budget moyen

3 **Coast Edmonton Plaza Hotel by APA** – PLAN II - *10155 105th St. NW - ✆ 780 423 4811 - coasthotels.com - ♿ 🏊 - 300 ch. 150/280 $* ☕. Parmi les nombreux hôtels de chaîne de Downtown, le Coast est d'un bon rapport qualité-prix avec ses services (piscine, gym). Les étages élevés bénéficient d'une belle vue sur la ville.

Pour se faire plaisir

1 **Metterra Hotel on Whyte** – PLAN I - *10454 82nd Ave. NW - ✆ 780 465 8150 - www.metterra.com - ♿ - 180/316 $* ☕. Dans Old Strathcona : chambres spacieuses, salle de sport, dégustation de vins et blanchisserie.

Prince Albert National Park ★

Parsemé de marais, de grands lacs et de cours d'eau, ce vaste parc vallonné fut modelé par la dernière glaciation. Il doit son caractère unique à sa position géographique à mi-chemin entre le sud et le nord du Canada. Bel exemple des plaines boréales sud, il accueille le bison, le coyote, le blaireau et le spermophile, dans ses forêts de trembles et dans la Prairie, limitée à une étroite bande le long de la rivière Sturgeon. La forêt boréale, au nord, abrite quant à elle le loup, l'orignal, le wapiti, l'ours noir, le castor, le renard roux, le vison, le caribou, et la région du lac Lavallée, à l'extrême nord du parc, la seconde colonie de pélicans blancs d'Amérique du Nord.

Kayak sur le Waskesiu Lake, Prince Albert National Park.
D. Reede/All Canada Photos/age fotostock

Se repérer

Saskatchewan

CARTE B1 (P. 204).

Le Prince Albert National Park se situe au centre de la province de la Saskatchewan, 90 km au nord de Prince Albert par les routes 2 et 264 et environ 230 km au nord de Saskatoon.

À ne pas manquer

Les aurores boréales qui dansent par beau temps dans le ciel ; une balade au crépuscule, quand petites et grosses bêtes pointent le bout de leur nez...

Organiser son temps

Pour profiter au mieux du parc, comptez au moins 2 jours et passez la nuit dans une aire de camping.

Découvrir

Parc ouv. tte l'année - 9 $.

Activités : canoë-camping, plages et baignade, pêche, cyclisme, randonnées pédestre et équestre, observation animalière, sports d'hiver (ski de fond, raquettes, patinage, pêche blanche).

Visitor Centre – *969 Lakeview Dr., Waskesiu Lake - 306 663 4522 - parcs.canada.ca/pn-np/sk/princealbert - - de mi-mai à déb. sept. : 7h-20h ; reste de l'année : 8h-16h, vend. 8h-18h.*

Nature Centre – *De juil. à déb. sept. : 10h-17h ; reste de l'année : se rens.*

Village de Waskesiu Lake

Situé au bord du lac du même nom, ce village regroupe les bureaux administratifs du parc et le centre des visiteurs. Il constitue une base idéale pour explorer l'arrière-pays, les plages de sable... *via* 150 km de sentiers de randonnée *(1 à 10h)* et des parcours de canotage *(mai-oct.)*. En outre, vous pourrez profiter des visites guidées thématiques (ornithologie, marais, insectes, ours...) et loger dans l'un des nombreux hébergements de la station (camping, *glamping*, hôtels...).

Canotage dans l'arrière-pays

Pour vivre l'« aventure canadienne » en canot ou en kayak, suivez le **parcours de canotage Bagwa**, en passant la nuit dans l'un des campings de l'arrière-pays. Vous serez récompensé par des levers et couchers de soleil spectaculaires sur de vastes étendues d'eau encore sauvages, où viennent plonger des **grèbes jougris**, célèbres pour leurs nids flottants. Vous ferez même l'expérience d'un **portage** qui permet de contourner sans trop d'efforts les rapides de la rivière Kingsmere grâce à une ingénieuse plate-forme sur rails.

★ Cabane de Grey Owl

ou *20 km AS (10 à 12h) - suivre le sentier à droite de la rivière Kingsmere.*
L'une des fameuses excursions locales conduit à la cabane, au bord du **lac Ajawa**, de cet ancien trappeur. Ce personnage original y recevait les visiteurs en compagnie de **Jelly Roll**, la « reine du peuple des castors ». Une seconde cabane fut par la suite bâtie pour sa fille et son épouse iroquoise **Anahareo** qui l'encouragea à publier son autobiographie, sous le titre *Pilgrims of the Wild* (1934). La petite famille repose aujourd'hui dans un cimetière surplombant le lac...

Grey Owl, celui qui rêvait d'être Apache...

Ce curieux personnage, qui se disait de sang apache, portait des cheveux longs et des vêtements en peau de chevreuil. Orateur talentueux, il fit campagne en Amérique du Nord et en Europe pour la protection de la faune, et du **castor** en particulier, dont il tenta de rétablir des colonies. Il travailla, en qualité de naturaliste, pour les Riding Mountain et Prince Albert National Parks. Auteur passionné, il écrivit notamment *Ambassadeur des bêtes* et *Sajo et ses castors*. À sa mort en 1938, on découvrit que Grey Owl était en vérité un Anglais nommé **Archibald Stansfeld Belaney** (1888-1938), qui avait pris le nom de **Wa-sha-Quon-Asin** (hibou gris) vers 1920. Il figure au rang des précurseurs de l'écologie moderne. Pierce Brosnan l'incarne dans le film *Grey Owl* réalisé par Richard Attenborough en 1999.

Saskatoon ★

Bâtie sur les rives de la Saskatchewan sud, Saskatoon occupe un site agréable mis en valeur par de larges rues bordées d'arbres et de jardins. Au centre d'une riche région agricole et minière (potasse), la ville fut fondée en 1883 par des méthodistes adeptes d'une société de tempérance qui fuyaient les tentations d'un Ontario « perverti ». Un de leurs chefs, John Lake, la baptisa du nom de la baie d'amélanchier (« saskatoon » en cree), abondante dans la région. Aujourd'hui, Saskatoon, dynamisée par ses étudiants, est une base agréable pour profiter des nombreuses curiosités naturelles et historiques du nord de la province.

Se repérer

295 204 habitants – Saskatchewan

CARTE B2 (P. 204) - PLAN (P. 259).

Saskatoon occupe une position centrale dans la partie sud de la Saskatchewan, 259 km au nord-ouest de Regina.

À ne pas manquer

Le Wanuskewin Heritage Park offre un aperçu fascinant de l'habitat humain dans la région, 6 000 ans plus tôt.

Organiser son temps

Prévoyez un jour pour visiter la ville et au moins deux pour les environs : Batoche, Prince Albert NP et Battleford.

En famille

Les installations du Nutrien Wonderhub ; les activités du Western Development Museum.

Carnet pratique p. 263

Nos adresses p. 264

Vue aérienne du centre-ville de Saskatoon.
sprokop/Getty Images Plus

Découvrir

PLAN CI-CONTRE

Centre-ville

Le petit CBD (Central Buisness District) est un quartier aéré et agréable à parcourir. Les boutiques et institutions s'alignent le long des 2nd Avenue et 21st Street. Si les joyaux architecturaux sont rares et les gratte-ciel démesurés absents, on découvre, çà et là, d'étonnants bâtiments qui racontent le passé de la cité, tel le **Delta Hotel Bessborough**, sorte de gros château prétentieux voulu par la Canadian National Railway. Cet édifice trône depuis 1935 sur les rives de la Saskatchewan et rappelle l'importance du rail transcanadien dans le développement de la ville et des Prairies. Non loin, le Broadway Bridge rejoint la rive sud et Broadway Avenue, prisée des amateurs de shopping et bordée de cafés et restaurants branchés.

Remai Modern Art Museum

102 Spadina Crescent E - ✆ 306 975 7610 - remaimodern.org - ♿ - merc., sam.-dim. 10h-17h, jeu.-vend. 21h - participation libre.

Dressé sur les berges de la Saskatchewan Sud, ce musée inauguré en 2017 se veut à la fois une destination mondiale de premier plan en matière d'art autochtone et une référence en art contemporain. Il accueille les collections de l'emblématique **Mendel Art Gallery**, qui a fermé ses portes en 2015. Riche en installations et événements artistiques, le musée continue d'honorer le mécénat de la famille Mendel à travers des expositions d'œuvres canadiennes (groupe des Sept, Emily Carr, David Milne) et européennes (Feininger, Chagall, Utrillo, Pissarro).

Ukrainian Museum of Canada

910 Spadina Crescent E - ✆ 306 244 3800 - umcnational.ca - ♿ - merc.-sam. 10h-17h - participation libre.

Le musée présente une exposition de beaux costumes traditionnels, de tapisseries et de tissages, d'outils de pionniers, d'instruments de musique, d'objets marquetés et divers produits de l'artisanat ukrainien. Remarquez les mannequins entièrement costumés et coiffés. Des commentaires détaillés expliquent l'art du *pysanky*, une tradition ancestrale présente dans les Carpates qui consiste à peindre sur les œufs de Pâques, crus ou durs, en bois ou en plastique, des motifs particulièrement complexes.

Nutrien Wonderhub

950 Spadina Crescent E - ✆ 306 249 3574 - wonderhub.ca - tlj sf lun. 9h-16h30 - 9,50 $.

Une ville pionnière

L'arrivée du chemin de fer en 1908 provoqua un afflux de nouveaux immigrants allemands, scandinaves, ukrainiens et anglais, qui mit fin aux vertueux idéaux des premiers occupants. Chaque année, lors des Pioneer Days, au mois de juillet, la ville célèbre le temps des « sobres colons ». Saskatoon est devenue une ville dynamique. Son université possède l'un des plus puissants synchrotrons du monde, baptisé Canadian Light Source. Cet exceptionnel outil participe à la recherche de solutions aux problèmes de santé et d'environnement de la planète.

Ce musée pour les enfants est le seul du genre en Saskatchewan. Il a pour ambition de stimuler, à travers ses installations, aussi originales les unes que les autres, l'expression créative de son jeune public. La mine de la découverte et les Boxes o' Fun, véritables lieux d'expérimentation, devraient notamment faire un carton !

★ Diefenbaker Canada Centre

Sur le campus de l'université de la Saskatchewan. 101 Diefenbaker Pl. - ✆ 306 966 8384 - diefenbaker.usask.ca - ♿ - merc.-sam. 12h-16h30 ; horaires variables en été, se rens. - fermé dim.-lun.. - participation libre.

Célèbre homme politique canadien, né en Ontario mais venu très jeune en Saskatchewan, **John Diefenbaker** (1895-1979) fut chef du Parti conservateur de 1956 à 1967 et le treizième Premier ministre fédéral, de 1957 à 1963. Cet avocat de formation, défenseur des petites gens, légua à l'université de la Saskatchewan (où il fit ses études) ses collections, sa bibliothèque et ses documents personnels, réunis ici. Deux répliques grandeur nature, de son bureau de Premier ministre et de la Chambre du Conseil, ainsi que des photos, caricatures et souvenirs divers retraçant sa carrière, forment un véritable sanctuaire de l'homme politique.

Saskatchewan River et Meewasin Valley Trail

meewasin.com ; tourismsaskatchewan.com/listings/215/meewasin-valley.

Depuis le bas du campus ou directement du centre-ville, vous pouvez rejoindre le **Meewasin Valley Trail** qui borde les deux rives de la rivière. Marcheurs, cyclistes et fondeurs en hiver, profitent de ses 100 km de promenades, loin du trafic routier, et des différentes infrastructures de loisirs. Ils peuvent même s'éloigner de la ville et rejoindre des réserves naturelles comme les Saskatoon Natural Grasslands voire la **Beaver Creek Conservation Area**.

La rébellion du Nord-Ouest

Une terre pour les Métis

La rébellion des Métis *(voir p. 208)*, menée par **Louis Riel** en 1870 dans la vallée de la rivière Rouge, entraîna la mise à disposition de 567 000 ha de terres pour la colonisation métisse. Privés de leur chef exilé aux États-Unis, les Métis devinrent la proie des spéculateurs qui rachetaient leurs terres bien en dessous de leur valeur. Nombre d'entre eux partirent alors pour le Nord-Ouest jusqu'à la vallée de la Saskatchewan sud pour reprendre leur vie traditionnelle mais, trop chassé, le bison disparaissait, et avec le chemin de fer arrivaient de nouveaux colons et des arpenteurs. Les Métis constatèrent une fois encore qu'ils n'avaient aucun droit sur la terre qu'ils exploitaient et que le gouvernement du Dominion persistait à ignorer leurs revendications. En 1884, se sentant menacés, ils demandèrent à Riel de quitter son refuge aux États-Unis et de reprendre leur cause en main. Ce dernier instaura à Batoche un gouvernement provisoire et s'allia à la tribu des Crees. Malheureusement, l'affrontement de **Duck Lake** entre Métis et police, où plusieurs policiers périrent, provoqua la fureur du gouvernement canadien. Des troupes furent immédiatement dépêchées à Batoche sous le commandement du général **Frederick Middleton**. À leur arrivée, elles se trouvèrent devant un véritable camp retranché. Le combat dura quatre jours, du 9 au 12 mai 1885. À court de munitions, les Métis durent céder. Riel se rendit quelques jours plus tard et fut jugé puis condamné à mort à Regina. **Gabriel Dumont**, le chef des troupes métisses, réussit à s'enfuir aux États-Unis ; plus tard, amnistié, il revint à Batoche, où il finit ses jours. Mais la lutte n'avait pas été vaine : les Métis obtinrent la terre qu'ils attendaient depuis tant d'années.

Le procès de Louis Riel

L'arrestation de Louis Riel et son procès à Regina en 1885 divisèrent l'opinion publique. Pour les Canadiens français qui le comptaient comme un des leurs (catholique et francophone, il avait fait ses études à Montréal), Riel était un patriote qui s'était battu pour les droits de son peuple. Les Ontariens au contraire, et surtout les orangistes, ne voyaient en lui qu'un rebelle et le meurtrier impuni de Thomas Scott *(voir p. 208)*. La défense choisit de plaider la folie de Riel, qui se disait inspiré de Dieu et se faisait appeler David. Mais l'accusé rejeta lui-même cet argument et revendiqua la responsabilité de ses actes : le jury le condamna à mort. Le Premier ministre, Sir John A. Macdonald, pouvait encore le gracier ; assailli de pétitions des partisans et des adversaires de Riel, il tenta de temporiser, mais la pression orangiste l'emporta et Louis Riel fut pendu au poste de police de Regina le 16 novembre 1885.

The Trial of Louis Riel

Chaque été *(voir p. 270)*, plusieurs représentations théâtrales du procès de Louis Riel, basées sur les transcriptions des minutes du vrai procès, sont données à Regina, ce qui en fait le drame historique le plus longtemps joué en Amérique du Nord.

Hors du centre-ville

★★ Western Development Museum

8 km au sud du centre-ville. Prairieland Exhibition Grounds - 2610 Lorne Ave. - ✆ 306 931 1910 - wdm.ca/saskatoon - ♿ - 9h-17h (20h jeu.) - 15 $.

Reproduction fidèle d'une ville-champignon comme il en existait des dizaines dans les Prairies vers 1910, **Boomtown** est la grande attraction de cette section du Western Development Museum – il en existe trois autres : à Moose Jaw *(voir p. 272)*, North Battleford *(voir p. 263)* et Yorkton *(voir p. 269)*. Tout est minutieusement reconstitué (banque, garage, boutiques, blanchisserie, école, salle de billard, cinéma, hôtel, gare), à l'exception de l'église, seul bâtiment d'origine. Des véhicules d'époque, motorisés ou tirés par des chevaux, attendent le long des trottoirs. Des bâtiments séparés abritent une belle collection d'automobiles et de machines agricoles, dont des tracteurs à vapeur. Les visiteurs peuvent se faire photographier en costumes anciens au Boomtown Studio avant de se restaurer au Boomtown Cafe à l'aspect victorien : à ne pas manquer !

★★ Wanuskewin Heritage Park

5 km au nord du centre-ville. 4 Penner Rd - ✆ 306 931 6767 - www.wanuskewin.com - ♿ - 9h30-17h - 14 $.

Consacré à la culture des peuples autochtones des Plaines, ce parc de 120 ha englobe plusieurs sites archéologiques en bordure de la Saskatchewan sud, notamment un **précipice à bisons** ainsi qu'une rare **roue de médecine**, mystérieux groupe de pierres disposées en cercle. *Wanuskewin* est un terme cree signifiant « en quête de sérénité ». Pendant plus de 6 000 ans, les tribus autochtones nomades fréquentèrent ces lieux et y chassèrent, jusqu'à ce qu'elles soient confinées dans des réserves vers 1870. Un remarquable **centre d'accueil** établit un exposé de la culture indigène et donne à voir fouilles et travaux en laboratoire.

2

Tipis dans le Wanuskewin Heritage Park.
Grambo Photographye/All Canada Photos/age fotostock

Le spectacle de la troupe de danse de Wanuskewin est toujours un grand moment; la troupe est composée de danseurs à la fois contemporains et traditionnels, titulaires de nombreux prix. Le mouvement des costumes colorés, les pas variés, la musique et les instruments traditionnels resteront longtemps gravés dans la mémoire des spectateurs.

Saskatchewan Aviation Museum and Learning Centre

5 km au nord du centre-ville. 5 Hangar Rd - ✆ 306 651 7247 - www.saskaviation.ca - 9h-16h - fermé lun.-mar. et dim. d'oct. à avr. - 15 $.

Ce musée, installé dans un vaste hangar, raconte l'histoire de l'aviation dans la région. De très nombreux avions militaires et civils y sont exposés, des premiers « coucous », destinés à parcourir de longues distances pour rejoindre des zones reculées du pays, aux appareils de la Seconde Guerre mondiale. En prime, on peut s'essayer au pilotage dans l'un des simulateurs de vol.

Excursion

CARTE P. 204

★★ Batoche National Historic Site B1

88 km au nord-est de Saskatoon. ✆ 306 423 6227 - parcs.canada.ca - ♿ - de fin juin à déb. sept. : 9h-17h; fin mai-fin juin et de déb. sept. à fin sept. : lun.-vend. 9h-17h - 13,25 $.

Ce site sauvage et tranquille sur les rives de la Saskatchewan sud fut le théâtre de la dernière bataille des Métis en 1885 *(voir p. 260)*, dont il conserve quelques rares vestiges. Sur une falaise dominant la rivière, s'étend le petit cimetière métis avec la tombe de Gabriel Dumont. L'**église**, dédiée à saint Antoine de Padoue, et le **presbytère**, marqué d'impacts de balles, ont été restaurés et abritent des objets évoquant la tragédie. Le **centre d'accueil** offre une émouvante présentation audiovisuelle de la rébellion et une exposition sur l'histoire et la culture des Métis. Le retour vers Saskatoon emprunte le bac à câbles *(10 km au nord de Batoche)* et passe par le village de Duck Lake *(route 11)*, où débuta la rébellion du Nord-Ouest.

Poursuivez votre découverte du nord de la province en rejoignant le magnifique **Prince Albert National Park** *(voir p. 255)*.

★ Battleford B1

153 km au nord-ouest de Saskatoon.

801 River Valley Dr. - ✆ 306 445 2000 - www. battlefords.ca.

Nichées dans un joli cadre vallonné, les villes jumelles de Battleford et North Battleford semblent s'observer de part et d'autre de la rivière Saskatchewan nord. La première joua un rôle crucial dans la formation du pays en accroissant le contrôle sur cette région peu peuplée de l'Ouest canadien, menacée par de violents conflits. Supplantée par North Battleford, qui se développa rapidement sur le plateau situé en face, elle offre aux visiteurs l'occasion de découvrir, à travers son patrimoine, tout un pan méconnu de l'histoire du pays.

★ **Fort Battleford National Historic Site** - *Central Ave. - Battleford - ✆ 306 937 2621 - parcs.canada.ca/lhn-nhs/sk/battleford - ♿ - de fin mai à déb.-sept. : lun., jeu.-dim. 10h-16h - gratuit.* Cet ancien fort de la Police à cheval du Nord-Ouest, bâti en 1876 et désaffecté depuis 1924, a conservé plusieurs bâtiments d'origine : caserne, résidence du commandant, quartiers des officiers, infirmerie vétérinaire et poste de garde. Ceux-ci évoquent la vie des policiers du fort dans les années 1880, et celle des autochtones qui y travaillaient, symbolisés par la présence de quelques tipis. Hors de l'enceinte, un **centre d'interprétation** donne un aperçu de la rébellion du Nord-Ouest (1885). Durant cette brève tentative de rébellion de la part des Métis contre le gouvernement du Canada, le fort joua le rôle de QG régional pour la police, et servit de refuge à des centaines de colons alentour.

Galerie Allen Sapp – *1 Railway Ave. E, North Battleford - ✆ 306 445 1760 - allen-sapp.com - juin-sept. : 11h-17h; reste de l'année : merc.-dim. 12h-16h - participation libre.* Exposés dans un grand bâtiment à la sortie de la route 16, les tableaux d'Allen Sapp, descendant du chef Poundmaker, né en 1928 dans la réserve de Red Pheasant, dressent un poignant panorama des traditions et de la rude vie du peuple Cri.

★ **Western Development Museum** – *Au croisement des routes 16 et 40, North Battleford - ✆ 306 445 8033 - wdm.ca/north-battleford - ♿ - 9h-17h - 13 $.* Cette section du Western Development Museum, est essentiellement consacrée à l'agriculture, avec une importante collection de matériel agricole et d'objets de la vie quotidienne utilisés dans les fermes des années 1920. À l'extérieur sont reconstitués une **ferme** et un **village** (1925), avec son **silo élévateur** aux abords de l'inévitable **gare** et, perpendiculaires à la voie ferrée, ses maisons, boutiques, poste de police et ateliers d'artisans reliés par des trottoirs de bois. Remarquez l'**église orthodoxe ukrainienne,** avec son dôme à bulbe, et la **datcha** d'un des premiers immigrants ukrainiens.

2

Carnet pratique

S'informer

Saskatoon Visitor Centre – *145 1st Ave. N - Saskatoon - ✆ 306 242 1206 - discoversaskatoon.com.*

Arriver/Partir

En avion

Saskatoon Airport (YXE) – *yxe.ca.* 8 km au nord du centre-ville. La ville est accessible par les bus de la ligne 11 *(transit.saskatoon.ca)*. En taxi, compter 15 à 20mn de trajet et 30 $.

En train

Via Rail – *www.viarail.ca.* Saskatoon se trouve sur la ligne Toronto-Vancouver *(2 trajets par sem.)*. La gare est située 8 km au sud-ouest du centre, que l'on rejoint en taxi ou, moins pratique, par le bus de la ligne 9 (*transit.saskatoon.ca*) qui nécessite 1 km de marche.

En autocar

Rider Express – *riderexpress.ca.* Liaisons entre Saskatoon et Edmonton (7h30), Prince Albert (1h45) et Regina (2h40).

Nos adresses

PLAN P. 259

Restauration

Le **restaurant de Wanuskewin Heritage Park**, qui donne sur le parc, propose des plats autochtones concoctés à partir des produits locaux. Les gourmets essaieront la charcuterie ou le steak de bison grillé, le *bannock* (pain traditionnel) et les soupes maison.

Premier prix

Broadway Café – HORS PLAN - *814 Broadway Ave. - ✆ 306 652 8244 - broadwaycafesaskatoon.ca - service continu - plats 15/22 $.* Un *diner* urbain nord-americain, un vrai. On y vient pour son décor un peu kitsch, ses solides burgers, pancakes, *fries* et sandwichs qui explosent de garniture...

Pour se faire plaisir

1 **Hearth** – PLAN - *Remai Modern Art Museum - 102 Spadina Crescent E - ✆ 204 664 6677 - hearth.restaurant - fermé lun.-mar. - midi 16/20 $, soir 20/45 $.* Que ce soit dans ses plats élaborés ou ses sandwichs et salades du midi, le restaurant du Remai Modern Art Museum met superbement à l'honneur les produits locaux : champignons, truites, baies...

Une folie

Primal – HORS PLAN - *423 20th St. W - ✆ 306 974 8111 - primalpasta.ca - fermé dim. et le midi - 30/40 $.* À 10mn de marche de Downtown, ce restaurant propose une cuisine italienne de très haute volée, dans un cadre simple et chaleureux.

Shopping

Boutique du parc Wanuskewin – *4 Penner Rd - ✆ 306 931 6767 - www.wanuskewin.com - 11h-16h - fermé dim.* Splendides objets d'artisanat et vêtements, dont la plupart proviennent des environs : sacs en peau de caribou et mocassins crees, poupées dakota en tunique de cuir de cerf brodée de perles, bourses en porc-épic, bijoux de perles et de métal, sculptures sur bois, paniers et couvertures tissés.

Boutique de l'Ukrainian Museum of Canada – *Voir p. 258.*

Activités

Promenade en bateau

The Prairie Lily – *Riverside Park - ✆ 306 955 5459 ou 1888 747 7572 - www.theprairielily.com - ♿ - juin : mar.-vend. 16h, w.-end 14h et 16h ; juil.-août : mar.-dim. 14h et 16h ; reste de l'année : se rens. - croisière 1h AR, 29 $ - en soirée à 18h30, 32 $; réserv. conseillée - embarquement 1/2h av. le départ.* Cette courte croisière sur la Saskatchewan sud est une agréable façon de découvrir la ville.

Hébergement

Budget moyen

1 **Alt Hotel** – PLAN - *480 2nd Ave. S - ✆ 639 398 0250 - germainhotels.com - P 20 $ - 155 ch. 200 $ - ✕.* Cet imposant édifice historique, voisin du Remai Modern Art Museum, date de 1913 et abrite, depuis la fin des années 2010, un hôtel de chaîne d'un excellent rapport qualité-prix. Chambres ultramodernes et fonctionnelles et belles vues sur la ville et la rivière.

2 **Delta Hotel Bessborough** – PLAN - *601 Spadina Crescent E - ✆ 306 244 5521 - marriott.com - P 20 $ - 225 ch. 200 $ - ✕.* Pour se faire plaisir... en logeant au sein d'un édifice historique. Modernisées, les chambres offrent un assez grand confort et pour certaines de belles vues.

Regina ★★

Tel un mirage, Regina émerge d'un véritable océan de blé. En effet, la capitale de la Saskatchewan s'étend au sein d'une riche région agricole d'une platitude étonnante. Ses tours dominent les champs cultivés alentour et sa grâce sereine lui vaut à juste titre l'épithète de « reine de la Prairie ». À la fois desservie par la Transcanadienne et le Canadian Pacific Railway, elle fut le théâtre d'événements historiques, dont le célèbre procès du Métis rebelle Louis Riel en 1885.

Se repérer

245 640 habitants – Saskatchewan

CARTE B2 (P. 204) - PLAN (P. 266).

Regina est située au sud-est de la province de la Saskatchewan, sur la Transcanadienne.

À ne pas manquer

Le Wascana Centre, vaste parc urbain avec musées, galeries, attractions, aires de détente...

Organiser son temps

Comptez au minimum une bonne journée pour découvrir la ville. Regina peut vous servir de point de départ pour visiter Moose Jaw *(voir p. 271)*, situé à seulement 45mn de voiture.

En famille

Le Saskatchewan Science Centre et le Kramer Imax Theatre.

Carnet pratique p. 270

Nos adresses p. 270

Découvrir

PLAN P. 266

Centre-ville

Il s'étend principalement au nord du lac Wascana dont les rives aux formes complexes tranchent avec les rues tracées au cordeau. Le quadrilatère de l'agréable Victoria Park, bordé des buildings les plus élevés, en constitue le cœur.

★★ Royal Saskatchewan Museum

2445 Albert St., à l'angle de College Ave. - 306 787 2815 - royalsaskmuseum.ca - ♿ - 9h30-17h - 10 $.

Ce long bâtiment en calcaire de Tyndall abrite un fabuleux musée d'histoire naturelle du Canada.

À l'étage supérieur, une **galerie des Sciences de la vie** révèle de remarquables dioramas sur la faune et les habitats de la Saskatchewan. Volcans précambriens, ère paléozoïque, dinosaures du Crétacé, mastodontes de la forêt tertiaire, mammouths de la période glaciaire sont présentés dans la **galerie des Sciences de la Terre**. La **galerie des Premières Nations** expose la reconstitution d'un campement d'hiver avec un tipi recouvert de peau de bison et raconte l'histoire des peuples autochtones de la province à partir de beaux exemples d'art et artisanat. Inaugurée en 2022, la **galerie de l'Anthropocène** explore les problématiques contemporaines, tels les enjeux climatiques, la place et le rôle de l'Homme...

★ Saskatchewan Legislative Building

2405 Legislative Dr. - ✆ 306 787 2276 - www.legassembly.sk.ca - ♿ - visite guidée (30mn) de fin mai à déb. sept. : 9h-16h30 ; reste de l'année : 9h-12h, 13h-16h - gratuit. Construit de 1908 à 1912, le majestueux bâtiment cruciforme du Parlement (le plus grand du Canada), coiffé du traditionnel dôme central, est entouré de jardins à la française en bordure du lac. Les murs intérieurs et extérieurs s'ornent de trente-quatre marbres différents, importés du monde entier, et de calcaire de Tyndall (Manitoba). On visite la Chambre de l'Assemblée parlementaire, la bibliothèque, la rotonde, et plusieurs galeries de portraits portant le nom des rivières de la province.

★ Wascana Centre

2900 Wascana Dr. - ✆ 306 522 3661 - wascana.sk.ca - 9h-22h. Centre d'information - Wascana Pl. (accès par Broad St.). Promenade en ferry (30mn) de mi-mai à mi-sept. : tlj sf mar. de 12h à 21h - 75 $ - réserv. au ✆ 306 522 3661.

REGINA
centre-ville

SE RESTAURER
- Bushwakker Brewpub 1
- Crave Kitchen 2

SE LOGER
- Four Points 1
- Double Tree 2
- The Hotel Saskatchewan 3

La reine des prés

Lorsque la province de la Saskatchewan fut créée en 1905, Regina fut élue capitale. Sa croissance s'accéléra avec l'arrivée massive d'immigrants d'origines diverses qui réussirent à triompher d'une nature à première vue peu engageante : ils construisirent par exemple un barrage sur le Wascana, créant ainsi un lac de retenue pour remédier à la pénurie d'eau dans cette région sèche, et parvinrent même, en le boisant soigneusement, à faire du site morne et désolé de Regina un endroit agréablement verdoyant (plus de 300 000 arbres). Malgré un essor quelque peu fragile au cours du 20e s., la capitale de la Saskatchewan connaît un développement soutenu depuis la Seconde Guerre mondiale. Aujourd'hui, Regina est une ville prospère qui tire sa richesse de l'agriculture et des ressources en gaz et en pétrole.

Ce vaste parc urbain, l'un des plus grands d'Amérique du Nord, fait la fierté de la ville. Il regroupe, sur quelque 930 ha, plusieurs bâtiments publics (dont le Parlement), des jardins soigneusement dessinés et entretenus, des galeries d'art, des musées disposés autour du lac Wascana, agréable étendue d'eau artificielle. Les habitants viennent s'y baigner, faire un tour en canot et pique-niquer *(tables et barbecues)* sur l'**île Willow** desservie par un petit **bac** (le Wasca ferry). À l'est de Wascana Parkway, une réserve ornithologique accueille de nombreux oiseaux aquatiques, comme la fameuse **bernache du Canada**, qui niche dans les zones humides (marais, lacs...) et dont on admirera les ébats en été.

★ Mackenzie Art Gallery

3475 Albert St. - ☏ 306 584 4250 - mackenzie.art - ♿ - 10h-17h30, jeu. 10h-21h, w.-end 11-17h30 - fermé lun. - 12 $.
Situé dans la partie ouest du T.C. Douglas Building, ce musée est issu du leg d'un avocat de Regina, Norman MacKenzie, comportant 374 œuvres. La collection permanente comprend aujourd'hui plus de 5 000 pièces d'art contemporain et canadien (notamment issues des Inuits, des Premières Nations et de la Saskatchewan) présentées par roulement lors d'expositions temporaires et itinérantes.

2

Hors du centre-ville EN DIRECTION

★ Royal Canadian Mounted Police Training Academy

À l'ouest du centre-ville. 5600 11th Ave. - ☏ 306 780 5777 - rcmp-grc.gc.ca/depot.
Largement popularisé par les films et la littérature, le fameux corps policier canadien, créé en 1873 sous le nom de **Police montée du Nord-Ouest** (Northwest Mounted Police), s'installa à Regina en 1882. Devant les besoins grandissants du pays, ses quartiers généraux déménagèrent à Ottawa, seul son centre de formation est resté ici. Rebaptisé en 1920 **Gendarmerie royale du Canada**, il poursuit son activité, faisant respecter la loi fédérale et, en dehors de l'Ontario et du Québec, faisant également fonction de police provinciale. Son **carrousel** est un spectacle renommé, dans la grande tradition de l'art équestre militaire.

★ **RCMP Heritage Centre** – *À l'entrée du RCMP Depot Division - 5907 Dewdney Ave. - ☏ 306 719 3012 ou 1 866 567 7267 - rcmphc.com - ♿ - 10h-17h (11h de déb. sept. à mi-mai) - 10 $.* Le centre du patrimoine retrace l'évolution de la Gendarmerie royale du Canada depuis ses débuts. Il évoque, à travers des expositions et des supports multimédias, son rôle dans plusieurs épisodes historiques marquants :

le séjour de Sitting Bull en Saskatchewan, la rébellion du Nord-Ouest, la ruée vers l'or du Klondike et la fascinante épopée du *St. Roch.*

En été, la visite guidée **Depot Tours** *(juin-août : mar.-vend. 11h-13h - 17 $ - pré-réserv. sur rcmphc.com/en/depot-tours)* donne accès au musée et vous emmène en mini-trolley bus panoramique à travers le complexe, pour une découverte de « l'envers du décor ». Clou du tour : la **RCMP Sergeant Major's Parade**. Ce défilé, qui fait partie de la formation quotidienne des cadets, se déroule, si le temps le permet, dans la Cour d'honneur de l'école de la GRC.

Vous pouvez aussi, quelques soirs en été, assister à la **RCMP Sunset Retreat Ceremony** (Cérémonie du Crépuscule - *rcmphc.com*), qui combine défilé, exercices militaires et descente du drapeau du Canada au son de la musique.

Saskatchewan Science Centre

2903 Powerhouse Dr. - ✆ 306 791 7914 - www.sasksciencecentre.com - 9h-17h (20h jeu.), w.-end 12h-18h - 17 $ - film IMAX en suppl.

C'est un véritable lieu de détente et de loisirs avec des stages, un mur d'escalade et le Kramer Imax Theatre, qui projette des films de qualité sur écran géant.

Excursions

CARTE P. 204

★ Vallée de la Qu'Appelle et Fishing Lake B2

Creusée il y a quelque 12 000 ans par les eaux de fonte des glaciers, la verdoyante vallée de la Qu'Appelle s'étend du lac Diefenbaker jusqu'à la frontière Saskatchewan-Manitoba. Elle forme un vaste sillon vallonné aux rebords abrupts et au fond plat parsemé de lacs, contrastant profondément avec les vastes plaines des alentours. Dans ce couloir large de plus de 2 km et profond d'environ 120 m coule un petit cours d'eau qui doit son nom à l'écho que renvoie la vallée dans les méandres. Selon une légende autochtone, un brave qui traversait l'un des lacs de la vallée en canoë entendit crier son nom. « Qui appelle ? » aurait-il lancé, mais seul l'écho lui répondit. De retour dans son village, il apprit que sa fiancée avait rendu l'âme en invoquant son nom.

Un tas d'ossements

Lorsque le tracé nord du Canadian Pacific fut abandonné pour un itinéraire méridional par le col Kicking Horse, on décida de transférer plus au sud la capitale des Territoires du Nord-Ouest, alors à Battleford. Le site choisi portait le nom de « Pile of Bones » (tas d'ossements), ou *Oskana* en langue cree. Chaque année, Premières Nations et Métis y organisaient une chasse aux bisons pour renouveler leurs provisions de *pemmican* et de cuir, et rabattaient les animaux dans des enclos provisoires avant de les tuer. La pile de leurs ossements donna son nom à l'endroit et au ruisseau voisin, le Wascana. Le choix de ce site fut controversé, notamment parce que le lieutenant-gouverneur des Territoires du Nord-Ouest de l'époque, Edgar Dewdney, possédait des terres dans la région. En août 1882, l'arrivée du chemin de fer fut célébrée en grande pompe et la princesse Louise, épouse du gouverneur général du Canada et fille de la reine Victoria, baptisa la ville Regina (« reine » en latin) en l'honneur de sa mère.

Silos à grains dans la prairie, Regina.
ImagineGolf/Getty Images Plus

★ Fishing Lakes B2

73 km à l'est de Regina.

La meilleure façon de découvrir la vallée de la Qu'Appelle est de longer les lacs Fishing, qui se composent des lacs Pasqua, Echo, Mission et Katepwa.

★ **Echo Valley Provincial Park** – *12 Saskatchewan 210, Fort Qu'Appelle ☏ 306 332 3215 - tourismsaskatchewan.com/provincialpark - parc ouv. tte l'année - 11 $. Camping en été.* Vous y accéderez après un parcours particulièrement agréable, en suivant la route 56, qui longe la rive nord du lac Echo. C'est un endroit particulièrement agréable pour camper au bord de l'eau.

2

Yorkton B2

187 km au nord-est de Regina sur la route Yellowhead.

À la jonction des Hwys 9 et 16 South - ☏ 306 783 8707 - tourismyorkton.com.

Cette ville-relais du sud de la Saskatchewan fut fondée vers 1882 par des colons originaires du comté d'York en Ontario. Elle fut ensuite assaillie par une vague d'immigrants de nationalités diverses, parmi lesquels de nombreux Ukrainiens. Aujourd'hui, parcs à bestiaux et production de matériel agricole font tourner son économie. Son architecture est marquée par une influence européenne tout comme sa cuisine et son artisanat.

★ **Western Development Museum** – *À l'ouest de la ville. Hwy 16 West - ☏ 306 783 8361 - wdm.ca - ♿ - 9h-17h, w.-end 12h-17h - 10 $.* Cette section du Western Development Museum – il en existe trois autres : à Moose Jaw *(voir p. 272)*, North Battleford *(voir p. 263)* et Saskatoon *(voir p. 261)* – est consacrée à l'histoire du peuplement de la Saskatchewan. Des expositions racontent la vie des peuples autochtones, des dioramas présentent les maisons des premiers colons ukrainiens, allemands, scandinaves, anglais et américains ; à l'extérieur sont exposées de vieilles machines agricoles, parmi lesquelles des locomobiles à vapeur et à essence.

Carnet pratique

S'informer

Wascana Centre Kiosk – *2900 Wascana Dr. - ✆ 306 777 7000 - tourismregina.com.*

Arriver/Partir

En avion

Saskatoon Airport (YQR) – *yqr.ca.* 4 km à l'ouest du centre-ville. Il est desservi par les bus de la ligne 24 de Regina Transit *(regina.ca)*. Shuttle pour Moose Jaw. En taxi, compter 10mn de trajet.

En autocar

Rider Express – *riderexpress.ca.* Liaisons entre Regina et Saskatoon (2h40), Calgary (avec arrêt à Moose Jaw) et Edmonton (9h).

Agenda

The Trial of Louis Riel – *Juil.-août - rcmphc.com et rielcoproductions.com.* *Voir p. 260.*

Nos adresses

PLANS P. 266

Restauration

Premier prix

1 Bushwakker Brewpub – PLAN - *2206 Dewdney Ave. - ✆ 306 359 7276 - cravekwb.com - fermé dim. - plats 15/30 $.* Amateurs de bières locales, d'ambiance et de plats de pubs, passez sans crainte les voies ferrées pour rejoindre cet ancien quartier d'entrepôts. Bières de la microbrasserie, solides burgers et accueil chaleureux.

Budget moyen

2 Crave Kitchen – PLAN - *1925 Victoria Ave. - ✆ 306 525 8777 - cravekwb.com - fermé lun., sam. midi et dim. - plats déj. 18/30 $, soir 28/40 $.* Ce restaurant élégant, de type brasserie, propose des plats de cuisine internationale bien faite. La carte est suffisamment éclectique pour plaire à tous.

13th Avenue – HORS PLAN - *3136 13th Ave. - ✆ 306 522 3111 - 13thavecoffee.com - plats déj. 18/30 $, soir 28/40 $.* Dans une vénérable maison (face à la cathédrale du Saint-Rosaire) ce café-cantine se veut *heathy, fresh & local.* Comprenez d'excellents cafés, des burgers végétariens remarquables et divers plaisirs sucrés-salés à toute heure.

Hébergement

Budget moyen

1 Four Points – PLAN - *2415 Dewdney Ave. - ✆ 306 789 8008 - marriott.com - P - 125 ch. 200 $ - ✕.* Cet hôtel de chaîne, confortable mais sans surprise, permet de résider à proximité du centre-ville tout en bénéficiant d'un (précieux) parking gratuit.

2 Double Tree – PLAN - *1975 Broad St. - ✆ 306 525 6767 - hilton.com - P 17 $ - 235 ch. 200 $ - ✕.* Une tour centrale (belles vues des plus hauts étages) et des chambres vastes et fonctionnelles.

Une folie

3 The Hotel Saskatchewan – PLAN - *2125 Victoria Ave. - ✆ 639 522 7691 - marriott.com - P 20 $ - 224 ch. 300 $ - ✕.* La situation et le charme de cet hôtel historique fondé par la Canadian Pacific Railway sont inégalés à Regina. Confort moderne dans le style « boutique ».

Moose Jaw ★

La ville doit apparemment son nom au coude en forme de mâchoire d'orignal que la rivière dessine à cet endroit, mais il est plus probable qu'il provienne du mot cree *mossegaw*, qui signifie « vents chauds ». Au cœur d'une plate région à blé, Moose Jaw est ferroviaire important ainsi qu'un centre industriel. Elle accueille une école de pilotage et une escadrille d'acrobates aériens de premier plan, les Snowbirds. L'ancienne capitale de la contrebande d'alcool arbore aujourd'hui une trentaine de fresques immenses qui rappellent son passé mouvementé.

Se repérer

35 554 habitants – Saskatchewan

CARTE B2 (P. 204).

Moose Jaw est située dans le sud de la province de la Saskatchewan, 71 km à l'ouest de Regina par la Transcanadienne.

Organiser son temps

Comptez une journée, pour profiter de la ville.

En famille

Les tunnels de Main Street ; l'observation de chouettes dans leur habitat naturel.

Carnet pratique p. 273

Nos adresses p. 273

Découvrir

Main Street, qui comme son nom l'indique est l'axe principal du centre-ville, coche toutes les cases pour satisfaire les clichés de « ville de l'ouest, ville de prairie, ville de pionniers » : longue, plate, droite, bordée de rares façades chargée d'histoire… C'est du moins ce que devraient ressentir les touristes européens de passage.

Zion United Church à Moose Jaw.
James_Gabbert/Getty Images Plus

Little Bird... (of Saskatchewan)

Cette série canadienne, sortie en 2023, raconte la quête d'une jeune femme issue des Premières Nations, arrachée à sa famille. Elle fut victime de la « rafle des années 1950-1960 », comme plus de 20 000 enfants de communautés autochtones, afin d'être rééduquée et assimilée à la société canadienne. Originaire d'une réserve du Saskatchewan, Bezhig est confiée à une famille d'accueil aisée de Montréal. Devenue Esther, ignorant ou refoulant son passé jusqu'au jour de son mariage, elle tente de renouer avec sa famille biologique et ses racines, et s'embarque pour un voyage dans les Prairies canadiennes. Majoritairement jouée par des acteurs autochtones, cette série poignante et multiprimée dénonce la politique d'assimilation forcée, longtemps ignorée, voire effacée de la mémoire collective canadienne. Elle emmène aussi le spectateur dans les paysages des Prairies, avec le vent, les routes droites, l'horizon immense... Un voyage utile.

Tunnels

18 Main St. N - ✆ 306 693 5261 - tunnelsofmoosejaw.com - juin-août : 9h30-17h30 ; reste de l'année : se rens. - visite 1 tunnel 22 $, 2 tunnels 36 $, 3 tunnels 46 $.

Ces tunnels furent creusés sous la ville par des ouvriers chinois, employés à la construction du chemin de fer, vivant dans la clandestinité suite au refus d'obtention de la nationalité canadienne. Pendant la Prohibition, quand Moose Jaw devint une plaque tournante du trafic d'alcool dans les Prairies, les tunnels sous Main Street servirent, entre autres, à entreposer les caisses de bouteilles. Trois visites thématiques (avec acteurs en costume) racontent ces différentes histoires.

★ Western Development Museum

50 Diefenbaker Dr. - ✆ 306 693 5989 - www.wdm.ca - ♿ - 9h-17h - 13 $.

Le musée du Développement de l'Ouest possède quatre établissements : celui-ci et ceux de Yorkton *(voir p. 269)*, North Battleford *(voir p. 263)* et Saskatoon *(voir p. 261)*. Moose Jaw retrace l'histoire des moyens de transport en Saskatchewan. La section Navigation évoque le vapeur *Northcote*, qui approvisionnait l'armée pendant la rébellion du Nord-Ouest, et les bacs à câbles, notamment ceux qui étaient en service sur le St-Laurent. La Section ferroviaire possède, entre autres, une locomotive du Canadian Pacific et une gare reconstituée. Une intéressante collection d'automobiles forme la Section routière. Enfin, la Section aérienne contient plusieurs avions canadiens, dont l'unique Red Pheasant (1927) du pays, ainsi qu'une exposition consacrée à l'escadron de démonstration aérienne des Snowbirds, fondée en 1971.

À 2 km du musée, sur la Transcanadienne en direction de Regina, près du Moose Jaw Visitor Center, se dresse la plus grande célébrité de la ville : l'élan **Mac the Moose**. Cette sculpture de 10,5 m de haut, en ciment et acier, est la plus grande du monde malgré... de « féroces » concurrents en Norvège et en Chine.

Burrowing Owl Interpretive Centre

250 Thatcher Dr. E - ✆ 306 692 8710 - www.skburrowingowl.ca - ♿ - de mi-mai à déb. sept. : lun., jeu.-dim. 10h-17h - participation libre.

Ce centre d'interprétation offre la chance rare d'observer une espèce en danger (la chevêche des terriers) dans son habitat naturel. À ciel ouvert et dans une galerie souterraine reconstituée à taille humaine, vous pourrez voir les chouettes à la fois en captivité et à l'état sauvage.

À proximité

CARTE P. 204

Sukanen Ship Pioneer Village and Museum B2

13 km au sud de Moose Jaw. ✆ 306 693 7315 - www.sukanenshipmuseum.ca - mai-sept. : 10h-17h, dim. 12h-18h - 10 $.

Des voitures anciennes et quelque 30 bâtiments originaux ou reconstitués (parmi lesquels une forge, une épicerie et une église) forment un village du début des années 1900 qu'il faudra bien prendre 3h pour découvrir. La principale attraction est le bateau construit par le colon finlandais Tom Sukanen, qui avait l'intention de rentrer dans son pays natal par la Saskatchewan et la baie d'Hudson. Une réplique de la **maison Diefenbaker** à Regina a été remontée dans ce village. Il s'agit d'une habitation de pionnier composée de trois pièces appartenant à John George Diefenbaker, Premier ministre du Canada de 1957 à 1963.

Carnet pratique

S'informer

Tourism Moose Jaw – *450 Diefenbaker Dr. - Moose Jaw - ✆ 306 693 8097 - www.tourismmoosejaw.ca.*

Nos adresses

Restauration

Premier prix

Bobby's Place – *63A High St. - ✆ (306) 692 3058 - bobbysplaceoldeworldtavern.com - fermé dim. - plats 15/20 $.* Quelques influences écossaises transparaissent dans le décor et le menu de ce pub chaleureux du centre-ville mais ses plats, généreux, lorgnent de chaque côté de l'Atlantique : burgers, *fish & chips*, *scottish breakfast*, poutine... et plus de 70 whiskys au choix !

Activités

Trolley Tour – *✆ 306 693 8537 - www.tourismmoosejaw.com/trolley-tours-1 - dép. de l'office de tourisme - horaires sur le site Internet - 16/18 $.* En saison, trois visites thématiques guidées de la ville à bord d'une réplique d'un tramway de 1911. Celle, nocturne, consacrée aux crimes locaux, est réservée aux plus de 16 ans.

Hébergement

Premier prix

Wakamow HeightsB & B – *690 Aldersgate St. - ✆ (306) 693 9963 - wakamowheights.com - 6 ch. à partir de 113 $.* Cet élégant B & B occupe une vaste demeure de 1902, dans un calme et vert quartier du sud-est de la ville. Très bon petit-déjeuner.

2

Riding Mountain National Park ★★

Le mont Riding appartient à l'escarpement du Manitoba, qui s'étend sur 1600 km à travers le Dakota du Nord, le Manitoba et la Saskatchewan. Cette chaîne, morcelée en buttes distinctes par de nombreuses rivières, est couverte d'une végétation luxuriante, parsemée de lacs. Le mont Riding doit son nom aux trappeurs qui échangeaient en ces lieux leurs canots contre des chevaux pour continuer vers l'ouest. Ses forêts de trembles, ses marais, ses prairies et ses bois sont peuplés d'orignaux, d'élans, d'ours et de renards.

Se repérer

Manitoba

CARTE C2 (P. 204).

Le parc se trouve dans le sud-ouest du Manitoba, 219 km à l'ouest de Winnipeg par la Transcanadienne, puis 91 km au nord de Brandon par la route 10.

À ne pas manquer

Observer discrètement le troupeau de bisons près du lac Audy grâce au circuit qui longe leur enclos ; partir en randonnée à la découverte de l'escarpement du Manitoba.

En famille

Dormir sous la tente, bercé par le chant des oiseaux nocturnes et attentif aux bruits de la vie sauvage.

Carnet pratique p. 276

Nos adresses p. 276

2

Découvrir

parcs.canada.ca/pn-np/mb/riding - parc ouv. tte l'année - 9 $.

Ne cherchez pas à attirer les animaux sauvages ni à vous en approcher. Activités : randonnée pédestre, canotage, pêche, équitation, golf, sports d'hiver, camping.

Le **centre d'accueil** *(voir p. 276)* présente, à partir d'expositions et de films, l'histoire géologique du mont Riding, sa flore et sa faune ainsi que ses différents habitats.

Créé en 1933, le Riding Mountain National Park s'élève à 457 m au-dessus de la campagne environnante (756 m au-dessus du niveau de la mer) et se trouve au point de jonction de trois milieux naturels : la forêt de conifères, la forêt caduque et la prairie. Épicéas, pins, sapins et mélèzes s'épanouissent dans les secteurs les plus élevés du parc, tandis qu'à plus basse altitude poussent arbres feuillus, arbrisseaux, plantes grimpantes et fougères.

À l'ouest, des prairies de fétuques – parmi les dernières du continent – se couvrent en été d'un tapis de fleurs sauvages.

L'été, les sentiers de randonnée sont très prisés des marcheurs et des cyclistes ; l'hiver, ils sont sillonnés par les skieurs de fond. Les ornithologues accourent

Riding Mountain National Park, dans le Manitoba.
Kevin9000/Shutterstock

du monde entier en quête des grands hiboux gris et des nombreuses espèces d'oiseaux chanteurs peuplant le parc (environ 200 espèces). Le bureau du parc organise des excursions d'observation des loups et des élans, au cours desquelles les guides attirent les animaux en imitant leurs hurlements et brames.
Non loin du **lac Audy** *(à 47 km de Wasagaming)*, un troupeau de bisons erre à l'intérieur d'un vaste enclos *(route 10 puis Lake Audy Rd)* que l'on peut contourner en voiture. Un point de vue interprétatif dominant la plaine d'Audy, qui doit son absence d'arbres à un sol sablonneux, permet d'observer les animaux dans leur environnement naturel.
Sur la route 10, non loin de l'entrée nord du parc, une tour d'observation offre de belles **vues★** sur l'escarpement du Manitoba.

Carnet pratique

Située en plein cœur du parc, la petite ville de **Wasagaming** (également appelée Clear Lake) est une base idéale autour de laquelle rayonner pour découvrir toute l'étendue du Riding Mountain NP (possibilités d'hébergement, de restauration et d'activités diverses).

S'informer

Visitor Centre – *133 Wasagaming Dr. - Onanole - ✆ 204 848 7275 - parcs.canada.ca/pn-np/mb/riding.*

Agenda

Festival national ukrainien – *Fin juil. - 1550 Main St. S - Selo Ukraina - 60 km au nord de Wasagaming et 12 km au sud de Dauphin, près de l'intersection des routes 5 et 10 - ✆ 204 622 4600 ou 1 877 474 2683 - www.cnuf.ca. Camping sur réserv. et transport en bus au départ de la Saskatchewan, l'Alberta et Winnipeg.* Depuis 1966, les Canadiens d'origine ukrainienne (le pays en compte environ 1 million) font pendant trois jours la démonstration de leurs talents et traditions. Au programme : danses folkloriques et contemporaines, danses de rue, performances d'artistes et d'artisans, expositions, concerts, gastronomie, concours de broderie, du meilleur pain... Des offices se déroulent selon le rite orthodoxe ukrainien dans les églises ouvertes au public.

Nos adresses

Activités

Du canoë au geocaching, de l'observation de la faune à la plongée dans Clear Lake, ici toutes les activités sont possibles !

Randonnées – *parcs.canada.ca/pn-np/mb/riding/visit/activ4/etat-sentiers-trail-conditions.* Plus de 370 km de sentiers balisés (130 km en hiver) offrent d'innombrables options de parcours et de durées, et permettent aux marcheurs, aux vététistes et, en hiver, aux fondeurs, de profiter des beautés du parc.

Winnipeg ★★

Au confluent des rivières Rouge et Assiniboine, au cœur du pays, la capitale du Manitoba joue le rôle de ville-relais pour de nombreux immigrants en route vers le Canada occidental, d'où son épithète de « porte de l'Ouest ». Winnipeg doit son nom au lac immense et peu profond, situé au nord de la ville, que les Crees appelait « win-nipi » (eau boueuse). Elle s'affirme aujourd'hui comme une cité cosmopolite, bouillonnante d'activités, dont l'offre culturelle ne cesse de se développer, comme en témoignent ses nombreux musées et festivals.

Se repérer

815 599 habitants – Manitoba

CARTE C2 (P. 204) -
PLANS DE VILLE (P. 280 ET 281).

Winnipeg se trouve au cœur géographique du Canada, au sud du Manitoba, à une centaine de kilomètres de la frontière américaine.

À ne pas manquer

Le Musée canadien pour les Droits de la personne ; The Forks ; le Manitoba Museum.

Organiser son temps

Prévoyez au moins deux jours pour découvrir Winnipeg, célèbre pour ses activités culturelles. Essayez d'y séjourner durant l'une de ses nombreuses manifestations.

En famille

Le Manitoba Museum, The Forks, le zoo du parc Assiniboine, le Royal Aviation Museum of Western Canada.

Carnet pratique p. 288

Nos adresses p. 288

Rue principale de Winnipeg.
benedek/Getty Images Plus

Se promener

PLANS P. 280 ET 281

Centre-ville PLAN II

Au croisement de **Portage Avenue** et de **Main Street** bat **Downtown Winnipeg**, le cœur de la ville. Certains prétendent que dix voitures tiennent de front dans ces rues. Ce carrefour – lieu le plus venté, dit-on, du Canada – est dominé par les gratte-ciel des banques et des grands hôtels, reliés les uns aux autres par les galeries marchandes souterraines du **Winnipeg Square** (A1), prisées des habitants lorsque l'hiver et le blizzard font rage. À l'ouest, entre Vaughan Street et Carlton Street, s'étend **Portage Place★** (A1), un vaste ensemble de commerces, de restaurants, de bureaux, de cinémas abritant aussi la salle de spectacle Prairie Theatre Exchange. À proximité se dresse le **Canada Life Centre**, antre de l'équipe de hockey des Jets. Au sud du croisement de Portage Avenue et Main Street, dans un petit jardin au pied du Fort Garry Hotel, seule une porte d'enceinte en pierre marque l'emplacement d'**Upper Fort Garry** (B2), siège de la Compagnie de la baie d'Hudson, dont les bureaux actuels (A) se trouvent une rue plus loin.

Exchange District A1

Visite guidée (1h30) de l'East ou du West Exchange de déb. mai à déb. sept. sur réserv. au ✆ 204 942 6716 - www.exchangedistrict.org - dép. d'Exchange District BIZ (492 Main St.) - 10 $.

Au nord du centre-ville, dans une boucle de la rivière Rouge, le quartier historique de la Bourse a conservé de remarquables exemples de l'architecture du début du 20e s. Au fil des façades, on aperçoit de belles **peintures murales**. Si certains bâtiments sont à l'abandon, **Old Market Square** *(à l'angle de King St., Albert St. et Bannatyne Ave.)* connaît une nouvelle jeunesse grâce à ses boutiques et ses restaurants. Tout proche, le **Centennial Centre** comprend notamment une vaste salle de concert et un théâtre. **Chinatown**, le quartier chinois, s'étend un peu plus au nord.

★★★ Manitoba Museum A1

190 Rupert Ave. ✆ 204 956 2830 - manitobamuseum.ca - tlj sf lun. 10h-16h - 17/27 $ selon le nombre de zones visitées.

Ce remarquable musée retrace l'histoire du peuplement du Manitoba au moyen de dioramas, d'expositions et de montages audiovisuels, et présente les grandes régions naturelles de la province. Dès l'entrée, le magnifique diorama d'un Métis chassant le bison frappe l'imagination.

Galerie de l'Histoire de la Terre – Elle explique la géologie du Manitoba. Une œuvre murale de Daphne Odjig raconte la création du monde selon la tradition du peuple autochtone odawa.

Galerie de l'Arctique et du Subarctique – Dédiée à l'extrême nord de la province, elle s'ouvre par un **inukshuk**. Cette sorte de sculpture de pierre anthropomorphique, utilisée comme aide à l'orientation et au marquage des campements, jouait souvent un rôle stratégique lors de la chasse, mais pouvait aussi revêtir une fonction commémorative. Une collection d'objets et de photographies souligne la profonde dépendance des Inuits et de la Première Nation des Chipewyans avec la nature. Des exposés sur la vie marine de la baie d'Hudson et sur les aurores boréales complètent cette présentation.

Galerie de la Forêt boréale – Elle recrée cet immense milieu naturel, avec ses tourbières, ses falaises de granit, ses cours d'eau et sa faune. Un diorama

Une cité en mouvement

À l'est et au nord de Winnipeg, le relief calme de la Grande Plaine canadienne fait brusquement place à un affleurement de roches, boisé et criblé d'un véritable chapelet de lacs : c'est la ligne de contact entre la Prairie et le Bouclier qui marque ainsi la division entre l'Ouest et l'Est de façon spectaculaire.

La colonie de la rivière Rouge

Au début du 19e s., fasciné par les perspectives qu'offrait l'Amérique du Nord, le comte Selkirk investit ses intérêts dans la Compagnie de la baie d'Hudson et reçut un énorme domaine de 300 000 km^2 englobant presque toute la partie sud du Manitoba actuel, qu'il nomma **Assiniboia**. Ému par la misère des fermiers écossais, ce philanthrope établit dans la vallée de la rivière Rouge une communauté de paysans originaires des Highlands. Le succès de la nouvelle colonie fut entravé par de nombreux obstacles : les rigueurs de l'hiver, les inondations, les invasions de sauterelles, et surtout la lutte sourde que leur livraient les employés de la Compagnie du Nord-Ouest, alliés aux Métis qui voyaient leur mode de vie menacé.

Cette hostilité conduisit en 1816 au **massacre de Seven Oaks**, qui coûta la vie à une vingtaine d'immigrants et faillit entraîner la disparition pure et simple de la colonie. Mais cette dernière fut reconstituée et se développa peu à peu. D'importants échanges commerciaux s'établirent avec St. Paul (Minnesota), soit par les fameuses « charrettes de la rivière Rouge », soit par les nouveaux bateaux à vapeur. Largement tributaire du réseau commercial américain, la région serait peut-être passée sous l'hégémonie des États-Unis, mais la **rébellion du Nord-Ouest** *(voir p. 260)* et la création du Manitoba en 1870 empêchèrent toute possibilité d'annexion. L'arrivée du chemin de fer, construit par la compagnie Canadian Pacific, fut le véritable moteur du développement de la communauté. Winnipeg, important centre d'entretien et de réparation des voies, devint alors la plaque tournante de l'approvisionnement et de la distribution dans le Nord-Ouest.

Une ville multiculturelle

Au 19e s., la population se composait d'Écossais, d'Irlandais, d'Anglais, de Français, de Métis et de membres des Premières Nations. Le 20e s. voit l'arrivée d'Allemands et d'Européens de l'Est, notamment d'Ukrainiens. L'architecture de la ville, avec ses églises catholiques, protestantes et orthodoxes, reflète éloquemment la diversité culturelle de la société winnipegoise. Winnipeg est également la ville canadienne qui compte le plus d'autochtones, faisant de la réconciliation avec les communautés issues des Premières Nations un enjeu local. Elle s'appuie aussi aujourd'hui sur cette richesse de cultures pour attirer les voyageurs notamment grâce à ses deux musées de grande importance : le Manitoba Museum et le Canadian Museum for Human Rights, premier dans son genre au Canada. La Winnipeg Art Gallery compte, quant à elle, la plus grande collection d'art inuit au monde. Enfin, tout au long de l'année, de nombreux festivals et rencontres culturelles ponctuent la vie des « Peggers », le surnom des habitants de Winnipeg.

particulièrement impressionnant représente un Cree peignant sur un rocher les symboles religieux de la chasse. La vie des trappeurs et le développement actuel de la région sont également représentés. Un tableau mural de Jackson Beardy traduit la vision indigène du monde.

Salle du Nonsuch – Sans doute le point d'orgue de l'exposition. Un immense diorama abrite la réplique du premier bateau qui, en 1668, quitta l'Angleterre en quête des peaux de castors de la baie d'Hudson. Le succès de cette expédition conduisit à la création, deux ans plus tard, de la Compagnie de la baie d'Hudson. Reconstruit à l'occasion du tricentenaire de la Compagnie en 1970, le ketch de 15 m est ancré dans un port anglais du 17e s., avec boutiques et tavernes aux portes basses et aux fenêtres à petits carreaux.

Galerie de la Compagnie de la baie d'Hudson – Du pseudo-fleuve, les visiteurs pénètrent dans cette galerie aux 10 000 objets retraçant les 330 années de la plus ancienne entreprise canadienne. Son histoire mouvementée est dévoilée en musique, en film et par de superbes objets autochtones ornés de plumes (début 19e s.). Des vestiges témoignent de la malheureuse expédition arctique de John Franklin. Des kayaks de peau et des pirogues de bouleau sont accrochés au plafond ; un authentique bateau d'York domine de sa présence, et des rouleaux de tissu garnissent un comptoir reconstitué.

Galerie de la Prairie – L'histoire du sud du Manitoba, de la Première Nation assiniboine et des colons européens constitue le thème principal. On y voit une « **charrette de la rivière Rouge** ». Terriblement grinçant, ce moyen de transport jadis essentiel aux pionniers pouvait, grâce à ses roues démontables, se transformer en bateau pour franchir les cours d'eau. D'intéressantes expositions illustrent également la diversité ethnique et religieuse de la population manitobaine.

Galerie citadine – Là, le temps s'est arrêté un soir d'automne des années 1920. Avec ses trottoirs de bois, sa gare, ses boutiques, son restaurant, son hôtel meublé, sa mission et même son théâtre où l'on peut voir des films d'époque, une rue reconstituée évoque l'atmosphère de la Winnipeg d'alors.

WINNIPEG
Plan I

SE RESTAURER
Feast Cafe Bistro.................... 5

SE LOGER
Winnipeg Downtown Hostel............. 2

Galerie des Sciences – *Au niveau inférieur.* Paradis des enfants, elle passe en revue les perceptions sensorielles à l'aide de kaléidoscopes, miroirs déformants, jeux de gravité, mini-circuit de voitures... Une partie de la salle est consacrée à l'espace. On y découvre notamment la plus grosse météorite retrouvée au Manitoba.
Planétarium – *Au niveau inférieur.* Spectacle quotidien.

Ukrainian Cultural and Educational Centre (Oseredok) AB1

184 Alexander Ave. E - ✆ 204 942 0218 - oseredok.ca - ♿ - tlj sf dim. 10h-16h - gratuit.
C'est l'un des plus importants centres culturels du genre hors d'Ukraine. Il constitue une intéressante introduction à la culture et à l'histoire de la communauté

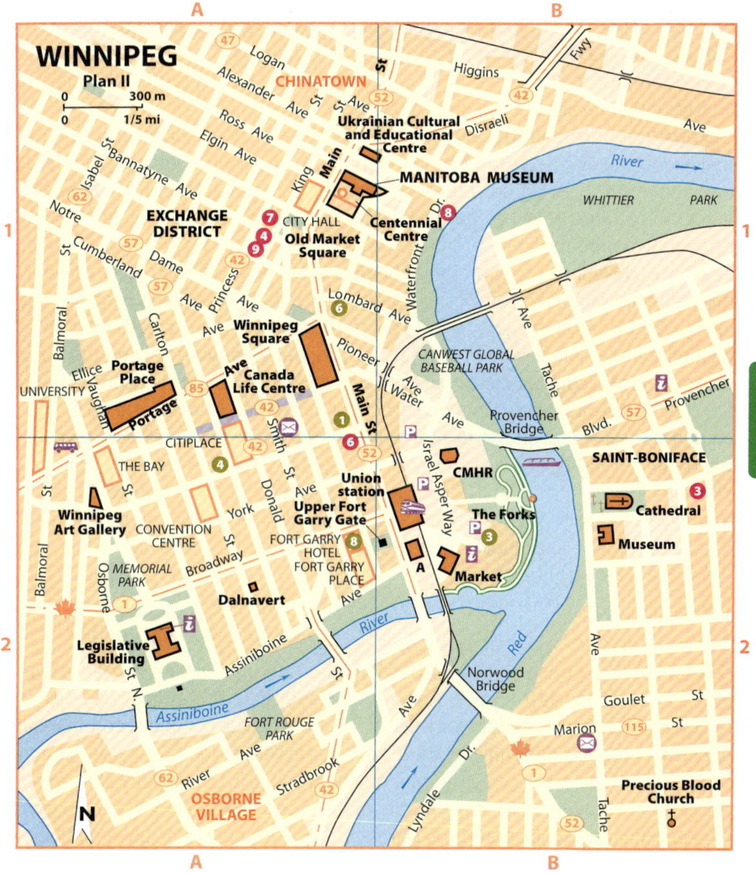

SE RESTAURER
La Belle Baguette 3
King + Bannatyne 4
Modern Electric Lunch 6
Clementine 7
Cibo 8
Deer + Almond 9

SE LOGER
Humphry Inn & Suites 1
Inn at the Forks 3
Delta Winnipeg 4
Fairmont Winnipeg 6
Fort Garry Hotel 8

ukrainienne au Manitoba, et permet de mesurer la richesse de son patrimoine. Outre sa petite galerie d'art où se tiennent des expositions temporaires, sa bibliothèque, sa boutique et ses archives, le centre abrite un **musée** où l'on peut notamment admirer quelques vêtements brodés, des sculptures sur bois, des céramiques et des *pysanky.*

★★ Canadian Museum for Human Rights (CMHR) B1

85 Israel Asper Way - ✆ 204 289 2000 ou 1877 877 6037 - droitsdelapersonne.ca - tlj sf lun. 10h-17h - 18 $ (gratuit le dim.).

Inauguré en 2014, l'ambitieux **musée canadien pour les Droits de la personne**, aux fenêtres en forme d'ailes de colombe, est joliment surnommé le « Nuage de verre » en raison des quelque 1300 panneaux de verre qui le recouvrent. On doit ce bâtiment à l'architecte américain Antoine Predock.

Au fil des sept étages, auxquels on accède par des passerelles en albâtre entourées de mur de béton gris, on retrouve les personnalités qui ont œuvré pour la liberté tout au long de l'Histoire et les événements clés qui ont fait évoluer les libertés individuelles et collectives à travers le monde.

L'exposition permanente s'ouvre sur une immense **frise chronologique** qui met en perspective cette lutte contre l'oppression en cent moments, depuis les Babyloniens jusqu'à la Déclaration des Nations unies sur les droits des peuples autochtones, en 2007. **« Les Parcours canadiens »** retracent l'histoire du Canada à travers les combats des différentes communautés : droits des Premières Nations à disposer de leur sol, des immigrés chinois arrivés pour la construction du chemin de fer national à la fin du 19e s., reconnaissance des pensionnats autochtones, luttes LGBTQ+ pour le mariage entre personnes du même sexe. Le niveau 3 met en lumière le fonctionnement du **système judiciaire canadien**. Il compte aussi un grand **jardin couvert contemplatif**. Le niveau 4 est, quant à lui, consacré à la fragilité des droits de la personne comme en témoigne **« La Galerie de l'Holocauste »**. Au niveau 5, une carte interactive des génocides et des massacres commis dans le monde glace le sang autant qu'elle instruit sur les tristes épisodes de l'Histoire. Pour finir, la **tour de l'Espoir**, une tour de verre *(accès à pied ou par un ascenseur)* haute de 100 m, offre une **vue imprenable★** sur Winnipeg, ses deux rivières, Rouge et Assiniboine, et les paysages typiques des prairies au loin. Elle constitue le clou de la visite.

★ The Forks B2

1 Forks Market Rd - www.theforks.com.

Baptisé « La Fourche » en raison de sa situation au confluent des rivières Rouge et Assiniboine, lieu de troc et d'échanges pour les Premières Nations puis pour les trappeurs et la Compagnie du Nord-Ouest, The Forks est un **complexe commercial et culturel**, installé dans un parc de 26 ha. Il abrite l'élégante et longiligne **Union Station** (1911), dessinée par les mêmes architectes que le Grand Central Terminal de New York. À voir aussi, un agréable **marché couvert★** *(11h-21h, vend.-sam. 11h-22h)* qui regorge de stands où se restaurer. À l'étage, on retrouve quelques magasins dont une librairie et une échoppe de souvenirs. Aux beaux jours, les habitants profitent des tables installées à l'extérieur pour pique-niquer. Parsemé de jolis chemins que l'on parcourt à pied ou à vélo, The Forks est aussi le paradis des familles qui, confortablement installées sur les vastes pelouses, profitent du spectacle des écureuils sautant d'arbre en arbre tandis que les plus jeunes s'activent autour des jeux d'eau. S'y déroulent également concerts et festivals.

★ Winnipeg Art Gallery (WAG) A2

300 Memorial Blvd - ✆ 204 786 6641 - www.wag.ca - ♿ - merc.-dim. 11h-17h - 18 $.
Conçu par l'architecte Gustavo Da Roza, originaire de Winnipeg, ce bâtiment ultramoderne à la silhouette élancée abrite un musée d'art où les expositions sont sans cesse renouvelées. L'importante collection permanente est surtout réputée pour ses tableaux gothiques et Renaissance (collection de Lord et Lady Gort).
En 2021, une extension futuriste à l'aspect ondulée, imaginée par l'architecte américain Michael Maltzan, a été inaugurée. Elle abrite **Qaumajuq**, un vaste centre d'art qui met à l'honneur un très riche fonds d'**art inuit** – parmi les plus importants au monde. On y admire des sculptures, des dessins, des toiles mais aussi des installations vidéo immersives d'artistes inuits contemporains.

Dalnavert A2

61 Carlton St. - ✆ 204 943 2835 - www.friendsofdalnavert.ca - merc.-dim. 12h-16h - 10 $.
Brillamment restaurée, cette demeure victorienne en brique fut construite en 1895 pour Hugh John Macdonald, avocat et homme politique, Premier ministre du Manitoba de 1899 à 1900. Ce philanthrope distingué, qui réservait une partie de son sous-sol à l'hébergement des sans-abri, était le fils de John A. Macdonald, artisan de la Confédération et du gouvernement du Dominion dont il présida le premier cabinet. La maison, parée selon le goût d'antan de sombres boiseries et de lourdes tentures, est pourvue du confort le plus moderne pour l'époque : chauffage central, électricité, eau courante, penderies.

★ Legislative Building A2

À l'angle de Broadway et Osborne St. N. 450 Broadway - ✆ 204 945 5813 - www.gov.mb.ca/legislature/visiting/tour.html - ♿ - visite libre été : 8h-17h, w.-end 9h-17h ; hiver : lun.-vend. 8h30-16h30 - visite guidée (réserv. au moins 2 sem. à l'avance) juil.-août : 9h-16h ; sept.-juin : vend. à 14h - gratuit.
L'élégant bâtiment néoclassique en forme de H du Parlement (1920), en calcaire de Tyndall, se tient non loin de la résidence du lieutenant-gouverneur de la province, dans un beau jardin anglais où des statues dispersées représentent d'importants personnages du Manitoba. Au sommet du dôme se dresse une sculpture en bronze doré de Charles Gardet, **Golden Boy**, qui tient d'une main une gerbe de blé (richesse de la province) et, de l'autre, brandit le flambeau symbolisant l'esprit d'entreprise du Manitoba. Le haut-relief à l'antique qui orne le fronton de l'entrée principale *(côté nord)* illustre la devise du Canada : *A mari usque ad mare* (d'un océan à l'autre). Au centre trône le Manitoba, province clé du pays, à mi-chemin entre l'Atlantique et le Pacifique.
À l'intérieur, le hall d'entrée s'ouvre sur un escalier monumental encadré de deux **bisons en bronze**, emblèmes de la province. La visite passe par la **salle parlementaire** en forme de fer à cheval et par deux salles de réception.
En face, sur Assiniboine Avenue, s'élève une **statue**, création de Miguel Joyal, à la gloire de Louis Riel.

2

★ Saint-Boniface PLAN II B2

Rattaché depuis 1972 à Winnipeg, ce quartier, situé de l'autre côté de la rivière Rouge, est relié au centre-ville par un spectaculaire pont à haubans piéton, l'**Esplanade Riel Bridge** (2003). Il abrite la communauté francophone de Winnipeg, la plus importante de l'Ouest canadien. L'origine de la paroisse de

St-Boniface remonte à 1818, lorsque les pères Provencher et Dumoulin, venus du Québec, établirent une mission catholique au bord de la rivière Rouge. Ils furent bientôt suivis de colons français et de Métis qui fondèrent une active communauté.

★ Musée de St-Boniface

494 av. Taché - ✆ 204 237 4500 - msbm.mb.ca - ♿ - fermé pour travaux jusqu'en 2026, mais les visites guidées dans le quartier sont toujours proposées.

Ce musée occupe l'ancien couvent des Sœurs Grises. Excellent exemple du type d'architecture des débuts de la colonisation de la rivière Rouge, ce vaste bâtiment de chêne blanc fut achevé en 1846. Il s'agit là du plus vieil édifice winnipegois. Le musée présente des meubles et des souvenirs historiques sur la vie des premières religieuses et sur les habitants de St-Boniface, notamment Louis Riel.

Cathédrale St-Boniface

✆ 204 233 7304 - www.cathedralestboniface.ca - tlj sf w.-end 8h30-12h, 13h-16h30.

Ravagée par un incendie en 1968, l'ancienne église ne dresse plus que sa façade de pierre blanche, derrière laquelle l'architecte Étienne Gaboury a construit la nouvelle cathédrale, à l'intérieur recouvert de boiseries. C'est le sixième sanctuaire érigé à cet endroit depuis 1818. Louis Riel repose dans le **cimetière** attenant.

Église catholique du Précieux-Sang

Le charmant petit édifice en brique et en bois de la **Precious Blood Church** fut également conçu par Étienne Gaboury. Sa forme rappelle un tipi. Remarquez son curieux toit en bardeaux.

À voir aussi

PLAN P. 280

★ Royal Canadian Mint

520 Lagimodiere Blvd - ✆ 204 984 1144 - www.mint.ca - ♿ - visite guidée (45mn - réserv. conseillée) - mai-sept. : lun.-sam. 9h-17h ; reste de l'année : mar.-sam. 9h15-15h30 (dernière visite) - horaires susceptibles de changer, se rens. - 12 $.

Succursale winnipegoise de la Monnaie canadienne, cette spectaculaire pyramide construite au bord de l'eau dresse ses facettes de verre rose reflétant le ciel comme un signal sur la Plaine. Le hall d'entrée est orné de fontaines et de plantes exotiques.

La visite retrace l'historique de la Monnaie au Canada et les procédés de fabrication des quelque 55 milliards de pièces qui sont sorties de ses impressionnantes presses capables de cracher un millier d'unités… par seconde !

Riel House National Historic Site

330 River Rd, St. Vital - ✆ 204 983 6757 - parcs.canada.ca - ♿ - de déb. juil. à fin août : 10h-17h, jeu. 13h-20h - 4,50 $.

Bâtie en 1881, soigneusement restaurée depuis, la modeste maison de bois resta la propriété de la famille Riel jusqu'en 1968. Louis Riel n'y vécut jamais, mais son corps y fut solennellement exposé après son exécution en novembre 1885 *(voir p. 260)*. L'occasion de découvrir des détails sur la vie des parents du chef métis et sur la colonie de la rivière Rouge.

Assiniboine Park and Zoo

2595 Roblin Blvd - ✆ 204 927 6000 - assiniboinepark.ca - ♿ - 9h-17h - 24,70 $, réduction en ligne.

Cathédrale St-Boniface.
Mo Wu/Shutterstock

Ce vaste zoo contient une grande **serre tropicale** où singes et oiseaux exotiques s'ébattent librement parmi la végétation luxuriante et une serre à papillons. Il abrite également Baffin et Willow, deux **ours polaires,** stars du lieu.
La zone « Prairies et forêts boréales » est un bon moyen de découvrir la faune du Manitoba et du nord canadien. On peut y observer des **bisons**, des **renards polaires**, des **loups** ou des **lynx du Canada**. Dernier-né du zoo, l'espace baptisé « La Ferme de tante Sally » accueille notamment des **lamas** et des **chèvres**, qui font le bonheur des tout-petits.
Non loin, toujours dans Assiniboine Park, **Leo Mol Sculpture Garden** offre aux œuvres de l'artiste ukrainien un charmant cadre paysager. Une galerie voisine contient tableaux et esquisses ; la représentation sculptée de l'ours Winnie *(voir encadré p. 286)* est censée avoir inspiré le personnage de Winnie l'Ourson créé par A. A. Milne.

★ Royal Aviation Museum of Western Canada

2088 Wellington Ave. - ✆ 204 786 5503 - www.royalaviationmuseum.com - 10h-17h - 16 $.

Le musée se situe à 3mn à pied de l'aéroport. Il constitue donc une excellente halte avant de prendre un avion (ou en cas de vol retardé !).

Relocalisé dans un imposant bâtiment, après plusieurs années de fermeture, l'ancien Western Canada Aviation Museum abrite plus d'une vingtaine d'avions (dont 6 suspendus au-dessus de la tête des visiteurs !). On peut y admirer un **Viking Vedette**, l'un des avions les plus utilisés par la Royal Canadian Air Force (RCAF) au cours du 20e s., réassemblé spécialement pour le musée, ou un **Canadair CF-104 Starfighter**, un chasseur-bombardier surnommé le « missile doté d'un homme à

l'intérieur ». Les visiteurs sont également invités à monter à bord d'un avion de la compagnie Air Canada datant de 1958 et à apprécier les conditions de voyage de l'époque, bien loin du confort actuel !
À l'étage, de larges baies vitrées permettent d'assister au décollage et à l'atterrissage des avions.

Seven Oaks House Museum

50 Mac St. - ✆ 204 339 7429 - www.sevenoakshouse.ca - de mi-mai à déb. sept. : merc.-dim. 10h-16h - participation libre.
Ce bâtiment en rondins serait, dit-on, la plus ancienne maison (1851-1853) encore habitable au Manitoba. Bâtie par John Inkster, riche négociant de la région, la spacieuse demeure se situe sur la paroisse de West Kildonan où s'établirent dès 1814 les colons écossais envoyés par Lord Selkirk, non loin du site du massacre de Seven Oaks (1816). À côté de la maison se trouvent le magasin d'Inkster et la poste recélant tous deux des meubles d'époque.

Prairie Dog Central EN DIRECTION

Vintage Locomotive Society Inc. - *Inkster Junction, 1 km au nord d'Inkster Blvd entre Sturgeon Rd et Metro route 90 - ✆ 204 832 5259 - www.pdcrailway.com - trajet (de 50 à 60mn) jusqu'à Grosse Isle - horaires variables : se rens. - sur réserv. - 36,95 $ - autres circuits proposés, se rens.* Le trajet entre Winnipeg et Warren à bord de ce vieux train à vapeur (fin 19e s.) est ponctué de haltes dans des bourgades où les marchés proposent objets artisanaux, conserves maison et denrées alimentaires.

Excursions

CARTE P. 204

★★ Lower Fort Garry National Historic Site C2

▶ 32 km au nord de Winnipeg. ✆ 204 785 6050 ou 204 785 6055 - parcs.canada.ca/lhn-nhs/mb/fortgarry - ♿ - programmation et accès aux bâtiments de mi-mai à fin juin : lun.-vend. 10h-16h ; de déb. juil. à déb. sept. : 10h-16h - fermé 29-30 juin - les terrains sont ouverts tte l'année - 13,25 $.
Bâti entre 1830 et 1847 par la Compagnie de la baie d'Hudson en vue de remplacer Upper Fort Garry trop souvent victime d'inondations, ce fort en pierre fit office de comptoir jusqu'en 1911. Il servait d'entrepôt pour les fourrures achetées aux Premières Nations, que les **bateaux d'York** (lourdes barques en bois, moins maniables mais plus grandes que les canoës) transportaient chaque été jusqu'à York Factory, sur la baie d'Hudson.

Winnie, l'ourson de Winnipeg

Le 19 août 1914, le lieutenant Harry Colebourn, membre du corps vétérinaire de l'Armée royale canadienne, tombe sur un ourson orphelin dont la mère a été tuée par un chasseur. Il offre à ce dernier 20 dollars pour garder le petit plantigrade, qu'il baptise Winnie, en hommage à la ville où il était établi avant la guerre, Winnipeg. Le militaire finira par offrir Winnie au zoo de Londres et l'animal inspirera l'auteur Alan Alexander Milne pour son histoire de « Winnie l'ourson ».

Dans le **centre d'accueil**, un montage audiovisuel constitue une bonne introduction à l'histoire du fort. Dans son enceinte carrée aux angles renforcés de bastions, le fort a peu changé au fil des ans. Au centre se tient la demeure du gouverneur, confortable et coquette avec sa véranda et ses hautes cheminées ; non loin de là, l'**entrepôt des fourrures**, avec sa magnifique **collection** de peaux (castor, renard, loup, vison, etc.), ainsi que les diverses denrées en magasin. La visite permet également de voir un bateau d'York et une « charrette de la rivière Rouge ».

★ Mennonite Heritage Village C2

À Steinbach, 61 km au sud-est de Winnipeg. ☏ 204 326 9661 - www.mennoniteheritagevillage.com - ♿ - mai-sept. : 9h-17h, jeu. 9h-20h, dim. 11h30-17h ; reste de l'année : mar.-sam. 9h-17h - bâtiments fermés oct.-avr. - 7,50/15 $ selon la saison. Ce village reconstitue l'atmosphère d'une communauté mennonite au Manitoba vers 1874. Descendants des disciples du prédicateur anabaptiste **Menno Simons** (1496-1561), les mennonites se distinguent par une foi profonde et le refus obstiné de prendre les armes. À l'origine, ils formaient des communautés rurales dispersées en Europe, mais leur esprit d'indépendance les obligea à s'expatrier à plusieurs reprises pour échapper aux persécutions dont ils étaient victimes. Au Canada, la communauté compte environ 100 000 adeptes, divisés en deux groupes : un premier d'origine suisse alémanique (Ontario), l'autre d'origine slave (Manitoba). Le village comprend l'église, l'école, le moulin à vent et une ferme, originale par la disposition des pièces autour du four de brique qui fait ainsi office de chauffage central, et par l'accès direct à la grange. Dans le centre d'interprétation, une galerie rassemble des souvenirs de ces pionniers au passé errant et retrace leur histoire. Une ancienne grange abrite le restaurant The Livery Barn, qui sert des plats typiques *(voir « Nos adresses » p. 289)*.

★ Austin C2

123 km à l'ouest de Winnipeg.
Cette plaisante communauté rurale est située au cœur de la Prairie manitobaine, dans une zone de polyculture à grande échelle.

★ **Manitoba Agricultural Museum** – *3 km au sud de la Transcanadienne, route 34 - ☏ 204 637 2354 - mbagmuseum.ca - ♿ - de mi-mai à fin sept. : 10h-16h ; reste de l'année : se rens. - 10 $.* Le principal attrait du musée est sa magnifique collection de machines agricoles d'époque, présentées en extérieur ou rassemblées sous hangar : locotracteurs, batteuses, premiers tracteurs à essence. Outre une belle collection d'objets de pionniers, il comprend également un **petit village reconstitué** de la fin du 19e s. *(homesteaders' village)* peuplé de figurants costumés, avec son église, ses maisons en rondins et son école.

L'ensemble des bâtiments, village de colons inclus, est ouvert fin juillet, lors de la **Manitoba Threshermen's Reunion and Stampede** (grande assemblée des batteurs de grains), manifestation au cours de laquelle défilent les monstres de fonte, en parfait état de marche. Après la parade ont lieu des courses de machines à vapeur et des concours de battage, puis un rodéo, des quadrilles, un concours de violon et, enfin, des promenades à cheval pour les plus jeunes. Vente de spécialités culinaires variées et d'objets artisanaux.

2

Carnet pratique

S'informer

Tourism Winnipeg – *21 Forks Market Rd - Winnipeg - 204 943 1970 ou 1 855 734 2489 - www.tourismwinnipeg.com.*

Tourisme Riel – *219 Provencher Blvd - St-Boniface - Winnipeg - 204 233 8343 ou 1 866 808 8338 - tourismeriel.com.*

Arriver/Partir

En avion

Aéroport international James Armstrong Richardson (YWG) – *204 987 9402 - ywg.ca.* Il se situe 7 km à l'ouest du centre-ville. Les bus des lignes 15 et 20 *(arrêt devant le terminal des arrivées - 3,25 $)* relient l'aéroport à l'hypercentre en 30mn. En taxi, comptez 25 $ et 15mn.

En train

Via Rail – *www.viarail.ca.*
L'historique Union Station *(123 Main St. - 888 842 7245)* se situe sur la ligne reliant Toronto, Edmonton et Vancouver. Deux fois par semaine, train pour Churchill (45h).

Se déplacer

Bus – *winnipegtransit.com - 3,25 $ en espèces, 2,90 $ en une carte rechargeable peggo e-pass - pass 24h 10,75 $.* Winnipeg ne possède ni métro ni tramway. Seul un réseau de bus dessert les différents quartiers de la ville. Cette dernière étant très étendue, mieux vaut louer une voiture, surtout si vous souhaitez visiter les sites alentour, notamment le parc Assiniboine ou le Royal Canadian Mint.

Autres options, le **taxi**, l'application **Uber** (mais la note grimpe vite !) ou la **location de vélos** *(voir « Activités » p. 290).*

Agenda

Pour connaître la programmation des festivals pendant votre séjour, consultez *tourismwinnipeg.com/festivals-and-events.*

Festival du voyageur – *En fév. - heho.ca - Parc du Voyageur - 233 Blvd Provencher - St-Boniface.* Pendant 10 jours, ce festival évoque le temps de la traite des fourrures par des activités de plein air, des danses et la dégustation de plats traditionnels.

Folk Festival – *En juil. - winnipegfolkfestival.ca.* Un événement populaire.

Folklorama – *En août - folklorama.ca.* Ce festival célèbre la diversité culturelle de la ville et se déroule dans tous les quartiers.

Wall to Wall – *En sept. - walltowallwpg.com.* Festival de street art.

Nos adresses

PLANS DE VILLE P. 280-281

Restauration

Pour manger vite et bien, le marché couvert de The Fork regorge de stands de *streetfood* : burgers, *fish & chips*, cuisine asiatique…

Premier prix

3 **La Belle Baguette** – PLAN II B2 - *248 av. de la Cathedrale - 204 219 2123 - www.labellebaguette.ca - fermé lun. et le soir - sandwichs env. 10 $.* À deux pas de la cathédrale St-Boniface, cette boulangerie prépare de bons sandwichs à déguster en terrasse ou dans le parc tout proche.

4 **King + Bannatyne** – PLAN II A1 - *100 King St. - ✆ 204 691 9757 - www.kingandbannatyne.com - fermé dim. et le soir - sandwichs 14,50/18,75 $.* Bienvenue au paradis du sandwich ! Ici, pas question de lésiner sur la qualité des produits et la quantité de la garniture. Vous savourerez donc un très bon et copieux sandwich à la poitrine de bœuf et au pastrami avec moutarde maison ou au filet de poulet fumé avec une sauce ranch maison accompagné de pickles de courgettes. Un délice !

6 **Modern Electric Lunch** – PLAN II A1-2 - *232 Main St. - ✆ 204 306 6404 - www.melunch.ca - fermé le soir - plats 15/18 $.* Les serveurs s'affairent derrière le grand comptoir où trône une imposante machine à café, pièce maîtresse de ce temple moderne du cappuccino, cortado et autre macchiato. Outre l'excellent café, le lieu sert aussi des plats simples : sandwichs, salades, tacos... Quant au nom, il date des années 1920, quand l'établissement était le seul de la ville à posséder un frigo électrique Quel luxe !

7 **Clementine** – PLAN II A1 - *123 Princess St. - ✆ 204 942 9497 - www.clementinewinnipeg.com - fermé le soir - plats 12,50/18 $.* Voilà une adresse bien connue des habitants de Winnipeg qui s'y pressent pour déguster les excellents petits-déjeuners. Il n'est donc pas rare d'attendre un peu mais les œufs Bénédicte et le porridge maison en valent la peine.

Budget moyen

5 **Feast Cafe Bistro** – PLAN I - *587 Ellice Ave. - ✆ 204 691 5979 - www.feastcafebistro.com - fermé dim.-lun. - pizzas et burgers 17/25 $; plats 28/38 $.* Spécialisé dans la cuisine des Premières Nations, ce restaurant propose notamment de délicieux « tipi tacos » dans une atmosphère conviviale.

8 **Cibo** – PLAN II B1 - *339 Waterfront Dr. - ✆ 204 594 0339 - www.cibowaterfrontcafe.com - service continu - pizzas 23,50/25,75 $; plats 31,50/35,75 $.* Les pieds dans l'eau ! Ce restaurant est installé dans une ancienne station de pompage au bord de la rivière Rouge. Au menu, des classiques italiens : pizzas, bruschettas et pâtes.

Une folie

9 **Deer + Almond** – PLAN II A1 - *85 Princess St. - ✆ 204 504 8562 - www.deerandalmond.com - fermé le midi et dim.-lun. - menu 90 $.* Dans ce restaurant branché d'Exchange District, on vous servira une cuisine qui mêle saveurs canadiennes et spécialités européennes en un menu unique à quatre plats. Une réussite !

À Steinbach

Premier prix

The Livery Barn – *231 Provincial Trunk Hwy - Mennonite Héritage Village - ✆ 204 326 9661 - ✆ (866) 280 8741 - www.mysteinbach.ca - fermé le soir - plats 15,50/19,50 $.* Goûtez quelques plats traditionnels russes lors de votre visite au village mennonite. Commencez par un *bortsch*, potage au chou avec des pommes de terre et de la crème, accompagné d'un pain de froment préparé avec la farine moulue au village. Dégustez aussi des *vareniki* (ou *pierogi*), petites boulettes de pâte en demi-lune fourrées de fromage blanc. Tarte à la rhubarbe ou tourte aux fruits termineront le repas.

Petite pause

Café Postal – *202 Provencher Blvd - ✆ 204 414 3654 - www.cafepostal.ca - 7h30-16h, dim. 9h-14h.* Ce repaire francophone du quartier de St-Boniface sert un excellent café à accompagner d'un croissant ou d'un pain au chocolat.

Boire un verre

Les amateurs de **bières artisanales** profiteront des microbrasseries de Winnipeg. Au programme : dégustations, visites, burgers... Dans le centre-ville, faites un saut par exemple chez **Nonsuch Brewing** *(125 Pacifique Ave. - onsuch.beer)*, **Little Brown Jug** *(336 William Ave. - littlebrownjug.ca)* ou encore chez **Good Neighbour** *(110 Sherbrook St. - goodneighbourbrewing.com)*.

Amsterdam Tea Room and Bar – *103-211 Bannatyne Ave. - ✆ 204 946 1777 - www.amsterdamtearoom.com - 12h-0h, dim. 12h-22h.* En journée, on explore la riche sélection de thés qui ornent les étagères tandis que le soir, on sirote un cocktail maison, certains réalisés à base... de thé !

Shopping

☺ Vous trouverez des souvenirs à rapporter de Winnipeg dans les boutiques situées au premier étage de **The Forks** *(1 Forks Market Rd - www.theforks.com - voir p. 282)*.

Le quartier d'**Osborne Village** est également réputé pour ses boutiques branchés (*Voir « En soirée »*).

Winnipeg Outfitters – *250 Mc Phillips St. - ✆ 204 775 9653 - ✆ (800) 665 0193 - www.outfitters.ca - 9h-17h, dim. 12h-17h.* Un imposant bœuf musqué naturalisé trône à l'entrée du bâtiment de brique situé à 5mn du centre-ville. La Bourse aux fourrures est réputée depuis des décennies pour son catalogue de plus de 7 000 articles : attirail de chasse, panoplie d'homme de l'Ouest, mocassins, équipement contre le froid extrême (bottes réchauffant les pieds par -40 °C) et le plus large choix de couvre-chefs en fourrure du pays.

En soirée

Au sud du centre-ville et de la rivière Assiniboine, le quartier branché d'**Osborne Village** est très prisé des artistes et des étudiants. Il est réputé pour son animation, ses pubs, bars, théâtres de poche et ses boutiques (vinyles, fripes...).

Spectacles

Les riches programmations des organismes culturels de Winnipeg sont célèbres dans le monde entier.

Royal Manitoba Théâtre Centre – *174 Market Ave. - ✆ 204 942 6537 - royalmtc.ca - lun.-vend. 12h-17h.*

Manitoba Opéra – *555 Main St. - ✆ 204 942 7479 ou 204 944 8824 - mbopera.ca - lun.-vend. 9h30-16h30.*

Winnipeg Symphony Orchestra – *Box office : 555 Main St. - ✆ 204 949 3999 - www.wso.ca - merc.-sam. 11h-16h et 90mn avant les représentations ; été : se rens.*

Canada's Royal Winnipeg Ballet – *380 Graham Ave. - ✆ 204 956 0183 - www.rwb.org.*

Activités

Street art – Les fresques s'invitent un peu partout à Winnipeg, dans les quartiers à l'écart des axes touristiques (West End, North End, Transcona) aussi bien que dans Downtwon et The Forks. *walltowallwpg.com/murals et winnipegarts.ca (visites guidées).*

Thermëa by Nordik Spa-Nature – *775 Crescent Dr. - ✆ (855) 284 6868 - www.thermea.ca - 8h30-22h - 86 $, soin à la carte à partir de 139 $.* Quoi de plus délicieux que de plonger dans un bassin extérieur chauffé quand la neige recouvre les alentours ? Avec ses 4 bassins, ses 4 saunas, ses soins du corps, ses massages et son restaurant, ce spa ménage un bon moment de détente.

Kendrick's Outdoor Adventures – *1 Forks Market Rd - ☎ 431 278 1562 - 11h-20h (10h le w.-end)- www.kendricksoutdooradventures.com - 30 $/2h (vélo électrique à partir de 40 $/2h).* Installé près de l'entrée de The Forks, ce loueur propose des *fat bikes* adaptés à l'hiver canadien, des vélos et des trottinettes électriques.

Parcs provinciaux – *gov.mb.ca/sd/parcs/park-maps-and-locations.* Le vaste lac Winnipeg est cerné de parcs, réserves et zones de loisirs comme les plages de sable blanc de Grand Beach et les zones humides de Hecla / Grindstone. À l'est de la province, le Whiteshell Provincial Park est le paradis des activités *outdoor* avec ses myriades de lacs entourés de forêt. Plus sauvage encore, l'Atikaki Provincial Park est prisé des amateurs de canoë.

Hébergement

Premier prix

2 Winnipeg Downtown Hostel – PLAN I - *370 Langside St. - ☎ 204 789 1486 - uwhostel.com - ch. 85/135 $.* Cette auberge de jeunesse aménagée dans une résidence étudiante, sur le campus à côté de Downtown, propose, de mai à août, des chambres tout confort. Les VIP Suites, disponibles toute l'année, comportent une salle de bains privée et une kitchenette. Une adresse pratique et bien tenue.

Budget moyen

1 Humphry Inn & Suites – PLAN II A1 - *260 Main St. - ☎ 204 942 4222 - www.humphryinn.com - P - 128 ch. à partir de 179 $.* Même s'il commence à dater, cet hôtel a le mérite d'être très bien situé, entre le musée canadien des Droits de la personne et l'Exchange District. Les chambres côté rue et voies ferrées sont un peu bruyantes, préférez celles côté parking.

Pour se faire plaisir

8 Fort Garry Hôtel – PLAN II A2 - *222 Broadway - ☎ 204 942 8251 - www.fortgarryhotel.com - P payant - - 240 ch. 189/389 $ -.* Cet imposant édifice historique date de 1913. Idéalement situé à 5mn de The Forks, des commerces et du principal quartier d'affaires, l'hôtel propose des chambres spacieuses, un centre de remise en forme, une piscine intérieure et un traiteur ouvert 24h/24. Le hall d'entrée, avec ses murs revêtus de marbre et ses lustres en cristal, est remarquable.

4 Delta Winnipeg – PLAN II A2 - *350 St. Mary Ave. - ☎ 204 942 0551 ou (888) 311 4990 - www.marriott.com - P payant - - 393 ch. 269/369 $-.* Un emplacement privilégié face aux boutiques et aux restaurants de CitiPlace ainsi qu'une passerelle reliant le centre de conférences font de cet hôtel l'établissement favori des congressistes et des voyageurs. Il bénéficie en outre de deux piscines (intérieure et extérieure).

Une folie

3 Inn at the Forks – PLAN II B2 - *75 Forks Market Rd - ☎ 204 942 6555 - www.innforks.com - 114 ch. 269/539 $ -.* Décoration moderne et situation idéale au cœur de The Forks : cet hôtel récent mise sur le confort et le design pour satisfaire ses clients et l'alchimie fonctionne à merveille.

6 Fairmont Winnipeg – PLAN II A1 - *2 Lombard Pl. - ☎ 204 957 1350 ou (866) 540 4466 - www.fairmont.com - P payant - - 340 ch. 321/392 $ -.* Le plus prestigieux établissement du centre-ville trône sur le célèbre carrefour de Portage Ave. et Main St. Les chambres spacieuses, bien aménagées, donnent sur Exchange District. Salle de sport et piscine intérieure. Dîner exceptionnel au restaurant The Velvet Glover, dont la réputation n'est plus à faire.

Churchill ★★

Ce port maritime en eau profonde, le plus septentrional du Canada, se trouve dans la baie d'Hudson, à l'embouchure du fleuve Churchill dans une région de toundra, à quelques kilomètres au nord de la zone boisée. Malgré la rudesse des hivers, la faune et la flore y sont variées. En été, un riche tapis de fleurs couvre le sol. Début juillet, les bélugas entrent dans la rivière pour mettre bas. En automne, les ours polaires, qui migrent de la région de Churchill jusqu'à leur habitat d'hiver dans le Nord, s'aventurent parfois jusque dans les villes... Quant aux aurores boréales, elles sont réputées pour être les plus intenses au monde !

Se repérer

880 habitants – Manitoba

CARTE C1 EN DIRECTION (P. 204).

Churchill se trouve environ 1000 km au nord de Winnipeg, à l'ouest du parc national du Canada Wapusk.

À ne pas manquer

Du fort Prince of Wales, l'observation de la vie sauvage de la région.

En famille

Les ours polaires et les aurores boréales, deux incontournables !

Carnet pratique p. 295

Nos adresses p. 295

Découvrir

Churchill se compose d'une douzaine de rues goudronnées et bordées de maisons, de commerces et d'hôtels. Le silo élévateur domine le port. Le **Town Centre Complex** rassemble les services de la ville sous un même toit : installations récréatives (dont une piscine, une patinoire de curling, une cafétéria, un théâtre), services médicaux, scolaires, expositions d'art inuit. De là, jolies **vues** sur la baie d'Hudson.

Un peu d'histoire...

Alors qu'il cherchait un passage vers le nord-ouest, un explorateur danois, Jens Munk, prit ses quartiers d'hiver au bord du fleuve Churchill en 1619. Quelque 70 ans plus tard, la Compagnie de la baie d'Hudson tenta sans succès d'établir un comptoir à l'embouchure du fleuve ; une seconde tentative réussit en 1717. Le site reçut le nom du gouverneur de la Compagnie, **John Churchill**, futur duc de Marlborough. Le comptoir fut dès lors remplacé par le fort Prince of Wales afin de défendre les intérêts de la compagnie. Une ligne de chemin de fer fut construite en 1929 et la petite ville transférée sur l'autre rive en 1931. Pour satisfaire les exigences des producteurs céréaliers, Churchill se dota d'un silo élévateur et d'un port. Aujourd'hui, le blé et l'orge des Prairies sont expédiés pendant la courte période où la baie et le détroit d'Hudson sont navigables *(de juil. à mi-nov.)*. La population active, composée pour moitié d'aborigènes, travaille dans le transport, le tourisme ou la santé.

Ours polaire dans la baie d'Hudson.
travelling-footprint/Getty Images Plus

Kelsey Boulevard traverse la ville en suivant la voie ferrée jusqu'à Arctic Trading Co., charmant magasin où vous trouverez artisanat, vêtements et souvenirs.

2

★★ Itsanitaq Museum

242 La Vérendrye Ave. ✆ 204 675 2030 - été : 9h-12h, 13h-17h, lun. 13h-17h ; hiver : 13h-16h30 - fermé dim. - participation libre.
Le musée possède une **collection** de belles sculptures inuites sur pierre, ivoire de morse et os, rassemblée pendant plus de cinquante ans par les missionnaires oblats. Un commentaire enregistré souligne l'intérêt documentaire de ces pièces. Certaines illustrent des scènes de la vie quotidienne inuite ; d'autres évoquent les légendes traditionnelles et les nouveautés introduites par les Européens dans la vie de ce peuple, comme l'avion et la motoneige.

★ Prince of Wales Fort National Historic Site

De l'autre côté de l'estuaire. Accès par bateau (ou hélicoptère en fonction de la météo) - ✆ 204 675 8863 (ligne d'alerte à l'ours polaire ✆ 204 675 2327) - parcs.canada.ca/lhn-nhs/mb/prince.
Parcs Canada n'assurant pas le transport jusqu'à ce lieu historique national, il est conseillé de combiner visite du fort et observation des baleines (qui fréquentent à cette période les eaux de l'estuaire) en réservant une croisière auprès de **Sea North Tours** *(153 Kelsey blvd, à Churchill - seanorthtours.com - ✆ 204 675 2195 ou 1 888 348 7591 - juil.-août - 150 $).*
La construction de cet imposant fort de pierre (1731-1771) fut entreprise par la Compagnie de la baie d'Hudson (CBH) afin de protéger ses intérêts commerciaux des ambitions françaises. Le monopole de la CBH était en outre menacé

Les ours polaires au fil des saisons

Lorsque le réchauffement printanier fait fondre la glace, les grands ours blancs, poussés par les vents dominants, dérivent le long de la côte occidentale sur d'énormes blocs de glace. Ils accostent et passent l'été à se reproduire, se nourrissant d'herbe et d'algues. Vers le mois d'octobre, affamés et sentant venir l'époque où les eaux vertes de la baie d'Hudson vont se couvrir de glace, les mâles retournent passer l'hiver sur la banquise et se gorger de phoques. De la mi-octobre à la mi-novembre, la prise des glaces commence le long des pointes et des caps proches de Churchill. Les ours se rassemblent alors, faisant de la ville un poste propice d'observation.

de l'intérieur par un groupe de marchands montréalais (qui devaient plus tard former la Compagnie du Nord-Ouest). Après la défaite de la France aux plaines d'Abraham en 1759, la menace étrangère s'affaiblit. Aussi, l'explorateur Samuel Hearne, alors gouverneur du fort, fut-il surpris lorsqu'en 1782 une flotte française commandée par le navigateur La Pérouse se prépara à attaquer ses murailles. Hearne ignorait même que l'Angleterre et la France étaient à nouveau en guerre ! La plus grande partie de la garnison s'étant rendue à l'intérieur des terres pour surveiller les commerçants de Montréal, Hearne ne put que capituler ; aucun coup de feu ne fut échangé. La Pérouse mina les murs et incendia la forteresse ; malgré le départ rapide des Français, le fort ne fut jamais réutilisé, la CBH préférant s'installer en amont. Remarquez le mur d'enceinte à redans, épais de 12 m et haut de 5 m, ainsi que l'impressionnante batterie de canons.

Cap Merry National Historic Site

✆ 204 675 8863 - parcs.canada.ca/lhn-nhs/mb/prince/activ/visite-tours - visite guidée du cap Merry sur réserv. : se rens. pour les horaires - 24,25 $ en été, 5,25 $ en automne.

Sur la rive est de la rivière Churchill, face au Prince of Wales Fort, les vestiges de la batterie de pierre (18e s.) du cap Merry constituent un bon poste d'observation de la faune : les bélugas pénètrent dans le fleuve avec les marées et les phoques se dorent au soleil sur la glace flottante. Des oies des neiges survolent l'endroit, où viennent se nourrir des sternes de l'Arctique, harles huppés, plongeons catmarins et plusieurs centaines d'autres espèces subarctiques.

Excursion

York Factory National Historic Site

Près de l'embouchure de la rivière Hayes, 240 km au sud-est de Churchill - accès par avion nolisé ou par bateau (enregistrement obligatoire auprès du bureau de Parcs Canada à Churchill) - parcs.canada.ca/lhn-nhs/mb/yorkfactory - ✆ 204 675 8863 - juil.-fin août (si le temps le permet) - entrée libre.

Découverte autonome des vestiges d'un ancien comptoir de la Compagnie de la baie d'Hudson au cœur d'une vaste toundra vierge.

Carnet pratique

S'informer

Centre d'accueil du Wapusk National Park – *Gare patrimoniale ferroviaire de Churchill - ✆ 204 675 8863 - parcs.canada.ca/pn-np/mb/wapusk - ♿ - de mi-juin à fin juin : lun.-vend. 9h-16h ; juil.-sept. : 9h-16h - fermé 1er et 20 juil.* Petite exposition historique.

Arriver/Partir

En avion

Churchill Airport (YYQ) – *✆ 204 675 2090 - tc.canada.ca.* 7 km au sud de la ville. En taxi (*✆ 204 675 2345*), comptez 7mn de trajet pour rejoindre le centre-ville.

Calm Air – *✆ 800 839 2256 - calmair.com.* 4 vols réguliers de/vers Winnipeg par semaine (2h35).

En train

Via Rail – *www.viarail.ca.* Deux fois par semaine, liaison ferroviaire entre Winnipeg et Churchill (45h).

En voiture

Il est possible d'aller en voiture jusqu'à Churchill, mais une fois sur place, vous devrez louer un *truck* ou un van pour sillonner le parc.

Nos adresses

Restauration

Budget moyen

Lazy Bear – *313 Kelsey Blvd - ✆ (866) 687 2327 - lazybearlodge.com - plats 15/22 $.* Décor de lodge à gros rondins chaleureux et cheminée. Dans les assiettes, de jolis plats à base, autant que possible, de produits locaux.

Activités

La visite du parc se fait par l'intermédiaire de voyagistes accrédités dont vous découvrirez les coordonnées au centre d'accueil du parc *(voir « S'informer »).*

churchillrivercanoe.com ; everythingchurchill.com ; frontiersnorth.com ; watchee.com.

The Tundra Buggy® Day Tours – *124 Kelsey Blvd - ✆ 204 675 212 ou 1 (800) 663 9832 - frontiersnorth.com/the-tundra-buggy-adventure - à titre indicatif : excursion à la journée : 204 $ en juil.-août ; 409 $ de déb. oct. à mi-nov.* Installé dans un Tundra Buggy®, un large autobus équipé de pneumatiques tout-terrain d'1,80 m pour maintenir les vitres et les passagers hors de portée des ours, vous observez ces puissants et imprévisibles carnivores. Le même opérateur propose aussi un forfait sur 6 ou 7 jours avec hébergement dans le Tundra Buggy Lodge.

Hébergement

On trouve une quinzaine d'options d'hébergement, souvent liées à des agences d'excursions. Pensez à réserver au plus tôt ! Les tarifs sont plus élevés durant la saison des ours *(oct.-nov.).*

Une folie

Polar inn & Suites – *153 Kelsey Blvd - ✆ 204 675 8878 - polarinn.com - à partir de 245/325 $ selon la saison.* Une adresse tout confort où sont proposés divers types de chambres.

Skyline de Toronto.
BobPalosaari/Getty Images Plus

3

Ontario

CARTE MICHELIN REGIONAL N° 583

Toronto★★★ 305

Au sud de Toronto :
Chutes du Niagara★★★ 343

Péninsule ontarienne 353

Au nord-est de Toronto :
Oshawa★★ 370

Kingston et les Mille Îles★★ 374

Upper Canada Village★★★ 379

Ottawa★★★ 382

Au nord-ouest de Toronto :
Baie Georgienne★★ 402

Sudbury★★ 412

Sault Sainte Marie★★ 415

Thunder Bay★★ 419

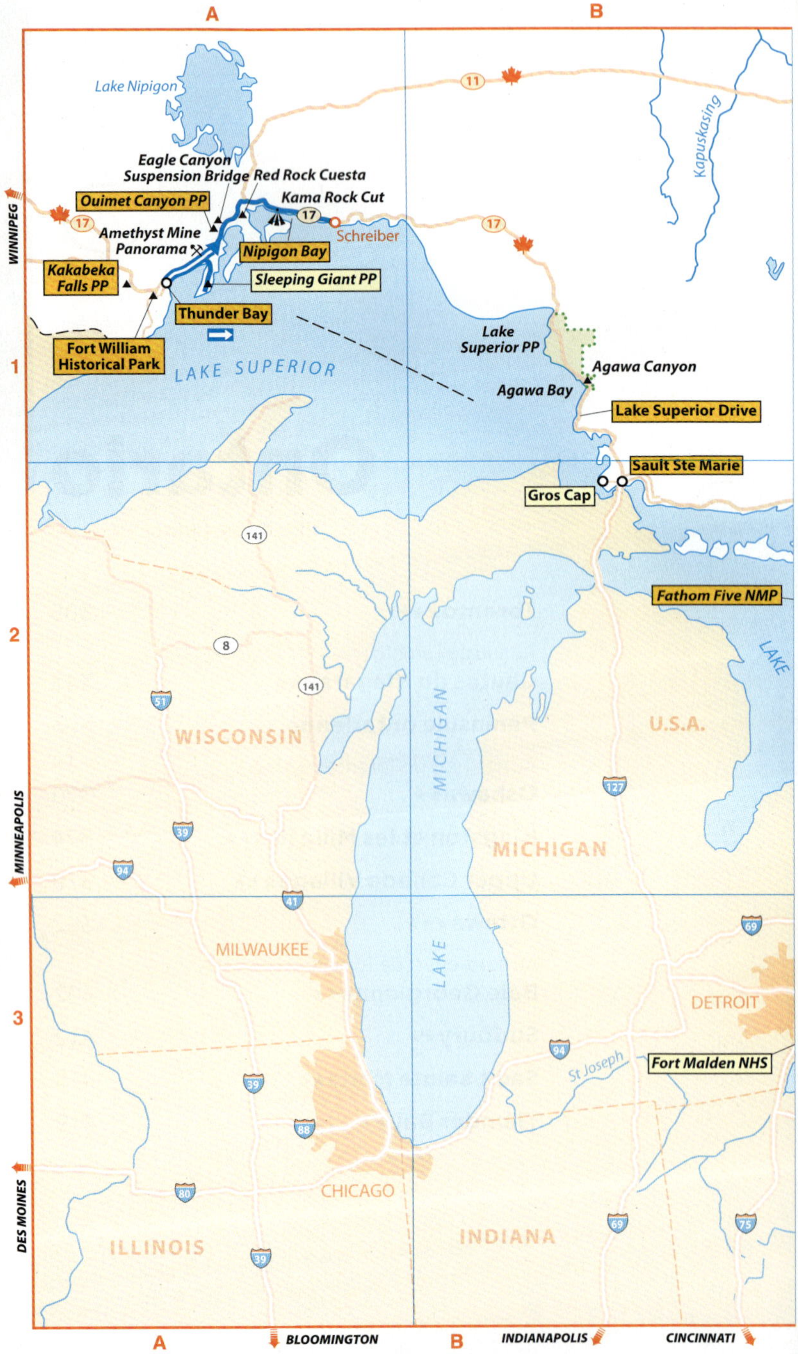
A
B
Lake Nipigon
Eagle Canyon Suspension Bridge
Red Rock Cuesta
Kama Rock Cut
Ouimet Canyon PP
Amethyst Mine Panorama
Nipigon Bay
Schreiber
Kakabeka Falls PP
Sleeping Giant PP
Thunder Bay
Fort William Historical Park
LAKE SUPERIOR
Lake Superior PP
Agawa Canyon
Agawa Bay
Lake Superior Drive
Sault Ste Marie
Gros Cap
Fathom Five NMP
Kapuskasing
WINNIPEG
MINNEAPOLIS
DES MOINES
WISCONSIN
LAKE MICHIGAN
U.S.A.
MICHIGAN
MILWAUKEE
DETROIT
Fort Malden NHS
St Joseph
CHICAGO
ILLINOIS
INDIANA
BLOOMINGTON
INDIANAPOLIS
CINCINNATI
LAKE
1
2
3
11
17
141
8
51
39
94
41
127
69
80
88
75

C
D
Réservoir Gouin
N
Matagami
11
117
QUÉBEC
1
Outaouais
Ottawa
117
11
Sudbury
Sturgeon Falls
North Bay
MUSÉE CANADIEN DE L'HISTOIRE
MONTRÉAL
17
Lake Nipissing
Algonquin PP
17
OTTAWA
17
Bruce Peninsula NP
Thirty Thousand Islands
11
60
UPPER CANADA VILLAGE
Flowerpot Island
Georgian
Parry Sound
Gravenhurst
Muskoka Lakes
St Lawrence Islands NP
Prescott
Bay
Honey Harbour
Ste-Marie-au-pays-des-Hurons
7
Gananoque
Tobermory
Beausoleil Island NHS
Petroglyphs PP
Thousand Islands Parkway
2
Penetanguishene
Midland
Kingston
Peterborough
401
The Blue Mountains
Wasaga Beach
Oshawa
Lang Pioneer Village
Thousand Islands
HURON
21
Blue Mountains
400
TORONTO
LAKE ONTARIO
U.S.A.
St. Jacobs
Elora
Goderich
ALBANY
Kitchener-Waterloo
African Lion Safari
Bayfield
90
Stratford
Ontario
Hamilton
NIAGARA FALLS
NEW YORK
Fanshawe Pioneer Village
Brantford
CHUTES DU NIAGARA
London
Peninsula
Josiah Herson Museum
Ska-Nah-Doht Iroquoian Village and Museum
86
NEW YORK
Dresden
ONTARIO
401
LAKE ERIE
Windsor
0 100 km
0 80 mi
Road 50
90
Point Pelee NP
TORONTO ★★★ Vaut le voyage
Jack Miner's Migratory Bird Sanctuary
Kingston ★★ Vaut le détour
CLEVELAND
76
Brantford ★ Vaut la visite
3
OHIO
Dresden Intéressant
PITTSBURGH
Ville de départ du circuit
Le littoral de la baie Georgienne
Rive nord du lac Supérieur
COLUMBUS
70
CHUTES DU NIAGARA Voir la carte détaillée du circuit
C
D

Grand angle sur l'Ontario

Cœur économique, industriel, financier, politique et culturel du Canada, l'Ontario est aussi la province la plus peuplée et la plus riche. Son territoire s'étend des Grands Lacs, au sud, à la baie d'Hudson, au nord, et offre une variété infinie de paysages : villes modernes et dynamiques, campagnes paisibles, immensités sauvages... Avec environ 200 000 km² de lacs, l'Ontario, « belle eau » en iroquois, mérite bien son nom.

Entre lacs et forêts

Une terre modelée par les glaciers

Il y a 10 000 ans, l'Ontario était comme le reste de l'Amérique du Nord, complètement recouvert par les glaces. À leur retrait apparaît un paysage remodelé et notamment un vaste ensemble lacustre, appelé les **Grands Lacs**. Cet ensemble forme une véritable mer intérieure, d'une superficie d'environ la moitié de la France, et se compose de cinq étendues d'eau douce reliées entre elles par un réseau de chenaux qui se déversent dans l'Atlantique par le St-Laurent. Le **lac Supérieur**, le plus grand, le plus profond et le plus froid, fut créé avant l'âge des glaces par une faille dans le Bouclier. Les autres lacs, **Huron**, **Érié**, **Ontario** et **Michigan** se sont formés au moment de l'érosion. Tous, à l'exception du dernier, bordent l'Ontario (formant un littoral de 1 800 km) dont ils adoucissent sensiblement le climat.

La **partie sud de la province** occupe, sous une ligne imaginaire allant de la rivière des Outaouais (Ottawa) à la baie Georgienne en passant par le lac Nipissing, une péninsule oblique cernée de lacs et de rivières. Elle concentre la grande majorité de la population. Le sud-ouest se compose d'une riche plaine sédimentaire parsemée de collines. L'**escarpement du Niagara** en est le seul relief marquant. Au nord de cette ligne imaginaire, s'étend « L'Ontario du Nord », couvert de vastes étendues forestières et de nombreux lacs. L'altitude n'y dépasse guère 460 m, hormis quelques crêtes rocheuses à proximité du lac Supérieur. La population est essentiellement regroupée autour des zones d'exploitation minière.

Le climat

Les données climatiques varient d'un bout à l'autre de la province. Dans le Nord, les hivers sont longs, froids et secs, et les étés ensoleillés, avec des journées chaudes et des nuits fraîches. Le sud bénéficie d'un climat assez doux, dû à l'influence modératrice des Grands Lacs : les étés sont longs, parfois humides, et les hivers moins sévères qu'ailleurs.

Un territoire âprement disputé

Algonquins et Iroquois

Dans le nord de l'Ontario vivaient des Autochtones dont le mode de vie ressemblait fort à ceux des Territoires du Nord-Ouest. Au sud, près des Grands Lacs, vivaient les **Peuples autochtones des forêts de l'Est**, divisés en deux familles linguistiques, Algonquins et Iroquois. Les Algonquins, au nord des lacs Supérieur et Huron, étaient des chasseurs et des pêcheurs. Ils logeaient dans des huttes d'écorce constituées en villages semi-sédentaires. Ils se déplaçaient en canots d'écorce de bouleau, et l'hiver en raquettes et en petits traîneaux, appelés « toboggans ».

Les Iroquois occupaient les régions autour des lacs Érié et Ontario. Bien qu'également chasseurs, ils étaient plus sédentarisés : ils pratiquaient l'agriculture (maïs, fèves, tabac, tournesol) et se déplaçaient uniquement lorsqu'ils avaient épuisé la terre. Une palissade en bois protégeait leurs villages composés de **maisons longues**, couvertes d'écorce, où vivaient plusieurs familles. Les femmes, très influentes dans cette société matriarcale, choisissaient les chefs, travaillaient la terre (hormis le tabac) et s'occupaient de l'organisation de la maison et de l'éducation des enfants. Guerriers organisés, les Iroquois assirent leur puissance sur la **Ligue des cinq nations**, regroupant les Mohawk, Onondaga, Seneca, Cayuga et Oneida, qui devint après 1722, la **Ligue des six nations** avec l'arrivée des Tuscarora. Cette **Confédération iroquoise** tenta d'exterminer les premiers colons français et s'allia aux Anglais, tandis qu'Algonquins et **Hurons**, groupe iroquois n'appartenant pas à la Ligue, prirent le parti des Français. Parmi les sociétés secrètes actives chez les Iroquois, il faut citer la **Société des faux visages**, aux masques de bois grimaçants garnis de vrais cheveux : taillés sur l'arbre vivant, ces masques avaient la propriété magique d'éloigner les mauvais esprits des bois causant les maladies.

La Nouvelle-France

Aux 17e et 18e s., l'intérêt sans cesse accru pour le commerce des fourrures joua un rôle fondamental dans l'exploration de ce territoire notamment par les Français. Le premier fut **Étienne Brûlé**, suivi par **Champlain**, puis par **Radisson** et **Groseilliers**, qui cherchaient une voie d'accès à la baie d'Hudson. **Marquette** et **Jolliet** partirent à la recherche d'une rivière qui s'écoulait du lac Supérieur vers l'ouest. **La Salle** traversa la région lorsqu'il descendit le Mississippi. En 1639, les **jésuites**, en provenance du Québec, établirent la mission de Ste-Marie sur le site actuel de Midland afin de convertir les Hurons au christianisme, mais les attaques répétées des Iroquois les forcèrent à abandonner les lieux dix ans plus tard. Au début du 18e s., des colons s'installèrent sur les bords de la rivière Detroit, au sud-ouest de l'Ontario ; environ 400 d'entre eux y vivaient au moment de la chute de la Nouvelle-France.

Les loyalistes

En 1775, dans les « treize colonies » américaines régnait une sorte de guerre civile entre les rebelles et les colons britanniques attachés à la mère patrie. On appelait ces derniers « Tories », c'est-à-dire conservateurs, pour leur refus du changement, ou encore « loyalistes », pour leur fidélité au roi George III. Avec la victoire des révolutionnaires, bien des loyalistes furent persécutés et forcés de fuir. Le gouvernement britannique, ne pouvant rester insensible au sort de ses loyaux sujets, leur distribua de nouvelles terres au Canada. Les Autochtones de la Ligue des six nations, sous la conduite de leur chef **Joseph Brant**, reçurent une concession près de Brantford pour avoir combattu aux côtés des Britanniques. L'arrivée de cette vague de réfugiés amena dès 1791 la création de la colonie du Haut-Canada, avec pour capitale Niagara-on-the-Lake, puis Toronto.

L'invasion américaine de 1812-1814

De fortes tensions subsistaient entre la Grande-Bretagne et ses anciennes colonies, devenues États-Unis, qui voyaient dans le Canada une gêne à leur expansion sur le continent. Tandis que la métropole était engagée

dans les guerres napoléoniennes, les Américains envahirent le Canada, sûrs de bénéficier du soutien de ses habitants. Quelle ne fut pas leur surprise de se trouver en face d'une population unie, sinon par sa fidélité à l'Angleterre, du moins par son aversion pour les États-Unis!
La guerre se déroula surtout dans le Haut-Canada : combats dans la péninsule du Niagara au cours desquels s'illustrèrent **Isaac Brock** et **Laura Secord**, mise à sac de Toronto, batailles navales sur les Grands Lacs. Quelques engagements eurent lieu le long du St-Laurent, particulièrement à Crysler Farm. Les Américains furent contenus hors des frontières.

Vers la Confédération

Conséquence du conflit anglo-américain, le gouvernement britannique favorisa l'immigration vers le Haut-Canada. Entre 1820 et 1840, environ 1,5 million de personnes traversèrent l'Atlantique, attirées par l'offre de terres gratuites et l'espoir d'une vie meilleure.
En 1841, Haut et Bas-Canada furent regroupés en une province : le Canada-Uni. Cette union, marquée par des tensions entre forces conservatrices et libérales et par des luttes de pouvoir entre francophones et anglophones, donna naissance à un courant fédéraliste dominé par l'Ontarien **John A. Macdonald** et le Québécois **George-Étienne Cartier**. Lorsqu'en 1867, la création de la Confédération canadienne concrétisa l'union des colonies britanniques d'Amérique du Nord, le Haut-Canada prit officiellement le nom d'Ontario.

Des atouts majeurs

Une terre prospère

Son sous-sol assure à l'Ontario la première place du pays pour l'extraction des principaux **minerais métallifères** (nickel, platine, cuivre, or, argent...) et ses forêts fournissent bois de sciage et bois de pulpe. La péninsule ontarienne, elle, recèle un peu de pétrole et de gaz, du gypse et du sel gemme mais est surtout réputée pour ses sols fertiles de grande qualité et son climat assez doux, favorisant une **agriculture florissante** notamment dans la péninsule du Niagara où la vigne a fait naître une prospère **industrie viticole**. La péninsule ontarienne est aussi la plus grande région industrielle du pays, surtout à l'extrémité occidentale du lac Ontario, entre Toronto et Hamilton, communément appelée **Golden Horseshoe**.
Enfin, les 250 000 plans d'eau, les quatre Grands Lacs et les nombreux cours d'eau jouent un rôle primordial dans l'économie de la province, avec la production de poissons d'eau douce et d'énergie hydroélectrique. Surtout, la voie maritime des Grands Lacs et du St-Laurent, ouverte à la navigation en 1959, offre au Canada (et aux États-Unis) un débouché sur l'Atlantique.

Un pôle touristique

L'Ontario compte d'autres trésors qui placent la province parmi les régions les plus touristiques du pays : le cachet de ses villes et de leurs bâtiments historiques, les musées, les monuments et l'animation d'Ottawa et de Toronto séduisent les voyageurs du monde entier. Côté nature, la carte postale a de quoi envoûter. Joyaux de la région, les chutes du Niagara attirent chaque année plus de 30 millions de personnes. Les Grands Lacs, les parcs provinciaux et nationaux, les Mille Îles et les territoires du Bouclier canadien, où les forêts sauvages alternent avec d'immenses lacs, ne sont pas en reste et offrent des paysages d'une incroyable beauté qui font le bonheur des amateurs de sports de plein air et des amoureux de la nature.

Carnet pratique

S'informer

Office de tourisme

Destination Ontario – *1800 668 2746 - www.destinationontario.com.*

Sites Internet

Province – *www.ontario.ca*
Parcs – *www.ontarioparks.com*

Se déplacer

« Transports intérieurs », p. 577.

En avion

Les aéroports de Toronto, Hamilton et London sont desservis par des vols internationaux et domestiques.

Toronto Pearson International Airport (YYZ) – *torontopearson.com.* À 25 km du centre-ville.

Billy Bishop Toronto City Airport (YTZ) – *billybishopairport.com.* Proche de Downtown. Vols régionaux et vers les États-Unis.

John C. Munro Hamilton International Airport – *www.flyhamilton.ca.*

London International Airport (YXU) – *flylondon.ca.*

Principales compagnies aériennes régionales

Air Canada – *wwwaircanada.com.* Vols internationaux et intérieurs.

Porter Airlines – *www.flyporter.com.* Vols intérieurs et vers les États-Unis.

WestJet Airlines – *www.westjet.com.* Vols intérieurs et vers les États-Unis, le Mexique, les Caraïbes et l'Europe.

En voiture

État des routes – *511on.ca.*

Informations utiles

Heure locale

La majeure partie de l'Ontario vit à l'heure de l'est. Le tiers ouest de la province, au-delà du 90e méridien, vit à l'heure du Centre du Canada.

Voir la carte des fuseaux horaires, p. 568.

Taxes

La GST ou TPS et la TVP sont remplacées par une taxe de vente harmonisée (TVH) de 13 %.

Loi sur les alcools

Âge légal de consommation d'alcool : 19 ans. Alcool en vente dans les magasins d'État.

Loi sur le tabac

L'achat de tabac est interdit aux moins de 19 ans.

Jours fériés provinciaux

Jour de la Famille – 3e lundi de février.

Activités

Activités de plein air

Les nombreux lacs et cours d'eau de la province se prêtent à toutes sortes de sports nautiques.
Les plaisanciers apprécieront particulièrement le canal Rideau et les lacs entre Ottawa et Kingston, ainsi que la voie navigable Trent-Severn, qui va de Trenton à la baie Georgienne en passant par les lacs Kawartha et le lac Simcoe. Le canoë se pratique aussi bien sur lacs et rivières que dans les rapides.

Canoë – Les destinations les plus connues sont le parc provincial Algonquin, avec 1500 km navigables, et le parc provincial Quetico, où passe la Boundary Waters Fur Trade Canoe Route (523 km et 43 portages).

www.algonquinpark.on.ca ; www.ontarioparks.com.

Randonnée – Parmi les sentiers fréquentés l'été, le fameux Bruce Trail longe l'escarpement du Niagara sur 692 km, dans la partie sud de la province, tandis que le Coastal Trail traverse des contrées

3

sauvages sur les rives du lac Supérieur dans le parc Pukaskwa. *parcs.canada.ca; brucetrail.org; ontariotrails.on.ca*

Pêche – L'Ontario est aussi le paradis de la pêche, dans le Nord surtout, où s'organisent des expéditions. Le permis, requis pour les non-résidents, s'obtient dans les magasins de sport locaux. *www.ontario.ca/page/fishing.*

Ski – Thunder Bay, Blue Mountain (Collingwood) et Gatineau Hills (Ottawa) sont des stations populaires de ski et de snowboard. Le ski de randonnée est largement pratiqué dans les parcs et dans la province. *www.skiontario.ca.*

Ontario Northland - Polar Bear Express – *800 363 7512 - ontarionorthland.ca - sur réserv. - 102 à 120 $ AR.* Le train Polar Bear Express traverse les immenses forêts, la brousse et les tourbières de l'Arctique en un fascinant voyage d'une journée de Cochrane à Moosonee *(arr. à 13h50)*, en bordure de la baie d'Hudson. L'arrivée en milieu de journée permet de visiter tranquillement *(jusqu'à 17h)* la plus vieille implantation anglaise en Ontario, fondée en 1673 par la Compagnie de la baie d'Hudson sur l'île Moose Factory.

St. Lawrence Cruise Lines – *253 Ontario St., Kingston - 613 549 8091 - www.stlawrencerivercruise.com - dép. de Kingston de mi-mai à fin oct. - croisière de 3 à 7 j. - sur réserv.* Une croisière de luxe sur le vapeur MV *Canadian Empress* emprunte les voies d'eau que suivirent les premiers explorateurs de l'intérieur, avec la visite de lieux historiques d'Ottawa, de Montréal, de Québec et d'autres villes.

Station de ski de Blue Mountain.
Orchidpoet/Getty Images Plus

Toronto ★★★

Dynamique, cosmopolite, stimulante, la plus vaste métropole du pays dresse fièrement ses gratte-ciel au bord du lac Ontario et étend ses vastes banlieues arborées dans les plaines alentour. Cette ville-monde, dont 50 % de la population est née à l'étranger, jouit d'une économie solide basée sur la finance, les télécommunications et l'industrie du cinéma. Typiquement nord-américaine, avec ses quartiers pittoresques aux identités marquées, elle satisfait tous les fantasmes de ceux qui rêvent d'évoluer dans les décors de leurs films et séries préférées. Et avec son activité culturelle, artistique et sportive d'envergure mondiale, elle surprend et comble les plus exigeants des amateurs de tourisme urbain.

Se repérer

3110984 habitants

CARTE C2 (P. 298-299) - PLANS I (GRAND TORONTO, P. 333), II (P. 326) ET III (CENTRE-VILLE, P. 311).

Toronto est bâtie sur le large littoral nord du lac Ontario, au sud-est de la province. La rivière Humber borde Toronto à l'ouest, la rivière Don à l'est.

Commencez par situer **Yonge Street**, perpendiculaire au lac Ontario. Elle débouche à proximité de la gare centrale, **Union Station**, et divise la ville d'est en ouest. Les rues perpendiculaires à Yonge Street sont partagées en deux sections, est et ouest, l'exemple le plus cité étant la **Queen Street**, divisée en Queen Street East et Queen Street West (laquelle se prolonge même en West Queen Street West !).

À ne pas manquer

La CN Tower ; le Royal Ontario Museum (ROM) ; les gratte-ciel de Downtown et, pour les amateurs, le Hockey Hall of Fame.

Organiser son temps

Si vous souhaitez profiter des principaux musées de Toronto (ROM, Art Gallery of Ontario), réservez-leur chacun plusieurs heures ; il est donc difficile d'en visiter plus d'un par jour. Prenez aussi en compte la durée des déplacements à pied dans le centre-ville, très étendu ; n'hésitez pas à utiliser les transports publics (Toronto Transit Commission ou « TTC »). Si vous conduisez, évitez l'artère nord-sud Yonge Street, toujours bondée. Essayez plutôt Avenue Road, Bathurst ou Don Valley Parkway.

Voir le tableau p. 307.

En famille

La CN Tower ; les collections de sciences naturelles du ROM ; le Ripley's Aquarium of Canada ; les parcs d'attractions dans les îles de Toronto ; le Toronto Zoo et le Black Creek Pioneer Village.

Carnet pratique p. 335

Nos adresses p. 336

3

★★ Downtown

PLAN P. 311

Le touriste européen habitué au schéma urbain « centre-ville *(downtown)* = centre historique » doit ici s'adapter. Car si le **centre-ville** de Toronto comprend

bien une (petite) partie historique (désignée sous l'appellation « Old town of York », « Vieille-Ville »), il intègre aussi une partie très moderne (désignée dans le guide par « Downtown ») et c'est ici, au pied des gratte-ciel, que bat le cœur de la ville. Le centre-ville, qui englobe le formidable quartier de la finance, respire la prospérité avec ses tours élancées (de plus en plus hautes tant l'espace commence à manquer) et les maisons de commerce du début du 20e s. Véritable « Wall Street » du Canada, le carrefour des environs de Bay Street et de King Street rassemble les principales banques, compagnies d'assurances, firmes de courtage et cabinets d'avocats-conseils du pays, ainsi que la Bourse de Toronto. Un quartier à parcourir en semaine pour s'imprégner de son atmosphère !
Les gratte-ciel du centre-ville sont reliés entre eux par une **ville souterraine, The PATH** (magasins, restaurants, banques, galeries et passages), fort appréciée pendant la mauvaise saison, et dont les allées forment un réseau de 10 km. Réputée la plus grande du monde, cette véritable « ville sous la ville » couvre huit blocs d'Union Station à Eaton Centre.

★★ Financial District (QUARTIER DE LA FINANCE) AB2-3

● *Union, King ou St-Andrew.*

Union Station et Fairmont Royal York Hotel B3

Point de convergence des trains nationaux et de banlieue, de lignes de métro et de la desserte par rail de l'aéroport, cette immense gare est la **porte d'entrée** la plus célèbre de la ville, mais aussi un repère et un lien avec le lac. La toute première Union Station fut construite en 1858, un peu à l'ouest de celle que l'on utilise aujourd'hui et qui en est la troisième version, élevée entre 1914 et 1927. Monumentale, dessinée dans un style Beaux-Arts, elle étire sa longue façade (229 m) striée de 22 colonnes massives parallèlement à Front Street. Si l'intérieur a été largement remanié pour répartir le flot de circulation des voyageurs du 21e s., le vaste et lumineux Great Hall d'époque demeure.
Face à la gare, plus massif encore, plus haut surtout, le **Fairmont Royal York Hotel** se mesure sans mal aux gratte-ciel voisins. Signé par les mêmes architectes que la gare, cet « hôtel-château » pour voyageurs inauguré en 1929 fut en son temps le plus haut édifice de l'empire britannique.

Le front du lac de Toronto.
CHENG FENG CHIANG/Getty Images Plus

★ Royal Bank Plaza (D) B3

Ce gratte-ciel fut conçu en 1976 par un architecte de renom : Boris Zerafa. Il s'agit de deux tours triangulaires de verre mordoré (l'une de 26 étages, l'autre de 41 étages), reliées par un hall bancaire en verre, haut de 40 m, qui permet d'accéder à la ville souterraine. Au plafond est fixée une imposante sculpture composée de 8 000 tubes d'aluminium, œuvre du célèbre artiste vénézuélien Jesús Rafael Soto.

Brookfield Place B3

Les tours bleu-vert en paliers de l'ancienne BCE Place (1990), dessinées par l'architecte espagnol Santiago Calatrava, dominent un édifice bas desservi par un **atrium** et une **nef★★** lumineuse, dont la couverture en verre est portée par des piliers blancs en forme de palmier. Remarquez la **façade de l'ancienne Commercial Bank of the Midland District** (1845), qui se trouvait à Kingston, sauvée de la démolition et remontée pierre par pierre dans l'atrium. Brookfield Place est le siège social de Bell Canada et le foyer du **Hockey Hall of Fame★ (E)** ; vous pourrez y voir l'original de la fameuse coupe Stanley *(entrée au niveau inférieur - ☏ 416 360 7765 - www.hhof.com - ♿ - de fin juin à déb. sept. : 10h-18h ; reste de l'année : 10h-17h - 25 $)*.

3

Commerce Court B2-3

Cet ensemble est formé de quatre immeubles de bureaux (1931-1972) disposés autour d'une cour centrale. Revêtue d'acier inoxydable, la tour principale de

4 jours à Toronto	
Jour 1	Centre-ville : Downtown, avec la visite de l'Art Gallery of Ontario, et Old town of York. Visite du Distillery Historic District en fin d'après-midi.
Jour 2	Royal Ontario Museum et quelques quartiers à la carte : Kensington Market et Chinatown, Yorkville ou Queen Street West.
Jour 3	Les rives du lac Ontario (montée à la CN Tower et balade dans Harbourfront Centre) et les îles.
Jour 4	Excursion d'une journée aux chutes du Niagara. Autre option : musées périphériques, notamment le McMichael Canadian Art Collection, ou, avec les enfants, le Toronto Zoo.

Histoire d'une capitale

Le « passage de Toronto »

À la fin du 16e s., les **Hurons** et les **Pétuns** abandonnèrent la rive nord du lac Ontario à la belliqueuse **Confédération iroquoise**, qui put ainsi contrôler le marché des fourrures, avant d'être à son tour chassée des lieux par les marchands français. Ces derniers connaissaient très bien le « passage de Toronto », raccourci emprunté par les autochtones, qui leur permettait de se rendre du lac Ontario au lac Huron en empruntant rivières et sentiers.

Le régime français

Vers 1720, les Français construisirent en ces lieux un comptoir de fourrures qu'ils nommèrent **Fort Rouillé**, mais ce dernier ne connut qu'une brève existence : en 1759, lors de la guerre de Sept Ans, il fut incendié par sa propre garnison, qui refusait de tomber aux mains des Britanniques. Des vestiges du fort ont été mis au jour à Toronto. Un obélisque s'élève à son emplacement, aujourd'hui situé au cœur du parc de l'immense Toronto Exhibition Place (Parc des Expositions situé au bord du lac Ontario à l'ouest du centre-ville), et des plaques en rappellent l'histoire.

York

En 1787, **Sir Guy Carleton**, le gouverneur de l'Amérique du Nord britannique, acheta le site aux **Mississaugas**, qui l'occupaient à la suite des Iroquois. Les loyalistes qui fuyaient les États-Unis s'installèrent progressivement le long du lac. La création du Haut-Canada, décidée en 1791, conduisit le colonel John Graves Simcoe, lieutenant-gouverneur du nouveau territoire, à choisir le terrain acheté par Sir Carleton pour établir une capitale provisoire. Distante de la frontière américaine et dotée d'un port intéressant, la ville fondée en 1793 fut baptisée **York** en hommage au fils de George III. En 1813, une flotte américaine arriva devant la ville, s'en empara et mit feu à l'Assemblée et à quelques autres bâtiments importants. En guise de représailles, en 1814, les troupes britanniques incendièrent en partie Washington.

À York et sur l'ensemble du territoire du Haut-Canada, le pouvoir était détenu par un petit groupe d'hommes riches aux fortes attaches britanniques, **le Family Compact**, élite très fermée qui choisissait en son sein les responsables de postes officiels.

Mais à partir de 1814, York connut un développement considérable. Des vagues d'immigrants, qui fuyaient les difficultés économiques nées en Grande-Bretagne à la suite des guerres napoléoniennes, s'installèrent à York bien décidés à participer au pouvoir. Élu en 1828 à l'Assemblée législative (sans avoir cependant le droit d'y siéger), le fondateur du journal *The Colonial Advocate*, **William Lyon Mackenzie** (1795-1861), devint le chef de l'aile radicale du Parti réformateur et l'adversaire désigné du Family Compact. En 1834, York était érigée en municipalité et rebaptisée Toronto, mot huron signifiant « point de rencontre » ; l'année suivante, Mackenzie devenait le premier maire de la ville. En 1836, le gouverneur, **Francis Bond Head**, dissolvait l'Assemblée et les élections voyaient cette fois la défaite des réformateurs.

La rébellion du Haut-Canada

Les réformateurs furieux en appelèrent à Londres pour obtenir un gouvernement responsable : en vain. Mackenzie déclencha la révolte armée. En **décembre 1837**, profitant de l'absence de la garnison appelée au Bas-Canada, il réunit ses partisans et marcha sur Toronto : il voulait s'emparer de la mairie et créer un gouvernement provisoire. En ville, de loyaux citoyens formèrent une milice qui se dispersa à la première escarmouche, tandis que les troupes rebelles, prises de panique, s'éparpillèrent avant de réaliser leur victoire. Le lendemain, l'arrivée de renforts gouvernementaux commandés par le colonel Allan MacNab mit fin à l'insurrection. Deux rebelles furent exécutés et Mackenzie s'enfuit aux États-Unis. Il ne revint au Canada qu'en 1849. La rébellion attira l'attention de Londres et aboutit à la création du Canada-Uni.

Diversité des communautés

En 1941, Toronto était encore anglo-saxonne à 80 %, mais à partir de la fin de la Seconde Guerre mondiale, cette ville si homogène s'ouvrit aux immigrants du monde entier. Aujourd'hui, Italiens, Allemands, Ukrainiens, Néerlandais, Polonais, Scandinaves, Portugais, Indiens, Chinois, Antillais, etc. ont fait de Toronto leur patrie, et l'ont enrichie d'une vivifiante diversité culturelle.

Toronto aujourd'hui

En 1998, les six municipalités composant le Grand Toronto (North York, Scarborough, Toronto, York, East York et Etobicoke) ont fusionné. Le nombre d'habitants grimpe à 6,4 millions pour toute l'agglomération, étendue sur un terrain très plat. Seul un léger épaulement marque l'ancienne rive du lac Iroquois qui précédait le lac actuel. Il constitue, avec les ravines creusées par les rivières Humber et Don, le seul relief.

Ayant acquis maturité et richesse, Toronto se tourne vers l'avenir. Sa candidature à l'organisation des Jeux olympiques de 2008 lui a permis d'entamer un plan de développement ambitieux (poursuivi bien que Pékin ait été choisie). Un de ses grands projets est la mise en valeur du littoral du lac Ontario : création d'un espace vert et d'une promenade en bordure de lac et, surtout, un éventuel nouveau tracé pour la voie express Gardiner, une horreur qui sépare, à l'heure actuelle, la ville de son lac, de ses îles et de leurs espaces verts.

Les gratte-ciel, toujours plus hauts et élancés, poussent comme des champignons sur les bords du lac, tandis que les banlieues poursuivent leur extension. Toutes les projections tablent sur une augmentation forte de la population. Les Canadiens du reste du pays aiment affirmer que « seuls les habitants de Toronto aiment Toronto ». Ils la voient trop grande et concentrant tous les maux. C'est vrai. À deux pas des rues où se pressent bobos et hipsters, les poches de misère sont réelles.

Mais la ville bénéficie d'une vitalité presque épuisante et d'infrastructures de qualité : santé, université, loisirs. Sa tradition d'accueil et d'ouverture ne se dément pas – cité ô combien cosmopolite et *gay friendly* (la communauté LGBTQ+ y est sans doute l'une des plus dynamiques au monde). On y trouve également toute la gamme ou presque des équipes de sports US (base-ball, hockey, basket...) !

57 étages (conçue par l'architecte I. M. Pei) est le siège de la Canadian Imperial Bank of Commerce.

Scotia Plaza B2

En face de Commerce Court, ce bâtiment (1988, Boris Zerafa) constitue un ajout remarquable à la silhouette de la ville. Un auvent métallique en forme de Meccano marque l'entrée de cette élégante structure de 68 étages, rouge rubis, dont la partie supérieure est taillée en biseau.

Toronto Stock Exchange (F) B2

100 King St. W - fcpex.ca - ♿ - tlj sf w.-end 9h-18h.

Le **First Canadian Place** est un ensemble composé de deux tours. La première (1975), de 72 étages, loge les bureaux ontariens de la Banque de Montréal ; la seconde (1983), de 36 étages, abrite la **Bourse de Toronto**. Des panneaux de couleurs vives rehaussent les murs en marbre blanc du hall d'entrée, accessible de King Street. Les tours sont reliées par une esplanade de trois niveaux ornée d'une jolie cascade et d'élégantes boutiques et terrasses.

★★ Toronto-Dominion Centre B3

Dessinées par l'éminent architecte Mies van der Rohe, ses tours de verre foncé très sobres furent la première réalisation d'envergure du quartier. Cet ensemble architectural, dont la construction commença en 1964, se compose aujourd'hui de cinq éléments. La tour Ernst & Young (1992), qui donne sur Bay Street, englobe l'ancienne Bourse (1937) de style Art déco (Art Deco Stock Exchange Building). L'intérieur du TD Centre comprend ici et là, en guise de décoration, des œuvres d'artistes contemporains, principalement canadiens.

Dans le square central, s'élèvent des vaches grandeur nature qui paissent sur le gazon, une œuvre (*The Pasture*) signée du sculpteur franco-canadien Joseph Fafard.

★ Sun Life Centre B2-3

150 King St. W.

Les tours (1984, Boris Zerafa) aux multiples facettes en verre s'élèvent de chaque côté d'University Avenue, à la hauteur de King Street. À l'extérieur, devant l'entrée de la tour Est (28 étages), remarquez une sculpture abstraite de Sorel Etrog.

Yonge Street A1B1-2-3

Yonge Street fut tracée dès 1795 par le lieutenant-gouverneur Simcoe à des fins militaires. Elle borde l'est de Financial District et divise la ville d'est en ouest. Trait d'union entre les lacs Ontario et Simcoe au nord, cette rue de 56 km (!) est l'une des plus longues et des plus célèbres du Canada.

Remarquez, aux n°s 199 et 205, les façades néoclassiques de deux anciennes banques (1905). Au-delà de Yonge-Dundas Square, Yonge Street adopte progressivement les codes urbains typiques des grandes cités nord-américaines.

SE RESTAURER

- Cibo Wine Bar ... 1
- Big Smoke Burger ... 2
- Canoë ... 3
- Fresh on Front ... 5
- Hokkaido Ramen Santouka ... 6
- Jack Astor Bar & Grill ... 7
- Mystic Muffin ... 9
- Cactus Club Cafe ... 12
- Queen Mother Café ... 13
- Sassafraz ... 15
- The Oxley Public House ... 21

SE LOGER

- Pantages Hotel Downtown Toronto ... 6
- Hôtel Ocho ... 7
- Hôtel Victoria ... 8

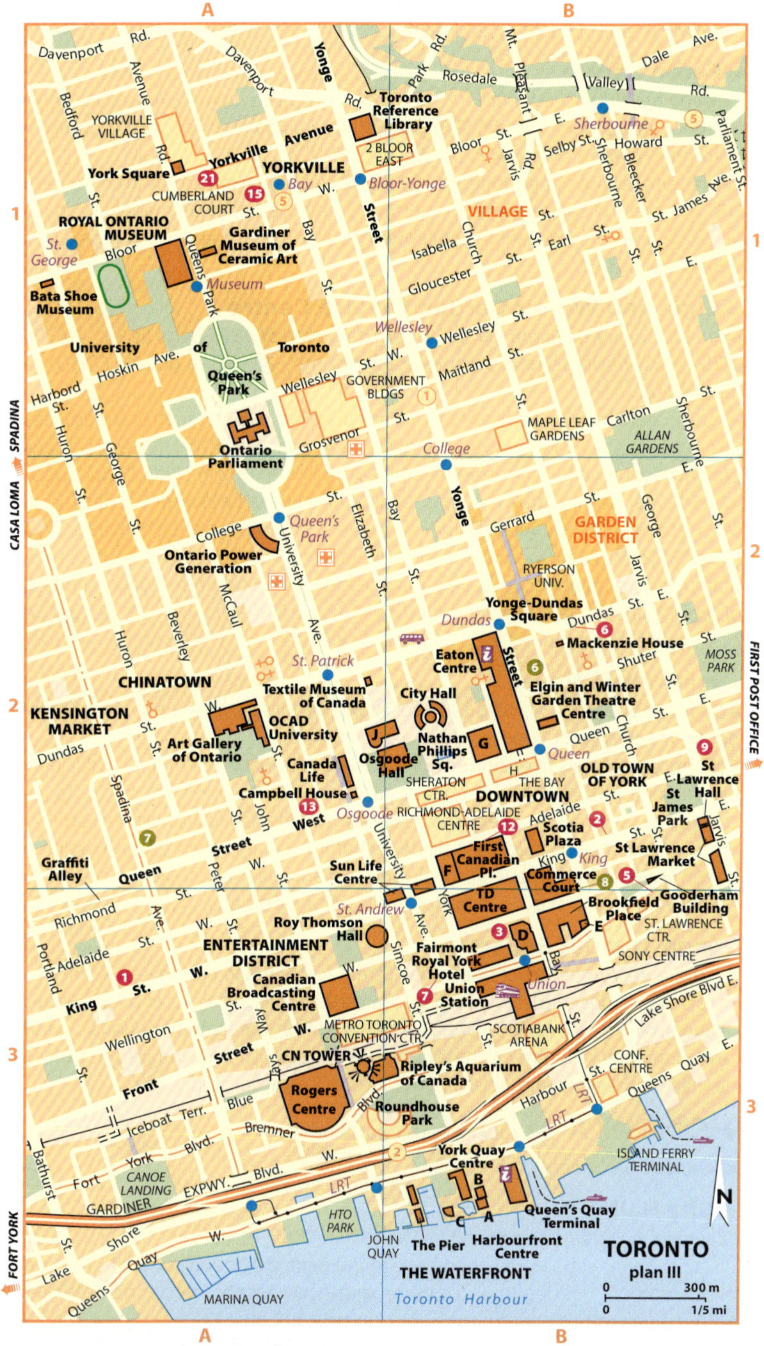

A
B
1
2
3
Davenport Rd.
Bedford Rd.
Avenue Rd.
YORKVILLE VILLAGE
York Square
Yorkville Avenue
YORKVILLE
CUMBERLAND COURT
Yonge St.
Toronto Reference Library
2 BLOOR EAST
Bay
Bloor-Yonge
Rosedale
Park Rd.
Mt. Pleasant Rd.
Valley
Dale Ave.
Sherbourne
Howard St.
Selby St.
Bloor St. E.
Parliament St.
St. James Ave.
Bleecker St.
Jarvis St.
VILLAGE
Church St.
Isabella St.
Earl St.
Gloucester St.
ROYAL ONTARIO MUSEUM
St. George
Bloor St. W.
Gardiner Museum of Ceramic Art
Queens Park
Museum
Bata Shoe Museum
University of Toronto
Hoskin Ave.
Harbord St.
Queen's Park
Wellesley
Wellesley St. W.
Wellesley St.
GOVERNMENT BLDGS
Maitland St.
Carlton St.
MAPLE LEAF GARDENS
ALLAN GARDENS
Sherbourne St.
Grosvenor St.
Ontario Parliament
College
College St.
Huron St.
St. George St.
CASA LOMA
SPADINA
Queen's Park
University Ave.
Elizabeth St.
Bay St.
Yonge Street
Gerrard St.
GARDEN DISTRICT
George St.
Ontario Power Generation
McCaul St.
RYERSON UNIV.
Yonge-Dundas Square
Dundas
Dundas St. E.
Mackenzie House
Eaton Centre
Shuter St.
MOSS PARK
FIRST POST OFFICE
Beverley St.
St. Patrick
Textile Museum of Canada
City Hall
Elgin and Winter Garden Theatre Centre
CHINATOWN
KENSINGTON MARKET
Dundas St. W.
Art Gallery of Ontario
OCAD University
Nathan Phillips Sq.
Queen
Queen St. E.
Canada Life
Osgoode Hall
SHERATON CTR.
THE BAY
OLD TOWN OF YORK
St Lawrence Hall
Campbell House
DOWNTOWN
St James Park
Osgoode
RICHMOND-ADELAIDE CENTRE
Adelaide St. E.
Scotia Plaza
Spadina Ave.
Queen Street W.
John St.
Peter St.
First Canadian Pl.
King
St Lawrence Market
Graffiti Alley
Sun Life Centre
Commerce Court
Gooderham Building
St. Andrew
TD Centre
Brookfield Place
ST. LAWRENCE CTR.
Richmond St. W.
Adelaide St. W.
Portland St.
Roy Thomson Hall
ENTERTAINMENT DISTRICT
York St.
Simcoe St.
Fairmont Royal York Hotel
SONY CENTRE
King St. W.
Canadian Broadcasting Centre
Union Station
Union
Lake Shore Blvd E.
Wellington St. W.
Way
METRO TORONTO CONVENTION CTR.
SCOTIABANK ARENA
Front Street
CN TOWER
Ripley's Aquarium of Canada
CONF. CENTRE
Rogers Centre
Roundhouse Park
Blue Jays Way
Bremner Blvd.
Iceboat Terr.
Harbour St.
LRT
Queens Quay E.
Bathurst St.
Fort York Blvd.
CANOE LANDING
York Quay Centre
ISLAND FERRY TERMINAL
GARDINER EXPWY.
HTO PARK
Queen's Quay Terminal
JOHN QUAY
The Pier
Harbourfront Centre
FORT YORK
Lake Shore Blvd. W.
Queens Quay W.
THE WATERFRONT
MARINA QUAY
Toronto Harbour
TORONTO plan III
N
0
300 m
1/5 mi

S'y côtoient la brique et le verre, le grand et le minuscule, le beau et le laid, les enseignes commerciales en tout genre...

★ Eaton Centre B2

● *Queen ou Dundas. Sur plusieurs pâtés de maisons le long de Yonge St., entre Queen St. et Dundas St. ✆ 416 598 8560 - shops.cadillacfairview.com/property/cf-toronto-eaton-centre - ♿ - 10h-21h, dim. 11h-19h.*

Largement éclairé par la lumière naturelle, cet immense ensemble architectural (1977, Eberhard Zeidler), à la fois composé de bureaux et de magasins, inaugura une nouvelle ère dans la conception des centres commerciaux *(voir « Nos adresses », p. 341).*

★ Elgin and Winter Garden Theatre Centre B2

● *Queen. En face de Eaton Centre au nord de Queen St. 189 Yonge St. - ✆ 416 314 3718 - www.heritagetrust.on.ca/ewg/ewg-home - ♿ - visite guidée (1h30) se rens. - 20 $.*

Rénové, ce splendide édifice abrite l'un des seuls exemples de théâtres superposés du monde. Les salles Elgin (1500 places) et Winter Garden (1000 places) réalisées par Thomas Lamb furent respectivement ouvertes en 1913 et 1914, d'abord pour jouer des vaudevilles, puis pour passer des films muets. Le Winter Garden ferma ses portes en 1928. Quant au Elgin, il fut transformé en cinéma. Le hall doré, orné de miroirs et de colonnes corinthiennes, mène au luxueux Elgin, aux loges et aux plafonds richement décorés. Un escalier de marbre conduit au Winter Garden, où des branches de hêtre pendent du plafond. Belle exposition de décors de scène peints à la main.

★ Mackenzie House B2

● *Dundas. 82 Bond St. - ✆ 416 392 6915 - www.toronto.ca/museums - fermé temporairement, se rens. Ateliers d'impression maintenus.*

Cette modeste maison en brique du 19e s., avec ses quatre cheminées, fut la dernière demeure de William Lyon Mackenzie *(voir p. 308).* Les pièces des trois étages sont restaurées dans le style des années 1850. Dans l'annexe moderne, à l'arrière, une petite exposition raconte la vie de cet homme et de son temps. Une réplique de son **atelier d'imprimeur** montre la presse manuelle sur laquelle il imprimait le *Colonial Advocate*, et qui sert parfois à des démonstrations.

Yonge-Dundas Square B2

À l'angle de Yonge Street et Dundas Street, cette place est devenue l'un des sites préférés des touristes à Toronto. Bardé de néons, d'écrans et de publicités géantes, ce Times Square local est le théâtre de nombreuses animations, quand ses fontaines et ses jets d'eau ne le transforment pas, l'été, en un immense espace de fraîcheur. Il est néanmoins déconseillé de s'y attarder tard le soir.

★ City Hall Area (QUARTIER DE L'HÔTEL DE VILLE) AB2

● *Osgoode ou Queen.*

★ City Hall B2

Œuvre du Finlandais **Viljo Revell**, l'hôtel de ville (1965) était, avant la construction de la CN Tower et du Rogers Centre, le monument le plus audacieux de Toronto et son symbole. Ses deux tours de béton sont incurvées comme des parenthèses autour d'une rotonde centrale qui abrite la salle du Conseil.

L'ancien hôtel de ville de Toronto.
benedek/Getty Images Plus

À ses pieds, **Nathan Phillips Square** (du nom d'un ancien maire) est une place animée avec son grand bassin qui devient en hiver le pôle d'attraction des patineurs. Remarquez *The Archer*, bronze du sculpteur Henry Moore, dont de nombreuses œuvres sont exposées à l'Art Gallery of Ontario.

★ Old City Hall (G) B2

À l'est du square se trouve un édifice de style roman richardsonien conçu par l'architecte torontois **Edward J. Lennox** (1855-1933). Il s'agit de l'ancien hôtel de ville qui servit de mairie de 1899 à 1965 et où siège aujourd'hui la cour provinciale. Son aspect extérieur massif, flanqué d'un beffroi, cache un intérieur élaboré : carrelage à motifs, colonnes de marbre coiffées de chapiteaux cuivrés. Derrière l'escalier d'honneur en fer forgé, un grand vitrail illustre la croissance de la ville.

3

★ Osgoode Hall AB2

● *Osgoode. 130 Queen St. W - ✆ 416 947 3300 ou 1800 668 7380 - lso.ca - visite audioguidée (env. 1h) de certaines zones - visite guidée gratuite (1h) juil.-août : lun.-vend. à 13h15 - silence exigé si la Cour siège.*

Siège de la Cour suprême de l'Ontario, cet imposant édifice néoclassique fut entouré en 1867 d'une grille en fer forgé destinée à empêcher les chevaux et les vaches de piétiner ses pelouses. Commencé en 1829, le bâtiment ne comprenait alors que l'aile est. Dégradé par les soldats venus mater la rébellion de Mackenzie, l'édifice fut rénové en 1844 et agrandi avec le pavillon central et l'aile ouest, la façade et l'intérieur redécorés. La cour intérieure, couverte d'une verrière rectangulaire, est admirable, tout comme la **grande bibliothèque**, dont le plafond voûté (12 m), orné de moulures élaborées, repose sur plusieurs rangées de colonnes corinthiennes.

Court House (J) AB2

Au nord d'Osgoode Hall se trouve le palais de justice provincial, ou Court House, avec sa rotonde et son passage vers Nathan Phillips Square.

★ Campbell House Museum A2

● *Osgoode. À l'angle de Queen St. W et d'University Ave. 160 Queen St. W - ✆ 416 597 0227 - www.campbellhousemuseum.ca - mar.-vend. 10h-16h30, sam. 12h-16h30 - 10 $.*

Cette belle demeure en brique de style georgien appartint à **William Campbell** (1758-1834), président de la Cour suprême du Canada de 1825 à 1829. Autrefois située dans la vieille ville, elle fut transférée près du palais de justice, en 1972. Les pièces restaurées contiennent des objets anciens et des portraits de la famille Campbell. Remarquez, au deuxième niveau, une maquette d'York en 1825. La propriété appartenait à la compagnie d'assurances **Canada Life**, dont le **siège★** s'élève juste derrière la maison. Construction remarquable, l'édifice se distingue la nuit par sa tour-baromètre, dont l'illumination indique la pression atmosphérique.

Textile Museum of Canada A2

● *St. Patrick. 55 Centre Ave. - ✆ 416 599 5321 - www.textilemuseum.ca - ♿ - mar.-sam. 12h-17h (merc. 18h) - 18 $.*

Ce musée est le seul du Canada exclusivement consacré à l'étude, la collection et l'exposition de textiles. Il occupe deux étages d'un complexe hôtelier et résidentiel. Des expositions temporaires présentent des œuvres traditionnelles et contemporaines du monde entier, tirées de la collection permanente (environ 13 000 pièces) et de prêts.

★★ Art Gallery of Ontario (AGO) A2

● *St. Patrick. 317 Dundas St. W - ✆ 416 979 6648 ou 1 877 225 4246 - ago.ca - ♿ - 10h30-17h, merc. et vend. 10h30-21h - fermé lun. - 30 $.*

☺ Au rez-de-chaussée à gauche (avant les caisses), la boutique du musée installée sur deux étages offre un très vaste choix d'objets design et de reproductions d'œuvres d'art, ainsi qu'un beau rayon librairie. Une bonne adresse, pleine d'idées d'objets-souvenirs.

Conçue par l'architecte Frank Gehry, originaire de Toronto, la monumentale façade en verre enveloppe le bâtiment principal et surplombe Dundas Street. L'AGO abrite une impressionnante collection permanente de 95 000 pièces et organise des expositions temporaires nombreuses et variées.

Prenez quelques instants pour admirer le **Walker Court**, au rez-de-chaussée, et son majestueux escalier en spirale qui mène aux niveaux 4 et 5, ainsi que la sublime **Galleria Italia**, qui donne accès aux différentes salles du niveau 2 et dont la structure en bois se marie aux parois de verre de la façade.

★★ **Henry Moore Sculpture Centre** – En 1968, Henry Moore (1898-1986) offrait au musée 150 de ses créations. Une section du musée, entièrement consacrée à son œuvre, fut inaugurée en 1974. Cette salle est baignée par la lumière naturelle diffusée par le toit vitré. Elle abrite plus d'un millier de réalisations du célèbre artiste, dont 689 gravures, 139 plâtres et bronzes originaux et 74 dessins, et constitue donc la plus riche collection au monde d'œuvres du sculpteur anglais.

★★ **Collection permanente** – La **collection européenne** comprend des œuvres des maîtres anciens ainsi qu'une collection de tableaux de la fin du 19ᵉ s. et du début du 20ᵉ s. (dont un grand nombre d'œuvres impressionnistes). On reconnaîtra notamment des peintures de Rembrandt, Renoir, Monet, Sisley, Gauguin, Matisse, Picasso et Chagall. Répartie dans plusieurs salles, la **collection canadienne** offre un aperçu de l'évolution de l'art canadien avec des œuvres du 18e s. à nos jours. Parmi les artistes représentés, citons Cornelius Krieghoff, Tom Thomson *(The West Wind)*, le groupe des Sept, Emily Carr, David Milne et Paul Peel. La collection d'**art inuit** s'étend du milieu des années 1950 à aujourd'hui. Taillées dans l'ivoire, l'os de baleine, la pierre grise ou la serpentine verte, les sculptures (miniatures pour la plupart) illustrent la faune arctique et la vie dans le Grand Nord. De grandes tentures brodées ou de feutre, des gravures sur pierre et des dessins au pochoir complètent cette collection qui s'inscrit dans l'**art autochtone** comprenant aussi des pièces africaines, australiennes et des îles du détroit de Torres.

The McLean Centre for Indigenous & Canadian Art – Cette partie du musée fait dialoguer l'art autochtone mondial et l'art canadien contemporain à travers le regard de nombreux artistes, dont Norval Morrisseau *(The Great Flood)* et Christi Belcourt *(The Wisdom of the Universe)*. Cette section vise à aborder les thèmes fondateurs de l'identité, de l'environnement et de l'histoire.

★ **The Grange** – *Située dans la partie sud de l'AGO - accès par le Joey and Toby Tanenbaum Sculpture Atrium.* Cette demeure en brique de style georgien fut construite vers 1817 au milieu d'une propriété de 41 ha qui s'étendait jadis de Queen Street à Bloor Street. D'abord résidence de la famille Boulton, loyalistes de Nouvelle-Angleterre qui devinrent les leaders du Family Compact (l'un d'entre eux, **Henry John Boulton**, fut l'un des principaux adversaires de William Lyon Mackenzie), elle joua un rôle de premier plan dans la vie mondaine et politique du Haut-Canada. En 1875, le manoir devint la propriété d'un éminent universitaire, **Goldwin Smith**, titulaire d'une chaire d'histoire à Oxford, qui en fit un foyer de vie intellectuelle où germaient les idées progressistes. À sa mort en 1911, sa veuve légua la maison au musée. Restaurée et meublée dans le style des années 1830, la demeure abrite le salon des membres Norma Ridley et des espaces d'exposition. Remarquez dans l'entrée le bel escalier à la courbe gracieuse. La maison fait face à Grange Park, d'où l'on peut admirer sa gracieuse façade. Son portique actuel, en pierre, est une réplique du portique d'origine en bois.

Difficile d'ignorer le proche édifice de l'**OCAD University** (sur Mc Caul St.), une bien curieuse structure « pixélisée » en noir et blanc, juchée sur 12 grandes pattes multicolores ! Inauguré en 2004, il est rapidement devenu une icône de l'architecture contemporaine de Toronto.

3

Un musée en perpétuelle transformation

Créé en 1900, l'Art Museum of Toronto s'installe onze ans plus tard dans une belle demeure, The Grange, dont la silhouette traditionnelle se fond harmonieusement au décor actuel. Le musée change plusieurs fois de nom, et les bâtiments adjacents, construits en 1918, sont agrandis et rénovés à mesure que l'établissement élargit son champ d'activité. Son nom actuel, Art Gallery of Ontario, lui est attribué en 1966. En 2008, il connaît de profonds changements sous la houlette de l'architecte Frank Gehry et grâce à la donation d'un homme d'affaires, Kenneth Thomson. L'espace dédié à l'art se voit ainsi augmenté de 50 %. En 2022, un nouveau projet d'agrandissement, le Dani Reiss Modern and Contemporary Gallery, voit le jour et permettra, une fois achevé, d'accroître l'espace total du musée de 30 %.

Entertainment District (QUARTIER DES SPECTACLES) A3

Ce quartier concentre les théâtres, cinémas et salles de spectacles de la ville. Il s'anime un peu plus encore chaque année en septembre lors du Tiff, le Festival international du film de Toronto, qui voit débarquer les plus grandes vedettes de la planète. Sur les trottoirs de **King Street West**, l'axe principal du quartier, s'alignent les étoiles dédicacées de célébrités.

★★ Roy Thomson Hall A3

● *St-Andrew. 60 Simcoe St. - www.roythomsonhall.com.*

Cette immense salle de concert en forme de bol renversé doit sa conception à **Arthur Erickson** et son nom à un magnat de la presse canadienne. Elle domine King Street et Simcoe Street, sa robe de verre reflétant le ciel et se faisant transparente aux lumières de la nuit. L'édifice, inauguré en 1982, accueille l'Orchestre symphonique de Toronto et conjugue la supériorité acoustique à l'originalité architecturale. Pour assurer une meilleure propagation du son, un large corridor circulaire aux entrées espacées crée une sorte de sas acoustique. Le choix des revêtements des sièges, parterres et plafonds n'a pas non plus été laissé au hasard. Un double anneau lumineux tient lieu de grand lustre, tandis qu'une pluie de gouttes d'eau métalliques en suspension éclaire la scène. Des pans de tissu coloré peuvent s'élever ou s'abaisser selon les vibrations.

Autour s'élèvent quelques édifices anciens, comme l'**église néoromane St. Andrew's** (1876).

Canadian Broadcasting Centre A3

Sur Front Street, au sud du Roy Thomson Hall, ce cube de béton a une façade quadrillée rouge et blanc ornée de formes géométriques en verre. Œuvre du célèbre architecte américain Philip Johnson, cet édifice de dix étages (1992) est un exemple du style dit « déconstructiviste ».

★ Old town of York (VIEILLE VILLE) PLANS P. 311 ET 326

En 1793, le lieutenant-gouverneur Simcoe adoptait un plan quadrillé pour la ville d'York gardée par son fort situé plus à l'ouest (*voir Fort York, p. 321*) : dix pâtés de maisons étaient délimités par Front Street, George Street, Adelaide Street et

Tiff, le festival de fans de cinéma

Le Toronto International Film Festival, qui a fêté ses 40 ans en 2015, est progressivement devenu incontournable. Mélange de Cannes – pointu, varié, international – et des Oscars hollywoodiens plus *people*, il est considéré comme une répétition générale de la saison des festivals. Début septembre et durant onze jours, près de 400 films de tout genre y sont présentés, sans donner lieu à un palmarès officiel (une série de prix y sont toutefois décernés). Le festival se déroule dans l'Entertainment District, sur King Street West et ses alentours qui ne vivent alors que pour le cinéma : projections, multiples tapis rouges avec les plus grandes stars, marché du film, fans et journalistes... Une ambiance très particulière à ne pas manquer si vous visitez la ville à cette époque de l'année.

www.tiff.net

St Lawrence Market.
Kiev.Victor/Shutterstock

Berkeley Street. En 1813, Jarvis Street marquait la limite ouest d'York. Entre Front Street et King Street se tenait la place du marché.
Aucun des édifices de l'époque de Simcoe ne subsiste, mais le quartier a conservé quelques bâtiments du 19e s.

★ St. Lawrence Market et ses environs PLAN III B2

À l'angle de Jarvis St. 92 Front St. E - ✆ 416 392 7219 - www.stlawrencemarket.com - ♿ - South Market mar.-vend. 9h-19h, sam. 7h-17h, dim. 10h-17h (fermé lun.) - Farmer's Market sam. 5h-15h.
Abrité sur deux niveaux au sein d'un vaste édifice de brique du 19e s., le marché, très vivant le samedi matin, regroupe des étals et enseignes traduisant le multiculturalisme de Toronto : boulangerie allemande, fromages italiens, épices thaïes, fruits et légumes typiquement canadiens… L'annexe nord du marché (*92 Front St.*) devrait accueillir en 2025 le Farmer's Market le samedi et le marché d'antiquités le dimanche *(pour le moment organisés au 125 The Esplanade, au sud de St. Lawrence Market, annexe en construction lors de la rédaction de ce guide)*.
Du marché, une allée piétonne mène à **St. Lawrence Hall** *(à l'angle de King et Jarvis St.)*. Ce bâtiment néoclassique au dôme particulier abrite aujourd'hui des commerces ; il servait au 19e s. de marché et de lieu de réunion.
De l'autre côté de King Street, remarquez un charmant espace vert, **St. James Park**, doté d'un kiosque à musique et bordé à l'est par la cathédrale St. James.
Sur Front Street, entre St. Lawrence Market et Gooderham Building, s'aligne une belle rangée de magasins en brique et pierre du 19e s.

★ Gooderham Building PLAN III B2

Wellington St.
Planté à un carrefour, immanquable, celui que l'on surnomme **Flatiron Building** (« fer à repasser ») dresse sa silhouette étroite caractéristique (1892), qui se détache en avant des tours de Brookfield Place. Il est l'un des édifices les plus

3

photographiés de la ville. Derrière le bâtiment, dans Berczy Park, jetez un œil à la fontaine un peu kitsch, peuplée de 27 chiens (2017).

★ Toronto's First Post Office PLAN III B2 EN DIRECTION

260 Adelaide St. E - ✆ 416 865 1833 - www.townofyork.com - ♿ - 9h-17h30, sam. 10h-16h, dim. 12h-16h - participation suggérée 2 $.
Plus à l'est se trouve la première poste de Toronto. Elle a retrouvé son aspect de 1833, date de sa mise en service, et fonctionne de nouveau, avec ses boîtes postales et son salon de lecture. Le personnel costumé fait des démonstrations d'écriture à la plume d'oie.

★ Distillery Historic District PLAN II

À l'est de la Vieille Ville et de Parliament St. et au sud de Mill St. - www.thedistillery district.com.
Une dizaine de rues pavées réservées aux piétons, des **édifices industriels de briques rouges** datant de l'époque victorienne : vous voici dans un autre monde, une autre époque. Le quartier doit son nom à la **distillerie Gooderham and Worst**, fondée en 1837 et qui fut en son temps la plus importante du monde. Elle fermera après plus de cent cinquante ans d'activités, permettant aux réalisateurs venus d'Hollywood d'utiliser ses fantastiques décors.
Aujourd'hui, une quarantaine de bâtiments du district ont été rénovés et transformés pour accueillir des boutiques, des restaurants et des galeries d'art. Tous intègrent des éléments architecturaux et des machines d'origine. Le quartier, dynamique et très tendance, fournit ainsi aux amateurs d'urbanisme et d'architecture une fascinante balade. On s'y rend également pour assister aux spectacles (théâtre, danse, performance) du Young Centre for the Performing Arts *(50 Tank House Lane - www.youngcentre.ca).*

★★ Rives du lac Ontario PLANS P. 311 ET 326

Construit en grande partie sur les rives du lac, entre 1850 et 1950, pour recevoir les installations du port, le quartier au sud de Front Street regroupe aujourd'hui les réalisations les plus actuelles de Toronto et constitue un remarquable projet de revitalisation urbanistique. Plusieurs quais ont été réhabilités avec des boutiques, des galeries, des salles de spectacle, des restaurants et des écoles de voile. D'Union Station, plusieurs passerelles, passages et tunnels donnent accès à ce quartier – il suffit de suivre le flot de touristes !

Autour de la CN Tower PLAN III AB3

★★★ CN Tower A3

● Union, puis par Skywalk. Entrée à l'angle de Front St. et John St. 301 Front St. W - ✆ 416 868 6937 - www.cntower.ca - ♿ - observation et attractions 9h-21h - 45/56 $ selon la formule ; billet combiné avec le Ripley's Aquarium of Canada 77 $; réserv. en ligne jusqu'à 24h avant - 360 Restaurant : ✆ 416 362 5411 ; 11h30-14h30, 16h30-21h30, réserv. recommandée.
Pôle d'attraction populaire (plus de 2 millions de visiteurs par an), cette tour de béton étonne par son gigantisme (plus de 553 m de haut, soit un total de 180 étages) et sa forme audacieuse, effilée comme une fusée, qui en font le symbole de la ville.

Construite en 1976 par la compagnie ferroviaire Canadien National, elle est surmontée d'une puissante antenne de communication.
L'un des ascenseurs extérieurs en verre vous propulse à 346 m (presque la hauteur de l'Empire State Building) en moins de 58 secondes, jusqu'au **niveau panoramique**, nacelle d'acier de sept étages. De la galerie d'observation, agrémentée de panneaux indiquant les différents édifices et parcs alentour, tout comme du restaurant, le **panorama★★★** sur la ville, la banlieue, le lac immense et ses rives est superbe et donne un aperçu global de Toronto. À l'étage inférieur, les visiteurs pourront s'asseoir ou marcher sur un **sol transparent** offrant une vue vertigineuse de la rue, quelque 342 m plus bas...
Un ascenseur intérieur *(en supplément)* permet d'atteindre une seconde galerie d'observation appelée **Skypod** (la « nacelle »). De cet anneau vitré en forme de soucoupe volante, à 447 m au-dessus du sol, le **panorama★★** sur la ville et sur le lac Ontario est spectaculaire. Il est cependant plus difficile de photographier le paysage qu'au niveau inférieur, les baies étant plus petites. Vous pourrez peut-être voir des visiteurs marcher sur le toit du restaurant, 31 étages plus bas, dans le cadre de l'attraction l'Haut-Da Cieux. La sensation d'altitude est renforcée par les avions de l'aéroport des îles de Toronto que l'on voit passer en dessous. Lorsque la visibilité est bonne, la vue embrasse un rayon de 120 km, au-delà des chutes du Niagara et de Buffalo.
N'hésitez pas à vous arrêter au sous-sol, où un film *(20mn - compris dans le prix du billet)* retrace l'histoire de la construction de cet ouvrage hors du commun... Une *success story* qui a définitivement transformé la ligne d'horizon de Toronto.

★ Ripley's Aquarium of Canada B3

288 Bremmer Blvd. - ☏ 647 351 3474 - www.ripleyaquariums.com - ♿ - 9h-23h - 45 $, billet combiné avec CN Tower 77 $.

Inauguré en 2013 au pied de la CN Tower, cet aquarium géant et fascinant regroupe, dans près de 6 millions de litres d'eau distribués dans des bassins de tailles très variables, plus de 15 000 animaux marins. Grâce à une superbe scénographie (les enfants sont mis à contribution), on découvre tant la faune des Grands Lacs que celle des lagons du Pacifique. Requins, piranhas et hippocampes font partie des vedettes. Mention spéciale aux spécimens de méduses, superbes et variés.

3

★★ Rogers Centre A3

● Union, puis par Skywalk. Près de la tour du CN - ☏ 416 341 2770 ou 416 341 1000 - www.mlb.com - ♿ - visite guidée : billetterie à la boutique Jays Shop Stadium Edition (Gate 5) ; horaires sur le site Internet.

Ce vaste complexe sportif, conçu par l'architecte Roderick Robbie et l'ingénieur Michael Allen, abrite le stade de l'équipe de base-ball de la Ligue américaine, les Blue Jays. Sa toiture en forme de dôme est composée de quatre panneaux qui coulissent vers le nord, libérant ainsi le terrain de son toit. En cas de nécessité, le stade peut être recouvert en vingt minutes. D'une largeur maximale d'environ 205 m, le dôme s'élève à 91 m au-dessus du terrain. Au centre, sa hauteur est telle qu'un immeuble de 31 étages y trouverait sa place. Dans ce stade peu ordinaire, l'aménagement du terrain est flexible. Selon la nature des manifestations (basket, football américain, base-ball, tennis, athlétisme), le nombre de sièges peut varier de 10 000 à 53 000. Multifonctionnel, le centre accueille, outre des événements sportifs, des concerts, des opéras, des foires commerciales et des

congrès. Le Rogers Centre comprend également un hôtel, une salle de spectacle de 150 places, plusieurs restaurants et un grand parking souterrain. On peut avoir un aperçu du terrain depuis la boutique officielle des Blue Jays.
Surplombant Front Street, à 5 m de haut, une fresque de **Michael Snow**, composée de 14 sculptures peintes en fibre de verre et intitulée *The Audience*, accueille les spectateurs à leur arrivée.

Roundhouse Park B3

Au pied de la CN Tower, ce vaste dépôt de locomotives de forme semi-circulaire, construit en 1931, a été transformé en parc, musée et complexe événementiel.
On découvrira sur le site diverses locomotives et petites gares historiques (desservies par un mini-train), éléments du **Toronto Railway Museum** (*✆ 416 214 9229 - torontorailwaymuseum.com - tlj sf lun.-mar. 12h-17h ; train de mi-juin à déb. sept. - 14 $*. La brasserie Steam Whistle, avec ses bouteilles à la célèbre étiquette verte, est connue de tous les Torontois.

★★ Harbourfront Centre PLAN III B3

● *Union ou Spadina, puis LRT 510 pour York Quay Centre. 235 Queens Quay W - ✆ 416 973 4000 - www.harbourfrontcentre.com - ♿ - bâtiment principal : merc.-jeu. 12h-18h, vend. 12h-20h, sam. 10h-20h, dim. 10h-18h.*
Mis en chantier en 1976, ce projet d'aménagement du front du lac a transformé le quartier en un ensemble d'environ 4 ha de quais et entrepôts rénovés, où se côtoient marinas, cafés-terrasses, boutiques d'artisans, centres culturels, galeries d'art, élégantes copropriétés et jolis espaces verts. Si la Gardiner Expressway le sépare malheureusement du reste de la ville, il n'en demeure pas moins un important pôle d'attraction de la vie locale, surtout en été. L'hiver, les habitants de Toronto aiment fréquenter la patinoire dominant le lac.
Le doyen des quais, **Queen's Quay Terminal** (1927), au beffroi imposant, a été complètement refait, percé de larges fenêtres vert bouteille et ouvert en 1983. Restauré par l'architecte Eberhard Zeidler, cet ancien débarcadère contient des bureaux spacieux, des appartements luxueux, des boutiques et des restaurants. À proximité, **York Quay Centre** accueille une galerie d'art, un atelier d'artisans et un théâtre d'été. Accolé à la **Power Plant Contemporary Art Gallery** (A), aménagée dans une ancienne centrale électrique, le **Harbourfront Centre Theatre** (B) a été édifié dans une ancienne glacière (1920). Amphithéâtre de 1750 places pour les concerts en plein air, le **Concert Stage** (C) occupe le coin sud-ouest du quai. Écoles de voile, magasins d'articles nautiques et restaurants peuplent le **quai 4**, tandis que la division maritime de la police de Toronto est basée sur le quai John.

★★ Toronto Islands (ÎLES DE TORONTO) PLAN II

Jack Layton Ferry Terminal - Queens Quay - ✆ 416 392 8193 - www.torontoisland.com/ferry.php - les ferries desservent Ward's Island, Centre Island et Hanlan's Point - horaires sur le site Internet - AR 9,11 $, achat en ligne possible.
Créées par l'érosion des falaises de Scarborough, les îles formaient jadis une péninsule qu'une violente tempête sépara de la terre ferme en 1853, créant l'archipel actuel. Elles s'étendent sur près de 6 km, ornées de belles pelouses, d'arbres centenaires, de rives sablonneuses et de marinas. Elles offrent d'excellentes **vues★★** sur le centre-ville de Toronto.

Centre Island – *Un train fait la navette entre Centre Island et Hanlan's Point - possibilité de louer des vélos en saison.* Vous découvrirez sur cette île des restaurants et des cafés *(fréquemment fermés en semaine en basse saison)*, mais aussi une plage du côté du lac Ontario, ainsi que le parc d'attractions **Centreville Amusement Park** et sa trentaine de manèges et attractions diverses *(www.torontoisland.com/centreville.php - forfait journée : 50 $.*
Des kilomètres de sentiers pédestres et de pistes cyclables permettent d'explorer les îles voisines, **Algonquin** et **Wards** en particulier, dont les routes bordées de petits cottages ont un charme typiquement campagnard. Près du petit aéroport situé à l'extrémité ouest des îles, la **pointe Hanlan** est renommée pour le **panorama** qu'elle offre de Toronto.
Excursions en bateau – *Toronto Harbour Tours - 145 Queen's Quay W - ☎ 416 203 6994 - harbourtourstoronto.ca - dép. avr.-juin et sept. : 11h-17h (ttes les h) ; juil.-août : 10h-21h (ttes les 30mn) ; oct. : 11h-16h (ttes les h) - AR 1h - 33,19 $.*
Ces croisières donnent aux visiteurs pressés une bonne vue d'ensemble sur le lac et les îles, tout en bénéficiant de commentaires sur Toronto, et ménagent d'excellentes **vues** de la ville. Autres options proposées : croisières de nuit, thématiques, tour du Harbourfront et des îles.

★ Fort York National Historic Site PLAN II

Accès en tramway au départ de Bathurst. 250 Fort York Blvd. - ☎ 416 392 6907 - www.fortyork.ca - merc.-dim. 11h-17h - gratuit.
Point stratégique au bord du lac, Fort York fut longtemps la sentinelle du port de Toronto. Aujourd'hui, les restes de la garnison historique, coincés entre rails et voies rapides, semblent écrasés par la ville en arrière-plan.
Le poste fut construit en 1793 par le gouverneur Simcoe et fortifié dix-huit ans plus tard lorsque les relations anglo-américaines commencèrent à se détériorer. Dévasté lors de la prise de la ville en 1813, il fut reconstruit par les Anglais. Puis, la menace américaine diminuant, le fort perdit de l'importance. Un nouveau fort fut édifié plus à l'ouest après 1841. Rénové pour le centenaire de Toronto en 1934, Fort York est devenu une attraction touristique très appréciée. Le **quartier des officiers** est meublé comme autrefois. Les visites sont guidées par un personnel en costume d'époque qui exécute des manœuvres militaires en juillet et en août. La fête du Canada *(1er juil.)* et le congé civique *(1er lun. d'août)* sont salués par des feux de mousquets et de canons. Le fort est doté d'un centre d'accueil moderne qui propose de nombreux services et des expositions.

★★ Ontario Place PLAN II

Accès par le parc des expositions (Exhibition Place). 955 Lakeshore Blvd W - www.ontarioplace.com - ♿.
Magnifiquement aménagé par l'architecte **Eberhard Zeidler** (né en 1926) dans un extraordinaire ensemble de lagons, de marinas et d'îles artificielles en bordure du lac, ce vaste parc de loisirs familial propose un éventail d'animations et de spectacles dans le **Cinesphere**, le **Budweiser Stage**, grand théâtre de plein air et l'**Echo Beach**, surprenante « salle » de concert au bord du lac (les pieds dans le sable !). Le parc Trillium, avec ses pelouses et ses recoins aménagés pour la détente, offre une agréable escapade loin des rues trépidantes de Toronto. Les plus sportifs grimperont à son sommet ou suivront le sentier William G. Davies qui longe le lac sur 1,3 km.

3

Au nord du centre-ville

PLANS P. 311 ET 326

★ Queen's Park PLAN III A1

● *Queen's Park.*

Ce parc ovale (1876, E. J. Lennox) au cœur de Toronto constitue le cadre du Parlement de l'Ontario et de quelques bâtiments du gouvernement.

Au sud, le bâtiment de la compagnie **Ontario Power Generation** (1975, Kenneth R. Cooper) affiche une façade concave revêtue de miroirs. Son système de chauffage utilise exclusivement l'énergie dégagée par la lumière artificielle, les machines et le personnel, et emmagasinée dans des accumulateurs thermiques.

★ Ontario Parliament A1

● *Queen's Park. ✆ 416 325 7500 - www.ola.org - ♿ - visite guidée (45mn) de déb. mai à déb. oct. : à 15h de l'édifice historique, de la Chambre de l'Assemblée législative et des extérieurs - visite (30mn) de l'Assemblée législative tte l'année sf pdt les vac. - gratuit.*

Dominant l'extrémité sud du parc, le **Legislative Building** (également appelé Parliament Building) est un bâtiment de style roman richardsonien. Il fut inauguré en 1893 après une controverse de six ans. Au cœur de la dispute, l'architecte **Richard Waite** (1846-1911) s'était attribué le projet après un concours avorté dont il était juge. La lourde façade extérieure ne rend pas justice à l'élégante beauté de l'intérieur, particulièrement l'**aile ouest** en marbre blanc, reconstruite après l'incendie de 1909, et la majestueuse **Chambre de l'Assemblée** en acajou et sycomore. Remarquez, au rez-de-chaussée, une masse d'arme âgée de 200 ans ; ce bâton de cérémonie en or doit obligatoirement figurer lors des sessions du Parlement ; pris par les Américains lors de l'assaut de York en 1813, il ne fut rendu que bien des années plus tard par le président F.D. Roosevelt.

University of Toronto A1

Entre Spadina Ave. à l'ouest et Bay St. à l'est ; entre College St. au sud et Bloor St. au nord.

Autour de Queen's Park s'étend le très vaste campus de l'**université de Toronto**, l'une des plus célèbres du pays. Fondée en 1827, elle accueille aujourd'hui plus de 90 000 étudiants venus du monde entier et s'avère particulièrement renommée pour sa faculté de médecine, à laquelle restent liés les noms de Frederick Banting et Charles Best (à l'origine des premiers travaux de recherche sur l'insuline dans les années 1920). Terrains de sport, bibliothèques, maisons de fraternités et d'associations étudiantes, et **beaux édifices néogothiques★** du 19ᵉ s. composent ce campus verdoyant. Voyez notamment, du côté de Hoskin Avenue, Trinity College et sa chapelle, Hart House et sa tour d'horloge (Soldiers' Tower), ou le majestueux University College, à l'architecture *so british*.

★★★ Royal Ontario Museum PLAN III A1

● *Museum. 100 Queen's Park (entrée principale sur Bloor St. W.) - ✆ 416 586 8000 - www.rom.on.ca - ♿ ✕ - tlj sf lun. 10h-17h30 ; visite en français gratuite à 14h - 26 $ (expositions temporaires en suppl.).*

Comptez 3 à 4h de visite. Devant la diversité et la richesse des collections, procurez-vous un plan du ROM, disponible à l'accueil dans le hall d'entrée. Possibilité de restauration au sous-sol du musée.

Le Royal Ontario Museum à Toronto conçu par l'architecte Daniel Libeskind.
roman_slavik/Getty Images Plus

Cet immense musée (abréviation courante : ROM) est particulièrement réputé pour ses acquisitions d'Extrême-Orient et pour ses activités de recherche. La richesse de ses collections (plus de 12 millions de pièces du monde entier) et la grande diversité de ses départements (plus de 20 sections dans les domaines de l'art, de l'archéologie et des sciences naturelles) en font l'un des plus grands musées du monde. De très belles expositions temporaires sont organisées toute l'année.

Les enfants apprécieront particulièrement le deuxième niveau pour son exposition sur la faune et la flore à travers le monde, et la petite galerie de la Découverte. Des activités en anglais sont régulièrement proposées *(rens. sur le site Internet)*.

3

Premier niveau

Deux entrées permettent d'accéder au musée. Bloor Street dessert l'extension dessinée par Daniel Libeskind et baptisée le **Cristal Michael Lee-Chin** (2007). Queen's Park donne accès à l'aile néoromane bâtie dans les années 1930. C'est l'entrée historique du musée, qui débouche sur une salle en **rotonde** décorée d'un magnifique **plafond** en mosaïque de pâte de verre de Venise illustrant les différentes parties du musée. Le sol, décoré d'un immense soleil, est en marbre de l'Ontario. Dans les cages d'escalier qui mènent au niveau 2 se dressent deux **mâts totémiques** en cèdre rouge sculptés par les Haïda et les Nisga'a de Colombie-Britannique (19e s.). Le plus haut des deux (25 m) relate la vie du chef auquel il appartenait.

Une grande partie de ce niveau est réservée à la remarquable **collection d'art chinois**, l'une des plus riches au monde hors de Chine. Elle embrasse une période allant sommairement de la dynastie Shang (1523 av. J.-C.), l'âge du bronze chinois,

au renversement de la dynastie Qing ou mandchoue (1644-1911) et aux débuts de la République (1912). La curiosité principale est le **tombeau de Zu Dashou** (1656), général qui servit le dernier des Ming et vécut au début de la période Qing. Unique en Occident, le tumulus précédé d'une allée monumentale (symbolisant la « voie spirituelle ») est gardé par une succession de sculptures représentant des militaires, des civils et des animaux. Les salles suivantes sont consacrées à la **Chine impériale** des 10e-19e s. Une maquette en terre cuite d'une habitation (16e s.) et une voiture à deux roues (19e s.) témoignent de la vie de la noblesse sous les dynasties Ming et Qing. Une importante collection de céramiques, dont les célèbres porcelaines Ming, complète l'ensemble.
La **galerie Bishop White** reproduit l'intérieur d'un temple de Chine du Nord, avec de remarquables peintures murales à l'encre et en couleurs. La plus grande, *Le Paradis de Maitreya* (vers 1298), est flanquée de deux fresques taoïstes de la province de Shanxi (vers 1300). Des statues polychromes et dorées grandeur nature (12e-15e s.) de *bodhisattvas* (sages destinés à devenir bouddhas) se tiennent au centre.
La galerie d'**art coréen** expose des ustensiles, des pots de grès, des céramiques, des panneaux calligraphiés, des vêtements et des accessoires (épingles à cheveux, sacs et poignards d'ornement). Une petite section est consacrée à l'**art japonais** : on remarquera un superbe palanquin de l'époque Edo et des armures lacées de soie.
De l'autre côté du hall Samuel, l'aile Weston illustre les nombreuses facettes du riche héritage historique et culturel canadien. La **galerie des premiers peuples** explore divers aspects des cultures autochtones en évoquant la vie des Algonquins et des Iroquois, à travers de superbes costumes traditionnels ou rituels, bijoux, outils et objets usuels, et interroge sur la persistance des traditions.
Dans les **salles canadiennes**, les collections de tableaux et d'objets d'arts décoratifs racontent la période allant du 17e s. au début du 20e s., et les apports culturels français et britanniques. Remarquez le décor à panneaux de bois de la maison Bélanger (Québec, 1820).

Deuxième niveau

L'étage est essentiellement consacré aux sciences naturelles. De magnifiques squelettes de **dinosaures** et des **premiers mammifères** sont présentés dans leur milieu naturel. Bernaches du Canada, albatros, hiboux, canards et oiseaux plus petits, saisis en vol, constituent le principal intérêt de la **galerie des oiseaux**. À côté, la **galerie de la découverte** permet aux enfants d'opérer des fouilles pour mettre au jour les restes d'un dinosaure, de jouer dans un tipi et d'essayer des costumes anciens.

D'un simple musée municipal...

Au début du 20e s., le banquier torontois Byron E. Walker entreprit une campagne pour créer un musée municipal. L'archéologue **Charles Trick Currelly** se joignit à lui et proposa comme collection de départ les trésors qu'il avait amassés lors de ses voyages. Créé en 1912 par une loi du Parlement ontarien, le Royal Ontario Museum fut inauguré deux ans plus tard ; il faisait alors partie de l'université de Toronto. Devenu indépendant en 1968, il passa sous la tutelle provinciale. Il attire aujourd'hui touristes et savants du monde entier.

La **biodiversité interactive** se tient sur deux étages, où l'on peut flâner à son gré dans une tanière de loups, identifier des feuilles, des sons et des traces, toucher des défenses, des cornes, des os et des peaux. Reconstitution fidèle de la cavité souterraine de St. Clair, située à la Jamaïque, la **grotte des chauves-souris** permet de voir évoluer des centaines de chiroptères fabriqués à la main, et de vivre une expérience sensorielle quelque peu étrange. Voyez aussi celle d'une forêt de l'Ontario en automne, pour les couleurs et les animaux...
L'espace sur « **la vie en péril** » revient sur les menaces qui pèsent sur les écosystèmes, liées à l'activité humaine. Des spécimens naturalisés illustrent les conséquences du réchauffement climatique, de la destruction des forêts tropicales, de l'élevage intensif... Enfin, l'espace consacré aux **minéraux** rend hommage à l'extraordinaire diversité de la planète par le biais de vitrines interactives et de présentations où l'on pourra toucher et examiner fossiles et roches. On admire des roches, précieuses ou non, parfois énormes, des pierres précieuses et des bijoux.

Troisième niveau

Une suite de salles contiguës présente un fascinant aperçu du développement des civilisations de l'Antiquité autour du Bassin méditerranéen. La collection **égyptienne** d'ustensiles, d'outils, de bijoux et de figurines miniatures illustre la vie quotidienne des habitants de l'Égypte ancienne ; la section sur la **religion** comprend des cercueils, des animaux momifiés, des canopes, la **momie d'Antjaou** remarquablement préservée et le sarcophage polychrome d'une musicienne. Notez aussi les **reliefs décoratifs de Pount**, moulages de ceux qui ornaient le temple de la reine Hatchepsout à Deir el-Bahari (1503-1482 av. J.-C.).
La **galerie du monde grec et étrusque** (1100-100 av. J.-C.) conserve une collection de sculptures en marbre, de pièces de monnaie, de céramiques peintes, ainsi qu'une maquette de l'Acropole, tandis que la section sur **Rome** se distingue par une belle série de portraits sculptés. Une petite exposition consacrée à l'**art byzantin** (330-1453) permet d'admirer de superbes bracelets et bagues, et toutes sortes de bijoux en or datant de 500 à 700.
Les galeries consacrées à l'**Asie du Sud**, l'**Océanie**, l'**Afrique** et l'**Amérique centrale** et l'**Amérique latine** dévoilent leurs trésors à travers étoffes, bijoux, sculptures, vanneries, poteries, masques et pièces d'arme.
Les **salles européennes** sont dédiées aux arts décoratifs, du Moyen Âge à nos jours. La collection contient notamment de magnifiques pièces d'orfèvrerie médiévale et Renaissance en or et en argent, et de remarquables **armes et armures**. Très pédagogique, la section **Histoire des styles** parcourt l'histoire du mobilier de la Renaissance à la fin du 20e s., par des reconstitutions partielles de pièces, telle la chambre blanche de Charles Rennie Mackintosh (1868-1928).

3

★★ Gardiner Museum of Ceramic Art PLAN III A1

Face au Royal Ontario Museum. 111 Queen's Park - ✆ 416 586 8080 - www.gardinermuseum.on.ca - ♿ ✕ - 10h-18h, merc. 10h-21h, w.-end 10h-17h - 15 $ (gratuit merc. à partir de 16h).
Un édifice moderne en granit abrite ce musée spécialement conçu par Helen et George Gardiner pour accueillir leur remarquable collection d'objets en terre cuite, en porcelaine et en faïence provenant de pays et de cultures très variés.
Galerie des poteries – Elle présente une **collection précolombienne** du Mexique, d'Amérique du Sud et d'Amérique centrale (2000 av. J.-C. - 1500 apr. J.-C.) principalement composée de figurines et de vaisselle d'origines olmèque, toltèque

SE RESTAURER
Athens Pastries ... 10
Buk Chang Dong Soon Tofu ... 14
Azhar Kitchen & Bar ... 18
Pizzeria Libretto ... 20

SE LOGER
Gladstone House ... 1
The Planet Traveler's Hostel ... 2

et aztèque. Une autre section est consacrée aux **majoliques italiennes**, poteries recouvertes d'émail à base d'étain fabriquées aux 15e et 16e s. Les pièces en vitrine, essentiellement de grands plats richement décorés ou ornés de scènes religieuses, sont remarquables par l'éclat de leurs couleurs. La collection de **faïences anglaises** du 17e s., appelées « delftware » en raison de leur ressemblance avec les productions hollandaises de Delft, contient également de grands plats, portant chacun le portrait d'un monarque anglais.

Galerie des porcelaines – Consacrée au 18e s. européen, elle présente de beaux exemples de porcelaine de Meissen (dont un service à thé de 1745 environ, dans sa valise en cuir), de Vienne (Du Paquier), de Sèvres (caractérisée par des jaunes

vifs) et des grandes manufactures anglaises (Worcester, Derby, Chelsea).
On trouve en outre une série de figurines inspirées de la Commedia dell'arte, fabriquées dans toute l'Europe tant était grande la popularité de cette forme italienne de théâtre improvisé, ainsi qu'une collection de minuscules et ravissants flacons à parfum (1715-1765) provenant essentiellement d'Angleterre et d'Allemagne.
La collection Bell de porcelaine chinoise bleu et blanc, admirablement présentée dans des vitrines, regroupe plus de 200 pièces comme des théières, boîtes avec couvercle, vases, plats, tasses à vin et grande gourde de pèlerin de la dynastie Qing.

★ Yorkville PLAN III A1

● *Bay.*
Autrefois centre culturel des bohèmes et paradis des hippies, puis théâtre du Toronto International Film Festival (désormais à King St. West), Yorkville est aujourd'hui l'un des quartiers les plus chics de Toronto.
Yorkville Avenue, entre Yonge Street et Avenue Road, est bordée de charmantes maisons victoriennes converties en magasins de luxe ou cafés à la mode.

York Square A1

À l'angle de Yorkville Ave. et Avenue Rd.
Des boutiques et des restaurants s'alignent autour d'une agréable cour intérieure en brique. Derrière, sur Avenue Road, se trouve l'élégant Yorkville Village, complexe commercial, administratif et résidentiel initialement conçu par Boris Zerafa (1978). De l'autre côté de Yorkville Avenue, Cumberland Court, bordée de restaurants, de magasins et de bureaux, forme un passage jusqu'à Cumberland Street.

★ Toronto Reference Library A1

● *Bloor-Yonge. 789 Yonge St. - ✆ 416 397 5981 - www.torontopubliclibrary.ca - ♿ - 9h-20h30, sam. 9h-17h, dim. 13h30-17h.*
Cet édifice massif en brique et en verre (1977), l'un des chefs-d'œuvre de Raymond Moriyama, renferme la plus grande bibliothèque publique du Canada (près de 1,5 million de volumes). Derrière la façade s'ouvre un vaste espace central qui s'élève sur cinq niveaux, tous garnis de balcons drapés de verdure. Le système d'insonorisation étouffe les bruits et préserve l'atmosphère studieuse des lieux.
À l'étage principal, une galerie expose régulièrement des pièces, souvent rares, tirées de la collection permanente. Au cinquième niveau, une salle indépendante abrite la **collection Arthur Conan Doyle**, contenant les fameuses aventures de Sherlock Holmes, la critique sherlockienne, l'autobiographie de Doyle, ses romans historiques, poèmes et autres écrits. Des meubles victoriens, des pipes, une pantoufle et l'inévitable casquette de chasse accrochée à une patère suggèrent la présence du grand détective.

The Annex PLANS II ET III

● *Bathurst, Spadina et Dupont. Entre Avenue Rd et Bathurst St.*
À l'ouest de Yorkville et au nord du campus universitaire, The Annex est un haut lieu du Toronto étudiant, mêlant belles maisons victoriennes, cafés, boutiques, galeries et *bargain stores* (magasins discounts), en particulier sur Bloor Street West.

★★ Bata Shoe Museum PLAN III A1

● *St-George. 327 Bloor St. W - ✆ 416 979 7799 - www.batashoemuseum.ca - ♿ - 10h-17h, dim. 12h-17h - 14 $.*

3

Un curieux bâtiment en forme de boîte à chaussures, conçu par l'architecte **Raymond Moriyama**, abrite ce fascinant musée dont la collection, composée d'environ 10 000 pièces, promet un voyage dans le temps (4 500 ans) pas comme les autres. Parmi les innombrables curiosités à découvrir : des chaussons funéraires égyptiens vieux de 3 550 ans, des sandales anasazi (culture autochtone originaire des territoires à la jonction de l'Utah, du Nouveau-Mexique, du Colorado et de l'Arizona) ayant 1500 ans, et des sandales ashanties (peuple du Ghana et des régions adjacentes du Togo et de la Côte d'Ivoire) ornées d'or ! Les visiteurs seront fascinés par les *padukas* ornées de clochettes traditionnellement portées par l'aristocratie indienne, les *fumidawara* japonais servant à marcher dans la neige, les hautes *chopines* de la Renaissance italienne et les sabots français (19e s.) munis de pointes en fer pour écraser les châtaignes. Le musée est également connu pour la richesse et la variété de ses expositions temporaires.

★★ Casa Loma PLAN II

● *Dupont, puis monter les marches. 1 Austin Terrace - ✆ 416 923 1171 - casaloma.ca - 9h30-17h - 40 $.*

Mélange de manoir médiéval et de décor hollywoodien, cet énorme château de grès (1914, E. J. Lennox), dressé au bord de la crête Davenport qui marque la rive de l'ancien lac Iroquois, est né de la fantaisie d'un milliardaire, **Henry Pellatt**. Ce dernier avait fait fortune en exploitant l'énergie hydroélectrique des chutes du Niagara, mais ses excès finirent par le perdre et Casa Loma échut à la ville de Toronto pour impôts impayés et devint une véritable attraction touristique à partir de 1937. La somptueuse demeure de sept étages arbore deux tours, l'une ouverte, l'autre fermée, avec vue panoramique des alentours. Elle compte 21 cheminées et 98 pièces, dont la **chambre ronde** de style Louis XV, le **salon Windsor**, l'**appartement de Lady Pellatt**, le **hall central** de plus de 22 m de haut, le salon lambrissé de chêne, la **serre** au sol de marbre, la **bibliothèque** et ses 10 000 volumes, les passages secrets, le tunnel (244 m) menant aux écuries et au **hangar à voitures**. Remarquez la piscine intérieure (inachevée), reconvertie en salle de projection au sous-sol, 52 téléphones, l'ascenseur et d'autres éléments luxueux des plus rares au début du 20e s.

★ Spadina Museum PLAN II

● *Dupont, puis monter les marches. 285 Spadina Rd - ✆ 416 392 6910 - www.toronto.ca - ♿ - visite guidée merc.-vend. 12h15-16h, w.-end 11h15-16h - gratuit.*

Construit à flanc de colline vers le milieu du 19e s., sur une propriété de 32 ha, ce manoir en brique de 50 pièces domine 2,5 ha de jardins qu'entoure un élégant quartier résidentiel. Il livre un intéressant témoignage sur la vie dans les beaux quartiers de Toronto dans les années 1920-1930.

En 1866, **James Austin** fit l'acquisition de la propriété, et remplaça la demeure d'origine (1836) par une nouvelle maison de style georgien. Son commerce d'épicerie étant fructueux, il avait pu s'offrir une part importante de la Consumer's Gas Company, dont il prit la tête (1874-1897). Il fonda plus tard la Dominion Bank, dont il fut le premier président. Ses descendants adaptèrent l'édifice aux styles architecturaux en vogue et à la dimension de la famille. La grande salle de billard fut rajoutée en 1898 ; en 1907, les terrasses et la porte cochère ; et en 1912, le troisième étage, avec son toit en croupe et ses mansardes à fronton. À l'intérieur, le **salon de réception** et le **jardin d'hiver** reflètent particulièrement bien la grandeur des styles édouardien et victorien et le degré de confort de la famille Austin.

Kensington Market.
imageBROKER/Schoening/age fotostock

À l'ouest du centre-ville

PLANS P. 311 ET 326

Chinatown PLAN III A2

Dundas St., entre Elizabeth St. et Spadina St.
Avec ses 200 000 habitants, le Chinatown de Toronto est l'un des plus grands quartiers chinois d'Amérique du Nord. Il s'est développé à partir de 1878, date d'ouverture d'une laverie par Sam Ching, le premier Chinois officiellement installé ici. Il s'est ensuite considérablement agrandi avec la destruction d'autres quartiers chinois de la ville et l'arrivée, dans les années 1960 et 1970, de migrants venus de Hong Kong et du Vietnam. Petites boutiques traditionnelles, aux étals de fruits et légumes exotiques, ou vastes supermarchés, comptoirs et restaurants, le visiteur y collectionnera les couleurs et les odeurs. Un quartier à fréquenter le dimanche, jour des courses et des retrouvailles familiales, et bien sûr lors du Nouvel An chinois, en février.

Kensington Market PLAN III A2

Augusta Ave. et Baldwin St., à l'ouest de Spadina et au nord de Dundas.
Bon à savoir – Quartier historique de Toronto, Kensington Market est devenu peu sûr en soirée et en dehors des deux rues principales que sont Augusta Ave. et Baldwin St.
En bordure de Chinatown, les rues de ce quartier, très fréquentées le week-end, sont bordées de maisons basses, un peu brinquebalantes et colorées, occupées par des friperies, épiceries, cafés et petits restaurants populaires. Cet ensemble un peu chaotique a vu passer diverses populations : Anglais, Juifs ashkénazes, Italiens et plus récemment les communautés portugaise, caribéenne et indienne.

Photographiée par tous les touristes, la **fresque murale** à l'angle d'Augusta Avenue et Oxford Street, inspirée d'Alfons Mucha, est devenue l'emblème du quartier.

★ Queen Street West PLAN III A2 - PLAN II

Queen St. W, entre John St. à l'ouest et Dufferin St. à l'est.
Cette rue est depuis plusieurs années l'un des axes les plus courus de Toronto. Autour de Spadina Avenue, les bistros à la mode et les enseignes de vêtements et accessoires attirent les locaux à l'heure du déjeuner et de l'*after work*. Sur Spadina Avenue s'ouvre **Graffiti Alley**, ruelle couverte de fresques de street art sur près d'un kilomètre *(accessible entre Queen St. et Richmond St.)*. Plus on avance vers l'ouest, plus les adresses se font branchées : boutiques de jeunes stylistes, *concept stores* à la sélection pointue, cafés artisanaux, petits restaurants à la décoration « instagrammable »... Le très agréable **Trinity Bellwoods Park** permet de faire une pause bien méritée entre deux boutiques. Les Torontois aiment s'y rendre mi-mai pour admirer les cerisiers en fleurs et à l'automne, lorsque les arbres exhibent leurs couleurs flamboyantes. Le quartier en vogue se développe autour d'**Ossington Avenue** *(entre Queen St. West et Dundas St. W)*.

Little Italy PLAN II

À l'angle de College St. et St. Clair Ave., à l'ouest de Bathurst.
Toronto compte également un quartier italien plein des charmes du vieux continent. Les 500 000 Torontois d'origine italienne se sont depuis longtemps éparpillés à travers l'agglomération. Mais ils reviennent dans ce quartier devenu très tendance (et de plus en plus lusophone) pour fréquenter les pizzerias et les cafés, dont le fameux café Diplomatico *(594 College St)*.

Koreatown PLAN II

● *Christie. Bloor St. W (entre Markham St. et Montrose Ave.)*
Autrefois fréquenté par des Latino-Américains, ce quartier a progressivement accueilli des vagues de migrants coréens à partir des années 1960. S'y alignent des épiceries, pharmacies et nombre de restaurants, tous annoncés par des enseignes colorées en *hangeul*, l'alphabet coréen.

Museum of Contemporary Art (MOCA) PLAN I

● *Dundas West, puis 10mn de marche. 158 Sterling Rd - ☎ 416 530 2500 - moca.ca - tlj sf lun.-mar. 11h-18h - 14 $.*

Toronto ville-monde : à chacun son quartier

Toronto est fière de son titre de ville la plus cosmopolite du monde ; près de la moitié des 6,2 millions d'habitants de la métropole sont nés à l'étranger. Et le service d'urgence local serait capable de répondre en... 150 langues ! On passe indifféremment d'un quartier coréen ou grec à un marché indien ou chinois. Les enseignes, les vêtements, la « bande-son » changent d'une rue à l'autre. On découvre les saveurs du monde entier dans les nombreux restaurants. Les différences sont fièrement affichées, les quartiers « ethniques » – où se sont installés les premiers migrants avant qu'ils n'essaiment dans toute la ville – deviennent des appellations marketing. L'Européen est ici un peu dérouté par ces communautés (un terme omniprésent), qui semblent parfois vivre plus les unes à côté des autres qu'ensemble. Mais le multiculturalisme comme ciment d'unité nationale est une réalité au Canada.

Situé dans une ancienne usine de fabrication d'aluminium, dont témoignent les colonnes en béton, le MOCA a pour objectif d'être un centre d'échanges créatif et joue un rôle essentiel dans la formation de la scène artistique contemporaine de la ville. Il accueille régulièrement des expositions temporaires d'artistes contemporains du Canada et du monde entier.

Roncesvalles Village HORS PLAN

● *Dundas West. Roncesvalles Ave., entre King St. et Dundas St.*
Changement d'ambiance dans ce quartier prisé par la classe moyenne, qui regorge de boutiques proposant des délices d'Europe de l'Est, au point d'être rebaptisé « little Poland ».

À l'est du centre-ville

PLANS P. 311, 326 ET 333

The Gay Village PLAN III B1

La très active communauté LGBTQ+ a fait des **rues Wellesley et Church** un quartier particulièrement animé lors de la Pride Week (dernière semaine de juin).

Cabbagetown PLAN II

Quadrilatère formé par Parliament St., Gerrard St., Wellesley St. et Bayview Ave.
Ce sont les **Irlandais** qui s'y installèrent au milieu du 19e s. et qui, plantant des choux devant leurs maisons, sont à l'origine du nom du quartier. Cabbagetown est encore imprégné de cette époque et conserve par endroits une ambiance populaire avec ses demeures victoriennes et maisons de briques (et leurs jardinets) devant lesquelles on discute, joue ou boit une bière les jours ensoleillés. Voyez Amelia Street, Wellesley Street West, mais aussi le plus ancien cimetière de la ville, St. James Cemetery, ou la ferme du parc Riverdale. Le quartier – à l'image de la ville – s'est toutefois sérieusement embourgeoisé et métissé, comme en témoignent les vitrines des restaurants, commerces et associations malaisiens, japonais, africains... L'axe principal, Parliament Street, compte nombre de commerces et cafés, et s'anime particulièrement en septembre lors du Cabbagetown Festival.

Greektown PLAN II

● *Chester et Pape. Danforth Ave., entre Chester Ave. et Dewhurst Blvd.*
Plaques de rues bleues et bilingues, poteaux et lampadaires façon colonnes antiques, cafés, marchés et échoppes regorgeant de délicieuses spécialités méditerranéennes... Les premiers migrants grecs se sont établis ici au début du 20e s., et nombre d'édifices datent de cette époque, contribuant à l'ambiance « village ».

Gerrard India Bazaar PLAN I

Gerrard St. E, entre Coxwell Ave. et Greenwood Ave.
Pour goûter aux cuisines indienne, pakistanaise, afghane ou sri-lankaise, s'étonner de la variété de couleurs des saris et marcher au rythme des dernières musiques de films de Bollywood, rendez-vous au Gerrard India Bazaar. Créé en 1972, ce marché est devenu le plus grand du genre en Amérique du Nord.

★ The Beaches PLAN I

Queen St. E, Coxwell Ave. et Victoria Park Ave.
Aux beaux jours, une atmosphère estivale et décontractée se dégage de ce quartier aux allures de charmante station balnéaire, situé à l'est du centre-ville. Bordées de plages, telles Woodbine et Kew (moins fréquentée) réputées pour la baignade,

The Beaches (« les plages ») ont tout du havre de paix, à deux pas de Toronto. Aux beaux jours, les habitants viennent flâner et manger une glace sur la longue promenade ou s'y retrouvent pour des parties de volley endiablées. Le quartier est également rythmé par une multitude d'événements culturels tels que Winter Station, une exposition d'art en plein air qui dure six semaines en février et mars, et le Beaches International Jazz Festival qui se déroule au mois de juillet.

Le Grand Toronto

PLAN P. CI-CONTRE

★★ Black Creek Pioneer Village

29 km au nord-ouest du centre-ville.
Yonge et Finch, puis bus n° 60 (dir. Steeles). 1000 Murray Ross Parkway - 416 736 1733 - www.blackcreek.ca - P payant - de fin avr. à fin déc. : tlj sf lun.-mar. 11h-16h - 18 $.

Cette reconstitution d'une communauté rurale évoque les traditions et l'architecture du passé de l'Ontario. Ouvert en 1960 sur une propriété de 12 ha, le village compte une quarantaine de bâtiments, dont cinq d'origine faisant partie de la ferme érigée entre 1816 et 1832. En sortant du **centre d'orientation**, vous emprunterez des chemins de terre bordés de trottoirs en bois et de barrières de ranch. L'ensemble, au charme suranné, donne l'impression de remonter le temps. Les maisons restaurées sont meublées à la façon des années 1860. Parmi les bâtiments les plus intéressants : la ferblanterie, la **ferme Stong**, le relais de diligences, le **moulin Roblin**, grande bâtisse en pierre de quatre étages dont la meule est actionnée par la force de l'eau, et l'atelier de l'imprimeur équipé de sa presse. Des guides en costume refont les gestes traditionnels des métiers de l'époque.

★ Aga Khan Museum

24 km au nord du centre-ville. Bus 100 Flemingdon Park au départ des stations de métro de Eglinton ou Broadview.
77 Wynford Drive - North York - 416 646 4677 - www.agakhanmuseum.org - ♿ - P payant - tlj sf lun. 10h-17h30, merc. 10h-20h - parc en accès libre - 10 $ (gratuit merc. à partir de 16h).

Ce **musée des arts et de la culture islamiques** a été initié et financé par l'Aga Khan et abrite sa collection privée. Les œuvres et pièces anciennes (manuscrits, instruments de musique, céramiques des 8e-19e s.), les expositions temporaires (notamment d'art contemporain), les films, performances et ateliers, mettent en avant la contribution des civilisations musulmanes dans les domaines artistique

Le groupe des Sept

Lawren Harris, A.Y. Jackson, J.E.H. MacDonald, Franklin Carmichael, Arthur Lismer, Frederick Varley, Frank Johnston, qui fondèrent le groupe des Sept en 1920, d'autres comme A.J. Casson, qui le rejoignit en 1926, et surtout Tom Thomson (1877-1917, précurseur du groupe) sont aujourd'hui considérés comme les membres de la première école canadienne. Rompant avec la tradition classique, ils créèrent un art vigoureux et coloré reflétant avec force les paysages du Bouclier canadien. Le groupe se dispersa officiellement en 1932, mais certains membres formèrent le Groupe canadien des peintres, qui continua dans la même direction.

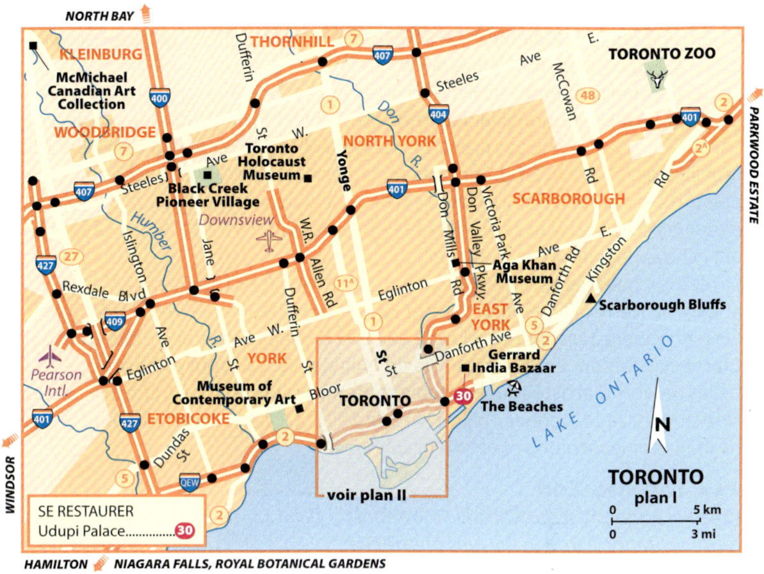

(poterie, musique, architecture…), scientifique (géographie, médecine, astronomie…) et intellectuel, ainsi que leurs connexions avec les autres cultures. L'édifice et le joli parc paysager, dans lequel il est intégré, tranchent avec les banlieues maussades des environs. Dessiné par le célèbre architecte japonais Fumihiko Maki, le bâtiment, sorte d'origami de granite blanc, change d'aspect au fil de la journée et des saisons, son revêtement jouant avec la lumière. Des ornements architecturaux – tels les moucharabiehs du patio – rappellent la thématique du musée.

★ Toronto Holocaust Museum

25 km au nord du centre-ville.

● *Wilson, puis bus n° 160 (dir. Centre Street North of Steeles). 4588 Bathurst St. - Sherman Campus - North York - ♿ -tlj sf vend.-sam. 10h-17h - 18 $.*

Ce petit musée a pour but de mettre en valeur les voix et les expériences des survivants canadiens de l'Holocauste. Après un court métrage introductif, vous découvrirez quatre galeries principales portant sur la persécution des Juifs et des minorités avant la prise de pouvoir du parti nazi, la destruction de la communauté lors de la Seconde Guerre mondiale, la libération et les conséquences des atrocités perpétrées, et la vie au Canada, dont l'assouplissement des restrictions en matière d'immigration en 1947 a permis a des milliers de survivants de tenter de s'y reconstruire. Chaque galerie mêle un contenu digital de qualité (écrans interactifs, témoignages vidéo, chronologies et cartes numériques) et des objets historiques (lettres, photos, documents d'identité, journaux). Le mémorial, lieu de réflexion et de souvenir, comporte sur ses murs les noms de milliers de personnes et de communautés victimes de l'Holocauste.

★★ McMichael Canadian Art Collection

40 km au nord du centre-ville. Route 400 jusqu'à Major Mackenzie Dr., puis à l'ouest sur 6 km environ jusqu'à Islington et au nord sur 1 km.

3

10365 Islington Ave., Kleinburg - ✆ 905 893 1121 ou 1 888 213 1121 - www.mcmichael.com - ♿ - P payant - tlj sf lun. 10h-17h - 20 $.
En 1952, **Robert** et **Signe McMichael** construisirent une maison en rondins et en pierre près de Kleinburg et la décorèrent de tableaux du **groupe des Sept** *(voir encadré p. 332)*. En 1965, ils firent don de leur collection et de leur propriété à la province de l'Ontario. Les bâtiments rustiques en bois équarri, cachés dans les bois de la vallée de la Humber, abritent cette remarquable collection complétée d'œuvres contemporaines autochtones, que des donateurs tel R.S. McLaughlin ont achevé de rendre exceptionnelle.
Le rez-de-chaussée est essentiellement consacré à Tom Thomson, A.Y. Jackson et Lawren Harris, l'âme du groupe et longtemps chef de file de l'art canadien. On remarquera aussi les tableaux de peintres proches du groupe des Sept, dont **Clarence Gagnon**, **Emily Carr** et **David Milne**. À l'étage sont exposées de très belles œuvres d'**artistes autochtones contemporains** tels que Clifford Maracle, Norval Morisseau, Daphne Odjig et Arthur Shilling. Une section d'**art inuit** réunit de magnifiques sculptures et lithographies.

★★★ Toronto Zoo

35 km au nord-est du centre-ville. ● Kennedy, puis bus n° 86A ou train Go Transit d'Union Station à Rouge Hill puis bus n°85.
2000 Meadowvale Rd - ✆ 416 392 5900 - www.torontozoo.com - ♿ - P payant - de déb. mai à déb. sept. : 9h-19h ; de déb. sept. à mi-oct. et de mi-mars à déb. mai : 9h30-16h30, w.-end 9h30-18h ; reste de l'année : 9h30-16h30 - 29/35 $ selon saison.
En été, empruntez la navette Zoomobile *(en fonction de la météo - se rens. pour les tarifs)*, qui procure une excellente vue d'ensemble du parc.
Situé dans un vaste domaine de 287 ha, ce remarquable parc zoologique (1974) recrée l'habitat naturel de ses quelque 5 000 pensionnaires, en plein air chaque fois que possible, ou à couvert, dans des pavillons de bois (conçus par Raymond Moriyama) pour les animaux qui ne peuvent pas s'adapter au climat canadien. Le parc s'organise en sept régions « zoogéographiques » : Afrique, Australasie, Eurasie, Amérique, Indo-Malaisie, Toundra et Canada. Parmi les quelque 450 espèces représentées, nombreux sont les animaux rares ou en voie d'extinction comme le tigre de Sibérie, le léopard des neiges, le tapir malais, l'hippopotame pygmée, l'ours polaire ou le rhinocéros indien.
Attraction très populaire, le **pavillon de la forêt tropicale africaine** est une grande serre tapissée d'une végétation luxuriante où il est possible d'admirer des gorilles des plaines et autres primates. Notez aussi les pavillons américain et indo-malais.

★ Scarborough Bluffs

22 km à l'est du centre-ville.
● Kennedy, puis bus n° 201 (dir. Bluffer's Park).
S'étendant sur environ 14 km à l'est de Toronto et formées par l'érosion éolienne et hydrique, les falaises de Scarborough s'élèvent à plus de 90 m au-dessus du lac Ontario. Onze parcs municipaux les entourent et permettent d'y accéder à tout moment de l'année. La saison estivale reste cependant la plus agréable pour profiter pleinement des sentiers de randonnée, des plages, des jardins et des installations récréatives.

Carnet pratique

S'informer

Destination Toronto – PLAN III B3 - *207 Queens Quay W - Toronto - ✆ 416 203 2500 ou 1 800 499 2514 - www.destinationtoronto.com.*

Presse locale – Guides gratuits : pour tout savoir sur les spectacles, magasins, restaurants, consultez *www.torontolife.com.*

www.nowtoronto.com; www.blogto.com.

Pass touristique

City Pass – *99,96 $ pour 9 jours - en vente sur fr.citypass.com/toronto ou auprès des attractions participantes.* Il donne accès à quatre attractions majeures de la ville (CN Tower et, au choix, Royal Ontario Museum, Casa Loma, croisière autour du port de Toronto, Zoo). Intéressant à partir de trois visites.

Arriver/Partir

En avion

Toronto Pearson International Airport - PLAN I - *✆ 416 247 7678 ou 1 866 207 1690 - www.torontopearson.com.* Il compte trois terminaux (reliés par navette sur rail gratuite) et se situe à 25 km du centre-ville que l'on peut rejoindre par train, bus ou taxi. Pour ces derniers, compter env. 60 $ + pourboire et 30 à 60mn.

Union Pearson Express – *www.upexpress.com - AS aéroport-downtown 12,35 $ - ttes les 15mn de 5h30 à 1h.* Ce train relie l'aéroport à Union Station en 25mn. Les tickets peuvent être achetés en ligne.

Transports en commun régionaux – *www.gotransit.com.* Du Terminal 1, bus en direction des différents quartiers de l'agglomération.

Billy-Bishop Toronto City Airport – PLAN II - *✆ 416 203 6942 - www.billybishopairport.com.* Aéroport domestique situé sur Toronto Islands. Accès en bateau et souterrain piétonnier.

En train

Union Station (gare VIA Rail) – *65 Front St. W, entre York St. et Bay St. - www.torontounion.ca.*

En autocar

Gare routière (Toronto Coach Terminal) – *610 Bay St. - ✆ 1 800 661 8747 - www.greyhound.ca.*

Se déplacer

La meilleure façon de découvrir Toronto est de marcher et, pour les longues distances, d'emprunter les transports publics, car les rues sont souvent encombrées et le stationnement parfois problématique.

Transports en commun

Réseau – *www.ttc.ca.* Les métros, bus et tramways circulent sur le réseau de la TTC.

Les **horaires** sont variables en fonction des lignes. Métro : lun.-sam. de 6h à 1h30, dim. de 8h à 1h30 ; bus : de 6h (8h dim.) à 1h ; tram : 24h24.

Le **billet** coûte 3,35 $ aller simple pour tout trajet sans interruption. Ils s'achètent dans les stations de métro ou dans les bus (prévoir de la monnaie). Il existe aussi une carte, appelée PRESTO (4 $), à charger : aller simple 3,35 $, 2 trajets 6,70 $, journée 13,50 $. Chaque trajet est possible pendant 2h à partir du compostage et comprend les correspondances.

En voiture

Se garer – Il est difficile de se garer dans la rue, où le parking minuté et le parking avec permis sont les seuls valables. Mieux vaut laisser son

3

véhicule dans les parkings fermés. Ceux des musées sont souvent payants. Les parkings sont identifiés par des panneaux portant un grand « P » vert. Les stationnements sont limités à 3h.
parking.greenp.com

À vélo

Le système de location **Bike Share Toronto** permet d'emprunter des bicyclettes vertes réparties dans une cinquantaine de stations du centre-ville. Tarifs selon la durée.
bikesharetoronto.com.

Agenda

Caribbean Carnival – *Mi-juil.-déb. août - torontocarnival.ca.* Parades colorées, pique-nique géant et foule bigarrée pour une immersion festive dans l'univers antillais.

Toronto International Film Festival (Tiff) – *En sept. - tiff.net.* Durant 11 jours à partir de la fête du Travail, ce festival non compétitif, l'un des principaux dans le monde, attire de nombreuses stars internationales.

Canadian National Exhibition (CNE) – *Fin août - www.theex.com.* Manèges, stands de nourriture en tous genres, concerts, expositions, défilés… Cet événement marque la fin de l'été et rassemble des milliers de personnes sur Exhibition Place. Le spectacle aérien international du Canada clôture les festivités. Un incontournable depuis 1879.

Rencontres sportives

Les événements sportifs sont nombreux à Toronto : base-ball, basket-ball, hockey, régates annuelles de canoë et d'aviron, concours hippiques (Royal Agricultural Winter Fair), matchs de soccer (de plus en plus populaire) et courses automobiles.

Toronto Blue Jays (base-ball) – *Avr.-oct. - www.mlb.com/bluejays.* À Rogers Centre. L'unique représentant canadien de la MLB (ligue majeure de base-ball) bénéficie du soutien populaire.

Toronto Maple Leafs (hockey sur glace) – *Oct.-avr. - www.nhl.com/mapleleafs.* À Scotiabank Arena. Championnat NHL.

Toronto Raptors (basket-ball) – *De mi-oct. à avr. - www.nba.com/raptors.* À Scotiabank Arena. Championnat NBA.

Toronto FC (soccer) – *Mars-déc. - www.torontofc.ca.* Au BMO Field. Championnat MLS.

Nos adresses

PLANS P. 311, 326 ET 333

Restauration

Downtown PLAN III

Pour le déjeuner, nombre de cafés et d'établissements proposant de la petite restauration (salades, sandwichs) occupent les halls des buildings et la ville souterraine.

Premier prix

9 **Mystic Muffin** – PLAN III B2 - *113 Jarvis St. - 416 941 1474 - fermé le soir et dim. - moins de 15 $.* Tenu par un jeune et dynamique Libanais, ce *chip-chop* ne paie pas de mine, mais les plats servis, à consonance orientale, sont frais et pleins de saveurs. À la belle saison, sandwichs-pitas, falafel ou houmous, ainsi que les incontournables muffins et *apple pies* se prêtent parfaitement à un déjeuner sur le pouce.

2 **Big Smoke Burger** – PLAN III B2 - *50 King St. E - 416 947 9500 - www.bigsmokeburger.com - service continu - burgers 9/12 $.* Tout est

annoncé dans le nom de cette petite chaîne de burgers née à Toronto (plusieurs adresses en ville). Des burgers bons, gros, juteux et bien garnis, accompagnés de vraies frites.

Budget moyen

6 Hokkaido Ramen Santouka – PLAN III B2 - *91 Dundas St. - ✆ 647 748 1717 - www.santouka.co.jp - service continu - ramen 18,75/22,75 $.* Cette petite chaîne japonaise compte une dizaine d'adresses à l'étranger. Celle de Toronto fait très souvent le plein. Les bols de *ramen*, le bouillon goûteux, s'avèrent revigorants en hiver.

13 Queen Mother Café – PLAN III A2 - *208 Queen St. W - ✆ 416 598 4719 - www.queenmothercafe.ca - service continu - plats 17,95/24,95 $.* Un café-restaurant volontairement un peu kitsch, à fréquenter prioritairement le midi en semaine ou pour le brunch dominical. Menus local (burgers, salades généreuses) et asiatique *(pad thai)* devraient contenter tout le monde.

7 Jack Astor Bar & Grill – PLAN III B3 - *144 Front St. W - ✆ 416 585 2121 - jackastors.com - service continu - plats 23,21/44,97 $.* Cette chaîne de restauration canadienne offre un bon rapport qualité-prix. Une adresse *kid friendly* à l'atmosphère un peu bruyante. Agréable terrasse.

12 Cactus Club Cafe – PLAN III B2 - *77 Adelaide St. W - ✆ 647 748 2025 - www.cactusclubcafe.com - plats 25/30 $.* Ce restaurant branché propose une cuisine internationale fraîche et variée, composée d'ingrédients locaux et de qualité. Élégant décor boisé dans la salle principale, ambiance plus festive sur le toit terrasse.

Pour se faire plaisir

1 Cibo Wine Bar – PLAN III A3 - *522 King St. W - ✆ 416 504 3939 - www.cibowinebar.com - service continu - plats 36/48 $.* De Miami à Toronto, le goût de l'Italie rustique tel qu'on l'apprécie de ce côté-ci de l'Atlantique. Pain et pâtes faits maison. La carte des vins habille tout un pan de mur.

Une folie

3 Canoë – PLAN III B3 - *66 Wellington St. W - ✆ 416 364 0054 - www.canoerestaurant.com - ♿ - fermé w.-end - plats 54/82 $ - menu 185 $.* Perché au 54e étage de la tour Toronto Dominion Bank, l'établissement domine le port et les îles. Le décor minimaliste crée une atmosphère confortable. La cuisine, canadienne, est rehaussée d'un service parfait.

Old Town

Premier prix

5 Fresh on Front – PLAN III B3 - *47 Front St. E - ✆ 647 693 7556 - freshplantpowered.com - service continu - plats 17/19,50 $ - réserv. conseillée.* Une adresse végane branchée et très courue. La déco, soignée, mixe les tendances, avec carreaux de ciment, brique industrielle, long bar en *terrazzo* et fauteuils en velours. Dans l'assiette, des salades, burgers, *wraps* et *bowls*, à base de riz, quinoa, tofu et légumes, à accompagner d'un jus detox vitaminé ou d'un soda maison. Autres adresses : dans The Annex au 386 Bloor St., et 894 Queen St. W.

Yorkville

Pour se faire plaisir

15 Sassafraz – PLAN III A1 - *100 Cumberland St. - à l'angle de Cumberland St. et Bellair St. - ✆ 416 964 2222 - www.sassafraz.ca - fermé lun. - plats 23/69 $.* Installé au rez-de-chaussée d'un ensemble de maisons victoriennes, ce restaurant branché propose une cuisine créative (poulet, poisson...). Concerts en soirée le vendredi.

3

21 The Oxley Public House – PLAN III A1 - *121 Yorkville Ave. - ✆ 647 348 1300 - theoxley.com - service continu - plats 27/98 $.* Atmosphère *british* dans la salle et sur la carte pour ce pub qui ne déparerait pas à Westminster City. Idéal pour un *sunday lunch* dans les règles de l'art.

Queen Street West

Budget moyen

20 Pizzeria Libretto – PLAN II - *221 Ossington Ave. - ✆ 416 532 8000 - pizzerialibretto.com - fermé lun.-jeu. - plats 17/29 $.* Des pizzas napolitaines authentiques et unanimement plébiscitées.

18 Azhar Kitchen & Bar – PLAN II - *96 Ossington Ave. - ✆ 647 503 1098 - azhartoronto.com - fermé lun. et le midi de mar. à vend. - plats 18/40 $.* Idéal pour un brunch et se délecter de plats à partager inspirés de la Méditerranée et du Moyen-Orient. Mention spéciale pour le trio houmous, mouhammara et baba ganoush, accompagné de pain pita. Vue sur la cuisine ouverte et son four à bois.

Koreatown

Premier prix

14 Buk Chang Dong Soon Tofu – PLAN II - *691 Bloor St. W - ✆ 416 537 0972 - service continu - 15,95/19,50 $.* Déclinaisons de préparations brûlantes et épicées à base de tofu. Le classique bibimbap (un repas complet en un plat) et les nombreux accompagnements concourent à la popularité de ce lieu sans prétention mais dépaysant.

Greektown

Premier prix

10 Athens Pastries – PLAN II - *509 Danforth Ave. - ✆ 416 463 5144 - athenspastries.com - service continu - moins de 15 $.* Profitez ici de la *street food* grecque salée (tourte aux épinards, viande ou fromage) et sucrée (miel et pâte filo en vedette).

Gerrard India Bazaar

Premier prix

30 Udupi Palace – PLAN I - *1460 Gerrard St. E - ✆ 416 415 8189 - udupipalace.ca - plats 10/14 $.* Petit restaurant sans prétention qui offre une cuisine 100 % végétarienne et authentique du sud de l'Inde. L'établissement est surtout connu pour ses *dosas*, sortes de crêpes fines garnies de pommes de terre, légumes ou fromage.

Petite pause

Downtown

Hôtel Fairmont Royal York – PLAN III B3 - *100 Front St. W- ✆ 416 368 2511 - www.fairmont.com - 12h-0h - plats 23/60 $.* Ce symbole de Toronto reçoit à l'heure du thé dans son Library Bar et, en été, sur les toits de l'hôtel.

Uncle Tetsu – PLAN III B2 - *595 Bay St. Unit E-05 - ✆ 416 591 0555 - uncletetsu-ca.com - 10h30-21h30.* Deux enseignes côte à côte : la rouge où l'on fait la queue pour des cheese-cakes à la mode japonaise (plus aérien, moins sucré), la verte pour des madeleines... au matcha.

Dineen Coffee – PLAN III B2 - *140 Yonge St. - ✆ 416 900-0949 - dineencoffee.com - 7h30-16h, w.-end 8h30-16h30.* Une adresse chic et reposante, où déguster un très bon café accompagné de délicieux brownies ou muffins.

Craig's Cookies – PLAN III B1 - *483 Church St. - ✆ 416 519 5336 - craigscookies.com - 10h-22h.* De gros cookies fondants et gourmands avec une mention spéciale pour le classique aux pépites de chocolat, dont la pointe de sel fait toute la différence. Jolie boutique colorée.

Distillery District

Café Balzac – PLAN II - *1 Trinity St. - ✆ 416 207 1709 - www.balzacs.com - 7h30-19h.* Excellents cafés servis dans l'un des magnifiques bâtiments industriels rénovés de Distillery District.

Yorkville

Windsor Arms Hôtel – PLAN III A1 - *18 St. Thomas St. - ✆ 416 971 9666 - www.windsorarmshotel.com - lun.-jeu. 12h-15h, vend.-dim. 12h, 12h30, 14h30, 15h et 17h - menu : lun.-vend. 65 $, sam.-dim. 85 $.* Le somptueux salon richement décoré propose deux services de thé dînatoire ainsi qu'une (peu orthodoxe) formule « *take away* ». Moins cher en semaine.

Kensington Market

Moonbean Coffee Company – PLAN III A2 - *30 St. Andrews St. - ✆ 416 595 0327 - www.moonbeancoffee.com - 7h-19h.* Situé au sein de Kensington Market, ce très agréable café bohème sert des crus du monde entier, torréfiés sur place. Un incontournable pour les amateurs de « vrai » café.

Queen Street West

Bang Bang Ice Cream & Bakery – PLAN II - *93A Ossington Ave. - ✆ 416 531 1900 - bangbangicecream.ca - 12h-21h, dim. 13h-21h - fermé lun.* L'attente peut être longue, mais cela en vaut la peine ! Cette petite boutique artisanale propose des crèmes glacées aux parfums originaux : toast à la cannelle, matcha, limonade... La carte change tous les jours. Les plus gourmands se laisseront tenter par le fameux *ice-cream sandwich* : une crème glacée entre deux cookies !

Boire un verre

Downtown

Bar Hop – PLAN III A3 - *391 King St. W - ✆ 647 352 7476 - barhopbar.com - 16h-0h, jeu. 16h-1h, vend. 16h-2h, sam. 12h-2h, dim. 12h-0h.* 40 bières artisanales sont à l'honneur ici, servies à la pression ou en bouteille.

Louix Louis – PLAN III B2 - *325 Bay St., 31e étage - ✆ 416 637 5550 - louixlouis.com - 7h-22h30.* Le Grand Bar, aux tons chauds et ambrés, fait référence aux anciennes distilleries de Toronto. La carte comporte d'ailleurs plus de 500 spiritueux bruns. Cocktails maîtrisés et raffinés, et vue imprenable sur le quartier financier. Restauration possible.

Real Sports Restaurant – PLAN III B3 - *15 York St. - Maple Leaf Square - ✆ 416 815 5464 - realsports.ca - 11h30-0h (23h le dim.).* Pour comprendre ce que la passion du sport signifie au Canada, on s'attablera face à l'un des 200 écrans lors d'un match d'une équipe locale.

Queen Street West

Bellwoods Brewery – PLAN II - *124 Ossington Ave. - www.bellwoodsbrewery.com - lun.-mar. 17h-0h, merc. 12h-0h, jeu.-sam. 12h-1h, dim. 12h-0h.* Une microbrasserie fondée en 2012, avec une salle aménagée dans un ancien garage, prolongé par une jolie terrasse. On y goûte l'une des bières artisanales de la maison. Restauration et boutique.

Downtown Winery – PLAN II - *30 Ossington Ave. - ✆ 416 537 0416 - downtownwineryto.com - mar., merc., dim. 12h-20h, jeu.-sam. 12h-23h - fermé lun.* Un bar à vins familial implanté sur Ossington Avenue depuis plus de 30 ans. On y découvre des crus de la région de Niagara, du Portugal et d'Argentine. Assiettes et planches à partager en cas de petite faim.

Little Italy

Bar Raval – PLAN II - 505 College St.- *thisisbarraval.com - 11h-1h.* Ce petit bar à l'ambiance intimiste est réputé pour sa carte de boissons et de tapas aux saveurs barcelonaises. La somptueuse salle et ses courbes boisées rappellent l'architecture de Gaudí. Très peu de places assises (quelques tabourets) ; on déguste les spécialités debout, au comptoir.

Shopping

Quelles que soient vos préférences, vous trouverez tout dans les différents quartiers commerçants de Toronto ou l'un de ses immenses *malls*. Les boutiques chics de **Bloor/ Yorkville** *(Bloor and Cumberland St., Yorkville et Hazelton Ave.)* proposent le haut de gamme – en choix comme en prix. De la tenue de soirée aux week-ends décontractés, **Yonge and Eglinton** s'adresse à la clientèle des jeunes cadres. Les boutiques de **Queen Street West** *(à l'ouest de Bathurst St.)* se tiennent à la pointe de la mode, alors que les couturiers qui montent occupent **West Queen West** *(de Bathurst St. à Shaw St.)*, mine de boutiques bohèmes bon marché où les plus sophistiqués trouvent de la haute couture à un prix abordable. Enfin, **College Street** *(de Bathurst St. à Shaw St.)* attire les étudiants et les amateurs de mode jeune dernier cri.

Downtown

Eaton Centre – *220 Yonge St. - ✆ 416 598 8560 - www.cfshops.com/toronto-eaton-centre.html.* Près de 250 magasins sur 4 niveaux : enseignes internationales et marques canadiennes.

Jays Shop – *1 Blue Jays Way - ✆ 416 341 2904 - www.jaysshop.ca - Gate 5 : fermé les dim. jours de match à domicile.* Dans cette boutique dédiée à l'équipe de base-ball de Toronto, tee-shirts, doudounes, balles, casquettes mais aussi mugs, tables, fauteuils, vêtements pour bébés sont déclinés aux couleurs des... Blue Jays évidemment.

Old Town

St. Lawrence Market – *92-95 Front St. E - ✆ 416 392 7219 - www.stlawrencemarket.com - marché fermier sam. 5h-15h ; marché sud mar.-vend. 9h-19, sam. 7h-17h, dim. 10h-17h, fermé lun..* Situé dans la vieille ville, il propose produits frais, poissons et fruits de mer, fleurs, souvenirs et artisanat.

Queen Street West

Sonic Boom – *215 Spadina Ave. - ✆ 416 532 0334 - sonicboommusic.com.* Le plus grand magasin de disques indépendant du Canada vend CD, DVD et vinyles en tout genre, neufs ou d'occasion. Les plus nostalgiques pourront même y acheter des K7. Coin librairie et produits dérivés (t-shirts).

Black Market – *256 Queen St. W - ✆ 416 599 5858 - blackmarkettoronto.com.* Dans ce vaste magasin de vêtements et accessoires de seconde main, tous les articles sont à 10 $ ou moins (sans compter les taxes) !

Mountain Equipment Co-Op – *300 Queen St. W - ✆ 416 340-2667 - www.mec.ca.* Le Canada est LE pays du sport en plein air et cette chaîne permet à tous les fondus d'*outdoor* de s'équiper.

Cosmos Records – *607A Queen St. W - ✆ 416 603 0254 - cosmosrecords.ca.* Une boutique spécialisée en vinyles *vintage* où l'on trouvera son bonheur, quel que soit le style de musique recherché.

Frank and Oak – *735 Queen St. W - ✆ 647 930-8711 - www.frankandoak.com.* Sur la très branchée Queen St. W, cette enseigne canadienne a son adresse dédiée à la mode masculine (avec petit café et coin barbier). On y trouve des basiques de qualité, faciles à porter mais aux détails soignés. La mode féminine se trouve, quant à elle, au **Toronto Eaton Centre** *(220 Yonge St.).*

The Paper Place – *887 Queen St. W - ✆ 416 703 0089 - shop.thepaperplace.ca.* Le papier est ici décliné sous toutes les formes (cahiers, cartes, rouleaux, feuilles) et couleurs, avec de fortes influences japonaises.

Craft Ontario Shop & Gallery – *1106 Queen St. W - ✆ 416 921 1721 - www.craftontarioshop.com - fermé lun..* L'art autochtone est mis à l'honneur avec le travail de près de 200 artistes et designers dont des toiles mais aussi de la vaisselle, des bijoux, des vêtements.

Marchés aux puces

L'agglomération compte beaucoup de marchés aux puces (*flea markets*), excentrés.

www.destinationtoronto.com/things-to-do/shopping/flea-markets.

Merchant's Flea Market – *1921 Eglinton Ave. E - merchantsfleamarket.com - w.-end 10h-18h.* 250 stands dans le quartier de Scarborough.

Downsview Park Market – *40 Carl Hall Rd - @dpmerchantsmkt - w.-end 10h-17h.* Réputé pour sa *food court* populaire et cosmopolite.

En soirée

Consulter les suppléments Arts et Spectacles de la presse locale *(numéro du jeudi)* pour obtenir la liste des manifestations culturelles et l'adresse des principaux théâtres et salles de concert.

Sites de réservation : **torontolife.com** (événements, restaurants, sorties en soirée) ; **www.ticketmaster.ca** (événements sportifs et culturels) ; **www.mirvish.com** (théâtres Royal Alexandra et Princess of Wales).

Rencontres sportives

Voir « Agenda », p. 336.

Rendez-vous d'étudiants

Si vous brûlez d'envie de savoir où les étudiants de l'université de Toronto et de Ryerson passent leur temps, rejoignez College Street. La nuit, clubs et pubs accueillent les noctambules.

Clubs, musique live

Toronto est l'une des places fortes de la musique *live* en Amérique du Nord. Les rues Bloor, Queen et King abondent en bars accueillant des concerts.

The Rex Jazz Bar – PLAN III A2 - *194 Queen St. W - ✆ 416 598 2475 - www.therex.ca - horaires variables.* Les meilleurs musiciens de jazz et de blues viennent se produire dans ce club incontournable.

Rivoli – PLAN III A2 - *334 Queen St. W - ✆ 647 494 4540 - www.rivoli.ca - 12h-0h, vend.-sam. 12h-2h - fermé lun.* Partageant l'espace avec un café, un restaurant, un club et une salle de billard, cette petite salle de concert s'est imposée, depuis les années 1980, comme un rendez-vous des groupes de rock alternatif.

3

Spectacles

Principal centre culturel urbain du Canada anglophone, Toronto s'enorgueillit d'un orchestre symphonique et des chœurs Mendelssohn au Roy Thomson Hall, de concerts au Massey Hall, du Toronto Dance Theatre, du Harbourfront Centre. La Compagnie d'opéra canadienne et le Ballet national du Canada logent au Four Seasons Centre for the Performing Arts. De nombreuses salles de théâtre (St. Lawrence Centre for the Arts, the Royal Alexandra, Princes of Wales Theatre, Elgin and Winter Garden Theatre Centre) présentent des œuvres théâtrales et musicales classiques et contemporaines.

Hébergement

L'hébergement est particulièrement cher à Toronto. Les B & B proposent le meilleur rapport qualité, prix et convivialité.
m.bbcanada.com.

Downtown

Une folie

8 **Hôtel Victoria** - PLAN III B2 - *56 Yonge St. - 416 363 1666 ou 800 363 8228 - www.hotelvictoria-toronto.com - - 56 ch. 310/627 $.* Dominé par les gratte-ciel de Yonge Street, cet établissement se situe à quelques pas des théâtres, des boutiques, des restaurants et du Hockey Hall of Fame. Petites chambres, joliment décorées de bois sombre et de tons pêche et gris. Le petit-déjeuner (non compris dans le prix de la chambre) est servi dans un restaurant juste à côté de l'hôtel.

6 **Pantages Hotel Downtown Toronto** - PLAN III B2 - *200 Victoria St. - 416 362 1777 - www.pantageshotel.com - - 106 ch. à partir de 450 $ -* . Situé à deux pas du Eaton Centre, cet hôtel propose des suites à la décoration luxueuse et contemporaine. Une multitude de services y sont proposés (restaurant, centre de fitness, spa...), pour un séjour tout confort.

Queen's Park - Chinatown

Budget moyen

2 **The Planet Traveler's Hostel** - PLAN II - *357 Collège St. - 647 352 8747 - theplanettraveler.com - P payant - lit en dortoir à partir de 56 $, 11 ch. doubles à partir de 169 $. (2 nuits mini)* Agréable auberge de jeunesse aménagée dans un édifice centenaire joliment rénové et rafraîchie chaque hiver. Belle déco, nombreux efforts pour réduire l'impact écologique, vaste terrasse panoramique et des dortoirs simples mais bien conçus.

Pour se faire plaisir

7 **Hôtel Ocho** - PLAN III A2 - *195 Spadina Ave. - 416 593 0885 - www.hotelocho.com - 20 ch. 208/312 $ -* . Une façade discrète, un gros rond orange comme logo : cette ancienne usine textile de Chinatown a été transformée en hôtel au design moderne très réussi.

Queen Street West

Une folie

1 **Gladstone House** - PLAN II - *1214 Queen St. W - 416 531 4635 - www.gladstonehouse.ca - P payant - 55 ch. et suites à partir de 379 $ -* . Charmant boutique-hôtel aménagé dans un bâtiment historique de 1889. Les chambres sont décorées avec soin et présentent des murs en briques apparentes d'origine, ornés d'œuvres d'artistes locaux. Installé en 1907, le sublime ascenseur manuel est l'un des derniers de la ville encore en service.

Chutes du Niagara

★★★

Niagara Falls

En dévalant la falaise à mi-chemin entre les lacs Érié et Ontario, le Niagara crée de spectaculaires chutes d'eau dont la beauté attire chaque année quelque 30 millions de visiteurs. Ce sont les chutes les plus visitées au monde. Leur hauteur – 50 m environ – n'est pas exceptionnelle, mais leur ampleur et la puissance des eaux qui s'y engouffrent sont impressionnantes. Les touristes, arrosés, en ont généralement le souffle coupé. Sur la rive américaine s'étend la grande ville industrielle de Niagara Falls. Au Canada, la ville du même nom est vouée au tourisme et concentre hôtels, attractions en tout genre et fast food. Un envers du décor aux allures de fête foraine, qu'on oublie vite face aux chutes légendaires.

Se repérer

CARTE CD2 (P. 298-299) - PLANS I (P. 349), II (P. 347), III (P. 344).

Entre la pointe sud du lac Ontario et l'extrémité nord du lac Érié.

À ne pas manquer

La croisière sur le *Hornblower*; la vue sur les chutes depuis la tour Skylon; Niagara-on-the-Lake.

Organiser son temps

Les chutes sont très fréquentées, et l'attente courante à l'entrée des attractions. Si vous ne dormez pas sur place, donnez la priorité à l'excursion en bateau et la promenade sur les rives. Une nuit à Niagara Falls permet de profiter du site avant l'arrivée de la foule et après son départ. Tous les soirs d'été, un feu d'artifice est lancé au-dessus des chutes.

En famille

La White Water Walk; les Niagara Parks Botanical Gardens et le Conservatoire des papillons.

Carnet pratique p. 351

Nos adresses p. 352

3

Découvrir

PLAN P. 344

Opter pour un **Niagara Falls Adventure Pass Classic** *(voir « Carnet pratique » p. 351)* peut s'avérer avantageux car il donne accès aux deux principales attractions (Journey Behind the Falls et White Water Walk), à une 3e au choix, mais aussi au réseau de bus WeGo pendant 2 jours. Dans sa version « Plus », il inclut des attractions supplémentaires et la navette pour Niagara-on-the-Lake. Mais posséder un Pass ne vous dispensera pas des files d'attente, fréquentes.

★★★ Les chutes

Éclairées le soir de lumières multicolores, gelées en hiver, les chutes du Niagara sont un spectacle permanent. Elles sont visibles du bord de la rivière et du sommet de différentes tours d'observation.

★★★ Promenade de Rainbow Bridge à Table Rock

1,6 km env. Depuis Rainbow Bridge, la promenade longe la rivière et passe par **Queen Victoria Park**. Elle est très en beauté en avril à la saison des jonquilles. Elle fait face aux **chutes américaines**, amples, majestueuses et étrangement apaisantes, et continue vers les **chutes canadiennes**, aussi appelées Horseshoe Falls en raison de leur forme en fer à cheval.

Au niveau de Table Rock Welcome Centre, la promenade surplombe l'endroit où les eaux basculent dans le vide et dévalent les 58 m de dénivelée jusqu'au bassin creusé par l'érosion *(voir p. ci-contre)*. En amont des chutes, la rivière est large, mais ses eaux agitées par le courant rapide.

Table Rock Welcome Centre

6650 Niagara Parkway - ✆ 1877 642 7275 - www.niagaraparks.com - de fin juin à fin août : 8h-22h ; reste de l'année : se rens.

Le principal centre touristique de Niagara Falls comprend des comptoirs d'information touristique – où l'on peut se procurer un Adventure Pass –, un restaurant et des boutiques de souvenirs. Il est le point d'accès à deux attractions.

À l'arrière du bâtiment, le funiculaire **Falls Incline** *(3,50 $ l'aller simple)* permet de regagner les hôtels et les rues touristiques en quelques minutes.

Niagara's Fury – *De fin juin à fin août : 10h30-19h ; reste de l'année : se rens. - 17,50 $.* Une petite introduction (en anglais) sur la formation des chutes précède un film en « 4D », la 4e dimension étant l'eau, le vent et le froid projetés sur les spectateurs habillés d'une cape de pluie. Une attraction pas vraiment indispensable, même si elle pourra amuser les enfants…

★ **Journey Behind the Falls** – *De fin juin à fin août : 8h-22h ; reste de l'année : se rens. - 25 $ cape de pluie fournie ; tarif réduit de mi-déc. à mi-avr., la plate-forme inférieure d'observation étant fermée.* Un ascenseur descend à une profondeur de 30 m sous Table Rock jusqu'à deux **tunnels** aménagés au tournant du 20e s. (claustrophobes s'abstenir !). Le premier relie une double terrasse d'observation au pied des chutes, qui permet de voir au plus près le formidable volume d'eau débité en continu. L'autre couloir mène à deux ouvertures creusées

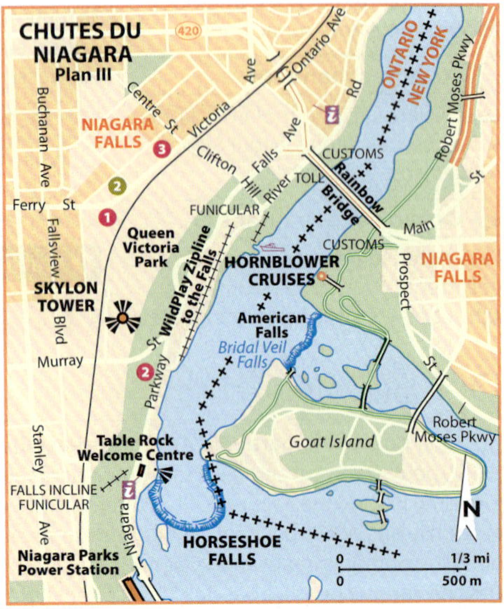

SE RESTAURER
The Keg 1
Queen Victoria Place Restaurant 2
Antica Pizzeria & Ristorante 3

SE LOGER
Howard Johnson by Wyndham 2

Un phénomène menacé

L'œuvre du temps

À la dernière époque glaciaire, le fleuve Niagara, déversoir du lac Érié dans le lac Ontario, dévalait l'escarpement du Niagara à hauteur de Queenston, sapant la couche de calcaire du sommet et rongeant les roches schisteuses à la base de la falaise. L'érosion a ainsi fait reculer la chute de 11 km (plus d'un mètre par an), creusant la gorge que nous voyons aujourd'hui. Dans quelque 25 000 années, la gorge atteindra le lac Érié et les chutes disparaîtront. Il existe en fait deux séries de chutes séparées par l'étroite île Goat. Les chutes américaines, **American Falls**, font 300 m de large et plus de 50 m de haut. Les chutes canadiennes, **Horseshoe Falls** (en forme de fer à cheval), ont près de 800 m de large et 50 m de haut. Elles drainent 90 % de l'eau du fleuve. Lorsque l'on parle des chutes de Niagara, c'est à Horseshoe Falls que l'on fait allusion.

Dompter les eaux

Le premier témoignage de l'existence des chutes nous vient du père **Louis Hennepin**, un récollet qui en 1678 accompagnait l'explorateur Cavelier de La Salle sur le lac Ontario. Intrigué par un grondement lointain, il remonta jusqu'aux chutes. Si aujourd'hui la rumeur de la cataracte ne porte plus si loin, la cause est peut-être imputable aux aménagements modernes qui captent, en amont des chutes, jusqu'à 75 % des eaux de la rivière pour alimenter les centrales hydroélectriques américaines et canadiennes. Le volume d'eau des chutes varie selon les saisons et les heures ; le flux est par exemple réduit la nuit lorsque le site est illuminé. La prise d'eau présente toutefois l'avantage de ralentir l'érosion des roches et par conséquent le recul des chutes. En hiver, quand l'eau est trop basse, les chutes peuvent geler en partie, ce qui est spectaculaire.

Les chutes du Niagara.
Pgiam/Getty Images Plus

La gloire ou le néant

La fin du 19e s. vit une floraison de casse-cou en quête de gloire défier la mort sur le Niagara devant un public amateur de frisson. Le plus célèbre fut, en 1859, le funambule français **Blondin** qui, sur un fil tendu au-dessus des rapides, transporta son imprésario sur ses épaules, puis revint se faire cuire un repas avant de traverser la gorge à bicyclette et revenir les yeux bandés... D'autres tentèrent, sans toujours éviter la noyade, de traverser les rapides à la nage ou de les descendre dans des tonneaux. Les plus hardis, ou les plus inconscients, voulurent sauter les chutes dans des embarcations spécialement conçues, mais la plupart disparurent à jamais dans les flots. Désormais, la police interdit toute tentative de cet ordre.

à même le roc d'où l'on contemple l'impressionnant mur d'eau qui se déverse dans un grondement inouï.

Floral Showhouse PLAN II

7145 Niagara Parkway - ✆ 1877 642 7275 - www.niagaraparks.com - 10h-17h - 8 $.
Conçue en 1894 dans le but de cultiver des plantes pour le Queen Victoria Park, la Flower Showhouse fait désormais office de jardin botanique. Le site est divisé en trois sections : les structures situées au centre et au nord accueillent des expositions florales, tandis que celle située au sud abrite de belles collections d'orchidées, de succulentes et de plantes tropicales.

★ Niagara Parks Power Station

7005 Niagara Parkway - ✆ 1877 642 7275 - www.niagaraparks.com - de fin avr. à mi-oct. : 10h-18h ; reste de l'année : se rens. - 32 $; 42 $ spectacle compris.
Entièrement rénovée, l'ancienne centrale hydroélectrique, située juste en amont des chutes, a rouvert en 2022. Des expositions valorisent son activité passée et un ascenseur vitré, qui permet d'observer les turbines et les installations aujourd'hui à l'arrêt, mène 55 m sous terre, au départ de l'ancien tunnel d'évacuation de l'eau. À l'autre extrémité, 620 m plus loin, une plate-forme, clou de la visite, s'ouvre sur le bassin au pied des impressionnantes chutes. En soirée, *Currents : Niagara's Power Transformed*, un spectacle immersif de 40mn mêlant son, lumière et projection 3D, redonne vie au site et retrace son histoire.

★★★ Hornblower Niagara Cruises

5920 Niagara Parkway, accès par ascenseur ou par le funiculaire (3,10 $) - ✆ 1855 264 2427 - www.cityexperiences.com - ♿ - de mi-juin à déb. sept. : 8h30-20h30 ; reste de l'année : se rens. - fermé de déb. déc. à mi-mai - durée : 20mn AR - fréquence : 15 à 30mn - 33,50 $, cape de pluie fournie.
Du bateau, qui longe la chute américaine avant de s'immobiliser au pied du fameux « fer à cheval » au milieu des tourbillons furieux, la formidable puissance de la cataracte est saisissante, tandis que les capes de pluie des passagers ruissellent sous les embruns. On ressort de cette expérience la tête vidée, profondément impressionné par la puissance des éléments.

★★★ Skylon Tower

5200 Robinson St. - ✆ 905 356 2651 - www.skylon.com - ♿ - 9h-23h, vend.-dim. 9h-0h - plateforme d'observation 18,50 $.
Du haut de cette tour dressée en 1965, s'offre la vue la plus spectaculaire sur les chutes. Cette version miniature de la CN Tower de Toronto s'élève à

236 m au-dessus de la rivière. Ses ascenseurs vitrés ajoutent de multiples angles de vision au panorama que l'on découvre du sommet. La tour possède deux restaurants, dont un qui tourne sur lui-même pour une vue panoramique à 360°.

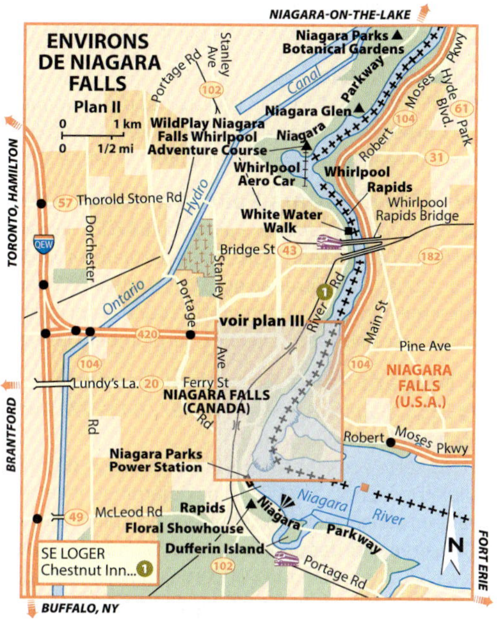

WildPlay Zipline to the Falls

5290 Niagara Parkway - ✆ 1800 263 7073 - www.niagaraparks.com - de fin juin à déb. sept. : 8h-22h, vend.-dim. 8h-23h ; reste de l'année : se rens. - 69,99 $.

Cette immense tyrolienne de 670 m de long démarre de Grand View Marketplace, face aux chutes américaines, pour aboutir sur la terrasse d'observation au pied des chutes canadiennes. Le trajet offre une vue imprenable sur le rideau des Horseshoe Falls et garantit de fortes émotions !

À proximité

PLANS CI-DESSUS ET P. 349

La route **Niagara Parkway (nord)★★**, qui longe la rivière jusqu'à son embouchure sur le lac Ontario, est riche de vues et de jardins, ce qui en fait une agréable promenade. Après les chutes, la route passe sous un pont, le Rainbow Bridge, et traverse un charmant quartier résidentiel.

★★ White Water Walk PLAN II

4330 River Rd - ✆ 1877 642 7275 - www.niagaraparks.com - de fin juin à déb. août : 9h-21h ; reste de l'année : se rens. - fermé de déb. nov. à déb. avr. - 19 $.

Un ascenseur descend au fond de la gorge du Niagara. Puis on accède à une passerelle de bois, jalonnée de panneaux explicatifs, qui longe les **rapides de Whirlpool**. Sur la rive d'en face s'élève la falaise américaine, abrupte. Le torrent large et puissant du Niagara se déchaîne avec fureur dans l'étroit chenal de la gorge. Un spectacle impressionnant !

★★ Whirlpool Aero Car PLAN II

3850 Niagara Parkway - ✆ 1877 642 7275 - www.niagara parks.com - de fin juin à déb. août : 9h-21h ; reste de l'année : se rens. - fermé en cas de mauvais temps et de déb nov. à fin mars - 19 $.

Suspendue à un câble, la nacelle de l'« aérocar » amène les visiteurs au-dessus du courant, où se forme un impressionnant tourbillon, et leur permet de

3

jouir d'excellentes **vues★★** sur les gorges. Environ 1,5 km plus loin, au lieu-dit Thompson's Point, on atteint le point opposé avec une belle **vue★** sur le tourbillon.

★ Niagara Glen PLAN II

3050 Niagara Parkway. Chaussures de randonnée fortement conseillées.
Un escalier mène à 4 km de sentiers permettant de longer la falaise jusqu'au bord de l'eau furieuse *(descente 15mn, montée 30mn).*

WildPlay Niagara Falls Whirlpool Adventure Course PLAN II

3500 Niagara Parkway - 1 800 263 7073 - www.wildplay.com/niagara-falls - de fin juin à déb. sept. : 10h-18h - à partir de 44,99 $.
À quelques kilomètres au nord des chutes, les amateurs de sensations fortes se laisseront tenter par différents parcours comprenant obstacles, ponts suspendus, filets d'escalade et tyroliennes, surplombant les rapides de Whirlpool.

★ Niagara Parks Botanical Gardens PLAN II

2565 Niagara Parkway - 1 877 642 7275 - www.niagaraparks.com - ♿ - P payant - 6h-0h - gratuit.
Dans cette école horticole, la Commission des parcs du Niagara dispense un diplôme sur trois ans. Les 40 ha de jardin sont entretenus par les élèves. La **roseraie**, en pleine floraison début juin, est splendide.
Conservatoire des papillons – *de fin juin à déb. sept. : 9h-19h ; reste de l'année : se rens. - 19 $.* Quelque 2 000 papillons évoluent dans un périmètre de 1 022 m².
À 1,6 km du jardin, la route traverse une petite zone industrielle, proche de deux centrales qui captent les eaux de la rivière : **Robert Moses Generating Station** (côté États-Unis) et **Sir Adam Beck Generating Station** (côté Canada). Un peu plus loin, une grande **horloge florale** décore le bord de la route.

★ Queenston Heights PLAN I

14184 Niagara Parkway - ouvert tte l'année.
Voici le bord de l'escarpement que jadis dévalaient les chutes. Un parc entoure la colonne élevée à la mémoire du général **Isaac Brock** qui, durant la guerre de 1812, fut l'âme de la défense contre les Américains et mourut ici même au combat. Du sommet du monument, la vue s'étend sur la vallée du Niagara.

Circuits conseillés

PLAN P. CI-CONTRE

De Queenston à Niagara-on-the-Lake

Circuit de 12 km tracé en vert clair sur le plan p. ci-contre.

★ Queenston

Ce charmant village aux jolies maisons noyées dans la verdure est l'une des plus anciennes localités de la péninsule.
Laura Secord Homestead – *29 Queenston St. - 905 262 4851 - www.niagaraparks.com/visit/heritage/laura-secord-homestead - de fin avr. à déb. sept. : 10h-17h ; sept. : w.-end 10h-17h - fermé de déb. sept. à fin avr. - 10,25 $.* C'est dans cette simple maison de bois, restaurée par la compagnie de confiserie qui porte son nom, que vécut l'héroïne du Haut-Canada. En 1813, quand Queenston était occupée par les troupes américaines, Laura Secord courut par les taillis à travers les lignes ennemies pour prévenir l'armée britannique, stationnée à 30 km de là,

qu'une attaque surprise se préparait. Cet acte courageux allait permettre, deux jours plus tard, la victoire anglaise de Beaver Dams.

La route jusqu'à Niagara-on-the-Lake est bordée de parcs et d'aires de pique-nique, et offre quelques jolies vues de la rivière. L'été, les produits des vergers de la région sont vendus au bord de la route.

★★ Niagara-on-the-Lake

On croirait un pittoresque village d'Angleterre, posé par magie à l'embouchure du Niagara sur le lac Ontario. Fondée par les loyalistes, première et éphémère capitale du Haut-Canada en 1792, reconstruite après avoir été rasée par les Américains en 1813, la ville semble n'avoir pas changé depuis. Ses gracieuses demeures du 19e s. entourées de jardins et ses rues bordées d'arbres en font une agréable villégiature d'été. Niagara-on-the-Lake est également un centre culturel qui abrite le **Shaw Festival** (*mars-nov.*), consacré au théâtre de l'Irlandais **George Bernard Shaw** (1856-1950). Le théâtre principal, à l'angle de Queen's Parade et de Wellington Street, est une construction de brique au bel intérieur de bois.

★ **Queen Street** – La rue principale incite à la promenade. Près de la tour de l'horloge se groupent de charmantes boutiques, salons de thé, restaurants, hôtels et une authentique pharmacie de 1866, **Niagara Apothecary** (*5 Queen St. - ✆ 905 468 3845 - www. niagaraapothecary.ca - ♿ - de déb. mai à déb. sept. : 12h-18h ; de déb. sept. à mi-oct. : w.-end 12h-18h - participation libre*).

★ **Fort George National Historic Site** – *51 Queen's Parade - ✆ 905 468 6614 - parcs. canada.ca/lhn-nhs/on/fortgeorge - ♿ - de déb. avr. à mi-mai : w.-end 10-17h ; de mi-mai à déb. sept. : 10h-17h ; de déb. sept. à fin oct. : merc.-dim. 10h-17h - 13,25 $.* Construit par les Anglais peu avant 1800, ce fort fut, durant la guerre anglo-américaine de 1812, tour à tour pris par les Américains et repris par les Britanniques. Retranché derrière un talus herbeux aux angles renforcés de bastions, il comprend le carré des officiers, la forge, la poudrière, le corps de garde, et trois blockhaus de bois équarri abritant des expositions militaires. Des guides costumés font revivre l'ambiance d'autrefois.

★★ Welland Canal

Circuit tracé en bordeaux sur le plan p. 349. De Niagara Falls, suivre la route Queen Elizabeth Way (QEW) jusqu'à St. Catharines; sortir sur Glendale Ave., tourner à gauche et traverser le canal par le pont levant. Tourner sur Welland Canals Parkway. De Niagara-on-the-Lake, suivre Niagara Stone Rd (route 55) jusqu'au bout; prendre à droite sur Queenston St. et traverser le canal. Tourner à gauche ou à droite sur Welland Canals Parkway.
Ouvert en 1829, le premier canal Welland permettait à la navigation de relier les lacs Érié et Ontario. Élargi, redressé, le canal actuel fait partie de la voie maritime du St-Laurent. Long de 45 km, il traverse la péninsule du Niagara entre St. Catharines et Port Colborne, et compte huit écluses franchissant au total une dénivellation de 99 m entre les deux lacs.

★★ Route le long du canal

La route longe sept des huit écluses du canal, et permet d'apprécier l'intense trafic de la voie maritime et la taille des navires qui l'empruntent.
Welland Canals Centre – *1932 Welland Canals Parkway (écluse 3), St. Catharines - 905 984 8880 ou 1 800 305 5134 - www.stcatharines.ca - ♿ - 9h-17h (20h mar. de déb. mai à déb. sept.) - participation suggérée 5 $.* Situé au nord du pont levant, à l'écluse 3, il est équipé d'une belle **plate-forme d'observation**. Les horaires de passage des bateaux, très fréquents *(il faut environ 30mn pour passer une écluse)*, sont affichés. Plus au sud, à Thorold, les écluses 4, 5 et 6 franchissent l'escarpement du Niagara. Ces ouvrages jumelés permettent le passage simultané de deux navires, du bief d'amont au bief d'aval et inversement.

Des chutes à Fort Erie

Circuit de 32 km tracé en vert foncé sur le plan p. 349.
Au départ, la route **Niagara Parkway (sud)★** longe les **rapides★★** qui précèdent les chutes, spectacle impressionnant par sa puissance et son ampleur. Puis elle traverse l'**île Dufferin**, où un parc agréable regroupe sentiers, ruisseaux, baignade surveillée, avant de longer les digues qui détournent l'eau du Niagara vers les centrales en aval; la rivière s'étale largement, plate et calme, en contraste total avec son cours inférieur. Agréables vues sur la rive américaine à la hauteur de Grand Island. Après le Peace Bridge, pont reliant la ville de **Fort Erie** à **Buffalo**, belles **vues★** sur la ville américaine.

Old Fort Erie

350 Lakeshore Rd - 905 871 0540 - www.niagaraparks.com - de déb. mai à mi-oct. : 10h-17h - fermé de mi-oct. à déb. mai - 14 $.
C'est la reconstitution du troisième fort construit à la source de la rivière Niagara, à l'embouchure du lac Érié, détruit par les Américains en 1814. On pénètre dans cet ouvrage de pierre en étoile renforcé de bastions par un pont-levis, et l'on peut visiter le quartier des officiers, les casernes, le corps de garde et la poudrière, tandis que des étudiants en uniformes du début du 19e s. exécutent des manœuvres et guident les visiteurs.

Carnet pratique

S'informer

Niagara Falls Tourism – *6815 Stanley Ave. - ✆ 905 356 6061 ou 800 563 2557 - www.niagarafallstourism.com.*

Niagara Parks Visitor Centre – *www.niagaraparks.com - plusieurs centres d'accueil : Table Rock Welcome Centre (**p. 344** - tte l'année) ; près de la billetterie de Hornblower Niagara Cruises ; sur Clifton Hill, à l'angle de Falls Ave.*

Pass touristique

Niagara Pass – *✆ 1 877 642 7275 - www.niagaraparks.com - 3 formules de Pass - 64/84/104 $.* Achat possible sur place dans les points d'information touristique ou en avance sur le site Internet pour bénéficier d'une réduction (à votre arrivée, il faudra alors vous rendre à Table Rock Welcome Centre pour échanger votre voucher contre un Pass).

Arriver/Partir

Si vous n'avez pas de voiture, il est possible de visiter Niagara Falls en train, en bus ou dans le cadre d'une excursion organisée depuis Toronto.

En train

Niagara Falls Station (gare VIA Rail) – PLAN II - *4267 Bridge St., près de Whirlpool Bridge, à 5 km de Table Rock Centre - ✆ 888 842 7245.* Les trains directs (**ViaRail** – *www.viarail.ca - à partir de 26 $)* au départ de Toronto effectuent un AR par jour (2h). De la gare, taxi ou bus pour rejoindre les chutes.

En autocar

Niagara Falls Bus Terminal – PLAN II - *4555 Erie Ave. - ✆ 888 438 6646.* La gare routière – ou éventuellement d'autres arrêts (toujours demander à la réservation) – est desservie quotidiennement au départ de Toronto par plusieurs compagnies : **Megabus** *(en 1h40/2h, à partir de 10 $ en ligne - ca.megabus.com)*, **Flixbus** *(en 2h30, à partir de 20 $ en ligne - flixbus.ca)* ou **Greyhound** *(en 2h30, à partir de 15 $ - greyhound.com).* Taxi ou bus pour rejoindre les chutes.

Excursion depuis Toronto – *Rens. auprès de votre hôtel à Toronto - prix variable selon le programme et sa durée.* La visite comprend généralement la balade en bateau, du temps libre pour apprécier les chutes, éventuellement un arrêt à Niagara-on-the-Lake ou dans un domaine viticole des environs. *niagaratours.ca ; niagarafallsbustours.ca.*

Se déplacer

Transports en commun

WeGo – *www.wegoniagarafalls.com - Pass 1 j. (13 $), 2 j. (17 $) ou inclus dans les Niagara Pass (voir ci-contre) - achat dans les points d'information touristique, à la gare routière et les hôtels et via la Transit app. (nrtransit.ca).* Très pratiques, les bus WeGo desservent Niagara Falls et alentour. 3 lignes : verte le long de Niagara Parkway, des chutes jusqu'au Queenston Heights Park ; bleue pour relier les hôtels de Victoria Ave. ; rouge pour les hôtels de Ferry St. Des bus desservent aussi Niagara-on-the-Lake *(ligne orange, au départ de Floral Clock ; inclus dans l'Adventure Pass Plus - de fin juin à sept.).*

Nos adresses

PLANS P. 344 ET 347

Restauration

Il est difficile de bien manger à petit prix à Niagara Falls. Si vous le pouvez et si le temps le permet, achetez en avance de quoi **pique-niquer**. Sinon, des établissements de chaîne type Tim Hortons permettent un en-cas bon marché.

Pour se faire plaisir

3 **Antica Pizzeria & Ristorante** – PLAN III - *5785 Victoria Ave. - ☏ 905 356 3844 - anticapizzeria.ca - plats 25/35 $.* Agréable et spacieux restaurant aux murs de brique et à la décoration soignée. Au menu, des classiques de la cuisine italienne maîtrisés et réconfortants. Excellentes pizzas cuites au feu de bois. Quelques vins de la région.

Une folie

2 **Queen Victoria Place Restaurant** – PLAN III - *6345 Niagara Pkwy - ☏ 905 356 2217 - www.niagaraparks.com - service continu - fermé de mi-oct. à mi-mai - plats 30/58 $ - menu 65 $ - réserv. conseillée.* Pour un repas avec vue sur les chutes, optez pour la vaste terrasse de ce restaurant, bâti en 1904. Pour le déjeuner, carte de burgers et salades. Le soir, les prix doublent, mais vous serez au premier rang pour assister au feu d'artifice.

1 **The Keg** – PLAN III - *5950 Victoria Ave. - Courtyard Marriot - ☏ 905 353 4022 - www.kegsteakhouse.com - fermé le midi en sem. - plats 40/71 $.* Steakhouse de qualité, qui sert de belles pièces de viande (cuisson à la demande) et de savoureux *ribs* de porc laqués, dans une salle cosy.

Hébergement

Trois options pour se loger à Niagara Falls : le quartier des *bed & breakfast*, entre Rainbow Bridge et Whirlpool Bridge (accès en bus WeGo) ; les hôtels de chaîne du côté des chutes, à tous les prix (ceux avec vue se paient évidemment plus cher) ; ou Niagara-on-the-Falls, si vous êtes véhiculé.

Budget moyen

1 **Chestnut Inn** – PLAN II - *4983 River Rd - ☏ 905 374 7623 - P - 4 ch. 149/195 $ ☕.* Dans cette grande demeure du 19e s. sont aménagées 4 chambres d'hôtes douillettes, au charme suranné. Excellent petit-déjeuner. Arrêt de bus WeGo tout proche.

2 **Howard Johnson by Wyndham** – PLAN III - *5905 Victoria Ave. - ☏ 800 440 5912 - www.hojobythefalls.com - P payant - 🏊 ♿ - 198 ch. 90/230 $.* Un hôtel de chaîne bien situé (arrêt de bus WeGo juste devant), avec piscine et parking. Les vastes chambres au look seventies, très confortables, sont toutes rénovées et équipées de kitchenette (pas de petit-déjeuner).

Péninsule ontarienne

Ontario Peninsula

Bassin industriel et agricole, la péninsule ontarienne, située au sud-ouest de Toronto et ponctuée de villes moyennes, reste méconnue des voyageurs. Ce territoire, qui s'étend de Hamilton à Windsor, vient flirter avec la frontière américaine et les Grands Lacs. Côté tourisme, on évitera les hypercentres de ces agglomérations embouteillées pour savourer le charme des petites localités ainsi que la beauté du Point Pelee National Park. D'Elora la bucolique à Goderich la balnéaire, ces bourgades constituent autant de haltes reposantes avant de filer plus au sud vers Detroit ou de mettre le cap au nord en direction de la baie Georgienne et ses eaux cristallines.

Se repérer

CARTE C2-3 (P. 298-299) - PLAN DE HAMILTON (P. 354).

Hamilton et Branford se situent au sud de Toronto, à proximité des chutes du Niagara ; Kitchener-Waterloo, Stratford et London dans les terres au sud-ouest de Toronto. Bordées par le lac Huron, Bayfield et Goderich affichent un visage balnéaire.
À l'extrême sud, Windsor fait face à la ville américaine de Detroit située sur l'autre rive de la rivière du même nom.

À ne pas manquer

La petite ville d'Elora et ses gorges où se baigner en été ; Brantford pendant le festival ; les plages de Goderich ; le Point Pelee National Park et sa faune ornithologique.

Organiser son temps

Prévoyez une nuit sur place, voire deux nuits si vous souhaitez vous attarder sur quelques points d'intérêt.

En famille

L'African Lion Safari ; le Canadian Warplane Museum ; le Huron County Museum ; la Huron Historic Gaol.

Carnet pratique p. 366

Nos adresses p. 366

3

Hamilton

PLAN P. 354

28 James St. N - 905 546 2666 - tourismhamilton.com.
La vaste rade de Hamilton est séparée du lac Ontario par un cordon littoral coupé par un canal qu'empruntent les bateaux acheminant le minerai de fer dans les aciéries. Une route, Burlington Skyway, passe au-dessus du cordon littoral et fait partie de la voie rapide qui relie Toronto aux chutes du Niagara, la Queen Elizabeth Way (QEW). La cité occupe un plateau dominant la plaine de 76 m, au pied de l'escarpement du Niagara. À cet endroit, plusieurs parcs offrent de jolies vues.
Le parking est payant dans le centre-ville. Le week-end, la note peut vite grimper car certains d'entre eux ne sont pas payants à l'heure mais à la journée *(10 $)*.

Centre-ville et Hess Village

Plusieurs bâtiments modernes marquent le centre-ville, le long de Main Street, entre Bay Street et James Street, dont le City Hall, la Art Gallery of Hamilton et

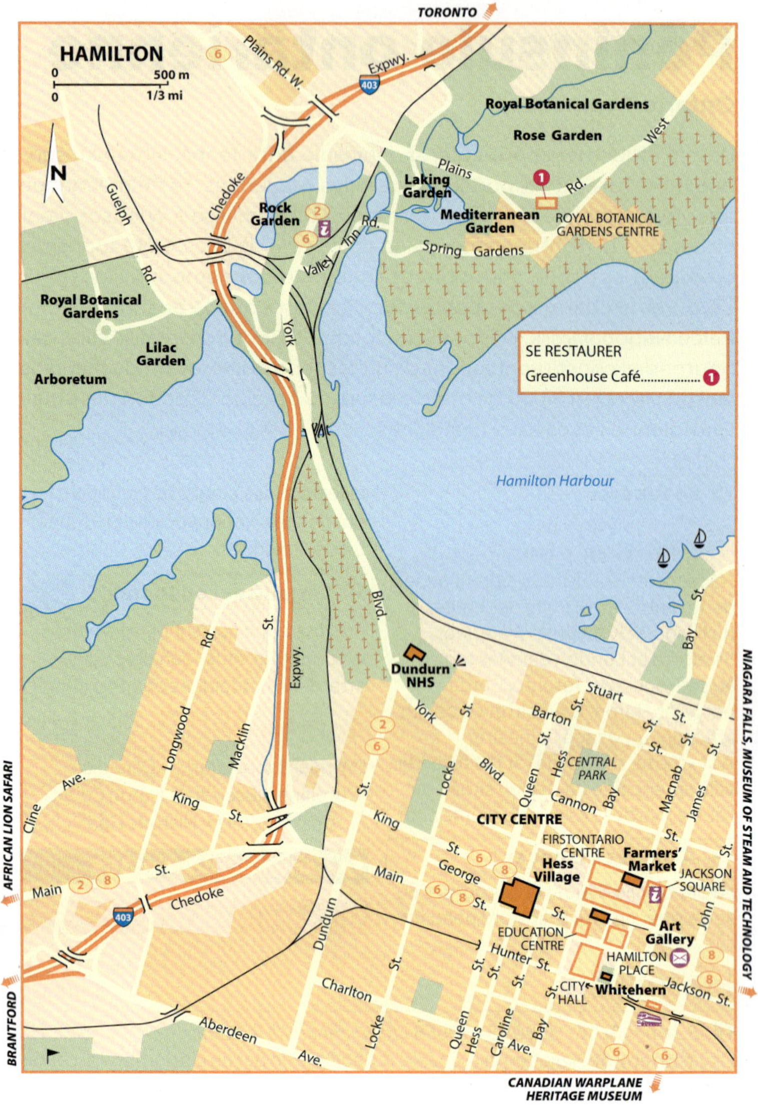

Hamilton Place, un centre culturel doté de deux théâtres. Très agréable pour flâner et se promener, le quartier de **Hess Village**, à l'ouest du centre-ville *(à l'angle de George St. et Hess St.)*, affiche de vieilles maisons restaurées et transformées en boutiques d'art, restaurants et cafés.

Farmers' Market

35 York Blvd - ✆ 905 546 2096 - hamiltonfarmersmarket.ca - marché merc.-vend. 9h-17h, sam. 8h-17h.

L'un des plus grands marchés fermiers couverts d'Ontario écoule les produits de la péninsule du Niagara, importante région d'arboriculture fruitière.

★ Art Gallery of Hamilton (AGH)

123 King St. W - ✆ 905 527 6610 - www.artgalleryofhamilton.com - ♿ - jeu. 11h-21h, vend. 11h-18h, w.-end 11h-17h - 15 $ (jeu. gratuit).

Ce musée occupe un curieux édifice en béton situé au fond de la grand-place qui s'étend devant l'hôtel de ville. Le niveau 1 présente des expositions temporaires. La collection permanente se déploie au niveau 2 et regroupe des œuvres du 19e s., à l'image du tableau *View of Hamilton* peint par le Britannique Robert R. Whale en 1862, des pièces plus contemporaines, des sculptures et des photographies. L'installation *Bruegel-Bosch Bus* du Canadien Kim Adams se révèle particulièrement impressionnante. Un vieux van Volkswagen rouge recouvert de figurines de super-héros, un circuit de train, plusieurs grues et immeubles, provenant de jeux de construction, donnent un côté apocalyptique aussi effrayant qu'hypnotique à cette œuvre imaginée en 1996.

Whitehern Historic House and Garden National Site

41 Jackson St. W - ✆ 905 978 1443 - www.hamilton.ca - visite guidée (1h avec un guide costumé) tlj sf lun. à 12h10, 13h30 et 15h - 9 $.

Pendant trois générations, de 1840 à 1968, les **McQuesten** vécurent dans cette maison bourgeoise de style georgien, qui a conservé ses meubles et s'assortit d'un agréable jardin. Établis à Hamilton depuis le début du 19e s., ils furent des pionniers de la sidérurgie, qui devint la grande activité de la ville, et participèrent largement à la vie publique. On leur doit les jardins botaniques de la ville et de Niagara Parkway.

★ Dundurn National Historic Site

610 York Blvd - ✆ 905 978 1443 - www.hamilton.ca - visite guidée (env. 1h - ttes les 30mn) tlj sf lun. 12h-16h - 15,50 $, admissions au Kitchen Garden (ouv. de mi-mai à mi-oct. pour des visites libres) et au Hamilton Military Museum incluses.

Sur la colline dominant la rade se dresse une élégante demeure en pierre blanche au portique néogothique, construite de 1832 à 1835 par **Allan Napier MacNab**. Brillant soldat, juriste et homme politique lié au Family Compact, il fut Premier ministre du Canada-Uni de 1854 à 1856. La richesse et la puissance des familles privilégiées du 19e s. s'étalent dans cette somptueuse demeure (dont les meubles ne sont pas d'origine). La visite du sous-sol, réservé à l'armée de serviteurs nécessaire à une demeure de cette importance, est particulièrement intéressante. Le jardin, qui abrite également un petit musée militaire, offre une belle **vue** sur Hamilton et sa baie.

Museum of Steam and Technology National Historic Site

EN DIRECTION

900 Woodward Ave. - ✆ 905 978 1443 - www.hamilton.ca - tlj sf lun. 12h-16h - 10 $.

L'ancienne station de pompage de Hamilton (1859) est un des rares exemples de la technologie de la vapeur au 19e s. Intéressant par son architecture (arcs et colonnes doriques en fonte), le bâtiment des machines abrite deux engins à balancier Gartshore de 1859 en parfait état de marche, qui pompèrent jusqu'à 20 millions de litres d'eau par jour jusqu'à leur remplacement par des pompes électriques en 1910. L'ancien bâtiment des chaudières accueille une exposition sur l'usage de la vapeur avec un modèle réduit d'une machine à balancier.

Dundurn National Historic Site à Hamilton.
SkyF/Getty Images Plus

À proximité

★ Royal Botanical Gardens

À Burlington, 7 km au nord. 680 Plains Rd West - 905 527 1158 - www.rbg.ca - horaires variables selon les jardins, se rens. - 19,50 $.

Ces jardins, répartis sur plusieurs sites accessibles en voiture, occupent près de 1000 ha à l'extrémité ouest du lac Ontario. Si la majeure partie, sillonnée par 27 km de sentiers, est laissée à l'état naturel, plusieurs espaces ont été aménagés. La visite commence par le RGB Centre où l'on peut admirer le **jardin méditerranéen** dont la végétation provient du pourtour de la Méditerranée, d'Afrique du Sud, d'Australie, de Californie et du Chili.

De l'autre côté de la route, la **roseraie** fleurit de juin à octobre. À côté, le **jardin Laking** regorge d'iris, de pivoines *(mai-juin)* et de plantes vivaces *(mai-oct.)*. Plus loin, le **jardin de rocailles** offre en été une féerie de couleurs. Passé Chedoke Expwy, s'étendent l'arboretum *(rejoindre York Blvd et tourner à droite)* et le **jardin des lilas**, splendide de fin mai à début juin.

African Lion Safari EN DIRECTION

À Cambridge, 32 km au nord-ouest. 1386 Cooper Rd - 519 623 2620 ou 1800 461 9453 - lionsafari.com - ♿ - de déb. mai à fin juin : 9h-16h, w.-end 9h-17h ; de fin juin à déb. sept. : 9h-17h ; de déb. à mi-oct. : 9h-16h - fermeture, se rens. - 42,95/49,95 $ selon la saison - safari tour bus (1h-1h30) 5,25 $.

Le parcours, avec votre véhicule ou en bus, traverse divers enclos où s'ébattent en liberté des animaux sauvages d'Afrique et d'Amérique du Nord. Un petit train amusera les enfants.

Canadian Warplane Heritage Museum EN DIRECTION

À Mount Hope, 14 km au sud. 9280 Airport Rd - 905 679 4183 - www.warplane.com - tlj sf lun.-mar. 9h-17h - fermé de fin déc. à déb. janv. - 16 $.

Les passionnés d'aviation seront au septième ciel face aux **44 avions militaires** exposés dans ce vaste hangar. Ouvert en 1972 à l'initiative d'une poignée de passionnés, ce musée abrite plusieurs engins qui ont connu les grandes heures de l'aviation militaire canadienne pendant la Seconde Guerre mondiale et la guerre froide. On y apprend notamment que le Canada doit sa multitude d'aéroports à sa géographie mais aussi à son histoire. De 1940 à 1945, le pays fut, en effet, le terrain d'entraînement de 130 000 aviateurs du Commonwealth. Et si la vue de tous ces avions vous donne de furieuses envies de décoller, il est possible de réserver un vol dans certains d'entre eux.

★ Brantford

CARTE P. 298-299 C2

Visitor & Tourism Centre – *254 N Park St. - 519 751 9900 ou 1 800 265 6299 - www.discoverbrantford.ca.*

Cette petite ville industrielle est célèbre pour ses multiples activités sportives, en particulier le hockey sur glace, dont elle s'est autoproclamée capitale en Ontario. Brantford voue en effet un culte évident au hockeyeur Wayne Gretzky, qu'elle vit naître en 1961 : une route (Wayne Gretzky Parkway), un tournoi annuel et un complexe sportif lui rendent hommage.

Côté nature, Brantford est traversée par le sentier Transcanadien *(sentier.ca)* tandis qu'à seulement 5 km du centre, le poumon vert de la **Brant Conservation Area**, bordé par la rivière Grand, se révèle très agréable pour pratiquer le canoë *(voir « Nos adresses » p. 369)*, randonner, camper et faire de grandes balades à vélo.

★ Bell Homestead National Historic Site

94 Tutela Heights Rd - 519 756 6220 - www.brantford.ca/en/things-to-do/bell-homestead.aspx - ♿ - visite guidée (1h) tlj sf lun. à 9h, 11h, 13h et 15h - 11,50 $.

Venu d'Écosse avec ses parents en 1870, Alexander Graham Bell (1847-1922) choisit de poursuivre la carrière de son père et s'installa à Boston, où il enseigna le langage des signes aux sourds-muets. Ses recherches le conduisirent à s'intéresser à l'électricité et à son application dans la propagation des sons. C'est à Brantford, tandis qu'il était en vacances chez ses parents, qu'il conçut en 1874 l'idée du téléphone, mais ce n'est qu'en mars 1876 qu'il put, à Boston, transmettre par ce moyen le premier message intelligible. L'été suivant, il réalisa la première liaison interurbaine (11 km environ) entre Brantford et la ville voisine de Paris, et put reconnaître la voix de son père.

Située sur les hauteurs bordant la rivière Grand, la maison (1858), meublée comme à l'origine, abrite une exposition sur la vie de Bell et ses inventions. À côté, transporté du centre-ville, s'élève le bâtiment qui accueillit le premier bureau de

3

De Joseph Brant à Brantford

Brantford se trouve dans la vallée de la rivière Grant et fait partie de la vaste concession donnée en 1784 par le gouvernement britannique aux tribus de la Ligue des six nations (la Confédération iroquoise) *(voir p. 300)*. En 1830, des colons européens leur rachetèrent une partie de leurs terres pour fonder Brantford, dont le nom, « le gué de Brant », évoque le chef de la Confédération iroquoise, **Joseph Brant**. Plus réduite qu'autrefois, la réserve autochtone existe toujours.

téléphone au Canada (1877-1880) ; à l'intérieur, l'un des plus anciens standards téléphoniques et une exposition sur le développement du téléphone.

Her Majesty's Royal Chapel of the Mohawks

E 301 Mohawk St. - ✆ 519 756 0240 - de mi-mai à mi-oct. : tlj sf lun. 10h-15h - 10 $.
Il s'agit du plus vieux temple protestant de l'Ontario. Édifié grâce à des donations du gouvernement britannique, ce lieu de culte est doté de vitraux commémorant l'histoire des tribus des Six Nations.

Woodland Cultural Centre

184 Mohawk St. - ✆ 519 759 2650 - woodlandculturalcentre.ca - ♿ - 9h-16h, sam. 10h-17h - fermé dim. et 2 sem. en déc.-janv. - 10 $.
Ce centre gère un **musée** dont l'intéressante collection se compose d'objets d'artisanat autochtone : calumets iroquois, sacs ojibway ornés de motifs floraux en perles, un exemplaire de la Constitution de la Ligue des cinq nations (1452) en ficelle et coquillages, etc. Plusieurs expositions et l'intérieur d'une « longue maison » illustrent le mode de vie des tribus des forêts de l'Est dont font partie celles des Six Nations.

Kitchener-Waterloo

PLAN P. 298-299 C2

Kitchener Visitor Welcome Centre – *Kitchener City Hall, 200 King St. W - ✆ 519 741 2345 - explorewaterloo.ca.*
Waterloo's Visitor and Heritage Information Centre – *Situé dans la gare au coin de Erb St. W et Father David Bauer Dr. - ✆ 519 885 2297 - explorewaterloo.ca.*
Ces cités industrielles jumelles ont été fondées au début du 19e s. par des immigrants allemands qui exercèrent sur la région une forte influence. Kitchener et Waterloo organisent chaque automne l'Oktoberfest. Cette grande fête donne l'occasion de déguster pendant neuf jours, au son d'orchestres bavarois, bières et spécialités culinaires qui, le reste de l'année, sont vendues sur les marchés fermiers.

Waterloo Region Museum

À 3 km de la route 401, prendre la sortie 275, puis direction nord. 10 Huron Rd, Kitchener - ✆ 519 748 1914 - waterlooregionmuseum.com - ♿ - musée : merc.-dim. 11h-16h ; Doon Heritage Village fermé pour travaux au moment de la rédaction de ce guide - 12 $, musée, village et Waterloo Region Hall of Fame inclus.
Ce musée prête son cadre moderne à des expositions sur la région, de la préhistoire à nos jours. Il constitue la porte d'entrée au **Doon Heritage Village** qui reconstitue le petit village rural de Waterloo de 1914. La maison à deux étages de la **ferme de Peter Martin**, construite en 1820, montre le cadre de vie d'une famille mennonite.

À proximité

★ St. Jacobs

15 km au nord.
St. Jacobs Visitor Center - *✆ 519 664 3518.*
Cet agréable **village** doit sa renommée à la présence de **mennonites**, des membres d'une communauté protestante issue du mouvement anabaptiste (prônant le baptême à l'âge adulte) fondée au 16e s. par Menno Simons. Persécutés en Europe, ils se sont installés en Pennsylvanie puis en Ontario au début du 18e s. Dans la région de Kitchener, où ils reçurent des terres à leur arrivée, ils sont même considérés

comme les premiers colons européens. Les mennonites du mouvement de l'Ordre ancien, qui est le plus strict, n'utilisent ni voiture, ni téléphone, ni machine moderne. On les rencontre dans St. Jacobs et sur les routes alentour, les hommes vêtus d'un costume noir et d'un large chapeau, les femmes habillées d'une robe longue et d'un bonnet serré, souvent installés dans leur carriole tractée par un cheval. Les pistes cyclables du village sont d'ailleurs ornées de panneaux qui signalent la présence de vélos mais aussi de carrioles. Un petit musée, le **Mennonite Story Interpretive Centre** *(St. Jacobs Farmers Market Log House - ✆ 519 664 3518 - se rens. pour les horaires)* retrace l'histoire de cette communauté.

★ Elora

30 km au nord.

Elora Information Centre - *10 Mill St. E - ✆ 1877 242 6353 - elorafergus.ca.*

Ce charmant village, situé sur les rives de la rivière Grand, a conservé son âme de bourgade industrielle du 19e s. avec ses bâtiments en pierre, aujourd'hui occupés par des boutiques et des restaurants. Il accueille de nombreux voyageurs, notamment le week-end, venus profiter de la curiosité locale, une **cascade** de 21 m de haut dominée par l'ancienne scierie convertie en hôtel.

De **Victoria Park**, un sentier balisé *(40mn AR - facile)* offre de beaux points de vue sur les **gorges de la Grand**, qui attirent les baigneurs en été.

Stratford

CARTE P. 298-299 C2

Visitors Welcome Centre/Destination Stratford – *47 Downie St. - ✆ 519 271 5140 ou 1800 561 7926 - visitstratford.ca.*

Créée au 19e s. autour d'une auberge, Stratford, baignée par la rivière Avon, est devenue un centre culturel d'importance au cœur d'une région agricole prospère. Dédiée à Shakespeare, la ville a acquis sa célébrité lorsque le journaliste Tom Patterson créa un festival en l'honneur du célèbre dramaturge. De renommée mondiale, cet événement théâtral attire chaque année plus de 500 000 spectateurs. Outre les œuvres de Shakespeare, le **Stratford festival** propose une grande variété de pièces dramatiques et de programmes musicaux d'un très bon niveau, ainsi que des conférences et des ateliers d'expression artistique.

Festival Theatre Tour

La forme arrondie de ce bâtiment rappelle le chapiteau du premier festival. Sa scène avancée, ouverte sur trois côtés, témoigne du parti pris, dans les années 1950, de revenir à la simplicité du théâtre élisabéthain : la scène peut être employée dans sa totalité et les spectateurs en sont proches.

Backstage Tour – *De mi-juil. à mi-sept. à 10h (1h30) - dép. du Festival Theatre Lobby, 55 Queen St. - horaires, se rens. - 35 $.* Les spectateurs peuvent jeter un coup d'œil dans les coulisses lors de visites où tous les secrets leur seront révélés. Devant le théâtre, un agréable parc descend jusqu'à la rive du **lac Victoria**, un élargissement de l'Avon. Les soirs d'été, les pelouses et la petite île sur le lac sont envahies par les pique-niqueurs et les promeneurs.

★ Goderich

CARTE P. 298-299 C2

Goderich Tourist Information Centre – *91 Hamilton St. - ✆ 519 524 6600 ou 1800 280 7637 - www.goderich.ca et exploregoderich.ca.*

3

Cette petite ville fut fondée en 1828 sur une falaise qui domine la jonction des eaux de la rivière Maitland et de celles du lac Huron. Elle sert de terminus à la Huron Road, route tracée d'est en ouest vers le lac Huron afin de faciliter la colonisation. Goderich doit son charme singulier à ses rues bordées d'arbres et à son urbanisme particulier. La ville est en effet construite selon un plan en étoile qui rayonne depuis **Court House Square**.

★ Le port et les plages

Suivre West St. à partir de Court House Sq.

Situé en contrebas du centre-ville, le port accueille les immenses bateaux des Grands Lacs venus charger les céréales de l'arrière-pays agricole et le sel gemme extrait sur place d'une veine qui plonge sous le lac. Cette **mine de sel** souterraine, dont le bâtiment est visible de très loin, est la plus importante au monde. En effet, son épaisseur équivaut à la hauteur de la CN Tower de Toronto.

Trois **plages★**, Main beach, St. Christopher Beach et Rotary Cove Beach, très fréquentées pendant la saison estivale, sont reliées entre elles par une promenade en planche. Sur la route qui relie Main Beach à St. Christopher Beach, un escalier en bois donne accès au pied du **phare de Goderich** *(10mn AR)*. De là, on jouit d'une très belle **vue★** sur le lac et les environs.

Huron County Museum

110 North St. - 519 524 2686 - www.huroncountymuseum.ca - - 10h-16h30, jeu. 10h-20h, dim. 13h-16h30 - 7,50 $; 12,50 $ billet combiné avec le Huron Historic Gaol.

Ce vaste musée présente l'histoire globale de la région à l'aide de vieilles cartes marines, d'une collection impressionnante d'équipements agricoles dont un antique tracteur à vapeur, d'objets et de mobilier militaires. La salle **« Main Street Huron »** reproduit une rue typique du début du 20e s. avec sa quincaillerie, son dentiste, son imprimeur et même une voiture de la marque Essex de 1925 qui appartenait au fondateur du musée, Joseph Herbert Neill. Au centre, trône une **locomotive-commutateur** de 1913. À l'extérieur, on retrouve un **char militaire**, autrefois propriété du régiment d'Ontario.

★ Huron Historic Gaol

181 Victoria St. N - 519 524 6971 - www.huroncountymuseum.ca/huron-historic-gaol - de déb. mai à déb. sept. : 10h-16h30, dim. 13h-16h30 ; de déb. sept. à fin oct. : 13h-16h, sam. 10h-16h30, dim. 13h-16h30 - fermé nov.-avr. - 7,50 $; 12,50 $ billet combiné avec le Huron County Museum.

L'ancienne **prison** du comté, en usage de 1842 à 1972, est un étonnant bâtiment de pierre de plan octogonal. On visite les cellules et les cours de promenade, la cuisine, la lingerie mais aussi l'appartement des geôliers et l'infirmerie. Au 1er étage, plusieurs portraits de prisonniers sont exposés, accompagnés du motif de leur incarcération. La salle qui servait autrefois de tribunal se trouve au 2e étage. Relié à la prison par un couloir, l'appartement du gouverneur contraste avec la sobriété du reste du bâtiment.

À proximité

Bayfield

21 km au sud.

L'attrait de ce village, proche du lac Huron, vient de sa rue principale ombragée de grands arbres. Petite mais très animée, elle déborde de boutiques, de restaurants

Eldon House, London.
Eldon House

et d'auberges. Elle abrite aussi églises et temples. Loin de l'agitation des grandes villes, Bayfield reste très fréquenté. Dès les beaux jours, les visiteurs se prélassent sur les terrasses. Des résidences secondaires et des maisons bien entretenues aux jardins manucurés bordent les rues plantées d'arbres.

London

CARTE P. 298-299 C2-3

London Tourism Welcome Centre – *696 Wellington Rd S - 1800 265 2602 ou 519 661 5000 - www.londontourism.ca. Autre bureau au 391 Wellington St.*
Centre industriel au cœur d'une riche région agricole, London est connue pour ses laboratoires de recherche médicale et son université, l'une des plus renommées du Canada. Si le centre-ville n'est guère accueillant, la ville possède néanmoins des quartiers attachants et dynamiques comme Old East Village, de grands espaces verts à sa périphérie, dont les **Springbank Gardens**, situés à l'ouest. London est aussi réputée pour ses brasseries artisanales.

3

★ Museum London

421 Ridout St. N - 519 661 0333 - www.museumlondon.ca - - 11h-17h, jeu. 11h-20h - fermé lun. - participation libre.

Lové dans un parc dominant les rives de la Thames, l'édifice, avec ses voûtes en berceau, est dû à l'architecte Raymond Moriyama de Toronto. Il favorise la lumière du jour tout en évitant un éclairage trop cru sur les œuvres présentées. Les collections exposées illustrent l'art canadien du 18e à nos jours. Elles montrent entre autres les portraits réalisés par Paul Peel, peintre natif de London qui installa son atelier sur Richmond Street. Une section historique évoque le passé de la ville.

Eldon House

481 Ridout St. N - 519 661 5169 - www.eldonhouse.ca - merc.-dim. 12h-17h - participation entre 5 et 10 $.

Située au nord d'une rangée de maisons victoriennes restaurées, Eldon House, la plus vieille maison de la ville, date de 1834. Cette belle demeure, bâtie par John et Amelia Harris pour leur famille nombreuse, fut habitée par leurs descendants jusqu'en 1960. Les vastes pièces de réception témoignent d'une intense vie sociale et culturelle au 19e s. et recèlent de beaux meubles de famille et des objets raffinés.

À proximité

Fanshawe Pioneer Village C2

15 km au nord-est, à l'intérieur du Fanshawe Conservation Area. 1424 Clarke Rd - 519 457 1296 - www.fanshawepioneervillage.ca - de fin mai à déb. juil. et de déb. sept à mi-oct. : jeu.-dim. 10h-16h ; déb. juil.-déb. sept. : mar.-dim. 10h-16h - 12 $.

Situé dans un parc au bord du lac Fanshawe, qui régularise le cours de la Thames, ce village reconstitue une localité presbytérienne au 19e s. : plusieurs maisons, des boutiques, une église presbytérienne, le local des pompiers et la loge des **orangistes**. Des guides costumés font visiter le village.

Ska-Nah-Doht Iroquoian Village and Museum C3

À Mount Brydges, 32 km au sud-ouest. Longwoods Rd Conservation Area - 8348 Longwoods Dr. - 519 264 2420 - www.lowerthames-conservation.on.ca - - mai-oct. : 9h-16h30 ; reste de l'année : se rens.

Se munir d'un répulsif contre les insectes.

Protégé par une palissade en bois, ce village reconstitué recrée l'ambiance d'une communauté iroquoise de l'Ontario il y a de cela environ 1 000 ans. L'entrée du village est compliquée pour faciliter sa défense. À l'approche de la palissade, sur la droite, les visiteurs apercevront un grand piège à cerf en pieux, ainsi qu'une butte funéraire.

Le village comprend notamment trois « longues maisons », un *sweat lodge,* sorte de hutte, ancêtre du sauna, des claies pour fumer la viande et une nasse. Hors de l'enceinte sont cultivés le maïs, le tabac, les courges et le tournesol. On regrettera toutefois le manque d'explications qui appauvrit un peu la visite.

Dresden

CARTE P. 298-299 C3

dresden.ca.

Les premiers colons de la région furent des esclaves noirs qui fuyaient les États-Unis pour chercher asile et liberté au nord de la frontière. **Josiah Henson**, pasteur

Un peu d'histoire...

En 1701, le Français Antoine de La Mothe Cadillac fondait, au nord de la rivière Detroit, un comptoir de fourrures qui devint l'un des centres majeurs français pour le commerce dans la zone des Grands Lacs et du Mississippi. Pris d'assaut par les Anglais en 1760, le fort et la ville furent remis aux Américains après la guerre d'Indépendance ; la rivière devint la frontière entre le Canada et les États-Unis. Une ville canadienne, Sandwich, se développa sur la rive sud. Elle fut absorbée par la cité de Windsor, fondée au début des années 1830. Aujourd'hui, Detroit (États-Unis) et Windsor célèbrent conjointement une **Summerfest** *(juin-juil. - www.windsorparade.org)*, qui associe les fêtes nationales des deux États *(1er et 4 juillet)*.

méthodiste, parti du Kentucky avec sa famille, arriva sur ces terres en 1830. Avec l'aide de ligues antiesclavagistes, il fonda Dresden, qui devint un refuge pour ses compagnons qui pouvaient désormais cultiver leurs propres terres et faire instruire leurs enfants. Henson, qui ne savait pas écrire, dicta l'histoire de sa vie, publiée sous le titre de *La Vie de Josiah Henson, ancien esclave*. Son témoignage impressionna tant Harriet Beecher Stowe qu'elle s'en inspira pour son célèbre roman *La Case de l'oncle Tom*.

★ Josiah Henson Museum of African-Canadian History

1,6 km à l'ouest de Dresden. 29251 Freedom Rd - ✆ 519 683 2978 - www.heritagetrust.on.ca - ♿ - de mi-mai à fin oct. : tlj sf dim.-lun. 10h-15h ; reste de l'année : visite guidée sur RV par mail à jhm@heritagetrust.on.ca - 8 $.

Le musée Josiah Henson de l'histoire des Afro-Canadiens regroupe plusieurs bâtiments en bois, dont la **maison d'Henson** (la case de l'oncle Tom dans le roman de Harriet Beecher Stowe de 1852), une église, une scierie... Il rend hommage et raconte la vie de Josiah Henson, ancien esclave devenu un temps conducteur du « chemin de fer clandestin vers la liberté » qui permit à environ 30 000 esclaves de quitter les États-Unis pour se réfugier au Canada.

Le site évoque également l'histoire et le parcours de ces hommes devenus les premiers Afro-Canadiens de l'Ontario. À l'extérieur se trouve la tombe de Josiah Henson.

★ Windsor

CARTE P. 298-299 C3

Bureau of Windsor, Essex County & Pelee Island – *98 Chatham St. E - ✆ 1 800 265 3633 - visitwindsoressex.com.*

La nuit, il est interdit de se garer dans certaines rues.

Comme Detroit aux États-Unis, qui lui fait face, Windsor est un centre industriel important dont l'activité repose sur la construction automobile et le port situé sur la voie maritime des Grands Lacs et du St-Laurent. La ville, bâtie à la pointe sud de l'Ontario au bord de la rivière Detroit, est aussi l'un des points d'entrée au Canada les plus fréquentés.

★ Dieppe Gardens

La **vue★★** sur les gratte-ciel de Detroit est le grand attrait de ce parc aménagé au bord de l'eau, à l'ouest d'Ouellette Avenue, la grande artère de la ville. Sur la rivière Detroit passent sans cesse de gros navires à destination des ports du lac Supérieur ou du St-Laurent.

★ Art Gallery of Windsor

401 Riverside Dr. W - ✆ 519 977 0013 - www.agw.ca - ♿ - tlj sf lun. 10h-17h - 10 $.

Ce musée expose par roulement son fonds de plus de 2 500 œuvres canadiennes, de 1750 à nos jours, parmi lesquelles de très belles toiles du groupe des Sept.

À proximité

★ Fort Malden National Historic Site

À Amherstburg, 25 km au sud par les routes 2 et 20. 100 Laird Ave. - ✆ 519 736 5416 - parcs.canada.ca/lhn-nhs/on/malden - ♿ - de mi-mai à fin juin : merc.-dim. 10h-17h ; juil.-déb. sept. : 10h-17h ; de déb. sept. à mi-oct. : merc.-vend. 13h-17h, w.-end 10h-17h - 4,50 $.

3

Lorsqu'en 1796 les Britanniques abandonnèrent la ville de Detroit aux Américains, ils installèrent ce fort pour surveiller la navigation des bateaux, forcés de longer la rive canadienne. Le **site** est très agréable, entouré de pelouses et face à la rivière aux rives boisées. Il ne reste du fort que quelques talus recouverts d'herbe et une caserne restaurée selon son aspect de 1819. Dans le **centre d'accueil et d'interprétation**, un montage audiovisuel évoque le rôle du fort durant la guerre de 1812 et la rébellion de 1837. Le drapeau rebelle de Mackenzie (deux étoiles blanches sur fond marine) y est exposé, avec quelques autres souvenirs historiques.

Route 50

31 km entre Malden et Kingsville.

Cette route tranquille longe le lac Érié en offrant de belles échappées sur ses rives marécageuses où vivent de nombreux oiseaux. On peut en même temps apprécier l'importance des cultures de l'arrière-pays ainsi que les vignobles John R. Park.

Jack Miner's Migratory Bird Sanctuary

À Kingsville, 42 km au sud-est de Windsor. 332/360 Rd 3 W - 519 733 4034 - jackminer.ca - - terrains et sentiers ouv. du lever au coucher du soleil tte l'année - maison mai-juin : mar.-jeu. 10h-15h - musée mai-juin : lun.-vend. 10h-15h - reste de l'année : se rens. - gratuit.

Fondé par **Jack Miner** (1865-1944), qui se voua à la protection de la nature et dont un petit musée évoque la mémoire, ce refuge sert de halte aux oiseaux migrateurs. En novembre et début décembre, l'endroit connaît une très grande activité lorsque quelque 10 000 bernaches du Canada et canards viennent y chercher pâture. Les visiteurs sont invités à se promener librement sur la propriété, pique-niquer et nourrir les oiseaux.

★★ Point Pelee National Park

CARTE P. 298-299 C3

2e quinz. d'avr. et de déb. mai à déb. sept. : 6h-22h (5h pdt la migration de mai) ; reste de l'année : de 7h au coucher du soleil - 9 $/j avr.-oct., 7 $/j nov.-mars. Au départ du Visitor Centre, service de navette jusqu'à la pointe Pelée de mi-avr. à fin oct.

Activités : randonnée pédestre, pêche, canoë, bicyclette - baignade interdite à la pointe même, mais autorisée à certains endroits accessibles depuis les aires de pique-nique. Comptez une journée entière pour profiter du parc.

Un paradis ornithologique

Point Pelee est situé à la convergence de deux courants aériens ; son extension dans le lac Érié et son absence de culture ont favorisé une large population d'oiseaux. Dans cette zone sauvage du sud ontarien, plus de 300 espèces ont été répertoriées, dont une centaine de sédentaires. Pendant les migrations de printemps et d'automne, on peut voir jusqu'à une centaine d'espèces différentes. Septembre est le mois de la migration vers le sud pour les **papillons monarques**, qui se rassemblent pour leur envol vers le Texas, où ils passent l'hiver avant de revenir pondre au printemps à Point Pelee. Les visiteurs verront alors, émerveillés, les arbres se couvrir de ces merveilleux insectes.

Point Pelee National Park.
rgbspace/Getty Images Plus

Visitor Centre – *407 Monarch Lane, Leamington - 519 322 2365 - parcs.canada.ca/pn-np/on/pelee - - de fin mai à déb. sept. : 10h-17h, w.-end. 10h-18h ; de mi-avr. à fin avr. et de déb. sept. à fin oct. : 10h-17h ; reste de l'année : se rens.*
Ce parc est l'un des rares endroits où croît encore la forêt de feuillus qui couvrait autrefois une partie de l'Amérique du Nord. Longue pointe de sable façonnée par les vents et les courants, il s'avance dans le lac Érié, à l'extrême sud du Canada. Du fait de sa latitude (celle de Rome), il bénéficie d'un climat doux, propice au développement d'une flore et d'une faune uniques, en particulier les oiseaux. Jadis fort commun dans cette région, le désormais rare noyer noir est recherché en ébénisterie, ainsi que le sassafra, le magnolia, le sycomore, le cornouiller ou le micocoulier. Même les figuiers de Barbarie à fleurs jaunes se plaisent dans cet environnement.

La péninsule a pris sa forme il y a plus de 10 000 ans quand le vent et les courants des lacs ont déposé du sable sur les bords d'une moraine glaciaire sous les eaux du lac Érié. Cette crête de sable, aujourd'hui dotée d'un phare moderne de 23 m de haut, est un emplacement idéal pour observer en automne la migration annuelle des oiseaux et des monarques. De la pointe, des sentiers permettent d'accéder à une plage de sable fin longue de 19 km.

Laurier Trail – *1 km.* Le long du sentier, les promeneurs découvrent une maison datant des années 1840, ainsi qu'une grange et des panneaux d'interprétation donnant un aperçu de l'histoire locale.

Derrière les cordons de dunes se sont formés des marais, refuges de nombreux animaux aquatiques, dont une **promenade de planches** *(1 km)* permet l'approche. Deux tours d'observation offrent des **vues★** sur les marécages et leur faune (rats musqués, tortues, poissons et oiseaux).

3

Carnet pratique

S'informer

Se reporter aux offices de tourisme indiqués sous le nom des villes traversées.

Arriver/Partir

En avion

London International Airport (YXU) – *10 Seabrook Way - flyyxu.ca.* Liaisons avec Vancouver, Calgary et Toronto.

En autocar et en train

Plusieurs compagnies de bus (Megabus, Flixbus, Greyhound, Book a Ride...) et les trains de Via Rail *(www.viarail.ca)* relient Toronto à Kitchener, Stratford, London (2h15) et Windsor (4h15).

Agenda

Stratford Festival – *À Stratford - www.stratfordfestival.ca - de mai à nov.* Le festival se déroule dans quatre théâtres : le Festival, le Tom Patterson, l'Avon et le Studio Theatre.

Summerfest – *À Windsor - 1er juil. - www.windsorparade.org.* Grande parade pour la fête nationale *(voir encadré p. 362).*

Festival d'Elora – *À Elora - 3 semaines en juil. - elorafestival.com.* Musique classique et contemporaine.

Oktoberfest – *À Kitchener-Waterloo - en automne - www.oktoberfest.ca.* Le plus grand festival bavarois du Canada.

Wayne Gretzky International Hockey Tournament – *À Brantford - fin déc.* Tournoi annuel de hockey sur glace.

Nos adresses

Restauration

À Hamilton

PLAN P. 354

Le quartier de **Hess Village**, dans le centre-ville, compte plusieurs agréables cafés et restaurants.

Budget moyen

(1) **Greenhouse Café** – *Dans le Royal Botanical Gardens Centre - 905 527 1158 - www.rbg.ca - fermé le soir - plats 18/23 $.* On déjeune sous la verrière de cet agréable restaurant situé dans les jardins botaniques. À la carte : sandwichs, potages, salades et plats de saison. À la vue des incroyables plantes qui entourent le lieu, on regrettera juste l'absence de terrasse. Réservation conseillée le week-end.

Pour se faire plaisir

Ancaster Mill – HORS PLAN - *548 Old Dundas Rd - Ancaster (à l'ouest de Hamilton) - 905 648 1828 - www.ancastermill.ca - fermé lun.-mar. midi - plats 26/69 $; brunch le dim. 75 $.* Installé dans un ancien moulin en pierre du 18e s., ce restaurant chic reçoit dans différentes salles à manger, dont la plus prisée domine la cascade de ses immenses baies vitrées. Le chef prépare chaque jour des plats délicieux et se laisse volontiers inspirer par les produits qu'il a dénichés le jour même. Bons vins et délicieux pains faits maison.

À Brantford

Pour se faire plaisir

Olde School Restaurant – *687 Powerline Rd - 519 753 3131 ou 888 448 3131 - www.theoldeschoolrestaurant.ca - fermé sam. midi et lun. - plats*

35,95/80,95 $; menu 49,95 $. Une ancienne école en brique (19e s.) des faubourgs de Brantford a été convertie en restaurant de qualité, au confort victorien. La reine Élisabeth II elle-même a honoré ces lieux en 1997. Plusieurs salles à manger sont ornées de vitraux et de luminaires aux motifs compliqués. Le grand piano-bar et le fumoir rencontrent un vif succès.

À Kitchener-Waterloo

À ceux qui recherchent la cuisine allemande, les autochtones recommandent plusieurs tavernes, datant toutes des années 1800. Décor fonctionnel et portions généreuses sont le mot d'ordre de ces établissements sans façon, auxquels on accède par des routes sillonnant la campagne splendide.

Premier prix

Kennedy's Restaurant – *1750 Erbs Rd - Saint Agatha - 13 km à l'ouest de Kitchener-Waterloo - ☎ 519 747 1313 - www.kennedycatering.ca - fermé le midi et lun. - plats 16,49/24,49 $.* Avec son atmosphère de vieux pub irlandais, ce restaurant est renommé pour ses côtelettes et ses accompagnements.

Olde Heidelberg Restaurant, Tavern & Motel – *3006 Lobsinger Line - Heidelberg - 18 km au nord-ouest de Kitchener-Waterloo ☎ 519 699 4413 - www.oldhh.com - fermé lun. - plats 17,95/23,95 $; menu 23,95 $.* Cette taverne des années 1860 sert une cuisine allemande : jarret de porc, escalope viennoise, chou, galettes de pomme de terre ou queues de porc rôties. Le décor est certes un peu désuet mais l'authenticité est là.

St. Jacobs

Premier prix

Stone Crock Bakery – *1402 King St. N - ☎ 519 664 3612 - stonecrockinc.com - fermé le soir - plats 13/17 $.* Pour glisser un casse-croûte dans son sac avant de partir explorer le village et la campagne environnante, cette boulangerie, située dans la rue principale de St. Jacobs, se révèle une halte bienvenue.

À Elora

Budget moyen

The Friendly Society – *8 Mill St. W - ☎ 226 384 8452 - www.friendlysociety.ca - fermé dim. soir - plats 22/41 $.* Ce restaurant moderne est une valeur sûre du village où l'on peut s'attabler sur la terrasse, entourée de bacs de fleurs, sous un des parasols rayés ou à l'intérieur. Cuisine variée à base d'ingrédients locaux.

À Stratford

La réservation est fortement conseillée. Par ailleurs, de nombreux restaurants locaux préparent des pique-niques pour les visiteurs qui assistent aux représentations et sont souvent pressés à l'heure du déjeuner.

Budget moyen

Revival House – *70 Brunswick St. - ☎ 519 273 3424 - www.revival.house - fermé lun.-mar. - plats 21/48 $.* Ce restaurant occupe une ancienne église. Les menus sont sophistiqués avec des plats délicieux d'inspiration française. Il sert également des brunchs le dimanche et un *late night menu* pour dîner après les représentations du soir. Le bistro lounge The Belfry, rattaché au restaurant, offre pour la même qualité des menus simplifiés.

Une folie

The Prune – *151 Albert St. - ☎ 519 271 5052 - theprune.com - fermé dim.-mar. midi et nov.-avr. - plats 44/59 $; menu dégustation 169 $.* Dans une maison étroite d'une rue résidentielle, un cadre intime très apprécié, en particulier pour son jardin d'hiver. Le chef propose un menu à prix fixe pour les plus pressés (entrée, plat, dessert) et une carte alléchante avec des plats originaux pour les gourmets.

À Goderich

Premier prix

Cait's Café – *168 Courthouse Square - ✆ 519 612 2268 - www.caitscafe.ca - service continu 7h-19h - plats 10/15 $.* Ce petit café fait le plein à l'heure du déjeuner. Il faut dire qu'on y sert des salades, des soupes, des paninis et des croissants garnis de fromage, de bacon ou d'avocat à prix très doux.

Budget moyen

Park House – *168 West St. - ✆ 519 524 4968 - www.parkhouserestaurant.com - service continu - plats 15,50/24,99 $.* Ce restaurant possède des airs de pub et entouré de baies vitrées ouvrant sur le lac Huron. Sur les murs, des posters de stars du hockey portent parfois une dédicace. Au menu, on retrouve les classiques canadiens : burgers, salade césar, *garlic bread* mais aussi des spécialités locales, comme le *perche & chips* confectionné avec les fameuses perches du lac Huron. Une adresse attachante qui compte son lot d'habitués.

À Bayfield

Premier prix

Copenhagen's – *8 Bayfield Main St. N - ✆ 905 409 5733 - facebook.com/copenhagens - service continu - plats 8,95/12,75 $.* Il y en a pour tous les goûts dans ce petit snack-restaurant : tacos, *fish & chips*, sandwichs mais aussi glaces et cookies. En prime, on peut profiter d'une terrasse sous les arbres à l'arrière de l'établissement. Une adresse à consommer à toute heure de la journée.

À London

Pour se faire plaisir

Villa Cornelia – *142 Kent St. - ✆ 519 679 3444 - www.villacorneliarestaurant.com - fermé le midi et dim.-mar. - plats 30/45 $.* Pour un repas romantique dans le centre-ville, essayez ce restaurant niché dans une demeure à tourelles de 1892. Le menu propose viande et poisson cuisiné avec beaucoup d'originalité.

Petite pause

À St. Jacobs

EcoCafe – *1441 King St. N - ✆ 519 743 7548 - www.ecocafestjacobs.com - 7h-18h, dim. 9h-18h - moins de 10 $.* Voici un lieu pour les amateurs de bon café, torréfié sur place. Vous pourrez les accompagner de délicieuses pâtisseries.

À Elora

Scoop – *58 Mill St. W - ✆ 226 384 4444 - 12h-20h, vend. 12h-21h, sam. 11h-21h, dim. 11h-20h - www.scoopelora.ca.* Cette petite échoppe, diablement rafraîchissante, élabore des glaces et des sorbets à partir de produits frais canadiens et propose même des options véganes. Quel parfum vous fera craquer : caramel au beurre salé, sorbet rhubarbe ou menthe-chocolat ?

Shopping

À Kitchener-Waterloo

☺ Les marchés fermiers sont une véritable attraction de la région. Ils proposent la production locale mais aussi des spécialités allemandes ou régionales.

Marché Kitchener – *300 King St. W - à l'angle de Frederick St. et de Duke St. - www.kitchenermarket.ca - mar.-vend. 8h-15h, sam. 7h-14h.*

Marché St Jacobs – *Sur Weber St. N et Farmers'Market Rd., au nord de Waterloo -www.stjacobsmarket.com - jeu. 8h-15h, sam. 7h-15h30.*

Activités

À Brantford

Wayne Gretzky Sports Centre – *254 N Park St. - ✆ 519 756 9900 - www.waynegretzkysportscentre.ca.* Il constitue un lieu de détente idéal, avec une piscine olympique, une patinoire et d'autres activités.

Heritage River Canoe & Kayak Company – *119 Jennings Rd (une fois à l'intérieur du parc, suivre le panneau « Grand River Rafting » jusqu'à l'embarcadère) - ✆ 519 442 2519 - www.grandriverrafting.ca - canoë 30 $/h (20 $ la 2e h), kayak et paddle 20 $/h (15 $ la 2e h).* Installé dans le Brant Conservation Area *(à 5 km du centre-ville)*, ce loueur propose des kayaks, des canoës, simples ou doubles, et des paddles pour voguer sur la rivière Grand.

À Stratford

Costume Warehouse Tour – *350 Duoro St. - www.stratfordfestival.ca - visite guidée (1h) - de fin juin à fin oct. : 11h - 17,70 $.* Pour admirer des centaines de costumes et accessoires.

Hébergement

À Elora

Une folie

Elora Mill Inn – *77 Mill St. W - ✆ 519 846 8464 - www.elorafergus.ca - 27 ch. à partir de 650 $.* Installé dans un ancien moulin au bord de la rivière, ce vaste hôtel de luxe allie décor industriel et réhabilitation moderne. Les chambres offrent de belles vues sur la cascade. Une piscine et un spa viennent rehausser la prestance du lieu.

À Bayfield

Une folie

The Little Inn – *26 Main St. - ✆ 519 565 2611 ou 800 565 1832 - www.littleinn.com - - fermé janv.-déb. fév. - 16 ch. 360/460 $ - 2 nuits mini en juil.-août -* Ancien relais de diligences (1832) à l'extrémité nord de la rue principale de Bayfield, cette charmante auberge combine la simplicité d'un long passé et le confort moderne (bains à remous). Les chambres sont toutes différentes. Le restaurant propose un menu en phase avec la production locale et qui change selon la saison. Carte des vins intéressante.

Oshawa ★★

Située sur la rive nord du lac Ontario, Oshawa est l'un des principaux centres de l'industrie automobile canadienne. Son nom reste associé à celui du célèbre industriel et philanthrope Robert S. McLaughlin, qui transforma l'entreprise paternelle en compagnie automobile. En lançant sur le marché sa McLaughlin-Buick dans les années 1910, il donna à la ville son véritable essor économique.

Parkwood Estate.
Marc Dufresne/Getty Images Plus

Se repérer

196 165 habitants

CARTE C2 (P. 298-299).

Oshawa se dresse sur le littoral nord du lac Ontario, 39 km à l'est de Toronto.

Organiser son temps

Vous pouvez consacrer une petite journée à Oshawa et prendre le temps d'un agréable déjeuner au Parkwood Estate.

En famille

Les remarquables véhicules du Canadian Automotive Museum ; le Canadian Canoë Museum ; une sortie sur le lac.

General Motors au Canada

Après avoir débuté comme apprenti dans la fabrique de voitures à chevaux de son père, **Robert Samuel McLaughlin** (1871-1972) transforma l'entreprise familiale en atelier de fabrication d'automobiles. C'est dans ses usines que virent le jour les McLaughlin-Buick, dotées d'un moteur Buick. Après son rachat par General Motors en 1918, McLaughlin resta à la tête de l'entreprise, devenue la branche canadienne de la grande firme américaine.

Découvrir

★★ Parkwood Estate National Historic Site

4 km au nord de la route 401. 270 Simcoe St. N - ✆ 905 433 4311 - www.parkwoodestate.com - de déb. juin à déb. sept. : 10h30-17h ; de déb. sept. à fin mai : merc.-dim. 13h-17h - 18 $.

Parkwood est une élégante résidence construite en 1917 par Robert McLaughlin, qui en fit don à sa mort à l'hôpital général d'Oshawa. La somptueuse demeure est garnie avec goût de meubles et d'objets anciens venus du monde entier. Les plus beaux bois, travaillés par les meilleurs artisans, des tapis, des tableaux contribuent au charme et à l'élégance des lieux. Le **parc** qui l'entoure est l'un des plus somptueux de l'Est canadien. Ses grands arbres, ses pelouses soignées, ses massifs d'arbustes, ses jardins à la française, ses statues et ses fontaines sont artistiquement disposés. Le plaisir de la visite est renforcé par une halte au charmant **pavillon de thé**, au bord d'un bassin animé de jets d'eau.

★ Canadian Automotive Museum

1,5 km au nord de la route 401. 99 Simcoe St. S - ✆ 905 576 1222 - www.canadianautomotivemuseum.com - mai-oct. : mar.-dim. 10h-16h ; reste de l'année : mar.-sam. 10h-16h - 16 $.

Bien plus qu'une simple exposition de voitures anciennes, ce musée décrit l'histoire de l'industrie automobile au Canada. Parmi les 70 véhicules datant pour la plupart de 1898 à 1981, certains sont remarquables : une Redpath Messenger de 1903 construite à Toronto (unique au monde), une McLaughlin-Buick de 1912 et une voiture électrique Rauch and Lang de 1923.

Robert McLaughlin Gallery

Civic Centre - 72 Queen St. - ✆ 905 576 3000 - rmg.on.ca - ♿ - tlj sf lun. 10h-16h (21h jeu.) - participation suggérée 5 $.

Construit en 1969, puis agrandi, le musée est dû à Arthur Erickson, grand architecte canadien adepte de Le Corbusier. Il rassemble des œuvres du **groupe des Onze**, créé en 1953 à Toronto et composé en grande partie de peintres abstraits. Des expositions présentées par roulement illustrent l'art contemporain canadien.

À proximité

CARTE P. 298-299

Peterborough D2

77 km au nord-est d'Oshawa.

Peterborough & the Kawarthas Tourism – *VentureNorth, 270 George St. N, suite 101 - ✆ 705 742 2201 ou 1 800 461 6424 - thekawarthas.ca/visitor-centre.*

3

Cette ville agréable, située sur la rivière Otonabee, borde le canal Trent, qui fait partie de la voie navigable Trent-Severn reliant le lac Ontario à la baie Georgienne. Trois écluses règlent la navigation à hauteur de Peterborough, dont le célèbre ascenseur hydraulique. Les amateurs de canoë trouveront ici leur bonheur, notamment sur les lacs Kawartha, et plus au nord, sur les voies d'eau du parc provincial Algonquin. La ville est un haut lieu de la fabrication des pirogues que les Autochtones confectionnaient bien avant l'arrivée des premiers colons. De nombreux pétroglyphes réalisés par les Premières Nations émaillent en outre la région.

★ Ascenseur à bateaux de Peterborough

Ashburnham Dr. - ✆ 705 750 4953 - en service de mi-mai à mi-oct.
Il existe dans le monde peu d'ascenseurs hydrauliques du type de celui de Peterborough (1904), que l'on peut voir fonctionner à partir du parc adjacent. Selon les besoins, il élève ou descend les bateaux de plaisance sur 20 m de dénivelé dans des bassins montés sur pistons. L'eau se déplace d'un cylindre à l'autre de façon à faire descendre un bassin tandis que l'autre monte. Les visiteurs peuvent voir l'écluse en action depuis le parc adjacent et un centre d'accueil *(353, Hunter St. E, ouv. tlj de l'ouverture à la fermeture des écluses)* permet de mieux comprendre la complexité de cet ouvrage.
Trent-Severn Waterway National Historic Site – *2155 Ashburnham Dr. - ✆ 705 750 4950 ou 1 888 773 8888 - parcs.canada.ca/lhn-nhs/on/trentsevern - ♿ - mi-mai à fin juin : 10h-15h30, vend.-dim. 9h-18h30 ; de fin juin à déb. sept. : 9h-17h30, vend.-dim. 9h-18h30 ; de déb. sept. à mi-oct. : 10h-15h30, w.-end 9h-16h30 - gratuit.* Les explications permettent de mieux comprendre le fonctionnement de l'écluse, et donnent par la même occasion d'intéressants détails sur la voie navigable Trent-Severn, qui possède une seconde écluse hydraulique à Kirkfield, un ber roulant sur la Severn et 36 écluses ordinaires.
Promenade en bateau – *Dép. de Del Crary Park, près du Holiday Inn au centre-ville - Liftlock and the River Boat Cruises - ✆ 705 742 9912 - www.liftlockcruises.com - ♿ 💳 - de mi-mai à mi-oct. : dép. à 10h30 et 13h (et 15h en sem. à partir de mi-juin) ; horaires à confirmer par téléphone - 35 $ - réserv. conseillée.* Cette croisière (2h) permet aux visiteurs d'emprunter l'ascenseur hydraulique.
☺ Chaque année, lors de l'événement **Lock & Paddle**, des centaines de pagayeurs, armés de leurs canoës et kayaks de toutes les couleurs, se retrouvent pour sillonner les voies d'eau et, surtout, emprunter l'ascenseur à bateaux.

★ Canadian Canoe Museum

2077 Ashburnham Dr. - ✆ 705 748 9153 ou 1 866 342 2663 - www.canoemuseum.ca - ♿ - 10h-17h (20h jeu) - 20 $.
Abrité depuis 2024 dans un bel édifice qui s'étire au bord de l'eau, ce remarquable musée présente une partie de la riche collection de plus de 600 canots, kayaks et bateaux à rames en tout genre. Vous pourrez voir des embarcations utilisées par les tribus autochtones : pirogues de la côte ouest, kayaks inuits, canoë kutenal du centre de la Colombie-Britannique, bateau des peuples autochtones des Prairies. Pagaies, maquettes et objets divers complètent la visite au sein de salles lumineuses. Une section est consacrée à l'équipement de l'ancien Premier ministre **Pierre Elliott Trudeau** et présente son canoë de bouleau et sa veste en daim.

Ascenseur à bateaux de Peterborough.
jimfeng/Getty Images Plus

Vous pouvez prolonger l'expérience en pagayant sur le **Little Lake** dans lequel se reflète le musée mais aussi sur la rivière Otonabee River et le canal Trent-Severn reliés au lac. Des loueurs de kayaks et de canoës sont installés sur le site de Lakefront Campus, domaine englobant le musée et les rives du lac *(mai-oct. : 15/20 $/h selon l'embarcation)*. Autre alternative : prendre part à une visite guidée à bord d'un vaste canoë de 25 places.

Lang Pioneer Village D2

À Keene, 16 km au sud-est de Peterborough. 104 Lang Rd - ✆ 705 295 6694 ou 1 866 289 5264 - www.langpioneervillage.ca - de 3e sem. mai à mi-juin : lun.-vend. 10h-15h ; de mi-juin à déb. sept. : merc.-dim. 10h-16h ; reste de l'année : se rens. - 10 $.
Installé sur un terrain de 10 ha dans un cadre rural des plus charmants, cet ensemble de bâtiments recrée l'atmosphère d'un village rural du 19e s. Le moulin à broyer le grain (1846) est en parfait état de marche. Visitez la cabane en rondins de David Fife, qui introduisit une variété de blé particulièrement bien adaptée aux sols des Prairies. Des guides costumés font des démonstrations de techniques artisanales ancestrales.

★ Petroglyphs Provincial Park D2

À Woodview, 55 km au nord-est de Peterborough. 2249 Northey's Bay Rd - ✆ 705 877 2552 - www.ontarioparks.com/park/petroglyphs - ♿ - de mi-mai à mi-oct. : 10h-17h - fermé lun. et mar. au printemps et à l'automne - 14,13 $/voiture.
Situé au bord du lac Stony, ce lieu hautement spirituel pour les Premières Nations est surnommé « Teaching Rocks » (les pierres qui enseignent). Il recèle la plus grande concentration de pétroglyphes au Canada, soit environ 900 gravures sur pierre, vieilles de 500 à 1000 ans. Il faut prendre le temps de visionner le film proposé au centre d'accueil du site.

3

Kingston et les Mille Îles ★★

Thousand Islands

Autrefois capitale de la province du Canada, Kingston doit son développement économique et politique à sa position géographique, à la pointe nord-est du lac Ontario, où se rejoignent la rivière Cataraqui et le St-Laurent. La ville est devenue un centre touristique réputé, inséparable des Mille Îles (Thousand Islands) et de la pittoresque région des lacs Rideau. Les parcs au bord de l'eau composent un agréable décor.

Se repérer

CARTE D2 (P. 298-299) - PLAN (P. CI-CONTRE).
La ville de Kingstonse trouve sur le littoral nord du lac Ontario, là où se forme le St-Laurent, entre Ottawa et Toronto.

À ne pas manquer

Une croisière autour des îles.

Organiser son temps

Si vous visitez une île américaine, pensez aux documents pour la douane *(voir « Avant de partir », p. 567)*.

En famille

La parade de Fort Henry.

Carnet pratique p. 378

Nos adresses p. 378

Découvrir

★★ Kingston PLAN P. CI-CONTRE

La ville abrite de nombreux édifices construits en calcaire du pays : l'hôtel de ville ou **City Hall★**, en bordure de Confederation Park, sur le port, initialement bâti pour abriter le Parlement canadien avant que la reine Victoria ne choisisse Ottawa pour capitale ; le palais de justice ou **Court House★**, doté d'une coupole semblable à celle de l'hôtel de ville ; **Cathédrale St-George**, dont le style rappelle les églises londoniennes de Christopher Wren ; enfin, **Grant Hall** (Queen's University) et plusieurs bâtiments du Collège militaire royal.

★ Marine Museum of the Great Lakes EN DIRECTION

55 Ontario St. - ✆ 613 542 2261 - greatlakesmuseum.ca - ♿ - de mi-mai à déb. sept. : 10h-17h ; reste de l'année : mar.-dim. 10h-16h - 10 $.

Installé dans un ancien chantier naval le long du lac Ontario, ce musée se consacre aux différents navires à voile et à vapeur qui sillonnaient jadis les Grands Lacs. Une galerie présente les techniques de construction des bateaux tandis qu'une section évoque Kingston au 19e s., époque à laquelle la ville était l'un des principaux centres de construction navale des Grands Lacs.

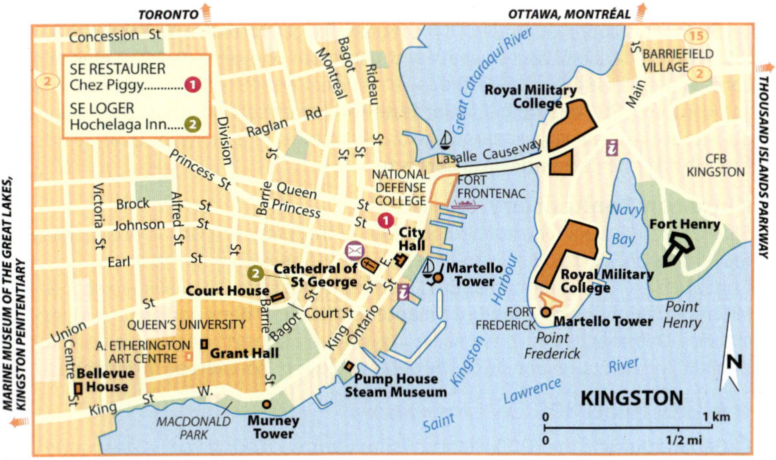

Pump House Steam Museum

23 Ontario St. - ✆ 613 544 7867 - www.kingstonpumphouse.ca - ♿ - tlj sf dim.-lun. 10h-17h - 7,43 $.

Cette ancienne station de pompage, construite en 1849, a conservé ses deux énormes pompes à vapeur. Restaurées dans leur état de 1897, elles peuvent toujours fonctionner. De nombreuses maquettes complètent l'exposition.

Murney Tower National Historic Site

2 King St. W, à l'angle de Barrie St. - ✆ 613 217 8235 - www.murneytower.com - de mi-mai à déb. sept. : 10h-17h - participation suggérée 5 $.

Ronde, trapue, renforcée de solides voûtes, cette tour Martello en pierre fut construite en 1846 pour protéger le port. On visite les quartiers de la garnison ainsi qu'une plate-forme à canon dotée d'une pièce d'artillerie.

★ Bellevue House National Historic Site

35 Centre St. - ✆ 613 545 8666 - parcs.canada.ca/lhn-nhs/on/bellevue - ♿ - de mi-mai à fin juin et de sept. à mi-oct. : lun., jeu.-dim. 10h-17h ; juil.-août : 10h-17h - 9 $.

Cette villa construite en 1840 fit sensation à cause de son style italianisant (tour carrée et balcons). Les sobriquets les plus divers lui furent attribués, comme « Tea Caddy Castle » (la boîte à thé), allusion à l'épicerie que tenait son propriétaire. La maison fut brièvement habitée, de 1848 à 1849, par **John A. Macdonald** (1815-1891), avocat et l'un des principaux artisans de la Confédération canadienne. Né en Écosse, élevé à Kingston où il fit ses études, Macdonald connut une brillante carrière politique à la tête du Parti conservateur et devint Premier ministre du Canada de 1867 à 1873 puis de 1878 à 1891. Il soutint avec ferveur la réalisation du chemin de fer Canadien Pacifique.

★★ Fort Henry National Historic Site

1 Fort Henry Dr., à l'est du centre-ville - ✆ 1 800 437 2233 - www.forthenry.com - de mi-mai à déb. sept. : 10h-17h - 20 $.

Situé sur une presqu'île dominant le lac Ontario, cet ouvrage défensif en pierre (1732-1837) a remplacé une fortification datant de la guerre de 1812 qui opposa

3

les États-Unis au Royaume-Uni. Il protégeait l'accès terrestre de l'arsenal, sur la pointe Frederick – l'accès naval étant gardé par une série de tours Martello construites vers 1846 – le canal Rideau et la ville. L'armée britannique occupa le site jusqu'en 1870. Aujourd'hui, la **Garde de Fort Henry** est constituée d'étudiants qui recréent devant les visiteurs la vie des soldats au 19e s. dans les quartiers du fort. Ne pas rater la **parade de la garnison**.

Kingston Penitentiary EN DIRECTION

560 King St. W - www.kingstonpentour.com - visite guidée en français et en anglais (de 45mn à 2h30) : horaires, se rens. - 27,13/81,13 $ selon la visite choisie.
Construite en 1835 et fermée en 2013, cette prison à sécurité maximale accueillait notamment des détenus jugés inaptes à s'intégrer dans des prisons « classiques ». Des émeutes qui ont émaillé son histoire à son architecture, la visite du pénitencier évoque les conditions de détention des prisonniers au fil des années.

★★ Les Mille Îles CARTE P. 298-299 D2

Gananoque and the 1000 Islands Visitor Centre – *10 King St. E - Gananoque - ✆ 613 382 8044 ou 1 844 382 8044 - travel1000islands.ca; visit1000islands.com.*
Un millier d'îles occupent, sur 80 km, l'exutoire du St-Laurent, au nord-est du lac Ontario. Elles sont issues du socle granitique précambrien de l'**axe de Frontenac** qui relie le Bouclier canadien aux monts Adirondack, aux États-Unis.
Les eaux scintillantes, bordées de forêts, et les rochers de granit rose lentement érodés par les glaciers attirent les habitants des deux pays, la frontière passant entre les îles. C'est aussi une région de villégiature courue, naturellement dédiée au nautisme. Les résidences d'été, depuis la simple cabane perchée sur un îlot rocheux jusqu'aux extravagants palaces de « Millionaire's Row » sur l'île Wellesley, se cachent parmi les arbres.
Les grands navires de la voie maritime du St-Laurent passent le long de la rive américaine, tandis qu'entre les îles s'égaie une nuée de bateaux de plaisance, yachts et canots.
★★ **Excursion en bateau** – *Voir « Nos adresses », p. 378.* Plusieurs compagnies proposent des croisières à travers le dédale des îles.

★ Thousand Islands Parkway

La route part 3 km à l'est de Gananoque, au niveau de l'échangeur 648 (route 401), et se déroule sur 37 km jusqu'à l'échangeur 685 (route 401), au sud de Brockville.
Cette route pittoresque longe le St-Laurent et offre de belles vues sur le fleuve.
Peu après Ivy Hill, prenez le pont jusqu'à Hill Island (péage 4,75 $ CA - ne pas pénétrer aux États-Unis).
1000 Islands Tower – *716 Highway 137, à Lansdowne - ✆ 613 659 2335 - 1000islandstower.com - ♿ - juil.-août : 10h-16h ; de mi-mai à fin juin et de sept. à mi-oct. : lun., jeu.-dim. 10h-16h - 18 $.* Cette tour d'observation de 120 m offre une jolie **vue**★ sur l'ensemble des îles et reste ouverte certains soirs pour profiter du coucher de soleil.
Thousand Islands National Park – *2 County Rd 5, à Mallorytown - ✆ 613 923 5261 - parcs.canada.ca/pn-np/on/1000 - ♿ - centre d'accueil du parc (Mallorytown Landing Visitor Centre) : 1121 Thousand Islands Parkway - de mi-mai à déb. sept. : 9h-16h ; enregistrement en libre-service disponible de mi-mai à mi-oct. - 8,50 $/véhicule. Camping.* Ce parc comprend plusieurs îles uniquement accessibles par bateau. À proximité du centre d'accueil, une cabane abrite les débris d'une canonnière du début du 19e s.

Thousand Islands National Park.
benedek/Getty Images Plus

Excursion

CARTE P. 298-299

3

★ Prescott D2

101 km au nord-est de Kingston.

Prescott Museum and Visitor Centre – *202 King St. W - 613 925 2812 - www.prescott.ca/recreation-culture/museum-visitors-centre.*

Cette petite ville industrielle, fondée vers 1851 par des loyalistes, se développa au bord du St-Laurent, en amont d'une série de rapides qui interdirent pendant longtemps la navigation sur cette partie du fleuve. Prescott fut le théâtre de la bataille de Windmill quand, en 1838, les partisans rebelles de William Lyon Mackenzie furent délogés d'un moulin à vent sur les bords de la rivière. Aujourd'hui, Prescott est le seul port en eau profonde sur la voie maritime entre Montréal et Kingston.

Fort Wellington National Historic Site – *370 Vankoughnet St., à Prescott - 613 925 2896 ou 1 888 773 8888 - parcs.canada.ca/lhn-nhs/on/wellington- - de mi-mai à fin juin et de déb. sept. à mi-oct. : lun., jeu.-dim. 10h-17h ; juil.-déb. sept. : 10h-17h - fermé de mi-oct. à mi-mai).* Construit après 1812 pour protéger les communications entre Montréal et Kingston d'une éventuelle attaque américaine, ce petit fort retranché derrière de solides talus de terre ne subit finalement aucun assaut. La visite se déroule accompagnée de guides en uniforme d'époque entre le quartier des officiers et un massif **blockhaus** en pierre de trois niveaux, restauré selon son aspect des années 1840. À l'est du fort *(1,5 km)*, entre la route 2 et le fleuve, se dresse l'ancien **moulin à vent** témoin de la célèbre bataille. Belle **vue** sur le St-Laurent *(aire de pique-nique)*.

Carnet pratique

S'informer

Kingston Visitor Information Centre – *209 Ontario St. - Kingston - ✆ 613 548 4415 ou 1888 855 4555 - www.visitkingston.ca*

Arriver/Partir

Au départ de Toronto, Kingston est facilement accessible en voiture (2h30), en train (2h20), avec Via Rail *(www.viarail.ca)*, et en bus (2h40) avec Megabus, Book a Ride...

Nos adresses

PLAN P. 375

Restauration

Pour se faire plaisir

1 **Chez Piggy** – *68 Princess St. - ✆ 613 549 7673 - chezpiggy.ca - service continu - plats 29/48 $.* Incontournable à Kingston, Chez Piggy sert assiettes composées, sandwichs, salades et plats *healthy*, essentiellement végétariens, végans ou de poisson, dans une salle à la décoration cosy. Le pain, délicieux, est préparé dans la boulangerie « à l'européenne » Pan Chancho *(44 Princess St. - 8h-17h, dim. 8h-15h)*. Elle sert aussi jusqu'à 15h de savoureux en-cas.

En soirée

À Gananoque

Thousand Islands Playhouse – *185 South St. - ✆ 613 382 7020 - www.1000islandsplayhouse.com - de fin mai à fin oct. - 35/49,50 $, avant-premières et mar. 29/39,50 $.* Au bord de l'eau et près de Gananoque Inn, cet espace programme des pièces classiques ou contemporaines, du théâtre pour enfant et des concerts.

Activités

Excursions en bateau

De Kingston – *Kingston 1000 Islands Cruises - 248 Ontario St. - ✆ 613 549 5544 ou 1 800 848 0011 - www.1000islandscruises.ca - 3h : 56,75 $.*

De Gananoque ou d'Ivy Lea – *Gananoque Boat Line - 280 Main St. - ✆ 613 382 2144 ou 800 717 4837 - www.ganboatline.com - 1h - 32,95 $/pers.*

De Rockport – *Rockport Boat Line - 20 Front St. - ✆ 613 659 3402 ou 800 563 8687 - 36/42/49 $ selon l'option choisie - sur réserv.*

Hébergement

Pour se faire plaisir

2 **Hochelaga Inn** – *24 Sydenham St. S - ✆ 613 549 5534 - hochelagainn.com - P - 21 ch. 235/282 $ ☕.* Dans un quartier résidentiel calme, cette très jolie demeure en brique de 1879 propose des chambres confortables en B & B.

À Gananoque

Budget moyen

Gananoque Inn and Spa – *550 Stone St. S - ✆ 613 382 2165 ou 888 565 3101 - www.gananoqueinn.com - P - 57 ch. à partir de 199 $ ☕.* Cet hôtel reçoit des visiteurs depuis les années 1890. Il propose des suites. La salle à manger spacieuse dispose d'une terrasse au bord de l'eau. Cuisine anglaise soignée.

Upper Canada Village

★★★

La construction du barrage de Cornwall, en faisant monter les eaux du St-Laurent, noya 8 000 hectares de terrain ainsi que huit villages créés par des loyalistes à la fin du 18e s. Pour garder la mémoire de ces lieux historiques, les bâtiments anciens furent démontés et reconstruits un peu plus loin, près de Morrisburg. Ainsi naquit, à la fin des années 1950, Upper Canada Village, illustration d'une cité du Haut-Canada des années 1860-1867. Plus de 500 maisons, édifices religieux, bureaux, boutiques et autres bâtiments composent ce village de 27 ha devenu l'une des attractions touristiques les plus populaires du Canada : une vingtaine de ces édifices historiques sont aujourd'hui ouverts au public.

Se repérer

CARTE D2 (P. 298-299).
Le village est localisé à Crysler Farm Battlefield Park, 11 km à l'est de Morrisburg, près du St-Laurent, et au sud d'Ottawa par la route 31. Depuis Cornwall, sur la route 401, prenez la sortie 758 Upper Canada Rd en direction du sud. Tournez à gauche sur la route 2 (2 km).

Organiser son temps

Prévoyez 3 à 4h pour une visite libre.

En famille

Les nombreuses activités proposées par le village.

Nos adresses p. 381

Découvrir

Le village

13740 County Rd 2, Morrisburg - ✆ 613 543 4498 ou 1 800 437 2233 - www.uppercanadavillage.com - de déb. mai à mi-sept. : 9h30-17h ; reste de l'année : se rens. - ♿ - 25 $, transport en voiture à cheval inclus ; train miniature 5 $.

Les visiteurs ont l'impression de remonter plus d'un siècle en arrière lorsqu'ils pénètrent dans ce **village rural** qui évoque le mode de vie des premiers colons. Animé par des personnages en costume d'époque, il est bourdonnant d'activité : chacun vaque à ses occupations (travaux d'aiguille, fabrication de fromages ou de pain, etc.) et se déplace à pied, en **char à bœufs** ou en **diligence**. La plupart des animaux présents sur place servaient jadis aux travaux des champs mais ont aujourd'hui quasiment disparu, comme ces chevaux de trait canadiens attelés aux charrettes et aux diligences ou les énormes bœufs roux du Devon qui labourent les champs. Vous pourrez, installé dans un **bateau à fond plat** tiré par des chevaux sur le **chemin de halage** le long du canal, apercevoir le village selon une perspective différente.

La rétrospective va du modeste logis de pionnier à la **ferme** solide et prospère comme **Loucks Farm**, à l'élégant raffinement de **Robertson House** et à la richesse et au luxe de l'architecture néogrecque de **Crysler Hall**. Vous découvrirez aussi

3

Upper Canada Village.
J.-P. De Mann/robertharding/age fotostock

des écoles et des églises, une maison de médecin, un magasin de village, une taverne. Actionnés à l'énergie hydraulique, une **scierie**, un moulin à farine (doté d'une machine à vapeur de 1865) et une **filature** montrent l'industrialisation progressive, manifeste vers 1867.

Au cœur du village se dresse le bâtiment à deux niveaux en bardeaux de l'**hôtel Willard's** *(voir « Nos adresses » p. ci-contre)*. La demeure, construite en 1785 par un loyaliste new-yorkais d'origine allemande, fut transformée en auberge qui fut ensuite acquise vers 1830 par John Willard, gérant d'une taverne à Montréal.

À proximité

Battlefield Monument

13740 County Rd 2, Morrisburg; dans le parc. Ce monument commémore la **bataille de Crysler Farm** où, en 1813, une petite troupe canadienne et britannique mit en déroute des soldats américains pourtant plus nombreux, qui tentaient de couper Montréal du renfort des troupes de Kingston. Du monument, au bord du St-Laurent, belle **vue** sur le site aujourd'hui inondé de la ferme.

Long Sault Parkway

5 km à l'est d'Upper Canada Village, entre Ingleside et Cornwal. - 3 campings en saison : Woodlands, Mille Roches, McLaren - rens. et réserv. : ✆ 1 800 437 2233 ou 1 800 768 1755 - www.stlawrenceparks.com.

Cette route touristique, qui part du continent, traverse un chapelet d'îlots sur le St-Laurent. Une grande variété d'activités s'offre aux voyageurs le long du trajet : pêche, location de canoës, pique-nique n'en sont que quelques-unes. D'innombrables sentiers propices à la bicyclette ou à la marche sillonnent les gorges et le littoral, les plages de sable fin invitent à la baignade *(non surveillée)* tandis que les marais sont un terrain idéal d'observation des oiseaux.

Nos adresses

Restauration

Outre l'hôtel Willard's *(voir ci-après)*, vous trouverez sur le site (sur les mêmes périodes d'ouverture) trois autres établissements : **Le Café du Village** *(10h-15h30)*, le restaurant **Harvest Barn** *(10h-17h)* et **Queues de Castor** *(11h-15h sf lun. en mai-juin, w.-end 11h-18h)*, du nom de ces riches beignets que l'on déguste chaud.

Budget moyen

Hôtel Willard's – *13740 County Rd 2 - ✆ 613 330-9266 - www.uppercanadavillage.com - été : 10h-17h ; reste de l'année : se rens. - plats 19,95/27,95 $.* Très couru, l'hôtel Willard's accommode d'authentiques recettes du 19e s. Le personnel, costumé, guide d'un pas feutré les visiteurs vers de grandes salles à manger dotées d'un mobilier ancien. Les cuisiniers concoctent de merveilleux plats : des perches sautées sauce Rosemary and Robert ou des steaks d'aloyau fumé avec une sauce au vin. Pour clôturer le festin, la tourte à la pomme, le pudding ou l'exotique sabayon au citron se révéleront un choix judicieux. Le thé est servi à l'étage, sous le large porche ombragé par les grands avant-toits de l'hôtel ou dans le petit salon.

Shopping

The Village Store – *À l'entrée du village - ✆ 800 437 2233 ou 613 543 4328 - www.uppercanadavillage.com - mêmes périodes d'ouverture que le site.* Voici l'endroit idéal pour ramener de jolis objets d'artisanat typiquement canadien : jouets, vêtements, vaisselle, couvertures, livres sur le patrimoine régional et souvenirs gourmands en tous genres : thés, épices, confitures, fromages et autres délices, comme ces pains cuits dans le grand four en brique de la boulangerie du village.

Activités

Parmi les très nombreuses activités proposées sur le site, on notera le **tour de chaland**, qui permet de circuler sur le canal du village à bord d'un sympathique bateau à fond plat tiré par un cheval ; **une promenade en train** le long d'une voie ferrée offrant de magnifiques vues sur le St-Laurent ; et un classique **tour** de « **char à banc** » et une visite du village en **costume d'époque**.

Hébergement

Une folie

Upper Canada Guest House – *13740 County Rd 2 - ✆ 613 543 4328 ou 800 437 2233 - www.uppercanadavillage.com - ▤ - de mi-mai à mi-janv. - maison avec 3 ch. 315 $/nuit, 1860 $/sem., 2/7 nuits mini. selon la période.* Si vous désirez dormir à la ferme, cette adresse à proximité d'Upper Canada Village constitue une expérience de choix. Les familles et les petits groupes *(8 pers. maxi)* trouveront la solitude dans cette ferme-maison d'hôte de la fin du 19e s. Par nuit claire, le parc en bordure du St-Laurent est un remarquable point d'observation des étoiles ; en journée, les bernaches du Canada, le grand héron et d'autres volatiles aquatiques patrouillent autour de la ferme.

Ottawa ★★★

La capitale fédérale du Canada charme les visiteurs par ses ravissants cours d'eau, ses vastes espaces verts, son printemps coloré de multiples tulipes et par la plus grande patinoire du monde, le canal Rideau, classé au patrimoine mondial de l'Unesco. Située sur la rive sud de la rivière des Outaouais à sa confluence avec la rivière Gatineau, Ottawa est avant tout la cité des parlementaires, des diplomates et du gouvernement. Symbole du bilinguisme (il suffit de traverser la rivière des Outaouais pour se retrouver au Québec), elle offre une magnifique introduction à la compréhension du Canada tout entier, au musée canadien de l'Histoire.

Se repérer

1114 316 habitants

CARTE D2 (P. 298-299) - PLANS I (ENVIRONS, P. 396), II (P. 392) ET III (P. 384).

La capitale fédérale est située quasiment à équidistance (450 km) de Québec, à l'ouest, et de Toronto, à l'est.

À ne pas manquer

La colline du Parlement (Parliament Hill) ; la National Gallery of Canada, particulièrement la chapelle Rideau ; le musée canadien de l'Histoire à Gatineau ; les multiples parcs et sentiers offrant des vues magnifiques, notamment le long du canal Rideau.

Organiser son temps

Comptez un à trois jours pour profiter des richesses de la ville.

En famille

Le musée canadien des Enfants au musée de l'Histoire à Gatineau ; le Canadian Museum of Nature ; le Canada Agriculture and Food Museum ; le Canada Science and Technology Museum.

Carnet pratique p. 398

Nos adresses p. 399

Coucher de soleil sur Ottawa.
rabbit75_ist/Getty Images Plus

Se promener

PLAN P. 384

★★ Parliament Hill (COLLINE DU PARLEMENT)

Au sommet de la falaise, qui surplombe de près de 50 m l'Outaouais et le canal Rideau, d'où le nom de « colline », se dressent les bâtiments du Parlement canadien. Le majestueux ensemble, de style néogothique, domine le côté nord de **Confederation Square**. Au centre de cette place triangulaire trône l'arche en granit du **National War Memorial** (1), monument commémoratif inauguré en 1939 par le roi George VI, gardé par des militaires. Devant se trouve la tombe du Soldat inconnu canadien. La colline du Parlement est le théâtre de diverses manifestations. En été, des membres de la Gendarmerie royale du Canada se tiennent devant le Parlement, arborant leur fameux uniforme de cérémonie : chapeau à larges bords, veste rouge, culotte de cheval, bottes et éperons. On rencontre aussi des régiments de la garde à pied (Foot Guard), portant bonnet en peau d'ours, tunique écarlate et pantalon bleu.

★★ Centre Block

www.parl.ca ; visitez.parl.ca - en travaux jusqu'en 2028/2032 avec réouverture progressive, se rens.

Inauguré en 1866, l'édifice central, imposant et en cours de rénovation, fut conçu par Thomas Fuller, Chilion Jones et Charles Baillairgé. Du côté de la rivière, la gracieuse rotonde néogothique à 16 pans, surmontée d'une lanterne, est la **bibliothèque du Parlement★★** (1877), seule partie de l'Édifice du Centre à avoir alors échappé aux flammes. Dominant l'édifice, la tour de la Paix ou **Peace Tower** fut érigée en 1927 à la mémoire des Canadiens morts pour leur patrie. Un vaste chantier visant à rénover et moderniser l'édifice parlementaire ayant été engagé, le Sénat et la Chambre des communes ont quitté Centre Block fin 2018 pour au moins 10 ans et ont pris place respectivement dans l'ancienne gare centrale d'Ottawa et dans l'Édifice de l'Ouest (*voir p. 384*).

★★ Relève de la garde – *De fin juin à fin août : 10h-10h30 (sous réserve de beau temps).* Elle a lieu les matins d'été sur la pelouse devant Centre Block. Elle est accompagnée de musique militaire, sur le modèle de celle de Buckingham Palace.

★ East Block

613 996 0896 - www.parl.ca - ♿ - de juil. à déb. sept. : visite guidée (50mn) - réserv. sur visitez.parl.ca - nombre de billets limité - gratuit.

Flanqué d'une étrange tour où les fenêtres dessinent les traits d'un visage, l'Édifice de l'Est fut réalisé en 1865 par Strent et Laver. Quelques bureaux sont décorés de meubles de l'époque du Premier ministre d'alors, Sir John A. Macdonald, de son collègue québécois et « père » de la Confédération George-Étienne Cartier, du gouverneur général Lord Dufferin et du Conseil privé.

★★ West Block

www.noscommunes.ca/fr - été : visite guidée en français et anglais (40mn), en fonction des séances - réserv. sur visitez.parl.ca - nombre de billets limité - gratuit.

SE RESTAURER	SE LOGER	
Blue Cactus 1	Alt Hotel 1	Lord Elgin Hotel 5
1 Elgin 3	Saintio Ottawa - Ottawa Jail 3	
Lollo 7		

Achevé en 1865 par Strent et Laver, ce bâtiment néogothique a été rénové entre 2010 et 2018. Il accueille, depuis début 2019, la Chambre des communes, pendant les travaux de réhabilitation de Centre Block. La visite guidée permet de découvrir l'impressionnante **salle où siège la Chambre**, aménagée dans l'ancienne cour de l'édifice. Les ramifications d'une structure en métal supportent un plafond de verre pourvu de stores filtrant la lumière. Cet apport contemporain contraste avec les murs de pierre, les toits de cuivre et les bureaux anciens de la Chambre. Celle-ci siège selon le « système de Westminster » : le gouvernement et le parti majoritaire à la droite du Président de la Chambre, l'opposition et les autres partis à sa gauche. La moquette et les fauteuils sont de couleur verte, comme en Grande-Bretagne. La galerie des **portraits officiels des Premiers ministres** canadiens et la découverte d'une salle de commission parlementaire complètent la visite.

Parc

En pénétrant dans les jardins, remarquez la **flamme du Centenaire** (Centenial Flame), inaugurée pour le 100e anniversaire de la Confédération. Campée sur une fontaine entourée des 13 écussons des provinces et territoires canadiens, elle porte leur date d'entrée dans la Confédération.

De l'allée qui passe derrière l'édifice central, et notamment du belvédère en bois, se découvrent de belles **vues★★** sur la rivière et sur Gatineau, dont les traditionnelles industries de pâtes et papiers ont cédé la place aux vastes édifices gouvernementaux. Le long de la promenade, les statues qui agrémentent les jardins, pour la plupart du sculpteur québécois **Louis-Philippe Hébert** (1850-1917), représentent des Premiers ministres canadiens, ainsi que les reines Victoria et Élisabeth II.

Autour de la colline du Parlement

★★ Promenade en bateau sur la rivière des Outaouais

Paul's Boat Lines – *✆ 613 225 6781 ou 819 246 3855 - www.ottawaboatcruise.com/tour/ottawa-river-cruise - de mi-juin à mi-oct. - dép. des écluses d'Ottawa 11h-19h30 - dép. du quai de Gatineau (marina de Hull) 11h15-18h15 - AR 1h15-1h30 - 40,50 $.*
Cette excursion permet d'apprécier la taille impressionnante et la majesté de la rivière, et de voir sous leur meilleur jour la colline du Parlement, les chutes Rideau et les belles résidences de Sussex Drive *(voir p. 396)*.

★ Lieu historique national du Canal Rideau

parcs.canada.ca/lhn-nhs/on/rideau.

Du pont des Sapeurs, qui enjambe le canal Rideau sur Wellington Street, le point de vue embrasse les **huit écluses** successives qui permettent aux bateaux de franchir le dénivelé de près de 24 m entre la rivière des Outaouais et le canal Rideau, aménagé entre 1826 et 1832 *(voir p. 397)*.

Cette échelle d'écluses, autour de laquelle la ville d'Ottawa s'est développée, représente une véritable prouesse technique. Descendez les escaliers du côté de la colline du Parlement. Deux édifices subsistent du 19e s. : le bureau du maître éclusier et l'Intendance, devenue le Bytown Museum.

Bytown Museum – *✆ 613 234 4570 - www.bytownmuseum.com - mi-mai-déb. oct. : merc.-dim. 10h-16h30 ; reste de l'année : se rens. - fermé fêtes de fin d'année - 8 $.* Situé le long des écluses, cet édifice, construit par le colonel By en 1827, servait de dépôt militaire et d'intendance. Il abrite aujourd'hui une exposition sur la construction du canal. Bytown fait partie du réseau des musées de la ville

D'hier à aujourd'hui

Le canal Rideau

La guerre anglo-américaine de 1812 mit en évidence la fragilité des communications entre Montréal et le Haut-Canada. Le St-Laurent, seule voie praticable, était éminemment vulnérable, puisque tout navire s'y trouvait à portée de canon de la rive américaine, sans parler des dangers occasionnés par les rapides. Aussi, dès la fin de la guerre, le **duc de Wellington** chargea des hommes de déterminer un passage plus sûr. Le tracé retenu remontait les fleuves Outaouais (Ottawa) et Rideau, puis par une série de lacs rejoignait la rivière Cataraqui et la base navale de Kingston sur le lac Ontario. Le lieutenant-colonel **John By** fut chargé de construire le canal et les écluses nécessaires. Il s'établit en 1826 sur le site actuel d'Ottawa au débouché de la rivière Rideau, où bientôt se développa une colonie florissante baptisée Bytown. En 1832, les travaux étaient achevés, mais ils avaient coûté si cher que By rentra ruiné en Angleterre.

Les forêts de l'Outaouais

Autrefois, la vallée servait de voie de passage pour les Autochtones de l'Outaouais, les premiers explorateurs français et les voyageurs. En 1800, des Américains dirigés par **Philemon Wright**, vinrent de Nouvelle-Angleterre en char à bœufs par les cours d'eau gelés et s'installèrent dans la vallée. Ils exploitèrent les **chutes de la Chaudière** pour faire tourner leurs moulins et leurs scieries. Cultivateurs, ils se firent également bûcherons, et en 1806 leur premier train de bois flottait jusqu'à Québec. L'industrie forestière devait faire merveille dans les vallées de l'Outaouais et de la Gatineau, surtout entre 1835 et 1900. Et tandis que tombaient les magnifiques pins rouge et blanc (aujourd'hui disparus) si recherchés en Angleterre, Bytown devenait le centre de tout le commerce du bois et le marché de l'embauche des bûcherons et des « cageux ». Navigateurs expérimentés, capables de négocier les passages les plus difficiles sur les rivières, ces derniers étaient chargés de mener les trains de bois (ou « cages ») à destination. Après 1840, le marché s'orienta surtout vers les États-Unis, les scieries se multiplièrent dans la région, et le canal Rideau se couvrit de bateaux chargés de planches à destination du sud. Le dernier radeau descendit l'Outaouais en 1908.

La Westminster des bois

Dans les années 1850, Québec, Montréal, Toronto et Kingston se disputaient l'honneur d'être la capitale du Canada nouvellement uni. La querelle était si vive que le gouvernement demanda à la **reine Victoria** de se prononcer : elle choisit Bytown, qui aussitôt adopta le nom anglais de la rivière, Ottawa. Les critiques accablèrent la jeune capitale : « C'est le village de bûcherons le plus proche du pôle Nord ! », écrivait l'illustre **Goldwin Smith** de Toronto, et la presse américaine ajoutait avec humour qu'Ottawa avait tout de même un argument en sa faveur : même l'envahisseur le plus déterminé serait incapable de prendre la ville, il se perdrait dans les bois avant de la trouver ! Malgré toutes ces railleries, les travaux des édifices parlementaires débutèrent en 1859, et lorsque naquit la Confédération en 1867, c'est sans objection qu'Ottawa en fut reconnue la capitale et que les

Parlement canadien à Ottawa.
AK2/Getty Images Plus

nouveaux parlementaires prirent possession des locaux à peine achevés.

La ville aujourd'hui : verte et dynamique

Dotée de nombreux espaces verts et de pistes cyclables, la ville donne également l'occasion de faire d'agréables promenades en voiture. En mai, fleurissent partout des tulipes, offertes par les Pays-Bas, dont la reine passa les années de guerre à Ottawa. Le **canal Rideau** se prête à toutes sortes d'activités récréatives. En été, on y fait du canoë ou du bateau et en hiver du patin à glace, tandis que sur les promenades qui le bordent, on pratique selon la saison bicyclette, course ou ski de fond. Des petits chalets construits sur le sol gelé proposent nourriture et location de skate. Les quelque 200 km de voie navigable qui relient le lac Ontario à la rivière des Outaouais sont réservés à la navigation de plaisance et aux loisirs.

Le rôle fédéral d'Ottawa se retrouve dans son architecture : ici, le paysage urbain n'est pas dominé, comme à Montréal ou à Toronto, par les imposantes tours d'institutions financières, mais par des édifices gouvernementaux dont le plus proéminent, **Place du Portage**, s'élève à Gatineau, de l'autre côté de la rivière des Outaouais. C'est aussi dans ce quartier que s'élève le musée canadien des Civilisations qui, avec les nombreux musées nationaux et le **National Arts Centre** d'Ottawa, où se donnent ballets, concerts et pièces de théâtre, constituent un ensemble culturel particulièrement animé.

liés à un quartier, une communauté *(liste complète sur ottawamuseumnetwork.ca/fr/nos-musees).*

Fairmont Château Laurier

En haut de Wellington Street, cet hôtel de luxe historique (1911) est reconnaissable à ses tourelles et à ses toitures en pente raide recouvertes de cuivre.

Senate of Canada Building

www.sencanada.ca/fr - visite guidée en français et en anglais (30mn), en fonction des activités parlementaires - réserv. sur visitez.parl.ca - gratuit.
L'ancienne **gare ferroviaire** centrale d'Ottawa (1912) fut mise hors service à partir de 1966 et abrita un centre de conférences du gouvernement. Depuis début 2019, elle héberge le Sénat, pendant les travaux de modernisation de Centre Block. La visite guidée aborde le fonctionnement du système législatif canadien et l'histoire de l'édifice. Elle débute dans le **hall monumental** de style Beaux-Arts, dont l'élégante voûte à caissons est supportée par des colonnes à l'antique. La porte qui donne accès à la **salle où siège le Sénat** provient de l'Édifice du Centre et porte les blasons des provinces canadiennes. La salle où les sénateurs étudient les lois fédérales est habillée de rouge, à l'instar de son modèle britannique.

National Arts Centre

1 Elgin St. - ✆ 613 947 7000 - www.nac-cna.ca - ♿.
Logé au sud de Wellington Street, entre Confederation Square et le canal, ce bâtiment aux lignes basses (1969) abrite des salles de spectacle et un restaurant doté d'une agréable terrasse au bord de l'eau.

Sparks Street Mall

Une agréable allée piétonne bordée d'arbres et de parterres fleuris, de commerces et de cafés chemine au sud de la colline du Parlement. Remarquez **Royal Bank Centre** et, à l'autre extrémité du mail, l'ensemble harmonieux de la **Banque du Canada★**, dessiné par Arthur Erickson. Cette dernière accueille en son sein le **musée de la Banque du Canada★** *(30 Bank St. - ✆ 613 782 8914 - www.museedelabanqueducanada.ca - mai-août : 10h-17h ; reste de l'année : se rens. - gratuit).* Situé sous la terrasse de la Banque du Canada, ce musée abrite, dans la zone des chambres fortes, la **Collection nationale de monnaies**. À la pointe de l'interactivité, l'exposition permet de découvrir de façon très ludique les différentes facettes et le fonctionnement de la Banque centrale du pays. Les visiteurs parcourent, au fil des salles, l'histoire de la Monnaie et de l'économie canadienne.

Supreme Court

301 Wellington St. - ✆ 613 995 5361 ou 1 866 360 1522 - www.scc-csc.ca - ♿ - visite guidée (45mn) sur RV (formulaire électronique à remplir sur site) - gratuit. Attention, les visites peuvent être annulées en fonction des travaux de la Cour.
La Cour suprême siège dans un bâtiment aux toits verts en bordure de la rivière des Outaouais. La Cour se compose de neuf juges dont cinq constituent le *quorum*. Créée en 1875, elle ne devint « Cour suprême » qu'en 1949, lorsque furent abolis les recours au Comité judiciaire du Conseil privé en Angleterre. Le public peut assister à l'audition d'un appel et visiter l'intérieur.

★ ByWard Market

✆ 613 244 4410 - byward-market.com - marché extérieur mai-oct. (ByWard Market Square & William St.) et tte l'année à ByWard Market Building à partir de 9h.

Ce pittoresque marché, avec ses étals de fleurs, de fruits et de légumes qui débordent à la belle saison dans les rues avoisinantes, existe depuis les années 1820. **ByWard Market Building** regroupe des restaurants et des boutiques d'artisanat. Vers Clarence Street, un bronze de l'artiste nunavut Pauta Saila, représentant un ours qui danse, anime **Jeanne d'Arc Court**.

Tin House Court

La « cour de la maison de fer-blanc » est une petite place pavée paisible. Une sculpture est fixée sur un mur au nord-ouest de la place, qui appartenait autrefois à la maison d'un ferblantier nommé Honoré Foisy. Sa maison fut démolie et, en 1973, Art Price restaura la sculpture de la façade, témoin du savoir-faire du ferblantier.

★★ Notre Dame Cathedral Basilica

385 Sussex Dr. - ✆ 613 241 7496 - fr.notredameottawa.com - ♿ - 9h-18h, w.-end 9h-19h.

Cathédrale catholique d'Ottawa, la basilique Notre-Dame fut consacrée en 1846, mais sa construction ne s'acheva qu'en 1890. Elle est reconnaissable de loin à ses flèches jumelles argentées et délicatement ajourées, entre lesquelles se trouve la statue dorée d'une Vierge à l'Enfant. L'intérieur recèle un incroyable décor, dessiné par le curé Bouillon à partir de 1877, où se marie le vert des colonnes imitant le marbre, le bleu des voûtes étoilées, le rouge et l'or des parois des bas-côtés. Ceux-ci sont surmontés de galeries occupées par des rangs de sièges formant des gradins. Boiseries et statues ont été réalisées par des artisans ébénistes et sculpteurs, tels que Philippe Pariseau et Louis-Philippe Hébert. Le point d'orgue de l'ornementation est sans conteste le maître-autel et son **retable★★** de 16 m de haut, dont les statues en bois représentent les prophètes, les apôtres et les quatre évangélistes.

Peacekeeping Monument

De l'autre côté de la rue, un monument de bronze et de granit intitulé *The Reconciliation* (1992) rend hommage aux forces armées canadiennes et à leur contribution au maintien de la paix internationale.

★★★ National Gallery of Canada

380 Sussex Dr. - ✆ 613 990 1985 - www.gallery.ca - ♿ - de déb. mai à déb. sept. : 10h-17h (20h jeu.) ; reste de l'année : se rens. - 20 $.

Cette impressionnante construction moderne, flanquée à ses deux extrémités de tourelles prismatiques en verre, est l'œuvre de **Moshe Safdie** (1988). Annoncé par une monumentale et troublante araignée (*Maman*, Louise Bourgeois, 1999), cet édifice, qui surplombe la rivière des Outaouais face aux bâtiments du Parlement, abrite les remarquables collections du musée des Beaux-Arts du Canada (environ 80 000 œuvres au total) et des expositions temporaires d'envergure internationale.

Salles d'art canadien et autochtone – Inaugurées en 2017, ces salles posent un regard neuf sur l'extraordinaire richesse artistique de ce musée hors pair. Elles abritent la plus vaste collection d'art canadien et autochtone jamais révélée au public, soit près de 800 œuvres diverses et variées composées d'un mélange de tableaux et sculptures, mais aussi d'estampes, de pièces d'orfèvrerie, d'objets décoratifs et de photos. Celles-ci couvrent une période remontant à 5000 ans et se terminant dans les années 1960. Le cheminement mène les visiteurs à découvrir sous un nouveau jour de grands classiques de l'histoire de l'art au Canada,

et admirer des œuvres rares. L'art autochtone est à l'honneur, avec certaines pièces millénaires, et d'autres plus modernes. Si le parcours est chronologique, la scénographie, inspirée, confronte parfois de manière audacieuse les époques ou les styles. Les salles de cette section entourent un jardin fleuri et un atrium qui invite à la contemplation.
Au cœur de la galerie, la **chapelle Rideau★★★**, du couvent de N.-D.-du-Sacré-Cœur (1887-1888), a été reconstituée, avec sa spectaculaire voûte en éventail, ses colonnes en fonte et ses boiseries sculptées. Ne manquez pas non plus le petit **salon Croscup**, dont les murs ont été peints en Nouvelle-Écosse au milieu du 19e s.
Art contemporain – Une partie du musée est consacrée à l'art contemporain, avec des œuvres canadiennes et internationales produites depuis les 30 dernières années. L'accrochage est régulièrement renouvelé, au fil des nouvelles acquisitions et thématiques.
Art européen et américain – Les grands noms et les courants majeurs de la peinture européenne – depuis le Moyen Âge – s'exposent au fil des salles. Parmi les œuvres les plus célèbres : *Sainte Catherine d'Alexandrie* de Simone Martini, la *Vénus* de Lucas Cranach l'Ancien, *La Vierge et l'Enfant* de Bernard Van Orley, *Saint François d'Assise et son frère Léo* du Greco, le très beau buste du pape **Urbain VIII** du Bernin, la *Mort du général Wolfe* par Benjamin West (il s'agit de l'œuvre originale, maintes fois reproduite). Les impressionnistes et les grands peintres du 20e s. sont bien représentés : Gustav Klimt, Fernand Léger et Pablo Picasso.
Institut canadien de la Photographie – Hébergé par la National Art Gallery, cet institut propose d'intéressantes expositions temporaires.

★ Nepean Point

Au point le plus haut de ce petit cap dominant la rivière près du pont Alexandra, se dresse face à l'ouest une statue de **Samuel de Champlain** (2), qui remonta la rivière des Outaouais en 1613 et en 1615. Au pied de la statue, **vue★★** splendide sur la colline du Parlement, Gatineau et au loin, ses collines.

À voir aussi

PLANS P. 392 ET 396

★★★ Musée canadien de l'Histoire (Gatineau) PLAN II A2

100 r. Laurier (entre le pont Alexandria et Victoria St.) - ☎ 819 776 7000 ou 1800 555 5621 - www.museedelhistoire.ca - ✕ ♿ - de déb. juil. à déb. sept. : 9h-18h, jeu. 9h-19h ; reste de l'année : se rens. - 22 $ (gratuit le jeu. à partir de 17h).
Inauguré en juin 1989, le musée le plus visité du Canada est consacré à l'histoire du pays depuis la venue des Vikings, ainsi qu'à l'art et aux traditions des peuples autochtones et des divers groupes ethniques du pays. L'édifice abrite une impressionnante collection de 3,5 millions d'objets et un cinéma de haute technologie. En prime, la terrasse de sa cafétéria offre une superbe vue sur la rivière et le Parlement, côté Ottawa.
Architecture – Le musée se compose de deux édifices dont l'architecture, due à **Douglas Cardinal**, symbolise le paysage canadien. Des courbes majestueuses évoquent l'émergence du continent nord-américain, façonné par l'action érosive du vent, de l'eau et des glaciers, tandis que le revêtement mural, en calcaire de Tyndall, révèle ici et là des traces de fossiles. À gauche de l'entrée principale, le **pavillon du Bouclier canadien** abrite les réserves du musée. À droite, le **pavillon du Glacier** accueille les visiteurs.

Musée canadien de l'Histoire conçu par Douglas Cardinal.
Adrian Wojcik/Getty Images Plus

Grande Galerie – Consacrée au riche patrimoine culturel et artistique des Premières Nations de la côte nord-ouest du Canada, cette galerie aux airs de cathédrale ultramoderne impressionne par sa hauteur de plafond et ses larges baies vitrées. **Six maisons autochtones** symbolisent un village traditionnel. Notez le **mât totémique de Wakas** (1893), haut de 12 m, qui trôna pendant plus d'un demi-siècle dans le parc Stanley, à Vancouver. La paroi de verre ménage une belle **vue** sur la rivière des Outaouais et le Parlement canadien.
Deux expositions permanentes intitulées « Les Premiers Peuples de la côte nord-ouest » et « Du fond des âges - La préhistoire des Tsimshians » viennent compléter la visite de cette passionnante section du musée.
Salle des Premiers Peuples – Quelque 2000 artefacts, images et documents historiques et contemporains célèbrent ici la créativité, la diversité et la résilience des peuples autochtones et leur contribution au Canada d'aujourd'hui.
Collection de timbres du Canada – Toute l'histoire du Canada défile à travers la fabuleuse collection de timbres du musée, soit plus de 3000 exemplaires aussi uniques qu'instructifs. Saviez-vous par exemple que sir Sandford Fleming, créateur du tout premier timbre canadien, décida impertinemment d'y faire figurer un castor plutôt qu'un monarque ?
Musée canadien des Enfants – . Fascinant lieu d'apprentissage et de découverte, ce charmant musée propose des activités variées autour du thème de la **Grande Aventure**, véritable microcosme de notre planète qui permet de s'embarquer dans un tour du monde passionnant. Une trentaine de modules formant autant d'environnements, et comprenant des accessoires divers et des costumes, permettent un voyage aléatoire et interactif.
Salle de l'Histoire canadienne – Cette salle qui s'articule autour de trois galeries retrace l'**histoire du Canada**, des premiers établissements humains à nos jours, sur près de 4000 m². On y accède par le **Passage**, un long couloir orné de miroirs sur lesquels apparaissent des images iconiques du pays, du parlement

3

OTTAWA
plan II
0 1 km
0 1/2 mi
SE RESTAURER
Canal Ritz 4
Fauna 5
Mamma Teresa 8
Yang Sheng 10
SE LOGER
Auberge McGee's Inn 7
Swiss Hotel 13
Auberge The King Edward B & B 15
RCMP ROCKCLIFFE
PARC DE LA GATINEAU
REMIC RAPIDS
CANADA SCIENCE AND TECHNOLOGY MUSEUM
HOG'S BACK FALLS
MOONEY'S BAY
POINTE GATINEAU
PAVILION
Rockcliffe Pkwy.
Sandridge Rd
PARC DU LAC LEAMY
Rockcliffe Park
Rivière des Outaouais
Ottawa River
RESIDENCE OF THE PRIME MINISTER
FRENCH EMBASSY
Rideau Falls
Former City Hall
Rideau Hall
Princess Ave
Lisgar Rd
Mackay
Stanley Ave
Dufferin Rd
GREEN ISLAND
Sussex Drive
L. B. Pearson Bldg.
Vanier Pkwy
PARC J.-CARTIER
GATINEAU
Laurier
Boteler St.
King
Bld des Allumettières
MUSÉE CANADIEN DE L'HISTOIRE
Place du Portage
Rue
NATIONAL GALLERY
ALEXANDRA BR.
St Patrick
Rideau St
Montréal Rd
McArthur Ave
George St
Rideau
Edward
voir plan III
Laurier House
Chapel
Range Rd
Rideau River
N. River Rd
Vanier Pkwy
Laurier Ave
UNIVERSITY OF OTTAWA
Somerset St
Nicholas St
uOttawa
Mann Ave
PORTAGE BR.
Canadian War Museum
Wellington St
Parliament
Bank of Canada
Ottawa River Pkwy.
Albert
Lyon
O'Connor
Elgin St
Rideau Canal
Queen Elizabeth Driveway
Lees Ave
Lees
Laurier
Lyon
Kent
Somerset
Bank St
Canadian Museum of Nature
Pimisi
Hurdman
Gladstone
Bronson
Booth
Preston
Somerset
Corso Italia
Gladstone
THE GLEBE
Glebe Ave
Lyon St S.
Bank
Main St
Riverside Dr
Aberdeen Pavilion
TD Place Stadium
Queen Elizabeth Drive
Bayswater St
Dow's Lake / Lac Dow
Carling
5th Ave
Dow's Lake
Colonel By Drive
Riverdale Ave
Smyth Rd
Pleasant Park Rd
Prince of Wales Drive
Canada Agriculture and Food Museum
Central Experimental Farm
HOG'S BACK PARK
CARLETON UNIVERSITY
Carleton
Billings Estate NHS
550
148
417
31

de Colombie-Britannique au canal Rideau. La galerie 1 expose notamment **Le Premier Visage**, une sculpture autochtone vieille de 4 000 ans et découverte par une équipe d'archéologues dans les années 1960. La pièce maîtresse de la galerie 2 est l'**église St-Onuphrius**, une église ukrainienne provenant d'Alberta et remontée ici planche par planche. La dernière galerie met à l'honneur l'histoire du Canada moderne. On peut y voir un extrait du célèbre discours de Charles De Gaulle prononcé en 1967, à Montréal.

★★ Canadian War Museum PLAN II A3

1 Vimy Pl. - ✆ 819 776 7000 ou 1 800 555 5621 - www.museedelaguerre.ca - ♿ - de déb. juil. à déb. sept. : 9h-18h, jeu. 9h-19h. (17h première quinz. de juil.) ; reste de l'année : se rens. - 20 $ (gratuit le jeu. à partir de 17h).

Ce musée à l'architecture saisissante retrace l'histoire des conflits du Canada ou de ceux auxquels des Canadiens ont participé, depuis les combats entre Français et Iroquois au 17e s. jusqu'à la guerre de Corée (13 000 œuvres exposées).

On voit une reconstitution grandeur nature d'une tranchée de la Première Guerre mondiale, complétée par des effets sonores, un diorama du débarquement allié en Normandie (juin 1944), une énorme Mercedes blindée utilisée par Hitler dans les années 1930, un chasseur Voodoo, des chars, des pièces d'artillerie du 19e s. Une galerie commémorative rend hommage aux soldats décorés de la Victorian Cross et une section est consacrée à des expositions temporaires. De la terrasse sommitale, on a de superbes **vues★** sur la rivière Ottawa.

★ Laurier House National Historic Site PLAN II B2

335 Laurier Ave. E - ✆ 613 992 8142 ou 1 888 773 8888 - parcs.canada.ca/lhn-nhs/on/laurier - de déb. mai à fin juin : lun., jeu.-dim. 10h-17h ; de déb. juil. à déb. sept. : 10h-17h - 4,50 $.

La grande maison de brique jaune, entourée d'une véranda, évoque le souvenir de trois des Premiers ministres canadiens. Le premier, le Canadien français **Wilfrid Laurier**, ministre de 1896 à 1911, vécut dans cette maison de 1897 à sa mort. Sa veuve en fit don à **William Lyon Mackenzie King**, petit-fils du rebelle du même nom qui, à sa mort (1950), légua à son tour la maison et son domaine situé au parc de la Gatineau *(voir p. 398)* à la Nation.

La visite passe par la bibliothèque de William Lyon Mackenzie King, sa chambre, la salle à manger, deux pièces consacrées au souvenir de Wilfrid Laurier, et pour finir une reconstitution du cabinet de travail de **Lester Bowles Pearson**, Prix Nobel de la paix en 1957 et Premier ministre de 1963 à 1968. Les caricatures qu'on avait faites de lui et qu'il avait collectionnées sont fascinantes.

★★ Canadian Museum of Nature PLAN II B3

240 Macleod St. - ✆ 613 566 4700 ou 1 800 263 4433 - www.nature.ca - ♿ - de mi-mai à déb. sept. : 9h-17h, jeu. 9h-20h ; reste de l'année : lun., merc., vend.-dim. 9h30-16h, jeu. 9h30-20h - 18 $ (gratuit le jeu. à partir de 17h).

Le musée canadien de la Nature occupe le bâtiment du premier musée national du Canada, ouvert au public en 1912. L'architecture de l'édifice mêle les influences néogothiques et Beaux-Arts. Au-dessus du portail principal, une extension en verre (2010) remplace la tour d'origine dont les problèmes de structure ont entraîné la démolition en 1916. Ce « Lanternon des Reines » abrite une étonnante méduse gonflable.

À l'intérieur du musée, les riches collections s'étagent sur 4 niveaux.

La **galerie des fossiles** revient sur la formation des océans et des continents ; plusieurs squelettes complets de **dinosaures** y sont reconstitués. Un impressionnant squelette de rorqual occupe la **galerie de l'eau**, qui aborde largement les conséquences du réchauffement climatique et de la pollution marine. Le musée présente également les **oiseaux** et **mammifères canadiens** (bœuf musqué de l'Arctique, orignal du Nouveau-Brunswick, caribou de la Saskatchewan, grizzli et couguar de Colombie-Britannique, etc.), à travers des dioramas, des vidéos et des spécimens naturalisés. Les enfants adoreront le grouillement de cafards, phasmes, araignées et autres escargots de la section « Nature vivante », tandis que les plus grands s'émerveilleront devant la variété des **roches et minéraux** de la galerie de la terre.
Inaugurée en 2017, la **galerie de l'Arctique** permet aux visiteurs de découvrir la géographie, les écosystèmes, la faune et la flore de cette vaste région du globe. Elle interpelle sur les enjeux liés au **réchauffement climatique** qui menace à la fois la sécurité alimentaire des peuples qui y vivent, et la pérennité écologique des vastes espaces du Grand Nord représentant 40 % des terres émergées du Canada. À côté du musée, les jardins des paysages du Canada (steppe, toundra, etc.) sont ponctués de panneaux explicatifs.

The Glebe PLAN II B3-4

Ce quartier branché s'étend de part et d'autre de **Bank Street**, entre l'autoroute 417 (Queensway) et la rivière Rideau. Sur cette artère principale s'alignent petites boutiques, cafés et restaurants. Quelques fresques de street art décorent les murs. Dans les rues perpendiculaires s'élèvent de belles demeures d'inspiration victorienne.
Juste avant la rivière se trouve le **stade TD Place**, où se jouent les matchs de football. Plusieurs pubs et brasseries se sont ouverts aux alentours. Devant le **pavillon Aberdeen** (1898), vaste bâtiment qui accueille des événements culturels, un **marché fermier** est organisé tous les dimanches *(mai-oct. : 9h-15h - ottawafarmersmarket.ca).*

★ Billings Estate National Historic Site PLAN II B4

2100 Cabot St. - ✆ 613 580 2088 - ottawa.ca - ♿ - de mi-mai à fin oct. : merc.-dim. 10h-17h - 7,59 $ - thé sur la pelouse certains merc., jeu., vend. et dim. de mi-mai à déb. sept. : à 10h30, 12h30 et 14h30 sur réserv.
Construite en 1828 par Braddish Billings, cette imposante demeure de style néoclassique fut habitée par quatre générations de sa famille avant de devenir propriété de la ville en 1975. Outre les nombreux documents, objets, photographies et mobilier de famille, une exposition passe en revue les différents styles architecturaux de cette maison, l'une des plus anciennes d'Ottawa.

★ Canada Agriculture and Food Museum PLAN II A4

Dans les jardins de la Ferme expérimentale centrale. 901 Prince of Wales Dr. - ✆ 613 991 3044 ou 1 866 442 4416 - ingeniumcanada.org/agriculture/accueil.php - ♿ - mars-oct. : 9h-17h ; nov.-fév. : merc.-dim. 9h-17h (ouv. tlj de fin déc. à déb. janv.) - 14,50 $ (gratuit entre 16h et 17h.).
Le musée de l'Agriculture, installé dans une grange construite dans les années 1920, fait partie de la **Ferme expérimentale centrale** (425 ha) du Département canadien de l'agriculture et l'agroalimentaire. Des spécimens de races anciennes de moutons, vaches laitières, cochons et chevaux de trait sont élevés ici. Les

machines exposées, l'explication sur les techniques agricoles évoquent une ferme d'autrefois, tandis qu'une exposition consacrée aux abeilles aborde le thème ô combien actuel de leur rôle dans l'équilibre de l'écosystème.
Extérieur – *Parc ouvert tte l'année du lever au coucher du soleil.* Remarquez le jardin de plantes ornementales, où, selon les saisons, lilas, iris, pivoines et chrysanthèmes fleurissent. Une serre tropicale et un grand **arboretum** bordent le canal Rideau. C'est le rendez-vous des promeneurs, des pique-niqueurs et des cyclistes.

★★★ Canada Aviation and Space Museum PLAN I

Aéroport de Rockcliffe - 11 Aviation Parkway - ✆ 613 991 3044 ou 1 800 463 2038 - ingeniumcanada.org/aviation/accueil.php - ♿ - tlj sf mar.-merc. 9h-17h - fermé 25 déc. - 16,75 $ (gratuit entre 16h et 17h).
Le musée canadien de l'Aviation et de l'Espace occupe depuis 1988 des locaux spécialement conçus pour lui. La forme triangulaire du bâtiment rappelle le plan à trois côtés des nombreux aérodromes construits sur le sol canadien pendant la Seconde Guerre mondiale. Une importante collection, complétée par de vieux films et des présentations audiovisuelles, retrace l'histoire de l'aviation et surtout son développement au Canada. On y voit ainsi une réplique du *Silver Dart,* qui réussit le premier vol canadien en 1909, ainsi que des bombardiers et avions de combat des deux guerres mondiales, un Spad 7, un Sopwith Snipe, un Hawker Hurricane, un Supermarine Spitfire et un bombardier Lancaster. Boeing 247, Lockheed 10A et Douglas DC-3 illustrent les débuts de l'aviation civile. La collection compte quelques-uns des premiers hydravions qui permirent l'entrée dans le Nord canadien : le De Havilland Beaver, qui prit son premier envol en 1947, est renommé pour ses capacités d'atterrissages et décollages courts. Près du hall d'entrée, la salle **RCAF Hall of Tribute** rend hommage aux membres des forces aériennes canadiennes.

★★ Canada Science and Technology Museum PLAN I

1867 St. Laurent Blvd - ✆ 613 991 3044 ou 1 866 442 4416 - ingeniumcanada.org/fr/mstc - ♿ - de déb. mai à déb. sept : 9h-17h ; de mi-sept. à fin avr. : mar.-dim. 9h-17h - fermé quelques j. mi-sept., 25 déc. - 19 $ (gratuit entre 16h et 17h).
À l'occasion du 150e anniversaire du Canada, ce musée des sciences et de l'innovation a fait peau neuve ! Interactive et immersive, son aire d'exposition occupe un espace de quelque 7 400 m² se déclinant selon plusieurs thématiques : les transports ; les activités de plein air ; le son ; les technologies du quotidien et du prêt-à-porter ; les ressources naturelles ; la pratique médicale ; la découverte et l'exploration de mondes cachés ; la **cuisine bizarre**, pièce maîtresse de l'exposition jouant sur les illusions ; et la galerie des enfants, pleine de surprises et de découvertes. La visite est complétée par l'**allée des artefacts**, composée d'une étonnante sélection de plus de 700 objets divers et variés (télescopes, appareils photo, véhicules...) et Exploratek, où chacun peut découvrir les sciences et technologies en manipulant et en expérimentant.

Circuits conseillés

PLANS P. 392 ET 396

Les **promenades★★** (en voiture, à pied ou à vélo), au départ de Confederation Square, qui longent le canal et la rivière des Outaouais ainsi que les collines de la Gatineau au nord, font le charme et la renommée de la ville.

3

★★ Sussex Drive et Rockcliffe Parkway PLAN II

Circuit de 8 km tracé en vert sur le plan p. 392.

Ce parcours longe la rivière des Outaouais et traverse le quartier résidentiel élégant et verdoyant de Rockcliffe, habité surtout par des hommes politiques, des hauts fonctionnaires et des diplomates. Juste après le pont Macdonald-Cartier (qui rejoint Gatineau) se dresse la silhouette caractéristique, rayée de béton et de verre teinté, du **Lester B. Pearson Building** qui abrite le ministère des Affaires étrangères et du Commerce international. La route traverse ensuite Green Island, entre les deux bras de la rivière Rideau, où se trouve l'ancien hôtel de ville ou **Ottawa's Former City Hall**, dessiné par Moshe Safdie, architecte de la National Gallery.

★ Rideau Falls

En se jetant dans la rivière des Outaouais de part et d'autre de **Green Island**, la rivière Rideau forme deux chutes. Elles sont particulièrement pittoresques au printemps, lorsque le débit devient important, ou en hiver lorsqu'elles gèlent. Des passerelles, belles vues sur la rivière des Outaouais et Gatineau.

Rideau Hall

1 Sussex Dr. - www.gg.ca - ♿ - visites libres : de 8h jusqu'à une heure avant le coucher de soleil ; visites guidées (45mn) déb. janv.-déb. avr. : 10h-15h, sur RV ; mai-juin : 10h-16h, lun.-vend. seult. sur RV ; juil.-août : 10h-16h - réserv. en ligne ou par tél. au moins 72h à l'avance : ✆ 613 991 4422 ou 1 866 842 4422.

Rideau Hall est la résidence officielle du gouverneur général du Canada. Elle se dresse au milieu d'un parc paysager ouvert au public.
La route traverse ensuite **Rockcliffe Park**. Elle est d'abord à sens unique et la rivière ne se voit que sur le chemin du retour ; mais un peu plus loin, les deux chaussées se rejoignent, et vous profiterez d'excellentes **vues★★** sur la rivière Gatineau (au Québec), son estacade (chaîne de bois servant à retenir les bois flottés) et les collines dans le lointain. On aperçoit le clocher pointu de l'église St-François-de-Sales (à Pointe Gatineau), construite en 1886.

Rockcliffe

C'est une zone de maisons construites en grosses pierres, aux rues bordées d'arbres et aux jolis jardins fleuris.
RCMP Rockcliffe (Royal Canadian Mounted Police) – *1 Sandridge Rd - ✆ 613 993 7521 - www.rcmp-grc.gc.ca - ♿ - mai-août : lun.-vend. 9h-15h30.* La promenade s'achève aux écuries et au célèbre **centre du Carrousel** de la Gendarmerie royale du Canada. Lorsque ses membres ne sont pas en tournée, les écuries sont ouvertes au public, qui peut alors assister à l'entraînement des chevaux. Belle occasion pour découvrir aussi l'atelier du maréchal-ferrant, la sellerie et le landau royal utilisé pour les escortes royales.

★ Promenades du canal Rideau PLAN II

Circuit de 8 km tracé en vert sur le plan p. 392.
Remarquablement aménagées, les **berges du canal Rideau** sont propices aux longues promenades à vélo, en roller et à pied. Les eaux du canal, elles, sont idéales pour la pratique du canoë, en été, et du patin à glace, en hiver. Les deux promenades décrites ci-après sont bordées de parcs verdoyants particulièrement attrayants à la saison des tulipes *(mai)*.
Queen Elizabeth Driveway – Elle longe la rive ouest du canal, **Colonel By Drive** la rive est. Peu après le départ, on aperçoit sur la gauche l'université d'Ottawa, et, plus loin, celle de Carleton. Autour du **lac Dows** *(location de pédalos et canoës)*, où le canal s'élargit, s'étalent au mois de mai de superbes parterres de tulipes. Queen Elizabeth Driveway quitte alors la rive pour pénétrer dans la Ferme expérimentale centrale tandis que, sur l'autre rive, Colonel By Drive offre des vues sur les chutes Hog's Back et sur les dernières écluses du canal Rideau, qui débouchent sur la rivière Rideau.
★ **Hog's Back Falls** – *Stationnement gratuit dans Hog's Back Park.* La **baie Mooney** marque la fin du canal Rideau et le début de la partie navigable de la rivière Rideau. De cet endroit pittoresque et sauvage après les chutes Hog's Back, la rivière s'engouffre dans une petite gorge rocheuse. La digue a été construite par le colonel By en 1829. Ici se trouve l'une des principales zones de loisirs d'Ottawa à laquelle on accède par Riverside Drive : plage, aires de pique-nique.

★ Ottawa River Parkway PLAN I

Circuit de 11 km tracé en vert sur le plan p. ci-contre.
La promenade commence après le pont du Portage. Des panneaux sur la droite signalent **The Mill**, vieux moulin de pierre (1842) converti en brasserie. Plusieurs belvédères offrent des vues sur les rapides Remic, mais le meilleur point de vue se trouve sur l'**île Bate★** qui émerge de la houle des rapides *(prendre le pont Champlain en direction de Gatineau et sortir sur l'île).*

3

★★ Parc de la Gatineau PLAN I

À 55 km. Franchir le pont du Portage en direction de Gatineau, prendre à gauche la route 148 (sur 2 km), puis tourner à droite sur Gatineau Parkway. 13 $/voiture. Camping. Certaines routes sont fermées des premières chutes de neige jusqu'en mai.

Centre des visiteurs – *33 Scott Rd, Old Chelsea - 819 827 2020 ou 1 866 456 3016 - ccn-ncc.gc.ca/endroits/parc-de-la-gatineau - mai-oct. : 9h-17h ; reste de l'année : 9h-16h, w.-end 9h-17h* - ♿.

Montagnes et forêts couvrent ce territoire de 361 km² compris entre la vallée de la rivière des Outaouais et celle de la rivière Gatineau. Doucement ondulé et parsemé de lacs, le parc possède quelques édifices fédéraux, dont la résidence d'été du Premier ministre du Canada (au lac Mousseau) et le pavillon des rencontres officielles, ou maison Willson (au lac Meech).

Carnet pratique

S'informer

Ottawa Tourism - Capital Information Kiosk – PLAN III - *90 Wellington St. - 1 833 864 7839 ou 613 236 0044 - ottawatourism.ca/fr.*

Arriver/Partir

En avion

Ottawa International Airport (YOW) – *13 km au sud de la ville - 613 248 2000 - yow.ca.* Liaisons vers les grandes villes du pays et les États-Unis.

Liaisons avec le centre-ville – Les bus de la **ligne 97** relient l'aéroport à Hurdman Place (25mn), d'où partent bus et métro vers l'ensemble de la ville. En **taxi**, comptez 20mn et 30 $.

Les futures lignes 3 et 4 du métro (O-Train) relieront en 2026 l'aéroport au centre-ville.

En train

Gare d'Ottawa – *200 Tremblay Rd (4 km à l'est du centre-ville) - 888 842 7245 - accès par le métro, station Tremblay.* Liaisons avec **Via rail** *(www.viarail.ca)* pour Toronto (4h), Montréal (2h), Kingston (2h).

En autocar

Les compagnies nationales *(voir « Transports intérieurs » p. 577)* et locales relient Ottawa au reste du pays.

Se déplacer

Se garer – Il est interdit de se garer sur la colline du Parlement. Des parkings payants sont à disposition dans le centre-ville au sud de Wellington St. De nombreux musées et hôtels sont dotés de parkings.

Transports en commun

On passe d'un réseau à l'autre le long de la ligne 1 de l'O-Train.

OC Transpo – *octranspo.com.* Gère le réseau de bus et les 2 lignes de métro (O-Train) d'Ottawa qui seront étendues à 4 lignes en 2026.

Société de transport de l'Outaouais (STO) – *sto.ca.* Dessert la rive québécoise (Gatineau).

Agenda

ottawatourism.ca/fr/calendrier-des-evenements.

Festival canadien des tulipes – *En mars - tulipfestival.ca.*

Lumière du Nord – *En juil. à 22h, en août à 21h30 et en sept. à 21h - 30mn (annulé en cas de pluie) - 613 239 5000 -* . Spectacle son et lumière bilingue : toute l'histoire du Canada, sur la colline du Parlement.

Festibière – *En juil. à Gatineau - festibiere.ca.* Bières et produits locaux, concerts, fête foraine...

NHL – *Oct.-juin - nhl.com/senators; canadiantirecentre.com.* Suivez les matchs de hockey sur glace des Ottawa Senators au (malheureusement très éloigné) Canadian Tire Centre.

Nos adresses

PLANS P. 384 ET 392

Restauration

Premier prix

7 **Lollo** – PLAN III - *60 George St. - www.lollo.ca - fermé le soir - plats 14/16 $.* En face du marché Byward, cette adresse propose des sandwichs et des salades fraîches, bien garnies. Une bonne option pour une pause déjeuner.

10 **Yang Sheng** – PLAN II A3 - *662 Somerset St. W - 613 235 5794 - yangshengrestaurant.com - service continu - plats 14/29 $.* Ce restaurant chinois, toujours empli de convives d'origine asiatique, sert une cuisine épicée du Yang Sheng : des *dim. sum*, de la soupe aigre, du canard grillé ou encore des aubergines épicées à la setchuanaise.

Budget moyen

1 **Blue Cactus** – PLAN III - *2 ByWard Market Sq. - 613 241 7061 - www.bluecactusbarandgrill.com - service continu - plats 18/40 $.* Tout en savourant une des meilleures margaritas d'Ottawa, la sangria maison ou l'une des neuf bières artisanales brassées dans la région, on goûte ici une cuisine américaine du sud-ouest avec des nachos Blue Cactus, très populaires ou les fajitas, spécialité de la maison.

5 **Fauna** – PLAN II A3 - *425 Bank St. - 613 563 2862 - www.faunaottawa.ca - fermé le midi - plats 20/62 $.* Un gastropub où l'on vient pour le burger de la maison, avec steak de bœuf maturé 80 jours, fromage de caractère et bacon. Autres plats à la carte (qui change régulièrement) : tourte bison canard, pièce du boucher, gnocchis... Le tout à déguster dans un joli décor industriel. Belle carte de cocktails et de vins.

Pour se faire plaisir

4 **Canal Ritz** – PLAN II B3-4 - *375 Queen Elizabeth Dr. - 613 238 8998 - www.canalritz.com - service continu - plats 32/35 $; pizza 24 $.* Les clients du restaurant peuvent s'y rendre en canoë, qu'ils amarreront au quai pour ensuite pénétrer dans ce hangar à bateaux reconverti, et perché sur une courbe du canal Rideau; ils peuvent aussi, s'y rendre à pied ou à bicyclette par les voies qui longent la voie d'eau. Baies vitrées et patio d'été font la part belle au canal. Pizza et pâtes sont à l'honneur.

3 **1 Elgin** – PLAN III - *1 Elgin St. - National Arts Centre - Station B - 613 594 5127 - www.nac-cna.ca/fr/lecafe - service continu - plats 26/34 $.* Dominant le canal Rideau, l'établissement est réputé pour sa cuisine régionale créée avec panache. Toutes les provinces et tous les territoires sont représentés : du saumon de l'Atlantique au bœuf

3

de l'Alberta. En été, les convives apprécient le patio clair et la parade des embarcations sur le canal.

Une folie

8 **Mamma Teresa** – PLAN II A3 - *300 Somerset St. W - ✆ 613 236 3023 - www.mammateresa.com/fr - fermé le midi - plats 33,95/77,95 $.* Ce restaurant italien familial, installé dans une grande demeure ancienne, est une institution d'Ottawa. Dans l'entrée s'alignent les photos des célébrités qui sont venues y manger. La carte fait la part belle aux pâtes fraîches et aux plats à base de veau. Mention spéciale pour les délicieux raviolis au homard.

Petite pause

Le Moulin de Provence – PLAN III - *55 Byward Market Sq. - ✆ 613 241 9152 - lemoulindeprovence.com - 7h-19h.* Difficile de rater la large devanture de cette boulangerie à laquelle une visite d'Obama en février 2009 a apporté une publicité inespérée. Grand choix de viennoiseries et de pâtisseries.

Little Victories – PLAN III - *44 Elgin St. - ✆ 613 805 7489 - lvcoffee.ca - 7h-18h, w.-end 8h-18h.* Cette enseigne d'un torréfacteur local fait partie des nombreuses bonnes adresses où déguster un espresso ou capuccino de qualité à Ottawa.

Boire un verre

Le quartier de **ByWard Market** fourmille de pubs, et la capitale compte d'excellentes microbrasseries – Flora Hall, Kichesipi, Small Pony Barrel Works, Dominion City, Stray Dog ou Whiprsnapr Brewery – dont la production se déguste dans les bars de la ville.

Heart and Crown – *67 Clarence St. - sur Parent St. à ByWard Market - ✆ 613 562 0674 - heartandcrown.pub - 11h-2h - plats 20/40 $.* Sympathique et animé, ce pub sert des plats irlandais comme le ragoût de bœuf à la Guinness. Les nombreux robinets de bière à la pression promettent bien des délices. Le grand patio ouvre l'été sur le trottoir, au cœur du marché. Le pub s'anime au rythme des musiques celtiques du mercredi au samedi et des concerts live sont donnés chaque soir.

D'Arcy McGee's Irish Pub – *44 Sparks St. - ✆ 613 230-4433 - fionnmaccools.com - 11h30-22h (jeu 23h, vend.-sam. 0h).* Il arbore des boiseries luisantes et des volutes autour du bar, sculptées en Irlande pour la touche d'authenticité. Bière, superbe sélection de whisky, de cognac, de bourbon et de porto. Musique celtique, blues... vendredi et samedi à partir de 21h.

Craft Beer Market – *975 Bank St. - ✆ 613 422 7238 - www.craftbeermarket.ca - 11h-0h, vend.-sam. 11h-1h.* Près du stade TD Place, une vaste brasserie avec une centaine de bières en fûts, très animée les soirs de match.

Shopping

Vous dénicherez des souvenirs canadiens sur le marché ByWard. Tout près se trouvent le centre commercial **Rideau Centre** et ses nombreuses boutiques.

Farmers' Market – *Lansdowne Park, devant Aberdeen Pavilion - ottawafarmersmarket.ca - de déb. mai à fin oct. : dim. 9h-15h.* Marché fermier dans le quartier The Glebe.

Hébergement

Premier prix

3 **Saintlo Ottawa - Ottawa Jail** – PLAN III - *75 Nicholas St. - ✆ 613 235 2595 - saintlo.ca/en/hostels/ottawa-jail - ▤ limité - P payant - lits en dortoirs à partir de 34 $ ☕ ; ch. à partir de 131 $ ☕.* L'auberge de

jeunesse, sise dans l'ancienne geôle du comté de Carleton (1863) près du marché Byward, a été créée en 1973. Les lits sont disposés dans les cellules rénovées, qui ont conservé leurs briques et leurs plafonds voûtés d'origine. Peintes en blanc et meublées de façon spartiate, les chambres sont larges et propres. Dortoirs, chambres pour couples, laverie, casiers, Internet.

Budget moyen

7 **Auberge McGee's Inn** – PLAN II B2 - *185 Daly Ave. - 613 237 6089 ou 800 262 4337 - fr.mcgeesinn.ca - P payant - 14 ch. à partir de 159 $.* Cette grande demeure en brique (1886) sur Sandy Hill fut jadis construite pour John McGee frère de Thomas D'Arcy McGee (un des pères de la Confédération assassiné à Ottawa en 1868). Deux chambres à thème sont dotées d'une cheminée, d'un Jacuzzi, d'air conditionné, d'un accès Internet, de la télévision par câble et d'un petit frigo.

13 **Swiss Hotel** – PLAN II B2 - *89 Daly Ave. - 613 237 0335 ou 888 663 0000 - www.swisshotel.ca - P payant - 22 ch. à partir de 169 $.* Dans une demeure en calcaire (1832) en partie rénovée, située à l'est du centre-ville, dans le quartier de Sandy Hill, à proximité de l'université, des cinémas et des théâtres, les chambres sont confortables et le petit-déjeuner plantureux est servi à l'intérieur ou dans le paisible jardin en été.

15 **Auberge The King Edward B & B** – PLAN II B2 - *525 King Edward Ave. - 613 565 6700 ou 800 841 8786 - www.kingedwardottawa.com - P - 3 ch. à partir de 185 $.* Cette maison victorienne sur Sandy Hill est munie de tourelles asymétriques et de fenêtres en œil-de-bœuf de style Tudor. Les pièces ont des parquets, des moulures, des passages voûtés, des cheminées et des baies vitrées. Chambres ornées d'un mobilier ancien.

Pour se faire plaisir

1 **Alt Hotel** – PLAN III - *185 Slater St. - 613 691 6882 ou 844 258 6882 - germainhotels.com - 148 ch. à partir de 250 $.* Chambres au design réussi, modernes et fonctionnelles, pour résider au cœur du Business District.

5 **Lord Elgin Hotel** – PLAN III - *100 Elgin St. - 613 235 3333 ou 800 267 4298 - www.lordelginhotel.ca - P payant - 355 ch. 191/439 $ - 18/22 $.* Cette institution, qui porte le nom de James Bruce, comte d'Elgin et gouverneur général de l'Amérique du Nord britannique de 1847 à 1854, est idéalement située près de Confederation Square. Ouvert en 1941, l'hôtel est doté d'un centre de remise en forme. Agréables chambres, rénovées, décorées de tissus pastel et de bois blond.

3

Baie Georgienne ★★

Georgian Bay

Nommée Georgian Bay en hommage au roi George IV d'Angleterre, cette immense baie presque fermée est séparée du reste du lac Huron par la péninsule Bruce et l'île Manitoulin. Ces deux sites spectaculaires accueillent les randonneurs et les amoureux de la nature, attirés par les forêts et les eaux cristallines. Les rives nord et est, tout aussi sauvages, sont parsemées d'îlots. Contrastant avec ces rivages rocheux et l'escarpement du Niagara, la péninsule de Midland se révèle au contraire sablonneuse et abrite de longues plages propices à la baignade et à la détente en famille. Très populaire, la baie Georgienne s'impose comme une région de villégiature qui attire Canadiens et visiteurs étrangers.

Se repérer

CARTE C2 (P. 298-299).

La baie Georgienne s'étend au nord-ouest de Toronto et fait partie du lac Huron avec lequel elle communique par un étroit passage.

À ne pas manquer

Le Bruce Peninsula National Park ; les épaves du Fathom Five National Marine Park ; une croisière dans les Thirty Thousand Islands.

Organiser son temps

Il faut compter au moins 4 jours pour faire le tour de la baie.

En famille

Les plages de Wasaga ; l'Huronia Museum ; les goélettes de Discovery Harbour ; une descente en canoë dans le parc Algonquin.

Carnet pratique p. 409

Nos adresses p. 409

Circuit conseillé

CARTE P. 298-299

★★ Le littoral de la baie Georgienne C2

Circuit de 360 km, de Tobermory à Parry Sound, tracé en vert sur la carte p. 298-299.

★ Tobermory

Les places de parking sont une denrée rare en haute saison.

À la pointe de la péninsule Bruce, où l'escarpement du Niagara disparaît sous les eaux mêlées de la baie Georgienne et du lac Huron, Tobermory, très appréciée des estivants, s'étend autour du port de Big Tub, dominé par un phare, et celui de Little Tub, propice à la flânerie. Ce petit village est le point de départ des croisières vers le Fathom Five National Marine Park et l'île Flowerpot, du ferry à destination de South Baymouth sur l'île Manitoulin *(voir ci-après)* ainsi que des randonneurs venus arpenter les sentiers du **Bruce Peninsula National Park** *(voir p. ci-contre)*. Sur place, il est aussi possible de louer un kayak *(voir « Nos adresses », p. 411)* pour découvrir la côte.

On vous emmène sur le Bruce Trail

Le temps et l'endurance sont les deux qualités requises pour se lancer à l'assaut du plus vieux sentier de randonnée balisé du Canada : le Bruce Trail. Long de 900 km, il parcourt une grande partie de l'Ontario, de Queenstown, à deux pas des chutes du Niagara, à Tobermory, à la pointe de la péninsule Bruce. De quoi en prendre plein les yeux et vivre une aventure inoubliable en traversant de superbes sites historiques et naturels, notamment le long de la baie Georgienne. Si l'ensemble du parcours représente environ 45 jours de marche, la majorité des voyageurs choisissent de se concentrer sur certaines sections particulièrement remarquables. Il en est ainsi de la région nord de la péninsule Bruce, entre High Dump et Tobermory, considérée comme la section la plus reculée et la plus spectaculaire du sentier.
brucetrail.org

MS Chi-Cheemaun – *1800 265 3163 - ontarioferries.com - ♿ - P 10 $/j - de mi-juin à déb. sept. : dép. de Tobermory à 8h45, 13h15 et 17h45 ; arrivée à South Baymouth à 10h30, 15h et 19h30 ; reste de l'année : se rens. - 18,05 $ AS ; 49,10 $ véhicule standard.* Ce navire de 110 m de long fait la navette entre Tobermory et South Baymouth, sur l'île Manitoulin.

★★ Fathom Five National Marine Park

Visitor Centre – *120 Chi sin tib dek Rd - Tobermory - 519 596 2233 ou 1888 773 8888 - parks.canada.ca/amnc-nmca/on/fathomfive - ♿ - P 13,25 $/j (réserv. obligatoire en ligne en saison) - mai-oct. : 9h-17h - 9 $.* Il présente le monde sous-marin du Fathom Five Marine National Park.

Le premier **parc marin** national du Canada englobe 20 îles, baignées par les eaux traîtresses de la région de Tobermory. **Vingt-deux épaves★** recensées d'embarcations à voile ou à vapeur ont ainsi fait naufrage ici depuis le milieu du 19e s. Certaines demeurent visibles depuis les bateaux à fond transparent qui sillonnent les eaux du parc. Les amateurs de plongée sous-marine, débutants ou confirmés, pourront les observer de plus près *(voir « Nos adresses », p. 411)*.

★★ Île Flowerpot – *Accès en bateau au départ de Tobermory (voir « Nos adresses », p. 411).* Autrefois couverte par les eaux du lac Huron, comme en témoignent les grottes creusées par l'érosion au sommet des rochers, cette île doit son nom à **deux piliers rocheux**, ressemblant à des « pots de fleurs », qui s'élèvent de 7 et 11 m sur le rivage. Les vagues ont rongé le grès friable de leur base, laissant intacte la couche supérieure de calcaire. Du débarcadère, le **Flowerpot Trail** *(30mn AR - 1,3 km - facile)* longe la côte jusqu'aux « pots de fleurs » avant d'emprunter les escaliers menant à une grotte puis au phare *(friendsofthebruce.ca)*. Plutôt que de revenir sur vos pas, vous pourrez réaliser une boucle à partir de la maison du gardien du phare en suivant le **Mountain Trail** *(20mn jusqu'au débarcadère)*, plus accidenté.

★★ Bruce Peninsula National Park

Visitor Centre – *Même centre d'accueil que le Fathom Five National Marine Park (voir ci-dessus) - P 9 $ (Grotto et Halfway Log Dump réserv. obligatoire sur parcs.canada.ca/pn-np/on/bruce en saison) - possibilité d'acheter également son permis d'entrée au lac Cyprus et à Singing Sands.*

Il constitue une bonne entrée en matière pour comprendre l'écosystème de la péninsule Bruce. Des panneaux d'interprétation et des vidéos familiarisent avec

3

Pays des cottages

Tout nouveau venu en Ontario entendra inévitablement parler du « pays des cottages ». Pour la plupart des habitants de Toronto, il s'agit de la zone des **lacs Muskoka** et de la **baie Georgienne**. D'autres évoquent plutôt la partie sud du Bouclier canadien située entre la baie Georgienne et la **rivière des Outaouais**, en direction du parc Algonquin. Presque chaque virage révèle les dentelures du granit rose et dévoile un des quelque 1 600 lacs parsemant le paysage boisé. Durant la saison, traditionnellement du jour de Victoria à Thanksgiving, familles et pêcheurs abandonnent leur résidence principale pour se ruer dans les cabanes, les maisonnettes et les demeures (le tout baptisé « cottages ») qui fourmillent autour des eaux bleues.

la faune et la flore locale. À l'extérieur, une tour d'observation domine la canopée et offre une belle **vue★** sur les environs.

En été, il y a foule sur les sentiers ; préférez juin ou septembre pour savourer en solitaire la beauté du parc. Prévoyez un répulsif à moustiques.

Ce parc tire sa renommée de sa célèbre **Grotto★★**, caverne côtière contenant un bassin, et des pistes qui longent le spectaculaire escarpement du Niagara et la très rocailleuse rive de la baie Georgienne. L'absence de plancton et la faible présence d'algues confèrent aux eaux de la baie une transparence quasi totale, rivalisant sans peine avec les flots bleu turquoise des plages des tropiques. Seule la température, qui oscille entre 12 et 22 °C, marque sensiblement la différence !

★★ Grotto – Plusieurs chemins, au départ du parking du lac Cyprus, donnent accès à cette grotte. Le **sentier de la baie Georgienne** *(25mn AR - 1,5 km - facile)*, qui chemine en forêt, est le plus accessible et le plus fréquenté. Pour le retour, le **sentier du lac Horse** *(20mn jusqu'au parking)* apporte de la diversité au parcours en traversant une courte section de galets, le long du rivage, avant de s'engager à nouveau sous les arbres.

Singing Sands – Une promenade en bois *(15mn AR - 250 m - facile - dép. du kiosque sur la plage)* donne à voir la végétation de cette zone humide, notamment des orchidées, et longe la longue plage de sable de Singing Sands prisée des vacanciers en été et des enfants en raison de la faible profondeur de l'eau. Un second sentier, le **Wild Garden Trail** *(3 km - 1h30 - modéré - dép. du kiosque de la plage)*, compose une boucle dans un environnement rocheux où s'épanouit une végétation rase composée de lichens, de mousses et de petites fleurs.

3

The Blue Mountains

150 km au sud-est de Tobermory.

La route 26 en direction de Wasaga Beach emprunte un agréable parcours le long du rivage et traverse le village de The Blue Mountains, installé en partie au bord de la baie et à proximité des Blue Mountains, les plus élevées de l'escarpement du Niagara où l'on pratique le ski en hiver.

★ Wasaga Beach

39 km à l'est de The Blue Mountains.

Cette station balnéaire très populaire est appréciée pour sa **plage** de sable fin longue de 14 km.

Îlot Flowerpot, Fathom Five National Marine Park.
R. Hicker/All Canada Photos/age fotostock

Des creux et des bosses

Le littoral est et nord de la baie, avec sa multitude de petites îles et son aspect sauvage et rocheux, a fortement inspiré les peintres du groupe des Sept qui l'ont immortalisé sur leurs toiles. Parmi les sédiments qui composent la plaine du sud de l'Ontario, une couche calcaire exceptionnellement résistante forme une crête en courbe autour du bassin du Michigan. Elle se dresse vers l'est et plonge doucement vers l'ouest. De la frontière américaine où il donne naissance aux célèbres chutes du Niagara *(voir p. 343)*, cet **escarpement** passe à Hamilton, s'étire le long de la péninsule Bruce, affleure à nouveau dans l'île Manitoulin après une brève immersion, et se prolonge dans la péninsule qui sépare le lac Michigan de Green Bay sur son flanc ouest pour se finir dans le Wisconsin. Par contraste, la côte ouest de la péninsule de Midland est bordée par de longues étendues sableuses, en particulier dans la région de Wasaga. Dans l'angle sud-est de la baie Georgienne se trouve le parc national Bay Islands, créé en 1929.

★ **Nancy Island Historic Site** – *Accès par le centre d'accueil du Wasaga Beach Provincial Park (119 Mosley St. - 21 $/voiture). 11-22nd St. N - ✆ 705 429 2728 - www.wasagabeachpark.com/nancy-island-historic-site - ♿ - de mi-mai à fin juin et de déb. sept. à mi-oct. : w.-end 10h-17h ; de fin juin à déb. sept. : 10h-17h - participation libre.* L'île Nancy, sur la rivière Nottawasaga, se compose d'alluvions agglomérées autour de l'épave du **Nancy**, coulé le 14 août 1814. Dernier bateau britannique en service sur les Grands Lacs, après la destruction de la flotte sur le lac Érié en septembre 1813, le *Nancy*, réquisitionné pour assurer le ravitaillement des troupes, fut attaqué par trois goélettes américaines. Le **musée** expose son épave, dégagée en 1927, et évoque la guerre de 1812 entre les Canada et les États-Unis.

★ Penetanguishene

38 km au nord-est de Wasaga Beach.

Durant la guerre de 1812, des forts britanniques établis à l'ouest du lac Huron furent conquis par les Américains et abandonnés. Leurs habitants refluèrent à Penetanguishene (« Penetang » selon une abréviation courante), et parmi eux des coureurs des bois francophones. Aujourd'hui, la communauté francophone demeure très présente et les deux anges gardant l'entrée sud de la localité symbolisent l'harmonie entre les cultures française et anglaise.

★★ **Discovery Harbour** – *93 Jury Dr. - ✆ 705 549 8064 - www.discoveryharbour.on.ca - de mi-mai à déb. sept. : 10h-17h - 11 $.*

Dans un joli site arboré le long de la baie de Penetanguishene, se dressent les vestiges réhabilités d'une base navale et militaire occupée par la **garnison britannique** à partir de la guerre de 1812 puis par les forces armées canadiennes jusqu'en 1856. Trois imposants édifices en marquent l'entrée : un restaurant agrémenté d'une terrasse avec une jolie vue, le centre d'accueil des visiteurs et le **King's Wharf Theatre** qui programme des représentations sur des thématiques variées tout au long de l'année. À quai se tiennent les répliques grandeur nature de deux **goélettes du 19e s.** La plus imposante est celle du HMS *Tecumseh*, un navire de guerre de 38 m dont la coque originale, retrouvée dans les eaux du lac Huron en 1953, est exposée dans **le Centre HMS Tecumseh**. Plus petit, le HMS *Bee*, une goélette de ravitaillement longue de 24 m, assurait la liaison entre Nottawasaga et Penetanguishene pour passagers et marchandises entre 1817 à 1831. La visite se poursuit avec le bureau du contremaître, la maison du commandant, le quartier des officiers, seul bâtiment à avoir conservé sa structure d'origine... Des guides, en tenue d'époque, apportent d'éclairantes informations sur le site.

★ Midland

5,5 km au sud-est de Penetanguishene.

575 Dominion Ave. - 705 526 4275 - www.midland.ca.

Ville active et modeste centre régional, Midland abrite un petit port de plaisance et quelques sites historiques qui en font une étape agréable bordée par les eaux de la baie Georgienne.

★ **Huronia Museum & The Huron/Ouendat Village** – *549 Little Lake Park - 705 526 2844 - huroniamuseum.com - - tlj sf w.-end 9h-16h30 - 12 $.* Le musée expose des œuvres d'art autochtone, des collections archéologiques des Premières Nations et des objets ayant appartenu aux pionniers. Sur le site, les visiteurs peuvent voir, derrière la palissade, la reconstitution d'un village huron du 16e s. : les « longues maisons », quelques silos, la maison de l'« homme-médecine », le bain de vapeur et l'atelier de fabrication des pirogues.

★★ **Sainte-Marie-au-Pays-des-Hurons** – *5 km à l'est de Midland. 16164 Hwy 12 E - 705 526 7838 - www.saintemarieamongthehurons.on.ca - - de déb. mai à mi-oct. : 10h-17h - 13/15 $, selon la saison.* Reconstitution fidèle de la mission jésuite, Ste-Marie-au-Pays-des-Hurons, protégée par sa haute palissade, évoque ce qu'était la vie en Nouvelle-France au 17e s., au début de la colonie *(voir p. 301)*. Une présentation audiovisuelle sur l'histoire de la mission constitue une bonne introduction à la visite, animée par des guides en costumes d'époque, de la chapelle, la forge, la scierie, la boutique du tisserand, les ateliers et les logements, tels qu'ils étaient au 17e s. Remarquez la nette séparation entre les bâtiments des missionnaires, ceux des laïcs et l'enclos des Hurons, avec la « longue maison » et le dispensaire. Le musée présente aussi les contextes historique, politique et social : l'Europe du 17e s., la Nouvelle-France, le mode de vie des Premières Nations, la Compagnie de Jésus et le rôle politique du clergé...

Wye Marsh Wildlife Centre – *À proximité de Ste-Marie - 16160 Hwy 12 E - 705 526 7809 - www.wyemarsh.com - - sentiers mai-oct. : 9h-16h30 ; nov.-avr. : 9h-16h - centre d'accueil 9h-17h - fermé 24-26 déc. - 12 $.* Ce centre met en lumière **le marais et son écosystème** à travers un réseau de 25 km de sentiers. Le sentier principal *(30mn)*, au départ de la billetterie, compose une boucle qui donne un bon aperçu du marais, des sous-bois et des clairières. Au gré des tours d'observation et des plates-formes en bois, la faune locale se laisse découvrir : balbuzards, mésanges, grenouilles léopards... De mai à octobre, balade accompagnée en kayak ou en canoë *(8/10 $/pers., équipement inclus)*.

★ **Martyrs' Shrine** – *Près de Wye Marsh Wildlife Centre. 16163 Hwy 12 W - 705 526 3788 ou 1 855 526 3788 - martyrs-shrine.com - - de déb. mai à mi-oct. : 8h30-21h ; reste de l'année : 9h-17h - 10 $.* Visible de très loin, cette imposante chapelle en pierre à double flèche fut édifiée en 1926 à la mémoire des huit martyrs de la Nouvelle-France tombés sous les coups des Iroquois entre 1642 et 1649 et béatifiés en 1930. Il s'agit des pères jésuites Jean de Brébeuf, Gabriel Lalemant (tous deux atrocement torturés et dont les **statues** ornent le portique d'entrée), Garnier, Daniel, Chabanel, Jogues et Goupil, et le laïc Jean de la Lande. À l'intérieur, les murs portent des panneaux de bois et la voûte en bois de santal rapporté de Colombie-Britannique présente une forme inhabituelle.

Beausoleil Island National Historic Site

40 km au nord-est de Midland. Accès avec le DayTripper *(bateau du parc : 2611 Honey Harbour Rd - ✆ 1877 737 3783 - de mi-mai à mi-oct. - 24,96 $ AR) ou par bateau taxi au départ de Honey Harbour. ✆ 705 527 7200 ou 1888 773 8888 - parcs.canada.ca/pn-np/on/georg/info/beausoleil - de mi-mai à mi-juin : vend.-mar. 9h-16h30 ; de mi-juin à déb. sept. : 9h-16h30, vend.-sam. 9h-17h ; de déb. sept. à mi-oct. : vend.-mar. 10h-16h30 - 6,50 $.*

Beausoleil Island est la plus grande île du **Georgian Bay Islands National Park** qui englobe 63 îles et recèle les vestiges de très anciens campements autochtones. Elle tient son nom d'un Métis qui avait installé sa ferme au sud de l'île. Les Autochtones anichinabés ont utilisé l'île comme halte, puis très brièvement, au 19e s., comme réserve.

★ Thirty Thousand Islands

La région des 30 000 îles se parcourt en bateau ou en kayak de mer. Plusieurs prestataires organisent des **croisières**. En voici deux, à titre indicatif :

De Parry Sound – *Island Queen Cruise - 9 Bay St. - ✆ 1800 506 2628 - islandqueencruise.com/island-queen - ♿ - dép. à 10h juil.-août : merc. et sam. - 2h AR - 57 $; dép. à 13h de mi-juin à mi-oct. : tlj ; reste de l'année, se rens. - 3h AR - 67 $.*

De Midland – *Georgian Spirit Cruises - 175 King St. - ✆ 705 558 4143 - georgianspirit.ca/sightseeing-cruises - dép. de juin à oct. : horaires se rens. - 3h AR - 54,95 $.*

À proximité

CARTE P. 298-299

★ Gravenhurst C2

87 km au nord-est de Midland.

Gravenhurst Visitor Information Centre – *275 Muskoka Rd S - ✆ 705 687 4432 - www.gravenhurst.ca.*

Avec ses rues bordées d'arbres, ses élégantes maisons et son opéra transformé en centre des arts, Gravenhurst est une jolie ville d'époque victorienne qui s'est développée au sud des lacs Muskoka, aux rives déchiquetées et parsemés d'îles. Lieu de villégiature, elle attire les passionnés de sports nautiques et les habitants aisés de Toronto qui sont nombreux à y avoir leur résidence secondaire. Ancien centre d'exploitation forestière, Gravenhurst fut la première communauté à obtenir le statut officiel de ville (1887). Elle est de nos jours le point de passage obligé vers les lacs Muskoka et la patrie de Norman Bethune (1890-1939).

★ Bethune Memorial House National Historic Site – *297 John St. N. - ✆ 705 687 4261 - parcs.canada.ca/lhn-nhs/on/bethune - de mi-mai à fin juin et sept.-oct. : lun., jeu.-dim. 10h-16h ; juil.-août : 10h-16h - 9 $.* Fils de pasteur presbytérien, **Norman Bethune** fait ses études de médecine à Toronto puis s'installe à Detroit, où il contracte la tuberculose. Confiné dans un sanatorium, il apprend la méthode, alors peu répandue, du traitement de la tuberculose par collapsus du poumon et se l'applique à lui-même avec succès. Une fois guéri, il exerce la pneumologie à Montréal (1928-1936). Déçu par le tiède accueil de la médecine sociale au Canada, il part combattre auprès des républicains espagnols et met en place la première unité mobile de transfusion sanguine. Il rejoint les communistes chinois en 1938, organise leur dispositif médical militaire, mais meurt d'une septicémie en 1939. Vénéré en Chine, il devient célèbre au Canada.

Le **musée** et la **maison natale** de Norman Bethune, meublée dans le style des années 1890, retracent la vie et la carrière de cet homme, dont Mao Zedong composa l'éloge funèbre reproduit sur une minuscule pièce d'ivoire. À l'extérieur, la reconstitution d'une **tranchée** permet d'imaginer les terribles conditions de vie des médecins et des soldats pendant la Première Guerre mondiale.

Bateau à vapeur – *Muskoka Steamships - 185 Cherokee Lane - ✆ 705 687 6667 ou 1 866 687 6667 - realmuskoka.com - ♿ - dép. de Sagamo Park de mi-juin à déb. oct. : tlj sf lun. 10h-16h (merc. 20h) ; reste de l'année : se rens. - visite du Muskoka Discovery Centre : ouv. tte l'année (24 $).* La promenade en bateau à bord du **RMS Segwun**, plus vieux ferry à vapeur d'Amérique du Nord (1887) en état de fonctionnement, laisse admirer la beauté des lacs en bordure desquels de somptueuses résidences d'été ont été bâties.

Algonquin Provincial Park CD1-2

141 km à l'est de Gravenhurst. ✆ 705 633 5572 - www.algonquinpark.on.ca - ouvert tte l'année - 21 $/voiture/j - centre d'accueil au km 43 sur la Highway 60.

Destination de loisirs très appréciée couvrant près de 7 725 km² de forêts à l'est de la province, ce parc qui abrite une faune abondante – notamment des élans – est jalonné de sentiers de randonnée, de cours d'eau navigables en canoë, de terrains de camping, de lieux réservés à la pêche et à la baignade et de pistes de ski. La route 60 (Parkway Corridor) traverse la partie sud du parc. Un centre d'information se trouve à chaque entrée, et le **musée de la Foresterie** *(ouv. de fin juin à mi-oct.)*, près de la porte est, retrace cette activité dans la région. Situé à 13 km au nord-ouest de la porte est, le **centre d'accueil des visiteurs** propose un salon de thé, une librairie, un théâtre, des expositions et une terrasse panoramique. Commerces, loueurs de canoës et organisateurs d'excursions sont disséminés à l'intérieur et à la périphérie du site. La beauté et la variété des paysages ont attiré l'artiste canadien **Tom Thomson**, amateur de vie en plein air, qui sut saisir la rudesse de la nature algonquine dans un style qui influença le groupe des Sept.

3

Carnet pratique

S'informer

Se reporter aux offices de tourisme indiqués sous le nom des villes traversées.

South Georgian Bay Tourism – *southgeorgianbay.ca.* Le site où trouver des informations sur les Blue Mountains et Wasaga Beach.

Nos adresses

Restauration

À Tobermory

Budget moyen

Shipwreck Lee's – *2 Bay St. - ✆ 705 888 5946 - www.shipwrecklees.com - service continu - 15,95/28,95 $.* Bienvenue au paradis du burger, du *fish & chips* et des frites de Tobermory ! Ne cherchez par trop les salades et les légumes mais le poulet est frit à la perfection et l'agréable terrasse face au port est l'endroit parfait pour se poser aux beaux jours.

Pour se faire plaisir

Tobermory Brewing Company – *28 Bay St. - ✆ 519 596 8181 - www.tobermorybrewingco.com - service continu - plats 24/34 $.* On vient ici pour la bière locale autant que pour les plats : moules au curry, pâtes aux fruits de mer, raviolis au butternut... Une des meilleures adresses de Tobermory.

À The Blue Mountains

Pour se faire plaisir

Fabbrica Thornbury – *27 Bruce St. - Thornbury, 4,4 km à l'ouest de The Blue Mountains - ✆ 519 599 7769 - fermé le midi et lun. - plats 20/44 $.* À proximité du port de Thornbury, ce restaurant sert une appétissante cuisine italienne : *antipasti* de légumes, pizzas, pâtes, risottos... tout y est !

À Penetanguishene

Premier prix

Café Kittyhawk – *4 Robert St. W - ✆ 705 355 2233 - www.cafekittyhawk.com - fermé le soir - plats 10/17 $.* Ce petit café propose des wraps, des salades et des pâtisseries à consommer sur place ou à emporter. Avant de partir, n'oubliez pas de faire un tour dans le coin boutique qui regorge de plantes vertes et de bibelots.

À Midland

Premier prix

Grounded Coffee Company – *538 Bay St. - ✆ 705 527 5997 - groundedcoffee.ca - fermé le soir - plats 7/20 $.* Sandwichs, pâtisseries et excellent café, voilà le credo de ce lieu qui ne paie pas de mine mais fait figure d'oasis quand la faim se fait sentir. En plus, on y trouve d'excellents pains au chocolat.

Budget moyen

Boathouse Eatery – *177 King St. - ✆ 705 527 7480 - www.boathouseeatery.com - service continu - plats 14,95/24,95 $.* On apprécie grandement la terrasse entourée d'arbres de ce restaurant du port de Midland pour siroter un verre ou savourer l'un des plats à la carte. Pas étonnant que le lieu soit l'un des endroits préférés des habitants à l'heure de l'apéritif. Un conseil : venez tôt pour être sûr d'avoir une table ou réservez.

À Gravenhurst

Budget moyen

Dock of the Bay – *1110 Bay St. - ✆ 705 687 7723 - www.dockofthebay.ca - fermé le midi et mar. - plats 32/70 $.* Bercé par les notes de jazz, on contemple les beaux cottages au bord du lac en savourant un filet de saumon ou un rouleau de printemps croquant. La cuisine est soignée, la terrasse sur l'eau très agréable et le service irréprochable. On en redemande !

Shopping

À Gravenhurst

The Muskoka Store – *Hwy 11, 6 km au sud - ✆ 705 687 7751 ou 705 703 9172 - themuskokastore.com - 10h-17h (merc. 15h) ; horaires variables l'été, se rens. - fermé lun.-mar.* Cet immense magasin de décoration intérieure et de matériel de loisirs propose des meubles en bois (dont les éternelles chaises Muskoka), des vêtements, des jouets, des outils de jardin, des canoës et des kayaks, des ustensiles de cuisine, du matériel de pique-nique et absolument tout l'attirail nécessaire aux « cottagers » pour profiter pleinement de leurs congés.

Activités

☺ **Tobermory** est très fréquentée en haute saison. Mieux vaut réserver ses sorties et ses activités à l'avance *via* Internet.

Bateau à fond transparent et croisières

The Blue Heron Company – *7425 Highway 6 - Tobermory - ✆ 855 596 2999 - www.blueheronco.com - Glass-Bottom Scenic Tour (durée 1h30) de fin juin à déb. sept. : à 10h50, 12h45 et 14h50 ; reste de l'année : se rens. - 54,95 $.* Découvrez le Fathom Five National Marine Park, deux de ses épaves (le *Sweepstakes* et le *City of Grand Rapids*) et les îles, notamment l'îlot Flowerpot. La compagnie propose aussi des croisières avec escale sur l'île Flowerpot.

Bruce Anchor Cruises – *61 Front St. - Tobermory - ✆ 519 596 2555 - www.bruceanchor.com - de juin à oct. - croisière avec escale à Flowerpot 58,98/68,15 $; croisière simple 52,21 $.* Ces bateaux à fond transparent effectuent la navette entre Tobermory et l'île Flowerpot et donnent à voir plusieurs épaves.

Kayak

On the Waters Kayak – *53 Bay St. S - Tobermory - ✆ 519 596 2626 - www.tobermorycruiseline.com - kayak simple et paddle 40 $/h, 55 $/2h ; kayak double 50 $/h, 75 $/2h.* Locations de kayaks et de stand-up paddles pour découvrir la côte de la baie Georgienne.

Plongée sous-marine

Diver's Den – *3 Bay St. - Tobermory - ✆ 519 596 2363 - www.diversden.ca - snorkeling à partir de 85 $.* Pour plonger au plus près des épaves au cœur du Fathom Five National Marine Park, cette école propose plusieurs types de sorties.

Hébergement

À Tobermory

Budget moyen

Escarpment Heights – *16 Hay Bay Rd - ✆ 519 596 2228 - www.escarpmentheights.com - ▤ P - mai-oct. - 26 ch. - 120/205 $.* Bon rapport qualité-prix pour ce motel à deux pas du port. Les chambres, spacieuses et propres, sont toutes pourvues d'un petit balcon. Barbecues à disposition.

Harbourside Motel – *24 Carlton St. - ✆ 519 596 2999 - harboursidemotel.com - ▤ limité - P - avr.-oct. - 36 ch. 105/180 $.* De votre patio, vous pouvez voir les bateaux de pêche rentrer au port de Little Tub.

Motel Grandview – *8 Earl St. - ✆ 519 596 2220 - grandview-tobermory.com - ▤ P - mai-oct. - 19 ch. 155/195 $.* Situé à l'entrée du port, il attire de nombreux visiteurs séduits par la vue sur le chenal et le *Chi-Cheemaun* à quai. Les convives peuvent s'attabler en terrasse ou en salle pour déguster le corégone pêché dans la baie, un filet de porc, un canard rôti ou un plateau de fruits de mer.

À Hunstville

Une folie

Arowhon Pines – *Little Joe Lake - PO Box 10001 - ✆ 705 633 5661 ou 1 866 633 5661 - www.arowhonpines.ca - P ♿ - de déb. juin à mi-oct. - 60 ch. et 15 cabines 347/767 $/pers. en pension complète.* Arowhon Pines promet des séjours tout confort, à proximité de l'Algonquin Park *(permis d'accès compris)*. Les chambres ont été aménagées dans des chalets rustiques en bois disséminés dans la forêt, ce qui assure un calme absolu. Le petit lac offre l'occasion d'agréables balades nautiques en canoë, kayak, paddle ou bateau à voile *(gratuit)*. Pas d'Internet.

3

Sudbury ★★

Installée sur le plus grand gisement de nickel au monde, Sudbury abrite l'une des plus importantes communautés francophone en Ontario. Les Franco-Ontariens représentent en effet environ un quart de sa population et l'Université laurentienne, qui regroupe les étudiants de la partie nord-est de la province, est bilingue. Les paysages des environs de Sudbury sont typiques du Bouclier canadien avec plusieurs lacs situés à proximité de la ville, notamment le lac Ramsey, bordé de plages et riche en dorés jaunes pour combler les pêcheurs.

Se repérer

92 093 habitants

CARTE C1 (P. 298-299).

À la lisière des vastes étendues sauvages, Sudbury se trouve au nord de la baie Georgienne et de l'île Manitoulin, entre Sault Ste Marie, à l'ouest, et North Bay, à l'est, sur la Georgian Bay Coastal Route.

Organiser son temps

Il suffit d'une demi-journée pour découvrir les principales curiosités de la ville. Comptez 2 jours de plus pour aller jusqu'au lac Nipissing.

En famille

Science North fournira à vos enfants une belle occasion de descendre dans une mine et de s'initier à la géologie ; les équipements et les pièges du Sturgeon River House Museum.

Carnet pratique p. 414

Nos adresses p. 414

Découvrir

★★★ Science North

100 Ramsey Lake Rd - ✆ 705 522 3701 ou 1 800 461 4898 - www.sciencenorth.ca - ♿ - de fin juin à deb. sept. : 9h-17h ; reste de l'année : se rens. - 25,75 $.

Cet impressionnant centre des Sciences, perché sur un rocher dominant le lac Ramsey, fut conçu par Raymond Moriyama. Le pavillon des expositions, en forme de flocon de neige, symbolise l'action glaciaire à l'origine de la formation de l'Ontario du Nord. Les expositions mettent l'accent sur l'expérience scientifique directe et la technologie des régions du Nord. On pénètre par un **tunnel** dans une impressionnante **caverne rocheuse** où un film en 3D avec effets laser, projeté sur écran géant, explique la géologie de la région. Une rampe en spirale mène aux étages et passe au-dessus de la **faille de Creighton**, fracture géologique de plus de 2 milliards d'années qui a laissé à cet endroit du Bouclier canadien un sillon de 4 m de profondeur. Au-dessus est suspendu le squelette d'une baleine trouvé sur l'île d'Anticosti (23 m, 1 800 kg). Sections consacrées à la météorologie et aux fossiles. Le Théâtre des découvertes donne régulièrement des spectacles scientifiques.

★★ Dynamic Earth

5 km à l'ouest de Science North. 122 Big Nickel Rd - ✆ 705 522 3701 ou 1 800 461 4898 - sciencenorth.ca/dynamic-earth - de fin juin à deb. sept. : 9h-17h ; reste de l'année : se rens. - 25 $.

Liée à Science North dans sa conception, cette attraction invite à descendre dans une ancienne mine de nickel. Symbole de Sudbury, le fameux **Big Nickel** qui se dresse près de la mine, est une réplique de la pièce commémorative de cinq sous frappée au Canada en 1951 (9 m de haut pour 60 cm d'épaisseur).

Excursions

CARTE P. 298-299

Sturgeon Falls C1

91 km à l'est de Sudbury.

Sturgeon River House Museum – *250 Fort Rd - 705 753 4716 - facebook.com/MuseeSturgeonRiverHouseMuseum; westnipissing.ca - mar.-vend. 10h-16h - 4 $.* Au sud-ouest de cette petite ville, ce musée présente l'histoire du commerce des fourrures dans le nord de l'Ontario. Il comprend un authentique comptoir commercial de la baie d'Hudson, renfermant des équipements, des peaux et une collection de pièges. Un agréable **sentier** révèle les magnifiques paysages du lac Nipissing.

★ North Bay C1

127 km à l'est de Sudbury.

tourismnorthbay.com

Cette station de vacances au bord du lac Nipissing est située dans une région réputée pour la chasse et la pêche sportive. Jadis, les voyageurs qui remontaient la rivière des Outaouais puis la Mattawa passaient par ce lac pour rejoindre la baie Georgienne. North Bay est restée le centre d'un prospère commerce de fourrures de vison, castor, rat musqué… Quatre fois par an, la Fur Harvesters Auction organise des ventes aux enchères de fourrures parmi les plus importantes au monde.

Rives du lac Nipissing – Celles-ci connaissent une activité estivale intense. En saison, des croisières panoramiques sont proposées au départ de Government Dock : *Chief Commanda II - 705 494 8167 ou 1 866 660 6686 - www.chiefcommanda.ca - - dép. de Government Dock - différentes croisières sur réserv. : infos et horaires sur le site Internet.* Le *Chief Commanda II* parcourt le lac Nipissing et l'embouchure de la rivière des Français, contournant les îles Manitou.

3

Les strates de Sudbury

Les richesses minérales (platine, cuivre, cobalt, argent, or et nickel) de la région proviennent du **bassin de Sudbury** (Sudbury Igneous Complex). Cette dépression, d'environ 60 km de long sur 27 km de large, située dans un cratère de 200 km de diamètre, aurait été créée il y a plusieurs millions d'années par la chute d'une immense météorite ou à la suite d'une gigantesque éruption volcanique. C'est en 1883, lors de la construction du chemin de fer Canadien Pacifique, qu'un forgeron, **Thomas Flanagan**, découvrit un morceau de roche de couleur rouille. Une plaque *(route 144, près de la mine Murray)* commémore cet événement qui marqua les débuts de l'exploitation minière locale. La ville possède le plus grand complexe intégré d'extraction, de fonderie et de raffinage au monde, surmonté par une énorme cheminée, **Super Stack**. Sa construction en 1970 avait pour but de réduire les retombées d'émission de dioxyde de soufre. Avec succès, puisque quelque 90 % du soufre présent dans le minerai sont récupérés.

Carnet pratique

S'informer

Sudbury Tourism – *200 Brady St., Tom Davies Sq. - ☏ 1 866 451 8525 - discoversudbury.ca.*

Arriver/Partir

En avion

Greater Sudbury Airport (YSB) – *flysudbury.ca.* Situé à 24 km de la ville, l'aéroport est relié à Toronto par Air Canada et Porter, et à Thunder Bay par Bearskin.

En train

Via Rail *(www.viarail.ca)* dessert 2 fois par semaine la station de Sudbury Junction (située 9 km à l'est de la ville), sur la ligne Toronto-Vancouver.

En autocar

Les compagnies de bus **Ontario Northland** *(ontarionorthland.ca)* et **Flixbus** *(flixbus.ca)* desservent Sudbury et North Bay. Comptez 5h depuis Toronto.

Nos adresses

Restauration

Budget moyen

Apollo – *844 Kingsway - ☏ 705 674 0574 - www.apollorestaurant.ca - fermé sam. midi, dim.-lun. - plats 19/35 $.* Cet établissement sert une alléchante cuisine grecque depuis 1970. À Sudbury, on évoque avec bonheur la moussaka de l'Apollo !

Pour se faire plaisir

Pasta e Vino – *118 Paris St. - ☏ 705 674 3050 - www. pastaevinoristorante.ca - fermé le midi et dim.-lun. - plats 26/42 $.* Dans une maison vieille d'une centaine d'années, le chef concocte ses classiques italiens en y ajoutant une pincée d'imagination.

À North Bay

Pour se faire plaisir

Churchill's – *631 Lakeshore Dr. - ☏ 705 476 7777 - www.churchills. ca - fermé le midi et lun. - plats 28/75 $.* Pour un repas de qualité, rendez-vous au Churchill's. Recettes élaborées autour d'excellentes viandes et de filets de poisson frits, le tout accompagné de produits de saison. Après le repas, il fera bon prendre une bière au pub Winnie's ou au Chumbolly's bar.

Activités

Excursions en bateau – *William Ramsey Cruise - ☏ 705 523 4629 ou 705 691 5237 - ♿ - de déb. juin à fin sept. - AR 1h - se rens. pour les prix.* Elles parcourent le lac Ramsey.

Hébergement

Premier prix

Torbay Suites – *587 Banner Ave. - North Bay - ☏ 705 474 4266 - torbaysuites.net - cottages 120/160 $.* Ces cottages tout confort ont les « pieds dans l'eau » du lac Nipissing. Une situation idéale pour profiter de la plage, des canoës et barbecues installés sur le site.

Sault Sainte Marie ★★

Reliée à son homonyme américain dans l'État du Michigan par l'International Bridge, cette ville est un centre industriel de la sidérurgie et du papier. Communément appelée « The Soo », elle occupe la rive nord de la rivière Ste Marie, qui relie le lac Supérieur au lac Huron. Cette cité tranquille, malgré l'intense navigation qui emprunte les écluses, vit naître Roberta Bondar, la première femme astronaute canadienne. Porte d'entrée de l'Algoma, région sauvage de lacs et de forêts qui inspira largement les peintres du groupe des Sept, elle vit aussi passer les plus grands explorateurs du Canada.

L'International Bridge vu de l'île Whitefish.
JPDworld/Getty Images Plus

Se repérer

78 574 habitants

CARTE B2 (P. 298-299) - PLAN (P. 417).

Sault Ste Marie se niche entre la pointe ouest du lac Huron et l'extrémité est du lac Supérieur.

À ne pas manquer

Les étendues sauvages et accidentées de l'Algoma, en empruntant le train panoramique de l'Algoma Central Railway.

Organiser son temps

Les environs de Sault Ste Marie sont encore sauvages et ponctués de parcs et de jolies routes. Prévoyez plus d'une journée sur place.

Carnet pratique p. 418

Nos adresses p. 418

Se promener

PLAN P. CI-CONTRE

Tourism Sault Ste Marie – *99 Foster Dr. (niveau 1) - 1 800 461 6020 ou 705 759 5442 - saulttourism.com.*

★ Sault Sainte Marie Canal National Historic Site

1 Canal Dr. - 705 941 6262 - parcs.canada.ca/lhn-nhs/on/ssmarie - site tte l'année 6h-22h - fonctionnement de l'écluse de mi-juin à déb. sept. : 9h-21h ; de mi-mai à mi-juin et de déb. sept. à mi-oct. : 11h-18h - centre d'accueil de mi-mai à mi-oct. : 10h-17h - fermé w.-end sf de déb. juin à déb. sept. - 4,50 $.

Le canal de Sault Ste Marie fut construit en 1895 et constituait à la fois la plus longue écluse au monde et la première à fonctionner à l'électricité. La section entre les lacs Huron et Supérieur est l'une des plus fréquentées de la voie maritime. Côté américain, elle est aménagée par quatre écluses géantes, côté canadien par une écluse fermée depuis quelques années. À l'intérieur de celle-ci, une nouvelle écluse inaugurée en 1998 facilite le passage des bateaux de plaisance. Au bout de Huron Street, la **première écluse** (A), édifiée en 1798 par la **Compagnie du Nord-Ouest** pour faciliter le passage de ses canots d'écorce chargés de fourrures a été reconstituée car l'originale fut détruite durant la guerre de 1812. L'histoire de l'écluse est racontée en détail dans le tout nouveau centre d'accueil aménagé dans le bâtiment historique où étaient installés les magasins et l'atelier du forgeron. Vous y trouverez notamment une maquette interactive de l'écluse.

1,5 et 2,2 km. Du centre d'accueil, deux courts sentiers balisés traversent les zones humides et boisées des îles St Mary et Whitefish, et offrent un point de vue sur le pont international.

★ City Hall

L'hôtel de ville occupe un édifice moderne en verre mordoré, bordé d'une agréable promenade au bord de l'eau avec vues sur la rivière St. Mary.

★ Lieu historique national Ermatinger/Clergue

800 Bay St. - 705 759 5443 - mar.-vend. 9h30-16h30, sam. 10h-16h - 15 $.

Charles Oakes Ermatinger, prospère négociant en fourrures, fit bâtir en 1814 cette jolie maison de pierre au portique georgien pour son épouse Charlotte, une princesse Ojibway. La demeure, restaurée selon le goût de l'époque, accueillit de nombreux invités de choix, dont le peintre **Paul Kane** (1810-1871). À l'étage, un intéressant musée relate l'histoire de la famille Ermatinger et de la ville.

Bellevue Park

Il offre de magnifiques **vues★** sur la rivière, les bateaux et le pont menant aux États-Unis.

Un incontournable

Un simple regard sur une carte de l'Amérique du Nord suffit pour comprendre l'importance historique du site de Sault Ste Marie. Les Autochtones ojibway venaient en ces lieux pour pêcher le corégone. Puis ce furent les explorateurs de la Nouvelle-France, qui recherchaient une hypothétique route commerciale vers la Chine, ou simplement de nouvelles sources d'approvisionnement en fourrures. Ce lieu fut baptisé par le père Marquette, qui établit finalement en 1668 la mission jésuite de Ste-Marie-du-Sault.

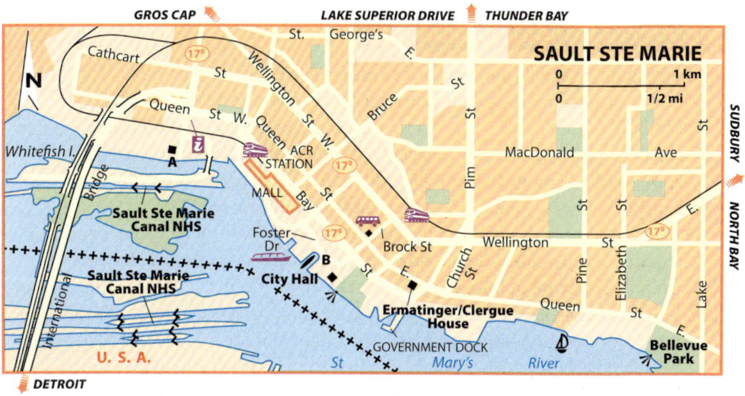

À proximité

CARTE P. 298-299

★ Gros Cap B2

26 km à l'ouest.

De ce rocher turriforme, dont le pendant sur la rive américaine, s'appelle le **cap Iroquois**, les visiteurs jouissent de **vues★** impressionnantes sur le **lac Supérieur** et les débuts de la rivière St. Mary.

Excursions

CARTE P. 298-299

Train trip du Agawa Canyon B1

183 km au départ de la gare de Bay St. Algoma Central Railway Inc. - ☎ 844 246 9458 - agawatrain.com - ♿ - de déb. août à mi-oct. : dép. 8h, retour 18h - 140 $; 155 $ de mi-sept. à mi-oct.

Cette **excursion en train** traverse les paysages accidentés de l'**Algoma**, au nord de Sault Ste Marie, et se révèle particulièrement belle fin septembre, lorsque l'automne déploie sa palette colorée. Le train s'arrête dans le **canyon de l'Agawa** sur lequel le belvédère ménage une belle **vue★**.

★★ Lake Superior Drive (Route du lac Supérieur) B1

230 km par la Transcanadienne (route 17) jusqu'à Wawa.

La traversée de l'Algoma fait découvrir la beauté sauvage du Bouclier canadien. À partir de la **baie de Batchawana**, la route longe la rive du lac Supérieur, tantôt en corniche, tantôt au niveau de l'eau. Vous pourrez alors admirer les caps, les anses, les îles, les rochers, et les hautes falaises de granit battues par les eaux du plus profond des Grands Lacs. Les sections les plus pittoresques sont au niveau de la **baie d'Alona** *(point de vue au km 108)* et de la **baie d'Agawa** *(point de vue au km 151)*. Des belvédères jalonnent la route.

Lake Superior Provincal Park – *☎ 705 856 2284 (bureaux du parc à Agawa Bay) - ☎ 705 882 2026 - camping et centre d'accueil de la baie d'Agawa de mi-mai à mi-oct. - www.ontarioparks.com - ♿ - parc ouv. tte l'année - de 14,13 $ à 21 $/voiture.*

Activités : observation des oiseaux, baignade, randonnée, canoë, pêche, ski de fond (à partir de déc.), etc. Sur 84 km, la route traverse ce parc, région accidentée

Roberta Bondar, astronaute

Née à Sault Ste Marie en 1945, où elle passe ses premières années, Roberta Bondar entreprend une formation de pilote et obtient un doctorat en neurologie et en biologie. Elle est finalement choisie en 1983 pour faire partie du premier groupe canadien d'astronautes. En 1992, elle se joint à l'équipage de la navette *Discovery*, devenant ainsi la première femme canadienne dans l'espace. Les universités canadiennes ont décerné 24 diplômes honorifiques à cette brillante scientifique et le magazine *MacLean's* l'a citée en 1998 parmi les dix héros historiques de la nation. Appréciée du grand public, elle apporte régulièrement sa contribution à la recherche médicale. C'est une photographe acharnée du spectacle de la nature, et ses clichés sur les parcs canadiens ont été exposés au musée canadien de la Nature à Ottawa et au musée royal de l'Ontario à Toronto. Roberta Bondar est très respectée à Sault Ste Marie, qui a donné son nom à un espace vert, une marina et un bâtiment administratif.

bordée de falaises qui plongent dans le lac. Au km 153, une route secondaire conduit à un terrain de stationnement. Prenez le sentier *(parfois difficile)* qui mène jusqu'aux falaises de la rive. L'une d'entre elles, **Agawa Rock** *(accessible uniquement par temps calme ; prudence extrême conseillée)*, est décorée de **pétroglyphes**, dessins mystérieux tracés sur la roche par les Premières Nations il y a plusieurs siècles. En débouchant sur le lac, vous aurez une très jolie **vue★** sur l'eau transparente, les îles boisées et les falaises.

Carnet pratique

S'informer

Tourism Sault Ste Marie – *99 Foster Dr. (niveau 1) - ✆ 1 800 461 6020 ou 705 759 5442 - saulttourism.com.*

Arriver/Partir

En avion

Sault Ste-Marie Airport (YAM) – *saultairport.com.* Situé à 18 km de la ville, il est relié à Toronto par Air Canada et Porter, et au nord de la province par Bearskin.

Nos adresses

Boire un verre

Northern Superior – *50 Pim St. - northernsuperior.org - mar.-jeu. 14h-22h, vend.-sam. 13h-0h, dim. 13h-17h.* Prenez place sur la terrasse en été ou dans la petite mais chaleureuse *taproom* de cette microbrasserie locale pour tester leurs bières du moment.

Thunder Bay ★★

Implantée sur les rives du lac Supérieur, à l'extrémité ouest du parcours canadien de la voie maritime des Grands Lacs et du St-Laurent, Thunder Bay est tout naturellement devenue un port et un *hub* importants, notamment pour le commerce des céréales des Prairies avec l'Europe ; en témoignent les multiples terminaux, les élévateurs et autres installations. Mais pas de panique, si vous n'êtes pas sensible au « tourisme industriel », quelques kilomètres de route suffisent pour vous retrouver en pleine nature, au sein de paysages spectaculaires !

Se repérer

115 711 habitants

CARTE A1 (P. 298-299).

Thunder Bay se dresse sur le littoral nord du lac Supérieur, à quelques kilomètres de la frontière américaine (Minnesota), sur la route 11. Les sites à visiter se trouvent essentiellement le long du lac, à l'est de la ville. L'Isle Royale National Park (États-Unis) se trouve en face de Thunder Bay.

À ne pas manquer

L'impressionnant spectacle du port depuis le Marina Park.

Organiser son temps

Pour entrer aux États-Unis, munissez-vous des documents pour la douane *(voir « Avant de partir », p. 567)*.

En famille

Fort William Historical Park.

Carnet pratique p. 423

Nos adresses p. 423

Découvrir

★ The Waterfront

Marina Park *(à l'extrémité de Red River Rd - ouv. tte l'année)* constitue un bon point de vue sur les gigantesques **terminaux céréaliers** et les fameux « laquiers ». Ces bateaux de commerce longs et étroits (222 m sur 23 m), adaptés à la navigation sur les Grands Lacs et la voie maritime, peuvent contenir un million de boisseaux de grain ! Remarquez les jetées qui protègent le port des terribles tempêtes du lac Supérieur, fréquentes en automne et dont les vagues peuvent atteindre jusqu'à 12 m de haut. En été, le lac, plus calme, se prête à des régates de voiliers.

★ Points de vue

Thunder Bay est encerclée par les collines du Bouclier canadien. Sa vaste baie est fermée par une péninsule longue de 40 km, appelée **Sleeping Giant** (le géant endormi), au profil de chef autochtone.

★ Mont McKay

À l'extrémité de Mountain Rd (sur la réserve des Premières Nations de Fort William). Ce mont au sommet plat (488 m) est le point culminant de la **chaîne Northwester**. Du promontoire à 180 m d'altitude, **vue** par beau temps sur la ville et son port, dont le Sleeping Giant garde l'entrée.

Le Grand Rendez-vous

La vocation commerciale de Thunder Bay, créée en 1970 par la réunion de Fort William et Port Arthur, remonte à l'époque de la **Compagnie du Nord-Ouest**. De l'Athabasca à Montréal, les **peaux** devaient parcourir quelque 5 000 km, d'où l'idée de créer le Grand Rendez-vous de Fort William : les « hivernants », qui avaient commercé avec les Autochtones durant l'hiver, descendaient les rivières dès la fonte des glaces pour retrouver, en juillet à **Fort William**, les négociants de la Compagnie du Nord-Ouest venus de Montréal. Après six semaines de discussions, de marchandage et de réjouissances, chacun repartait de son côté. La fusion de la Compagnie du Nord-Ouest avec celle de la baie d'Hudson supprima le Rendez-vous, mais le commerce des fourrures persista à Fort William jusqu'à la fin du 19e s. Chaque année, le Grand Rendez-vous, en juillet, est remis en scène dans le fort.

★ Hillcrest Park

High St., entre John St. et Red River Rd. Du parc dominant Port Arthur, on peut voir le port, ses élévateurs, et au loin, le Sleeping Giant et les îles qui ferment la baie.

À proximité

CARTE P. 298-299

★★ Fort William Historical Park A1

16 km au sud de Thunder Bay. 1350 King Rd - 807 473 2344 - fwhp.ca - ♿ - de déb. juil. à déb. sept. : 10h-17h ; reste de l'année : se rens. - de fermé fin nov. à fin fév. - 13/18 $, selon la saison. Centre d'accueil lun.-vend. 9h-17h.

Vous découvrirez ici une excellente reconstitution de l'ancien comptoir de vente de fourrures *(voir encadré ci-dessus)* de la Compagnie du Nord-Ouest, installé au bord de la **Kaministikwia**, sur la route commerciale (en canot) pour le Nord-Ouest. C'est ici que se tenait, une fois par an, le Grand Rendez-Vous.
Du centre d'accueil, un sentier mène à travers bois à un campement d'Autochtones anichinabés qui commerçaient avec la Compagnie. Le fort, protégé par une haute palissade, était une petite ville bien organisée. Il comprend 42 bâtiments (certains surélevés en raison des inondations), dont une ferme, une officine d'apothicaire et une prison, qui évoquent bien l'activité commerciale au début du 19e s. Aujourd'hui, des guides en costumes d'époque recréent l'atmosphère d'antan.

★★ Kakabeka Falls Provincial Park A1

29 km à l'ouest. 807 473 9231 - www.ontarioparks.com/park/kakabekafalls - ♿ - parc ouv. tte l'année - 14,13 $/voiture.

Activités : randonnée, camping, pêche, canoë.
La rivière **Kaministikwia**, traversée par un pont, dévale 39 m sur de larges dalles de schiste qui forment un escalier géant enserré dans une gorge étroite. Les chutes, parmi les plus hautes de l'Ontario, représentaient jadis le premier obstacle à franchir pour les voyageurs de la Compagnie du Nord-Ouest qui partaient vers le nord. Les rives boisées et la tranquillité du lieu ajoutent à la grandeur et à la beauté des chutes. Du pont, belle perspective sur la gorge qui s'éloigne vers Thunder Bay.

Pont suspendu à Eagle Canyon.
Gregor McDougall/Shutterstock

Circuit conseillé

CARTE P. 298-299

★★ Rive nord du lac Supérieur A1

Circuit de 211 km de Thunder Bay à Schreiber par la Transcanadienne tracé en bleu sur la carte p. 298-299.

La région présente, au nord-est de Thunder Bay, quelques paysages particulièrement spectaculaires.

Terry Fox Monument

1 km à l'est de Hodder Ave.

Ce beau monument de bronze, qui surplombe le lac Supérieur, commémore les efforts héroïques de **Terry Fox** pour collecter des fonds destinés à la lutte contre le cancer. Cette maladie lui ayant fait perdre sa jambe droite à l'âge de 18 ans, il entreprit, en 1980, une marche pour traverser le Canada à partir de Terre-Neuve. Deux mois après son départ, parvenu près de Thunder Bay, il dut abandonner, repris par la maladie. Il mourut en 1981.

★ Sleeping Giant Provincial Park

Au km 51, prendre la route 587 jusqu'à Pass Lake. ✆ 807 977 2526 - www.ontarioparks.com - ♿ - parc ouv. tte l'année - 14,13 $/voiture.

Activités : 50 km pistes de ski de fond : janv.-mars ; camping : de mi-mai à mi-oct.

Doté de hautes falaises, cet agréable parc occupe presque toute la péninsule du **Sleeping Giant**. Il offre de belles **vues★** sur le lac Supérieur.

À l'extrémité de la route subsistent les vestiges du village de Silver Islet, sur un îlot près du rivage où l'on découvrit en 1868 un riche filon, vertical, d'argent qui rapporta 300 millions de dollars jusqu'en 1884, lorsque le puits de 400 m de profondeur fut inondé.

Amethyst Mine Panorama

Depuis la route 11-17, rejoindre l'East Loon Rd et suivre les panneaux indicateurs - ✆ 807 622 6908 - www.amethystmine.com - ♿ - de juin à déb. oct. : 10h-17h - visite autoguidée 10 $.

L'améthyste est une variété de quartz très répandue sur la rive nord du lac Supérieur. Dans cette mine à ciel ouvert, on peut ramasser les améthystes en payant un droit à la sortie et acheter des pierres polies.

★★ Ouimet Canyon Provincial Park

Au km 76 de la route 11-17, prendre à gauche une route (signalée) sur 12 km - ✆ 807 977 2526 - www.ontarioparks.com - de mi-mai à mi-oct. - 14.13 $/voiture.

Ce spectaculaire canyon fut creusé durant la dernière ère glaciaire. Large de 150 m, profond de 100 m, il s'étire sur 1,6 km dans le plateau boisé, longé en partie par un sentier qui borde l'abîme. Le froid et l'ombre règnent au fond de la gorge, où seules quelques plantes arctiques s'accrochent à la roche nue.

Eagle Canyon Suspension Bridge

Depuis Ouimet Canyon Rd, tourner sur Valley Rd. Eagle Canyon Adventures - ✆ 807 355 3064 - www.eaglecanyonadventures.ca - 23 $.

Les amateurs de sensations fortes ne manqueront pas de traverser cette passerelle suspendue, qui se vante d'être la plus longue du Canada, avec environ 180 m de long, à 46 m de haut. Sentiers et escaliers pour descendre dans le canyon.

À la hauteur de l'embranchement de Red Rock *(sur la Transcanadienne)* se dresse une falaise (3 km de long sur 210 m de haut) qui doit sa couleur rouge et son nom, **Red Rock Cuesta**, à la présence d'hématite.

★★ Nipigon Bay

88 km de Nipigon à Schreiber.

Après avoir franchi la rivière Nipigon, la route suit le rivage. Des **vues★★** magnifiques dévoilent les îles et la côte de la baie, où rochers et conifères composent un paysage typique des rives du lac Supérieur.

Kama Rock Cut – *27 km après Nipigon.* De ce lieu-dit, la **vue★★** sur la baie de Kama est particulièrement belle.

Carnet pratique

S'informer

Tourist Information Centre – *The Terry Fox : hwy 11/17, 1 km à l'est de Hodder Ave. - ✆ 807 983 2041 ou 1 800 667 8386 ; Tourist Pagoda : 170 Red River Rd - ✆ 807 684 3670.* *www.visitthunderbay.com.*

Arriver/Partir

En avion

Thunder Bay Airport (YQT) – *tbairport.on.ca.* Situé à 6 km de la ville, il est notamment relié à Toronto, Ottawa, Calgary et Winnipeg.

Nos adresses

Restauration

Premier prix

Lakehead Beer Company/Tomlin Subdivision – *206 Park Ave. - lakeheadbeer.ca - fermé lun., mar.-jeu. le midi - pizzas 15/28 $.* Faites coup double en profitant des très bonnes bières de la microbrasserie Lakehead et de la restauration de leur partenaire (Tomlin Subdivision) : pizzas « Detroit Style », salades et hot dogs richement garnis.

Boire un verre

Outre Lakehead Beer Company *(voir ci-dessus)*, les pubs du centre-ville servent également les bières des autres microbrasseries locales, comme Sleeping Giant ou Dawson Trail.

Hébergement

Premier prix

The Haven Hostel – *226 Ambrose St. - ✆ 807 285 1142 - thehavenhostel.ca - dortoirs à partir de 55 $; ch. à partir de 115 $.* Ce charmant *hostel*, chaleureux, bien tenu et central, vaut pour la variété des hébergements proposés : chambres avec salle de bains, privée ou partagée, et dortoirs. Vous apprécierez aussi les salons, la terrasse et la cuisine commune, parfaitement tenus.

Maisons colorées à Montréal.
Monica Silva/Getty Images Plus

4

Québec

CARTE MICHELIN REGIONAL N° 583

Montréal★★★ 428

Québec et ses innombrables richesses font l'objet d'un autre guide dans notre collection.

Pour la commodité du lecteur, nous conservons dans cet ouvrage la ville de Montréal, ainsi que Gatineau (voir p. 390 et 398), à proximité d'Ottawa. Parmi les curiosités qui apparaissent sur la carte p. 430-431, seuls les lieux figurant à l'index sont traités.
Pour plus de détails, consultez Le Guide Michelin Voyage & Cultures Québec et Provinces de l'Atlantique.

Grand angle sur le Québec

Bastion de la culture canadienne française, la plus vaste des provinces du Canada représente, avec une superficie de 1 356 367 km², environ 16 % du territoire national. Sur 9 millions d'habitants, environ 64 % sont francophones, héritiers d'un empire fondé au début du 17e s. et qui englobait en son temps la moitié du continent. Fiers d'une riche tradition, les Québécois se sont taillé une place à part dans le milieu nord-américain en préservant une culture et un mode de vie bien à eux. La province compte environ 8 % d'habitants d'origine britannique, regroupés pour la plupart dans l'agglomération montréalaise. Véritable mosaïque ethnique, le reste de la population comprend notamment Premières Nations, Métis et Inuits (environ 2 %) vivant en petits groupes dans le Grand Nord.

Un peu de géographie

D'une extrémité à l'autre, le Québec atteint 1 500 km d'est en ouest et 2 000 km du nord au sud. Au nord, les grands espaces rocheux du **Bouclier canadien** recouverts par la toundra ou la forêt sont émaillés de lacs. À l'extrême sud, ce sont les terrasses cultivées des **montagnes appalachiennes** qui atteignent 972 m dans l'Eastern Towships et 1 288 m dans la péninsule de Gaspé. Entre ces deux régions, la **plaine du St-Laurent** avec ses sols fertiles et son climat modéré génère presque toute la production agricole de la province et réunit la majorité de la population. Le St-Laurent (long de 1 197 km) s'écoule en direction du nord-est à travers le Québec jusqu'à l'Atlantique en passant par le golfe du St-Laurent. Du fait de sa latitude et de sa position en bordure orientale du pays, le Québec est soumis à d'extrêmes **écarts de température**. Des hivers rigoureux succèdent à de chaudes périodes estivales. Les précipitations sont équitablement réparties entre les pluies d'été et les neiges d'hiver. Dans le centre du Québec, les chutes de

Vers une nouvelle identité

Le mouvement séparatiste québécois est né dans les années 1960 *(voir p. 537)*. Entre 1960 et 1966, sous le Premier Ministre **Jean Lesage** (1912-1980), des changements sociaux, économiques et politiques émergent au Québec, appelés « Révolution tranquille », laquelle est marquée par l'accroissement des pouvoirs provinciaux et un regain de nationalisme. Le référendum de 1980 sur la souveraineté du Québec est néanmoins un échec pour le Premier ministre **René Lévesque** (1922-1987), chef du Parti québécois, de conviction indépendantiste. Les tensions entre la province et le gouvernement fédéral atteignent leur paroxysme lorsque le Québec refuse de signer la loi constitutionnelle de 1982. Les **accords du lac Meech** (30 avril 1987), qui prévoient pour le Québec un statut spécial de « société distincte », n'ayant pas obtenu l'unanimité des provinces canadiennes, le Québec maintient son refus d'adhérer à la Constitution de 1982. En 1995, un second **référendum** obtient 50,6 % de « non » et 49,4 % de « oui ». En 1998, la Cour suprême du Canada déclare anticonstitutionnelle toute sécession du Québec entreprise sans négociations préalables avec les autres provinces. Aucune solution n'est encore venue résoudre cette délicate question.

Vue sur Montréal depuis le belvédère du Kondiaronk.
S. Greg Panosian/Getty Images Plus

neige peuvent atteindre 150 cm. Dans le Sud, les étés sont aussi humides et le début de l'automne peut être touché par l'été indien.

Économie

Si l'essentiel des activités économiques québécoises repose sur les **services** et sur le secteur industriel, la province exploite aussi ses abondantes ressources naturelles (forêts – bois, pâte à papier – et sous-sol) et entretient son secteur agricole, d'origine animale, céréalière (maïs, orge, avoine, blé) ou maraîchère, ainsi que ses activités de pêche (morue, flétan, sébaste, maquereau, hareng, saumon, crustacés). Enjeu majeur dans la colonisation du Québec, la pelleterie se pratique encore dans le Nord.

Depuis l'ouverture en 1959 de la **voie maritime du St-Laurent**, qui relie les Grands Lacs à l'océan Atlantique, le lien entre les économies du Québec et des États-Unis n'a cessé de se consolider, et une grande partie des produits manufacturés sont exportés vers le voisin méridional.

Les fabuleuses **ressources hydroélectriques** de la province permettent de produire à bon marché l'électricité québécoise et de fournir l'énergie nécessaire à l'industrie du bois, à la pétrochimie et à l'électrométallurgie, car le Québec est devenu aussi un gros producteur d'aluminium. Les secteurs traditionnels de l'économie québécoise ont souffert ces dernières années d'une concurrence accrue des pays asiatiques. La province a néanmoins élargi les débouchés de ses compétences en **haute technologie** (aéronautique, télécommunications et ingénierie). Dans les années 1970, Montréal a perdu son rôle de centre financier au profit de Toronto, mais son agglomération domine l'économie régionale avec la présence de la moitié des industries du Québec, qui fournissent la moitié des emplois de la province. Plusieurs compagnies d'assurances, des banques ainsi que la Bourse ont établi leur siège à Montréal, qui a accueilli en 2000 le premier marché canadien du Nasdaq par satellite.

Montréal ★★★

Située sur la plus vaste des îles de l'archipel d'Hochelaga, le long du majestueux St-Laurent, Montréal offre tous les attraits d'une grande ville internationale. Deuxième agglomération canadienne derrière Toronto, place financière et commerciale active, elle abrite un dynamique centre industriel et portuaire, sur la longue voie reliant les Grands Lacs à la mer. Montréal est la deuxième ville francophone du monde après Paris, mais la seule grande ville du Canada à réunir deux communautés que l'histoire a longtemps fait s'opposer. Cette coexistence nourrit la créativité culturelle d'une cité où les influences du Vieux Monde et la modernité nord-américaine se mêlent de façon unique.

Se repérer

1778 528 habitants

PLAN (P. 434-435) - PLAN DES ENVIRONS (P. 430-431).

Montréal est située au sud du Québec à proximité de la frontière américaine, non loin d'Ottawa et de l'Ontario.

À ne pas manquer

Une balade entre les buildings du centre-ville, un coucher de soleil sur le centre-ville vu du chalet dans le parc du Mont-Royal, une promenade sur le Plateau.

En famille

Le Centre des sciences, le Biodôme, le Jardin botanique, l'Insectarium, le Planétarium Rio Tinto Alcan.

Carnet pratique p. 447

Nos adresses p. 448

Se promener

PLANS P. 434-435 ET 430-431

★★★ Vieux-Montréal PLAN P. 434-435

Place-d'Armes. Le cœur historique de Montréal, délimité par le Vieux-Port et les rues St-Jacques, Berri et McGill, était, au début du 18e s., clos par un mur d'enceinte en pierre. Délaissé, il fut réhabilité à partir des années 1960, et les magasins furent transformés en logements. Cafés et restaurants l'animent désormais.

★★ Place d'Armes C2

Conçue au 17e s. par le sulpicien Dollier de Casson, elle servait alors de champ de manœuvre pour l'armée. Au centre, se trouve un **monument★** (Louis-Philippe Hébert) dédié à Paul de Maisonneuve, fondateur de Montréal qui tua, selon la légende, le chef des Mohawks *(voir p. 437)* qui vivaient sur ce site en 1644.

★ **Banque de Montréal** – *514 877 6810 - lun.-vend. 9h-17h.* Datant de 1847, elle domine le côté ouest de ce charmant petit square restauré et constitue l'une des plus belles architectures de style néoclassique de la ville.

★★ Rue Saint-Jacques C2-3

Au sud de la place d'Armes.

Centre financier du Canada jusque dans les années 1970, elle a conservé de beaux bâtiments commerciaux de la fin du 19e s. et du début du 20e s., qui lui confèrent

3 jours à Montréal	
Jour 1	Promenade dans le Vieux-Montréal : de la place d'Armes à la place Jacques-Cartier, visite du château Ramezay. Pause gourmande au marché Bonsecours. Retour par le Vieux-Port et visite de la Cité d'archéologie et d'histoire de Montréal de Pointe-à-Callière. Profitez de la soirée pour découvrir l'atmosphère du Plateau.
Jour 2	Découverte du centre-ville moderne au départ de la place Ville-Marie. Visite du musée McCord Stewart, puis déambulation dans la rue Sherbrooke Ouest et alentour. Après le déjeuner, visite du musée des Beaux-Arts. Sortie culturelle dans le quartier des Spectacles.
Jour 3	Matinée au vert, dans le parc du Mont-Royal. Après-midi shopping sur le boulevard St-Laurent ou visite du Parc olympique et de l'Espace pour la vie.

une remarquable unité architecturale. Citons en particulier l'édifice **Canada Life Assurance★** *(n° 275)*, premier gratte-ciel montréalais à la charpente d'acier (1895), l'ancienne **Banque de commerce impériale du Canada★** *(n° 265)*, classée en 2012, dont la façade est ornée de colonnes corinthiennes (1909), et la **Banque royale du Canada★★** *(n° 360)*, qui occupe une tour de vingt étages de style néo-Renaissance et dont la superbe salle des guichets est devenue un agréable café.

★★★ Basilique Notre-Dame C2

110 r. Notre-Dame Ouest - ✆ 514 842 2925 - www.basiliquenotredame.ca - ♿ - réserv. en ligne obligatoire - 9h-16h30 (10h en déc.-mars), sam. 9h-16h, dim. 12h30-16h - 16 $ - programmation des concerts et récitals d'orgue : voir site Internet.

Son et lumière Aura – *Juil.-sept. : tous les soirs sf dim. (40mn), 18h et 20h (sam. 19h et 21h ; certains soirs, 3e session à 21h30) ; reste de l'année : se rens. - réserv. des billets sur place ou sur Internet - 35 $.*

Le plus célèbre édifice religieux de Montréal, élevé à partir de 1829, est un bâtiment de style néogothique. Ses tours jumelles s'élèvent à plus de 69 m. Véritable galerie d'art religieux, l'**intérieur** surprend par sa beauté et sa richesse. Finement sculpté, peint et doré, le décor en pin est remarquable. Le maître-autel et son **retable★★★** ont été dessinés par Victor Bourgeau et sculptés par Henri Bouriché. Dans la **chaire★** en noyer noir, entièrement sculptée, sont incorporées de nombreuses statues, œuvres de Louis-Philippe Hébert. L'**orgue** monumental (1887), fabriqué par la prestigieuse maison Casavant Frères, est l'un des plus grands du monde. Près de la basilique se tient le plus ancien bâtiment de la ville : le **Vieux Séminaire de St-Sulpice★** (1685) avec son horloge en façade datant de 1701.

4

★★ Place Jacques-Cartier D1

Ⓜ *Champ-de-Mars.* Cette charmante place pavée (1847) est bordée de terrasses de café et très animée en été. Une **statue de Nelson** (1809) y commémore la victoire à Trafalgar. L'**hôtel de ville★** est un imposant édifice Second Empire, d'où le général de Gaulle lança son fameux « Vive le Québec libre ! » en 1967. La **rue St-Paul★★** est l'une des plus vieilles de Montréal.

★ Château Ramezay D1

280 r. Notre-Dame Est - ✆ 514 861 3708 - www.chateauramezay.qc.ca - ♿ - 10h-17h - 14 $.

Montréal en son île

La métropole occupe la majeure partie de l'île de Montréal, à la confluence du fleuve St-Laurent et de la rivière des Outaouais. Elle comprend 19 arrondissements et 15 villes de banlieue reconstituées. La plus importante municipalité demeure donc la ville même de Montréal. La toponymie des quartiers garde le souvenir des villages qui se sont agrégés à la ville.

Une ville en mouvement

Montréal se déploie autour du mont Royal. Le centre économique et culturel s'étend à l'est de l'éminence, jusqu'au fleuve St-Laurent. Au nord-est du boulevard St-Laurent s'étirent les quartiers traditionnellement français, autrefois populaires, aujourd'hui à la mode, comme **Le Plateau**, **Mile-End**, **Quartier-Latin**, **Le Village** (quartier LGBTQ+) ou, plus

au nord, autour du Parc olympique, **Hochelaga-Maisonneuve**. Au sud-ouest du boulevard, les quartiers huppés anglophones.

Pour se repérer : un fleuve et un boulevard

Le **St-Laurent** coulant d'ouest en est, on parle de sa rive nord et de sa rive sud. Mais à Montréal, le fleuve fait un crochet vers le nord, ce qui modifie son axe d'orientation dans sa traversée de la métropole. Néanmoins, les artères parallèles au fleuve sont dites est-ouest (au lieu de nord-sud), tandis que celles qui lui sont perpendiculaires sont dites nord-sud (et non est-ouest).

Autre repère utile : le **boulevard St-Laurent**, qui passe à l'est du mont Royal, délimite les parties est et ouest de la ville. Distinguez, par exemple, rue Notre-Dame Ouest ou Notre-Dame Est. Les numéros croissent de part et d'autre du boulevard. Ce dernier marque la frontière entre les quartiers de tradition anglophone, à l'ouest, et la ville francophone à l'est.

Construit en 1705 pour Claude de Ramezay, onzième gouverneur de Montréal sous le Régime français, c'est l'un des plus beaux exemples de l'architecture domestique des débuts du 18e s. Restauré, l'édifice devenu **musée** aborde l'histoire politique, économique et sociale de Montréal. Le château est entouré d'un petit jardin à la française, réaménagé dans le goût de la noblesse du 18e s. avec quelques bornes interactives pour en savoir plus sur la gastronomie et la botanique.

★ Lieu historique national de Sir-George-Étienne-Cartier (Sir-George-Étienne-Cartier NHS) D1

458 r. Notre-Dame Est - ✆ 514 283 2282 - parcs.canada.ca/lhn-nhs/qc/etienne-cartier - ♿ - de mi-juin à déb. sept. : merc.-dim. 10h-17h ; sept.-oct. : w.-end 10h-17h ; reste de l'année : se rens. - 4,50 $.

Ancienne demeure de **George-Étienne Cartier** (1814-1873), l'un des pères de la Confédération. Des expositions évoquent la vie et l'œuvre du grand homme et les salles restaurées dans le style victorien illustrent le mode de vie bourgeois du 19e s.

Rue Bonsecours D1

Plaisante artère joignant la rue Notre-Dame à la rue St-Paul.

Maison Papineau – *N° 440.* Louis Joseph Papineau, chef du parti des Patriotes, résida périodiquement dans cette maison de style Régime français entre 1814 et 1837. Elle resta dans la famille Papineau pendant six générations.

★ **Maison du Calvet** – *N° 401, à l'angle de la rue St-Paul E.* Construite en 1725, elle est caractéristique des résidences citadines du 18e s. Elle fut habitée entre autres par un marchand français huguenot, Pierre du Calvet.

★★ Rue Saint-Paul CD1-2

Comme la rue Notre-Dame, cette voie étroite est l'une des plus anciennes de Montréal. Ancien sentier, elle reliait le fort à l'hôtel-Dieu en longeant la rive du St-Laurent, d'où son parcours sinueux. Elle est bordée de beaux bâtiments du 19e s. aux proportions harmonieuses. Dans la section comprise entre le boulevard St-Laurent et la place Jacques-Cartier, les entrepôts ont été transformés en boutiques et galeries d'art.

★★ Chapelle Notre-Dame-de-Bon-Secours D1

400 r. St-Paul Est - ✆ 514 282 8670 - margueritebourgeoys.org - ♿ - de mi-mai à mi-oct. : 10h-18h ; reste de l'année : mar.-sam. 11h-17h, dim. 10h-17h - musée 14 $, site archéologique inclus.

Petite église du 18e s. remarquable pour son clocher en cuivre et sa statue de la Vierge (9 m) ouvrant les bras en direction du St-Laurent. La première chapelle en bois, commandée par Marguerite Bourgeoys en 1657, fut détruite par le feu en 1754. Un belvédère offre une **vue panoramique★★** sur le fleuve, l'île Ste-Hélène, le pont Jacques-Cartier et le Vieux-Port.

Musée Marguerite-Bourgeoys – Attenant à la chapelle, le musée est installé dans une résidence pour religieuses. Il évoque la vie de la fondatrice (1620-1700, canonisée en 1982) de la congrégation de Notre-Dame qui arriva à Montréal en même temps que Maisonneuve en 1653.

★ Marché Bonsecours D1

350 r. St-Paul Est - ✆ 514 872 7730 - www.marchebonsecours.qc.ca - ♿ - de fin juin à déb. sept. : 10h-21h (dim. 18h) ; sept.-oct. et avr.-juin : 10h-18h, jeu.-sam. 10h-21h ; de déb. nov. à mi-déc. et janv.-mars : 10h-18h.

Le Vieux-Port de Montréal.
DanyMerc/Getty Images Plus

Ce grand édifice néoclassique couronné d'une majestueuse coupole, qui servit d'hôtel de ville de 1852 à 1878, accueille aujourd'hui des boutiques d'artisanat québécois, des cafés et des restaurants.

★ Vieux-Port D1

Place-d'Armes. Le long du St-Laurent, le Vieux-Port a été transformé en un immense parc récréatif et culturel (environ 54 ha) : aires paysagées, sentiers de promenade, pistes cyclables, grande roue, tyrolienne, cinéma Imax, etc.

★ **Centre des sciences de Montréal** – *Quai King-Edward - accès au pied du boulevard St-Laurent - ✆ 514 496 4724 - www.centredessciencesdemontreal.com - 9h-16h, w.-end 10h-17h - tarif variable en fonction du nombre et du type d'activités choisies - expositions régulières 27 $.* Il réunit sur deux niveaux expositions temporaires et permanentes présentées de manière ludique et didactique.

4

★ **Croisières au départ du port de Montréal : Croisières AML** – *Billetterie quai des Convoyeurs - ✆ 1 866 856 6668 - www.croisieresaml.com - de mi-juin à mi-oct. - à partir de 45 $ pour l'excursion de 1h30.* Différentes options tout au long de la journée, de 1h à 4h selon la formule : excursions maritimes, brunch ou dîner-croisière…

Le Bateau-Mouche – *Quai Jacques-Cartier - ✆ 514 849 9952 - bateaumouche.ca - de mi-mai à mi-oct. : horaires et itinéraires variables, se rens. - à partir de 33 $ pour l'excursion de 1h30.* Ces promenades sur le fleuve offrent aux visiteurs une belle perspective sur la ville de Montréal et en particulier sur les installations portuaires, les différents ponts, les îles, la voie maritime du St-Laurent et le Stade olympique.

★★ **Saute-Moutons** – *Quai de l'Horloge - ✆ 514 284 9607 - jetboatingmontreal.com - de mi-mai à mi-oct. : 9h-17h - 70 $ (1h).* Cœurs fragiles s'abstenir ! Pour la plus amusante, mais aussi la plus arrosée des expéditions au départ du port, les

SE RESTAURER

L'Arrivage 1
Le Central 2
Le Cathart Restaurant et Biergarten 3
Le Club Chasse et Pêche 4
Olive + Gourmando 5
Time Out Market 6
Moishes 7
Hiatus 8

SE LOGER

Hôtel Ambrose 1
Hyatt Centric 2
Le Dauphin 3
Hôtel Place d'Armes 6

1. Monument de Maisonneuve
2. Horatio Nelson
3. Obélisque *Les Pionniers*
4. Sir Wilfrid Laurier
5. Sir John A. Macdonald
6. Régiment canadien de cavalerie de lord Strathcona
7. Statue du Lion de Belfort
8. Robert Burns
9. Statue de Mgr Bourget
10. Francis Fulford
11. Plaque commémorative d'Hochelaga
12. Maison symphonique
13. Espace culturel Georges-Émile-Lapalme
14. Édifice des théâtres
15. Fontaine La Joute
S. Édifice de la Sauvegarde

passagers remontent le fleuve jusqu'aux tumultueux rapides de Lachine en *jet boats* *(voir p. 446)*. Ces embarcations originales montent et descendent les rapides plusieurs fois, les embruns n'épargnant aucun passager. Les **vues★★** sur Montréal et ses environs sont splendides, en particulier si le retour se fait au coucher du soleil.

Tour du Port de Montréal – *200 r. de la Commune Ouest - ✆ 514 370 8687 - www.port-montreal.com - mi-juin à déb. sept. : 10h-20h ; reste de l'année : w.-end 12h-17h - 15 $.* Cette tour vitrée, de 65 m de haut, domine le fleuve et le port, et offre, de son observatoire, une superbe vue sur la ville, notamment depuis la cage de verre dotée d'un plancher transparent. Sensations fortes garanties !

★ Fondation Phi C2

451 et 465 r. St-Jean - ✆ 514 849 3742 ou 1 888 934 2278 - phi.ca - merc.-vend. 12h-19h, w.-end 11h-18h - gratuit.

Cet espace destiné à la promotion de l'art contemporain (photo, vidéo, cinéma, musique) organise chaque année plusieurs expositions et manifestations qui permettent de découvrir des artistes d'avant-garde.

★★ Pointe-à-Callière - Cité d'archéologie et d'histoire de Montréal D2

350 pl. Royale - ✆ 514 872 9150 - pacmusee.qc.ca - ✕ ♿ - de fin juin à déb. sept. : 10h-18h, w.-end 11h-18h ; reste de l'année : 10h-17h, w.-end 11h-17h - fermé lun. - 27 $.

Installé à l'endroit où Paul de Maisonneuve établit la colonie de Ville-Marie en 1642, ce musée, conçu par l'architecte Dan Hanganu, présente des vestiges archéologiques du site et fait revivre la riche histoire du quartier à l'aide d'expositions et d'une présentation multimédia.

Place d'Youville C3

La rivière St-Pierre coulait autrefois à l'emplacement de l'actuelle place d'Youville jusqu'à ce qu'elle soit enterrée dans une canalisation au 19e s.

Cette agréable place fut baptisée en l'honneur de **Marguerite d'Youville**, fondatrice, en 1737, des Sœurs de la Charité de Montréal, dites les Sœurs Grises. Les bâtiments autour de la place illustrent différentes époques de l'histoire montréalaise, depuis l'hôpital général des Sœurs-Grises, érigé au 17e s., jusqu'aux entrepôts du 19e s. et à l'immense **édifice des Douanes**, construit entre 1912 et 1936 dans le style Beaux-Arts.

★★ Centre-ville PLAN P. 434-435

Ⓜ *Rue-Peel.* Cœur de la culture et du commerce, siège des monuments et des institutions, il est situé à l'ouest du Vieux-Montréal et délimité par la rue St-Jacques à l'est, la prestigieuse rue Sherbrooke à l'ouest et les rues Atwater et St-Denis au nord et au sud. La **rue Ste-Catherine★** regroupe les magasins prestigieux et les centres commerciaux ; l'avenue McGill College, les gratte-ciel du 20e s.

★ Square Dorchester B3

Longtemps considéré comme le cœur de la ville, cet agréable espace public rénové est entouré de remarquables bâtiments, dont l'imposant **édifice Dominion Square★**, au décor néo-Renaissance (1929). L'élégant hôtel **Windsor★** *(1170 r. Peel.)* avec sa toiture mansardée et ses ouvertures en œil-de-bœuf, abrite désormais des bureaux. Dans l'énorme **édifice Sun Life★★** (1913, *1155 r. Metcalfe)*, de style Beaux-Arts, à la structure d'acier revêtue de granit blanc, de célèbres firmes d'assurance et de courtage ont installé leur siège.

Histoire d'une métropole

L'île de Montréal est habitée par les **Mohawks**, de la nation iroquoise, lors de la première véritable tentative européenne de colonisation du site, en 1642, par Paul de Chomedey, **sieur de Maisonneuve**. Ce dernier fonde la mission de Ville-Marie, qui sera rebaptisée « Montréal » au début du 18e s. Maisonneuve et ses compagnons se heurtent à l'hostilité des Mohawks jusqu'à la signature d'un traité de paix avec les Iroquois, en 1701.

Les Français s'organisent

Si la tentative d'évangélisation est un échec, **Ville-Marie** se développe grâce au commerce des fourrures. La pauvreté des plus démunis suscite la vocation de Marguerite d'Youville en 1737 *(voir p. ci-contre)*, tandis que la compagnie des prêtres de St-Sulpice se voit octroyer des terrains par concession royale afin de financer le service spirituel de Ville-Marie qu'ils assurent depuis 1657, date de création de leur premier séminaire. Après la victoire britannique et la reddition de la ville en 1760, la plupart des nobles français regagnent la France. Écossais et loyalistes venus des États-Unis viennent alors étoffer la population anglophone.

L'ascension d'une rebelle

Après la **Rébellion des Patriotes** (1837), les autorités britanniques accordent au Québec un gouvernement représentatif. L'économie montréalaise se tourne vers le commerce et l'import-export. Quand s'établit la Confédération en 1867, Montréal participe activement au développement du chemin de fer. Le quartier d'affaires, qui se développe le long de la rue St-Jacques, contribuera à sa prépondérance sur la scène financière canadienne jusque dans les années 1970.

Après la crise des années 1930, l'après-guerre apporte à la ville un second souffle. Alors que les projets de rénovation se multiplient, la ville accueille **Expo'67** (en commémoration du centenaire de la Confédération canadienne) et les **Jeux olympiques** (1976). Important centre de culture francophone, Montréal a célébré en 2008 ses **400 ans**.

Montréal aujourd'hui

La ville de Montréal occupe plus d'un tiers de la superficie de l'île du même nom. Bien desservi par un métro (Ⓜ) qui ne cesse de s'étendre, le réseau urbain est complété par une ville souterraine où la population se déplace sans souffrir des rigueurs du froid hivernal. La métropole se métamorphose doucement, en conservant son caractère **multiculturel**, comme l'illustre l'importante immigration, en particulier haïtienne, qui a modifié la physionomie de sa population depuis la fin du 20e s. Une diversité humaine et architecturale appréciée par les cinéastes qui utilisent le cadre montréalais pour figurer les rues de villes européennes, asiatiques ou américaines ! La vie culturelle n'est pas en reste, avec une scène musicale reconnue (Leonard Cohen est né à Montréal et le groupe Arcade Fire est une figure du rock contemporain). Cette créativité se retrouve aussi dans bien des domaines. Montréal fut ainsi désignée en 2006 ville du design par l'Unesco. La ville accueille chaque année de nombreux événements, comme les festivals Nouveau Cinéma, MAD Festival, Mtl en arts ou encore, plus alternatifs, le POP Montréal ou le Osheaga qui a rassemblé, en 2023, plus de 150 000 festivaliers.

Face au square Dorchester, la verdoyante **place du Canada** est bordée de constructions plus récentes : l'**hôtel Marriott Château-Champlain** (1967), remarquable avec ses fenêtres convexes en demi-lune, le **1000 de la Gauchetière** (1992), le plus haut gratte-ciel de Montréal (205 m), et **La Laurentienne** (1986), qui dresse sa structure postmoderne, toute de cuivre et de verre, à l'angle sud-ouest de l'intersection Peel-René-Lévesque.

★★ Basilique-cathédrale Marie-Reine-du-Monde B3

Entrée principale boulevard René-Lévesque - microsites.diocesemontreal.org; microsites/cathedralecatholiquedemontreal.

Monumental édifice néobaroque, conçu par Victor Bourgeau sur le modèle de St-Pierre de Rome, elle fut consacrée en 1894. Le magnifique **baldaquin** en cuivre doré à l'or fin (1900) est une réplique du chef-d'œuvre créé pour la basilique St-Pierre de Rome par le Bernin, sculpteur italien du 17e s. La **chapelle mortuaire** (1933) abrite les tombes de plusieurs évêques et archevêques.

★★ Place Ville-Marie B2-3

Accès av. McGill College et r. Cathcart - www.placevillemarie.com.

Cœur de la **ville souterraine**, avant l'extension du réseau autour de la station de métro McGill, la place Ville-Marie, érigée entre 1958 et 1962, amorça la renaissance du centre-ville. L'ensemble, composé de quatre édifices, est dominé par la tour de la **Banque royale du Canada★★** (1962, I. Ming Pei), une structure cruciforme au revêtement d'aluminium qui abrite des bureaux et l'espace d'exposition éphémère du **musée d'Art contemporain de Montréal** *(1 pl. Ville-Marie - ✆ 514 847 6226 - macm.org - ♿ - 11h30-19h, sam. 11h-18h, dim. 11h-17h30 - fermé lun. - 10 $ - voir p. 441)*. La place Ville-Marie s'ouvre sur une esplanade de béton, très animée à la saison estivale, qui offre une **perspective★** unique sur le nord de la ville, de l'avenue McGill College à l'université McGill, dominée par le mont Royal. Depuis 2019, d'importants travaux ont été menés dans le but de revitaliser l'espace ; l'esplanade en particulier a fait l'objet d'aménagements d'envergure avec la création d'un immense pavillon de verre permettant d'accéder aux galeries marchandes, à la ville souterraine et à un *food hall*, le **Cathcart Restaurants et Biergarten** *(voir « Nos adresses », p. 449)*.

La ville souterraine

Appelée aussi ville intérieure ou RESO (Réseau piétonnier souterrain de Montréal), la ville souterraine est emblématique du mode de vie à la montréalaise. Conçu en 1962 pour relier la gare ferroviaire au complexe Place Ville-Marie et hôtel Fairmont The Queen Elizabeth, c'est aujourd'hui 33 km climatisés sous terre et 183 millions de personnes qui y circulent chaque année ! Accessible par la rue ou le métro, ce réseau réunit des tours de bureaux, des complexes résidentiels, les principales universités, le palais des Congrès, le quartier des Spectacles et le centre-ville *via* des tunnels. La ville souterraine accueille aussi d'énormes centres commerciaux comme, en centre-ville, Place Montréal Trust, Centre Eaton, Promenades Cathédrale ou La Baie, et, dans le quartier des Spectacles, les complexes Desjardins et Guy-Favreau. Notez qu'Art Souterrain (www.artsouterrain.com) et la Nuit blanche proposent des parcours artistiques.

L'université McGill.
cagkansayin/Getty Images Plus

★ Avenue McGill College AB2

Point de mire de l'architecture postmoderne montréalaise, elle relie la place Ville-Marie et l'université McGill. Au cours des dernières décennies, elle a fait l'objet de plusieurs projets monumentaux, parmi lesquels la **place Montréal Trust** *(n° 1500)*, cylindre de verre bleu pastel enchâssé dans une base carrée de marbre rose et de verre, les tours jumelles de la **Banque nationale de Paris (BNP)/Banque laurentienne** *(n° 1981)*, la tour **Industrielle Alliance** *(n° 2000)* revêtue de granit et, plus récemment, l'immense pavillon de verre donnant accès à la ville souterraine.

★ Christ Church Cathedral (CATHÉDRALE ANGLICANE) B2

635 r. Ste-Catherine Ouest (entre la rue University et l'avenue Union) - www.montrealcathedral.ca - ♿ - 9h-17h, sam. 10h-18h, dim. 8h-17h.

Cette cathédrale anglicane de style néogothique (1859) est remarquable par ses très beaux vitraux, les chapiteaux d'arcades de sa nef agrémentés de feuilles d'arbres du Canada et son magnifique **retable** en pierre sculptée.

Derrière s'élève la **place de la Cathédrale★**, un étonnant édifice aux parois de verre cuivré, datant de 1988, dont les éléments rappellent l'architecture de Christ Church.

4

★★ Musée McCord Stewart AB2

Ⓜ McGill. 690 r. Sherbrooke Ouest - ☎ 514 861 6701 - www.musee-mccord-stewart.ca/fr - ♿ - 10h-18h, merc. 10h-21h, w.-end 10h-17h - fermé lun. - 20 $.

Constitué à partir de 1921 autour du riche legs fait par David Ross McCord (1844-1930) à l'université McGill, le fonds actuel de ce prestigieux musée ne compte pas moins de 140 000 objets et 2 150 000 photographies, qui donnent un éclatant aperçu du patrimoine historique canadien, des Premières Nations à l'époque actuelle. Parmi ces dernières, 400 000 sont l'œuvre de William Notman (1826-1891), célèbre photographe canadien du 19e s.

Le musée s'est aussi enrichi, en 2018, des costumes, accessoires et textiles issus de l'ancien musée de la Mode, et, en 2021, des collections consacrées à l'histoire de la colonie européenne de Québec, autrefois exposées dans l'ancien musée Stewart situé sur l'île Ste-Hélène.

Université McGill A2

Au bout de l'avenue McGill College. ✆ 514 398 4455 - www.mcgill.ca.
La plus ancienne université canadienne (1821) bénéficie d'un magnifique campus en plein cœur de la ville, adossé aux pentes du mont Royal et dont les bâtiments offrent une grande variété de styles architecturaux.
Pavillon des Arts – *Au bout de l'avenue principale.* Le corps central et l'aile est (pavillon Dawson) de cet édifice, le plus ancien du campus, furent bâtis par John Ostell de 1839 à 1843. L'aile ouest (pavillon Molson) et les sections de raccordement remontent aux années 1861-1880.
★ **Musée d'Histoire naturelle Redpath** – *859 r. Sherbrooke Ouest, à l'ouest du pavillon des Arts - ✆ 514 398 4861 - www.mcgill.ca/redpath - 9h-16h30, sam. 10h-16h - fermé dim.-lun. - 10 $.* Installé dans un édifice néoclassique (1882), ce musée recèle des trésors d'une étonnante variété (antiquités égyptiennes, minéraux, fossiles, objets d'Afrique, pièces de poterie...), le tout dans un cadre victorien.

★★★ Musée des Beaux-Arts de Montréal A3

1380 r. Sherbrooke Ouest - ✆ 514 285 2000 - www.mbam.qc.ca - ✕ ♿ - 10h-17h - fermé lun. - 16/24 $.
Fondé en 1860, ce musée, l'un des plus prestigieux du pays, est aménagé de part et d'autre de la rue Sherbrooke, dans cinq bâtiments reliés par le sous-sol. Il est particulièrement réputé pour ses collections d'art canadien et inuit, ses objets d'arts décoratifs et sa fabuleuse collection de plus de 3 000 boîtes à encens japonaises.
Pavillon Jean-Noël Desmarais – *Entrée principale et billetterie.* Œuvre de l'architecte Moshe Safdie, il présente les grandes expositions temporaires, l'art contemporain local, canadien et international, les arts graphiques (estampes et dessins) et photographiques, et les cultures du monde couvrant l'Antiquité et les arts précolombien, asiatique, africain, islamique et océanien.
Pavillon pour la Paix Michal et Renata Hornstein – Le fonds permanent présente, sur 3 niveaux à la scénographie claire et audacieuse, un formidable panorama de l'art américain et européen, du Moyen Âge aux avant-gardes. Le rez-de-chaussée du pavillon accueille, depuis fin 2024, une exposition d'art inuit contemporain d'environ 60 œuvres présentées par roulement.
Pavillon Liliane et David M. Stewart – *Fermé temporairement.* Deux niveaux entièrement consacrés aux exceptionnelles collections d'arts décoratifs et de design du 15e s. à nos jours. Y sont aussi exposés les travaux de designers québécois.
Pavillon Claire et Marc Bourgie – Ce pavillon est consacré à l'art canadien et québécois, depuis l'art de la Nouvelle-France jusqu'aux années 1970. Les galeries des sous-sols sont, quant à elles, dédiées à l'**art contemporain canadien**. Le pavillon est accolé à la **salle Bourgie**, salle de concert aménagée dans l'ancienne église Erskine and American United (fin 19e s.), qui abrite une importante collection de vitraux Tiffany.

★★ Quartier des Spectacles PLAN P. 434-435

★★ Esplanade Place-des-Arts B1

Tout Montréal semble converger ici en fin de semaine. L'esplanade est bordée, au nord, par l'imposant **complexe Place des Arts** *(voir p. ci-contre)*, à l'ouest, le long du boulevard de Maisonneuve, par la **promenade des Artistes** (2011) où l'on découvre des installations temporaires, et, à l'est, par la commerçante rue Ste-Catherine où l'on trouve par exemple le *food hall* gourmet Le Central *(voir « Nos adresses », p. 449)*. Dans la partie sud-ouest, la **place des Festivals** *(r. Jeanne-Mance)*, décorée de jeux de lumières et de fontaines intégrées dans le sol, devient en été une gigantesque scène animée jour et nuit. La **maison du Festival Rio Tinto Alcan**, dédiée aux festivals d'été, abrite les bureaux du Festival de jazz, une salle de concert (L'Astral) et des espaces d'exposition. La Place des Arts compte également des espaces publics, intérieurs et extérieurs, destinés aux expositions et festivals. Vaste de plus de 100 000 m², l'ensemble porte le nom de Quadrilatère.

★ Complexe culturel Place des Arts B1

placedesarts.com - billetterie ✆ 514 842 2112 ou 1 866 842 2112.

Le plus grand centre culturel de la ville rassemble six salles de spectacle où se côtoient tous les arts de la scène, un musée et divers espaces publics.

On y trouve l'**espace culturel Georges-Émile-Lapalme** (2011), en souterrain, doté de salles d'exposition (entre le métro Place-des-Arts et le complexe Desjardins), de cafés, d'une billetterie, d'accès aux salles de spectacle et d'un mur d'écrans où sont projetées des œuvres vidéo.

Précédée d'une élégante façade en ellipse toute en fenêtres et minces colonnes de béton, la **salle Wilfrid-Pelletier** (1963) accueille les Grands Ballets canadiens, l'opéra de Montréal, des concerts rock, des récitals et des one-man-shows. Son auditorium peut recevoir près de 3 000 spectateurs.

La **Maison symphonique** (2011), résidence de l'orchestre symphonique de Montréal, peut accueillir plus de 2 000 personnes dans des conditions acoustiques idéales, pour le jazz comme pour le classique.

À l'angle des rues Ste-Catherine et St-Urbain, le grand **édifice des Théâtres**, achevé en 1967 dans un style moderniste, rassemble trois salles polyvalentes parmi lesquelles le **théâtre Maisonneuve** et le **théâtre Jean-Duceppe** sont superposés l'un au-dessus de l'autre et séparés par un plancher flottant et un plafond suspendu.

Musée d'Art contemporain de Montréal B1

185 r. Ste-Catherine Ouest - ✆ 514 847 6226 - www.macm.org - ♿ - fermé pour travaux, réouverture prévue déb. 2028.

On vous emmène goûter les saveurs montréalaises

Si la simple évocation d'une spécialité locale vous ouvre l'appétit, sachez qu'une poignée de guides locaux, amoureux de *streetfood*, proposent d'alléchantes formules de visite de Montréal. Deux choix s'offrent à vous. Si vous optez pour un tour guidé du Mile-End, vous goûterez par exemple, à l'occasion de six arrêts gourmands, une poutine portugaise (oui, vous avez bien lu !) et un bagel St-Viateur, annoncé comme le meilleur au monde !

L'autre option, pour les oiseaux de nuit : se lancer en soirée dans le Vieux-Montréal ou le Mile-End pour partager, avec modération, l'apéritif des Montréalais en testant bières locales et vins naturels dans d'authentiques adresses de quartier. Naturellement, ces visites s'accompagnent de belles rencontres culturelles, de commentaires architecturaux et de présentations historiques.

Voir « Nos adresses », p. 452.

4

Pendant la durée des travaux, le musée n'interrompt pas ses activités et s'installe place Ville-Marie *(voir p. 438)*.
Les principales tendances de l'art contemporain québécois, de 1939 à nos jours, y sont représentées à travers les créations de peintres de renom tels Paul-Émile Borduas, Jean-Paul Riopelle, Guido Molinari, Claude Tousignant ou Alfred Pellan, et de sculpteurs comme Ulysse Comtois et Armand Vaillancourt.

★ MEM - Centre des mémoires montréalaises C1

1210 bd St-Laurent - ✆ 514 872 3207 - memmtl.ca - ♿ - 11h-21h (18h mar.), w.-end 10h-18h - fermé lun. - 15,50 $.
Depuis 2023, cette ancienne caserne de pompiers abrite un bel espace d'exposition consacré à l'histoire de la ville et à ses habitants. Les Montréalaises et les Montréalais, au cœur du musée, ont été mobilisés pour contribuer à sa création. Les témoignages des différentes communautés et générations sont ici rassemblés et valorisés pour partager leur mémoire, raconter l'histoire de la métropole et révéler les multiples facettes de la « montréalité ».

★★ Mont-Royal et ses environs

Surgissant de la plaine, le mont Royal (233 m) appartient aux Monteregian Hills, une série de huit pics situés entre le St-Laurent et les Appalaches. Sur le flanc ouest du mont Royal s'étend la charmante enclave résidentielle de **Westmount**, largement anglophone ; sur le flanc est, la municipalité d'**Outremont**, constituée de somptueuses demeures et de beaux espaces verts davantage réservés à la bourgeoisie francophone.

★★ Parc du Mont-Royal

Ⓜ Mont-Royal. À pied : accès par l'av. du Parc ou l'av. des Pins (escaliers assez raides). En voiture : accès par la voie Camillien-Houde ou le chemin Remembrance - ✆ 514 843 8240 - www.lemontroyal.qc.ca - ✕ ♿ - 6h-0h.
C'est le premier parc urbain de Montréal (1876), conçu par l'architecte et paysagiste américain **Frederick Law Olmsted** auquel on doit aussi Central Park (à New York). Abritant d'environ 200 000 arbres, 600 espèces de plantes et 180 espèces d'oiseaux, cette véritable réserve naturelle possède un lac, deux belvédères d'observation, un chalet d'accueil et de nombreux sentiers à travers bois, que les sportifs apprécient en courant, en pédalant, en skiant ou en randonnant en raquettes.
Points de vue – Du **belvédère du Kondiaronk★★★**, vue splendide sur Montréal. Le chemin du sommet mène à une immense **croix★** métallique qui, illuminée la nuit, est visible à 100 km à la ronde. Elle remplace une croix en bois érigée à cet emplacement par Maisonneuve. Du **belvédère Camillien-Houde★★★** *(accessible en voiture par la voie Camillien-Houde)*, vue superbe sur l'est de Montréal.

★★ Oratoire Saint-Joseph

Ⓜ Côte-des-Neiges - 3800 chemin Queen-Mary - ✆ 514 733 8211 - www.saint-joseph.org - ✕ ♿ - 6h30-21h - musée : 10h-16h30 - 3 $ - des aménagements sont en cours dans l'oratoire qui reste ouvert pendant la durée des travaux.
Haut lieu de pèlerinage catholique, construit sous la supervision du moine-architecte bénédictin **Dom Paul Bellot,** la basilique de style néo-Renaissance (1924-1967) s'élève à 154 m au-dessus de la ville. Intérieur immense et austère. L'ensemble comprend aussi une chapelle votive, qui abrite la tombe du frère André, un carillon à 56 cloches, un **musée** (photographies, crèches, pièces d'art religieux) et, près de

Parc du Mont-Royal.
Marc Bruxelle/Getty Images Plus

la basilique, la **chapelle du St-Frère-André** (chapelle d'origine de l'oratoire) ainsi qu'un **chemin de croix★** construit à flanc de colline. De la grande terrasse devant la basilique, belle **vue** sur le nord de Montréal et les Laurentides.

★ Plateau Mont-Royal

Familièrement appelé « le Plateau », ce quartier s'étend au nord de la rue Sherbrooke et à l'est du mont Royal. Il a longtemps attiré artistes et intellectuels, séduits par les maisons bon marché à proximité du centre-ville. Suite à la flambée des loyers dans les années 2000, une population nettement plus fortunée se retrouve désormais sur l'**avenue du Mont-Royal**, où l'on trouve de nombreux restaurants et commerces de bouche, et où l'on sent l'influence francophone (cafés, croissanteries, librairies). C'est d'ailleurs dans ce quartier que s'installent souvent les nouveaux arrivants d'origine française. Le Plateau forme un quadrillage paisible : les rues **Duluth**, **Rachel** ou **Prince Arthur** sont plus animées. Avec ses triplex caractéristiques et ses **ruelles vertes★★** pittoresques nées de la volonté des riverains de végétaliser leur environnement, il se prête à une très agréable balade.

4

★ Boulevard Saint-Laurent

Animée en permanence par ses magasins « ethniques » et ses boutiques branchées, ses vendeurs ambulants, ses restaurants et ses cafés, cette voie très populaire demeura longtemps la plus importante artère de Montréal, d'où son surnom : « la Main » (la rue principale). Son tracé initial, établi en 1672, fut rapidement prolongé jusqu'à la rivière des Prairies, près du Sault-au-Récollet. Après l'incendie de Montréal en 1852, la rue atteignit le **Mile End** (le dernier mille), qui marquait alors les nouvelles limites de la cité. Elle devint officiellement un boulevard en 1905.

Depuis plus d'un siècle, le quartier accueille les minorités culturelles qui viennent s'établir à Montréal. L'urbanisation du boulevard a donc progressé au rythme des nouveaux arrivants. Des immigrants chinois s'installèrent dans sa partie sud au 19e s. donnant naissance au **quartier chinois★** *(rue de la Gauchetière)*. Des juifs, arrivés vers 1880, développèrent une industrie textile (aujourd'hui presque disparue) dans la section située au nord de la rue Ste-Catherine. Toute une communauté grecque vint s'établir dans le voisinage mais, vers les années 1940, quitta les lieux pour le nord de l'avenue du Parc. La relève est désormais assurée par une immigration d'origine slave, portugaise et latino-américaine.

Depuis 2013, les artistes du **Festival Mural** *(en juin - muralfestival.com)* expriment leur créativité sur les murs du quartier. On compte environ 100 **fresques murales★★** à voir le long du boulevard, principalement entre la rue Sherbrooke et l'avenue du Mont-Royal, et dans ses rues parallèles (St-Dominique et Clark).

★ Mile End

Poursuivez dans le bd St-Laurent et passez sous le viaduc.

Au tournant des années 2000, l'implantation d'entreprises internationales et dynamiques dans le Mile End a donné un coup de jeune à ce quartier jadis populaire. La rue Fairmount en marque la limite sud et le viaduc de la voie rapide, contre lequel s'élève un entrepôt de brique coiffé de l'antique **château d'eau**, symbole du quartier, sa limite nord. L'essentiel de l'activité se concentre autour des **rues St-Viateur** (au pied de la surprenante église à dôme St-Michael) **et Bernard**, et dans les rues perpendiculaires arborées, aux maisons flanquées d'escaliers métalliques en spirale typiquement montréalais. Le quartier préserve ses contrastes. La population branchée nouvellement arrivée, issue des milieux du cinéma, de la télévision ou de la musique, y côtoie les représentants de la communauté juive hassidique vêtus de l'habit traditionnel et les Grecs établis sur l'avenue du Parc.

Plus au nord, la Petite Italie

La partie supérieure du boulevard St-Laurent est un peu le pendant nord du quartier chinois. Son périmètre est marqué de portails qui enjambent les rues. Magasins et cafés côtoient pizzerias et trattorias – où l'italien est de mise – parmi les meilleures de la ville. Son principal attrait demeure l'immense **marché Jean-Talon★**, l'un des préférés des Montréalais avec, aux beaux jours, ses étals débordants de fruits et légumes, de charcuteries et de viandes, d'olives et de fromages.

★★ Quartier du Parc olympique PLAN P. 430-431

Situé à l'est du centre-ville, dans l'ancienne commune de Maisonneuve, le secteur d'**Hochelaga** est dominé par l'impressionnante structure du Stade olympique. On y visitera aussi avec intérêt l'Espace pour la vie, dédié à l'exploration de l'environnement et de la biodiversité. Autour, le **parc Maisonneuve**, aménagé à la fin du 19e s., est très fréquenté par les Montréalais. En été, c'est un lieu de détente familial apprécié pour ses espaces ombragés et ses promenades. En hiver, une patinoire illuminée et 12 km de pistes de ski de fond donnent aux plus sportifs l'occasion de pratiquer leurs talents.

★ Parc olympique C1

Ⓜ Viau. Hall touristique (point de départ des visites et du funiculaire) au pied de la Tour de Montréal. Des navettes gratuites desservent le Jardin botanique et le Biodôme. En voiture : parc de stationnement au 3200 r. Viau - parcolympique.qc.ca.

D'importants travaux sont en cours jusqu'en 2026, dans l'enceinte du parc olympique. Ils entraînent des fermetures et des changements d'accès au site.
Pour accueillir les Jeux olympiques d'été en 1976, de gigantesques installations sportives, réparties sur un terrain d'une superficie de 55 ha, furent construites dans la partie est de Montréal, en bordure du parc Maisonneuve. Ce complexe, véritable monument de béton à la gloire du sport, pour avoir été le projet public le plus controversé de la ville, n'en constitue pas moins une remarquable réalisation architecturale. Seuls le stade, le vélodrome (l'actuel Biodôme) et le village olympique furent achevés à temps pour les Jeux.
Stade – *Pie-IX - 4545 av. Pierre-de-Coubertin - ♿ - visite guidée suspendue jusqu'à nouvel ordre, se rens.* Conçue par l'architecte français Roger Taillibert, cette enceinte de béton est dominée par une haute tour inclinée. Sa superficie de 59 307 m² serait assez importante pour contenir... le Colisée de Rome ! Il compte 56 000 sièges répartis sur sept niveaux, et un parterre central de 18 950 m². Destiné aux rencontres sportives, le stade est également utilisé pour des concerts, des opéras, des foires, des congrès et des rassemblements politiques.
Observatoire de la Tour de Montréal – *Accès hall touristique - ♿ - fermé pour travaux, réouverture prévue en 2026.* Cette immense structure (165 m de hauteur), est l'un des éléments les plus distinctifs du paysage montréalais. Achevée en 1987, elle se compose d'un socle bombé en béton destiné à recevoir la charge de la partie supérieure en acier, inclinée à 45° au-dessus du toit rétractable. Un funiculaire extérieur monte en deux minutes au sommet, d'où le **panorama★★★** porte, par temps clair, jusqu'à 80 km. L'étage inférieur de l'observatoire présente l'**exposition** « Depuis 1976 », consacrée à l'histoire et à la construction du Parc olympique.

★★ Espace pour la vie C1

Pie-IX - ✆ 514 868 3000 - www.espacepourlavie.ca - horaires variables, voir le calendrier sur le site Internet - billet individuel pour chaque musée 23,25 $.
De part et d'autre de la rue Sherbrooke, ce complexe muséal situé dans le Parc olympique comprend le Jardin botanique et l'Insectarium au nord, le Biodôme et le Planétarium au sud.
★★ **Jardin botanique** – *4101 r. Sherbrooke Est - ✆ 514 868 3000 - ✕ ♿ - de mi-mai à déb. sept. : 9h-18h ; de déb. sept. à fin oct. : 9h-21h, vend.-sam. 9h-22h ; reste de l'année : tlj sf lun. 9h-17h.* Ce jardin botanique, l'un des plus beaux du monde, fut créé en 1931 par le frère Marie-Victorin, professeur de botanique passionné. Sur un terrain de 75 ha, dont 40 ha occupés par un arboretum, poussent plus de 21 000 espèces de plantes provenant des quatre coins de la planète, regroupées dans des serres d'exposition et des jardins thématiques. Les **serres d'exposition★** *(fermées temporairement, se rens.)* abritent la merveilleuse **collection Wu** de *penjing* ou bonsaïs, la flore des régions tropicales et arides, des plantes comestibles, 1 500 types d'orchidées, fougères, bégonias, cactées, plantes grasses, etc. Le **jardin de Chine★** reproduit un jardin typique de la dynastie Ming (14ᵉ-17ᵉ s.). Le **Jardin japonais** réunit un pavillon traditionnel, un jardin zen et une collection de bonsaïs. Le **jardin des Premières-Nations** comprend 2,5 ha de feuillus (érables, frênes, ormes), de conifères et de toundra. À voir aussi : le Jardin aquatique, le Jardin d'ombre, le Jardin alpin, le ruisseau fleuri, l'**arboretum** de 40 ha (plus de 10 000 spécimens d'arbres) et la fabuleuse **roseraie**.
★★ **Biodôme** – *4777 av. Pierre-de-Coubertin - ✕ ♿ - de mi-mai à fin oct. : 9h-18h ; reste de l'année : tlj sf lun. 9h-17h.* Dans ce vélodrome reconverti en musée

4

Cyclistes et joggers sur les bords du canal de Lachine.
Ph. Renault/hemis.fr

vivant de l'environnement et des sciences naturelles, un sentier d'interprétation mène à la découverte successive de cinq écosystèmes : dans la torride forêt tropicale humide s'épanouissent une végétation luxuriante et une faune variée ; dans l'érablière des Laurentides s'activent castors, loutres et lynx ; dans le golfe du St-Laurent nagent poissons et invertébrés ; les Îles subantarctiques et les Côtes du Labrador illustrent, quant à elles, la rigueur des zones antarctiques et arctiques.

★ **Insectarium** – *4581 r. Sherbrooke Est - mai-août : 9h-18h ; reste de l'année : tlj sf lun. 9h-17h.* Rouvert en 2022 après une complète rénovation, l'Insectarium possède une collection de plus de 150 000 spécimens d'insectes du monde entier, en partie naturalisés. Le parcours, immersif et sensoriel, permet de découvrir l'environnement des insectes en explorant par exemple des galeries souterraines ou encore en observant des dizaines de papillons en liberté.

Planétarium Rio Tinto Alcan – *4801 av. Pierre-de-Coubertin - 8h30-17h30 - horaires de projection : se rens. sur le site Internet.* Les deux structures circulaires du planétarium rappellent de grands télescopes d'observation. Elles abritent deux théâtres d'immersion ultramodernes qui proposent une vision renouvelée de l'astronomie à travers les expériences numériques interactives, trois salles d'animations multimédias et une exposition.

★★ Canal de Lachine PLAN P. 430-431 C2

Percé dans les années 1820 pour contourner les eaux tumultueuses du St-Laurent au niveau des **rapides de Lachine★★** *(voir « Saute-Moutons », p. 433)* le canal fut actif jusqu'à l'ouverture de la voie maritime du St-Laurent en 1959. Longue de près de 15 km, la piste cyclable qui longe le canal est appréciée par les Montréalais le week-end. L'hiver, elle se transforme en piste de ski de fond. Ici, la nature pénètre dans la ville et les points de vue depuis les berges sont charmants. De part et d'autre du canal, les quartiers de **Petite-Bourgogne★** et **St-Henri★**, de **Pointe-St-Charles★** et **Lachine★**, en pleine métamorphose, restent à tort méconnus.

Carnet pratique

S'informer

Bureau d'accueil touristique du Vieux-Montréal – *Champ-de- Mars - 174 r. Notre-Dame Est - 1 800 230 0001 - www.mtl.org.*

www.montreal.ca – Site officiel de la ville de Montréal.

Arriver/Partir

En avion

Aéroport international Montréal-Pierre-Elliott-Trudeau – *À 22 km du centre-ville (env. 35mn à 1h selon le trafic) - www.admtl.com.* Pour rejoindre le centre-ville : navette 747 Express Bus *(24h/24 - 11 $ - achat à bord en espèces ou aux bornes situées dans le hall de l'aéroport - inclut un laissez-passer valide 24h sur le réseau bus et métro de la STM)*, taxi ou VTC *(entre 38 et 50 $ selon l'arrondissement de Montréal).*

En train

Gare centrale de Montréal – *895 r. de la Gauchetière Ouest (sous l'hôtel Reine-Elizabeth) - Bonaventure ou McGill - rens. et réserv. : 514 989 2626 ou 1 888 842 7245 - www.viarail.ca.*

En autocar

Gare d'autocars de Montréal – *1717 r. Berri (Berri-UQAM) - 514 842 2281 (rens. et réserv.) - www.gamtl.com (billetterie en ligne).* Gare interurbaine dont les autocars des compagnies **Orléans Express** *(www.orleansexpress.com)*, **Greyhound** *(www.greyhound.com)*, notamment, desservent le Québec, le reste du Canada et les États-Unis.

Se déplacer

Transports en commun

STM – *514 786 4636 - www.stm.info - application mobile gratuite.*

La Société de transport de la communauté urbaine de Montréal gère métro () et autobus. Le service est généralement assuré de 5h30 à 0h30 (1h le samedi). Cependant, chaque station ou ligne a ses propres horaires.

Les tickets de métro, valables aussi pour l'autobus, peuvent s'acheter dans les stations de métro, à l'unité *(3,75 $)*, pour deux passages *(7 $)*, ou sous forme de carte 1 j. *(11 $)* ou 3 j. *(21,25 $)*. Tarif w.-end illimité de vend. 16h à lun. 5h *(15,25 $).*

À vélo

Bixi – *514 789 2494 ou 1 877 820 2453 - www.bixi.com.* Réseau de vélos en libre-service de Montréal. Bornes de location actives 7j/7 d'avr. à nov. Aller simple facturé au temps de trajet *(1,35 $ déverrouillage + 0,20 $/mn, 0,35 $/mn pour les vélos électriques).*

Ça roule – *514 866 0633 ou 1 877 866 0633 - www.caroulemontreal.com.* Visite guidée à vélo et location de vélos et rollers (été).

Compagnies de taxi

Taxi Coop Montréal – *514 836 0000.*

Diamond – *514 273 6331.*

Les taxis sont l'une des rares professions à afficher leurs tarifs taxes incluses. Le prix à régler est donc celui indiqué au compteur.

En voiture

Se garer – Des parkings permettent de se garer en centre-ville pour environ 20 $/j. Le stationnement dans les rues est payant. Attention, il varie de 2,25 à 4,25 $ de l'heure selon le quartier. Il existe aussi une application « P$ Service mobile » qui permet de payer votre stationnement grâce à votre smartphone. Si les lieux de visite disposent de parkings, beaucoup sont payants.

www.agencemobilitedurable.ca.

4

Pass touristique

Carte musées Montréal – *museesmontreal.org.* Vendue dans les musées partenaires, en ligne et au centre d'information touristique, elle donne accès à 46 musées pendant 2 à 5 jours consécutifs *(à partir de 115 $).*

Informations utiles

Taxes

En plus de la taxe fédérale sur les produits et les services de 5 % (TPS), il faut ajouter la taxe de vente du Québec (TVQ) de 9,975 %.

Loi sur les alcools

Âge légal de consommation d'alcool : 18 ans. La Société des alcools du Québec ou SAQ contrôle la vente du vin et des alcools dans ses propres magasins. Bières et vins sont aussi vendus dans les épiceries.

Loi sur le tabac

L'achat de tabac est interdit aux moins de 18 ans.

Jour férié provincial

Fête nationale – 24 juin.

Agenda

Festival Montréal en lumière – *2e quinz. de février - www.montrealenlumiere.com.* L'un des plus grands festivals d'hiver au monde, alliant gastronomie et programmation artistique (spectacles divers et mise en lumière de la ville).

Festival Accès Asie – *Mai - accesasie.com.* Arts et cultures des créateurs asiatiques et de la diaspora.

Grand Prix du Canada – *Juin - www.gpcanada.ca.* Pendant trois jours, Montréal vibre au rythme du circuit Gilles-Villeneuve, sur l'île Notre-Dame.

Francos de Montréal – *Juin - www.francosmontreal.com.* Version québécoise du célèbre festival de chanson francophone.

Mural – *Juin - muralfestival.com.* Festival de *street art* qui réunit artistes urbains, muralistes et musiciens, autour du boulevard St-Laurent.

Festival international de jazz – *Juil. - www.montrealjazzfest.com.* Pendant 2 sem. dans le Quartier des spectacles. Un grand rendez-vous.

Festival du nouveau cinéma – *10 jours en oct. - nouveaucinema.ca.* Cinéma d'auteur et création numérique à l'honneur de ce festival depuis 1971.

Nos adresses

PLAN P. 434-435

Restauration

Dans les établissements adoptant la formule **AVV** (apportez votre vin) ou **BYOW** *(bring your own wine)*, vous pourrez venir avec votre bouteille achetée auparavant moins cher à la SAQ.

Dans les restaurants, le **menu « table d'hôte »** comporte trois plats (entrée, plat, dessert).

Depuis quelques années refleurissent les **camions-cuisines**, de début mai à fin oct. *cuisinederue.org.*

Vieux-Montréal

Premier prix

5 **Olive + Gourmando** – C2-3 - *351 r. St-Paul Ouest - Square-Victoria - 514 350 1083 - www.oliveetgourmando.com - fermé le soir et dim. - plats 13/29 $.* Cette boulangerie réinvente la

restauration rapide en proposant sandwichs frais, paninis chauds, soupes et salades. On peut aussi y boire un thé et repartir avec des confitures ou du pain au levain.

Budget moyen

1 **L'Arrivage** – D2 - *350 pl. Royale - 2e étage du musée Pointe-à-Callière - ✆ 514 872 9128 - fermé le soir et lun. - plats 19/28 $.* Ce restaurant sert une cuisine soignée. Vue sur le Vieux-Port.

Une folie

4 **Le Club Chasse et Pêche** – D1 - *423 r. St-Claude - Ⓜ Champ-de-Mars - ✆ 514 861 1112 - www.leclubchasseetpeche.com - fermé dim.-lun. et le midi - plats 47/63 $.* Ambiance feutrée pour ce restaurant dont la carte contemporaine propose d'heureux mélanges salé-sucré. Les plats suivent les saisons et l'inspiration du chef.

Centre-Ville

Budget moyen

3 **Le Cathcart Restaurant et Biergarten** – B2 - *1 pl. Ville-Marie - Ⓜ McGill - ✆ 514 379 6163 - www.lecathcart.com - horaires variables selon les restaurants, se rens. - fermé dim. et lun. soir - 20/30 $.* Dans le pavillon de verre de la place Ville-Marie, des comptoirs et restaurants aux cuisines variées (mexicaine, coréenne, libanaise, montréalaise). Un *biergarten*, idéal pour boire un verre, complète cet ensemble.

6 **Time Out Market** – B2 - *Centre Eaton - 705 r. Ste-Catherine Ouest - Ⓜ McGill - ✆ 514 370 3883 - www.timeoutmarket.com/montreal - service continu - fermé dim. soir - comptez 20/40 $.* Ce *food hall*, halle gastronomique, rassemble sous un même toit les enseignes de 16 chefs parmi les plus réputés du Québec. Les restaurants proposent une cuisine variée, aux influences québécoises, japonaises ou encore mexicaines.

Pour se faire plaisir

7 **Moishes** – C2 - *1001 r. du Square-Victoria - Ⓜ Square Victoria - ✆ 514 360 4221 - moishes.ca - service continu - fermé w.-end à midi - plats 29/95 $.* Véritable institution fondée en 1938, ce *steak house* est renommé pour ses pièces de bœuf grillées au charbon de bois, à accompagner d'un vin sélectionné par la maison. Service courtois et efficace.

Une folie

8 **Hiatus** – B2 - *1 pl. Ville-Marie - Ⓜ Peel ou McGill - ✆ 514 532 0617 - www.hiatus.ca - fermé lun. soir, sam. midi et dim. - plats 56/69 $.* Perché au 46e étage d'un immeuble, ce bar-restaurant offre une vue à couper le souffle sur la ville. Pour ne rien gâcher, le lieu propose aussi une cuisine gastronomique de haut-vol et une belle carte de cocktails.

Quartier des Spectacles

Budget moyen

2 **Le Central** – C1 - *30 r. Ste-Catherine Ouest - Ⓜ St-Laurent - lecentral.ca - mar.-jeu. 11h-22h, vend.-sam. 11h-23h, dim.-lun. 12h-20h - 20/30 $.* Icônes de la gastronomie locale et restaurateurs émergents proposent leur cuisine raffinée dans cette halle gastronomique de près de 2 000 m², située au rez-de-chaussée du MEM. Ramens chez Misoya, cuisine marocaine chez Bab Kech, gastronomie québécoise chez Gaspésie Camion Gourmand... Également un vaste choix de bières locales et une sélection de vins et cocktails.

Plateau Mont-Royal

Premier prix

Schwartz's – HORS PLAN - *3895 bd St-Laurent - Ⓜ Mont-Royal ou Sherbrooke - ✆ 514 842 4813 - www.schwartzsdeli.com - service*

4

continu - sandwichs 11/14,50 $. Ouvert en 1928, ce *delicatessen* est une véritable institution. On y vient ni pour le décor ni pour le service, mais simplement pour déguster les sandwichs à la viande fumée qui ont fait sa renommée.

La Banquise – HORS PLAN - *994 r. Rachel Est - Ⓜ Mont-Royal - ✆ 514 525 2415 - www.labanquise.com - 24h/24h - à partir de 10 $.* Le temple de la poutine avec pas moins d'une trentaine de variantes ! On peut s'y arrêter à toute heure mais c'est au cœur de la nuit qu'on appréciera le plus le célèbre plat québécois.

St-Viateur Bagel & Café Mont-Royal – HORS PLAN - *1127 av. du Mont-Royal Est - Ⓜ Laurier ou Mont-Royal - ✆ 514 528 6361 - www.stviateurbagel.com - service continu - moins de 15 $.* La boulangerie, ouverte en 1957 par Myer Lewkowicz, perpétue la tradition du bagel au sésame ou au pavot, roulé à la main et surtout cuit au four à bois. Sert aussi sandwichs et salades.

Pour se faire plaisir

Au Pied de Cochon – HORS PLAN - *536 r. Duluth Est - ✆ 514 281 1114 - aupieddecochon.ca - fermé le midi et lun.-mar. - plats 27/79 $.* Pour savourer, dans des murs au décor épuré, une poutine au foie gras, du boudin maison ou des tartares de cerf ou de bison... la cuisine du terroir revisitée par le chef Martin Picard, star de la gastronomie québécoise, est délicieuse. Il est impératif de réserver.

Petite-Bourgogne

Premier prix

Marché Atwater – HORS PLAN - *138 av. Atwater - Ⓜ Lionel-Groulx - à partir de 9h.* Grand marché de Montréal depuis 1933. Épiceries fines et produits bio. Restauration sur place.

Petite pause

Vieux-Montréal

Queues de Castor – *123 r. de la Commune Est - Ⓜ Champ-de-Mars - ✆ 514 543 6912 - beavertails.com - 11h-23h.* On ne va pas se mentir : ces beignets aplatis en forme de queue de castor ne sont pas des plus légers ! Mais il serait dommage de passer à côté de cette spécialité en version classique (cannelle sucre) ou plus gourmande (chocolat, banane, sirop d'érable...).

Crew Collective & Café – *360 r. St-Jacques - Ⓜ Place-d'Armes - ✆ 514 285 7095 - www.crewcollectivecafe.com - 8h-16h, w.-end 9h-16h.* Dans la superbe salle de la Banque royale, un comptoir a pris place devant les anciens guichets en marbre et laiton doré, derrière lesquels ont été aménagés salles de conférences et espaces de coworking. On y déguste boissons chaudes et gâteaux confortablement installé sous le haut plafond à caissons.

Mile End

Fairmount Bagel – *74 r. Fairmount Ouest - Ⓜ Rosemont ou Laurier - ✆ 514 272 0667 - fairmountbagel.com - 24h/24h.* Cette enseigne, fondée en 1919, décline le bagel en une vingtaine de variétés, toutes cuites au four à bois. Les stars demeurent le bagel nature, au pavot ou au sésame. Ils s'agrémentent de crème de fromage, de saumon ou de truite fumée, de beurre et de confiture.

Boire un verre

Vieux-Montréal

Les bars-terrasses sur les toits des **hôtels Place d'Armes** et **Nelligan** *(voir p. 452)* sont très courus à l'heure de l'apéritif.

Quartier latin

Le Cheval Blanc – *809 r. Ontario Est - Ⓜ Berri-UQAM ou Sherbrooke - ☎ 514 522 0211 - www.lechevalblanc.ca - 15h-3h.* Microbrasserie artisanale incontournable de Montréal. Ce lieu de référence accueille régulièrement des concerts et des expositions.

Quartier des Spectacles

NYKS Bistro Pub – *1250 r de Bleury - Ⓜ Place-des-Arts - ☎ 514 866 1787 - www.nyks.ca - 11h30-3h, w.-end 15h-3h.* Dans un cadre chaleureux, large choix de bières locales à la pression ou en bouteille, et belle sélection de vins et spiritueux. La cuisine propose des plats traditionnels (burger, *fish and chips*) appréciés.

Plateau Mont-Royal

Bílý Kůň – *354 r. Mont-Royal Est (Ⓜ Mont-Royal) - ☎ 514 845 5392 - www.bilykun.com - 15h-1h, jeu.-sam. 15h-3h.* Célèbre pour ses cocktails et ses soirées où se succèdent des DJ set déjantés, l'endroit l'est aussi pour son atmosphère intimiste la journée.

Shopping

Chaque quartier a ses spécialités. **Vieux-Montréal** : galeries, boutiques cadeaux ; **rues Ste-Catherine**, **Sherbrooke**, **Peel**, **Crescent** et **de la Montagne** : habillement, informatique, antiquaires, galeries (certaines boutiques donnent accès à la ville souterraine, *voir p. 438)* ; **rue St-Denis** : mode, studios d'art ; **boulevard St-Laurent** : épiceries « ethniques », boutiques branchées ; **Mile End** : fripes, design, antiquités branchées ; **rue du Mont-Royal** : friperies, librairies, disques et DVD d'occasion ; **rue Notre-Dame Ouest** entre l'avenue Atwater *(ouest)* et la rue Guy *(est)* : brocanteurs, antiquaires.

La ville souterraine

Elle rassemble un grand nombre de centres commerciaux reliés par le métro. À titre indicatif : **Complexe Desjardins**, *170 r. Ste-Catherine Ouest - Ⓜ Place-des-Arts ou Place-d'Armes* ; **Centre Eaton**, *705 r. Ste-Catherine Ouest - Ⓜ McGill* ; **Place Montréal-Trust**, *1500 av. McGill College - Ⓜ McGill ou Peel* ; **Place Ville-Marie**, *1 pl. Ville-Marie - Ⓜ Bonaventure ou McGill* ; **Promenades Cathédrale**, *625 r. Ste-Catherine Ouest - Ⓜ McGill.*

En soirée

Pour le programme des activités culturelles et sportives, consultez les sites Internet placedesarts.com ; www.quartierdesspectacles.com ; voir.ca ; www.nightlife.ca.

La Vitrine – *www.lavitrine.com.* Ce site centralise l'offre culturelle montréalaise et québécoise et permet la réservation des spectacles.

Musique

Complexe de la place des Arts – *150 r. Ste-Catherine Ouest - Ⓜ Place-des-Arts - placedesarts.com.* Il comprend à lui seul cinq salles polyvalentes, dont deux théâtres et un prestigieux résident, l'Opéra de Montréal *(www.operademontreal.com).*

Centre Bell – *1909 av. des Canadiens-de-Montréal - Ⓜ Lucien-L'Allier - ☎ 514 925 7777 - www.centrebell.ca.* Le Centre Bell organise toute l'année différentes manifestations, notamment des concerts de rock.

Casa del Popolo – *4873 bd St-Laurent - Ⓜ Laurier - ☎ 514 284 0122 - www.casadelpopolo.com - 16h-3h, w.-end à partir de 12h.* Dans le Mile End, la Casa del Popolo et sa grande sœur la Sala Rossa *(4848 bd St-Laurent)* sont les temples de la

musique indépendante.
Dans le même quartier et dans un style proche, notez le **Théâtre Fairmount** – *5240 av. du Parc - ℘ 514 563 1395 - theatrefairmount.ca.*

L'Astral – *305 r. Ste-Catherine Ouest - Ⓜ Place-des-Arts - ℘ 514 492 1775 - www.sallelastral.com.* Incontournable scène du jazz montréalais où de très grands artistes se produisent. Sets, jam sessions réputés dans le monde entier.

Cirque

La Tohu – *2345 r. Jarry Est. - angle d'Iberville - Ⓜ St-Michel - ℘ 514 376 8648 - tohu.ca/fr.* Pour découvrir le dernier spectacle de l'école du cirque ou d'autres artistes tout aussi inventifs et étonnants.

Rencontres sportives

Hockey – Les Canadiens de Montréal - *Centre Bell - Ⓜ Lucien-L'Allier ou Bonaventure - www.nhl.com.*

Football américain – Les Alouettes de Montréal - *Stade Percival Molson - Ⓜ McGill - www.montrealalouettes.com.*

Activités

Visite

Local Montréal – *℘ (438) 600 0501 - localfoodtours.com - tte l'année - à partir de 112 $.* Visites gourmandes de la Main, du Vieux-Montréal et de Mile End (de 2h à 3h). L'une de ces sorties est proposée en soirée. *Voir encadré p. 441.*

Patinoire couverte

Atrium Le 1000 – *1000 r. de La Gauchetière (Ⓜ Bonaventure) - ℘ 514 395 0555 - www.le1000.com - 11h30-18h, sam. 21h - fermé lun.-mar. 10 $.* Location de patins et de casque.

Patinoires en plein air

☺ De décembre à mars, selon la météo, elles ouvrent tous les jours, jusqu'à tard le soir. Location sur place de patins, casques et cadenas *(11/18 $).*

Parc La Fontaine – *Accès libre.* La patinoire du Plateau est bondée en fin de semaine.

Vieux-Port – *patinoireduvieuxport.com - accès 10 $.* La patinoire est réfrigérée. On y patine le jour et le soir en musique.

Parc du Mont-Royal – *Accès libre.* Près du lac aux Castors, patinoire artificielle au milieu des érables, chênes rouges, bouleaux pleureurs et écureuils.
www.patinpatin.ca.

Hébergement

Vieux-Montréal

Budget moyen

2 Hyatt Centric – D1 - *621 r. Notre-Dame E - Ⓜ Place-d'Armes ou St-Laurent - ℘ 514 657 2444 - www.hyatt.com - P payant - 177 ch. à partir de 150 $.* Outre ses chambres confortables et ses deux restaurants, cet hôtel abrite sur son toit une piscine avec une agréable vue sur le Vieux-Montréal.

Pour se faire plaisir

6 Hôtel Place d'Armes – C2 - *55 r. St-Jacques Ouest - Ⓜ Place d'Armes - ℘ 514 842 1887 - www.hotelplacedarmes.com - P - 169 ch. à partir de 252 $ - 30 $.* Ce luxueux hôtel-boutique domine, comme son nom le laisse deviner, la place d'Armes de sa haute stature. En plus d'un spa et d'un bar-restaurant lounge, le Suite 701, il comprend un bar japonais, le Kyo, et une terrasse sur le toit ouverte aux beaux jours.

Centre-ville

Premier prix

Auberge Saintlo Montréal – HORS PLAN - *1030 r. Mackay - Lucien-l'Allier - 514 843 3317 - saintlo.ca - P ✕ - lit à partir de 34 $/pers. en dortoir, ch. double à partir de 132 $.* Cette auberge de jeunesse proche du centre-ville propose un espace cuisine, une salle de télévision et une laverie automatique. Chambres privées ou dortoirs pouvant accueillir jusqu'à dix personnes, avec salle de bains.

Budget moyen

1 **Hôtel Ambrose** – A3 - *3422 r. Stanley - Peel - 514 288 6922 - ambrosehouse.ca - P payant - 20 ch. à partir de 135 $.* Une adresse au charme victorien. Chambres au confort variable, certaines avec toilettes sur le palier et salle de bains partagée, et d'autres plus spacieuses, mais donnant sur cour. Pas d'ascenseur. Prix très raisonnables pour le quartier.

3 **Le Dauphin** – C2 - *1025 r. de Bleury - Square-Victoria - 514 788 3888 ou 1 888 784 3888 - www.hotelsdauphin.ca/hotels/montreal - ♿ - 72 ch. à partir de 165 $.* Voisin du Palais des congrès, cet hôtel se trouve à la croisée de Chinatown, du Vieux-Montréal et des universités. Chambres confortables et fonctionnelles, couettes moelleuses, mobilier contemporain.

Quartier latin

Premier prix

M Montréal – HORS PLAN - *1245 r. St-André - Berri-UQÀM - 514 845 9803 ou 800 465 2929 - m-montreal.com - P payant - 80 lits en dortoir à partir de 56 $ et 9 ch. à partir de 130 $.* Une des meilleures auberges de jeunesse de la ville, entièrement rénovée, avec vaste cuisine commune, bar, café, parking, Jacuzzi sur le toit-terrasse et animations quotidiennes. Les chambres doubles sont confortables même si le mobilier est minimaliste. Également quelques studios et petits appartements.

Plateau Mont-Royal

Premier prix

Auberge du Plateau – HORS PLAN - *185 r. Sherbrooke Est - Sherbrooke - 514 284 1276 - aubergeduplateau.com - dortoirs à partir de 60 $ et ch. à partir de 120 $.* Cette auberge de jeunesse est très bien située, entre le Plateau et le quartier des Spectacles. On apprécie l'ambiance, l'accueil chaleureux et la terrasse façon *rooftop* qui surplombe le quartier.

Chez François B & B – HORS PLAN - *4031 r. Papineau - Mont-Royal ou Papineau - 514 239 4638 - www.chezfrancois.ca - P - 5 ch. à partir de 110 $.* Dans un cadre calme et très recherché, ce B & B accueillant occupe une jolie maison du Plateau. Les chambres sont spacieuses et confortables et offrent une vue sur le parc ou sur la cour à l'arrière de la maison. Dans l'espace collectif, table, frigo et micro-onde à disposition ; également possibilité d'utiliser le lave-linge.

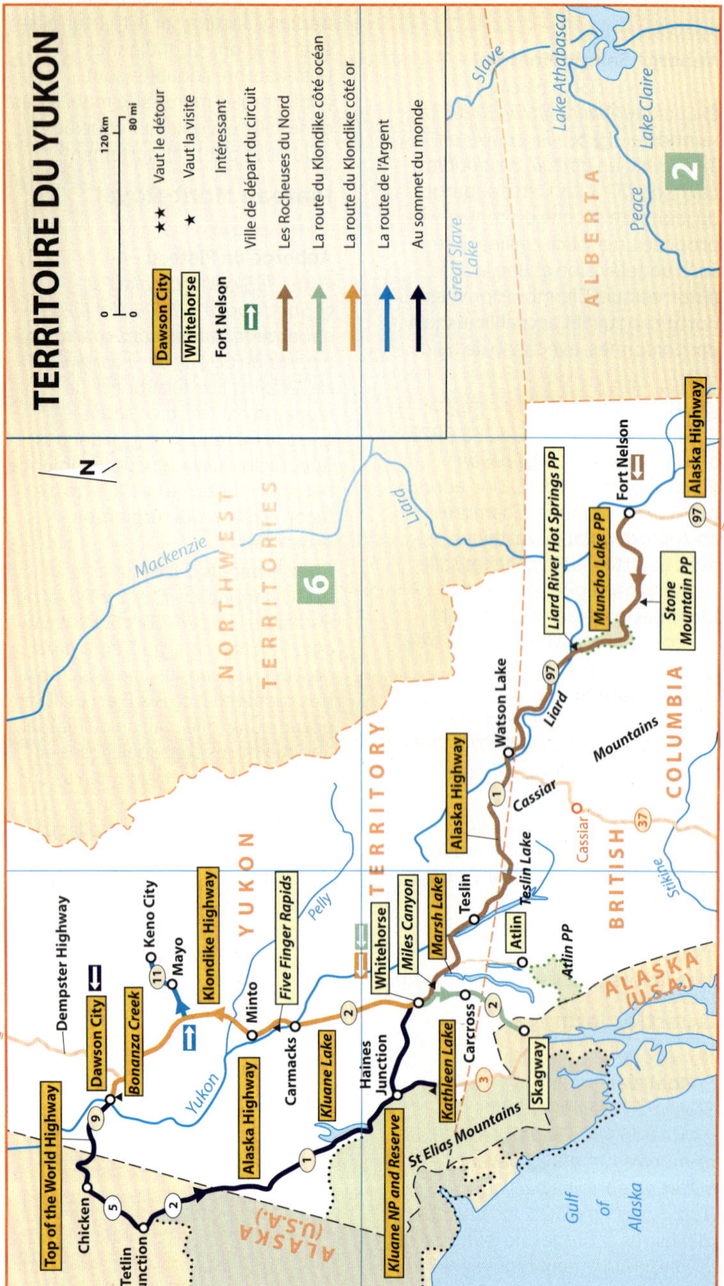

TERRITOIRE DU YUKON
0 120 km
0 80 mi
Dawson City ★★ Vaut le détour
Whitehorse ★ Vaut la visite
Fort Nelson Intéressant
Ville de départ du circuit
Les Rocheuses du Nord
La route du Klondike côté océan
La route du Klondike côté or
La route de l'Argent
Au sommet du monde
N
INUVIK
Dempster Highway
Dawson City
Bonanza Creek
Top of the World Highway
Chicken
Tetlin Junction
Keno City
Mayo
Klondike Highway
Yukon
Alaska Highway
Minto
Five Finger Rapids
Carmacks
Kluane Lake
Haines Junction
Kluane NP and Reserve
Kathleen Lake
Whitehorse
Miles Canyon
Marsh Lake
Carcross
Skagway
St Elias Mountains
ALASKA (U.S.A.)
Gulf of Alaska
Pelly
YUKON TERRITORY
Teslin
Atlin
Atlin PP
Teslin Lake
Alaska Highway
Cassiar
Watson Lake
Liard
Mountains
BRITISH COLUMBIA
Stikine
Liard River Hot Springs PP
Muncho Lake PP
Stone Mountain PP
Fort Nelson
Alaska Highway
W.A.C. BENNETT DAM, PEACE CANYON DAM
NORTHWEST TERRITORIES
Mackenzie
6
Great Slave Lake
Slave
Lake Athabasca
Lake Claire
Peace
ALBERTA
2

5

Yukon

CARTE MICHELIN 766

Route de l'Alaska★★ 459
Whitehorse★ 465
Dawson City★★ 473

Grand angle sur le Yukon

Traversé par le **Cercle Polaire**, le Yukon s'étend sur quelque 480 000 km² entre sa frontière sud avec la Colombie-Britannique et le littoral de la **mer de Beaufort**. Délimité à l'est par le bassin de la rivière Yukon, qui le sépare des **Territoires du Nord-Ouest**, il bute à l'ouest sur l'**Alaska**, dont la frontière mesure 1200 km. C'est le moins peuplé des trois territoires fédéraux du pays : 70 % de la population habitent dans la région de **Whitehorse** ; le reste se répartit entre **Dawson** et **Watson Lake**.

Grandeur nature

Trois biotopes occupent le Yukon : la **plaine côtière arctique** à l'extrême nord ; la **taïga** entre les monts British-Richardson au nord et les chaînes Mackenzie et Selwyn au sud et à l'est ; la **forêt boréale** sur près de 60 % du territoire. Coupé de l'océan Pacifique par la chaîne St. Elias, le Yukon est soumis à un **climat continental** aux hivers rigoureux. Les étés sont courts, ensoleillés et frais, juillet et août étant les seuls mois où la température ne descend pas en dessous de 0 °C. Le phénomène de **pergélisol**, continu au nord de la rivière Porcupine, est présent de manière sporadique sur le reste du territoire. Le **réchauffement climatique** est ici un enjeu bien réel, notamment pour les infrastructures et les communautés fauniques et humaines les plus nordiques.

Un peuplement ancien

Le Canada entre en scène

En 1867, l'année de la création de la **Confédération canadienne**, les États-Unis rachètent l'Alaska à l'Empire russe, faisant craindre au gouvernement britannique de voir les Américains acquérir également les **Territoires du Nord-Ouest** (qui comprennent alors le Yukon) à la Compagnie de la baie d'Hudson. Après d'intenses tractations, dont les Premières Nations sont exclues, la Couronne prend possession de ces territoires en 1869 puis les rétrocède au gouvernement canadien en 1870. Le territoire du Yukon est enfin créé en 1898 pour tenter de gérer l'afflux de population engendré par la ruée vers l'or du Klondike.

L'appel du Klondike

Les gisements aurifères des Cariboo épuisés, les prospecteurs se dirigèrent vers le nord. Ils trouvèrent de l'or dans les monts Omineca et Cassiar, puis pénétrèrent dans le Yukon. Le gros filon longtemps attendu fut découvert en 1896 dans le ruisseau Bonanza, un affluent du Klondike. Des milliers d'aventuriers venus du monde entier convergèrent alors vers le Klondike.

Les peuples autochtones

S'il peut paraître assez jeune du point de vue du peuplement européen, le territoire du Yukon constitue l'une des régions les plus anciennement peuplées d'Amérique du Nord. Plusieurs sites près de **Old Crow** et **Beaver Creek** suggèrent une présence humaine remontant à plus de 10 000 ans avant notre ère. C'est d'ailleurs la Première Nation des **Gwich'in** qui nomma **Yukun-ah** *(Grande rivière)* le cours d'eau principal de la région. Le gouvernement canadien reconnaît aujourd'hui 14 Premières Nations au Yukon, dont les **Kwanlin Dün** et **Ta'an Kwach'an** de Whitehorse, et les **Tr'ondek Hwech'in** *(voir p. 477)* de Dawson. Ces derniers, de langue **Hän**, virent leurs terres ancestrales et leurs territoires de chasse de la vallée du Klondike envahis et souillés par l'exploitation aurifère. Au début des années 1970, le **Conseil des Indiens du Yukon** demanda au gouvernement fédéral canadien le règlement des **revendications territoriales**, accompagné d'une aide financière. Les négociations, commencées en 1973 pendant le mandat de **P.-É. Trudeau**, aboutirent en 1993 à la signature d'un accord-cadre qui inclut des dispositions visant à amener les Premières Nations vers plus d'**autonomie** sur l'exploitation de leurs territoires et la conservation de leurs lieux patrimoniaux.

Le Yukon aujourd'hui

Déclin et reprise

Le Yukon n'a pas connu le développement spectaculaire de la Colombie-Britannique. La **ruée vers l'or du Klondike** n'aura au final rapporté que quelques dizaines de millions de dollars pendant les premières années et nombre de sites se sont épuisés rapidement ou ont nécessité des moyens d'extraction coûteux. Il faudra attendre la Seconde Guerre mondiale pour donner un nouvel essor au territoire, avec la construction de l'**Alaska Highway**, favorisant le désenclavement de la région tout en renforçant les **industries minières** (plomb, zinc, cuivre, argent, or), pilier de l'économie locale. Le **piégeage pour la fourrure**, activité ancestrale, demeure également une source de revenus importante dans de nombreuses petites localités isolées. Toutefois, pour remédier aux fluctuations de ces ressources, le gouvernement pousse au développement des secteurs du **tourisme** et de l'**industrie cinématographique** pour laquelle les espaces vierges du Yukon constituent un arrière-plan propice à la réalisation des *blockbusters*.

Territoire ou province ?

Les Territoires n'ayant été créés ni avec le même statut juridique, ni les mêmes pouvoirs que les provinces, le Yukon n'avait jusqu'à une date très récente aucune autorité en matière de gestion de ses ressources naturelles, faune mise à part. Louant son propre sol, il versait une redevance au gouvernement central. Le **transfert de compétences**, ou « dévolution », a commencé en 1988. Depuis 2001, le Yukon est investi de la responsabilité de la gestion de ses eaux, forêts, et ressources minérales, et depuis 2003, le gouvernement local dispose de plus de pouvoirs que les deux autres territoires du Canada. À l'exception des poursuites criminelles, les pouvoirs du Yukon sont similaires à ceux des provinces. Le pouvoir exécutif est détenu par un commissaire choisi par le gouvernement fédéral, qui dispose d'un rôle analogue à celui des lieutenants-gouverneurs provinciaux ; à la différence de ces derniers, le commissaire n'est pas un représentant officiel de la reine, mais un employé du gouvernement fédéral. Province *de facto*, le Yukon aspire désormais à un statut officiel.

Attraits naturels

Rencontres exceptionnelles avec la **faune** et **vastes espaces vierges** font partie des attraits de cette « ultime frontière » qui ne compte pas moins de trois parcs nationaux et abrite la plus grande population de grizzlis d'Amérique du Nord. Malgré sa position de carrefour culturel millénaire, la région a su conserver vivantes ses **traditions** et rendre accessible et attrayante son **histoire** à la fois passionnante et tourmentée.

Carnet pratique

S'informer

Offices de tourisme

Travel Yukon – *100 Hanson Street - Whitehorse - ✆ 1 800 661 0494 ou 867 667 3084 - www.travelyukon.com.*

Site du gouvernement provincial

Yukon – *yukon.ca*

Se déplacer

« Transports intérieurs », p. 577.

En avion

Principaux aéroports

Voir le « Carnet pratique » de chaque ville.

Principale compagnie aérienne :

Air North – *✆ 1 800 661 0407 - flyairnorth.com.* Assure les liaisons dans le Yukon.

En train

White Pass & Yukon Route – *wpyr.com.* Itinéraires en train touristique (*p. 469).*

En autocar

En été, **Husky Bus** *(klondikeexperience.com/charter-transportation)* a une navette régulière entre Whitehorse et Dawson City.

En voiture

État des routes – *511yukon.ca*

Informations utiles

Heure locale

Le Yukon vit à l'heure du Pacifique.

Carte des fuseaux horaires, p. 568.

Loi sur les alcools

Âge légal pour la consommation d'alcool : 19 ans.

Loi sur le tabac

L'achat de tabac est interdit aux moins de 19 ans.

Jours fériés provinciaux

Jour de la Découverte – 3e lun. d'août.

Le lundi de Pâques et le 26 décembre (Boxing Day) ne sont pas fériés au Yukon.

Activités

Sports de plein air

Lacs et cours d'eau permettent la pratique des **sports nautiques** : rafting, canoë, plongée, etc. Dans les parcs nationaux et provinciaux du Yukon se pratiquent toutes sortes de sports : randonnée, cyclisme, équitation, alpinisme en été ; ski de fond, raquette en hiver.

Pêche

Avec ses lacs et rivières, le Yukon offre de belles possibilités aux amateurs. Le permis de pêche du Yukon s'obtient sur Internet (permis de pêche sportive requis pour pêcher certaines espèces, et permis spécifique pour Kluane NP). Infos et permis sur yukon.ca.

Observation animalière

Le Yukon est le pays des **ours**, que vous pouvez même croiser sur des sentiers proches des villes. Suivez quelques règles élémentaires de sécurité *(voir p. 169)*. Vous pourrez également être amené à rencontrer de grands mammifères (caribous, bisons) le long des routes.

Pour éviter tout danger (pour vous comme pour l'animal), adoptez la triple consigne « **arrêtez - observez - repartez** » : stoppez votre véhicule uniquement si cela ne présente aucun risque, sur le bas-côté ; observez à distance, sans sortir du véhicule ; repartez après une minute d'observation, pour que l'animal sauvage ne s'habitue pas à la présence humaine.

Route de l'Alaska ★★

Route du Nord et de l'aventure, l'« Alaska Highway » s'étire dans un pays de montagnes et de lacs à la beauté sauvage, jalonné de petites localités. Elle part des plaines fertiles de la région de la rivière de la Paix (à la frontière de l'Alberta), longe les Rocheuses, traverse les Cassiar, frôle le nord de la Chaîne côtière et du massif St. Elias, pour atteindre finalement la « Dernière frontière » : l'Alaska.

Se repérer

Colombie-Britannique, Yukon

CARTE AB2 (P. 454).

La route de l'Alaska - plus de 2 000 km - part de Dawson Creek, en Colombie-Britannique, située à 9h de route d'Edmonton et 18h de Vancouver, pour rejoindre Fairbanks en Alaska. Il faut 22h pour rejoindre Whitehorse au départ de Dawson Creek.

À ne pas manquer

Les eaux aigue-marine du lac Muncho; les grappes de fleurs roses ou mauves des épilobes.

En famille

Faites une pause aux sources chaudes du parc Liard River Hot Springs.

Carnet pratique p. 464

Nos adresses p. 464

Excursions

CARTE P. 454

Vers les barrages B2 EN DIRECTION

Cet agréable parcours à travers de jolis paysages ruraux ménage plusieurs **vues★★** spectaculaires de la rivière de la Paix. La route suit longuement la vallée et en grimpe parfois les versants, offrant alors de splendides **panoramas★** sur le plateau et les champs cultivés. La petite localité d'**Hudson's Hope** fut d'abord un comptoir fondé par **Simon Fraser** en 1805. C'est à cet endroit qu'**Alexander Mackenzie** commença son *portage* dans le canyon de la rivière de la Paix lors de son expédition vers la côte ouest.
Du village, la route d'accès au barrage W.A.C. Bennett monte en serpentant à travers la montagne et laisse entrapercevoir des sommets enneigés.

★★ W.A.C. Bennett Dam

236 km AR au départ de St. John par la route 29. 11 km au nord de Fort St. John, prendre la route 29 et la suivre jusqu'à Hudson's Hope. Prendre ensuite Dam Access Rd - montée en lacet : respecter la signalisation. Centre d'accueil de mi-mai à déb. sept. : 10h-17h - visite souterraine audioguidée ou guidée en bus (rens. au ✆ 250 783 5048 - www.bchydro.com/bennett) - 8 $. Présentation de papiers d'identité requise pour pouvoir pénétrer sur le site.

Construit de 1963 à 1967 à l'extrémité supérieure du **canyon de la rivière de la Paix**, ce barrage est une énorme digue de terre de 183 m de haut et 2 km de long. Le **lac Williston** (longueur : 362 km), plus grand de la province, occupe, le long du sillon des Rocheuses, une partie de la vallée des rivières **Parsnip** et **Finlay**, et donne naissance à la rivière de la Paix, qui se jette dans la rivière des Esclaves à la pointe du lac Athabasca. Le barrage est constitué d'une ancienne moraine déposée à la dernière glaciation 7 km plus loin dans l'ancienne vallée de la rivière de la Paix. À la fonte des glaces, il y a 15 000 ans, la rivière – bloquée par la moraine – creusa une nouvelle voie, le canyon actuel. Certains considèrent ce projet, dont les retombées économiques sont indéniables, comme un échec écologique car certaines sources ont disparu, lesquelles, en ressortant au printemps, régénéraient autrefois les marécages du delta de la rivière de la Paix et de l'Athabasca, dans la partie orientale du parc national Wood Buffalo (Alberta).

★ **G.M. Shrum Generating Station** – Départ du **centre d'accueil**, où sont installées des animations scientifiques sur l'énergie hydroélectrique. Un film présente l'histoire du site et la construction du barrage, puis les visiteurs descendent dans la salle des turbines creusée dans le roc, 152 m sous terre, et peuvent voir la galerie collectrice et l'installation de décharge. La centrale produit plus de 13 milliards de kW par an, participant ainsi largement aux besoins énergétiques de la Colombie-Britannique.

West Side Lookout – *À 3 km du barrage. Route escarpée.* De ce belvédère, vues sur le lac Williston et le déversoir. On aperçoit aussi en aval le canyon de la rivière de la Paix et le réservoir du barrage Peace Canyon.

Peace Canyon Dam Generating Station (BARRAGE PEACE CANYON)

8 km au sud d'Hudson's Hope.

Situé 23 km en aval, le barrage du canyon de la rivière de la Paix réutilise les eaux du barrage W.A.C. Bennett pour fournir de la puissance additionnelle. Un poste d'observation et un chemin en surplomb du barrage ménagent des **vues** sur celui-ci.

Vers le Parc provincial d'Atlin A2

★ Atlin A2

196 km AR au départ de Jake's Corner (100 km au nord-ouest de Teslin). Route non goudronnée et relativement peu fréquentée.

Atlin Visitor Information - *Musée d'Atlin, à l'angle de 3rd St. et de Trainor St. - 250 651 7522 - www.atlinhistoricalsociety.com.*

Centre minier au temps de la ruée vers l'or (la ville comptait 19 hôtels en 1899), Atlin occupe un **site** charmant au bord de son lac que dominent de majestueux sommets

Une décision militaire

Quand en décembre 1941, le Japon entra en guerre contre les Alliés, attaquant la flotte américaine à Pearl Harbor et débarquant sur les îles Aléoutiennes, les États-Unis craignirent une invasion des Japonais par l'Alaska. Envoyer des troupes par la mer, alors infestée de sous-marins japonais, eût été périlleux. Aussi la construction d'une voie terrestre reliant l'Alaska et le Yukon au réseau routier canadien et américain fut-elle décidée. Malgré les chaînes de montagnes à escalader, les fondrières à traverser, les ponts sur de puissantes rivières à jeter, l'armée américaine parvint à construire 2 451 km de chaussée en neuf mois. Améliorée et ouverte à la circulation civile après la guerre, la route de l'Alaska est aujourd'hui une voie d'importance capitale pour l'économie de la région, dont elle permet l'exploitation des richesses et le développement touristique.

Mouflons de Dall dans le Muncho Lake Provincial Park.
milehightraveler/Getty Images Plus

enneigés. Souvenir des beaux jours, le *MV Tarahne*, ancien bateau d'excursion, est ancré en ville ; la société historique locale organise des sorties de temps à autre en été. Par temps clair, on aperçoit, depuis Warm Bay Road, le glacier Llewellyn, dont les formes se détachent au-delà du lac. La ville est le point de départ vers les admirables paysages de l'**Atlin/Téix'gi Aan Tlein Provincial Park**, uniquement accessible par bateau ou par avion *(rens. sur bcparks.ca/atlin-aa-tlein-teixi-park).*

Circuit conseillé

CARTE P. 454

★★ Les Rocheuses du nord AB2

Circuit de 991 km, au départ de Fort Nelson, tracé en marron sur la carte p. 454. Après Fort Nelson, la route traverse une somptueuse région boisée de trembles et d'essences boréales, puis se dirige vers les Rocheuses. Celles-ci présentent d'abord un relief tabulaire plus proche des mesas des Rocheuses du sud des États-Unis que des cimes aiguës de la région de Banff et de Jasper. Plus loin, elles apparaissent couronnées de neige. Le panorama, très dégagé, est d'une beauté à couper le souffle.

★ Stone Mountain Provincial Park B2

Au km 627 de l'Alaska Highway - bcparks.ca - ✆ 250 776 7000 - 7h-23h. Camping de déb. mai à mi-sept.

Activités : canoë, vélo, pêche, randonnée, équitation, chasse, observation animalière (grizzly, ours noir, loup, coyote, lynx, castor, caribou, lagopède...) et activités hivernales diverses.

Cette région au relief accidenté, dont les roches dénudées évoquent une carrière, doit son nom au mont Stone, situé au nord du parc (25 690 ha). Le paysage, bien que singulier, ne manque pas d'une sauvage beauté. Le trajet longe les merveilleuses eaux vertes du plus beau site du parc, le **lac Summit★**, qui est également le point culminant de la route (1295 m). Un terrain de camping balayé par les vents y a été aménagé.
La route traverse ensuite la gorge rocheuse du ruisseau Macdonald *(prendre garde aux nombreux moutons paissant dans les environs)*.

★★ Muncho Lake Provincial Park B2

Au km 681 de l'Alaska Highway - bcparks.ca - ✆ 250 776 7000 - 7h-23h. Camping de déb. mai à mi-sept.

Activités : canoë, randonnée, pêche, vélo, chasse, baignade et plongée dans le lac Muncho, observation animalière (oiseaux, caribous, mouflons de Dall noirs...) et activités hivernales diverses.
Voici l'une des plus belles sections de la route, et l'une des plus intéressantes au plan géologique. On suit d'abord la vallée de la rivière Toad, région rocheuse assez désolée, adoucie par la couleur vert pâle de l'eau. Puis la vue s'élargit, révélant des montagnes pour la plupart enneigées. Dans cette région, il n'est pas rare, d'apercevoir en hiver des mouflons des Rocheuses non loin de la route.
Véritable joyau du parc, le **lac Muncho★★** *(46 km après l'entrée)* est d'une magnifique couleur d'aigue-marine. Les sommets qui s'y reflètent dépassent les 2 000 m d'altitude. Passant dans une vallée d'altitude entre deux chaînes montagneuses, la route traverse les alluvions déposées par l'érosion. Ce parc provincial, qui marque la moitié du trajet entre Dawson Creek et Whitehorse, dispose de deux bons terrains de camping et de plusieurs gîtes.

★ Liard River Hot Springs Provincial Park B2

Au km 765 de l'Alaska Highway - prendre à droite la route menant au terrain de stationnement, puis suivre à pied le sentier de planche - bcparks.ca - ✆ 250 776 7000 - ouv. tte l'année - 5 $, d'avr. à oct. Camping.

Activités : baignade, vélo, randonnée, observation animalière (élan, oiseaux, taureaux, etc.), camping d'hiver.
Ces **sources chaudes** (42 °C) et sulfureuses, particulièrement appréciables lorsque la température hivernale atteint les -35 °C, forment deux grands bassins que le cadre boisé rend fort agréables. L'un est assez profond pour y nager. L'autre, moins profond et plus chaud, attire davantage de baigneurs. Tous deux sont équipés de promenades en planches et de cabines. Le parc constituant la halte favorite des voyageurs de la route de l'Alaska, son terrain de camping affiche vite complet en été. À 10 km environ des sources chaudes, la route pénètre dans une immense zone brûlée témoignant d'un terrible incendie qui ravagea quelque 182 725 ha en 1982 ; depuis, trembles, saules et épilobes ont réinvesti le terrain.
Au km 788, vous croiserez la **rivière aux Liards**. Ce cours d'eau puissant et sauvage prend sa source dans les monts Pelly au Yukon, coule vers le sud-est entre les **monts Mackenzie** et les **Rocheuses** avant de bifurquer vers le nord-est pour y rejoindre le fleuve Mackenzie, qui se jette dans l'océan Arctique. La route suit la rivière sur environ 240 km en offrant quelques beaux panoramas.
Au km 947, on pénètre dans le territoire du Yukon. Cependant, la route ne quitte pas définitivement la Colombie-Britannique, son parcours franchissant la frontière à plusieurs reprises. Elle offre de belles vues sur les **monts Cassiar**.

Watson Lake B2

Au km 1016 de l'Alaska Highway.
Nœud de communication de la région des monts Cassiar, cette bourgade tranquille du Yukon doit sa célébrité à sa mythique **Sign Post Forest**. Attraction incontournable sur l'Alaska Highway, cette véritable forêt de panneaux indicateurs et plaques de voitures du monde entier a quelque chose de surréaliste !
Le premier panneau fut planté en 1942 par un soldat américain affecté à la construction de la route, qui y indiqua le nom de son village et la distance qui l'en séparait. Quelque 83 000 panneaux plus tard, les touristes de passage viennent perpétuer cette tradition en y déposant leur propre panneau.
Northern Light Space and Science Centre – *807 Frank Trail - ✆ 867 536 7827 - watsonlake.ca/p/northern-lights-space-science-centre - de mi-mai à mi-sept. : 10h-18h ; hors sais. sur RV.* Il propose une exposition sur l'exploration spatiale. Le planétarium présente les mythes entourant le phénomène de l'aurore boréale, ainsi que son explication scientifique *(projection de la vidéo « Yukon's Northern Lights » ttes les h à partir de 11h - 60mn - 15 $.*
Au km 1044 de l'Alaska Highway débouche la **route Stewart-Cassiar** *(route 37)*, qui relie le Yukon à la côte pacifique et à la vallée du Skeena après un parcours de 800 km. Le carrefour dépassé, la route de l'Alaska entreprend la traversée des monts Cassiar, en procurant de belles vues sur leurs cimes enneigées.
Au km 1162, la route traverse la ligne de partage des eaux du Mackenzie et du Yukon. Ces fleuves se jettent respectivement dans les mers de Beaufort et de Béring.

Teslin Lake A2

Au km 1290 de l'Alaska Highway. La route traverse la baie Nisutlin et suit les rives du lac sur environ 48 km où fleurissent en été les hautes grappes roses ou mauves de l'**épilobe**, emblème du Yukon et fleur très répandue aussi en Colombie-Britannique. Le climat est sec (précipitations inférieures à 305 mm) et chaud en été. À l'extrémité du lac, la route enjambe la rivière Teslin sur un pont à haut tirant d'air.

Teslin A2

★ **George Johnston Museum** – *17 Nisutlin Dr. - km 1244 de l'Alaska Highway - ✆ 867 390 2550 - facebook.com/gjmuseum - ♿ - de déb. juin à déb. sept. : 9h-17h - 8 $.* Il évoque la vie de la Première Nation des Tlingit au début du 20e s. à travers une collection de vêtements, d'artisanat indigène et de **photographies anciennes** en noir et blanc.

★★ Marsh Lake A2

Au km 1428 de l'Alaska Highway. Ce magnifique lac bleu vert, encadré de montagnes, est en fait un bras du **lac Tagish,** qui s'étend vers le sud et appartient au cours supérieur du Yukon. La proximité de Whitehorse fait que ce lac est plus fréquenté que les précédents, comme en témoignent les nombreuses maisons qui se pressent le long de ses rives. La route suit la berge sur 16 km, offrant un agréable paysage, puis traverse le Yukon en enjambant un barrage.
Au km 1445, jolie **vue★** dominant les blanches falaises et les eaux limpides du **Yukon**. Le fleuve, qui prend sa source à 24 km de l'océan Pacifique, entame à peine ici son cours, long de quelque 3 200 km, jusqu'à la mer de Béring.

★ Whitehorse A1-2 *(voir p. 465)*

5

Carnet pratique

S'informer

Watson Lake Visitors Information Centre – *Lakeview Ave. - ✆ 867 536 7469.*

www.themilepost.com – Véritable bible du voyageur, mis à jour chaque année : sites à visiter, possibilités d'hébergement et de restauration le long de la route.

Arriver/Partir

En avion

Les aéroports régionaux de **Dawson Creek (YDQ)** *(dawsoncreekairport.com)*, **North Peace (YXJ)** *(yxj.ca)* et **Northern Rockies (YYE)** *(northernrockies.ca)* permettent de relier divers points de la route et d'y louer un véhicule. Ils sont desservis par des vols charters.

Se déplacer

En voiture

Législation routière – Entièrement revêtue, la route de l'Alaska ne présente pas de difficulté. Elle est ouverte toute l'année, malgré les chutes de neige (parfois même en mai et en août). La période du dégel peut rendre la conduite difficile, mais les voyageurs sont rapidement informés par la station de radio de l'autoroute. Des stations-service, équipées pour effectuer les réparations courantes, apparaissent à intervalles réguliers. La vitesse est limitée de 50 à 100 km/h, les phares doivent être allumés en permanence.

Distances – Elles sont mesurées par rapport à Dawson Creek (C.-B.), point de départ officiel de l'autoroute. Sur les **bornes kilométriques** qui jalonnent la route côté Canada, les localités sont généralement désignées par la distance (approximative) qui les sépare de Dawson Creek : Watson Lake se situe par exemple au km 1017. Côté États-Unis, on a conservé les mesures en miles.

Nos adresses

Hébergement/restauration

Le trajet entre Dawson Creek et Whitehorse se fait souvent en deux étapes, avec une halte à mi-parcours dans l'un des nombreux campings, auberges et motels des Muncho Lake ou Liard River Hot Springs Provincial Parks. La route de l'Alaska propose surtout des motels de type routiers assez rudimentaires. Pour une pause gourmande et un menu éclectique, pensez au restaurant de la chaîne **Browns Socialhouse** *(brownssocialhouse.com)* installé à Dawson Creek.

Pour se faire plaisir

Northern Rockies Lodge – *462 Alaska Hwy - Muncho Lake - ✆ 800 663 5269 ou 250 776 3481 - www.northernrockieslodge.com - ♿ limité - 47 ch. à partir de 190 $ et 17 cabines à partir de 270 $ - ☕ 19 $.* Possibilité de logement en cabane individuelle en rondins au bord du lac Muncho, dans un joli site arboré. Chambres douillettes et bien équipées.

Whitehorse ★

La ville occupe un site plat sur la rive ouest du Yukon, dans le creux d'un méandre dessiné par le fleuve. En face, des collines arides marquent les débuts de la chaîne Big Salmon. Fière de son passé lié aux chercheurs d'or du Klondike, Whitehorse fait revivre le bon vieux temps chaque année lors du Sourdough Rendez-vous. La population, costumée comme en 1898, organise alors des courses de traîneaux à chiens sur le fleuve gelé. L'hiver est également marqué par les aurores boréales, qui attirent des milliers de visiteurs, particulièrement des Japonais.

Se repérer

32 000 habitants – Yukon

CARTE A2 (P. 454). Whitehorse se trouve au sud-ouest du Yukon, sur la route de l'Alaska.

Organiser son temps

Prévoyez un jour pour visiter la ville et quelques jours supplémentaires pour faire les excursions. Si vous suivez la route du Klondike, pensez à vous munir des documents nécessaires pour les formalités d'entrée aux États-Unis *(voir « Avant de partir », p. 567)*.

Carnet pratique p. 472

Nos adresses p. 472

Se promener

Si Whitehorse a perdu son aspect de ville de pionniers, elle a conservé quelques édifices d'intérêt historique, notamment la vieille **église en rondins** *(à l'angle d'Elliott St. et 3rd Ave.)* bâtie en 1900, les **gratte-ciel** sur Lambert Street *(entre 2nd Ave. et 3rd Ave.)* construits après la Seconde Guerre mondiale pour pallier la crise du logement, et la **gare** en rondins *(à l'angle de 1st Ave. et Main St.)*. Par contraste, le siège du gouvernement territorial, **Administration Building** *(2071 2nd Ave. - ✆ 867 667 5811 - lun.-vend. 8h30-16h30)*, en acier et aluminium, semble résolument moderne (1976). L'intérieur clair et aéré, lambrissé, contient un faux vitrail en résine acrylique. Le hall principal expose, par roulement, des œuvres de la collection d'art permanente du Yukon. Autre édifice moderne et lumineux, **Philipsen Law Centre★** *(à l'angle de 2nd St. et Jarvis St. - ✆ 867 667 3033 - lun.-vend. 8h-17h30)* accueille dans son atrium une considérable collection d'art régional contemporain, où figure une immense **tapisserie** du célèbre artiste Ted Harrison. Remarquez à l'extérieur le groupe d'Alyx Jones en pierre, intitulé *The Conversation*.

★ MacBride Museum of Yukon History

1124 Front St. - ✆ 867 667 2709 - macbridemuseum.com - été : tlj sf dim. 9h30-17h ; hiver : tlj sf dim.-lun. 10h-16h - 12 $.

Construit en 1967, le bâtiment en rondins contient des souvenirs de la ruée vers l'or, des objets artisanaux des Autochtones, un équipement de trappeur et une magnifique exposition de **photographies** anciennes d'habitants du Yukon. À l'extérieur du bâtiment sont exposés les vestiges de divers moyens de transport utilisés au Yukon, d'anciennes machines, la cabane du légendaire Sam McGee et un bureau du télégraphe (début 20e s.).

★★ SS Klondike National Historic Site

10 Robert Service Way - ✆ 867 667 4511 (été) ou 867 667 3910 (hors sais.) - parcs.canada.ca/lhn-nhs/yt/ssklondike - centre d'accueil : de mi-mai à déb. sept. : 9h-12h, 13h-16h30 - 4,50 $ - pendant les travaux de rénovation (se rens.), la visite du navire est limitée ; le site et le Visitor Centre restent accessibles.

Construit en 1937, le SS *Klondike* fut l'un des quelque 200 bateaux à aubes qui effectuaient la navette sur le Yukon de Whitehorse à Dawson City. Le bateau transportait passagers, minerais et marchandises ; le voyage (700 km) jusqu'à Dawson City durait 40h et consommait 32 cordes de bois, contre 96 heures et 112 cordes de bois au retour (à contre-courant). Unique bateau à vapeur du territoire à être désormais ouvert au public, il fut transporté sur des billes de bois le long de 1st Street jusqu'à son emplacement actuel, après que des spécialistes eurent échoué à le déplacer. La visite passe par l'énorme chaudière, la salle des machines, les cales, la timonerie, les cuisines et l'espace réservé aux premières classes, la salle panoramique et les tables de son restaurant décorées avec élégance.

Passe migratoire des rapides de Whitehorse

Après avoir traversé la rivière en empruntant le pont Robert Campbell, dirigez-vous vers cette passe à saumons. Elle permet aux quinnats (saumons géants) de contourner le barrage hydroélectrique de Whitehorse pour atteindre leurs frayères en amont au terme d'une montaison de 3 200 km. Cette migration se déroule généralement au mois d'août. Depuis quelques années, cette montaison demeure au bas de la productivité et des mesures de conservation ont été mises en place. Les grandes fenêtres aménagées dans le **centre d'interprétation** *(Whitehorse Fishladder and Hatchery - de déb. juin à déb. sept. : tlj sf dim. 8h30-16h30)* adjacent à la passe migratoire offrent aux visiteurs une vue inédite sur les poissons « montant » la plus longue échelle à saumons en bois au monde !

Yukon Transportation Museum

30 Electra Crescent - ✆ 867 668 4792 - goytm.ca - ♿ - de mi-mai à fin août : tlj sf lun.-mar. 10h-18h ; reste de l'année : lun., sam.-dim. 12h-17h - 10 $.

Devant l'importance des transports aériens dans cette vaste région, le musée consacre une section aux exploits des pilotes. Il expose des photos d'archives sur l'histoire aérienne du Yukon, une réplique du *Queen of the Yukon*, hydravion postal des années 1920, des traîneaux à chiens et des voitures anciennes, et explique pourquoi le transport de limonade par avion fut si important durant la ruée vers l'or.

★ Beringia Interpretive Centre

Au km 1423 de l'Alaska Highway - ✆ 867 667 8855 - beringia.com - ♿ - de déb. mai à fin sept. : tlj sf dim.-lun. 10h-17h ; reste de l'année : se rens. - 6 $.

Le terme « Béringie » tire sa dénomination de l'époque (entre -40000 et -20000) à laquelle le détroit de Béring se traversait à pied sec. La région était alors peuplée par les mammouths, les ours et les chevaux, mais aussi par leur prédateur, l'homme. Ce centre d'interprétation, installé dans un bel édifice, relate de façon concise, mais vivante, le passé préhistorique de la région à partir des découvertes paléontologiques effectuées dans le Yukon. Mais sa grande originalité est d'offrir aux visiteurs le spectacle éblouissant d'œuvres d'art « paléontologiques » exécutées par des artistes peintres et muralistes du Yukon et d'ailleurs, dont le talent a permis de faire revivre tout un monde disparu peuplé d'animaux de l'époque glaciaire, de premiers hommes venus d'Asie et de légendes au parfum autochtone.

Yukon Arts Centre (YAC)

300 College Dr., au nord-ouest de Whitehorse - ✆ 867 667 8574 - yukonarts-centre.com - ♿ - billetterie lun.-vend. 13h-16h et 1h av. le spectacle. Galerie d'art lun.-vend. 10h-17h et pendant les représentations.

Dédié aux arts plastiques et visuels, au théâtre, à la danse et à la musique, le Centre des arts du Yukon vous séduira par sa petite collection permanente et ses expositions temporaires dédiées à l'art contemporain du Nord et du Canada, et par la variété de sa programmation. Certains de ses spectacles sont donnés dans le pittoresque **Old Fire Hall** *(1105 Front St.),* ancienne caserne de pompiers aux murs revêtus de bardeaux rouge vif.

À proximité

CARTE P. 454

★ Miles Canyon A2

9 km au sud de Whitehorse.

Par la route – Le long de Canyon Road *(virages en épingle, forte dénivellation),* le belvédère et le parking offrent tous deux une belle **vue★** sur les à-pics du canyon, que l'on pourra aussi admirer en empruntant la passerelle qui enjambe le Yukon.

En bateau – *Captain Ken's Adventures - dép. de l'embarcadère du lac Schwatka - ✆ 867 334 2066 - croisière panoramique (3h env.) - 4 passagers maxi - tarif, se rens.* Ce sera probablement la meilleure façon d'apprécier la formidable puissance du courant. Le bateau ménage des **vues★** splendides sur les eaux vert émeraude du Yukon et sur les abruptes falaises du canyon.

Le fleuve se faufile sur plus d'un kilomètre à travers la gorge encaissée dont les parois de basalte en forme de tuyaux d'orgue doivent leur aspect au refroidissement de la roche volcanique. Le canyon élève (9-12 m) sa muraille rouge grisâtre au-dessus d'un fleuve puissant et par endroits tourbillonnant, comme à hauteur du **Devil's Whirlpool** (tourbillon du Diable), mais dont le barrage (construit en aval) a assagi les flots et diminué les risques pour la navigation. Arrêt possible du bateau à Canyon City, ancienne ville fantôme de la ruée vers l'or de 1898 en amont de Whitehorse.

Une ville carrefour

Au moment de la **ruée vers l'or**, le Yukon était la principale voie d'accès vers le Klondike, mais les prospecteurs éprouvaient de grandes difficultés à franchir le canyon Miles et les rapides de Whitehorse (aujourd'hui domptés par une centrale hydroélectrique). La compagnie ferroviaire White Pass & Yukon Route révolutionna les modes de transport en établissant un actif centre de transbordement en 1898 : passagers et marchandises en provenance de Skagway sur la côte, débarqués du train à Whitehorse, continuaient leur périple vers le nord en bateau ou en traîneau, selon la saison. En arrêtant la ligne à Whitehorse, sans la prolonger jusqu'à Dawson City, la compagnie ferroviaire fit littéralement naître la ville. Lorsque fut prise en 1942 la décision de tracer la route de l'Alaska, la présence du chemin de fer et de l'aéroport fut déterminante dans le choix de Whitehorse comme base opérationnelle. Dawson City déclinant, la capitale territoriale fut transférée en 1953 à Whitehorse.

15 km - 4h env. - *alltrails.com/trail/canada/yukon/miles-canyon-loop*. En été, un **sentier balisé** au départ de la passe migratoire des rapides de Whitehorse *(voir p. 466)* dessert le canyon et ses environs dans de beaux paysages.

Circuits conseillés

CARTE P. 454

★★ La route du Klondike côté océan A2

Circuit de 180 km, au départ de Whitehorse, tracé en vert pâle sur la carte p. 454. Routes 1 et 2. Poste de douane canadien à Fraser : 867 821 4111 - cbsa-asfc.gc.ca - 24h/24.

Cet impressionnant parcours franchit la Chaîne côtière et rejoint le Pacifique à hauteur de Skagway, jusqu'où remonte la marée. La ville, au sud-est de l'Alaska, marque le terminus de la route du Klondike. Minuscules bourgades de pionniers, formidable enchevêtrement de lacs, étendues plates et arides, mines abandonnées, côte spectaculaire... le voyage est empli du souvenir des aventuriers d'antan et de leur terrible lutte pour atteindre les filons aurifères.

Les routes de l'Alaska et du Klondike se confondent sur plusieurs kilomètres au sud de Whitehorse, puis la route du Klondike s'enfonce dans la forêt et s'achemine vers les montagnes dont on distingue au loin les sommets enneigés. Le paysage change brusquement à partir de **Carcross**, petite localité historique bordée de plages et de dunes, où la White Pass and Yukon Route posa son dernier rail. On pourra y faire une halte pour visiter le **Carcross Learning Centre** qui permet de mieux comprendre l'histoire et la culture de la Première Nation de Carcross-Tagish *(Klondike Hwy - Tagish - ctfn.ca/haa-shagoon-hidi/visit)*.

La route longe ensuite les rives du **lac Tagish**, du **lac Windy Arm** et du **lac Tutshi** en révélant un saisissant spectacle d'énormes masses montagneuses aux flancs lisses qui plongent à pic dans les eaux bleues. Elle monte ensuite vers le col White et dévoile cette fois de plates étendues lunaires caractérisées par la présence de rochers tapissés de lichen et l'absence de couverture boisée. Vertigineuse, parfois même effrayante, la descente sur Skagway et sa côte dévoile **Taiya Inlet** en prolongement du chenal Lynn.

★ Skagway A2

Caressée par les eaux du Pacifique, cette ville frontière née de la ruée vers l'or du Klondike occupe un joli **site** agrémenté de montagnes en arrière-plan.

Avant l'arrivée du premier bateau de prospecteurs en juillet 1897, Skagway ne comptait guère que deux colons européens : le capitaine William Moore et son fils, présents depuis 1887. Trois mois plus tard, le désordre absolu régnait sur cette bourgade envahie par quelque 20 000 nouveaux arrivants. Nombre d'entre eux se laissaient séduire par les saloons, casinos et maisons closes qui avaient poussé comme des champignons, et se faisaient dépouiller par des malfrats dont le légendaire **Soapy Smith**, qui délesta de leur argent bien des pionniers naïfs...

En 1898, la construction du chemin de fer White Pass and Yukon Route et le raffermissement de l'ordre transformèrent Skagway en une communauté respectable. Terminus nord de la ligne maritime (ferry) du sud-est, c'est aujourd'hui un petit port actif, sur la route du Passage intérieur, où les bateaux font régulièrement escale. Le tronçon Skagway-Carcross fut ajouté à la route du Klondike en 1978, et le chemin de fer fut rétabli en 1988. Ce centre touristique au charme très rétro attire chaque année de nombreux visiteurs. Ils apprécieront tout particulièrement

Chemin de fer de la White Pass & Yukon Route.
jirivondrous/Getty Images Plus

la section de **Broadway** entre la 1st et la 7th Avenue, qui comprend plusieurs hôtels, saloons et magasins restaurés selon leur aspect au temps de la ruée vers l'or.

★ **Klondike Gold Rush National Historical Park** – *À l'angle de la 2nd Ave. et Broadway - ✆ 907 983 9200 - nps.gov/klgo - ouv. tte l'année - centre d'accueil de fin mai à fin sept. : 10h-15h ; reste de l'année : services limités aux bureaux administratifs du parc (lun.-vend.) -* ♿. Ce parc historique, dont le centre d'accueil est logé dans l'ancien **hangar ferroviaire★** restauré de la White Pass & Yukon Route (1898), entretient les vestiges du Chilkoot Trail et de la plus grande partie du vieux quartier de Skagway, avec ses façades de bâtiments en trompe-l'œil et ses trottoirs en bois. Maisons closes et tripots ont été transformés en boutiques de souvenirs et petits restaurants.

À proximité du centre d'accueil, le **musée du parc★** *(de déb. mai à fin. oct. : tlj sf w.-end 9h-15h ; reste de l'année : sur RV - gratuit)* vous fera découvrir des objets d'époque allant de poêles en or à de simples journaux. Pus haut sur la rue, au croisement de 3rd Street et Broadway, remarquer le **Mascot Saloon★** *(déb. mai-fin sept.)*, taverne historique où photographies et petites installations retracent le mode de vie d'antan.

★★ **Chemin de fer de la White Pass & Yukon Route** – *201 2nd Ave. - ✆ 1 800 343 7373 - wpyr.com - ne pas oublier de prendre son passeport pour passer du Yukon (Canada) à l'Alaska (États-Unis) et inversement ! Deux excursions possibles : White Pass Summit Excursion (spectaculaire trajet AR en train de/vers White Pass - 3h - de mai à oct. - à partir de 146 $) et Benett Scenic Journey (trajet AR entre Skagway et Carcross, combinant l'aller en train et le retour en autocar, ou l'inverse, avec un arrêt à Benett et son musée - de mi-mai à mi-sept. - à partir de 265 $). Réserver bien à l'avance.* Conçue en 1898 comme option à la dangereuse traversée des cols White et Chilkoot, cette étroite voie ferrée atteste l'ingéniosité et la persévérance de l'esprit pionnier. Le chemin de fer, qui reliait Skagway à Whitehorse, fut en exploitation de 1900 à 1982. Ses wagons remis à neuf, il n'est plus qu'une

5

attraction touristique depuis 1988. Le trajet, au dénivelé de 873 m sur 32 km, révèle des **vues★** spectaculaires de Skagway et des pics déchiquetés qui la dominent. Le commentaire à bord signale les points dignes d'intérêt : cascades, ponts, vestiges de la piste White. Après avoir franchi le col White, le train achève son remarquable parcours de 45 km à la gare de **Fraser**, en Colombie-Britannique. Une option plus longue (109 km) consiste à aller jusqu'à **Carcross**, dans le Yukon, en longeant la rive du **lac Bennett** (musée historique à Bennett station).

★★ La route du Klondike côté or A1

Circuit de 540 km, au départ de Whitehorse, tracé en orange sur la carte p. 454. Route 2.

Bien que la **route du Klondike** longe le lac Laberge (traversé par le Yukon), celui-ci ne s'entrevoit que furtivement. Mais en remontant le chemin d'accès *(non goudronné)* jusqu'au terrain de camping, on jouit d'une ravissante **vue** sur le lac et les montagnes à l'horizon.

Après avoir parcouru un arrière-pays vallonné, et dans l'ensemble désert, la route rejoint le Yukon à **Carmacks** *(km 178)*, dont le nom rend hommage au découvreur de l'or du Klondike. Plusieurs petits îlots rocheux surgissent brusquement au milieu d'un coude du fleuve *(km 196)*, divisant le cours en cinq chenaux, les « doigts » des **rapides Five Finger★**. Le courant traître qui rend le passage dangereux posa bien des problèmes aux bateaux d'antan qui empruntaient souvent le chenal le plus étroit, halés par des câbles. Le belvédère offre une belle vue sur les rapides.

À hauteur de **Minto**, une route non goudronnée *(1,6 km)* mène aux rives du Yukon, d'où la **vue★** est splendide. Parmi les vestiges d'anciens bâtiments en rondins, un panneau signale la piste carrossable Overland (1902), par laquelle le courrier était acheminé l'hiver de Whitehorse à Dawson City.

Le col Chilkoot

Un sentier plus éprouvant et bien plus escarpé que celui du **col White** (déclivité atteignant par endroits 70 %) partait de Dyea et passait par le **col Chilkoot** (1 062 m). La roche, nue en été, se transformait l'hiver, par des températures de -50 °C, en un cauchemar de neige et de glace. Quelque 22 000 prospecteurs pris par la fièvre de l'or empruntèrent malgré tout cette voie au cours de l'hiver 1897-1898. Pour éviter qu'ils ne périssent dans la nature sauvage, la Police montée du Nord-Ouest, postée à la frontière, ne laissait entrer au Canada que ceux munis d'une tonne de provisions, ce qui supposait une quarantaine d'ascensions harassantes pour satisfaire à cette stricte exigence... Aujourd'hui, les plus audacieux pourront revivre l'épopée des chercheurs d'or en empruntant à leur tour la **piste Chilkoot** *(53 km)*, qui part du site abandonné de **Dyea** *(15 km au nord de Skagway par un chemin non goudronné)*, ancienne rivale de Skagway, pour aboutir au **lac Bennett** (sens le plus prisé). Cette difficile randonnée nécessite un équipement adéquat et peut durer cinq jours.

Formalités administratives - *Renseignements détaillés sur cette randonnée ardue et obtention des autorisations nécessaires à l'ascension du Chilkoot (de déb. juin à mi-sept.) sur parcs.canada.ca/lhn-nhs/yt/chilkoot et nps.gov/klgo/planyourvisit/permits.htm - ☎ 1 800 661 0486.*

La route s'écarte ensuite de la vallée du Yukon pour s'engager sur le plateau central, enjambant au passage les rivières Pelly et Stewart. À **Pelly Crossing**, des panneaux d'interprétation relatent l'histoire des **Selkirk** qui, bien avant l'arrivée des Européens dans la région, venaient y pêcher au printemps.

À **Stewart Crossing**, la route 11 (*non goudronnée entre Mayo et Keno*) désigne en fait la route de l'Argent, qui commence ses 112 km de traversée nord-est à travers les villages de Mayo et Elsa jusqu'à Keno. Peu après Stewart Crossing, on remarquera un vaste fossé d'effondrement parallèle à l'axe de la route : le **sillon de Tintina**. Illustration de la tectonique des plaques, il s'étire à travers le Yukon et l'Alaska. Un belvédère *(signalé)*, à environ 61 km au sud de Dawson City, offre une jolie perspective sur la vallée.

Au km 483, un **point de vue** domine la vallée du Klondike, tandis que se découpent au nord-est les monts Ogilvie. La route longe la rivière, dont la vue est obstruée par les monceaux de déblais laissés par les dragues minières.

Au km 494, la **route Dempster** *(voir p. 489)* part vers le nord et se fraye un passage à travers les monts Ogilvie et Richardson avant d'aboutir à Inuvik sur le delta du Mackenzie. Elle doit son nom au caporal Dempster de la Police montée du Nord-Ouest, l'un des premiers à la parcourir en traîneau à chiens au début du 20e s. Elle fut l'unique route d'Amérique septentrionale à franchir le cercle arctique jusqu'à l'ouverture, en 1995, de la route Dalton en Alaska qui rejoint la baie Prudoe *(ouvert tte l'année, sf fonte des neiges au printemps et prise des glaces en automne, qui interrompent les bacs sur la Peel et la Mackenzie)*.

Le km 538 voit enfin la traversée du légendaire Klondike, puis l'entrée dans **Dawson City** *(voir p. 473)*. Le nom Klondike dérive de l'appellation han des pieux que cette tribu plantait dans la rivière pour pêcher le saumon.

La route de l'Argent A1

▶ *Circuit de 224 km AR, à partir de la route du Klondike, tracé en bleu sur la carte p. 454.*

ℹ *travelyukon.com/fr/decouvrir-le-yukon/regions-et-collectivites/silver-trail.*

La route 11, appelée **Silver Trail**, offre, au cours de sa traversée de la région minière du Yukon, une vision du passé mais aussi du caractère sauvage d'un paysage subarctique typique.

Mayo

Km 53. Première étape, cet ancien port de bateaux à vapeur subissait jadis un des climats les plus extrêmes du monde, avec des températures pouvant atteindre 36 °C l'été (record du Yukon) et -62 °C l'hiver.

Binet House Interpretive Centre – *2nd Ave. - ✆ 867 996 2317 - mai-sept. : 10h-18h.* Ce petit centre d'interprétation installé dans un bâtiment de 1920 met en lumière l'histoire de Mayo et de sa région, de l'extraction de l'or et de l'argent à la géologie, en passant par la faune qui peuple les environs.

Keno City

Km 112. Ce hameau prospéra jusqu'à la fermeture de la dernière mine en 1989 : 14 % de la production canadienne d'argent sortit de ses seules mines en 1930.

Keno City Mining Museum – *Main St. - ✆ 867 995 3103 - heritageyukon.ca - de fin mai à mi-sept. : 10h-18h ; reste de l'année sur RV - participation libre).* L'exposition phare est une collection de **photographies★** passionnantes, sur la bourgade dans les années 1950, réalisées par un mineur autodidacte aujourd'hui décédé.

Carnet pratique

S'informer

Yukon Visitor Information Centre – *À l'angle de 100 Hanson St. et 2nd Ave. - Whitehorse - 867 667 3084 - yukon.ca/en/places/yukon-visitor-information-centre.*

Explore Skagway Visitor Information Center – *205 Broadway - Skagway - 907 983 2854 ou 1 888 762 1898 - skagway.com.*

travelyukon.com.

Arriver/Partir

Erik Nielsen Whitehorse International Airport (YXY) – *Situé juste à l'ouest de la ville - 867 667 8440 - yukon.ca/en/driving-and-transportation/erik-nielsen-whitehorse-international-airport.* L'aéroport est relié à Vancouver, Calgary, Edmonton, Toronto, Ottawa, Yellowknife et Dawson City, principalement par **Air North** *(flyairnorth.com)*, mais aussi **Air Canada** et **Westjet**. Bus et taxis vers la ville ; location de voitures sur place.

Agenda

Yukon Sourdough Rendez-vous – *En fév. - www.yukonrendezvous.com.* Course de brouette ou en sac à patate et autres réjouissances dans la plus pure tradition yukonnaise.

Nos adresses

Restauration

Budget moyen

Klondike Rib & Salmon – *2116 2nd Ave. - 867 667 7554 - klondikerib.com - fermé oct.-mai.* Perdu dans les bois, ce restaurant affiche un décor de cabane de trappeur. Il sert notamment un *fish & chips* très apprécié par les habitants de Whitehorse.

Cooper's/Dirty Northern – *103 Main St. - 867 633 3305 - dirtynorthernyukon.com - 20/40 $.* Décor chaleureux, plats très éclectiques (burgers, salades, bonnes pizzas, plats internationaux) et beau choix de cocktails.

En soirée

Les cabarets de Whitehorse et de Dawson City et leurs spectacles endiablés de **French cancan**, avec leur petit côté canaille, font partie des animations les plus courues au Yukon.

À Skagway

Days Of'98 Show With Soapy Smith – *Eagles Hall, à l'angle de 6th Ave. et Broadway - 907 983 2545 - thedaysof98show.com - représentations (60mn environ) - 28 $.* Cette comédie musicale, s'appuyant sur des airs de ragtime, évoque la vie rocambolesque du légendaire Soapy Smith, sinistre escroc et chef de gang qui sévit à Skagway durant la fameuse ruée vers l'or du 19e s.

Hébergement

Budget moyen

Voyez les options (yourte, cabine, camping, chambres) proposées par **Traveling Light B & B** *(travelinglightyukon.com).*

Une folie

Raven inn – *150 Keish St. - 867 466 7777 - raveninn.com - 34 ch. 300 $ -* Cet hôtel central et récemment rénové offre confort, modernité et décoration personnalisée.

Dawson City ★★

Dawson City occupe un site superbe sur la rive est du Yukon, au confluent du Klondike. À l'époque de la ruée vers l'or, cette pittoresque ville de pionniers marqua, pour des milliers d'aventuriers, l'ultime étape d'une folle épopée. Aujourd'hui, plusieurs édifices de la ville regroupés sous le nom de Dawson Historical Complex sont classés site historique national. Chargée d'histoire, la ville attire désormais des milliers de visiteurs séduits par ses rues pavées, ses maisons basses et ses trottoirs à planches bordés de fausses façades dignes d'un décor d'Hollywood.

Se repérer

1755 habitants – Yukon

CARTE A1 (P. 454).

Dawson City se trouve sur la route du Klondike, à proximité de la frontière avec l'Alaska.

Organiser son temps

Arrêtez-vous d'abord au centre des visiteurs des parcs du Canada pour prendre une carte et choisir une visite commentée. Prévoyez 1h environ pour le centre-ville de Dawson City. La maison de Robert Service et le Centre Jack London nécessitent 2h. Ajoutez une journée pour des excursions hors de la ville.

Carnet pratique p. 483

Nos adresses p. 483

Se promener

★★ Dawson Historical Complex National Historic Site

Les rues quadrillées de Dawson City s'étalent au pied du Midnight Dome, dont on aperçoit bien les contours depuis le centre-ville. Sur le flanc de cette énorme colline apparaît le **Moosehide Slide**, un glissement de terrain probablement causé par une source souterraine.

parcs.canada.ca/lhn-nhs/yt/klondike/culture/lhn-nhs-dawson.

SS Keno National Historic Site – *1025 Front St. - centre d'accueil (angle de Front St. et King St.) de mi-mai à mi-sept. : 9h-17h - 4,50 $.* Amarré en cale sèche sur les berges du Yukon, ce bateau à aubes transportait naguère sur la rivière Stewart les minerais d'argent, de plomb et de zinc des mines du district de Mayo. Construit à Whitehorse en 1922, ce vapeur allait aussi à Dawson City, où il fit d'ailleurs son dernier voyage en 1960 avant d'y être mis définitivement en cale sèche. À la suite des terribles inondations de 1979, on a construit une digue de graviers et de sable le long de la rive où les bateaux entraient à quai.

Canadian Imperial Bank of Commerce – Non loin du SS *Keno*, le bâtiment de l'ancienne banque possède une imposante façade en tôle pressée qui imite la pierre de taille. Une plaque rend hommage à son célèbre employé : le poète Robert Service *(voir p. 476).*

British North American Bank – *À l'angle de Queen St. et de la 2nd Ave.* La toute première banque de Dawson City possède de magnifiques comptoirs de bois ciré.

Ruby's Place – *233 2e Ave.* Plusieurs bâtiments de Dawson City ont été restaurés, parmi lesquels cette ancienne maison close de style édouardien.

Harrington's Store – *À l'angle de Princess St. et de la 3e Ave.* Ce magasin rénové, bâti en 1900, abrite *Dawson As They Saw It*, une exposition de photographies. En face, se tient l'échoppe du forgeron **Billy Bigg's**. Au nord de la 3e Avenue, le **KTM Building** servait d'entrepôt à la Klondike Thawing Machine Company en 1912.
Ancienne bibliothèque Carnegie – De style néoclassique, elle marque l'angle de la 4e Avenue et Queen Street ; c'est aujourd'hui une **loge maçonnique**.
Diamond Tooth Gertie's Gambling Hall – De l'autre côté de la rue s'élève le casino de « Gertrude-dent-de-diamant », l'une des figures légendaires de Dawson City *(voir « Nos adresses » p. 483).*
De retour sur la 3e Avenue, on remarquera le **Dawson Daily News** (1898-1953) et **Madame Tremblay's Store**, magasin restauré selon son aspect de 1913.
Bureau de poste – *À l'angle de King St. et de la 3e Ave.* En face, un édifice en planches flanqué d'une tourelle octogonale contient une réplique de l'ancien bureau de poste. Construit en 1900, le bâtiment avait été conçu par l'Anglais **Thomas W. Fuller**, qui servit pendant quinze ans en qualité d'architecte en chef du pays et influença tout particulièrement l'architecture fédérale canadienne. Fuller dessina également les plans de la résidence du commissaire et des anciens locaux de l'administration territoriale.
★ **Palace Grand Theatre** – *À l'angle de King St. et de la 3e Ave.* Ce remarquable bâtiment en pin, orné d'une fausse façade aux détails compliqués, est la reproduction du théâtre d'origine construit en 1899 par « Arizona Charlie » Meadows. On y donnait jadis des représentations en tout genre, comme des opéras aussi bien que des spectacles western. La salle en demi-lune se compose de deux niveaux différents ; elle offre aux spectateurs des « chaises de cuisine » rembourrées en guise de sièges, le tout dans un décor très coloré de drapeaux américains et britanniques. Il s'y joue de nos jours les *Gaslight Follies*, mélange de vaudeville et mélodrame de la Belle Époque.
St. Paul's Anglican Church – *À l'angle de Front St. et de Church St.* La rue suivante, très justement nommée Church Street, contient une église anglicane, bâtiment en planches construit en 1902 grâce à la générosité des mineurs des environs.
Commissioner's Residence – *Sur Front St., à proximité de l'église anglicane.* Au sud, une demeure à deux portiques donne sur Front Street. Au début du 20e s., le commissaire du Yukon habitait ici. Le bâtiment actuel offre un extérieur moins élaboré que l'originel, conçu par T.W. Fuller et détruit en 1906 par un incendie. Toute l'activité mondaine de Dawson City gravitait autour de cet hôtel particulier aux, parterres jadis fleuris ; on y donnait des thés d'après-midi, de grands dîners et d'élégantes réceptions en plein air.
Fort Herchmer NWMP – *309-11 3e Ave. - accès extérieur seult.* Derrière la résidence du commissaire subsistent les vestiges d'une ancienne caserne de la Police montée du Nord-Ouest, avec ses appartements pour les familles, ses écuries, sa prison et les quartiers de son commandant.
À l'angle de Church Street et de la 4e Avenue, remarquez **St. Andrews Church** et son **presbytère** rénové.

À voir aussi

★ Dawson City Museum

595 5th Ave. - ✆ 867 993 5291 - dawsonmuseum.ca - été : 9h-17h ; reste de l'année : se rens. - 10 $.

Palace Grand Theatre.
BrianScantlebury/Getty Images Plus

En haut de la 5e Avenue, un bâtiment à la façade solennelle, qui accueillait jadis les bureaux de l'administration territoriale, abrite désormais le musée de la ville. C'est un imposant monument de style néoclassique (T.W. Fuller) construit en 1901. La galerie sud exploite les thèmes de la ruée vers l'or du Klondike, tandis que la galerie nord offre un aperçu de la vie à Dawson City au début du 20e s. On peut également voir des locomotives de la Klondike Mines Railway dans un hangar annexe.

Robert Service Cabin

À l'angle de la 8th Ave. et de Hanson St.- possibilité de visite guidée en été : rens. auprès du Dawson City Visitor Information Centre (voir p. 483).

Cette cabane de deux pièces en rondins ornée d'une ramure d'orignal regarde vers la ville. C'est là que vécut, de 1909 à 1912, celui qu'on allait appeler le « chantre du Yukon » : **Robert Service** (1874-1958, *voir encadré p. 476*). Étrangement, Service ne fut pas directement témoin de la ruée vers l'or, mais son œuvre poétique recrée pourtant de manière fort vivante l'ambiance de l'époque.

Jack London Museum

À l'angle de la 8th Ave. et Firth St. - ✆ 867 993 5575 - jacklondonmuseum.ca - de mi-mai à déb. sept. : 10h-16h, sam.13h-16h - fermé dim. - 5 $.

Vous découvrirez ici la réplique de la cabane qu'un autre écrivain, l'Américain **Jack London** (1876-1916, *voir encadré p. 476*) avait fait construire à Henderson Creek, quelque 120 km au sud de Dawson City, avant la ruée vers l'or de 1898. Un édifice adjacent abrite une exposition de photographies évoquant sa vie au Klondike. L'exposition contient par ailleurs des photos des fouilles entreprises vers les années 1960 pour découvrir la « vraie » cabane de l'auteur.

Au pays du Klondike

Le 16 août 1896, **George Carmack** et ses deux beaux-frères, les Autochtones skookum Jim et Tagish Charlie, découvrirent de l'or dans le minuscule **ruisseau Bonanza**, tributaire d'un affluent du Yukon, le **Klondike**. À cette nouvelle, près de 100 000 individus venus jusque d'Australie allaient tenter l'aventure et entreprendre le long et difficile voyage vers Dawson City, ville-champignon surgie comme par miracle à l'embouchure du Klondike. Beaucoup ne parvinrent pas au but. Quant à ceux qui arrivèrent à destination, bien peu firent fortune.

Les routes de 1898

À l'époque, on pouvait se rendre à Dawson City de plusieurs façons. L'itinéraire des « riches », le plus long mais aussi le plus facile, se faisait par voie maritime jusqu'à l'embouchure du Yukon, après quoi on remontait le fleuve en bateau à aubes sur 2 100 km jusqu'à la « ville de l'or ». Certains essayèrent une voie terrestre au départ d'Edmonton (Alberta), qui correspondait en gros à l'actuelle route de l'Alaska ; malheureusement, d'innombrables tourbières et buissons la rendaient quasi impraticable. La majorité des prospecteurs remontaient donc la côte pacifique par le Passage intérieur jusqu'à Skagway ou Dyea, minuscules relais au sud-est de l'Alaska, et continuaient en descendant le Yukon à travers la terrible Chaîne côtière.

La reine du Klondike

La nouvelle de la découverte de 1896 se répandit très rapidement. Anxieux de faire valoir leurs droits, les prospecteurs déjà sur place s'empressèrent d'enregistrer leurs

Les bardes du Grand Nord

La plupart des grandes épopées humaines doivent leur renom à des chroniqueurs qui, à leur tour, sont rendus célèbres par les événements qu'ils décrivent. Jack London et Robert Service ont ainsi contribué à faire entrer dans la légende la ruée vers l'or du Klondike. Jeune Californien venant chercher fortune au Yukon, **Jack London** arrive en 1897. Il extrait un peu d'or d'une concession sur la rivière Henderson, mais une attaque de scorbut le contraint l'année suivante à retourner en Californie. Considéré comme l'un des meilleurs auteurs du Grand Nord, il connaît la notoriété dès 1903 avec *L'Appel de la forêt*, aventure épique d'un chien de traîneau retourné à l'état sauvage. Employé de banque, **Robert Service** arrive, quant à lui, à Whitehorse en 1904. Son premier triomphe, *Songs of a Sourdough* (1907), est un recueil de poèmes sur le Yukon ; le succès populaire est phénoménal. Sa banque le mute en 1908 à Dawson City, où il achève *Ballads of a Cheechako*, l'œuvre qui lui procure enfin l'indépendance financière. Il écrit alors une vivante épopée de la ruée vers l'or, *The Trail of Ninety-Eight*, et son dernier poème sur le Yukon, *Songs of a Rolling Stone*. Comme tant d'autres ayant tiré leur fortune du Klondike, Jack London et Robert Service finirent leurs jours sous des cieux plus cléments. Jack London se retira dans son ranch californien jusqu'à sa mort en 1916, tandis que Robert Service s'installa en France, où il décéda en 1958. Leurs habitations sont devenues des hauts lieux du tourisme local *(voir p. 475)*.

concessions. Un certain **Joe Ladue**, marchand des environs, fit tout autrement fortune. Il eut la brillante idée de fonder l'ébauche d'une ville sur un pâturage marécageux à l'embouchure du Klondike. Très vite, les terrains atteignirent 5000 dollars par pied de façade sur la rue principale. Dawson City était née. On y trouvait de tout (vins et mets les plus fins, dernières toilettes de Paris), mais à des prix exorbitants (œufs à 1 dollar pièce, clous à 8 dollars la livre). Et dans les nombreux saloons, il était très courant de voir les clients régler l'addition en poudre d'or.

La plus grande et la plus riche des communautés minières de l'époque, Dawson City était aussi, contre toute attente, la plus respectueuse des lois. Car la Police montée du Nord-Ouest, seule autorisée à être armée, faisait régner en ville une discipline de fer. Le dimanche, tout était fermé. Et malheur à ceux qui enfreignaient la loi ; un « ticket bleu » les informait de leur expulsion imminente.

Déclin et renouveau

Dawson City connut une splendeur bien éphémère. Dès 1904, les riches **placers** (c'est-à-dire les gisements aurifères) étaient épuisés – on avait alors extrait pour 100 millions de dollars d'or – les autres nécessitaient un équipement compliqué. Délaissée par les petits entrepreneurs, la ville perdit de son éclat et tomba aux mains des grandes compagnies minières et de leurs dragues monstrueuses.

Jadis la plus grande ville canadienne (30000 habitants) à l'ouest de Winnipeg, Dawson City fut surpassée par Whitehorse aux alentours de la Seconde Guerre mondiale. En 1966, la dernière grande compagnie minière quittait la région, et Dawson City serait morte si le tourisme ne lui avait apporté un second souffle.

Aujourd'hui, quelques prospecteurs y vivent encore de l'or, mais en comparaison des 66 millions de dollars extraits en 1898, leur production est négligeable.

La population de Dawson City grossit en été par l'afflux de visiteurs et résidents saisonniers. Située à moins de 300 km du cercle arctique, la ville repose sur de riches sols qui échappèrent à la glaciation, et bénéficie de chauds étés baignés par la lumière quasi constante du jour. On y verra des légumes dans les jardins et des fleurs à travers les lézardes le long des rues. Beaucoup de vieux bâtiments témoignent encore d'une splendeur inégalée à cette latitude ; mais certains, tordus et déformés, penchent sous l'action du pergélisol. Le gouvernement canadien s'est lancé dans une vaste entreprise de restauration visant à redonner à la ville un peu de sa magnificence d'autrefois.

Le site Tr'ondëk-Klondike au Patrimoine mondial de l'Unesco

Le site Tr'ondëk-Klondike, comprenant notamment Dawson City et les champs aurifères du Klondike, compose un paysage culturel très particulier. Étalé sur quelque 350 km^2, il offre, grâce aux nombreux vestiges miniers, aux constructions vernaculaires et aux camps et établissements autochtones, un exemple exceptionnellement complet de l'histoire de la ruée vers l'or au 19e s. et un témoignage essentiel de la coexistence de deux cultures radicalement différentes, celle des chercheurs d'or et celle des Tr'ondëk Hwëch'in, également connus sous le nom des Häns. Cette configuration a été un argument majeur pour le classement de ce site au Patrimoine de l'Unesco en 2023.

À proximité

CARTE P. 454

Aux proches alentours de Dawson City, la vallée du Klondike offre le paysage étonnant d'une terre striée et meurtrie, labourée en profondeur à l'aide de dragues, ou plus simplement tamisée, retournée à coups de pelle et de pioche au terme d'efforts titanesques. Nous sommes ici au cœur des mythiques champs aurifères du Klondike...

★★ Bonanza Creek A1

De la ville, suivre la Klondike Hwy sur 4 km, puis prendre Bonanza Creek Rd.
La route, entretenue sur 16 km, serpente le long du ruisseau Bonanza à travers d'énormes monceaux de déblais laissés par les dragues.

Dredge No. 4 National Historic Site - *867 993 5023 - parcs.canada.ca/lhn-nhs/yt/klondike/culture/lhn-nhs-drague4-dredge4 ; goldbottom.com - de mi-mai à déb. sept. : visite autonome à 9h et 14h - 50 $ ou visite guidée (2h30-3h) à 8h15 et 13h15 - 70 $ transport compris.* Installée sur la concession 17BD, cette drague monumentale contient le plus de vestiges d'équipement minier. Énorme élévateur à godets sur coque de bois, elle se compose essentiellement de quatre parties : une barge de flottaison ; une chaîne de godets en acier pour racler les graviers à l'avant de la barge et les déposer dans la cuve ; la cuve elle-même, utilisée pour le lavage à l'eau des graviers et la récupération de l'or ; et enfin, un transporteur pour rejeter les graviers improductifs à l'arrière de la barge.

Concession n° 6 - *À env. 14 km de Bonanza Creek Rd (suivre les panneaux indicateurs) - 1 867 993 5566 ou 1 867 993 575.* Les visiteurs pourront revivre un court moment la folle épopée des chercheurs d'or en lavant le gravier aurifère à la **batée** sur cette concession gracieusement mise à la disposition du public par la Klondike Visitors Association.

Discovery Claim National Historic Site – *À 14,5 km de la jonction avec la Klondike Hwy.* Nous voici arrivés sur le lieu même de découverte, le 16 août 1896, du filon d'or qui allait déclencher la fameuse ruée vers l'or du Klondike.

Un peu plus loin *(à 19 km du carrefour)*, les ruisseaux Eldorado et Bonanza se rejoignent. L'**Eldorado** comptait parmi les plus riches concessions, et **Grand Forks**, au confluent des deux ruisseaux, fut jadis une communauté prospère. Aujourd'hui, il n'en subsiste rien.

On vous emmène chercher de l'or

Et si vous vous mettiez dans la peau d'un chercheur d'or le temps de quelques heures ? Accroupi les pieds dans la rivière, armé d'une batée, d'un chapeau chinois et d'un tamis, vous traquez les précieuses paillettes dorées qui pourraient apparaître dans le gravier aurifère. Cette expérience de 3h s'accompagne de la visite d'une mine encore en activité, dans les environs de Dawson Creek. L'occasion d'en apprendre plus sur les techniques de l'orpaillage et de plonger dans la vie des chercheurs d'or à l'époque de la ruée vers l'or du Klondike qui connut son apogée en 1898. En prime, vous pourrez garder votre récolte ! Peut-être un pas de plus vers la richesse ou la découverte d'une nouvelle vocation ?

Dredge No. 4 National Historic Site, ci-dessus.

Midnight Dome

À 9 km par Dome Rd (route sinueuse et escarpée).

Ainsi nommé en raison du soleil de minuit qui, le 21 juin, l'inonde de ses rayons, le « Dôme de Minuit » (884 m) se profile à l'arrière-plan. Du sommet, il offre, nuit et jour, une **vue★★** splendide sur Dawson City, située en contrebas, au confluent du Klondike et du Yukon. La traînée d'eau claire du Klondike disparaît dans les eaux boueuses du grand fleuve qui poursuit sa course vers le nord en dessinant de beaux méandres. On distingue aussi le ruisseau Bonanza qui se jette dans le Klondike, et l'on pourra constater la terrible ampleur des ravages que les dragues minières ont infligés à cette région de montagnes et de forêts. Au nord, les monts Ogilvie découpent leurs formes particulièrement impressionnantes.

Complexe de Bear Creek

13 km à l'est de Dawson City par la Klondike Hwy - ✆ 867 993 7200 ou 867 993 2315 - mai-sept. - parcs.canada.ca.

En 1969, la Yukon Consolidated Gold Company ferma ce grand complexe affilié au lieu historique national de la Drague-Numéro-Quatre. Ici, une active communauté de plus de 2 000 personnes travaillait à l'entretien de la flotte de dragues. Le site compte 65 bâtiments et structures associées. Un important programme d'infrastructure de Parcs Canada devrait, dans un proche avenir, permettre de réparer la fondation d'origine de cet important lieu patrimonial du Klondike.

Tombstone Territorial Park

110 km au nord-est de Dawson City par la Dempster Hwy.

Tombstone Interpretive Centre - *✆ 778 650 2905 - yukon.ca/fr/parc-territorial-tombstone-territorial-park - de mi-mai à mi-sept.*

Attention, la route n'est pas toujours en très bon état. Pas de station essence. Situé sur le territoire traditionnel de la Première Nation des Tr'ondëk Hwëch'in, ce parc de 2200 km² est le paradis des randonneurs, des pêcheurs et des amateurs de nature. Il abrite une faune et une flore abondantes ; **grizzlis, caribous, loups et mouflons de Dall** y ont élu domicile. La forêt boréale qui domine au sud laisse ensuite place à la toundra. Les paysages et la présence d'animaux confèrent au parc une beauté sauvage. Cependant, le manque d'infrastructures et de réseau téléphonique ainsi que les conditions climatiques très changeantes impliquent une sérieuse préparation avant de se lancer sur les sentiers de randonnée.

Circuit conseillé

CARTE P. 454

★★ Au sommet du monde A1

Circuit de 945 km, au départ de Dawson City, tracé en bleu marine sur la carte p. 454. Route 9 (Top of the World), US-5 (route Taylor) et US-1 (route de l'Alaska), les deux premières étant fermées l'hiver en fonction des conditions climatiques.

La route en lacet est souvent mal entretenue (la route de l'Alaska est goudronnée) ; conduite prudente nécessaire (vitesse généralement limitée à 40-65 km/h). Allumer ses phares en permanence. Routes 9 et 5 : postes frontière américain et canadien. Route de l'Alaska : frontière ouverte tte l'année 24h/24. Pour les formalités d'entrée aux États-Unis *(voir « Avant de partir », p. 567).*

★★ Top of the World Highway A1

108 km jusqu'à la frontière. Route fermée en hiver - poste de douane américain mai-sept. : 9h-21h en fonction des conditions climatiques - George Black Ferry mai-sept. : 24h/24 - rens. pratiques ✆ 867 993 5441 ou 867 993 5344 - sur bellsalaska.com/highway/top-of-the-world-highway.

De la route 9, dont le parcours s'effectue en majorité au-dessus de la zone boisée, d'où son nom, la **vue★★★** est magnifique. Le bac de Dawson City permet de franchir le Yukon. À cet endroit, les eaux du fleuve ne sont plus d'un vert scintillant comme à la hauteur de Miles Canyon, mais plutôt d'un bleu grisâtre dû à l'apport de terre charriée par ses principaux affluents (les rivières Pelly, White et Stewart). La route s'élève sur environ 5 km, puis offre au détour d'un virage un **point de vue** sur Dawson City et son site ; 14 km plus loin, un second **panorama** s'ouvre sur les monts Ogilvie, la vallée du Yukon et au nord, le sillon de Tintina. La route monte encore avant de redescendre le long des crêtes en serpentant sur 90 km, découvrant des panoramas sans cesse renouvelés de montagnes et de vallées.

Parcours en Alaska A1

306 km. À la frontière américaine, retardez votre montre d'une heure.

La route 9 rejoint la route Taylor (US-5) 23 km après la frontière *(ravitaillement à Boundary, en Alaska)* et se dirige vers le sud en longeant la vallée de la Fortymile. On y trouva de l'or peu avant la découverte du Klondike, et les ruisseaux parallèles à la route ont conservé des traces de cette activité minière.

Chicken – *townofchicken.com.* Ce village fantôme américain est empreint de l'histoire des pionniers. Les mineurs voulaient, dit-on, baptiser leur campement « Ptarmigan » (terme anglais pour « lagopède »), mais, ne sachant pas l'écrire, optèrent finalement pour « Chicken » (poulet) ! Aujourd'hui, les visiteurs pourront s'essayer au métier d'orpailleur et peut-être même trouver des paillettes d'or dans le Chicken Creek, cours d'eau local... Ils ne manqueront surtout pas de lire le roman *Tisha* d'**Ann Hobbs Purdy** (1908-1987), native du Missouri, qui raconte sa vie d'institutrice à Chicken.

À **Tetlin Junction**, prenez la route de l'Alaska en direction du sud jusqu'à la frontière canadienne *(avancez votre montre d'une heure).*

★★ Alaska Highway A1

491 km entre la frontière et Whitehorse. La route est jalonnée de bornes kilométriques numérotées à partir de Dawson Creek (C.-B.). Le kilométrage ci-après, respectant ce bornage, est exprimé dans l'ordre décroissant - rens. pratiques sur www.themilepost.com/highways/alaska-highway.

Majestueux Yukon

Le fleuve tire son nom de *yu-kun-ah,* qui signifie « grande rivière » en langue autochtone, à juste titre d'ailleurs, puisqu'avec ses 3 185 km, il est l'un des géants d'Amérique septentrionale. Né dans le lac Tagish à la frontière avec la Colombie-Britannique, il s'écoule vers le nord à travers les rudes terres du Yukon et de l'Alaska avant de se jeter dans la mer de Béring. Ses principaux affluents canadiens sont les rivières Teslin, Pelly, Stewart et White.
Le Yukon subvint aux besoins des populations autochtones ; ses richesses séduisirent marchands de fourrures et chercheurs d'or et ses courants transportèrent chalands et bateaux à aubes. Aujourd'hui, la singulière beauté de ses eaux bleu-vert attire les aventuriers de tous horizons.

Alaska Highway à proximité de Haines Junction.
Alaska Stock/hemis.fr

Tetlin National Wildlife Refuge – *Mile 1.3 Borealis Ave. - ✆ 907 883 5312 - fws.gov/refuge/tetlin - ♿ - centre d'accueil de mi-mai à mi-sept. : tlj sf w.-end 8h-16h30 (horaires variables, se rens.) - gratuit.* Au nord de la frontière, non loin de Northway (en Alaska), la réserve couvre 385 620 ha de forêt boréale, de marécages, de lacs et de rivières d'origine glaciaire. Au km 1982, le centre d'accueil présente la faune et la flore de la vallée de la Tanana supérieure.

Après avoir franchi la frontière canadienne au km 1969, la route, bosselée par endroits, traverse une plate étendue de tourbières et enjambe tour à tour deux rivières chargées de limon glaciaire, la White puis la Donjek. Cette dernière offre, au km 1810, une **vue** de la chaîne Icefield qui fait partie de la **chaîne St. Elias**.

★★ Kluane Lake A1

Peu avant Burwash Landing *(km 1759)*, la route s'approche de cet immense lac qu'elle longe sur 64 km, offrant de très belles **vues★★**. Le lac Kluane, le plus grand et le plus élevé du Yukon, doit son extraordinaire couleur aux montagnes qui l'entourent et aux glaciers qui l'alimentent. Au sud et à l'ouest, la **chaîne Kluane**, au nord et à l'est, la **chaîne Ruby**. Leurs sommets se reflètent dans les eaux bleues et glacées du lac, dont la surface trompeusement sereine peut subitement se déchaîner.

Kluane Museum of History – *Milepost 1093, Alaska Hwy - ✆ 867 841 5561 - kluanemuseum.ca - ♿ - de mi-mai à mi-sept. : 9h-16h30 - 10 $.* Il abrite de magnifiques **dioramas★** de la faune locale, une montagne miniature couverte d'animaux empaillés, ainsi qu'une grande carte en relief des massifs du parc national Kluane. Divers artefacts autochtones (outils, armes et vêtements) ainsi que des minéraux extraits du Yukon viennent compléter ces collections à ne manquer sous aucun prétexte !

★★ Kluane National Park and Reserve A1

Centre d'accueil et bureau du parc – *Haines Junction - 867 634 7207 - parcs.canada.ca/pn-np/yt/kluane - parc ouv. tte l'année - ♿ - centre d'accueil du parc situé dans le Da Kų Cultural Centre, à Haines Junction (de mi-mai à mi-sept. : 9h-18h) - centre d'accueil du Thachäl Dhäl, près de Sheep Mountain, à 1h de route au nord de Haines Junction, par l'Alaska Hwy (de mi-mai à déb. sept : 10h-16h) - accès des véhicules tout-terrain limité (passage à gué des ruisseaux).*

Activités : promenades de mise en valeur du patrimoine, randonnée, alpinisme, camping, pêche, rafting, ski de fond.

Son éblouissante beauté et la formidable variété de ses paysages ont valu à ce parc d'être inscrit sur la liste du patrimoine mondial en 1980. Occupant la totalité de l'angle sud-ouest du Yukon (22 000 km^2), il englobe presque entièrement la partie canadienne de la chaîne St. Elias. Les pics enneigés de la chaîne Kluane, qui peuvent atteindre 2 500 m, se distinguent de la route de l'Alaska. Séparée de la chaîne Kluane par l'étroite dépression Duke, la **chaîne Icefield**, généralement peu visible de la route, s'élève en arrière-plan. Les plus hauts sommets canadiens se trouvent dans cette « chaîne des glaciers », dont plusieurs dépassent 4 500 m : parmi les plus célèbres figurent le **mont St. Elias** (5 489 m) et le **mont Logan**, dont les 5 959 m en font le second point le plus élevé d'Amérique du Nord derrière le **mont McKinley** (6 194 m) en Alaska. Ces pics émergent d'un champ de glace à 2 500-3 000 m d'altitude, d'où partent de nombreux glaciers.

Au km 1707, la route de l'Alaska passe par le **mont Sheep** (Tachal Dhal), croupe rocheuse aride qui doit son nom au mouflon de Dall, aperçu parfois le long des pentes. La route traverse alors le vaste **delta de la Slims** *(km 1707-2)*, dont la traînée blanchâtre d'alluvions charriées depuis le glacier Kaskawulsh pénètre dans les eaux bleues du lac Kluane avant de s'y dissiper.

Située au croisement des routes 1 (route de l'Alaska) et 3 (route Haines), **Haines Junction** occupe un joli site au pied de la chaîne Auriol.

La route Haines longe la partie sud du parc, offrant au passage des vues sur le **lac Kathleen★★** (A2) *(destination très populaire auprès des plaisanciers et des campeurs, car ce secteur est accessible en voiture)*. puis elle franchit le col Chilkat avant de pénétrer en Alaska et d'atteindre la ville de Haines, sur le chenal Lynn.

À 20 km au sud de Haines Junction *(route 3)*, un belvédère découvre de très belles **vues★★** sur le lac Kathleen. De l'unique terrain de camping du parc, les visiteurs pourront se rendre au bord de ses ravissantes eaux azur. Lorsque les vents fréquents de la région n'en troublent pas la surface, elles offrent le reflet des monts King's Throne et Worthington dressés en arrière-plan.

De retour à Haines Junction, continuez *(route de l'Alaska)* vers Whitehorse *(km 1474)*, en admirant au passage la Chaîne côtière au sud. La route remonte la vallée de la Dezadeash et, 13 km environ après l'embranchement, dispense une **vue★** *(par temps clair)* sur les monts Hubbard et Kennedy (de la chaîne Icefield) dont les cimes enneigées émergent des chaînes Auriol et Kluane.

Carnet pratique

S'informer

Klondike Visitors Association / Dawson City Visitor Information Centre – *1102 Front St. - 1 867 993 5575 ou 1 867 993 5566 - dawsoncity.ca; klondikevisitorsassociation.ca.*

Arriver/Partir

En avion

Dawson City Airport (YDA) – *Km 694 Klondike Hwy, 15 km à l'est de la ville - 867 993 7709.*

Relié à Whitehorse (nombreuses connexions), Inuvik et Old Crow par **Air North** *(flyairnorth.com).*

Agenda

21 juin – Le soleil de minuit se cache à peine derrière les monts Ogilvie.

Discovery Day – *3e w.-end d'août.* Défilé, courses en radeau sur le Klondike et autres réjouissances.

Nos adresses

Restauration

Premier prix

Bonton & Company – *878 3rd Ave. - 867 993 4194 - bontonandco.ca - fermé lun., mar. midi, merc. midi et dim. - plats 16/23 $; en soirée réserv. conseillée pour connaître les tarifs du moment.* Ce café, très recommandable en journée pour satisfaire les petites faims en mode sucré ou salé, se mue en restaurant trois soirs par semaine. Il régale ses convives de préparations modernes, colorées et savoureuses (produits locaux privilégiés).

En soirée

Diamond Tooth Gertie's Gambling Hall – *1001 4th Av. - 867 993 5575 ou 877 465 3006 - dawsoncity.ca - été : 19h-1h - 3 spectacles/ soir; automne et hiver : vend.-sam. 19h-1h.* Voici le casino légal le plus ancien du Canada ! Le soir, les spectacles incluent un turbulent cancan en costumes. Celui de minuit est le plus animé.

Hébergement

Pour se faire plaisir

Bombay Peggy's Inn & Pub – *À l'angle de 2nd Ave. et Princess St. - 867 993 6969 - bombaypeggys.com - limité - fermé janv.-fév. - 7 ch. 189/289 $.* La ravissante demeure victorienne (1900) à trois niveaux doit son nom à une tenancière de maison close des années 1950. Après son rachat en 1998, le bâtiment fut déplacé en centre-ville et transformé en un élégant hôtel. En partie rénové et décoré de papiers peints et de mobilier d'époque, il abrite même un piano mécanique ! Clients et visiteurs peuvent se faire servir des amuse-gueules et des boissons alcoolisées.

Aurore boréale dans les environs de Yellowknife.
M. S. Nolan/age fotostock

6

Territoires du Nord-Ouest et Nunavut

CARTE MICHELIN 766

Delta du Mackenzie★★ 491

Nahanni National Park Reserve★★★ 493

Wood Buffalo National Park★★ 495

Yellowknife★ 498

Nunavut★★ 502

Grand angle sur les Territoires du Nord-Ouest et le Nunavut

Avec des terres situées au-delà du 60e parallèle, les Territoires du Nord-Ouest (Northwest Territories) s'étendent du nord de la Saskatchewan jusqu'au Yukon. Occupant plus d'un dixième du Canada, ils rassemblent à peine plus de 0,1 % de la population, essentiellement installée autour de sa capitale Yellowknife.

Quant au Nunavut, il s'étend à l'est des Territoires, jusqu'au Groenland. Avec un peu plus de 2 000 000 km² (4 fois la France), soit un cinquième de la superficie du pays, il présente la plus faible densité de population du monde : 0,02 hab./km².

Ces régions présentent des paysages extrêmement variés, alliant beauté et étendues désertiques infinies, véritable paradis pour les amateurs de conditions extrêmes, d'animaux sauvages et de cultures indigènes.

Des territoires sauvages

Climat

La longueur de l'hiver, la rigueur des températures et la faiblesse des précipitations annuelles caractérisent ces territoires ; la dureté du climat s'accentuant du sud-ouest vers le nord-est. Ainsi, la région du Mackenzie et des Grands Lacs bénéficie du climat « Moyen-Nord » aux hivers sombres et très froids, et aux étés brefs mais étonnamment chauds et lumineux. À cette saison, le jour dure au minimum 20 heures (au-delà du cercle polaire, il ne fait jamais nuit). Plus à l'est, le « Grand Nord » correspond à la zone du climat arctique, plus sévère, avec huit mois de gel. Tout au nord sévit le climat polaire de l'« Extrême-Nord », où il peut geler pratiquement toute l'année.

Permafrost

Le permafrost, ou pergélisol (couche glacée et imperméable, d'épaisseur variable se maintenant plus de deux ans consécutifs), couvre environ 40 % du territoire canadien. Il débute à une trentaine de centimètres sous la surface, laquelle dégèle pendant l'été et laisse se développer une rare végétation aux racines courtes et latérales. Il empêche l'infiltration des maigres précipitations, ce qui provoque parfois à la surface du sol une couche mal drainée : le **muskeg**. Dans le Nunavut, le permafrost peut s'enfoncer à 370 m, comme dans la région de Resolut ou sur l'île Cornwallis.

Grandes régions naturelles et végétation

À l'ouest des Territoires du Nord-Ouest s'élèvent les monts Mackenzie, Selwyn et Richardson appartenant au système des cordillères occidentales d'Amérique du Nord *(voir p. 36)*. À leurs pieds, drainée par le Mackenzie et ses affluents, s'étend une large vallée allant du sud-est au nord-ouest. On y trouve la **forêt boréale**, où dominent sapins, peupliers, mélèzes et épicéas.

À l'est, le Grand Lac de l'Ours et le Grand Lac des Esclaves marquent le bord du Bouclier canadien, immense affleurement de roches anciennes, rabotées par les glaciers il y a plus de 10 000 ans, qui ont laissé, un semis de lacs et de débris glaciaires où s'étendent les pâturages des caribous, immense plaine vierge reliant la baie d'Hudson à la mer de Beaufort. C'est la région de la **toundra**, où ne poussent que mousses, lichens et maigres buissons. Elle se couvre en été d'un tapis de fleurs multicolores.

Le granit du Bouclier canadien franchit le Nunavut sur une diagonale sud-est/nord-ouest. Les îles de l'est de la province (Baffin, Devon et Ellesmere) possèdent des montagnes élevées aux vallées comblées par la glace, formant les plus grands et les plus anciens glaciers du pays. Les non-initiés devront aussi connaître les termes, peu usités ailleurs qu'au Grand Nord, de **polynie** (trou d'eau de plusieurs kilomètres de diamètre dans la banquise) et de **chenal côtier** (bras d'eau interrompant la banquise).

Un peu d'histoire

Les premiers habitants

Il y a environ 4 000 ans, les ancêtres des Inuits traversèrent la Sibérie jusqu'à l'Alaska. Ces populations s'installèrent au sud de la calotte glaciaire, remontant vers le nord à mesure qu'elle se retirait. Elles forment désormais deux groupes autochtones bien distincts : les Dénés (présents surtout dans la région du Mackenzie et des Grands Lacs) et les Inuits (majoritaires au Nunavut), auxquels s'ajoute, dans les Territoires du Nord-Ouest, une importante communauté Métis. Les premiers habitants menaient une existence difficile dans un milieu inhospitalier. Voyageant à pied, en canoë et en traîneau, ils chassaient, pêchaient et se déplaçaient pour assurer leur subsistance.

L'arrivée des Européens

Après la découverte de l'Amérique, les Européens cherchèrent une route maritime par le nord entre l'Atlantique et le Pacifique, afin de faciliter leur commerce avec l'Orient. Ainsi, **Martin Frobisher** découvrit une île (depuis nommée Baffin) en 1576 ; en 1610, **Henry Hudson** suivit le détroit puis la baie qui portent aujourd'hui son nom. Deux siècles après, le Passage du Nord-Ouest connut un regain d'intérêt. **Samuel Hearne** se rendit, pour la Compagnie de la baie d'Hudson, de Churchill au Grand Lac des Esclaves, puis rejoignit la mer de Beaufort par la rivière Coppermine (1770-1772).
En 1789, **Alexander Mackenzie**, de la Compagnie du Nord-Ouest, descendit le fleuve qui porte son nom mais qu'il avait baptisé « le fleuve de la désillusion » car il le mena à l'océan Arctique et non au Pacifique.
Après 1821, plusieurs **comptoirs** furent établis pour le commerce de fourrures ; certains existent encore aujourd'hui.
Vinrent ensuite d'autres explorateurs, comme **John Franklin** lors de sa célèbre et non moins funeste expédition de 1845. Dans les années 1840, quelques établissements de

Le mode de vie traditionnel des Inuits

Organisés en petits groupes familiaux, les Inuits (signifiant « les hommes » en inuktitut) habitaient en été sous des tentes de peau et, en hiver, dans des **igloos**, abris en forme de dôme faits de blocs de glace, tapissés de peaux à l'intérieur. Ils chassaient l'ours polaire, le phoque, le morse ou la baleine, qui leur fournissaient viande pour se nourrir, graisse pour se chauffer et s'éclairer, peau pour fabriquer vêtements, abris et bateaux, os et ivoire pour façonner lames de harpon et outils. Les petits mammifères étaient chassés à bord de **kayaks**, les plus gros à bord d'**oumiaks** (grandes embarcations en peau de phoque). En hiver, les Inuits pratiquaient la pêche sur glace. Des expéditions étaient parfois organisées vers le sud, à bord de **traîneaux à chiens**, pour chasser le caribou. À ces occasions, des **inukshuks**, cairns de pierre en forme de figure humaine, étaient dressés afin de se repérer.

pêche à la baleine s'installèrent sur les côtes arctiques – une activité qui perdura jusqu'au tournant du 20e s.

Prospection et développement

À la fin du 19e s. et au début du 20e s., l'exploration commerciale et scientifique s'intensifia. Dans le but d'explorer et de cartographier les Territoires du Nord-Ouest, la Commission géologique du Canada équipa des expéditions comme celles de **Joseph Burr Tyrrell**, **William Logan** (qui donna son nom au mont Logan), **George Mercer Dawson** (qui donna le sien à la célèbre ville du Yukon) et **Vilhjalmar Stefansson**. À cette époque, les missionnaires catholiques et anglicans avaient déjà établi leurs missions dans la région. Dans les années 1930, les importantes découvertes de minerais dans les Territoires du Nord-Ouest favorisèrent l'immigration des prospecteurs.

Découpage des Territoires

En 1988 est créée, dans l'extrême nord du Québec, une région destinée à accorder aux Inuits une plus grande autonomie : le **Nunavik** (« le pays où vivre » en inuktitut). En 1992, les habitants des Territoires du Nord-Ouest se prononcent à leur tour pour une zone similaire, créée en 1999 sous le nom de **Nunavut** (« notre pays »). Le règlement de la plus importante revendication territoriale au Canada entraîne alors la division des Territoires du Nord-Ouest.

Richesses et attraits

Exploitation du sous-sol

L'exploitation du sous-sol continue d'attirer des investisseurs dans les Territoires du Nord-Ouest et le Nunavut pour extraire du gaz naturel et du pétrole mais aussi de l'uranium, de l'or, du plomb et du zinc. Depuis 1998, plusieurs mines fournissent du diamant brut, entraînant l'ouverture d'ateliers de taille des pierres, et depuis 2021, la première mine de terres rares canadienne a vu le jour au sud de Yellowknife (mine Nechalacho). Le commerce des fourrures, l'industrie forestière, la pêche, le tourisme et l'artisanat contribuent dans une moindre mesure à l'économie locale.

Routes d'hiver

Dans ces régions, les transports jouent un rôle essentiel. Marchandises et ressources naturelles sont acheminées par voie fluviale, notamment sur le Mackenzie, grande artère commerciale sillonnée en été par de nombreuses barges, et par voie terrestre, sur les routes Dempster et Mackenzie. De novembre à avril, des **routes d'hiver**, tracées sur le sol gelé, permettent aux poids lourds d'atteindre des lieux qui, le reste de l'année, ne sont accessibles que par la voie des airs. Ces routes font de plus en plus l'objet d'itinéraires touristiques proposés par des agences de voyages.

Art du Grand Nord

L'artisanat et l'art des peuples autochtones des régions arctiques et subarctiques ont acquis la faveur des collectionneurs. Les sculptures sur bois de caribou ou défenses de morse et de mammouth découvertes dans la couche de permafrost sont particulièrement prisées. Autres créations originales : les tentures décorées ou les vêtements bien adaptés au climat que sont les *mukluks* dénés, des bottes en peau de phoque ornées de superbes broderies de perles. On trouvera un grand choix d'objets brodés de perles à Fort Liard et Fort Simpson.

Au Nunavut, l'art le plus répandu est la **sculpture** de figurines humaines ou animales, en pierre. Certains villages se sont spécialisés dans la poterie ou les poupées miniatures.

Carnet pratique

Les informations ci-dessous concernent les Territoires du Nord-Ouest. Pour le **Nunavut**, voir p. 506.

S'informer

Northwest Territories Tourism – *867 873 5007 ou 800 661 0788 - spectacularnwt.com*. Différentes formules de voyages, **pourvoiries**, règlements de chasse et de pêche... À télécharger sur le site, un guide complet sur la destination, *Explorers' Guide*, qui répertorie notamment les hébergements, et le guide *Road & Campgrounds Guide* décrivant itinéraires et campings *(versions en français)*.

gov.nt.ca – Site administratif des Territoires du Nord-Ouest.

Se déplacer

gov.nt.ca/en/service-directory/driving-transportation – Infos sur les différents modes de transport.

Voir « Transports intérieurs », p. 577.

En avion

Fort Simpson, Fort Smith, Inuvik et surtout Yellowknife sont les principales portes d'entrée des Territoires du Nord-Ouest. La plupart des vols arrivent d'Edmonton ou de Calgary, en Alberta. Des vols charters sont aussi assurés entre les 27 aéroports régionaux (selon météo).

Air Canada – *aircanada.ca*. Dessert Yellowknife au départ de Vancouver, Toronto et Edmonton.

Westjet – *westjet.com*. Vols entre Calgary, Edmonton et Yellowknife.

Canadian North – *canadiannorth.com*. Vols régionaux (Inuvik, Hay River, Fort Simpson, Yellowknife).

Air North – *flyairnorth.com*. De Yellowknife, vols vers Toronto et Whitehorse. Vols vers Inuvik.

Northwestern Air Lease – *867 872 2216 - nwal.ca*. Vols régionaux et vols charters.

En voiture

Il existe peu de routes asphaltées, hormis à proximité des villes. Les autres routes sont bien entretenues, mais les gravillons qui les revêtent pouvant causer de sérieux dégâts, il est important de ralentir en croisant un autre véhicule. Faites le plein fréquemment, car les stations-service sont situées à intervalles irréguliers. L'été, il est indispensable de remplir régulièrement le réservoir du lave-glace.

Route Mackenzie – Elle est pavée sur 1500 km d'Edmonton à Yellowknife. Près de Fort Simpson, elle traverse la rivière Liard. Service gratuit de **bacs** (ou traversiers).

Route 3 – Elle traverse la rivière à Fort Providence pour accéder à Yellowknife.

Route Dempster – Elle traverse le Mackenzie à Arctic Red River (Tsiigehtchic) et la rivière Peel près de Fort McPherson pour atteindre Inuvik.

Les ferries sont remplacés en hiver par des ponts de glace, coupés au moment de la débâcle *(mai)* et des premières glaces *(nov.)*. Les rivières ne peuvent alors pas être traversées.

www.inf.gov.nt.ca/fr/services/routes-et-traversiers.

Sécurité

Pour tout voyage, quel que soit le mode de locomotion, il est plus prudent de signaler son départ, comme son retour, au poste de la Gendarmerie royale du Canada le plus proche.

Informations utiles

Heure locale

Les Territoires du Nord-Ouest vivent à l'heure des Rocheuses.

Carte des fuseaux horaires, p. 568.

Taxes
Pas de taxe territoriale à la vente.

Loi sur les alcools
L'achat d'alcool est interdit aux moins de 19 ans. Certains villages interdisent la possession d'alcool dans leur circonscription.
ntlcc.ca.

Loi sur le tabac
L'achat de tabac est interdit aux moins de 19 ans.

Jours fériés territoriaux
Journée nationale des Autochtones – 21 juin.
Congé civique – 1er lun. d'août.

Agenda

Great Northern Arts Festival – *À Inuvik, durant 5 jours en juil. - greatnorthernartsfestival.org.* Grand rassemblement d'artistes (mode, musique...) et d'artisans venus de tout l'Arctique canadien.

Shopping

Acho Dene Native Crafts – *Fort Liard - 867 770 4161 - adnc. ca.* Plus de 40 artisans proposent leurs créations et perpétuent les traditions des Dénés.

Activités

Vastes et sauvages, les Territoires du Nord-Ouest plairont aux amateurs de nature. Les longues journées d'été promettent au moins 20 heures de clarté quotidienne.
Il est fortement conseillé aux néophytes de s'en remettre à une **pourvoirie**, qui organisera l'expédition dans ses moindres détails en toute sécurité.

Canoë
Il existe une grande variété de parcours, tous niveaux, dont la fabuleuse descente de la **Nahanni du Sud**.

Randonnée pédestre et VTT
Ces activités rencontrent un succès certain : les plus entraînés pourront se lancer sur la difficile **piste historique Canol**, qui traverse les monts Mackenzie, de Norman Wells au Yukon.
spectacularnwt.com/story/11-top-of-the-world-trails-in-the-northwest-territories.

Observation de la faune et de la flore
Seul ou avec un guide (local, naturaliste, photographe, sportif...), vous irez admirer, dans de superbes paysages, loup, orignal, castors, caribou, mouflon de Dall, ours, bélugas, oiseaux et fleurs sauvages.

Pêche et chasse
Des gîtes émaillent lacs et rivages reculés, des monts Mackenzie aux fjords de l'île de Baffin, où la **pêche** est excellente. On y trouve ombles et ombres de l'Arctique, grands brochets du Nord, truites, etc.). Pour la **chasse** les non-résidents doivent être accompagnés d'un pourvoyeur licencié. Permis de pêche et de chasse obligatoires.

Hébergement

Les sites Internet d'informations touristiques (provinciaux ou locaux) proposent tous des liens vers des hébergements. Les options sont nombreuses à Yellowknife, restreintes ailleurs, et partout les capacités limitées ; réservez donc bien à l'avance.
spectacularnwt.com/directory/accommodations ; spectacularnwt.com/travel-info/order-a-guide (Road & Campground Guide à télécharger pour les campeurs).

Delta du Mackenzie

★★

Mackenzie Delta

Large de 100 km, véritable labyrinthe de chenaux et de lacs qui donnent sur la mer de Beaufort, ce delta est l'un des plus grands du monde. Il forme l'estuaire du puissant fleuve Mackenzie (1800 km de long), qui débute au Grand Lac des Esclaves à l'intérieur du continent, et abrite l'une des faunes les plus riches de l'Arctique canadien : rats musqués, castors, visons, martres, renards, ours, caribous, mais aussi bélugas, oiseaux migrateurs... Les localités, dispersées, dépendent pour la plupart de la chasse, de la pêche et de la trappe. Cependant, la découverte de pétrole et de gaz naturel en mer de Beaufort a profondément modifié l'économie de la région au cours des dernières années.

Vue aérienne du delta du Mackenzie.
J. A. Kraulis/age fotostock

Se repérer

Territoires du Nord-Ouest

CARTE RABAT I DE COUVERTURE.

À 160 km de la mer de Beaufort, sur le littoral nord-ouest des Territoires ; **Dawson City** *(voir p. 473)* et **Inuvik** sont distants de 798 km par la **route Dempster** en provenance du Yukon (route fermée durant la débâcle et la prise des glaces). Vol à destination d'Inuvik *(voir « Territoires du Nord-Ouest pratique », p. 489)*. Tuktoyaktuk, bien qu'éloignée, offre de nombreuses commodités et services.

Découvrir

Le delta

Rien de plus stupéfiant que le spectacle vu d'avion de cet enchevêtrement de chenaux boueux où se mêlent le fleuve Mackenzie et la **rivière Peel**, que l'on distingue des milliers de lacs environnants par leur couleur. Nettement délimité à l'ouest par les **monts Richardson**, montagnes plates et souvent enneigées, et à l'est par les ondulations des **collines Caribou**, le delta, à mesure qu'il avance vers le nord, fait la part de plus en plus large à l'eau, comme s'il se dissolvait peu à peu avant d'atteindre la mer de Beaufort. Entre lacs et bras du fleuve, la terre est couverte d'arbustes (saules nains et genévriers) qui se parent d'un jaune éclatant au premier gel (généralement fin août). Le long de la côte s'étendent des zones de toundra recouvertes, qui se parent des plus belles couleurs lors de l'été arctique.

Inuvik

Mairie d'Inuvik – 2 Firth St. - ✆ 867 777 8600 - inuvik.ca. Western Arctic Visitor Centre – Mackenzie Rd - ✆ 867 777 7237.

Mike Zubko Airport (YEV) est desservi par Air North et Canadian North.

Bâtie sur le chenal est du Mackenzie, Inuvik (dont le nom inuit signifie « où vit l'homme ») est le centre régional du commerce et des transports. Cette petite ville moderne fut créée en 1959 pour abriter des bureaux gouvernementaux préalablement situés dans la ville d'Aklavik, victime de graves inondations. Dans tout le delta, le pergélisol affleure la surface du sol, empêchant toute construction normale. En effet, la chaleur dégagée par une habitation aurait tôt fait de dégeler partiellement le sol et de créer un marécage. Aussi les maisons furent-elles bâties sur pilotis ancrés dans la masse gelée en profondeur. De même, les canalisations n'ont pu être enterrées sous peine de geler. Réunies en une gaine unique appelée « **utilidor** », elles sillonnent donc la ville au-dessus du sol.

Ronde comme un igloo, la curieuse église catholique **Notre-Dame-de-la-Victoire** recèle un étonnant **intérieur★**, où l'on remarquera en particulier le chemin de croix peint par une artiste inuite, Mona Thrasher, en 1960.

★ Tuktoyaktuk

Mairie de Tuktoyaktuk – 158 Igluyuakyuk Lane - ✆ 867 340 0236 - www.tuktoyaktuk.ca.

James Gruben Airport n'est desservi que par des vols charters. La bourgade est accessible par une route de gravier de 138 km au départ d'Inuvik. Il s'agit là de la première route reliant l'océan arctique au continent américain !

Sise au bord de la mer de Beaufort, cette petite localité surnommée « Tuk » évoque par son nom imagé l'« endroit qui ressemble à un caribou ». Elle s'inscrit dans une région connue pour rassembler plus de 1 300 **pingos**, dont certains protégés par un parc (*parcs.canada.ca/lhn-nhs/nt/pingo*). Ces étranges buttes coniques – la plus haute mesure 49 m – se dressent au-dessus de la plate toundra comme des petits volcans, sous l'effet du **pergélisol** qui forme par endroits d'énormes boules de glace dure et soulève le sol. Le site est propice aux balades à pied ou en canoë. Durant les longues journées d'été, ces buttes font même l'objet du **Land of the Pingos Music Festival** *(août)*.

Au **Nautchiaq Fur Shop** *(✆ 867 977 2118),* vous pourrez assister à la confection des parkas et autres vêtements typiques de l'Arctique.

Nahanni National Park Reserve ★★★

Inscrite au Patrimoine mondial de l'Unesco, la réserve du parc national Nahanni éblouit par ses paysages grandioses, sa beauté sauvage, son isolement. Elle s'étend sur plus de 30 050 km², au sud-ouest des Territoires, et englobe une grande partie de la rivière Nahanni du Sud, qui traverse les monts Selwyn, Mackenzie et Franklin avant de se jeter dans la rivière aux Liards, affluent du puissant fleuve Mackenzie. Vous n'y trouverez aucune infrastructure touristique, mais vous serez récompensé de vos efforts en découvrant l'un des lieux les plus spectaculaires de la planète.

Se repérer

Territoires du Nord-Ouest

CARTE RABAT I DE COUVERTURE.

Le parc est situé dans le sud-ouest des Territoires, à proximité du Yukon.

À ne pas manquer

Une randonnée d'interprétation menée par un guide Déné ; la visite de la communauté de Nahanni Butte.

Organiser son temps

La destination étant prise d'assaut par les visiteurs, surtout en été, il est vivement conseillé de réserver son séjour longtemps à l'avance. Descendre une rivière nécessite de 7 à 21 jours.

En famille

Le Nahanni National Park Reserve s'adresse essentiellement aux alpinistes, randonneurs et pagayeurs chevronnés en quête de nature sauvage. Y emmener des enfants en bas âge est fortement déconseillé.

Carnet pratique p. 494

Découvrir

La Nahanni Sud

La rivière traverse le parc sur plus de 320 km. Elle serpente entre des canyons majestueux, se précipite d'une falaise deux fois plus haute que les chutes du Niagara et passe à proximité de sources minérales chaudes autour desquelles pousse une végétation fort rare à cette latitude (61°-62°N). Ses eaux tumultueuses et sa beauté sauvage attirent chaque année d'innombrables amateurs de canoë et de descente de rapides.

Descente de la rivière – Le trajet de 200 km des chutes Virginia jusqu'à Nahanni Butte promet d'être une aventure des plus palpitantes. Entre ces deux points, la rivière subit un changement de dénivellation de 120 m. Les célèbres **chutes Virginia**★★ (Náįlįcho) sont le joyau du parc et l'un des sites les plus spectaculaires du Nord. Ce puissant rideau liquide, coupé en son milieu par une aiguille rocheuse, se précipite dans un vaste cirque d'une hauteur deux fois supérieure à celle des chutes du Niagara ! On contourne les chutes par le portage Albert Faille *(1,6 km)*, d'où un sentier menant au bord de la cataracte offre une belle vue sur les rapides.

Une vallée funeste

Au début du 20e s., la fièvre de l'or attira les prospecteurs dans la vallée de la Nahanni du Sud. En 1908, on retrouva les corps de deux d'entre eux, décapités… Aussitôt courut le bruit « d'Indiens féroces » et de montagnards mythiques qui hantaient la région. Les disparitions continuèrent, et la Nahanni du Sud devint alors un endroit à éviter. Le mystère ne fut jamais élucidé, et la toponymie garde encore le souvenir de la macabre découverte et des légendes qui s'ensuivirent : **Deadmen Valley** (vallée des hommes morts), **Funeral Range** (chaîne des funérailles), **Broken Skull River** (rivière du crâne fracassé), **Headless Range** (chaîne des hommes sans tête)…

Fourth Canyon est la première gorge d'une série de quatre qui enserrent la rivière de leurs vertigineuses falaises, dépassant par endroits 1200 m. Viennent ensuite les tumultueux rapides **Figure of Eight**, puis **Third Canyon**, qui tourne à angle droit au lieu-dit The Gate, surplombé d'une puissante aiguille rocheuse nommée **Pulpit Rock**. La **vallée Deadmen** *(voir encadré ci-dessus)* sépare **Second Canyon** (longueur : 34 km) de **First Canyon** (longueur : 27 km). La rivière passe à proximité de sources thermales dont les eaux sulfureuses jaillissent à près de 37 °C, faisant naître alentour fougères, merisiers, églantiers et panais. Avant d'atteindre Nahanni Butte, elle se divise en une multitude de bras.

Carnet pratique

S'informer

Parcs Canada – *Bureau principal à Fort Simpson, bureau secondaire (été seulement) à Nahanni Butte - parc ouv. tte l'année - uniquement accessible par vol nolisé ou à pied - 867 695 6558 - parcs.canada.ca/pn-np/nt/nahanni - services aux visiteurs disponibles en été : 8h30-12h, 13h-17h ; reste de l'année tlj sf w.-end 8h30-12h, 13h-17h*. Les visiteurs désireux de passer une nuit *(33,25 $/pers.)* dans le parc doivent impérativement se faire enregistrer au bureau de Fort Simpson qui travaille en étroite collaboration avec des organismes de tourisme licenciés, incontournables pour tout séjour guidé. Le site Internet recense les activités de plein air et met à jour de précieux conseils : escalade, rafting, canoë, découverte de la faune. La visite de la région est également l'occasion de découvrir la culture des Dénés *(voir p. 487)*.

Arriver/Partir

Accès routier – Au départ de la Colombie-Britannique, prenez la route de l'Alaska jusqu'à Fort Nelson, puis la route aux Liards jusqu'à Fort Liard. Du Yukon, empruntez la route de l'Alaska jusqu'à Watson Lake (la route en avant de Tungsten est fréquemment impraticable). Dans les Territoires du Nord-Ouest, la route du Mackenzie mène à Fort Simpson, ou route aux Liards jusqu'à Fort Liard.
Accès aérien – *parcs.canada.ca/pn-np/nt/nahanni/visit/visit3.*

Wood Buffalo National Park ★★

Le plus vaste parc national du pays, qui s'étend sur quelque 44 807 km^2, figure sur la liste du Patrimoine mondial de l'Unesco depuis 1983, et abrite la plus grande réserve de ciel étoilé de notre petite planète! Il enjambe la frontière séparant l'Alberta des Territoires du Nord-Ouest, et dévoile la subtile beauté des plaines boréales nordiques du Canada, tout en offrant aux visiteurs l'immense privilège d'observer des animaux rares évoluant dans leur milieu naturel. C'est ici que vous verrez à la fois la plus grande population de bisons sauvages d'Amérique du Nord galoper en toute liberté, et la majestueuse grue blanche d'Amérique prendre son envol. La seule colonie viable de cette espèce aujourd'hui en voie de disparition niche en effet dans ces espaces préservés.

Wood Buffalo National Park.
R. Erwin/age fotostock

Se repérer

Territoires du Nord-Ouest, Alberta

CARTE RABAT I DE COUVERTURE.

Les deux tiers du parc sont situés en Alberta, mais le quartier général et la principale entrée se trouvent à Fort Smith, 740 km au sud de Yellowknife.

En famille

Certaines randonnées et certains circuits en canoë sont accessibles aux plus jeunes.

Carnet pratique p. 497

Nos adresses p. 497

Découvrir

La route 5

L'agréable trajet entre Hay River et le parc passe par une **forêt boréale** d'épicéas et de trembles. Il est courant de croiser, aux abords de Fort Smith, un bison broutant sur le bas-côté de la route. Près de la tour Angus (Angus Fire Tower), un grand **affaissement** traduit la présence de karst (calcaire) dans la région.
Une courte route secondaire *(30 km à l'ouest de Fort Smith)* mène au **belvédère★** Salt River Plains, d'où l'on bénéficie d'une vue incomparable sur les larges étendues salées brillant sous le soleil estival. Les méandres de la Salt traversent quelques bois et pâturages disséminés parmi les plaques blanches de sel.

★ Fort Smith

Visitor Information Centre – *149 MacDougal Rd, dans les locaux du centre d'accueil du parc - ☏ 867 872 3065 - www.fortsmith.ca.*
L'ancienne capitale des Territoires du Nord-Ouest est également l'un des sites incontournables du commerce des fourrures dans le Grand Nord canadien. La promenade le long de la rivière aux Esclaves *(à l'extrémité de Simpson St.)* permet d'apercevoir les **rapides** où de nombreux explorateurs perdirent la vie.
Northern Life Museum & Cultural Centre – *110 King St. - ☏ 867 872 2859 - www.nlmcc.ca - tlj sf dim.-lun. : 10h-12h, 13h-18h - gratuit.* Ses quelque 17 000 artefacts d'origine Inuit, Inuvialuit, Déné et Métis, sa reconstitution d'une cabane de trappeur, ses superbes ouvrages perlés et ses spécimens d'animaux en voie de disparition méritent qu'on s'attarde dans ce musée.
★ **Fort Smith Mission Historic Park** – *☏ 867 872 8400 ou 1 888 822 2647 - www.fortsmith.ca.* Ce site de 61 ha en plein cœur de Fort Smith abrite les vestiges historiques d'une ancienne mission catholique oblate dotée d'une grotte.

★★ De Fort Smith au Pine Lake

La route goudronnée *(ouv. tte l'année)* qui pénètre au cœur du parc permet d'atteindre plusieurs curiosités remarquables, mais aussi d'apercevoir des **bisons**.
25 km au sud de Fort Smith, **Karstland Trail**, un petit sentier de randonnée aménagé autour de la rivière Salt, donne à voir de superbes paysages tourmentés. À 31 km de là, la piste South Loop *(4 km)* traverse une ravissante forêt boréale jusqu'au **lac Grosbeak** (ou lac des « Gros-Becs »), autre lac salé dont les galets sont issus du recul des glaciers.

Une faune exceptionnelle

La création en 1922 du parc national Wood Buffalo visait à protéger les **bisons des bois**, légèrement plus gros que leurs cousins des plaines, et à la robe un peu plus foncée. Quelques années plus tard, des bisons des plaines élevés dans des ranchs du sud de l'Alberta furent acheminés vers le parc, qui fut agrandi. Il couvre aujourd'hui la frange septentrionale des Grandes Plaines rejoignant le Mexique et le **delta Paix-Athabasca**, l'un des plus grands deltas intérieurs d'eau douce du monde, situé à l'extrême ouest du lac Athabasca. Quatre voies migratoires le survolent et le delta regorge d'oiseaux. La découverte des aires de nidification de la grue blanche d'Amérique, en 1954, renforça l'enjeu écologique du site.

Le magnifique terrain de camping **Pine Lake Campground** *(à 60 km)* donne sur la plage de sable du lac turquoise, qui fut longtemps le campement estival des tribus autochtones. La baignade y est délicieuse. C'est aussi l'un des meilleurs sites d'observation des étoiles et des aurores boréales *(parcs.canada.ca/pn-np/nt/woodbuffalo/activ/star)*.

Fort Chipewyan

Accessible par avion au dép. de Fort Smith *(North Western Air - nwal.ca - 867 872 2216)*, par bateau *via* Fort McMurray et par la route d'hiver, si les conditions le permettent.

Situé sur les rives du lac Athabasca, le **fort « Chip »** fut établi par la Compagnie du Nord-Ouest au 18e s., ce qui fait du bourg l'une des plus anciennes communautés d'Alberta. C'est le camp de base d'excursions en bateau ou en canoë vers le delta d'eau douce de la **Peace River** et de l'**Athabasca**.

Carnet pratique

S'informer

Les cartes et la liste des guides et pourvoyeurs autorisés sont à retirer auprès des deux centres d'accueil du parc :

Centre d'accueil du parc à Fort Smith – *149 McDougal Rd - 867 872 7960 - tlj sf sam. 9h-18h.*

Centre d'accueil du parc à Fort Chipewyan – *124 B Mackenzie Ave. - 780 697 3662 - oct.-mai : lun.-vend. 8h-12h, 13h-16h30 ; juin-sept. : certains w.-ends, se rens.*

parcs.canada.ca/pn-np/nt/woodbuffalo.

Arriver/Partir

Une grande partie du territoire n'est accessible qu'en bateau ou avion.

Accès routier par la route 3, la route Mackenzie et la route 5 (près de Hay River) qui, à travers le parc, rejoint **Fort Smith** d'où une route goudronnée mène à la réserve Peace Point (120 km). Il n'existe pas d'accès terrestre pour Fort Chipewyan mais, l'hiver, une route est parfois ouverte entre Fort Smith, Fort Chipewyan et Fort McMurray.

Accès aérien – Fort Smith, Fort Chipewyan et Hay River sont les aéroports qui desservent le parc.

Voir « Territoires du Nord-Ouest pratique », p. 489.

Nos adresses

Activités

Les **excursions en canoë** qui empruntent les deux principaux cours d'eau, la rivière de la Paix et la rivière aux Esclaves, nécessitent une solide expérience et un permis délivré par les autorités du parc. Il est cependant possible de descendre des rivières plus petites, qui sillonnent le parc *(location de canoës à Fort Smith)*. Plusieurs agences spécialisées ou pourvoiries organisent des excursions guidées en canoë.

Yellowknife ★

La capitale administrative et économique des Territoires du Nord-Ouest est située au bord de la baie Yellowknife, sur la rive nord du Grand Lac des Esclaves. Presque entièrement entourée d'eau, elle occupe un site charmant sur une péninsule de granit rose burinée par les glaciers et surmontée de petits arbres. La « vieille ville », qui date des années 1930, côtoie la « nouvelle ville » d'allure moderne, où vivent et travaillent la majorité des résidents.

Se repérer

21362 habitants -
Territoires du Nord-Ouest

CARTE RABAT I DE COUVERTURE - PLAN DE LA VILLE (P. 500) - PLAN DES ENVIRONS (P. 500).

Yellowknife est accessible par la route 3 et le bac qui franchit le Mackenzie en été ou le pont de glace au-dessus du fleuve en hiver.

À ne pas manquer

Une promenade dans la vieille ville.

En famille

Des promenades sur les différents sentiers autour de la ville et de petites excursions en canoë-kayak.

Carnet pratique p. 501

Nos adresses p. 501

Se promener

PLAN P. 500

★★ Prince of Wales Northern Heritage Centre

Accès par la piste Ingraham. 4750 48th St. - ✆ 867 767 9347 - www.pwnhc.ca - ♿ - musée : tlj sf lun. 10h-17h - participation libre.

Important centre de recherches archéologiques et ethnologiques, ce musée situé au bord du lac Frame retrace l'histoire des Territoires et de leur colonisation. Il explique aussi le mode de vie traditionnel des Dénés et des Inuits, dont il expose

Yellowknife et sa baie.
ti1993/Getty Images Plus

une belle collection de sculptures. Une salle est dédiée au travail des pilotes de brousse et une petite exposition est consacrée à l'exploitation de l'or et du diamant.

★★ Legislative Assembly Building

4570 48 St. - ✆ 867 767 9130 ou 1 800 661 0784 - www.assembly.gov.nt.ca/visitors - 7h-18h, w.-end 10h-18h - visite en français mar. et jeu. à 13h30 - gratuit.

Niché parmi les lacs et les arbres, ce bâtiment saisissant (1993) est coiffé d'un dôme. Enchâssé dans des panneaux de zinc, il a été conçu pour profiter de la lumière naturelle et véhiculer l'esprit d'ouverture du gouvernement territorial. Un des centres d'intérêt de la visite est le **grand hall**, avec ses drapeaux dépeignant les saisons subarctiques. La **masse** cérémonielle de l'Assemblée, créée par des artistes locaux, est faite d'argent et de bronze, avec des garnitures d'or et de diamants. Une galerie *(accessible seult lors des visites)* abrite d'autres exemples de l'artisanat régional, dont un remarquable **patchwork** cousu par les habitants de Deline.

★ Bush Pilots' Monument

Dans la vieille ville, accès par l'escalier depuis Ingraham Dr.

Juché sur le plus haut rocher de la ville, ce monument fut érigé à la mémoire des hommes qui rendirent le Nord accessible. Ce belvédère offre un superbe

On vous emmène voir les aurores boréales

Yellowknife est le poumon économique et administratif des Territoires du Nord-Ouest mais aussi la capitale des aurores boréales en Amérique du Nord. Rien que ça ! Alors si vous rêvez depuis toujours d'assister à ce spectacle céleste hypnotique, rendez-vous à Yellowknife au cœur de l'hiver, quand l'épaisseur de la nuit domine le quotidien des habitants. Que vous soyez installé bien au chaud dans un spa fumant, après une sortie en chiens de traîneau, ou virevoltant sur une patinoire naturelle chaussé de patins à glaces, la magie opère à tous les coups et l'essentiel se passe au-dessus de votre tête. Un seul conseil : ouvrez les yeux et laissez-vous envoûter par ce phénomène incroyable associé à une multitude de mythes et légendes.

Voir « Nos adresses » p. 501.

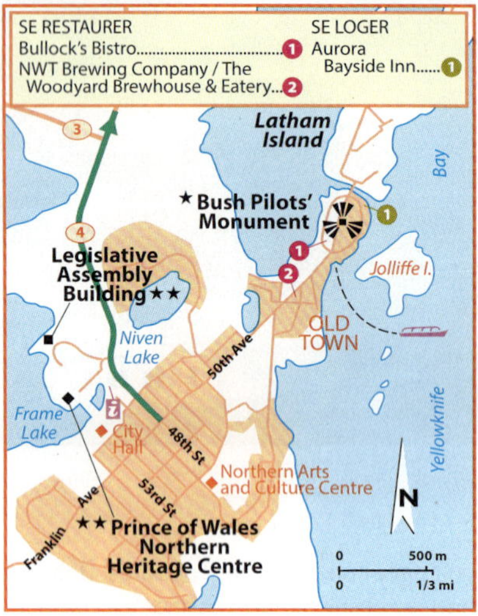

panorama★ sur la ville, construite sur un socle de granit qui affleure partout, avec la tour à toit rouge de l'ancienne mine d'or Cominco qui domine l'horizon. La baie fourmille d'hydravions revenant d'un camp minier ou prêts à partir approvisionner quelque équipe de forage. Sous le monument, la vieille ville n'est plus l'entassement de cabanes de prospecteurs qu'elle fut jadis. Elle renferme néanmoins une incroyable variété de maisons le long de la célèbre **Ragged Ass Road** (« rue des Culs déguenillés »), dont les panneaux indicateurs sont devenus tellement populaires qu'ils sont maintenant en vente !
Une route relie la vieille ville à l'**île Latham** et ses maisons sur pilotis. Un campement autochtone dogrib est ouvert à la visite et l'on peut voir l'unique mine d'or encore exploitée, la mine Con.

Excursions

PLAN CI-DESSUS

Plusieurs parcours en voiture aux environs de Yellowknife traversent les paysages du **Bouclier canadien** qui font la transition entre la forêt boréale et la toundra.

Detah (DETTAH)

À 25 km, voir le plan des environs ci-dessus.
La route jusqu'à Detah offre des vues sur Yellowknife et sa baie. Ce village autochtone dogrib occupe un joli **site★** sur un plateau rocheux, au bord du lac.

★ Piste Ingraham (INGRAHAM TRAIL)

70 km jusqu'à Tibbit Lake.
Cette route quatre saisons commence au nord de Yellowknife. Elle longe cinq lacs, dans un cadre idéal pour les amateurs de camping et de canoë.
Prelude Lake Territorial Park – *nwtparks.ca.* Il est doté de nombreux terrains de camping et comprend une plage de sable.
La piste permet d'atteindre de multiples lacs et cours d'eau plus isolés.

Carnet pratique

S'informer

City of Yellowknife Visitor Information Centre – *Centre Square Mall - 5014 50th St. - ✆ (867) 920-8687 - extraordinaryyk.com.*

Arriver/Partir

Accès aérien – *Voir « Territoires du Nord-Ouest pratique », p. 489.* Au printemps et en automne, la ville n'est accessible qu'en avion. L'aéroport **(YZF)** *(5 km à l'ouest de la ville - ✆ 867 767 9091)* est relié à Edmonton, Vancouver, Toronto, Whitehorse et Calgary, ainsi qu'aux aérodromes régionaux.

Nos adresses

Restauration

Budget moyen

2 **NWT Brewing Company/The Woodyard Brewhouse & Eatery** – *3905 Franklin Ave. - ✆ 867 873 2337 - nwtbrewingco.com - fermé mar. midi, merc. midi et dim.-lun. - plats 20/40 $.* Ce beau pub au décor de bois brut est accolé à une microbrasserie locale. Au menu : une cuisine de pub de haute volée, bien faite et généreuse (burgers et poutine notamment) ainsi que quelques jolies spécialités locales en soirée (ceviche de truite, pêche du jour, canard fumé au sumac...). Sans oublier les bières du cru (une quinzaine), bien sûr !

Pour se faire plaisir

1 **Bullock's Bistro** – *3534 Weaver Dr. - ✆ 867 873 3474 - bullocksbistro.ca - fermé dim. - plats 15/43 $.* Logé dans un bâtiment historique très couleur locale du vieux Yellowknife, ce restaurant est une véritable institution ! À en croire le *Reader's Digest magazine*, il serait même le meilleur *fish & chips* de Yellowknife. Mais n'hésitez pas à goûter aussi aux brochettes de caribou ou à un délicieux filet d'omble de l'Arctique...

Hébergement

La base aérienne flottante *(vieille ville)* permet de rallier les nombreux gîtes et terrains de camping des Territoires. Dans la ville même, on trouvera un vaste choix de chambres d'hôte et d'hôtels.

Budget moyen

1 **Aurora Bayside Inn** – *3505 Mcdonald Dr. - ✆ 867 333 2514 - aurorabaysideinn.ca - 3 ch. 164 $ (salle de bains partagée) ou 330 $ (avec salle de bains).* Cet agréable B & B d'Old Town propose des petites chambres confortables avec de belles vues sur le lac. Pas de petit-déjeuner, mais l'accès à une cuisine sommaire et de nombreux cafés à proximité.

Nunavut ★★

Cette contrée spectaculaire offre une étonnante variété de paysages, métamorphosés par le soleil de minuit : littoral arctique, lacs, rivières sinueuses, glaciers majestueux et terres polaires. Dans cette immensité sauvage évoluent de nombreux animaux – parmi lesquels le caribou de la toundra, dont la population ne cesse de décroître –, qui constituent l'un des attraits majeurs de la région. L'agrément du voyage tient également dans la beauté des paysages ainsi que dans l'ouverture à une autre culture, celle des Inuits qui habitent ce rude territoire. Le tourisme, encore confidentiel, se développe, jusqu'ici sans conséquence néfaste.

Se repérer

Nunavut

CARTE RABAT II DE COUVERTURE

À l'est des Territoires du Nord-Ouest, jusqu'au Groenland. Une grande partie du Nunavut est composée d'îles, dont la vaste île de Baffin.

À ne pas manquer

L'exploration du parc national Auyuittuq ; l'île Marble, pour sa vie sauvage et son émouvant passé.

Organiser son temps

Pour profiter des paysages de la région, prévoyez un séjour d'une ou deux semaines, à organiser bien en avance, car les hébergements sont rares. Recourir à une agence de voyages est la meilleure façon de vous assurer un séjour en toute sécurité.

En famille

La rudesse de la région n'est pas idéale pour de très jeunes enfants, mais les plus grands seront probablement aussi fascinés que leurs parents !

Carnet pratique p. 506

Nos adresses p. 507

Découvrir

★★ Région de Baffin

Les îles d'Ellesmere et de Baffin, une partie de la péninsule Melville et les îles de l'Arctique canadien composent la région de Baffin, la plus peuplée et la plus touristique du Nunavut. L'île de Baffin est la plus visitée de la région. Ses paysages sont spectaculaires, avec des pics glacés culminant à plus de 2 000 m et des côtes découpées de fjords. Les deux tiers de l'île se situent au nord du cercle polaire.

★ Iqaluit

iqaluit.ca et **Unikkaarvik Visitor Centre** – *220 Sinaa St. - 867 979 4636.*
Située au sud-est de l'île de Baffin, Iqaluit est une ville active et étendue, composée de maisons aux couleurs vives, d'immeubles et de bâtiments administratifs récents. La **capitale du Nunavut** est, malgré sa population de 6 500 âmes, la « grande ville » du territoire, avec ses embouteillages sur Ring Road à midi. Les habitants qui pêchent, chassent et sculptent, sont aussi ceux qui travaillent dans les transports ou les communications.

Paysage arctique au col Akshayuk, île de Baffin.
Petr Kahanek/Getty Images Plus

La ville est une base de départ vers le nord ou la **piste Itijjagiaq**, qui traverse la **péninsule Meta Incognita** jusqu'à **Kimmirut** *(10 j. de marche)*. Les possibilités de randonnées d'un à trois jours sont innombrables, qu'il s'agisse de parcourir les alentours à pied, de rallier Kimmirut, ou d'observer la faune à la limite des glaces flottantes.

★ **Nunatta Sunakkutaangit Museum** – *212 Sinaa St. - 867 979 5537 - www.nunattasunakkutaangit.ca - 12h-18h, w.-end 13h-17h - gratuit.* Le seul véritable musée du territoire est installé dans un ancien entrepôt de la **Compagnie de la baie d'Hudson**. Il expose vêtements, outils, jouets, artisanat et art inuits (poteries, sculptures, gravures, etc.).

★★ **Qaummaarviit Territorial Park** – *12 km à l'ouest d'Iqaluit, sur l'autre rive de Peterhead Inlet. Accessible à ski, traîneau à chiens, motoneige ou bateau. Pour visiter le parc, contacter le Unikkaarvik Visitor Centre (voir p. ci-contre).* Cet îlot de la baie Frobisher a été occupé par les Thuléens puis les Inuits pendant plus de 750 ans. Quelque 3 000 objets, parmi lesquels d'ingénieux arcs en bois de cervidés et des harpons d'ivoire, ainsi que 20 000 ossements d'animaux, ont été exhumés de dix maisons enterrées. Une vingtaine de cercles de pierres, vestiges de tentes en peaux, des **caches de viande** et des **tombes** ont également été découvertes.

★★ Pangnirtung

300 km au nord d'Iqaluit. Village desservi quotidiennement par Canadian North.

Angmarlik Visitor Centre – *867 473 8737 - pangnirtung.ca/angmarlik.*

Malgré la fondation d'un comptoir de la **Compagnie de la baie d'Hudson** en 1921, cette bourgade ne fut pratiquement pas habitée jusqu'au début des années 1960. Dominée par des montagnes enneigées, Pangnirtung occupe un **site** spectaculaire à l'entrée du **fjord** du même nom. De nombreuses activités vous y attendent : observation de la flore et de la faune de la toundra et des mammifères marins (phoques et bélugas) qui fréquentent le fjord ; escalade des pentes du glacier ; promenade le long des sentiers qui partent de la ville ; excursion en bateau vers le parc national Auyuittuq *(voir ci-dessous)* ; visite des sites historiques... et shopping à la **coopérative inuite★**, qui vend des produits de l'artisanat local, notamment des sculptures en stéatite et de jolis tissages *(Uqqurmiut Centre for Arts and Crafts - ✆ 867 473 8669 - ndcorp.nu.ca/we-invest/subsidiaries/uqqurmiut-arts-crafts - tlj sf w.-end 9h-17h).*

★★ Auyuittuq National Park

Parc ouv. tte l'année - 16 $/pers. Accessible à ski, traîneau à chiens, motoneige ou bateau au dép. de Pangnirtung ou Qikiqtarjuaq.

ℹ Bureaux du parc à Pangnirtung : ✆ 867 473 2500 - parcs.canada.ca/pn-np/nu/auyuittuq - juil.-août : 8h30-12h, 13h-17h ; sept.-juin : tlj sf w.-end 8h30-12h, 13h-17h. Bureaux du parc à Qikiqtarjuaq : ✆ 867 927 8834 - de mi-mars à mi-mai : horaires, se rens. - fermé de fin sept. à déb. mars. Rens. sur les agences agréées qui proposent des services de transport.

Les visiteurs doivent assister à une séance d'orientation et d'inscription et s'assurer que leurs capacités correspondent aux exigences de l'excursion.

Cette réserve naturelle en majorité inaccessible se situe à la pointe sud-est de l'île de Baffin. Ses paysages de glace et de roc, de pics escarpés s'élevant à 2 000 m, et de vallées en auges prolongées de fjords bordés de falaises, promettent une expérience arctique grandiose ! Sur le roc dénudé ne poussent guère que des lichens, alors que sur les terrains plus abrités s'épanouissent, durant les longues journées d'été, mousses, bruyères et arbustes nains.

Zone la plus fréquentée du parc, le **col Akshayuk** (390 m) est un corridor naturel de 96 km qui traverse la **péninsule de Cumberland** en offrant de magnifiques paysages de montagnes vertigineuses et de champs de glace. Le parc attire alpinistes et randonneurs très expérimentés vers ses pics élevés comme le **mont Thor,** la crête ininterrompue la plus longue du monde, ou le sommet aplati du mont Asgard.

★ Région de Kivalliq (KEEWATIN)

La région de Kivalliq comprend les territoires situés entre la côte occidentale de la baie d'Hudson et la réserve naturelle Thelon Wildlife Sanctuary.

★ Rankin Inlet (KANGIQSLINIQ)

ℹ **Kivalliq Regional Visitor Centre** – *131 Sivulliq Ave. - ✆ 867 645 8056 - facebook.com/KivalliqVC. Infos sur les excursions vers l'île Marble et Iqalugaarjuup Nunanga Territorial Park.*

Passage obligé des transports régionaux, ce village peut vous servir de base de départ pour le reste de la région. Il est né de l'ouverture de la mine **North Rankin Nickel**, dans les années 1950 ; malgré la fermeture de la mine en 1962, le gouvernement fédéral installa une école et des logements. Perché sur une colline de granit, un gigantesque amoncellement de pierres (ou **inukshuk**) domine la bourgade.

★★ Île Marble

50 km au large de Rankin Inlet.

Cette étonnante île couverte de quartzite blanche apparaît après une heure de navigation depuis Rankin Inlet. Une anse protégée marque l'endroit où les bateaux de la Compagnie de la baie d'Hudson du gouverneur **James Knight** sombrèrent en 1719. L'équipage survécut deux ans sur l'île, avant que la famine et le scorbut ne les tuent. L'île et son lagon protégés furent, dans les années 1800, un hivernage prisé des baleiniers. L'excursion révèle des **vues** spectaculaires et donne l'occasion d'observer phoques, oiseaux, **ours polaires** et baleines.

★ Iqalugaarjuup Nunanga Territorial Park

10 km au nord-est de Rankin Inlet par l'unique route sortant du village. Sur la rive droite du fleuve Meliadine (Iqalugaarjuk).

Alors que les locaux aiment pique-niquer sur l'esker battu par les vents, pêcher ou nager au lac Sandy, c'est un site archéologique majeur, **Qumaviniqtak** (« la place des vieilles maisons en mousse »), qui attire les visiteurs. Un étroit **sentier interprétatif** *(1 km env.)* parcourt la vallée plate et désolée, passant près de **cercles de pierres** qui retenaient des tentes de peaux (15e et 16e s.), aménagés par les Thuléens. D'autres traces révèlent les campements des chasseurs et pêcheurs de ces ancêtres des Inuits : caches de nourriture et cairns funéraires, par exemple.

★★ Thelon Wildlife Sanctuary

À cheval entre le Nunavut et les Territoires du Nord-Ouest, 500 km environ au nord-est de Yellowknife. ⓘ *nunavutparks.com/heritage_rivers/thelon-river.*

Organiser une expédition dans ce parc nécessite de s'y prendre longtemps à l'avance, l'éloignement extrême compliquant la logistique.

Cette gigantesque réserve naturelle, de la taille du Danemark, est bordée de vastes crêtes sinueuses de sables et de graviers glaciaires (eskers). La rivière Thelon est inscrite au patrimoine canadien pour sa forêt exceptionnelle et son passé inuit ; elle parcourt 1000 km de sa source au **lac Whitefish** à son embouchure au lac Baker, à l'ouest de la baie d'Hudson. Cette réserve du bout du monde se distingue par le stupéfiant contraste entre les **bois d'épicéas** et la **toundra** rase à perte de vue, mais aussi et surtout par la richesse de sa **faune arctique** : loups blancs, bœufs musqués hirsutes, grizzlis des toundras, rapaces, caribous et orignaux.

Région de Kitikmeot

Cette région, au centre de l'Arctique, englobe une bande qui couvre la quasi-totalité de la côte septentrionale du continent canadien. Les villes les plus importantes sont Cambridge Bay (ou Ikaluktutiak), sur le littoral sud-est de l'île de Victoria, et Kugluktuk, au bord du fleuve Coppermine.

Bathurst Inlet

Au cœur du Kitikmeot, à l'embouchure de la **Burnside River**, ce hameau perdu dans l'immensité arctique est l'endroit idéal pour savourer le mélange de nature sauvage, de culture traditionnelle et de sensations fortes. L'équipe de naturalistes du **Bathurst Inlet Lodge** *(✆ 867 873 2595 - bathurstarctic.com)* encadre, au printemps et en été, des randonnées et des excursions pédagogiques consacrées aux écosystèmes de la toundra et des gorges de cette partie du territoire. Il est possible de séjourner aux campements de pêche et d'observation de la faune, de pratiquer le ski de randonnée ou le traîneau à chiens et de s'adonner au rafting et au canoë sur les fleuves.

Cambridge Bay (Iqaluktuuttiaq)

Deuxième île du territoire après Baffin, l'**île Victoria** est séparée du continent arctique par le **golfe de la Reine-Maud**. Centre de la région de Kitikmeot, Cambridge Bay est également sa bourgade la plus peuplée. Les 1952 habitants chassent toujours le caribou, pêchent l'omble, et travaillent pour le gouvernement du Nunavut, pour les compagnies minières, les pêcheries... On aperçoit toujours dans la baie, située le long du Passage du Nord-Ouest, l'épave du **Roald Amundsen** qui appartenait à la Compagnie de la baie d'Hudson.

Arctic Coast Visitor Centre – *3 Omingmak St. - 867 983 2224 - cambridgebay.ca.* Organisation d'excursions, notamment pour accéder à l'**Ovayok Territorial Park** situé 15 km à l'est de Cambridge Bay, sur Victoria Island.

Carnet pratique

S'informer

destinationnunavut.ca – Site officiel d'informations touristiques.

nunavutparks.com – Site des parcs territoriaux.

travelnunavut.ca – Regroupement de prestataires. Guides et carte téléchargeables gratuitement.

www.gov.nu.ca – Site du territoire.

Se déplacer

On se rend au Nunavut en avion, aucune route n'y menant par le sud, et la voie des airs demeure le principal moyen de rallier les différentes bourgades. Chaque région possède une ville d'entrée principale : Cambridge Bay *via* Yellowknife pour la région de Kitikmeot, Rankin Inlet pour Kivalliq (Keewatin) et Iqaluit pour Baffin.

En avion

Canadian North – *1 800 26 1247 - canadiannorth.com.* 20 destinations desservies dans le Nunavut au départ d'Ottawa, Montréal, Edmonton et Yellowknife.

Calm Air – *1 800 839 2256 - calmair.com.* Relie Winnipeg à Rankin Inlet puis dessertes locales.

Air Inuit – *1 800 361 2965 - www.airinuit.com.* Relie Montréal et Québec à Kuujjuaq, Puvirnituq et La Grande.

Services de charters :

Air Nunavut – *1 866 388 5888 - smoothaircharter.com/air-nunavut.*

Kenn Borek Air Ltd. – *403 291 3300/800 536 1149 - borekair.com.*

En bateau

De juillet à octobre principalement. *adventurecanada.com; quarkexpeditions.com.*

Dans les villages

La plupart des communes se visitent aisément à pied, mais il est parfois possible de louer des motoneiges ou des quads (appelés VTT ou véhicules tout-terrain). Certains villages proposent un service de taxi. Les traîneaux à chiens sont réservés aux excursions touristiques.

Informations utiles

Heure locale

La région de Baffin est calée sur l'heure de l'Est, la région de Kivalliq (sauf l'île de Southampton) sur l'heure du Centre, et celle de Kitikmeot sur l'heure des Rocheuses.

Carte des fuseaux horaires, p. 568.

Loi sur les alcools

Les restrictions varient selon les communes qui peuvent être « sans alcool », « avec restriction » ou « sans restriction ». Se rens.

Loi sur le tabac
L'achat de tabac est interdit aux moins 19 ans.

Jour férié territorial
Fête du Nunavut – 9 juillet.

Nos adresses

Shopping

Rankin Inlet
Ivalu Ltd. – *15-2 Tugliq St. - ☏ 867 645 3400 - lun.-vend. 10h-17h.* Vêtements confectionnés et décorés par des couturières inuites, selon les techniques traditionnelles.
Matchbox Gallery – *143 24th Ave. - ☏ 86 645-2674 - mar.-sam. 13h-16h - thematchboxgallery.com - visites sur RV au ☏ 867 645 3117.* Dessins, peintures, gravures et créations en *terra cotta*.

Iqaluit
À l'aéroport – Expositions présentant le savoir-faire d'une dizaine de villages, dont les tissages de Pangnirtung ou les gravures et sculptures sur pierre de **Cape Dorset**, centre majeur de l'art inuit.
Carvings Nunavut – *Tumiit Bldg - face au bureau de poste - ☏ 867 979 0650 - carvingsnunavut.com - 10h-18h, sam. 10h-17h.* Ce magasin de souvenirs et d'articles de papeterie propose un choix étendu de bijoux en ivoire et plus de 200 sculptures, généralement en pierre.
Arctic Ventures – *192 Queen Elizabeth Ii Wy - ☏ 867 979 5992 - facebook.com/ArcticVentures Marketplace - 9h-22h.* Un imposant bâtiment où se mêlent épicerie, vêtements et sculptures, mais également le plus grand choix de livres sur l'Arctique de tout le Nunavut.

Pangnirtung
Uqqurmiut Centre for Arts and Crafts – *☏ 867 473 8669 - ndcorp.nu.ca/we-invest/subsidiaries/uqqurmiut-arts-crafts - ♿ - tlj sf w.-end 9h-17h.* Dans ce centre sont vendus objets artisanaux et objets d'art : couvertures tissées, gravures, vêtements, sculptures... Dans l'atelier de tapisserie, vous pourrez voir des tisserands transformer, sur leurs grands métiers à tisser, la laine lopi en immenses tapisseries.

Activités
Le tourisme au Nunavut est en plein développement et les principales communautés comptent désormais des opérateurs locaux à même de vous aider pour vos excursions. Pour faciliter le voyage, vous pouvez vous adresser à des agences spécialisées ou **pourvoiries** qui organiseront entièrement votre séjour. La plupart des excursions sont proposées de juin à août. Les voyages à skis ou en **traîneau à chiens** se déroulent d'avril à juin.
Arctic Odysseys – *☏ 206 325 1977 ou 800 574 3021 - arcticodysseys.com.* Séjours dans le haut Arctique.
Frontiers North – *☏ 204 949 2050 - frontiersnorth.com.* Séjours d'observation de la vie sauvage.

Hébergement
Anticipez les réservations : les principales bourgades ne comptent que deux ou trois établissements pour se loger. Contactez les guides locaux pour organiser un séjour chez l'habitant ou dans un igloo. En cas de mauvais temps, les visiteurs doivent parfois partager leur chambre avec des inconnus.

Mats totémiques le long de la Icefield Parkway.
Hans Harms/Getty Images Plus

COMPRENDRE LE CANADA

Le Canada aujourd'hui	510
Paysages et nature	518
Saveurs locales	526
Histoire	528
Art et culture	543

Le Canada aujourd'hui

Le Canada est une nation prospère, comme l'atteste sa participation annuelle au sommet du G8, qui regroupe les huit plus grands pays industrialisés. Sa force réside dans l'abondance et la variété de ses ressources naturelles (forêts, minerais, hydroélectricité), qui forment la base de son économie, mais aussi dans sa capacité à s'adapter à l'évolution mondiale grâce à sa population très cosmopolite.

Aspects politiques

Le régime politique

Le Canada est un **État fédéral**, composé de 10 provinces et de 3 territoires *(voir encadré ci-dessous)*. Chacun de ces derniers est gouverné par une Assemblée législative élue et un Premier ministre. Le Nunavut est, en outre, doté d'organes de gestion des ressources, composés d'Inuits et de représentants des gouvernements fédéraux et territoriaux, dont le rôle décisionnaire est déterminant. Capitale du pays située à l'extrémité orientale de l'Ontario, **Ottawa** est le siège du gouvernement fédéral, dont la compétence s'étend aux affaires étrangères, à la défense, au commerce, aux transports, à la monnaie, au système bancaire et au droit pénal. Nation membre du **Commonwealth**, le Canada fonctionne en fait comme une nation indépendante. Elle reconnaît symboliquement comme chef de l'État le monarque de Grande-Bretagne, représenté à Ottawa par un **gouverneur général**. Ce dernier, aujourd'hui choisi par les représentants élus du peuple canadien, ne remplit guère qu'un rôle protocolaire. Le pouvoir véritable est entre les mains du **Premier**

Dix provinces, trois territoires et un drapeau

Par ordre d'entrée dans la Fédération nous trouvons : Québec, Ontario, Nouvelle-Écosse, Nouveau-Brunswick (1867), Manitoba (1870), Colombie-Britannique (1871), Île-du-Prince-Edouard (1873), Territoires du Nord-Ouest (1874), Territoire du Yukon (1898), Alberta et Saskatchewan (1905), Terre-Neuve-et-Labrador (référendum 1949), Territoire du Nunavut (1999). Le drapeau canadien – adopté en 1965 – se compose de trois bandes verticales. Les deux extrêmes sont rouges, la bande centrale plus large et blanche est ornée d'une feuille d'érable rouge, symbole du pays. Le blanc évoque les territoires du Nord tandis que le rouge rend hommage aux Canadiens tombés durant la Première Guerre mondiale.

ministre (pendant son mandat de cinq ans maximum, la mention « Très Honorable » accompagne son nom), chef du parti majoritaire au Parlement, et des membres de son cabinet, généralement choisis au sein de la majorité. Le **Parlement** canadien se compose de la Chambre des communes, dont les membres (338 en 2022) sont élus selon le système majoritaire uninominal à un tour, et du Sénat, constitué de représentants (105 membres) nommés par le Premier ministre.

Les relations internationales

Sa participation active aux deux guerres mondiales, son entrée dans l'**Organisation des Nations unies** (ONU) dès 1945, son adhésion en 1949 à l'Organisation du traité de l'Atlantique Nord (Otan), sa contribution à de nombreuses opérations de maintien de la paix et son rôle de médiateur dans plusieurs crises majeures ont permis à l'État canadien de s'affirmer aux yeux de la communauté internationale. Personnel et services diplomatiques représentent aujourd'hui le Canada auprès de plus de 150 nations étrangères. Le pays a conservé des liens étroits avec la Grande-Bretagne, mais les États-Unis – son principal partenaire économique et financier – occupent une place prépondérante dans sa politique extérieure.

L'économie

En 2023, le Canada se classait en 8e position des pays les plus riches du monde, avec un produit intérieur brut (PIB) de 2365 milliards de dollars (US$) et au 18e rang mondial pour le PIB par habitant. La répartition des richesses est dans ce pays beaucoup plus équitable qu'aux États-Unis. L'abondance des ressources du sol et du sous-sol en a fait une grande nation commerçante et exportatrice. Seul bémol, et de taille, le PIB serait à tempérer si l'on prenait en compte l'impact désastreux du secteur minier sur l'environnement.

Basée jadis sur l'agriculture, l'économie repose à plus de 71 % sur le secteur tertiaire : 4 emplois sur 5 relèvent des services. Toutefois, alors que les secteurs financier et immobilier ne cessent de progresser, la place des ressources naturelles et de l'agriculture demeure importante. Courant 2024, le pays affichait un taux de chômage de 6,4 % (avec un écart entre 3 % et 9 % selon les provinces). Un taux relativement stable depuis 2010 si l'on excepte la période de pandémie du Covid-19.

Les États-Unis : un partenaire privilégié

Avec 70 % de Canadiens vivant à moins de 300 km de la frontière américaine, il n'est guère surprenant que les États-Unis demeurent le principal partenaire commercial du Canada. Ils absorbent plus de 77 % des exportations canadiennes de combustibles, huiles, minéraux, bois, véhicules automobiles, pierres et métaux précieux et près de 90 % avec la Chine, le Royaume-Uni, le Mexique, le Japon, l'Allemagne, la Suisse, l'Italie et les Pays-Bas.

En revanche, le Canada importe automobiles, machines et appareils mécaniques, matériel électrique et informatique, lesquels proviennent en premier lieu des États-Unis.

Le volume d'**importations** américaines a représenté, en 2023, 63 % du volume total, devant l'Union européenne (10 %), la Chine et le Japon. La France fournit au Canada des produits pharmaceutiques, du matériel de transport, d'aéronautique, des véhicules automobiles et du textile.

En 1994, le Canada, les États-Unis et le Mexique ont signé l'**Accord de libre-échange nord-américain** (Alena). Ce dernier a été modernisé en 2020 et rebaptisé **l'Accord Canada–États-Unis–Mexique** (AEUMC). La mise en place d'une **zone de libre-échange** dans la région **Asie-Pacifique (TPP)** a elle aussi vu le jour en 2018. Très controversé, le **Comprehensive Economic and Trade Agreement (CETA)**, un accord de libre-échange entre l'Union européenne et le Canada, est appliqué de façon provisoire depuis 2017. En 2024, la France et la Belgique ne l'avaient toujours pas ratifié.

Le secteur minier

Le Canada se place parmi les premiers producteurs mondiaux de nickel, de cobalt, d'uranium ou encore de cadmium. Il extrait également du zinc, du molybdène, de l'or, du plomb, et de grandes quantités de potasse et de fer. La première mine de terres rares a vu le jour en 2022 dans les Territoires du Nord-Ouest. Le secteur minier, d'une importance capitale pour le pays, comprend les mines métalliques, non métalliques et de charbon, l'extraction des sables bitumineux, la fabrication de produits de fonderie, les raffineries et les usines de fabrication.

Le Canada est le 4e producteur mondial de **pétrole** brut, derrière les États-Unis, l'Arabie saoudite et la Russie. Ses réserves sont toutefois situées à 99 % dans les **sables bitumineux de l'Alberta**, ce qui représente de réelles difficultés d'extraction et d'acheminement.

En 2024, malgré l'opposition des Premières Nations et de groupes environnementaux, l'État canadien a mis en service l'extension de l'oléoduc Trans Mountain, soit 1150 km d'Edmonton (Alb.) à Burnaby (C.-B.), afin d'exporter le pétrole des sables bitumineux vers l'Asie.

L'activité minière n'est pas sans conséquence sur l'emploi des autres secteurs industriels. Elle représente

Plate-forme pétrolière dans un champ de canola en fleur.
restlesskath/Getty Images Plus

en effet plus de la moitié des revenus des chemins de fer canadiens et a permis à **Toronto** de devenir la plaque tournante mondiale du financement minier. Grâce à des aménagements juridiques et fiscaux particulièrement favorables, 75 % des sociétés minières mondiales choisissent le Canada comme lieu d'enregistrement et s'inscrivent à la Bourse de Toronto, le **Toronto Stock Exchange**.

Agriculture et élevage

Hautement mécanisée, l'agriculture canadienne se place au cœur d'un système qui comprend l'exploitation, la transformation d'aliments et de boissons, la distribution, la vente au détail et en gros ainsi que les services de restauration. Ce système crée 1 emploi sur 9. Située pour l'essentiel dans les régions centrales du sud, la superficie agricole compte de vastes terres à blé, où depuis plusieurs années est aussi cultivé à grande échelle le *canola* (colza). Le Canada est également, depuis la fin des années 1970, un gros producteur de **soja**, lequel connaît un essor considérable. Sa culture s'étend principalement en Ontario, au Québec et dans les Prairies. Par conséquent, le pays est un grand **exportateur de grains**.
Les provinces des Prairies accordent une part de plus en plus importante à la culture des pommes de terre, qui demeure néanmoins la spécialité des Provinces maritimes. Sont également produits en grande quantité les betteraves et le tabac. Dans les régions les plus au sud, Ontario et Colombie-Britannique surtout, la relative douceur du climat permet même la culture fruitière (pommes, raisins et autres). L'élevage de bovins s'est fortement développé dans les Prairies. Toutefois, la production laitière, l'aviculture et l'élevage porcin se concentrent au Québec, en Ontario et en Colombie-Britannique.

Pêche

Le Canada bénéficie de la plus grande façade côtière du monde. Malgré la raréfaction du poisson au large des côtes, le Canada se place au 6e rang mondial des exportateurs de poissons et de fruits de mer, notamment grâce à la production aquacole (2/3 de la production canadienne). Homard, crabe et saumon sont les espèces les plus exportées.

Chasse

L'activité de la **trappe** semble avoir toujours existé au Canada. La Compagnie de la baie d'Hudson, créée en 1670, s'occupait déjà du commerce des fourrures. Aujourd'hui, le pays reste l'un des tout premiers fournisseurs mondiaux de fourrures.

Exploitation forestière

La forêt canadienne couvre plus de la moitié du pays. Elle comprend en grande majorité des sapins, des pins et des cèdres et fournit, selon les essences, bois de construction et planches (produits surtout en Colombie-Britannique) ou bois de pulpe (principalement au Québec). Le Canada se place ainsi au premier rang des producteurs mondiaux de papier journal – une activité en déclin – en satisfaisant un tiers de la consommation mondiale, et parmi les principaux exportateurs de produits forestiers.

Industries nouvelles

Dans un pays axé depuis toujours sur la transformation des ressources naturelles (produits forestiers, minerais, agroalimentaire, etc.), les progrès du secteur secondaire se font de plus en plus visibles.

La pétrochimie contribue sensiblement à l'économie de l'Alberta, du Manitoba, de l'Ontario et du Québec. Dans ces deux dernières provinces, l'industrie automobile (véhicules à moteur et pièces détachées), l'électronique et le matériel électrique jouent un rôle primordial. Les régions de Vancouver et Toronto sont plutôt dédiées aux télécommunications, à l'industrie pharmaceutique, à la biotechnologie et à l'industrie cinématographique. L'éco-industrie, les technologies de l'information et le secteur médical se développent dans les provinces de l'Atlantique.

Les industries canadiennes se concentrent autour des grandes villes et le long du St-Laurent.

Les alliances avec des entreprises étrangères sont nombreuses, telle l'association de **Bombardier**, constructeur de matériel de transport canadien et **Alstom** (France).

L'Agence spatiale canadienne (ASC-CSA) travaille, entre autres, sur les conditions de vie sur la planète Mars. Elle a choisi pour ses expériences l'île Devon au Nunavut, qui présente de véritables similitudes avec la « planète rouge ».

L'immigration : oui mais laquelle ?

Confronté au vieillissement de la population et à un taux de natalité relativement faible, le Canada recourt de plus en plus à l'immigration. En atteste l'arrivée record, en 2021, de quelque 401 000 personnes qui se sont vus accorder le statut de résidents permanents, et un plan prévoyant entre 450 000 et 550 000 arrivées en 2025. Actuellement, les immigrants représentent 25 % de la population et cette part devrait atteindre 30 % d'ici 2036. Le gouvernement tend à indexer l'immigration sur « un système objectif d'attribution de points qui reflètent l'éducation, l'expérience de travail, les compétences linguistiques et autres indicateurs liés aux possibilités d'obtention d'une bonne rémunération des candidats ».

canada.ca/fr/immigration-refugies-citoyennete.html

Tourisme

En 2017, le Canada a accueilli quelque 20,8 millions de touristes venus du monde entier, un chiffre qui sera à nouveau atteint dès 2024 (après la baisse des années de pandémie). Près de 1,9 million d'emplois (directs et indirects) sont liés à cette industrie : hôtellerie, restauration, guides touristiques, encadrement pour les activités sportives... Des emplois occupés, pour un tiers, par de jeunes actifs.

Transports

L'immensité du territoire confère aux transports un rôle essentiel dans la mise en valeur du pays.
Le Canada possède un réseau de **routes goudronnées** relativement limité (400 000 km). La partie la plus densément peuplée, le long de la frontière des États-Unis, est dotée d'un solide réseau d'autoroutes et de routes depuis l'achèvement de la **Transcanadienne** en 1962.
Elle bénéficie également d'un bon réseau de voies ferrées (70 000 km) et de canaux fluviaux, en particulier la voie maritime du St-Laurent, qui a grandement facilité l'exploitation et l'exportation des richesses du pays, relayé par de grands **ports** : Vancouver pour le Pacifique, Montréal, Halifax, St. John pour l'Atlantique, Churchill dans la baie d'Hudson.
Le vaste Nord est desservi par un réseau ferroviaire et routier (route de l'Alaska, route Dempster), qui se densifie en hiver, grâce à l'ouverture de routes provisoires créées sur la neige et les glaces, permettant ainsi à d'énormes camions de ravitailler les communautés isolées qui bénéficient de liaisons aériennes en été.

Hydroélectricité

Il est important de noter que le Canada possède les plus grandes réserves d'eau douce du globe ! Partout, sauf sur l'île du Prince-Édouard, l'abondance et la puissance des cours d'eau offrent d'exceptionnelles possibilités d'aménagement hydroélectrique. Le Québec, la Colombie-Britannique, le Manitoba, l'Ontario et Terre-Neuve-et-Labrador produisent ainsi 95 % de l'énergie hydraulique du pays grâce à la construction d'énormes barrages et de centrales qui assurent environ 60 % de la production d'électricité nationale ; le reste étant fourni par le thermique, le nucléaire, l'éolien et le solaire. Les surplus sont exportés vers les États-Unis.

Les Canadiens

Population

Pays immense, le Canada est relativement peu peuplé, avec près de 41 millions d'habitants en 2024, quand les États-Unis en comptent plus de 340 millions et la France près de 68 millions. La densité de population est l'une des plus basses au monde, avec moins de 4 habitants/km^2.
Alors que le centre et le nord du pays sont quasiment inhabités, la population se concentre le long de la frontière sud du pays sur une bande d'environ 160 km de large, sur les côtes atlantique et pacifique, près des Grands Lacs en suivant l'axe du St-Laurent de Windsor à Québec, et vit essentiellement dans les villes, puisque le taux de population urbaine est supérieur à 75 %.
L'espérance de vie, de 82,5 ans, est plus élevée que celle des États-Unis. Plutôt jeune (l'âge moyen est de 41,5 ans), la population tend cependant à vieillir, car le taux de natalité est relativement faible et la croissance démographique modérée. L'augmentation de la population est avant tout due à l'**immigration**.

La composition ethnique

Le Canada est un pays d'immigrants. Aux représentants des deux nations fondatrices du Canada moderne, **Français** et **Anglais**, et aux Autochtones, **Premières Nations** et **Inuits**, se sont joint les **Métis** et, depuis la fin du 19e s., les « **Néo-Canadiens** », immigrants de souche allemande, italienne et ukrainienne, mais aussi néerlandaise, scandinave, polonaise, puis grecque et asiatique. Au lieu de se fondre, dès la première ou la seconde génération – comme ce fut le cas aux États-Unis – dans une société canadienne unique, ces différents groupes ethniques ont formé une fascinante mosaïque culturelle : en 2021, plus de 450 origines (ou ascendances) ethniques ou culturelles ont été recensées; celles issues des îles britanniques et françaises figurant parmi les plus fréquentes.

Les langues

Bien que la colonisation française se soit arrêtée en 1763, les francophones représentent environ 22 % de la population et se concentrent principalement au Québec. Les natifs anglophones constituent près de 57 % de la population. Cette dualité culturelle et linguistique est mise en évidence par le bilinguisme. En effet, le Canada a reconnu en 1969 l'anglais et le français comme langues officielles de l'administration fédérale, des organismes judiciaires et des sociétés d'État relevant de la législation fédérale. La pratique du bilinguisme s'est étendue depuis aux gouvernements des provinces et à certaines parties des secteurs privés et parapublics. Au Québec, la langue officielle demeure cependant le français, tandis que huit provinces sont plutôt anglophones (on parle alors du Canada anglais). Les Territoires du Nord-Ouest et le Nunavut, eux, reconnaissent onze langues officielles dont l'anglais et le français. Les langues des peuples autochtones, bien qu'inégalement représentées, sont toujours pratiquées. D'autres langues, comme le chinois, l'italien, l'allemand, sont parlées par plus de 5 millions de personnes, mais la connaissance de l'anglais ou du français est nécessaire pour obtenir la nationalité canadienne.

La religion

Un peu plus des deux tiers de la population canadienne déclarent une affiliation à une religion. La **religion chrétienne** représente 54 %. Elle se caractérise toutefois par son **pluralisme religieux**. On ne compte plus le nombre de cultes : Églises évangélique, adventiste, baptiste, anglicane, luthérienne, méthodiste, mennonite, orthodoxe de l'Est, presbytérienne, unitarienne, etc. Il est vrai que les Métis et les Premières Nations ont été l'objet de toutes les évangélisations. Le Canada est pour nombre d'observateurs la terre des grandes utopies religieuses. Sous l'impulsion des **communautés** (morave, huttérite, doukhobor, etc.), les constructions religieuses ne manquent ni d'imagination, ni d'esprits prophétiques. Pour l'heure, les religions vivent en bonne intelligence, comme en témoigne la **route du Paradis** – la route 5 en Colombie-Britannique –, laquelle compte une vingtaine de lieux de culte de confessions multiples sur une distance de moins de 2000 m. Les catholiques sont de loin les plus nombreux, suivis des protestants. Les musulmans, les juifs, les bouddhistes, les hindous et les sikhs sont également présents.

Deux sports d'hiver populaires

Le hockey sur glace, sport national

Le hockey est très populaire au Canada. L'engouement pour ce sport ne se limite pas aux matchs des grandes équipes qui sont retransmis à la télévision. Des centaines de milliers de jeunes répartis dans 25 000 équipes participent aussi à des tournois amicaux ou des ligues régionales.

La Ligue nationale de hockey (NHL), dont plus de la moitié des joueurs sont originaires du pays, a été rejointe au fil des ans par des équipes américaines. Elle compte 32 équipes, dont 7 au Canada : Canadiens de Montréal, Senators d'Ottawa, Maple Leafs de Toronto, Flames de Calgary, Oilers d' Edmonton, Jets de Winnipeg et Canucks de Vancouver. Le massif trophée (l'original, en argent, est exposé au Hockey Hall of Fame de Toronto), remis par le gouverneur général Stanley en 1893, est toujours attribué à l'équipe victorieuse lors des championnats de la Coupe Stanley, qui se déroulent chaque année au mois de juin. Si les Canadiens (24) et les Maples Leafs (13) détiennent les records de victoires, le dernier titre canadien remonte à... 1993. Il est cependant à noter que le Canada domine le tableau des médailles olympiques en hockey sur glace.

Le curling, l'autre sport d'hiver canadien

Même si le Manitoba est le haut lieu du curling au Canada, plus d'un million de Canadiens s'adonnent à cette activité, devenue sport olympique en 1988. Le jeu se déroule en 8 à 10 manches : des équipes de 4 joueurs lancent à tour de rôle leur palet (pierre en granite de 20 kg), qu'ils font glisser le long d'un couloir de glace, vers une cible circulaire. Les balayeurs frottent la glace devant le palet de leur équipier afin d'optimiser sa trajectoire. La haute saison dure de janvier à mars. Deux tournois majeurs ont lieu chaque année en janvier : le Canadian Mixed Curling Championship de Weyburn (Sask.) et le Canadian Senior Curling Championships.

Hockeyeuses.
A. Ramella/age fotostock

Paysages et nature

Presque aussi grand que l'Europe, le Canada couvre près de la moitié du continent nord-américain. Les prairies qui s'étendent à l'infini, les montagnes aux pics enneigés, les vallées creusées par les fleuves tumultueux, les lacs aux eaux bleutées, les forêts denses, le littoral déchiqueté par les mers et océans, la banquise... et les animaux qui y vivent, en solitaire ou en troupeaux, fascineront les amoureux de la nature.

L'immensité canadienne

Avec ses 9 017 699 km², soit plus de 18 fois la France, le Canada est le deuxième plus grand pays du monde derrière la Russie (environ 17 millions de km²). En latitude, le pays s'étend sur environ 4 600 km, de l'**île Pelée** dans le lac Érié au sud (41° 47' N) au **cap Columbia** à la pointe de l'île d'Ellesmere à 800 km à peine du pôle Nord (83° 07' N). En longitude, il s'étire sur plus de 5 500 km, de **cap Spear** à la pointe de Terre-Neuve à l'ouest (52° 37'), à la frontière du **Yukon** et de l'**Alaska** (141° O). Le Canada a pour voisins directs les États-Unis au sud et l'Alaska au nord-ouest. Sa frontière sud court sur 6 400 km, distance entre Paris et la frontière chinoise.

Un pays d'eau

Le Canada est un des rares pays à avoir accès à **trois océans** (Pacifique, Atlantique et Arctique) et plusieurs **mers** (Labrador et Beaufort) et compte environ 60 000 km de côtes ! Au nord et à l'ouest, le littoral est particulièrement dentelé. À l'est, l'énorme morsure faite par la grande mer intérieure de la **baie d'Hudson** constitue l'une de ses curiosités les plus remarquables. Avec ses 637 000 km², cette dernière est la plus grande étendue d'eau de mer à l'intérieur d'un pays. Dans les baies de Fundy et d'Ungava, les mouvements maritimes sont tels que la différence d'altitude entre la marée basse et la marée haute peut atteindre 20 m, un record mondial.

Des îles en quantité

Parmi les nombreuses îles du Canada, certaines, comme Terre-Neuve (Atlantique) ou l'île de Vancouver (Pacifique), sont particulièrement étendues. Au nord, **l'archipel Arctique canadien** (1 350 000 km²) regroupe même quelques-unes des plus grandes îles du monde, cernées par la banquise six mois par an. C'est entre celles-ci que les explorateurs découvrirent le passage du Nord-Ouest, qui relie les océans Arctique et Atlantique en passant par la mer du Labrador, la baie de Baffin et la mer de Beaufort.

De l'eau douce à profusion

Le Canada réunit quelque 2 millions de dépressions lacustres, dont quatre des fameux **Grands Lacs** (Supérieur, Huron, Érié, Ontario), qui représentent à eux seuls la plus importante masse d'eau douce du globe (18 % des réserves mondiales). Ils forment l'un des bassins hydrographiques les plus exploités au monde, et sont reliés à l'Atlantique par l'Hudson River et le St-Laurent. Parmi les nombreux **fleuves** du pays, les plus longs sont le Mackenzie, qui prend sa source dans les Rocheuses et se jette dans la mer de Beaufort (4 241 km), le St-Laurent, qui court du lac Supérieur au détroit de Cabot (3 260 km), le Yukon, serpentant de la Chaîne côtière à la mer de Béring (3185 km dont plus de la moitié en Alaska), le Nelson, dans la baie d'Hudson (2 600 km). D'autres se dirigent vers le Pacifique comme le Fraser ou le Columbia.

Le climat

La comparaison entre le Canada, dont la plus large part se trouve **au-delà du 50e parallèle**, et l'Europe, met en relief la rigueur particulière du climat, plus sévère à la pointe de la baie James ou de la grande péninsule nord de Terre-Neuve qu'à Londres, qui se trouve pourtant à la même latitude mais qui, comme le reste de l'Europe occidentale, bénéficie des courants chauds du Gulf Stream.

Des climats froids et rudes

Tout au nord, sur l'archipel arctique et le long des côtes des Territoires du Nord-Ouest, règne le **climat polaire** aux conditions extrêmes. C'est une région de glaciers au sol gelé en profondeur – *permafrost* ou *pergélisol* *(voir p. 486)* –, marquée par des températures très basses en hiver (jusqu'à -40 °C), fraîches en été (10-15 °C), par de faibles précipitations et des vents forts et glacials. Les hivers sont très longs, les étés courts.

Plus au sud, le **climat subarctique** domine sur une vaste zone qui, du Yukon au Labrador, s'étend jusqu'aux abords des espaces habités. Les hivers y sont longs et rigoureux, les étés doux (20 °C). Enfin, la région des cordillères de la Colombie-Britannique et du Yukon connaît un

climat de montagne, où l'influence de l'altitude se conjugue à celle de la latitude, avec une pluviosité moyenne.

Des espaces plus tempérés

Le long du Pacifique règne un **climat océanique tempéré**, marqué par une forte pluviosité et des températures modérées. Le reste du pays, soit la plus grande partie de la zone habitée, connaît un **climat continental** aux hivers froids et aux étés chauds.
Des variations régionales sensibles différencient les Prairies, au climat très sec, de la région du St-Laurent, plus humide, qui connaît un fort enneigement en hiver et une atmosphère lourde et moite en été. Favorisée par sa latitude méridionale et entourée des Grands Lacs, la péninsule ontarienne bénéficie d'un **climat plus doux**, tout en subissant la même atmosphère lourde en été. Sur la frange atlantique enfin, l'influence humide de l'Océan réduit l'écart des températures entre l'hiver et l'été, mais apporte brouillards et tempêtes.

Les grandes régions naturelles

L'immensité du territoire, dont le Bouclier canadien constitue la charpente physique, permet la coexistence de sept ensembles géomorphologiques marqués par une forte empreinte glaciaire.

Une histoire mouvementée

À quatre reprises (entre 1 million d'années et 10 000 ans av. J.-C.) le climat s'est refroidi, entraînant au nord la formation d'une **calotte glaciaire**, épaisse de 3 km par endroit, qui a progressivement atteint l'Ohio et le Missouri, couvrant alors environ 97 % des terres canadiennes à l'exception des Cypress Hills et de la région du Klondike. Il y a près de 10 000 ans, cette masse de glace a fini par reculer et par fondre, creusant les roches les plus récentes et marquant profondément le paysage. Elle demeure essentiellement sur les îles arctiques. Quelques **glaciers** persistent dans les montagnes de l'ouest tel que St. Elias Mountains, Columbia Icefield.

Le bouclier canadien

Ce socle de **roches cristallines** extrêmement dures date de l'ère précambrienne : vieilles de près de 600 millions d'années, elles figurent parmi les plus anciennes du monde. Au cœur du pays, le Bouclier se présente comme une **vaste plate-forme** qui occupe près de la moitié du territoire et s'enroule autour de la baie d'Hudson en une large couronne. Mis à nu par le recul des glaces qui recouvraient jadis le Canada, le **roc** lisse et bosselé, creusé de myriades de **lacs** et de **marécages**, est parcouru de **rivières** et de **fleuves**. Les rochers, transportés par les glaces, ont dérivé au hasard de la fonte.
Excepté dans la zone arctique, une **forêt sauvage** recouvre le Bouclier. Les hautes terres sont entourées de terres basses bordées de montagnes : la Cordillère canadienne à l'ouest, les Appalaches à l'est. L'abondance des sources d'**énergie hydraulique** et la **richesse du sous-sol** caractérisent cette région au sol peu fertile. En raison de la rudesse du climat, une grande partie demeure inhabitée.

Les basses terres des grands lacs et du St-Laurent

À l'échelle du pays, ces **plaines sédimentaires** semblent bien peu étendues. Elles se sont formées il y a plus de 200 millions d'années, au cours du paléozoïque, période durant laquelle les terres furent longtemps recouvertes par la mer, laissant les sédiments s'accumuler. Particulièrement fertiles, favorisées par un climat relativement doux et bien desservies par des voies d'eau, elles constituent la région la plus riche, la plus **industrielle** du Canada, et aussi la plus peuplée.

Les grandes plaines intérieures

L'évolution géologique des plaines intérieures est identique à celle des basses terres du St-Laurent. Ces vastes **étendues sédimentaires** formées aux ères primaire et secondaire s'étirent du delta du Mackenzie au nord – peu cultivable du fait de sa latitude – au sud des États-Unis. Leur jonction avec le Bouclier canadien est soulignée par une série de **lacs** : Winnipeg, Athabasca, Grand Lac des Esclaves, Grand Lac de l'Ours. Les grandes plaines sont devenues de vastes **terres céréalières** exploitées en **zones d'élevage** extensif dans les régions plus sèches.

Les basses terres de l'Hudson et de l'Arctique

Ce sont les restes des roches sédimentaires de l'ère primaire qui jadis couvraient l'extrémité nord du Bouclier canadien. Le **relief à peine marqué** est légèrement pentu. Sa position très au nord rend les **sols gelés**. L'extrême sévérité du climat ne laisse donc croître, dans les espaces un peu abrités, que la mousse et les lichens de la **toundra** ainsi que la **forêt clairsemée** dans le sud de la baie d'Hudson. C'est une région peu habitée.

Les Appalaches

Cette chaîne de montagnes, plissée à la fin de l'ère primaire (il y a près de 450 millions d'années), est l'une des plus anciennes formations montagneuses sur Terre. Elle s'étend de Terre-Neuve jusqu'en Alabama (États-Unis). Massifs anciens usés par le temps, par les eaux, érodés par les glaces, les Appalaches ne sont plus, au Canada, que des **hauteurs plates** ou **bosselées**, partiellement boisées, ne dépassant guère 1270 m d'altitude. L'île du Prince-Édouard, la vallée de l'Annapolis, Ristigouche et la vallée du St. John, situés à l'emplacement d'anciens lacs glaciaires, sont aujourd'hui des **plaines fertiles**.

La Cordillère canadienne

Ces **montagnes jeunes**, formées il y a environ 70 millions d'années, sont une succession de failles et de plissements marqués par une ancienne activité volcanique.
La Cordillère canadienne occupe le quart ouest du pays. Elle dresse une double rangée de sommets aigus entre les grandes plaines et l'océan Pacifique.
À l'est s'élèvent les **Rocheuses**, qui s'étendent du nord du Canada jusqu'au Nouveau-Mexique aux États-Unis. Ces montagnes jeunes

Aurore boréale

Ce phénomène de luminescence, visible dans les régions polaires en automne et en hiver, se produit lorsque les particules électrisées d'origine solaire entrent en collision avec les molécules contenues dans la haute atmosphère. Ces molécules émettent alors des radiations qui se manifestent, dans le ciel, par la présence d'insaisissables voilages de lumière diaphane multicolores, parfois noir et blanc.

et abruptes ont des sommets pouvant approcher les 4000 m d'altitude (mont Robson 3954 m). Séparée des Rocheuses par une série de **plateaux et de bassins intérieurs**, la **Chaîne côtière** (plus haut sommet : mont Waddington, 4015 m) plonge directement dans le Pacifique en formant des fjords. Déchiquetée au nord-ouest, elle abrite le Passage intérieur qui relie l'île de Vancouver aux îles Haida Gwaii et se prolonge jusqu'en Alaska. Les **chaînons insulaires**, à demi immergés, forment un chapelet d'îles le long du littoral. L'érosion due aux glaciers et à la mer explique les côtes très escarpées de la cordillère.

Les montagnes inuitiennes

Plus récentes que les Appalaches, les montagnes de l'archipel arctique se sont créées lors d'un plissement survenu à l'ère secondaire. Situées à l'extrême nord du pays, elles se composent de deux parties distinctes : les **collines arrondies** des îles Parry, et les **pics glacés** de l'île d'Ellesmere.

Flore et faune

Le territoire canadien abrite une flore et une faune particulièrement abondantes et variées. On estime à 71000 le nombre d'espèces, flore et faune réunies, qui croissent à travers le pays.

La végétation

La frontière entre la zone arborée et la toundra traverse le Canada selon une diagonale reliant le delta du Mackenzie au nord du Québec en contournant la baie d'Hudson.

Au nord de la frontière

Au-delà de cette ligne règne la **toundra**, région de lichens, de laîches et d'arbustes rabougris. La belle saison étant trop courte pour permettre la germination, la plupart des plantes sont vivaces et de taille réduite. Les grandes fleurs attirent les insectes pollinisateurs. Les régions septentrionales sont dominées par la **glace** et les **roches nues**, mais on y rencontre quelques espèces rustiques qui forment un matelas dense dans les zones où humidité, chaleur et nutriments s'allient pour créer un microhabitat favorable à la vie.

Au sud de la frontière

La zone des **arbres à feuilles persistantes** débute avec la **forêt boréale**, l'une des plus grandes étendues forestières sur Terre, et ses épinettes blanches et noires (épicéas), ses mélèzes, pins, sapins et autres conifères. Elle est parsemée de **lacs** et d'innombrables cours d'eau, **marais** et **marécages**, qui occupent près d'un tiers de la région et sont peuplés de fougères spongiformes, de joncs, de saules arbustifs.

Plus au sud, apparaissent les **feuillus** (bouleau, tremble et peuplier), et des **cultures de baies** (canneberge et myrtille) occupent certaines régions humides. Puis la forêt boréale cède le pas à la **forêt mixte**, composée aussi d'arbres à feuilles caduques.

À l'est du pays

L'exploitation forestière, l'agriculture et l'urbanisation n'ont laissé place qu'à de rares poches de **forêt ancienne**. Les essences à **bois dur** (érable, bouleau et hêtre) concurrencent les **plantations industrielles de conifères** sur les sols asséchés, alors que le cèdre et l'aulne occupent les zones plus humides. Mais les conifères des régions septentrionales ne disparaissent réellement que dans le sud de l'Ontario, où se rencontre une **forêt caduque**. Des **marécages** encore existants accueillent des massettes, des nénuphars, des laîches, des

Wapiti.
Jaroslav Sugarek/Getty Images Plus

fougères et des espèces introduites avec succès comme la salicaire, arrivée d'Europe il y a deux siècles dans les ballots de foin.

À l'ouest enfin...

Les conifères laissent la place à de vastes étendues de **trembles** et de **peupliers**, à leur tour remplacées par les plaines herbeuses de la **prairie** au sud. Très cultivée, la région ne conserve que des restes clairsemés de prairie sauvage. Les **régions montagneuses** de l'Ouest abritent une flore endémique, les arbres s'espaçant à l'approche de la limite alpine. Le **littoral pacifique** est recouvert de luxuriantes forêts pluviales tempérées. Dans leur marche vers l'est, les nuages se déversent sur les versants ouest, laissant des poches montagneuses sèches à l'intérieur des terres, dominées par des prairies clairsemées d'herbe, d'armoise et de cactus.

La faune

Les vastes forêts abritent un grand nombre de cervidés, parmi lesquels le **cerf de Virginie**, le **cerf à queue noire**, le **cerf mulet**. Autre grand cerf d'Amérique du Nord, le **wapiti** (connu aussi comme l'élan américain) préfère quant à lui les terrains plus montagneux et la Prairie. Le **caribou des bois** et l'**orignal** (élan) vivent dans les forêts de Terre-Neuve jusqu'en Colombie-Britannique. Espèce jadis fort répandue, le **lynx du Canada** ne se rencontre plus guère qu'à Terre-Neuve. On le trouve également dans le Nord, tout comme le **loup**, dont le domaine s'étendait autrefois à la forêt, la prairie et la toundra. Le rarissime **carcajou** apprécie lui aussi les régions nordiques et fréquente volontiers l'Ouest canadien. Le **grizzli** et l'**ours noir** affectionnent les forêts de conifères et les forêts caduques riches en rivières et étangs où s'ébattent d'innombrables **castors**. Les vastes plaines du centre sont le refuge de l'**antilope d'Amérique**, du **géomys** ou « rat des sables », du **lièvre de Townsend** et du fameux **bison d'Amérique**. Victime au 19e s. d'un massacre quasi-systématique, ce bovidé sauvage fut miraculeusement sauvé de l'extinction ; on peut aujourd'hui l'observer en toute liberté au Wood Buffalo National Park *(voir p. 495)*. Des **chevaux sauvages** peuplent la quasi-totalité de l'île de Sable, au large de la Nouvelle-Écosse dont l'accès limité par le gouvernement. **Chèvres des Rocheuses** et mouflons de montagne dévalent joyeusement les pentes abruptes de l'Ouest canadien. On aperçoit souvent des **mouflons de Dall** le long de la route de l'Alaska, et des **mouflons à grosses cornes** dans les Rocheuses canadiennes et dans les chaînes centrales du sud de la Colombie-Britannique.

Les animaux du Grand Nord

Parmi les espèces animales adaptées aux rudes conditions de vie de l'Arctique canadien, notons le **bœuf musqué**, le caribou de la toundra, le lemming, le loup et le renard arctique.

Ces régions glacées comptent aussi de nombreuses colonies de **phoques**, qui constituent la principale source d'alimentation de l'**ours polaire**.

Le long des côtes du Canada évoluent par ailleurs plus d'une trentaine d'espèces de **mammifères marins**, comme la baleine à bosse et le rorqual commun (au large de Terre-Neuve), l'épaulard et la baleine grise (au large de la Colombie-Britannique), la baleine blanche ou béluga, le rorqual bleu et le petit rorqual (dans l'estuaire du St-Laurent).

Une grande variété d'oiseaux

Plus de 400 espèces, pour la plupart migratrices, évoluent dans le ciel canadien : **macareux moine**, pluvier siffleur, bernache du Canada, faucon pèlerin, grue blanche d'Amérique, oie des neiges, etc. Essentiellement confiné aux côtes centrale et septentrionale de la Colombie-Britannique, le majestueux **pygargue à tête blanche** se rencontre de temps à autre dans le nord et l'est du pays.

L'environnement

La préservation

Les parcs nationaux

Créés par le gouvernement, et gérés par Parcs Canada, 48 **aires marines, réserves et parcs nationaux** ont pour but de préserver la diversité des espaces naturels sauvages du pays sur près de 345 000 km². Le premier parc, Canada Banff, a ouvert en 1885, et parmi les derniers, le Thaidene Nënë en 2019 et le Pituamkek en 2024. Plusieurs projets d'ouverture sont toujours à l'étude.

Le grizzli

Cet ours se caractérise par la couleur argentée de l'extrémité de ses poils, d'où son nom. Son pelage varie du blond au brun. Il est, après l'ours polaire, le plus gros ours connu. Autrefois présent dans toute l'Amérique du Nord, il s'est aujourd'hui replié dans les montagnes rocheuses de l'ouest du Canada. Sa population, difficile à estimer, serait approximativement de 900 individus en Alberta, 14 000 en Colombie-Britannique, de 4 000 à 5 000 dans les Territoires du Nord-Ouest, et de 6000 à 7 000 au Yukon.

Les baleines

L'observation de ces gigantesques et magnifiques cétacés est l'une des activités les plus pratiquées dans le Pacifique Nord-Ouest, et les biologistes marins craignent que l'excès de bruit et d'attention n'affecte leur comportement, notamment celui des **orques**. Les écologistes réclament une diminution du nombre des embarcations dans les eaux où croisent les mammifères marins. Les visiteurs adhérant à ce point de vue demeurent à distance des animaux (une centaine de mètres au moins), sans les harceler ni les poursuivre.

Les parcs provinciaux et territoriaux

Des centaines de parcs, gérés par les provinces et territoires, ont été créés. Leur surface peut aller de quelques kilomètres carrés (parc des Îles-du-St-Laurent : 9 km^2) à la taille d'une région française (Polar Bear Provincial Park : 23 552 km^2). D'une manière générale, aucune activité industrielle n'y est permise, afin de mieux sauvegarder la faune et la flore, les sols et les traces du passé. La coupe du bois y est interdite sauf dans certains parcs du Manitoba et d'Ontario.

Les menaces

Les phénomènes naturels liés au réchauffement climatique se sont multipliés ces dernières années. Des **vagues de chaleur**, dont celle de 2021, l'une des plus sévères au monde, s'abattent désormais régulièrement sur le pays. La Colombie-Britannique, le Manitoba et l'Ontario font alors face à une sécheresse généralisée et à des centaines de feux simultanés qui détruisent des milliers d'hectares de forêts. C'est ce qui s'est passé en 2023, quand plus de 6 700 incendies (dont 29 méga incendies) avaient ravagé 17,5 millions d'hectares. Les grandes villes, comme Montréal, pourtant située à plus de 1 000 km de là, connaissent en conséquence de graves épisodes de « smog ». Ces catastrophes sont malheureusement amenées à se répéter comme ce fut le cas en juillet 2024, à Jasper et dans ses environs.

Autre conséquence du dérèglement climatique : les importantes **inondations** qui, en 2022, ont touché l'Ontario et le Québec, et en 2023, la Nouvelle-Écosse.

Plus au nord, la situation est aussi préoccupante. Le Grand Nord canadien se réchauffe trois fois plus vite que le reste de la planète. Conséquence : le phénomène de **fonte des glaces** affecte les ours polaires. La disparition de la banquise, lieu de chasse, de repos et de reproduction, pourrait peu à peu entraîner l'extinction de l'espèce et impacter la vie des populations locales.

Autre préoccupation majeure, **douze « bombes carbones »** en projet qui généreraient plus d'un milliard de tonnes de gaz à effet de serre si elles étaient menées à leur terme. Parmi elles, on recense plusieurs projets pétroliers et gaziers (gaz de schiste en Colombie-Britannique, sable bitumineux en Alberta...) et une mine de charbon.

En mars 2022, le gouvernement canadien a annoncé la création d'**un plan d'investissements** de plusieurs milliards pour le climat. Il a réaffirmé sa volonté de réduire de 40 % les émissions de gaz à effet de serre du pays d'ici à 2030. Il s'est également engagé à ce que la totalité des nouveaux véhicules de tourisme vendus au Canada d'ici à 2035 soient électriques.

Saveurs locales

Même si les *fast food* dominent le « paysage culinaire » canadien, le pays vit depuis deux décennies une gourmande révolution. En effet, de jeunes chefs, dans les grandes villes tout d'abord, puis dans tout le pays, valorisent désormais les produits bio et locaux, renouent avec d'anciennes traditions (dont celles des Premières Nations) et revisitent « sainement » les classiques nationaux, burgers en tête. À ce nouveau courant s'ajoutent les multiples influences des populations immigrées qui enrichissent et diversifient en permanence la table canadienne.

Les mets

À l'origine, la nourriture des Premières Nations provenait de la chasse, de la pêche et de la cueillette : saumon, baleine, élan, oie, baies, riz sauvage... Issus d'horizons multiples, les colons introduisirent leur propre tradition culinaire. Aujourd'hui, l'alimentation de base des peuples autochtones des plaines, comme le **ragoût de bison** accompagné de *bannock* (sorte de pain), est toujours prisée. La Colombie-Britannique est renommée pour ses **poissons** et **fruits de mer** (saumon et crabe araignée) et sa **production fruitière** (raisin, pêches et cerises). Les provinces de l'Atlantique sont réputées pour leurs fruits de mer (huîtres, homards, pétoncles et moules). Jeunes pousses de fougère récoltées en mai et en juin, les **têtes-de-violon** sont volontiers servies au Nouveau-Brunswick, ainsi que la **rhodyménie**, algue comestible au goût fort et salé. Dans les provinces des Prairies, la **viande de bœuf** est excellente, de même que les poissons d'eau douce, le riz sauvage et les baies de toutes sortes, sans oublier le *bortsch* (potage russe à base de crème aigre, de betterave et de chou). La péninsule ontarienne est connue pour ses **cultures maraîchères** et ses vergers. La **viande d'orignal** et l'**omble de l'Arctique** sont des spécialités des Territoires du Nord-Ouest. Au Québec, les plats traditionnels rappellent souvent la cuisine régionale française, adaptée aux besoins du pays : citons le **ragoût de boulettes**, la **tourtière** (hachis de viandes en croûte), le **cipaille** (pâté de gibier mêlé de couches de pâte et de pommes de terre) et la **poutine** (frites et cheddar frais en grains, recouverts de sauce *gravy*), à ne pas confondre avec la poutine acadienne du Nouveau-Brunswick (boules de pommes de terre fourrées au lard).

Le fameux sirop d'érable

Il se décline en tarte au sucre, à la farlouche, en œufs frits au sirop ou en glace... Les légendes sur l'apparition du **sirop d'érable** sont, dit-on, aussi nombreuses que les communautés autochtones de l'est du pays... Quoi qu'il en soit, c'est d'eux que les colons européens apprirent à recueillir la sève d'érable. Dans la tradition québécoise, le « temps des

Cabane à sucre.
JonathanLesage/Getty Images Plus

sucres » est cette brève période *(de mi-mars à fin avril)* durant laquelle, à la faveur du dégel, la sève s'écoule de l'arbre dans des petits récipients fixés au tronc. Elle est ensuite cuite et travaillée dans la cabane à sucre (ou érablière) pour obtenir du sirop, du beurre ou du sucre. Le Canada, grand consommateur de sirop, fournit 75 % de la production mondiale, une part largement dominée par le Québec (99 %). Pour vos achats, privilégiez les sirops de catégorie 1, de couleur claire, et vérifiez que l'étiquette comporte les coordonnées du producteur, ainsi que son numéro fédéral d'agrément. Méfiez-vous des sirops trop foncés, souvent composés de sirop de mélasse aromatisée.

Les boissons

Le Canada produit des **bières** industrielles légères (Molson, Labatt) qui sont la boisson alcoolisée généralement la plus consommée. S'y ajoute une très vaste gamme de bières artisanales produites par un grand nombre de microbrasseries.

Les baies, très nombreuses, notamment au Québec, servent à faire des **liqueurs**. Le caribou est un mélange de vin rouge et d'alcool. Le **screech** est un rhum brun très fort, prisé à Terre-Neuve. Quant au **vin**, il est produit dans la province de Québec, dans la vallée de l'Okanagan (étonnants cépages Chenin) en Colombie-Britannique, en Ontario et dans les Cantons-de-l'Est, tout comme le **cidre**, très populaire et souvent excellent. Dans la catégorie des vins doux, le **vin de glace** (*icewine*), très apprécié en apéritif ou au dessert, est un nectar issu des grappes cueillies gelées, ce qui permet un sirop de raisin très sucré.

Histoire

L'histoire commence avec les peuples autochtones qui, venant d'Asie, foulèrent les premiers ce territoire. Elle se poursuit avec l'arrivée des Européens en quête de matières précieuses, or ou fourrures... En 1535, deux jeunes autochtones auraient indiqué à Jacques Cartier le chemin de « kanata ». Une rencontre entre deux mondes qui ferait bientôt une seule histoire dans le creuset de la colonisation. Depuis, le village a grossi à l'échelle d'un territoire ; le « kanata » des aborigènes est devenu Canada en 1791, alors que la province de Québec était encore divisée en deux colonies, le Haut et le Bas-Canada. Enfin, le pays prit définitivement le nom de Canada sous l'égide de la Confédération en 1867.

Période précoloniale

Les peuplements préhistoriques et « indiens »

Les recherches récentes tendent à prouver que les premières migrations humaines vers le continent américain s'effectuèrent autour de 12000 av. J.-C. par le **détroit de Béring** alors émergé, même si d'autres voies migratoires sont étudiées. Des peuples venus d'Asie (Sibérie) descendirent le continent américain par vagues successives, se dispersèrent dans le nord du Yukon, atteignirent la Colombie-Britannique, l'Ontario vers 10000 av. J.-C., pour arriver en Amérique du Sud, tout en développant peu à peu des modes de vie adaptés à leur milieu. Ainsi se formèrent différents groupes, sédentaires ou nomades, que les premiers Européens, se croyant parvenus aux Indes, baptisèrent « Indiens ». Animistes, ils croyaient en une nature habitée par des esprits qu'ils vénéraient.

Les Autochtones

QUESTIONS AUTOCHTONES, VOIR P. 538-539

En bordure du Pacifique, les **populations autochtones de la côte nord-ouest** étaient de loin les groupes démographiques les plus denses avant l'arrivée des Blancs. Favorisées par les ressources de leur milieu naturel, entre océan et forêts humides, elles développèrent une culture matérielle particulièrement sophistiquée à l'instar de ces **mâts sculptés**, dits totémiques, qui jalonnent toujours leur territoire. On estime à environ 200 le nombre de collectivités des Premières Nations vivant en Colombie-Britannique. Elles sont historiquement divisées en neuf grandes nations : Haïda, Tsimshian, Kwakiutl, Nootka, Coast Salish (de la côte), Salish de l'intérieur, Bella Coola, Athapaskan, Tlingit de l'intérieur.

Les vastes étendues herbeuses du Canada central, entre le bouclier canadien et les Rocheuses, étaient le domaine des **groupes autochtones des Plaines** (Assiniboines, Stoneys, Pieds-Noirs – ou Blackfoot –, Crees des plaines, Ojibway des

Babel au Canada

Plus de 70 **langues autochtones** regroupées en 12 familles linguistiques ont été référencées lors du recensement de la population en 2021, les langues les plus souvent parlées étant le **cree** (famille linguistique algonquienne), l'**ojibwé**, qui présente une importante diversité dialectale, et l'**inuktitut** (langue officielle au Nunavut). Ce recensement a par ailleurs révélé d'intéressantes évolutions démographiques par rapport aux populations des **Premières Nations, Métis** et **Inuits**. Celles-ci ont augmenté à un rythme plus de quatre fois supérieur à celui du reste de la population canadienne, et pourraient même dépasser 2,5 millions de personnes dans un avenir proche.

plaines et Sarcees). Ceux-ci tiraient principalement leurs ressources des troupeaux de **bisons** qu'ils chassaient. La viande, séchée, se conservait de longs mois d'hiver. La plupart habitaient dans des tipis et portaient des vêtements en peau décorés.

Semi-sédentaires, les belliqueuses **tribus des forêts de l'Est** (Algonquins et Iroquois) vivaient dans des villages fortifiés, cultivant le maïs, le haricot et la courge, et connaissaient une organisation sociale complexe.

Les **populations autochtones des régions subarctiques**, vivant d'est en ouest sous l'Arctique (Béothuks, Crees, Dene-thah, Dunne-za, Kaska, Montagnais), étaient également des nomades et des chasseurs, notamment de caribous.

Quant aux **Inuits**, peuple autochtone de l'Arctique nord-américain, chasseurs-pêcheurs nomades hier, sédentarisés aujourd'hui, ils ont été

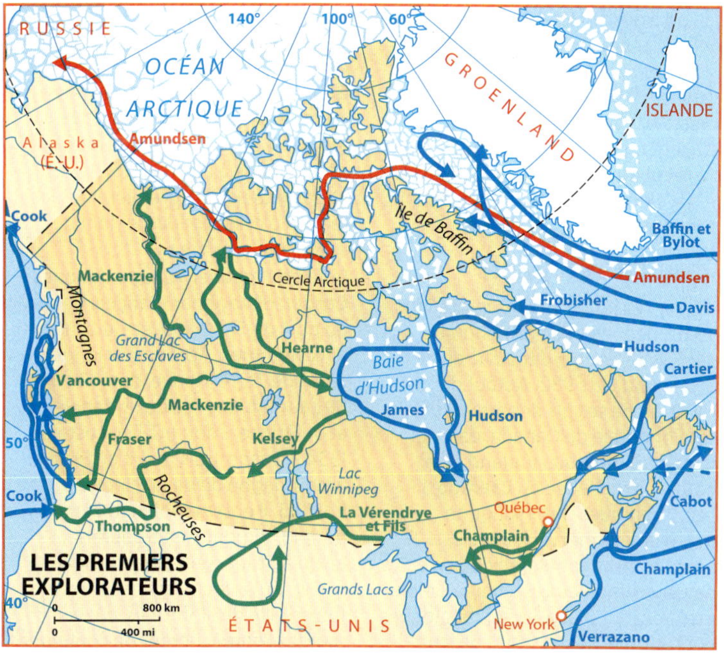

environ près de 70 000 à se déclarer Inuits lors du recensement canadien de 2021. La majorité d'entre eux vivent dans l'immense région qui s'étend au nord du pays entre le détroit de Béring et le Groenland, connue sous le nom d'**Inuit Nunaat** (« Patrie inuite » en inuktitut). Formé en 1999, le Nunavut (« Notre pays » en inuit) est la plus grande des quatre régions qui forment la patrie inuite. Le mot *inuit*, qui signifie « les gens », est préféré au terme offensant d'*esquimau* (« mangeurs de viande crue », dans la langue des Algonquins). Soumis à des conditions climatiques extrêmement difficiles, les Inuits vivaient traditionnellement de la chasse au phoque, au morse, à la baleine et au caribou *(voir encadré p. 487)*. Aujourd'hui, les peuples du Grand Nord sont pris dans les aléas d'une modernité étourdissante, qui sape leurs traditions séculaires en apportant, surtout parmi les jeunes, sa cohorte de maux inconnus jusqu'alors (alcoolisme, suicide, violence, délinquance). Un danger d'autant plus important que l'Arctique est riche en ressources naturelles (pétrole, gaz, minerais), lesquelles attisent les convoitises, sans parler du **recul de la banquise** qui favorise le développement du trafic maritime par l'Arctique.

Premiers contacts

Bien après les premières migrations asiatiques, les **Vikings**, conduits par **Erik le Rouge**, découvrirent le Groenland vers 982. Autour de l'an 1000, un de ses fils débarqua sur la côte orientale du Canada, dans une région qu'il baptisa **Vinland** (sans doute Terre-Neuve ou Labrador). Les chroniques des Vikings en décrivent les merveilleux raisins, les peuples étranges et belliqueux, et les paysages fabuleux. Quelques colons restèrent sur place. Les archéologues ont retrouvé des vestiges de leurs campements, en 1961, sur le site de l'**Anse aux Meadows**. Après leur bref séjour, l'Europe sembla oublier pendant plusieurs siècles l'existence du continent américain, à l'exception des **Basques** et des **Anglais** qui fréquentaient les eaux poissonneuses de l'Atlantique nord et pêchaient la **morue**. Au 15e s., les progrès de la technique et l'espoir d'un négoce lucratif lancèrent véritablement les grands navigateurs à l'assaut des océans.

Les premiers explorateurs

Les émissaires royaux ne cherchaient d'abord qu'une route vers l'Asie mystérieuse : ainsi **Jean Cabot** (Giovanni Caboto), navigateur italien à la solde d'Henri VII d'Angleterre, débarqua-t-il le 24 juin 1497 en terre canadienne sur l'île du Cap-Breton. Vers 1500, le navigateur et cartographe portugais **João Fernandes Lavrador** contourna le Labrador, dont il dessina les côtes. Son compatriote **Gaspar Corte-Real** débarqua à Terre-Neuve et captura quelques « Indiens » qu'il emmena avec lui. **Giovanni da Verrazano**, un autre Italien envoyé par François Ier, reconnut en 1524 le littoral américain de New York à l'île du Cap-Breton et désigna pour la première fois les terres colonisées sous le nom de « Nouvelle-France ».
Pour son premier voyage, **Jacques Cartier**, envoyé par François Ier, partit du port de St-Malo avec deux navires et 61 hommes. Après avoir longé les côtes de Terre-Neuve, du golfe du St-Laurent, des îles de la Madeleine et du Prince-Édouard, il accosta en 1534 à Gaspé, puis revint en France accompagné de deux « Indiens ». En 1535, il entama son deuxième périple, remonta le St-Laurent jusqu'à Stadaconé, poursuivit au sud jusqu'à Hochelaga (site de la future ville de Montréal), où des rapides l'empêchèrent de continuer.

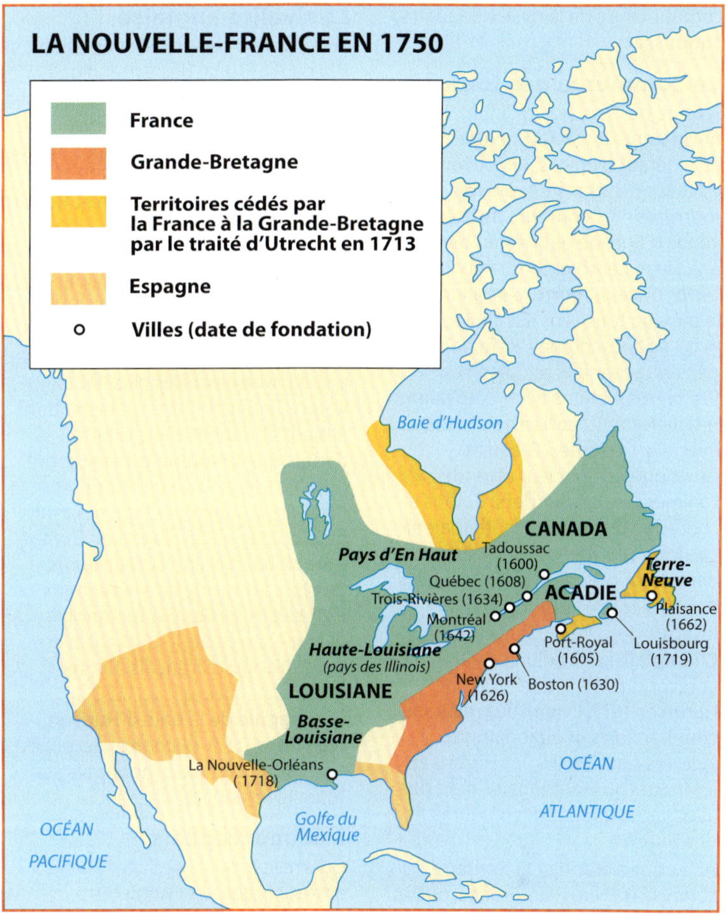

Durant son troisième voyage, en 1541, il explora diverses régions et fonda la ville de Charlesbourg-Royal sur la rivière du Cap Rouge. Jacques Cartier fut le premier à employer le mot « Canada » pour évoquer la région du Québec. Utilisé par les autochtones établis le long du St-Laurent pour nommer leur bourgade de **Stadaconé** (à l'emplacement de la future Québec), *kanata* aurait signifié l'« amas de cabanes ». Dès le 17e s., les Européens adoptèrent ce terme pour désigner les terres colonisées.

Nouvelle-France

Les Français furent les premiers à installer des colonies en terre canadienne, le long du St-Laurent. Ils défrichèrent les forêts et cultivèrent le sol. Quelques-uns, plus hardis, partirent explorer de nouvelles terres : au départ de la baie d'Hudson, ils descendirent jusqu'à La Nouvelle-Orléans (Louisiane) et se rapprochèrent des Rocheuses à l'ouest. Vers 1600, ils fondèrent le premier fort français qui servit aussi de comptoir commercial à l'embouchure de la rivière Saguenay : **Tadoussac**.

Le commerce des fourrures

À force de chercher la Chine, les navigateurs avaient trouvé le Canada et, à défaut d'épices, découvert d'autres richesses à exploiter : les fourrures. Les **coureurs de bois**, venus d'Europe pour échapper à une vie misérable, chassaient le gibier pour sa **fourrure** et sillonnaient le pays en tous sens. En contact avec les autochtones, ils finirent par s'attacher aux peuples des Premières Nations qu'ils côtoyaient régulièrement ; certains se marièrent avec leurs femmes. D'autres provoquèrent par leur attitude l'animosité des guerriers. Colons et coureurs des bois ne s'entendaient pas toujours, car leurs intérêts différaient grandement.

Pour asseoir le commerce français des peaux, **Samuel de Champlain** se fit colonisateur et reconnut le pays jusqu'au lac Huron en 1615. Il noua des relations commerciales et diplomatiques avec les Algonquins, les Hurons et les Innus (ou Montagnais), mais pas avec les Iroquois, ennemis jurés des Hurons.

Alors que s'étendait le territoire colonisé (la Nouvelle-France, qui ira jusqu'en Louisiane), les relations avec les autochtones, d'abord amicales, s'envenimèrent du fait des exactions commises par les colons. Ministre de Louis XIV, Colbert organisa la colonie et s'opposa à l'expansion vers l'ouest pour favoriser uniquement le commerce des fourrures. Le roi n'était guère intéressé par cette colonie qui lui coûtait plus qu'elle ne lui rapportait. **Jean Talon**, intendant de la Nouvelle-France nommé par Colbert, fit construire des forts et proposa à plus de 800 jeunes femmes dotées par le roi (les « filles du Roy ») de s'installer au Canada pour y fonder des familles.

La rivalité anglaise

Les Français se heurtèrent également à la concurrence des Britanniques établis plus au sud, le long de la côte atlantique. **Martin Frobisher** en 1576-1578 (3 voyages dans les mers du Nord), **John Davis** en 1585-1587 (3 voyages), **William Baffin** et **Robert Bylot** en 1615-1616 cherchèrent un passage par le nord-ouest. **Henry Hudson** (1610) et Thomas James (1631) explorèrent la baie d'Hudson. Venus de métropoles rivales en Europe, les **colons** ne manquaient pas de faire des raids chez leurs voisins. Même les Premières Nations étaient engagées dans la lutte, depuis que **Champlain** s'était attiré la haine implacable des Iroquois ; au cours d'une expédition qui avait mal tourné, accompagné de Hurons, il aurait tué près de 300 Iroquois. Dès lors les Hurons s'allièrent aux Français, les Iroquois aux Anglais, et leur lutte se poursuivit à travers le conflit anglo-français. Enfin, les Anglais créèrent en 1670 la **Compagnie de la baie d'Hudson** *(voir encadré p. ci-contre)* qui allait exercer un véritable monopole sur toute la région.

L'échec français

Guerres et traités se succédèrent entre la France et l'Angleterre, opposées en Europe et sur les territoires colonisés. Les colons, pourtant, parvinrent à prospérer et les petites villes, à gagner du terrain. En 1682, plus de 10 000 habitants peuplaient la Nouvelle-France ; huit ans plus tard fut élevée la première enceinte de la ville de Québec.

En 1713, la France vaincue par l'Angleterre signa le **traité d'Utrecht** et lui céda Terre-Neuve, le bassin de la baie d'Hudson et l'Acadie péninsulaire (future Nouvelle-Écosse). La France conserva l'île St-Jean (île du Prince-Édouard) et l'île Royale (île du Cap-Breton), où elle érigea à grands frais la forteresse

La Compagnie de la baie d'Hudson

Le 2 mai 1670, Charles II, roi d'Angleterre, accorde une charte à son cousin, le prince Rupert *(voir p. 110)*, et à ses associés, en vertu de laquelle il les autorise à créer la Compagnie des aventuriers d'Angleterre, qui s'appellera par la suite la Compagnie de la baie d'Hudson. Il leur octroie le monopole de la traite avec les Autochtones sur toutes les terres dont les rivières se jettent dans la baie d'Hudson. Une aubaine pour les chapeliers avides de fourrures, en particulier celles du **castor** avec lesquelles sont fabriqués les chapeaux en feutre. Le castor nord-américain peut enfin remplacer le castor européen, en voie d'extinction pour avoir été trop chassé. Ce monopole lucratif est brisé en 1783, année de création à Montréal de la Compagnie du Nord-Ouest. Après de nombreux conflits, la **Compagnie du Nord-Ouest** tombe dans le giron de la CBH, laquelle devient en 1821 la société la plus puissante d'Amérique du Nord. Elle peut régner en paix sur l'Ouest canadien, jusqu'en 1870, où elle est contrainte de céder ses droits et terres au Dominion du Canada nouvellement formé. Toujours en activité, HBC exploite entre autres La Baie d'Hudson, la chaîne de grands magasins numéro un au Canada, qui ambitionne de devenir l'une des plus importantes à l'échelle internationale.

de Louisbourg pour contrôler l'accès aux rives du St-Laurent.

Une paix relative

Les Français construisirent également la première route carrossable de la région, le « Chemin du Roy », reliant Québec, Trois-Rivières et Montréal en suivant le cours du St-Laurent. Les domaines agricoles s'étendaient toujours plus. Les ressources naturelles – bois, pêche, fourrures – étaient largement exploitées. La Compagnie de la baie d'Hudson envoya en éclaireur **Henry Kelsey**, qui atteignit les Prairies au début des années 1690. À partir de 1731, Pierre Gaultier, seigneur de **La Vérendrye**, et ses fils s'aventurèrent dans l'Ouest canadien. Ils traversèrent les Prairies et, en chemin, firent construire le fort Rouge (à l'emplacement de Winnipeg). Ils atteignirent finalement les Rocheuses en 1743.

La fin d'une colonie

La guerre de Sept Ans, qui opposait à nouveau les deux grandes nations en Europe, mit le feu aux poudres dans les colonies. Les troupes françaises, dirigées par le **général Montcalm**, se battaient avec rage contre celles des Anglais, commandées par James Wolfe. Finalement, la prise de Louisbourg en 1758 ouvrit la voie de Québec, qui tomba l'année suivante (bataille des plaines d'Abraham), et de Montréal, qui capitula en 1760. En 1763, le **traité de Paris** céda en totalité la Nouvelle-France à la puissance britannique, excepté **St-Pierre-et-Miquelon** qui demeure aujourd'hui encore terre française. La France ne pleura guère la perte de ses territoires, dont elle avait sous-estimé l'importance. Les colons français, au contraire, avaient conscience de ce qu'ils perdaient et savaient désormais qu'ils devraient se débrouiller seuls. Les Anglais voulurent obliger les Français catholiques à se fondre dans la culture anglophone. Les institutions furent abolies, les lois britanniques imposées, les commerçants écossais remplacèrent les Français pour le commerce des fourrures, l'exercice de la religion catholique fut menacé.

À l'exception d'Halifax et de quelques agglomérations à Terre-Neuve, la langue employée resta cependant le français.

Le régime anglais

L'administration britannique prit progressivement pied en terre canadienne. Dès 1720, l'**Acadie** devenue anglaise fut organisée en colonie de **Nouvelle-Écosse**, avec pour capitale Annapolis Royal, puis Halifax à partir de 1749. Après le traité d'Utrecht, le nouveau régime fut étendu à la vallée du St-Laurent, où vivait alors une importante communauté francophone. L'arrivée massive des **réfugiés loyalistes** fuyant les anciennes colonies américaines après la guerre d'Indépendance, conduisit à la création de nouvelles colonies, l'**île du Prince-Édouard** (1769) et le **Nouveau-Brunswick** (1784), toutes deux détachées de la Nouvelle-Écosse.
En 1774, l'Acte de Québec accepta certaines revendications des francophones. Les Anglais avaient en effet compris que le soutien des populations françaises leur était indispensable pour lutter contre les Américains qui, en 1775, entraient dans Montréal. La guerre américaine prit fin deux ans plus tard. En 1791, la colonie laurentienne était à son tour divisée en deux provinces : Haut-Canada (aujourd'hui l'Ontario, essentiellement des loyalistes anglophones) et Bas-Canada (devenu Québec, surtout des francophones).

L'aventure encore...

Pour la Compagnie de la baie d'Hudson, **Samuel Hearne** se rendit de Churchill au Grand Lac des Esclaves, puis rejoignit l'océan Arctique par la rivière Coppermine (1770-1772). La reconnaissance de la côte de Colombie-Britannique et des îles côtières fut l'œuvre de **James Cook** (1778) et de **George Vancouver** (1792-1794). En 1789, **Alexander Mackenzie**, de la Compagnie du Nord-Ouest, descendit le fleuve qui porte son nom et, en 1793, atteignit le Pacifique, suivi de **Simon Fraser** en 1808 et de **David Thompson** en 1811-1817. En 1812, les Américains opposés à l'Angleterre tentèrent à nouveau de conquérir le Canada. Mais ils furent défaits et rejetés hors des frontières. Au cours du 19e s., la colonisation s'intensifia sur tout le continent nord-américain. Tandis que naissaient de nouveaux États qui se joignirent aux États-Unis, deux nouvelles colonies britanniques furent créées au Canada, sur l'île de Vancouver en 1849, puis en 1858 en Colombie-Britannique. Elles fusionnèrent en 1866.

Le Canada-Uni

Louis Joseph Papineau fonda le **Parti patriote**, groupe de francophones excédés par les abus du gouvernement en place. L'agitation politique s'empara du Haut et du Bas-Canada, où s'affrontaient les intérêts respectifs des communautés anglo-protestante et franco-catholique. Chargé d'enquêter sur les causes de ces troubles, le gouverneur général de l'époque, Lord Durham, rédigea le fameux *Rapport sur les affaires de l'Amérique septentrionale britannique*. Conséquence de ce dernier, l'**Acte d'union**, passé en 1841, qui réunit les deux provinces en une : le Canada-Uni. Mais les crises fréquentes amenèrent le Parlement de la colonie à ratifier, en 1867, l'**Acte de l'Atlantique du Nord britannique**.

La Confédération

La **révolution industrielle** commença au Canada à la fin du 19e s. Plusieurs entreprises financées par de riches familles virent le jour dans les grandes villes. La politique de

Statue de James Cook devant le Parlement de Colombie-Britannique, Victoria.
Ch. Cheadle/All Canada Photos/age fotostock

distribution de terres aux colons joua également un rôle significatif dans le développement du Canada au cours du 19e s. et au début du 20e s. Il s'agissait en effet d'encourager l'aménagement d'un territoire démesurément grand, et donc particulièrement vulnérable à toute menace étrangère. Isolées, les différentes colonies britanniques se sentaient faibles face à leurs voisins américains : la guerre de 1812, le rôle des Américains dans les rébellions de 1837 et la guerre de Sécession avaient en effet suscité un sentiment d'insécurité. Aussi, pour renforcer leur position, les colonies envisagèrent-elles de s'unir.

Ces projets d'union aboutirent en 1867 à l'**Acte de l'Amérique du Nord britannique**, qui consacra la naissance de la **Confédération canadienne**. Le nouvel État fédéral se composait alors du Québec et de l'Ontario (anciennement Canada-Uni), du Nouveau-Brunswick et de la Nouvelle-Écosse, avec partage des pouvoirs entre un gouvernement central et des législatures provinciales.

De nouvelles provinces

Les fondateurs du pays – **John A. Macdonald** et **George É. Cartier** – envisageaient déjà une nation *A mari usque ad mare*, qui s'étendrait d'un océan à l'autre... Rêve devenu réalité lorsque la jeune Confédération acquit l'immense **Terre de Rupert** (pour 300 000 £), jusqu'alors propriété de la Compagnie de la baie d'Hudson. Cette terre séparait les provinces de l'est de la petite colonie de Colombie-Britannique à l'ouest. Devenu Territoires du Nord-Ouest, ce vaste domaine soudainement ouvert à la colonisation allait progressivement être amputé au sud et à l'ouest par la création successive de nouvelles provinces. Les colons s'installèrent dans les Territoires du Nord-Ouest sans tenir compte des Métis, catholiques et francophones, qui vivaient sur place dans des fermes. De cette situation conflictuelle naquit en 1870 la **rébellion des Métis**, dirigée par **Louis Riel** dans la vallée de la rivière Rouge. Finalement, Riel pourchassé s'enfuit aux États-Unis et les Métis de la vallée acceptèrent d'entrer dans la Confédération sous le nom de province du **Manitoba** (ne représentant qu'une minuscule portion de la province actuelle).

En 1873, l'**île du Prince-Édouard** entra à son tour dans la Confédération. Deux ans plus tôt, la **Colombie-Britannique** avait elle-même accepté de s'y joindre, le gouvernement fédéral ayant promis la mise en chantier d'une voie ferrée intercontinentale qui la relierait aux provinces de l'Est. Mais ce projet était extraordinairement ambitieux car il fallait percer des tunnels à la nitroglycérine et édifier des ponts et chevalets à travers les terrains les plus difficiles comme le Kicking Horse Pass ou le Fraser Canyon.

La construction du **Canadian Pacific Railway** (CPR) fut achevée en 1885, après quatre ans de travaux, grâce à **William Van Horne**, ingénieur du chemin de fer et futur président de la Companie.

Un pays en expansion

L'avènement du chemin de fer favorisa de nouvelles vagues de peuplement et d'immigration. Des villes apparurent un peu partout, en particulier à proximité des mines. Tandis que la ruée vers l'or du Klondike amenait la création du **territoire du Yukon** en 1898, dans les Prairies naissaient en 1905 les provinces de la **Saskatchewan** et de l'**Alberta**. Le gouvernement, pour encourager la colonisation des Prairies, proposa des terres gratuites aux Européens qui, pour bénéficier de cette offre alléchante, devaient s'engager à y demeurer plus de six mois par an pendant au moins trois années consécutives. Ukrainiens, Hongrois, Tchèques, Polonais, Slovaques et Serbes affluèrent au Canada.

Pendant ce temps, **Joseph E. Bernier** explorait les îles au-delà de l'île Baffin et nouait des relations avec les Inuits. Enfin, le fameux passage du Nord-Ouest à travers l'archipel Arctique fut franchi en 1903-1906 par **Amundsen**, qui réalisa ainsi le rêve des navigateurs du 16e s. Le gouvernement dirigé par Laurier délimita officiellement la frontière avec l'Alaska. Après 1912, les terres des Territoires du Nord-Ouest situées au sud du 60e parallèle furent redistribuées aux provinces du Manitoba, de l'Ontario et du Québec.

Vers l'indépendance

Au début du 20e s., le pays était en crise. La population se répartissait en deux groupes : d'un côté les hommes d'affaires et les grandes familles qui ne cessaient de s'enrichir, de l'autre le peuple des fermiers et des ouvriers dont les conditions de vie étaient dramatiquement difficiles.

La guerre en Europe

Membre de l'Empire britannique, le pays s'engagea aux côtés des Alliés pendant la Première Guerre mondiale. Des soldats envoyés sur le front en Picardie, dans la Somme et en Belgique, plus de 60 000 furent tués et des milliers blessés. En tant que pays allié, le Canada participa à la conférence de Versailles en 1919 et rejoignit la Société des Nations.

Après la guerre, le pays entra dans une nouvelle époque. L'économie prit son envol, momentanément arrêtée par la dépression des années 1930. C'est alors que le gouvernement dirigé par le libéral William L. Mackenzie King demanda

son indépendance au Royaume-Uni, qui lui fut accordée en 1926 et officiellement sanctionnée en 1931 par le **statut de Westminster**. Le Canada ne conserve plus qu'un lien de dépendance symbolique à l'égard de la couronne britannique et appartient au Commonwealth.
Lors de la Seconde Guerre mondiale, près d'un million d'hommes furent mobilisés ; 45 000 moururent au combat. Enfin, Terre-Neuve, restée jusqu'alors colonie indépendante, s'unit à la Confédération en 1949, 82 ans après la création de cette dernière. Les communautés autochtones, progressivement regroupées dans des réserves, se gouvernaient elles-mêmes sous le contrôle du gouvernement fédéral. Délaissés, les Autochtones se marginalisèrent petit à petit, ce qui entraîna des conflits divers.

Le Canada moderne

QUESTIONS AUTOCHTONES, VOIR P. 538-539

La période de l'après-guerre fut marquée par une économie florissante, mais aussi un certain mal-être de la population, qui assistait à un renouveau parfois déroutant. Cette époque s'accompagna d'un afflux d'immigrants qui fournirent une main-d'œuvre nécessaire au développement du pays. Dans les années 1960, la **« Révolution tranquille »** correspondit à une période non violente marquée par de profonds changements. Si le Canada est parvenu à se hisser au rang des plus grandes puissances industrielles du monde, il lui reste encore à relever un défi d'envergure : réussir, tout en continuant à prôner le multiculturalisme, à inspirer un sentiment national pancanadien.

Les revendications territoriales

Les revendications territoriales de la population autochtone se font de plus en plus pressantes, comme l'illustre l'inauguration officielle, le 1er avril 1999, du **Nunavut**, troisième territoire canadien créé après plus de vingt ans de négociations et de planification. L'**Assemblée des Premières Nations** (APN), qui représente la moitié de la population autochtone du pays, a pour objectif d'être le garant des droits de ces peuples à un gouvernement autonome. Les Territoires du Nord-Ouest ont massivement (à 84,7 %) approuvé les nouvelles frontières orientales et ont ratifié les termes de l'accord aboutissant à leur division.
En 2015, le Premier ministre **Justin Trudeau** demande solennellement pardon, au nom de l'État fédéral, aux quelque 150 000 enfants autochtones qui, de la fin du 19e s. aux années 1970, furent victimes d'une politique d'**intégration forcée** consistant à les couper de leurs familles et de leur culture. Placés dans des pensionnats gérés par des religieux et financés par le gouvernement fédéral, puis dans des familles d'accueil, ils furent forcés d'abandonner leur langue, leur culture, leur spiritualité, leurs traditions et leur identité. Abus et sévices étaient la norme. Des milliers ne sont jamais rentrés chez eux. Et si en 2022, le pape François et Justin Welby (chef spirituel de l'Église anglicane) ont présenté leurs excuses aux Autochtones, l'héritage de ce génocide culturel est aujourd'hui encore douloureux.
Le travail de reconnaissance des peuples des Premières Nations aboutit en 2019 au vote d'un cadre de mise en œuvre des **droits des Premières Nations, Inuits et Métis**, destiné à amorcer le processus de réconciliation nationale.

Questions autochtones

L'article 35 de la Loi constitutionnelle du Canada de 1982 reconnaît trois peuples autochtones, les Premières Nations, les Métis et les Inuits. On compte environ 1 807 250 Autochtones au Canada, soit 5 % de la population.

Terminologie

Depuis 1970, on utilise les termes de **First Nations (Premières Nations)** ou **collectivité des Premières Nations** en lieu et place des termes « Indien » et « bande indienne ». Les Premières Nations, qui vivent généralement sur des terres appelées « réserves », regroupent les autochtones qui ne sont ni inuits, ni métis. Les quelque 630 collectivités des Premières Nations représentent, selon la Commission royale sur les peuples autochtones, entre **60 et 80 nations**, c'est-à-dire des groupements partageant une identité nationale et culturelle, comme les Crees ou les Algonquins. Trois catégories recoupent le terme « Indien » au Canada : les « Indiens **inscrits** » (ou avec statut), les « Indiens **non inscrits** », et les « Indiens visés par un traité ». Être inscrit signifie apparaître au **registre des Indiens**, document officiel tenu par le ministère des Services aux Autochtones.

La « loi sur les Indiens »

Promulguée en 1876, elle définit les obligations du gouvernement fédéral, unique propriétaire des terres de réserve. Le ministre des Affaires autochtones put aussi approuver ou révoquer les règlements administratifs établis par les conseils des Premières Nations. Cette loi, qui avait pour objectif l'**assimilation des Autochtones**, compta nombre d'interdits depuis sa première promulgation (interdiction du *potlatch*, la cérémonie du don, de boire de l'alcool, d'engager des avocats pour intenter des actions contre le gouvernement au nom d'une collectivité, de tenir des réunions consacrées aux affaires autochtones, etc.) et de mesures « émancipatrices » coupant les Autochtones de leurs racines. Par exemple, une femme autochtone mariée à un « non-Indien » perdait son statut « d'Indienne inscrite », et un membre des Premières Nations devait renoncer à son statut pour voter aux élections fédérales. Des amendements ont corrigé la loi au cours du siècle. Celui de 1951 a autorisé le *potlatch*, et celui de 1985 a permis aux personnes discriminées par l'une de ces situations de recouvrer leur statut ou de se faire inscrire au registre des Indiens.

La cérémonie du *potlatch*

Terme d'origine chinook, *potlatch* signifie « don » ou « donner ». La cérémonie du *potlatch*, qui peut durer plusieurs jours, recouvre un ensemble de manifestations (danses, fêtes discours, rites, donations, destructions...) développées par les peuples autochtones de la côte nord-ouest américaine. Les invités, issus de différentes maisons ou villages, sont témoins des biens accumulés par la puissance invitante, laquelle va obliger ses donataires en distribuant ses richesses. En se dépossédant, le donateur assoit son nom, sa réputation, son autorité ; il hiérarchise à son profit la sphère sociopolitique dans laquelle il évolue. Le *potlatch* fut interdit entre 1884 et 1951.

« Indiens inscrits » vivant en réserve

La loi sur les Indiens garantit certains privilèges aux Indiens inscrits sur le registre (éducation, fiscalité, services de santé...). Ainsi, à l'intérieur des réserves, les Indiens inscrits ne paient aucun impôt sur le revenu, sont exempts de taxes de vente sur les services et les biens meubles. Mais leurs biens étant insaisissables (propriété du gouvernement fédéral), aucune banque ne leur fera crédit sans un tiers garant, ce qui freine l'entrepreneuriat autochtone.

En 2010, lors de l'assemblée annuelle des Premières Nations, le chef Shawn Atleo a invité Ottawa à abroger la loi sur les Indiens qui se voit évincée au profit de traités conclus entre une collectivité autochtone et le pouvoir fédéral et provincial *(voir le traité des Nisga'a, p. 117)*. Cette demande ne fait pas consensus.

Les pensionnats autochtones

Entre la fin du 19e s. et les années 1990, plus de 150 000 enfants des Premières Nations, Métis et Inuits ont été internés de force dans des **residential schools** où était délivrée une éducation « à l'européenne » aux conséquences traumatiques (perte des racines, violence, addictions, suicides...). Lancée en 2008, la **Commission de vérité et réconciliation du Canada** vise à sensibiliser le public canadien en donnant la parole aux personnes concernées. La même année, l'ancien Premier ministre Stephen Harper a présenté, au nom des Canadiens, des excuses aux peuples autochtones.

Fin 2021, le Premier ministre Justin Trudeau annonçait le déblocage de plusieurs milliards à destination des Premières Nations dans l'espoir de mettre fin aux discriminations.

Québec, une province à part

Le **mouvement séparatiste** québécois, né dans les années 1960, soulève encore un brûlant débat entre les tenants du fédéralisme et leurs opposants, de conviction indépendantiste. Face aux revendications de la province francophone, le gouvernement fédéral canadien prit toute une série de mesures parmi lesquelles, en 1969, la reconnaissance du français et de l'anglais comme langues officielles du Canada, et l'adoption d'une politique de promotion du bilinguisme au niveau fédéral. Les indépendantistes (ou souverainistes) perdirent les élections provinciales de 1973, puis gagnèrent les suivantes en 1976. **René Lévesque,** souverainiste, s'opposa pendant plus de vingt-cinq ans à **Pierre Elliott Trudeau**, nationaliste. Le « non » obtint cependant la majorité des votes lors du référendum de 1980 sur la souveraineté-association du Québec qui voulait faire sécession. En 1982, l'**Acte de l'Amérique du Nord britannique** (loi constitutionnelle de 1867) était « rapatrié » de Grande-Bretagne. Le Québec refusa de signer la nouvelle Constitution canadienne, parce qu'elle ne prévoyait pas le transfert des pouvoirs législatifs du gouvernement fédéral à celui de la province. En 1987, les **accords du lac Meech**, qui proposaient pour le Québec un statut spécial de « société distincte », n'aboutirent pas, et l'échec qui s'ensuivit remit en cause l'adhésion du Québec à la Confédération canadienne. En 1995, l'échec du second référendum sur la souveraineté de la province (50,6 % de « non ») ne fit qu'intensifier le débat. En 1998, la Cour suprême du Canada déclara que le Québec ne pouvait faire sécession mais le débat sur la souveraineté de la province est relancé dans les années 2000. En 2012, les indépendantistes du Parti québécois remportent les élections législatives de la province. En 2019, les négociations entourant l'indépendance du Québec connaissent un nouvel échec, le gouvernement fédéral estimant tout processus de séparation illégal et inconstitutionnel, à moins de recevoir l'accord de sept provinces représentant au moins 50 % de la population canadienne. En 2021, lors des élections fédérales au Québec, le parti indépendantiste Bloc québécois obtient 32,1 % des votes (33,7 % pour le parti libéral de Justin Trudeau), soit 32 sièges à la Chambre des communes.

Les dates clés

- **25 000-15 000 av. J.-C.** – Période estimée de la première traversée humaine du détroit de Béring, de la Mongolie vers l'Alaska.
- **v. 1000** – Les Vikings débarquent à Terre-Neuve.
- **1492** – Christophe Colomb « découvre » l'Amérique.
- **1497** – Jean Cabot explore la côte est du Canada.
- **1534** – Jacques Cartier explore et prend possession du Canada.
- **1570** – Fondation de la Ligue des nations iroquoises.
- **1583** – Sir Humphrey Gilbert revendique Terre-Neuve au nom d'Élisabeth Ire.
- **1605** – Samuel de Champlain fonde Port-Royal en Acadie : la Nouvelle-France est née.
- **1608** – Champlain fonde la ville de Québec.
- **1610** – Henry Hudson explore la baie qui porte aujourd'hui son nom.
- **1613** – Destruction par les Anglais des établissements français d'Acadie.
- **1632** – Le traité de St-Germain rend le Canada à la France.
- **1642** – Fondation de Montréal.

- **1670** – Création par les Anglais de la Compagnie de la baie d'Hudson.
- **1710** – Les Anglais prennent Port-Royal.
- **1713** – Traité d'Utrecht.
- **1722** – Les Tuscarora entrent dans la ligue iroquoise, qui devient Ligue des six nations iroquoises.
- **1731-1743** – La famille La Vérendrye explore le centre du Canada.
- **1755** – Début du « Grand Dérangement ».
- **1756-1763** – Guerre de Sept Ans.
- **1759** – Défaite française à la bataille des plaines d'Abraham. Reddition de Québec aux Anglais.
- **1760** – Capitulation de Montréal.
- **1763** – Traité de Paris.
- **1763-1766** – Les Outaouais se soulèvent contre les Britanniques.
- **1774** – Acte de Québec.
- **1775-1783** – Guerre d'Indépendance américaine.
- **1778** – James Cook traverse les Rocheuses et explore les côtes de la Colombie-Britannique.
- **1783** – Les colonies américaines gagnent leur indépendance, provoquant une arrivée massive des loyalistes au Canada. Création de la Compagnie du Nord-Ouest.
- **1791** – L'Acte constitutionnel crée le Haut-Canada et le Bas-Canada.
- **1793** – George Vancouver, puis Alexander Mackenzie traversent la Colombie-Britannique et atteignent la côte pacifique.
- **Début 19e s.** – Création du Parti patriote.
- **1812-1814** – Guerre anglo-américaine.
- **1821** – Fusion de la Compagnie de la baie d'Hudson et de la Compagnie du Nord-Ouest.
- **1837** – Rébellions des Patriotes du Haut et du Bas-Canada durement réprimées.
- **1841** – L'Acte d'union crée le Canada-Uni.
- **1847** – Le Canada passe sous le régime de gouvernement responsable.
- **1858-1861** – Ruées vers l'or en Colombie-Britannique.
- **1867** – L'Acte de l'Amérique du Nord britannique crée la Confédération canadienne.
- **1869-1870** – Soulèvement des Métis de la rivière Rouge.
- **1870** – Création du Manitoba.
- **1871** – La Colombie-Britannique rejoint la Confédération.
- **1873** – Création de la Police montée du Nord-Ouest. L'île du Prince-Édouard rejoint la Confédération.
- **1881-1885** – Construction du Canadian Pacific Railway.
- **1885** – Rébellion du Nord-Ouest. Procès et exécution de Louis Riel. Création du premier parc national.
- **1896** – Ruée vers l'or au Klondike.
- **1898** – Création du territoire du Yukon.
- **1905** – Création des provinces de la Saskatchewan et de l'Alberta.
- **1916** – Le droit de vote est accordé aux femmes dans les provinces de l'ouest du pays. Les autres provinces suivront progressivement.
- **1929** – Les femmes obtiennent le droit de siéger au Sénat.
- **1931** – Le statut de Westminster reconnaît l'indépendance du Canada au sein du Commonwealth.
- **1939-1945** – Durant la Seconde Guerre mondiale, le Canada accueille de nombreux émigrants européens.
- **1942** – Ouverture de la route de l'Alaska.
- **1945** – Le Canada devient membre fondateur de l'Onu.
- **1949** – Le Canada entre dans l'Otan. Il obtient son indépendance, mais sa Constitution demeure à Londres.
- **1957** – Profondes réformes sociales entreprises par le gouvernement Diefenbaker.
- **1959** – Ouverture de la voie maritime du St-Laurent.

- **1962** – La Transcanadienne est achevée.
- **1968** – Création du Parti québécois, issu du mouvement indépendantiste.
- **1982** – Le Québec est la seule province à ne pas signer la loi constitutionnelle (Constitution Act) de 1982.
- **1987** – Échec des accords du lac Meech.
- **1988** – Création officielle du Nunavik, reconnu patrie des Inuits du Québec.
- **1990** – Crise d'Oka au Québec : les Mohawks revendiquent certains droits. Les Canadiens s'engagent dans la guerre du Golfe.
- **1992** – Échec du référendum national sur l'attribution d'un statut spécial pour le Québec. Les Territoires du Nord-Ouest ratifient les accords conduisant à la création du Nunavut.
- **1994** – Accord de libre-échange nord-américain (Alena/Nafta).
- **1995** – Échec du référendum sur la souveraineté du Québec.
- **1999** – Le Nunavut devient officiellement le troisième territoire canadien.
- **2000** – Ratification du traité des Nisga'a.
- **2002** – Les troupes canadiennes rejoignent la mission de paix en Afghanistan.
- **2004** – Le Parti conservateur du Canada gagne les élections et forme le premier gouvernement minoritaire en vingt-cinq ans.
- **2005** – Michäelle Jean, personnalité de la radio née en Haïti, devient le 27e gouverneur général.
- **2006** – Formation d'un nouveau gouvernement minoritaire, dirigé cette fois par le Parti conservateur.
- **2008** – Le Danemark invite le Canada, la Russie, les États-Unis et la Norvège à une discussion concernant leurs revendications sur l'Arctique et ses richesses.
- **2011** – Le 2 mai, le Premier ministre, Stephen Harper, mène le Parti conservateur du Canada à la victoire, avec cette fois la majorité. Sortie du Protocole de Kyoto.
- **2012** – Printemps érable, mouvement de contestation au Québec provoqué par la hausse des frais de scolarité décidée sous la gouvernance du Parti libéral du Québec (PLQ).
- **2012** – Victoire des indépendantistes du Parti québécois aux élections législatives de la province. Pauline Marois, première femme Premier ministre du Québec.
- **2013** – Après la Russie et le Danemark, le Canada revendique sa souveraineté sur le pôle Nord auprès de l'Onu.
- **2015** – Justin Trudeau, chef de file du Parti libéral, devient Premier ministre.
- **2017** – Ratification de l'Accord économique et commercial global (CETA), négocié entre l'UE et le Canada.
- **2019** – Vote parlementaire d'un cadre de reconnaissance et de mise en œuvre des droits des Premières Nations, Inuits et Métis.
- **2021** – Élections législatives remportées par le Parti libéral. Justin Trudeau reste Premier ministre.
- **2022** – Le pape François et Justin Welby, chef spirituel de l'Église anglicane, présentent leurs excuses aux Autochtones canadiens pour le rôle joué par leurs Églises dans les pensionnats autochtones. Michelle O'Bonsawin est la première Autochtone à siéger à la Cour suprême du Canada.
- **2023** – Une vague de chaleur entraîne une sécheresse sans précédent et provoque des milliers d'incendies ravageant 17 millions d'hectares.
- **2024** – Une partie de Jasper et de ses environs détruite par un méga incendie estival.

Art et culture

La culture canadienne est un mélange de traditions anglaises, françaises et autochtones, marqué par des vagues successives d'immigration irlandaise, écossaise, ukrainienne et par la proximité des États-Unis. Aujourd'hui, arts et culture tentent de se démarquer des influences américaines, et de valoriser les identités des différentes ethnies du pays.

L'amélioration des conditions de vie des Canadiens au 20e s. favorisa l'essor d'une vie culturelle qui s'implanta progressivement dans les villes en pleine expansion. Malgré une crise au milieu du siècle, l'activité culturelle a retrouvé son dynamisme, en partie soutenue par des programmes fédéraux et des initiatives provinciales.

Arts premiers

Les Premières Nations et les Inuits ont perfectionné divers modes d'expression artistique, témoignages de leur mode de vie et de leurs croyances. Néanmoins, leur nomadisme ne leur a pas permis de laisser une abondance d'œuvres.

L'art des Premières Nations

On peut dater à 5 000 ans les **pétroglyphes** (gravures rupestres) retrouvés sur de nombreux sites de Colombie-Britannique et de l'Ontario, et à 500 av. J.-C. les **mâts** et **rochers totémiques** découverts le long de la côte ouest. Des fouilles effectuées au Québec et dans l'Ontario ont mis au jour de la poterie iroquoise décorée de représentations animales et de motifs géométriques, dont les spécimens se succédèrent du 10e au 17e s.

L'art traditionnel

La majorité des **peuples de langue algonquienne** (Abenakis, Algonquins, Crees, Micmacs, Montagnais et Naskapis) ont des ancêtres nomades, excellents artisans, qui surent exploiter coquillages, os, pierres et graines pour confectionner des perles et enrichir leurs broderies par l'utilisation de piquants de porc-épic ou de poils de caribou. Ils décoraient souvent de motifs géométriques leurs vêtements et mocassins en peau de caribou ou leurs canots en bouleau. Les motifs complexes des **wampum** (ceintures savamment décorées de perles de nacre) racontent certains événements marquants de leur histoire. Ils étaient échangés lors des cérémonies de paix et de signature des traités.

Plus restreint, quasi sédentaire, le groupe des **peuples agriculteurs de langue iroquoise** comprenait les Hurons, les Mohawks, les Onondagas et les Senecas. Leurs villages semi-permanents, car déplacés tous les 15 ou 20 ans, étaient composés de **maisons longues** regroupant plusieurs familles. De ce mode de vie émergea un répertoire artistique libéré des contraintes du nomadisme. Suivant l'influence européenne, ils incorporèrent peu à peu des motifs floraux à leurs délicates broderies en crin d'élan. Les masques de bois, les **faux visages**, associaient les représentations mythologiques aux pratiques des guérisseurs.

Les **peuples des Plaines** (Assiniboines, Pieds-Noirs et Gros-Ventres) ornaient leurs tipis et leurs récipients de peau ou de cuir de bison de motifs peints, parmi lesquels le cheval, rapidement élevé au rang d'icône.

Les **peuples de la côte nord-ouest** se distinguent par leur art sans égal sur le territoire nord-américain, créé lors de longues périodes d'inactivité. Par exemple, forme d'art qui leur est exclusive, le **mât totémique**, immense tronc d'arbre ciselé de représentations animales, humaines et mythologiques, était dressé à l'entrée de la maison des chefs. Sa fonction différait : parfois utilitaire (comme poutre angulaire d'une maison), parfois décorative (sa base creusée utilisée comme porte d'entrée) ou funéraire (comme stèle commémorative ou partie intégrante d'une tombe). L'introduction des outils métalliques par les Européens permit l'apogée de cet art entre 1850 et 1900. Les sculpteurs **haïda** travaillaient souvent l'**argilite**, une roche noire et brillante ressemblant à l'ardoise, pour créer des figurines, des pipes, etc.

L'art contemporain

Les artistes ont, traditionnellement, exploité les peaux et les écorces fournies par leur écosystème. Leurs œuvres, toujours inspirées par la tradition sociale et culturelle, prennent aujourd'hui une tournure expérimentale avec l'utilisation de toile, d'acrylique, de charbon et autres matériaux nouveaux, l'émergence de techniques novatrices et l'exploitation de la peinture, gravure, sculpture et joaillerie. Deux courants majeurs se distinguent : l'école des forêts et l'école de la côte occidentale. Les **artistes des régions forestières de l'Est** suivent l'influence iconographique de l'Ojibwa **Norval Morrisseau**, s'inspirant en particulier de ses créatures mythologiques produites dans les années 1970, que l'Odawa **Daphne Odjig** et le Cree **Carl Ray** ont interprétées d'une manière très personnelle. Autre contemporain de Morrisseau, **Alex Janvier**, premier moderniste issu des Premières Nations, a su forger son propre style. **Benjamin Chee Chee**, souvent imité, a produit d'élégantes mais rares œuvres animalières, tandis que l'artiste cree **Allen Sapp** a su capturer les traditions de son peuple, et que **Clifford Maracle** a utilisé couleurs vives et lignes fluides pour dépeindre sa culture ancestrale. L'artiste haisla **Lyle Wilson**, originaire du village de Kitimaat, impressionne par la maîtrise de son trait et la fraîcheur de ses couleurs au service de représentations animalières et mythiques. L'**art haïda** (côte occidentale) a connu une véritable renaissance à la fin des années 1950 sous la houlette du célèbre sculpteur **Bill Reid**, qui bénéficia ainsi d'une reconnaissance internationale. *The Raven and the First Men* *(voir p. 60)* est considéré comme son chef-d'œuvre. Autres sculpteurs, les frères **Robert Davidson**, **Reg Davidson**, **Gwaai Edenshaw** et **Jaalen Edenshaw** ont continué à faire revivre le style haïda, ces deux derniers faisant preuve d'une créativité et d'un éclectisme sidérants (sculpture de mâts, joaillerie, dessins animés interpellant la politique du Premier ministre canadien, etc.). L'œuvre multimédia (photographie, musique, etc.) de **Nicholas Galanin**, artiste tlingit natif de Sitka, au sud de l'Alaska, est quant à elle totalement irrévérencieuse. S'appuyant sur son héritage culturel, l'artiste n'hésite pas à questionner le présent, dont il dénonce les travers non sans humour. Il fait partie de

Pétroglyphes d'Agawa Rock.
R. Hicker/age fotostock

cette nouvelle génération d'artistes qui entendent redéfinir l'essence d'une culture autochtone passée au crible de la mondialisation. **Lisa Telford** répond à sa façon en fabriquant des talons aiguilles en écorce de cèdre rouge *(Too Haida)*.

L'art inuit

Les origines

Les plus anciens objets connus sont des petites pointes de flèche en pierre et des petites figurines en ivoire des **cultures du Pré-Dorset et du Dorset** (baie d'Hudson) du 1er millénaire avant notre ère, auquel on attribue également les pétroglyphes découverts au Nunavik sur les collines de stéatite de Kangiqsujuaq. Le **peuple de Thulé**, généralement considéré comme l'ancêtre du peuple inuit moderne, vivait de la pêche et de la chasse et employait comme matériaux l'ivoire de morse, l'os (notamment de baleine), le bois et la pierre pour sculpter des petits objets (peignes et figurines humaines ou animalières). Associés à leurs croyances religieuses animistes, ces objets protégeaient l'individu qui les portait et conjuraient la force maléfique des animaux.

Les Inuits troquèrent dès le 19e s. ces sculptures miniatures contre des produits de base (sel, armes à feu) introduits par les Européens. Leurs contacts répétés avec d'autres cultures entraînèrent le déclin de leur mode de vie traditionnel, faisant progressivement perdre leur signification magique aux divers objets d'art et d'artisanat, mais apportant aux Inuits une nouvelle source de revenus.

L'art contemporain inuit

Dès les années 1950 se développa un véritable commerce de cet art inuit qui s'adapta dans le choix de ses sujets à la demande. Aux

représentations animalières s'ajoutent désormais des petits personnages dans des **scènes de la vie quotidienne** : chasse à la baleine, chasse à l'ours, pêche et kayak...
Des comptoirs commerciaux établis dans les cités inuites en favorisent le commerce.
Les matériaux utilisés aujourd'hui sont la stéatite, roche tendre abondante dans les régions septentrionales, qui apparaît sous toutes les nuances du gris-vert au marron. Sont également exploitées d'autres roches plus dures, comme la serpentine verte, l'argilite, la dolomite et le quartz. Les artistes sculptent et gravent aussi les bois de caribou, tissent des tapis, trouvant leur inspiration dans la faune, la flore et le mode de vie des régions arctiques. Certaines de ces œuvres peuvent atteindre des dimensions impressionnantes.
Les villages de Puvirnituk, Inukjuak, Salluit et Ivujivik dans le Nunavik québécois, ainsi que **Cape Dorset**, Iqaluit et Pangnirtung, dans le territoire du Nunavut, sont les centres de l'expression sculpturale inuite moderne, profondément influencée par trois grands artistes du Nunavik : **Joe Talirunili**, **Davidialuk** et **Charlie Sivuarapik**. Joanassie Ittukalak et Peter Ittukalak, de Puvirnituk, Eli Elijassiapik, Lucassie Echalook et Abraham Pov, d'Inukjuak, sont les tenants de la génération actuelle.
Le territoire du Nunavut est particulièrement bien représenté par les graveurs **Osoetuk Ipeelie**, **Kiawak Ashoona** et **Pauta Saila**, tous trois de Cape Dorset. **John Tiktak**, originaire de l'anse de Rankin, se distingue par ses œuvres très personnelles. **Kenojuak Ashevak** et **Lucy Qinnuayuak**, de Cape Dorset, sont réputés pour leurs oiseaux. Les graveurs du lac Baker, parmi lesquels **William Noah** et **Simon Tookoome**, ont développé un style extrêmement individualiste.

Peinture

Aujourd'hui, les artistes anglophones et francophones, héritiers des premiers colons, refusent l'assimilation de leurs œuvres à la culture anglaise et française ; ils revendiquent un art canadien original, issu des échanges culturels complexes entre immigrants et populations autochtones.

Les 17e et 18e siècles

Les premiers colons français et britanniques introduisirent au début du 17e s. une esthétique européenne dans le paysage artistique local.

Un art avant tout religieux

La vie quotidienne de la Nouvelle-France étant dominée par la religion, l'art s'attacha alors à la décoration des édifices religieux. D'abord importés de France, tableaux et sculptures sortirent bientôt des ateliers canadiens. Les arts décoratifs utilisés dans la liturgie abondèrent, les commandes des sculpteurs en vue (comme les frères **Noël et Pierre-Noël Levasseur**) touchèrent aussi bien la décoration de navires de la Marine française que celle des églises. Au Québec, trois générations successives de **Baillairgé** accédèrent ainsi à la notoriété.

L'émergence de l'art profane

Il prit le pas sur l'art religieux après la victoire des Britanniques aux plaines d'Abraham (1759).
Les artistes, d'abord formés en Europe, s'intéressèrent à des sujets populaires : **paysages** et **portraits** furent commandés par une toute nouvelle bourgeoisie prospère.
Antoine Plamondon, qui s'illustra particulièrement dans cette discipline, produisit également des œuvres d'inspiration religieuse (*Portrait de sœur Saint-Alphonse*, 1841).

L'art fut utilisé pour **topographier le territoire** : des officiers de l'armée britannique stationnés au Québec avaient pour mission d'effectuer des relevés de la colonie. De minutieuses aquarelles inspirées par les idéaux romantiques anglais de la fin du 18e s. furent dues aux talents de l'officier **Thomas Davies**, de **George Heriot** et de **James Cockburn**.

Le 19e siècle

Le début du siècle vit fleurir **l'art profane**, illustré par les œuvres néo-classiques de **William Berczy** : *La Famille Woolsey*, ou le portrait qu'il exécuta du chef mohawk Joseph Brant. La classe moyenne croissante commandait indifféremment des portraits de famille, d'animaux de compagnie ou de chevaux, et des instantanés de ses distractions et entreprises commerciales : la famille Gilmour commanda ainsi à **Robert Clow Todd** une description de son chantier naval (*Wolfe's Cove, Québec*, 1840).

L'influence de l'Europe

La peinture canadienne fut marquée par l'arrivée, durant tout le siècle, d'artistes européens. **Paul Kane**, né en Irlande, immigré enfant, parcourut le Canada ; ses portraits de groupes autochtones revêtent aujourd'hui un intérêt historique considérable.

Renommé pour ses paysages et ses scènes de genre, le peintre d'origine hollandaise **Cornelius Kreighoff** sut capturer la vie rurale colorée des environs de Montréal comme aucun ne l'avait encore fait.

Montréal devint, vers le milieu du 19e s., une ville sophistiquée et prospère qui se tourna vers les arts. L'**Association artistique de Montréal** vit le jour en 1860. Cette galerie d'art, la plus ancienne du Québec, est l'ancêtre du musée des Beaux-Arts. Le gouverneur général, le marquis de Lorne, créa en 1880 l'**Académie royale canadienne des beaux-arts** à Ottawa, qui devint ensuite la Galerie nationale. La plupart des artistes de l'époque reçurent leur enseignement à Paris, capitale mondiale des arts, bien que le sujet de leurs tableaux et sculptures fût typiquement canadien.

Le début du 20e siècle

L'influence de **Paris** est évidente, ainsi qu'en témoignent les œuvres du Québécois **Wyatt Eaton** et de l'un des premiers Canadiens à étudier à l'étranger, **William Brymner**, qui enseigna à Montréal : toutes les techniques françaises figurent dans sa *Guirlande de fleurs* (1884). L'impressionnisme subsiste dans les œuvres de peintres plus tardifs, comme **Marc Aurèle de Foy Suzor-Côté**, **Clarence Gagnon** et James Wilson Morrice. **Robert Harris** quitta l'île du Prince-Édouard pour Paris, mais exécuta la commande probablement la plus prestigieuse du Canada, *Les Pères de la Confédération* (1883), pour devenir ensuite l'un de ses plus éminents portraitistes. Originaire de l'Ontario, **Paul Peel** étudia et demeura à l'étranger, bien qu'il exposât au Canada. Son œuvre controversée (*A Venetian Bather* et *After the Bath*) lui ouvrit les portes d'une reconnaissance internationale.

L'émergence du nationalisme

La Première Guerre mondiale affecta profondément les artistes qui, refusant dorénavant de se référer à l'Europe, envisagèrent le Canada comme une jeune nation fière de son particularisme. Le publiciste **Tom Thomson**, véritable homme des bois, parcourut l'Ontario, qu'il peignit à grands traits intrépides. Ses couleurs vives et sa facture intense insufflent à son œuvre une vitalité qui jaillit de la toile, ainsi que le démontrent deux de ses tableaux les plus célèbres : *The West Wind* et *The Jack Pine*.

En 1920, le **groupe des Sept**, première école véritablement canadienne, naquit à Toronto grâce à d'autres artistes de la même sensibilité, parmi lesquels Lawren Harris, J. E. H. MacDonald et A. Y. Jackson. L'impressionnisme français les marqua profondément, de même que la peinture des pays nordiques. La figure humaine ne les intéressait plus en tant que telle, mais comme un élément appartenant aux vastes paysages de l'Amérique du Nord. L'expressionnisme austère des paysages de Harris (en particulier *North Shore, Lake Superior*, 1926) inspira les nouveaux modernistes canadiens. **Carl Schaefer**, influencé par le groupe des Sept, imprégna ses paysages des années 1930 d'un symbolisme psychologique et sociologique (*Ontario Farmhouse*, 1934). Autre peintre profondément attachée aux paysages canadiens, ceux de la Colombie-Britannique surtout, **Emily Carr**, première Canadienne à accéder à la notoriété, naquit à Victoria ; son respect pour la nature ainsi que pour l'art et la culture des Premières Nations irrigue son style inimité. **David Milne**, originaire d'Ontario, privilégia la forme et la facture par rapport aux sujets d'inspirations très diverses (*Water Lilies and the Sunday Paper*, 1929).

À Montréal, dans les années 1930, un mouvement de réaction s'amorça contre le « nationalisme des grands espaces » du groupe des Sept. Un critique, **John Lyman**, tenta de réorienter l'art canadien vers les préceptes de la pensée de l'école de Paris. Il créa la Société d'art contemporain en 1939 et le **mouvement des modernistes**, qui compta **Marc-Aurèle Fortin**, **Goodridge Roberts** et **Paul-Émile Borduas**.

L'après-guerre

La Seconde Guerre mondiale marque un tournant dans l'évolution de l'art canadien. À son retour de France en 1940, **Alfred Pellan** exposa au Québec ses toiles influencées par le cubisme et particulièrement par Picasso. **Paul-Émile Borduas**, accompagné entre autres par **Jean-Paul Riopelle**, créa le mouvement **automatiste**, dont les œuvres reflètent l'ambition surréaliste : transcrire sur la toile les impulsions créatives de la psyché.

En réponse à la spontanéité des automatistes, **Guido Molinari** et **Claude Tousignant** fondèrent en 1955 le mouvement **plasticiste** afin de libérer la peinture du surréalisme par l'utilisation de formes géométriques abstraites, formes et couleurs devenant des éléments clés de l'œuvre.

Après la Seconde Guerre mondiale, aucune école de pensée ne domina l'effervescence créative de l'art contemporain, bien que plusieurs artistes de Montréal, comme les peintres Yves Gaucher et Ulysse Comtois ou les sculpteurs Armand Vaillancourt, Charles Daudelin et Robert Roussil, exprimèrent une vision personnelle. Les artistes s'efforcèrent de développer leur propre style, comme le démontrent l'expression figurative d'**Alex Colville** et les souvenirs des plaines ukrainiennes de **William Kurulek**.

Sculpture

Le début du 20e s. vit s'élever une pléthore de monuments commémoratifs. **Napoléon Bourassa**, architecte et sculpteur, et **Louis-Philippe Hébert** figurent parmi les plus célèbres sculpteurs québécois.

Art déco et Art nouveau

La fluidité du style Art nouveau transparaît dans les œuvres d'**Alfred Laliberté**, qui conservent une approche académique. **Suzor-Côté**, ami proche de Laliberté, utilise des

Above the Gravel Pit, par Emily Carr (1937). Collection de la Vancouver Art Gallery.
Vancouver Art Gallery, Emily Carr Trust

techniques identiques pour sa série de bronzes. L'Art déco influença de nombreux artistes canadiens dans les années 1930, parmi lesquels **Elizabeth Wyn Wood**, de Toronto.

Renouveau et invention

Les nouveaux matériaux de l'après-guerre, autorisant toutes les expérimentations techniques et formelles, régénérèrent la sculpture canadienne. Le **cubisme** et le **constructivisme** n'apparurent qu'au début des années 1950, où ils émergèrent dans les œuvres d'**Anne Kahane** et **Louis Archambault**. Le **structurisme**, né dans les années 1950, se répandit surtout dans les provinces des Prairies à la suite d'**Eli Bornstein**. Dans les années 1960, la notoriété de certains peintres fut davantage liée à leurs œuvres sculptées : formes en aluminium pour **Michael Snow** et modules en plastique pour **Les Levine**. Depuis, **Yves Trudeau** et **Gerald Gladstone** se sont tournés quant à eux vers la soudure de l'acier, tout comme **Otto Rogers**, à Saskatoon, et **John Nugent**, à Regina. Les bronzes caractéristiques de **Sorel Etrog** laissent deviner une influence cubiste. Les grandes structures métalliques et colorées de **Robert Murray** le font connaître à travers le monde entier. Ed Aelenak et Walter Redinger exploitent la fibre de verre, tandis que Michael Hayden conçoit ses œuvres cinétiques à partir de tubes de néon.

Art actuel

Prenant ses distances avec la peinture traditionnelle, l'art canadien suit, ces dernières années, les courants internationaux majeurs ; il se tourne davantage vers des factures et des techniques plus diversifiées, dont « l'installation », langage artistique d'abord sculptural, qui intègre dorénavant la peinture et la photographie. On retrouve, parmi ses adeptes, **Betty Goodwin**, Barbara Steinman, Geneviève Cadieux, Jocelyne Alloucherie et Dominique Blain. **Rita McKeough** met en scène sa vision de la société moderne destructrice en construisant des répliques de maisons de Calgary avant de les détruire (*Defunct*, 1981). Les artistes canadiens exploitent l'apparition des nouvelles technologies (laser, ordinateur, hologramme) pour s'exprimer dans des genres et des contextes différents. En marge des mouvements contemporains, le public demeure fidèle au réalisme des toiles animalières de **Robert Bateman**.

Architecture et urbanisme

Une architecture récente

L'Amérique du Nord n'a pas, comme en Europe, une architecture qui remonte à la nuit des temps. Les Inuits et les Premières Nations vivaient dans des igloos, des tentes, des cabanes en bois et en peaux qui n'ont guère laissé de traces.

Styles français et anglais

Au Canada, tout commença lorsque les premiers colons s'installèrent, fondant des villages et des villes. Au 17ᵉ s., ils se contentèrent de reproduire les modèles de style français qu'ils connaissaient bien. Au fil des ans cependant, les architectes s'imprégnèrent de la nature qui les entourait et modifièrent progressivement leur façon d'agir : c'est la naissance de l'architecture canadienne, plus sobre, dans laquelle le bois est très présent. Elle subit au 18ᵉ s. l'influence anglaise : plus d'élégance, et une avancée pour marquer l'entrée. Au 19ᵉ s., colonnes et frontons fleurirent sur les grandes demeures inspirées par les édifices européens de l'Antiquité.

Innovation au 20ᵉ siècle

Désormais, l'architecture canadienne ne cessa d'évoluer. L'Europe séduisit avec le **néogothique** ou l'**Art déco.** Les nouveaux matériaux, comme l'acier ou le béton, ouvrirent des horizons exaltants. Les **gratte-ciel** envahirent les villes. Les architectes rivalisèrent d'audace en créant des tours (comme celle de Toronto haute de 553 m), des ponts, des musées, des universités... aux lignes extraordinaires et surprenantes. Aujourd'hui, l'architecture canadienne prend un tour nouveau. Elle se plonge davantage dans son passé et tente d'en exprimer l'essence même. Elle observe la nature, dont elle emploie les ressources, obtenant une harmonie des formes avec l'environnement.

Vers un urbanisme contrôlé

Les villes ont souvent poussé comme des champignons au moment de l'exploitation des mines, sur les grands axes routiers. Au développement anarchique des premiers temps succéda une volonté d'urbanisme dont tiennent compte les architectes d'aujourd'hui. La qualité de vie en milieu urbain est une des priorités du moment. Ainsi, les villes de **Vancouver** et **Calgary** sont régulièrement citées dans le classement des villes les plus agréables à vivre dans le monde, du fait de sa bonne planification urbaine, de ses vastes espaces verts et de leur prospérité économique.

Littérature

Voir « Livres et films » p. 581

Premières œuvres

À l'époque des explorations et de la colonisation, la littérature de la Nouvelle-France se limitait à des **comptes rendus de voyages** (Cartier, Champlain), à des anecdotes, des descriptions (Sagard, Charlevoix), ainsi qu'aux célèbres Relations, missives des missionnaires jésuites retraçant leur vie quotidienne dans le Nouveau Monde. **Philippe Aubert de Gaspé** publia en 1837 le premier roman franco-canadien, *L'Influence d'un livre*, essentiellement fondé sur des légendes. Les premiers romans de fiction subirent l'influence des traditions rurales, comme le montre *Les Anciens Canadiens* (1863), du même auteur. Les romans historiques s'inspirèrent de l'*Histoire du Canada depuis sa découverte jusqu'à nos jours* de **François-Xavier Garneau**, paru en 1840. Le public manifesta un véritable engouement pour cette œuvre qui raconte l'histoire des Canadiens français. Les poèmes romantiques d'**Octave Crémazie** et **Louis-Honoré Fréchette** rencontrèrent un immense succès au milieu du 19e s. Les colons anglais, comme **Susanna Moodie** dans *Roughing It in the Bush* en 1852, racontèrent leur difficile installation au sein d'un environnement sauvage.

Émergence de la littérature canadienne

Avec la création de la Confédération canadienne en 1867 vint la confiance : le Canada, devenu nation, ouvrit enfin la voie à ses auteurs. Les « poètes de la Confédération » que sont **Duncan Campbell Scott** (particulièrement attaché au Québec et à la culture des Premières Nations) et **Archibald Lampman** célébrèrent les paysages. **Charles G.D. Roberts** produisit des œuvres anthropomorphiques à la Beatrix Potter, alors que son contemporain **Ernest Thompson Seton** envisagea la vie sauvage d'un point de vue nettement plus scientifique. La littérature enfantine fleurit à la fin du 19e s. avec, entre autres, *Beautiful Joe* de **Margaret Marshall Saunders** puis, en 1908, le premier tome de la longue série *Anne of Green Gables* de **Lucy Maud Montgomery**. En 1927, c'est au tour de **Mazo de La Roche** de trouver la célébrité avec le premier opus de sa saga des *Jalna*, qui retrace l'histoire d'une famille canadienne entre 1854 et 1954. Plus de 11 millions d'exemplaires se sont vendus dans le monde. Le début du 20e s. connaît aussi les poèmes humoristiques du « Kipling canadien », **Robert W. Service**, dont les nombreux écrits d'aventure dans le Grand Nord canadien lui valurent le surnom de « Barde du Yukon ».

Le monde littéraire canadien de cette époque fut dominé par les écrits nationalistes de **Lionel Groulx**, meneur de « l'Action française », ainsi que par la poésie d'**Émile Nelligan**. **Louis Hémon**, né en France, n'eut qu'une parution posthume (1916) de son roman *Maria Chapdelaine*, qui dépeint la vie rurale au Québec (œuvre aujourd'hui traduite en huit langues !). **Claude-Henri Grignon** signa le roman *Un homme et son péché* en 1933. Il fut à nouveau question de survie (dans les Prairies cette fois) dans le roman *As for Me and My House* (1941) de **Sinclair Ross** ; quelques années plus tard, **Gabrielle Roy** choisit de situer *Where Nests the Water Hen* (1951) dans le nord du Manitoba.

Interrogations de l'après-guerre

Les écrivains canadiens passèrent par une période d'introspection et de mise en question de l'ordre établi. Le romancier **Robert Charbonneau** se détourna des contes ruraux pour les romans psychologiques. Le **groupe McGill** (qui comptait, entre autres, F. R. Scott et A. J. M. Smith) travailla sur la poésie, parallèlement au groupe des Sept en peinture.

Les auteurs féministes (telle Madge Macbeth) étudièrent l'effet social de l'urbanisation et de la réalité de l'après-guerre sur les femmes. D'autres s'intéressèrent au racisme, à l'immigration et aux bouleversements sociaux comme **Frederick Philip Grove**, dans *Le Maître du moulin*. Il s'attacha également à décrire la domestication des Prairies par des immigrants suédois dans *Settlers of the Marsh*.

Depuis Victoria, les autobiographies d'**Emily Carr** ouvrirent le monde à l'art autochtone de la côte occidentale.

À Montréal, dans les années 1950, les **modernistes** Irving Layton, Milton Acorn et Al Purdy révolutionnèrent la poésie canadienne ; leur truculence libérée des tabous du sujet et du langage influença des générations de poètes, dont Gwendolyn MacEwen (*The Shadow-Maker*, 1969). Les poètes **Gaston Miron**, Gatien Lapointe et Fernand Ouellette revitalisèrent la littérature québécoise pendant les années 1960. De nouveaux romanciers émergèrent et certains auteurs acquirent une renommée particulière, comme **Anne Hébert** (*Kamouraska*, 1973) et **Yves Thériault** *(Agaguk)*. Le romancier de Nouvelle-Écosse **Hugh MacLennan**, professeur à l'université McGill de Montréal, se consacra à la vie contemporaine et devint le premier auteur anglophone majeur à forger un caractère national. Son best-seller *Two Solitudes* (1945) traite du problème des relations du Québec avec le reste du pays.

Le célèbre romancier québécois anglophone **Mordecai Richler** est l'auteur, entre autres ouvrages, de *The Apprenticeship of Duddy Kravitz*. Il obtint de nombreux prix, dont le prestigieux prix du Gouverneur général.

Leonard Cohen, auteur-compositeur-interprète, écrivit des chansons sur la révolution sexuelle et la guerre du Vietnam dans les années 1960 et 1970. Cette époque se caractérisa par un éventail stylistique très large et prolifique ; elle produisit des auteurs comme **Louis Hamelin** *(La Rage)* et **Monique Larue** *(Copies conformes)*.

Pierre Berton, dans sa chronique de la construction du chemin de fer transcontinental *(The National Dream : The Great Railway 1871-1881)*, insuffla aux œuvres historiques un style entièrement nouveau, et rencontra un succès commercial immédiat. Avec ses états des lieux de l'effet destructeur de l'humanité, **Farley Mowat** *(Never Cry Wolf, Sea of Slaughter)*, auteur à succès, demeure le champion canadien de la protection de l'environnement.

Courants littéraires contemporains

Des années 1960 à nos jours, la littérature a produit une moisson de talents qui tentent de comprendre la conscience et la mosaïque culturelle du pays : parmi eux Margaret Laurence *(The Stone Angel, The Diviners)*, Timothy Findley (*The Wars*, 1977, *Pilgrim*, 1999), Robertson Davies *(The Deptford Trilogy)*, Joy Kogawa *(Obasan)* et Rudy Wiebe *(The Temptations of Big Bear)*.

Margaret Atwood est passée au rang d'auteur mondialement reconnu, notamment avec le succès de *The Handmaid's Tale,* adapté en série.

D'autres ont su conquérir les honneurs internationaux, comme **Michael Ondaatje** *(The English Patient)*, **Antonine Maillet**, née dans le Nouveau-Brunswick (*Pélagie-la-Charrette*, 1979, prix Goncourt), et la romancière **Alice Munro** (*Dance of the Happy Shades*, 1968, *Lives of Girls and Women*, 1971, *Runaway*, 2004) qui s'est vu décerner le prix Nobel de littérature en 2013. Beaucoup plus prospectifs, mais tout aussi populaires sont les romans de **Douglas Coupland** comme *Génération X* (1991) ou, vingt ans plus tard, *Génération A*, une fable écologiste parue en France en 2013. Ces deux dernières décennies ont vu l'émergence de la **littérature autochtone**. Qu'ils écrivent en français, en anglais ou dans leur langue, et quelle que soit la forme, ces auteurs sont attachés à leur identité. Chef de file, l'écrivain ojibwé **Richard Wagamasee**, disparu en 2017, réalise un récit bouleversant sur la vie de Saul Indian Horse dans *Jeu Blanc* (2012). **Michel Jean** raconte la sédentarisation forcée d'Innus dans *Kukum* (2019). **Terese Marie Mailhot** parle du statut d'exilée dans son propre pays dans *Petite femme montagne* (2022). Joshua Whitehead navigue entre son clan familial et Winnipeg ultramoderne dans *Jonny Appleseed* (2018). Avec *Une de dose de rage* (2022), Angeline Boulley écrit un thriller ancré dans une communauté autochtone de Sault-Sainte-Marie. Alexandra Shimo mène une enquête dans une réserve autochtone isolée au nord de l'Ontario dans *Le Nord invisible* (2016).

Musique et danse

Musique

La vie musicale canadienne bouillonne de créativité. Chaque région possède sa **musique traditionnelle**, des rythmes celtiques de l'île du Cap-Breton aux violons irlandais, écossais et français du Québec et de l'est de l'Ontario, en passant par les chants de gorge inuits du Nunavut. Aujourd'hui, **Susan Aglukark** et le duo **Tudjaat** perpétuent cette tradition. Les spectacles du **Cirque du Soleil**, du Québec, enchantent le public à travers le monde par un mélange détonant de musique traditionnelle, de cirque, de théâtre et de danse.

L'amour du jazz

Les plus grands artistes ont joué au Canada. Au moment où cette musique prenait son envol, les cabarets de jazz de Québec restaient ouverts tard dans la nuit. Après un passage à vide dans les années 1950, le jazz repartit de plus belle. La renommée du **Festival international de jazz** de Montréal (créé en 1980) et celle de l'immense jazzman **Oscar Peterson**, qui débuta à 17 ans au Canada, ont franchi les frontières. Le jazz canadien s'est enrichi des talents du trompettiste **Maynard Ferguson**, du *be-bopper* **Moe Kaffman**, de **Claude Ranger** et **James Galloway**.

Une tradition classique

Dès 1751, les journaux annoncèrent les concerts de musique classique. Québec possédait sa propre salle de concerts en 1764, et le public d'Halifax écoutait Haendel, Bach et Mozart. Dans les années 1840 s'organisèrent des tournées de musiciens, comme la célèbre cantatrice suédoise **Jenny Lind** (1820-1887). Des sociétés musicales locales et régionales, ancêtres de nos orchestres philharmoniques modernes, virent le jour à travers l'ensemble du pays.

Durant l'entre-deux-guerres, **Sir Ernest Macmillan**, unique musicien canadien anobli, fit une carrière nationale. Il fonda l'un des premiers quatuors à cordes, et l'une de ses compositions, *Two Sketches for Strings*, est un classique au Canada. D'autres comme le chanteur Rodolphe

Plamondon, le pianiste Léo-Pol Morin et la violoniste Kathleen Parlow furent également reconnus. Le chef d'orchestre **Wilfrid Pelletier** afficha un style très dynamique tandis que **Claude Champagne**, compositeur de la *Symphonie gaspésienne*, ouvrit la voie à de nombreux autres compositeurs. Le pianiste **Glenn Gould**, après avoir renoncé à se produire sur scène en 1964, se consacra exclusivement à l'enregistrement en studio avec, en particulier, sa célébrissime interprétation des *Variations Goldberg* de Bach. La guitariste **Liona Boyd** s'illustra de son côté avec *Persona*, son disque New Age de 1986. Les **orchestres symphoniques** de Montréal (dirigé par Kent Nagano), de Toronto (dirigé par Peter Oundjian) et de Québec (dirigé par Fabien Gabel), ont acquis une renommée mondiale.

Côté lyrique, de nombreuses voix se sont distinguées, parmi lesquelles la contralto **Maureen Forrester** ou le baryton Gino Quilico. Ces derniers se sont produits sur la scène internationale (Milan, Paris, Londres, New York) ainsi qu'à Vancouver, Toronto et Montréal. En 1983, la première de *Ra*, de **R. Murray Schafer**, d'une durée de onze heures, laissa le souvenir de la représentation la plus expérimentale que le pays ait jamais connue. Il existe de nombreuses **compagnies lyriques** à travers le Canada : la Canadian Opera Company à Toronto, l'Opéra du Québec, l'Opéra de Montréal, et d'autres à Vancouver, Calgary ou Edmonton. La compagnie Opera Lyra est installée à Ottawa.

La musique populaire

Elle se développa d'abord chez les colons, contant leur vie, leurs espoirs et leurs déboires; dans les années 1930, **la Bolduc** (Mary Travers) conquit le cœur des Québécois, puis vint **Félix Leclerc** qui marqua les générations suivantes avec des textes évocateurs sur les gens, la vie, le pays lui-même.

La musique populaire compte de nombreux auteurs-compositeurs reconnus : Ian et Sylvia Tyson, Anne Murray, Stan Rogers et **Gordon Lightfoot** dont la *Canadian Railroad Trilogy* est un classique, la chanteuse de folk-jazz Joni Mitchell et la chanteuse celtique Loreena McKennitt. **Sylvain Lelièvre** est considéré comme l'un des meilleurs auteurs interprètes canadiens, tandis que la Québécoise **Ginette Reno** reste l'une des chanteuses les plus adulées de la province. Sans oublier le « chansonneur » **Gilles Vignault**, dont le titre *Gens de mon pays* devint l'hymne du mouvement séparatiste dans les années 1960. À cette époque, la musique plus rock de **Robert Charlebois** traduisait un point de vue plus critique sur la société. La scène musicale canadienne atteignit alors une nouvelle dimension grâce aux spectacles à gros budget et à une industrie du disque très largement influencés par la culture américaine. La contre-culture californienne trouva un écho dans la musique de groupes tels qu'**Harmonium** et **Beau Dommage** (fondés en 1972). Au début des années 1970, le morceau *American Woman* du groupe **Guess Who** devint l'hymne du mouvement contre la guerre du Vietnam. Le groupe rock québécois Offenbach accéda également à la célébrité durant les années 1970, alors que **Diane Dufresne** séduisait par ses textes évoquant la liberté. Le chanteur **Robbie Robertson** se sépara en 1987 de son groupe, The Band, pour entamer une carrière en solo d'auteur interprète.

Les années 1980-1990 virent l'ascension de Fabienne Thibault, **Diane Tel**, **Roch Voisine** de **Garou** et surtout **Céline Dion**.

Dans les années 2000 et 2010, la starlette punk-pop **Avril Lavigne**

Concert en plein air lors du Festival de jazz de Montréal.
P.Renault/hemis.fr

connaît quelques francs succès internationaux et revient sur le devant de la scène en 2024, poussée par les hommages de la jeune génération (Olivia Rodrigo, Billie Eilish). La Québécoise Béatrice Martin, dite **Cœur de Pirate**, remplit pour un temps les salles françaises.

Le **rock canadien** compte les groupes Bare Naked Ladies, Men Without Hats et Maritime's Great Big Sea, **Arcade Fire**, au lyrisme post-indé toujours aussi puissant et apprécié, Bran Van 3000, Hot Hot Heat, The Stills. Citon aussi le punk-rock à succès de **Sum 41** et Nickelback. Et l'énergie communicative de Palaye Royale et des filles de The Beaches.

Le monde de la chanson inclut Bryan Adams, K.D. Lang, Colin James, la chanteuse country **Shania Twain** et l'interprète de jazz **Diana Krall**. Du côté de la pop, on peut aussi citer les jeunes stars **Justin Bieber** (né à London) et **Shawn Mendes**. Quant à **The Weeknd**, il s'est imposé sur la scène R & B internationale. Côté hip-hop, impossible de ne pas citer la star internationale **Drake** et, pour la scène québécoise, Planet Giza, Fouki, Enima, Tizzo ou Rowjay. DJ et fondateur du label Plus 8, **Ritchie Hawtin** est considéré comme l'un des papes de la musique techno, aujourd'hui largement diffusée dans le pays. Plus récemment, **Deadmau5** a connu lui aussi un grand succès international avec son électro house et techno minimaliste.

Danse

Les premiers explorateurs européens, comme Jean Cabot, mentionnaient déjà les **danses aborigènes**. Puis, au début du 19e s., Edmond Curtis photographia les peuples autochtones de la côte occidentale ; son remarquable cliché d'Autochtones dansant dans leurs canoës de guerre est inoubliable.

Le **ballet** ne parvint au Canada qu'au début du 20e s. (fin des années 1920), avec les tournées d'Anna Pavlova. Les troupes de ballet se multiplièrent sous la direction des Américaines J. Roper à Vancouver et G. Osborne

Voix et rythmes autochtones

Un programme de subvention du gouvernement fédéral et surtout la volonté des peuples autochtones d'exprimer leur culture musicale bouleversent la scène artistique canadienne. On voit petit à petit émerger des chanteurs issus des Premières Nations, artistes de longue date enfin reconnus ou jeune génération prête à conquérir le monde *via* les réseaux sociaux. Citons ainsi l'artiste et militante aux origines crees **Buffy Sainte-Marie**, qui a commencé sa carrière dans les années 1960. Plus jeune, **Jeremy Dutcher**, d'origine Wolastoqiyik, utilise, lui, ses multiples talents pour réinventer les musiques traditionnelles. **Tanya Tagaq** fusionne musique pop expérimentale et chant de gorge traditionnel inuit. Et **Elisapie** chante en inuktitut ses compositions ainsi que des reprises de Blondie ou Metallica.

à Ottawa. La première troupe professionnelle canadienne fut le célèbre **Ballet royal de Winnipeg**, fondé en 1949. En 1951, la Britannique Celia Franca créa à Toronto le Ballet national du Canada, les Grands Ballets canadiens de Montréal suivirent en 1958 ; toutes ces troupes continuent à émerveiller les publics canadien et étranger. Les ballerines **Karen Kain** et **Evelyn Hart** ont su se faire aimer de leurs compatriotes, et les chorégraphes **Brian Macdonald** et **James Kudelka** ont acquis une belle renommée.

Ce sont les danseurs européens et américains qui permirent à la **danse moderne** canadienne de voir le jour. La troupe du **Toronto Dance Theatre**, fondé en 1968, fut créée par Patricia Beatty, Peter Randazzo et David Earle, disciples de Martha Graham. Rachel Browne, ancien membre du Ballet de Winnipeg, fonda au début des années 1970 la **Winnipeg's Contemporary Dancers** (WCD). Toujours dans les années 1970, Montréal se tourna davantage vers la danse avec la création du **Groupe de la Place royale**. K. Jamieson (à Vancouver) et le chorégraphe C. Alexandrowicz explorèrent de nouvelles formes d'expression.

La danse moderne canadienne poursuit aujourd'hui son évolution en se démarquant des influences extérieures à l'origine de son essor.

Théâtre, médias et cinéma

Le théâtre

Chaque année, deux événements culturels majeurs viennent raviver l'amour des Canadiens pour le théâtre.

La ville ontarienne de Stratford accueille le célèbre **Festival de Statford** qui, d'avril à octobre, propose une riche programmation de pièces contemporaines, œuvres de **Shakespeare** et comédies musicales. Et le **Shaw Festival**, qui se déroule, quant à lui, d'avril à décembre à **Niagara-on-the-Lake**, donne à de nouveaux dramaturges tels Carol Bolt, John Murrell, George Walker ou Wajdi Mouawad l'occasion de faire jouer leurs pièces.

Le cinéma

Voir « Livres et films » p. 581

Bien que les salles du pays passent une majorité de films américains, les Canadiens figurent au générique d'un grand nombre de films, aussi bien comme acteurs que réalisateurs. Les Américains tournent souvent leurs films et séries au Canada, en raison des coûts de production inférieurs et de la ressemblance avec les États-Unis. **Vancouver** et **Toronto**, avec leurs florissantes maisons de production, emploient de nombreux acteurs. Le cinéma québécois, qui fait la part belle aux films d'auteur et perpétue la tradition du film documentaire, vend aussi ses films francophones à l'étranger.

Animation et documentaires

L'animation n'est pas en reste, grâce au **Festival international du film d'animation d'Ottawa**, le deuxième plus important au monde. Fondé en 1939, l'**Office national du film** du Canada (ONF), institution fédérale, s'est taillé une réputation mondiale avec *Crac!* (1982) et *L'homme qui plantait des arbres* (1987), de **Frédéric Back** (deux fois Oscar du meilleur film d'animation). *When the Day Breaks* de **Wendy Tilby** obtint à Cannes la Palme d'or 1999 du meilleur court-métrage. L'ONF possède une importante collection de documentaires et de films de « cinéma-vérité », qu'illustre l'œuvre de **Pierre Perrault** (*Un pays sans bon sens*, 1970) et de **Michel Brault** (*The Moontrap*, 1964 ; *Les Ordres*, 1974).

Réalisateurs et acteurs

Le metteur en scène **Claude Jutra** a acquis une notoriété internationale avec *Mon Oncle Antoine* (1971) et *Kamouraska* (1973). **Denys Arcand** a su captiver avec sa trilogie *Le Déclin de l'empire américain* (1986), *Les Invasions barbares* (2003, Oscar du meilleur film en langue étrangère en 2004) et *La Chute de l'empire américain* (2019). **Denis Villeneuve** s'affirme également sur la scène internationale avec *Maëlstrom* (2000), *Prisoners* (2013), *Premier Contact* (2016), *Blade Runner 2049* (2017) ou la saga *Dune* (2021-2024). La façon dont **David Cronenberg** traite ses sujets sombres déroute le public (*Scanners*, 1981 ; *La Mouche*, 1986 ; *Crash*, 1996 ; *A History of violence*, 2005 ; *Cosmopolis*, 2012 ; *Maps to the Stars*, 2014). Le cinéma d'**Atom Egoyan** (installé à Toronto) relève davantage d'une esthétique personnelle que de l'industrie (*De beaux lendemains*, 1997 ; *Ararat*, 2002 ; *Captives*, 2015 ; *Guest of Honour*, 2019). *Crime contre l'humanité* (2003) est la plus récente des œuvres primées de **Norman Jewison**, auteur également de *The Russians Are Coming* (1966), *Un violon sur le toit* (1971) et *Moonstruck* (1987). Quant aux nombreux prix reçus par **Gary Burn** pour son *Waydowntown* (2002), ils font suite au succès critique remporté par *Kitchen Party* (1998). On ne présente plus **James Cameron**, illustre réalisateur de *Terminator* (1984), *Aliens* (1986), *Titanic* (1997) ou *Avatar* (2009 et 2022). Enfin, la nouvelle vague est brillamment représentée par **Xavier Dolan** (né en 1989), prodige du cinéma montréalais, à la fois acteur, réalisateur et scénariste dont les films (*J'ai tué ma mère, Les Amour imaginaires, Mommy, Juste la fin du monde, Ma vie avec John F. Donovan, Matthias et Maxime*) sont multiprimés.

Concernant les acteurs canadiens connus internationalement, citons **Jim Carrey**, qui a joué dans des films comiques tels que *The Mask*, *Ace Ventura* ou *Truman Show*, et **Michael J. Fox**, dans *Retour vers le futur* et les séries *Family Ties* et *Spin City*. Sans oublier l'actrice **Pamela Anderson**, rendue célèbre dans la série *Alerte à Malibu*, le héros de *Matrix* **Keanu Reeves**, ou encore **Kiefer Sutherland** *(série 24h)*. Parmi les vedettes les plus « actuelles », citons **Elliot Page** *(Juno, Inception)*, **Rachel McAdams** *(True Detective, Spotlight)*, **Charlotte Le Bon**, **Ryan Reynolds** *(Deadpool)* ou encore **Ryan Gosling** *(Drive, La La Land, Blade Runner 2049, Barbie)*.

Balade en canoë sur l'Emerald Lake, dans les Rocheuses canadiennes.
Jon Arnold Images/hemis.fr

ORGANISER SON VOYAGE

Types de séjour	560
Aller dans l'Ouest canadien	563
Avant de partir	566
Sur place de A à Z	572
Agenda	580
Livres et films	581

Types de séjour

Le Canada des peuples autochtones	
Communautés et sites autochtones de l'Ouest canadien	Alert Bay (C.-B.) *(p. 103)* ; Haïda Gwaii Museum (C.-B.) *(p. 125)* ; Totems Road (C.-B.) *(p. 113)* ; 'Ksan Historical Village & Museum (C.-B.) *(p. 115)* ; Nisga'a Memorial Lava Bed Provincial Park (C.-B.) *(p. 117)* ; Nisga'a Museum/Hli Goothl Wilp-Adokshl Nisga'a (C.-B.) *(p. 117)* ; SGang Gwaay (C.-B.) *(p. 130)* ; Secwépemc Museum and Heritage Park (C.-B.) *(p. 137)*.
Tribus des plaines	Buffalo Nations Luxton Museum à Banff *(p. 180)* ; Head-Smashed-In Buffalo Jump (Alb.) *(p. 231)* ; Wanuskewin Heritage Park (Sask.) *(p. 261)*.
Peuples du Nord	Prince of Wales Northern Heritage Centre (T. N.-O.) *(p. 498)* ; Unikkaarvik Visitor Centre (N.) *(p. 502)* ; Angmarlik Visitor Centre (N.) *(p. 503)*.
Phénomènes naturels	
Aurores boréales soleil de minuit et cieux étoilés	Réserves de ciel étoilé de Cypress Hills *(p. 237)* (Alb. et Sask.) et de Wood Buffalo NP (T. N.-O.) *(p. 495)* ; Churchill (Man.) *(p. 292)* ; Northern Light Space and Science Centre, à Watson Lake (Yuk.) *(p. 463)* ; Whitehorse (Yuk.) *(p. 465)* ; Yellowknife (T. N.-O.) *(p. 498)*.
Un tour au musée	
Musées des civilisations	Museum of Anthropology (MOA), à Vancouver (C.-B.) *(p. 60)* ; Royal British Columbia Museum, à Victoria *(p. 78)* ; Museum of Northern British Columbia, à Prince Rupert (C.-B.) *(p. 110)* ; Glenbow Museum, à Calgary (Alb.) *(p. 215)* ; Royal Alberta Museum (RAM), à Edmonton (Alb.) *(p. 247)* ; Royal Saskatchewan Museum, à Regina (Sask.) *(p. 265)* ; Manitoba Museum, à Winnipeg (Man.) *(p. 278)* ; Canadian Museum for Human Rights, à Winnipeg (Man.) *(p. 282)* ; Itsanitaq Museum, à Churchill (Man.) *(p. 293)* ; musée canadien de l'Histoire, à Gatineau (Q.) *(p. 390)*.
Musées d'art	Vancouver Art Gallery (C.-B.) *(p. 44)* ; Art Gallery of Alberta (AGA), à Edmonton (Alb.) *(p. 245)* ; Winnipeg Art Gallery (WAG) (Man.) *(p. 283)* ; Art Gallery of Ontario (AGO), à Toronto (O.) *(p. 314)* ; Royal Ontario Museum, à Toronto (O.) *(p. 322)* ; Gardiner Museum of Ceramic Art, à Toronto (O.) *(p. 325)* ; Museum of Contemporary Art (MOCA), à Toronto (O.) *(p. 330)* ; McMichael Canadian Art Collection, à Kleinburg (O.) *(p. 333)* ; Art Gallery of Windsor (O.) *(p. 363)* ; National Gallery of Canada, à Ottawa (O.) *(p. 389)* ; musée des Beaux-Arts de Montréal (Q.) *(p. 440)* ; musée d'Art contemporain de Montréal (Q.) *(p. 441)*.
Musées des sciences	Telus World of Science, à Edmonton (Alb.) *(p. 250)* ; Saskatchewan Science Centre, à Regina (Sask.) *(p. 268)* ; Science North, à Sudbury (O.) *(p. 412)* ; Canadian Museum of Nature, à Ottawa (O.) *(p. 393)* ; Canada Science and Technology Museum, à Ottawa (O.) *(p. 395)* ; Biodôme, à Montréal *(p. 445)* (Q.).

Le Canada des pionniers	
Colons, trappeurs, cow-boys et chercheurs d'or	Fort St. James (C.-B.) *(p. 118)* ; Barkerville Historic Town (C.-B.) *(p. 143)* ; Cowboy Trail (Alb.) *(p. 222 et 225)* ; Bar U Ranch NHS (Alb.) *(p. 224)* ; Western Development Museum, à Saskatoon (Sask.) *(p. 261, 263, 269, 272)* ; Manitoba Museum, à Winnipeg (Man.) *(p. 278)* ; Lower Fort Garry NHS (Man.) *(p. 286)* ; Black Creek Pioneer Village (O.) *(p. 332)* ; Upper Canada Village (O.) *(p. 379)* ; Ste-Marie-au-Pays-des-Hurons (O.) *(p. 407)* ; Fort William Historical Park (O.) *(p. 421)* ; Whitehorse (Yuk.) *(p. 465)* ; Dawson City (Yuk.) *(p. 473)*.
Ouvrages défensifs	Fort Macleod (Alb.) *(p. 230)* ; Fort Edmonton Park (Alb.) *(p. 250)* ; Fort Battleford NHS (Sask.) *(p. 262)* ; Fort Henry NHS, à Kingston (O.) *(p. 375)*.
La nature sauvage	
Côté montagnes	Monts Monashee et Selkirk (C.-B.) *(p. 152)* ; canyon du Fraser (C.-B.) *(p. 135)* ; canyon de la Thompson (C.-B.) *(p. 137)* ; Jasper NP (C.-B., Alb.) *(p. 170)* ; Mount Robson PP *(p. 174)* ; Banff NP (C.-B., Alb.) *(p. 179)* ; Yoho NP (C.-B., Alb.) *(p. 191)* ; Kootenay NP (C.-B., Alb.) *(p. 195)* ; chutes du Niagara (O.) *(p. 343)* ; Kakabeka Falls PP (O.) *(p. 421)* ; Nahanni NP Reserve (T. N.-O.) *(p. 493)*.
Côté mer	Pacific Rim NP Reserve (C.-B.) *(p. 89)* ; Haïda Gwaii (C.-B.) *(p. 123)* ; Naikoon PP (C.-B.) *(p. 128)*.
Côté lacs	Bow Lake, Lake Louise et Moraine Lake (Banff, Alb.) *(p. 164, 184 et 185)* ; Waterton Lakes NP (Alb.) *(p. 201)* ; les Mille Îles (O.) *(p. 376)* ; baie Georgienne (O.) *(p. 402)* ; Ouimet Canyon PP (O.) *(p. 422)* ; Nipigon Bay (O.) *(p. 423)* ; Muncho Lake PP (C.-B.) *(p. 462)* ; Kluane NP and Reserve (Yuk.) *(p. 482)*.
Côté glace	Icefields Parkway (C.-B.) *(p. 159)* ; Nahanni NP Reserve (T. N.-O.) *(p. 493)* ; Auyuittuq NP (N.) *(p. 504)* ; Qaummaarviit Territorial Park (N.) *(p. 503)* ; Bathurst Inlet (N.) *(p. 505)*.
Randonnées	Garibaldi PP (C.-B.) *(p. 67)* ; Juan de Fuca Marine Trail (C.-B.) *(p. 84)* ; West Coast Trail (C.-B.) *(p. 90)* ; Wells Gray PP (C.-B.) *(p. 140)* ; Cathedral PP (C.-B.) *(p. 148)* ; Kettle Valley Steam Railway (C.-B.) *(p. 149)* ; parcs des Rocheuses (C.-B., Alb.) *(p. 159)* ; Burgess Shale (C.-B.) *(p. 192)* ; Cypress Hills Interprovincial Park (Alb.) *(p. 237)* ; Elk Island NP (Alb.) *(p. 251)* ; Riding Mountain NP (Man.) *(p. 275)* ; Point Pelee NP (O.) *(p. 364)* ; Bruce Peninsula NP (O.) *(p. 403)* ; Algonquin PP (O.) *(p. 409)* ; Lake Superior PP (O.) *(p. 417)* ; Kakabeka Falls PP (O.) *(p. 421)* ; col Chilkoot (Yuk.) *(p. 470)* ; col Akshayuk (N.) *(p. 504)* ; Bathurst Inlet (N.) *(p. 505)*.
Routes et pistes	Sea to Sky Highway (C.-B.) *(p. 66)* ; Scenic Marine Drive (C.-B) *(p. 83)* ; Totems Road (C.-B.) *(p. 113)* ; Icefields Parkway (C.-B.) *(p. 159)* ; Yellowhead Highway (C.-B.) *(p. 174)* ; Bow Valley Parkway (C.-B.) *(p. 183)* ; Top of the World Highway (Yuk.) *(p. 479)* ; Lake Superior Drive (O.) *(p. 417)* ; Ingraham Trail (T. N.-O.) *(p. 500)*.

Observation animalière	
Grizzli	Hamber PP (B.-C.) *(p. 175)* ; Willmore Wilderness PP (Alb.) *(p. 176).*
Ours polaire	Churchill (Man.) *(p. 292)* ; île Marble (N.) *(p. 504).*
Ours noir	Parcs des Rocheuses canadiennes (Alb. et C.-B.) *(p. 159).*
Mouflon d'Amérique	Parcs des Rocheuses canadiennes (Alb. et C.-B.) *(p. 159).*
Chèvre des montagnes Rocheuses	Parcs des Rocheuses canadiennes (Alb. et C.-B.) *(p. 159).*
Loup, puma et carcajou	Banff NP *(p. 179).*
Bison des bois	Wood Buffalo NP (T. N.-O., Alb.) *(p. 495).*
Bison des plaines	Grasslands NP (Sask.) *(p. 238).*
Chien de prairie	Grasslands NP (Sask.) *(p. 238);* Badlands de l'Alberta (Alb.) *(p. 239).*
Caribou	Thelon Wildlife Sanctuary (N.) *(p. 505).*
Castor	Elk Lakes PP (C.-B.) *(p. 186)* ; lacs et étangs de Elk Island NP *(p. 251).*
Épaulard, otarie de Steller, petit rorqual, phoque, dauphin, marsouin	Gwaii Haanas NP Reserve (C.-B) *(p. 128).*
Macareux, guillemot, pingouin, albatros puffin, pygargue	Gwaii Haanas NP Reserve (C.-B) *(p. 128).*
Saumon	Capilano Canyon (C.-B.) *(p. 63)* ; Rearguard Falls (C.-B.) *(p. 175)* ; canyon du Fraser (C.-B.) *(p. 135)* ; canyon de la Thompson (C.-B.) *(p. 137)* ; passe migratoire des rapides de Whitehorse (C.-B.) *(p. 466).*
Baleine	Vancouver (C.-B.) *(p. 42)* ; Tofino (C.-B.) *(p. 98)* ; île Marble (N.) *(p. 504).*
Papillon monarque	Point Pelee NP (O.) *(p. 364).*
Oiseaux en tous genres	Riding Mountain NP (Man.) *(p. 275)* ; Point Pelee NP (O.) *(p. 364)* ; île Marble (N.) *(p. 504).*
Aquariums et zoos	Aquarium de Vancouver (C.-B.) *(p. 53)* ; Calgary Zoo (Alb.) *(p. 219)* ; Toronto Zoo (O.) *(p. 334).*
Dinosaures et fossiles	Burgess Shale (C.-B.) *(p. 192)* ; vallée de la Red Deer (Alb.) *(p. 239);* Royal Tyrrell Museum (Alb.) *(p. 242)* ; Dinosaur Provincial Park (Alb.) *(p. 243).*

Aller dans l'Ouest canadien

Pays : Canada
Population : 40 millions d'habitants
Provinces et territoires mentionnés dans ce guide : Québec (Q.), Ontario (O.), Manitoba (Man.), Saskatchewan (Sask.), Alberta (Alb.), Colombie-Britannique (C.-B.), Yukon (Yuk.), Territoires du Nord-Ouest (T.N.-O.) et Nunavut (N.).
Monnaie : dollar canadien ($ CA). 1 $ = env. 0,66 € (novembre 2024).

En avion

Les principales compagnies nationales assurent des vols réguliers entre l'Europe et le Canada. Vols directs, parfois saisonniers, vers Montréal, Toronto, Calgary et Vancouver ou vols avec une ou deux escales pour rejoindre toutes les villes de l'Ouest du pays. Nombreuses options également *via* les États-Unis mais qui impliquent un transit chronophage et l'obtention d'un ESTA (autorisation électronique de voyage).

Il faut compter environ 7h de vol direct entre Paris et Montréal, 8h pour Toronto et 9h pour Vancouver.

Compagnies aériennes

Air Canada – aircanada.com. De Paris et Bruxelles, vols directs vers Montréal et Toronto. De là, connexions vers tout le pays.
Air Transat – airtransat.com. Vols directs vers Montréal au départ de Paris et, en été, de Lyon, Nantes, Nice, Marseille, Bâle-Mulhouse et Bruxelles. De Montréal, connexions vers tout le pays.
Westjet – westjet.com. Vols directs en été entre Paris et Calgary.
Air France – ☎ 09 69 39 36 54 - airfrance.fr. Vols directs vers Toronto, Vancouver et Montréal.
Brussels Airlines – ☎ 02 723 23 62 - brusselsairlines.com. Vols vers Toronto et Montréal.
Lufthansa – lufthansa.com. Vols vers Toronto, Vancouver et Calgary *via* Francfort.
Condor – condor.com. De Francfort, vols estivaux directs vers Edmonton, Calgary et Vancouver.
KLM – klm.com. Vols vers Toronto, Vancouver, Edmonton et Calgary *via* Amsterdam.
British Airways – britishairways.com. Vols vers Toronto, Montréal et Vancouver *via* Londres.
Iceland Air – icelandair.com. Vols vers Toronto et Vancouver *via* Reykjavík.
Play – flyplay.com. Vers Toronto *via* Reykjavík.

Comparateurs de vol

Vous obtiendrez les meilleurs prix en passant par les centrales de réservation en ligne. Les sites www.kayak.fr ou www.liligo.fr fonctionnent comme des moteurs de recherche, faisant jouer les différents prestataires.

Voyagistes

Arts et Vie – www.artsetvie.com. Ce spécialiste du voyage culturel propose des itinéraires très complets au Canada, qui permettent de découvrir son patrimoine historique et

Aurores boréales observées dans le Yukon.
Scalia Media/Getty Images Plus

architectural, sans oublier ses extraordinaires trésors naturels.

Authentik Canada – authentikcanada.com. Spécialiste du *road trip* dans l'Ouest canadien.

Canada en Liberté – canada-en-liberte.com. Agence locale spécialisée dans les voyages sur mesure à travers tout le pays.

Étendues sauvages – ✆ 01 77 37 03 10 - etendues-sauvages.com. Spécialiste du voyage nature et faune sur mesure.

Evaneos – evaneos.fr. Excellent *hub* de mise en rapport avec des agences locales pour un voyage clé en main ou personnalisable.

Grand Nord-Grand Large – ✆ 01 40 46 05 14 - gngl.com. Une des rares agences spécialisées dans les régions arctiques.

Imagine Canada – imagine-canada.fr. Agence de voyage spécialisée sur le Canada. Circuits accompagnés ou en liberté, séjours hivernaux.

Nord Espaces – ✆ 01 45 65 00 00 - nord-espaces.com. Voyagiste spécialiste des contrées nordiques. Circuits, croisières, voyages individuels, à la carte ou sur mesure, du Québec à la Colombie-Britannique, de l'Alberta au Nunavut.

Certains séjours thématiques ou vers des destinations comme le Nunavut nécessitent d'anticiper l'organisation de son voyage de 6 mois à un an à l'avance.

Avant de partir

Le bon moment pour partir

Climat

Le Canada connaît de forts contrastes climatiques dus à l'immensité de son territoire.
Météo – www.meteo.gc.ca.

Saisons

Un voyage au Canada peut se prévoir en **toute saison**, car chacune possède ses attraits propres. Toutefois, le pays attire essentiellement les touristes entre mai et début octobre, et enregistre un pic de fréquentation en juillet-août.
Printemps – Il se manifeste dès février sur la côte ouest avant de gagner l'ensemble du territoire début avril. Les journées sont douces et les nuits fraîches, voire froides. On skie encore dans les stations.
Été – Les mois de **juillet et août** sont chauds et humides (22°-35 °C) dans la plupart des provinces. C'est la période idéale pour les activités de plein air, que l'on pratique souvent dès mai, et ce jusqu'en septembre. Le Grand Nord est plus facilement accessible à cette époque.
Automne – Pour profiter du rougeoiement des forêts, il faut se rendre dans le sud du Canada de mi-septembre à début octobre.
Hiver – Il se prête à la pratique du ski, de la randonnée en raquettes et aux promenades en traîneau à chiens. Les premières chutes de neige arrivent fin octobre et s'étendent à l'immense majorité du pays. Seule la côte ouest conserve des températures douces.

Que mettre dans sa valise ?

Des **vêtements adaptés** au climat local : imperméable (ou parapluie), vêtements chauds pour les soirées fraîches de printemps et de fin d'automne, voire très chauds pour les séjours hivernaux (bonnet, écharpe, gants, sous-vêtements thermolactiles, doudoune et bottes fourrées sont alors de mise).
En été, selon la région visitée, prévoyez de quoi repousser les nuées de moucherons et de moustiques.

Adresses utiles

Ambassades

« Ambassades et consulats », p. 574.

France
Ambassade du Canada – 130 r. du Faubourg-St-Honoré - 75008 Paris - 01 44 43 29 00 ou 01 44 43 29 02 (service consulaire) - www.international.gc.ca.

Belgique
Ambassade du Canada – Av. des Arts 58 - 1000 Bruxelles - 02 741 06 11 - www.international.gc.ca.

Suisse
Ambassade du Canada – 88 Kirchenfeldstrasse - 3005 Berne - 031 357 32 00 - www.international.gc.ca.

Sites Internet

www.destinationcanada.com
Sites Internet des provinces et des **territoires :**
www.bonjourquebec.com
www.destinationontario.com
www.travelmanitoba.com
www.tourismsaskatchewan.com

www.travelalberta.com
www.hellobc.com (Colombie-Britannique).
www.travelyukon.com
travelnunavut.ca

Tourisme et handicap

Les sites accessibles aux personnes à mobilité réduite sont signalés par le symbole ♿ dans les conditions de visite de ce guide. Il reste toutefois nécessaire de se renseigner auprès des sites locaux pour connaître le niveau d'aménagement sur place.

Formalités

Il est impératif de consulter, avant d'organiser votre voyage, les sites Internet www.diplomatie.gouv.fr et voyage.gc.ca.

Documents

Pièces d'identité

Les ressortissants français, belges et suisses doivent être en possession d'un **passeport** valide au moins 6 mois après la date retour.

Un passeport biométrique est obligatoire si vous prévoyez une escale ou une escapade aux États-Unis (autorisation électronique de voyage ESTA à demander sur esta.cbp.dhs.gov).

Autorisation de voyage électronique

Une Autorisation de voyage électronique (AVE) est obligatoire pour prendre l'avion à destination du Canada. Tarif : 7 $/pers.
www.canada.ca.

Permis de conduire

Le **permis de conduire national** français, belge et suisse est valable pour une durée de six mois. Au-delà de cette période et pour les ressortissants des autres pays, le **permis international** est obligatoire. Attention, certaines agences de location exigent ce dernier pour tous leurs clients, quelle que soit la durée de séjour. Renseignez-vous bien à l'avance pour avoir le temps de faire votre demande sur le site de l'ANTS : permisdeconduire.ants.gouv.fr.

Douanes

La circulation des marchandises (tabac, alcool, œuvres d'art, médicaments...) et des devises est soumise à restrictions.
www.cbsa-asfc.gc.ca.

Astuces voyageurs

Ayez les bons réflexes avant de partir ! Sur le site du **ministère de l'Europe et des Affaires étrangères** :

▶ Consultez les **Conseils aux voyageurs** pour préparer votre voyage (risques liés à la sécurité, formalités de séjour, obligations sanitaires, législation locale...) sur diplomatie.gouv.fr ou via l'application mobile « Conseils aux Voyageurs »

▶ Inscrivez-vous sur **Fil d'Ariane** : en quelques clics, créez votre compte sur diplomatie.gouv.fr pour recevoir par e-mail ou SMS des alertes et des consignes de sécurité, en cas d'évènement survenant dans votre destination.

Ces deux services gratuits sont utilisés par des millions de voyageurs chaque année.

Assurance voyage

L'assurance voyage comporte plusieurs volets : annulation (avant le départ), prise en charge des frais hospitaliers et de rapatriement (durant le séjour), vol ou perte de bagages. Afin de limiter ces éventuels frais, il est donc fortement conseillé d'en souscrire une auprès de votre tour-opérateur ou de la compagnie d'assurances de votre choix.

Si vous réglez votre voyage par carte bancaire, sachez que la plupart des banques incluent déjà dans leur contrat ce type d'assurance. Pensez donc à vérifier au préalable les garanties dont vous bénéficiez.

Pour étudier la meilleure offre, il existe différents comparateurs d'assurance, notamment **philtr.fr**, très intuitif et complet (comparaison de chaque assurance voyage avec les modalités de la carte bancaire), **www.tourdumondiste.com**, adapté aux courts et longs séjours.

Décalage horaire

Le Canada est divisé en **six fuseaux horaires** *(voir carte ci-dessous)*. Le pays adopte l'**heure d'été** (on avance d'une heure) du deuxième dimanche de mars au premier dimanche de novembre.

Téléphoner au Canada

Pour appeler le Canada depuis la France, la Belgique et la Suisse, composez le : 00 + 1 + code régional + 7 chiffres du n° canadien.

Hébergement

Le Canada propose de nombreuses formules d'hébergement. Il est préférable de réserver assez tôt, surtout pendant la haute saison touristique, dans les stations de ski en hiver et dans les parcs en été. Attention, en dehors des grands centres urbains, beaucoup d'installations touristiques sont

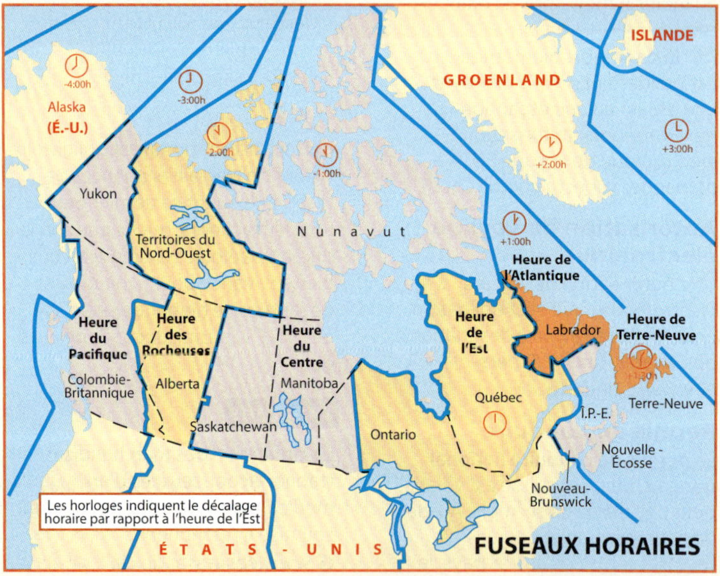

fermées certains mois de l'année. Variable selon la région et le type d'hébergement, une **taxe de séjour** viendra souvent s'ajouter au prix de base de votre chambre.

Notre sélection

Retrouvez « Nos adresses » dans la partie « Découvrir le Canada ». Nous avons classé les établissements par catégories de prix *(voir tableau ci-dessous)*. Les prix indiqués correspondent aux tarifs d'une chambre double en haute saison.

Types d'hébergement

Hôtels de luxe et grandes chaînes hôtelières

Les grandes chaînes hôtelières représentent (de loin) la majorité de l'offre d'hébergement et sont présentes dans les principales villes : **Best Western International** (bestwestern.com) ; **Fairmont Hotels** (fairmont.com ; all.accor.com) ; **Four Seasons Hotels** (fourseasons.com) ; **Hilton** (hilton.com) ; **Holiday Inn** (ihg.com ; holidayinn.com) ; **Marriott** (marriott.com - Marriott, Renaissance, Courtyard, Sheraton, Aloft, Four Points...) ; **Germain Hotels** (germainhotels.com) ; **Novotel** (all.accor.com) ; **Wyndham** (wyndhamhotels.com - Ramada, Days inn, Super 8...).

Motels

Installés en périphérie des villes ou le long des axes routiers, ces établissements possèdent des chambres spartiates et souvent un petit restaurant sans prétention. Ils rendent bien service sur les longs trajets ou en cas de budget serré.

Comfort Inn et **Quality Inn** – www.choicehotels.com.

Travelodge, Days Inn et **Super 8 by Wyndham** – www.wyndhamhotels.com.

Auberges rurales

Elles comptent une quinzaine de chambres et proposent la pension complète. Les prestations sont variables et il n'est pas toujours possible de bénéficier d'une salle de bains privée ou d'un téléphone dans la chambre.

www.gitescanada.com.

Chambres d'hôte

Très populaire, la formule B & B se distingue par la qualité de l'accueil et un hébergement de charme dans des maisons de caractère.

www.bbcanada.com.

Certains B & B n'acceptent pas les cartes de crédit.

Fermes et ranchs

Adaptés aux familles avec enfants, les **ranchs d'accueil**, principalement localisés en Colombie-Britannique et dans les Prairies, permettent aux hôtes de participer aux travaux agricoles quotidiens,

Nos catégories de prix
(taxes comprises)

	Hébergement (prix de la chambre double sans petit-déjeuner)	**Restauration** (prix d'un repas)
Premier prix	moins de 150 $	moins de 25 $
Budget moyen	de 150 à 225 $	de 25 à 45 $
Pour se faire plaisir	de 225 à 300 $	de 45 à 60 $
Une folie	plus de 300 $	plus de 60 $

Calculez votre budget quotidien

Le prix à la journée a été calculé **pour une personne**, sur la base d'un séjour pour deux en basse saison. Il prend en compte les pourboires.
Mini budget avec hébergement en camping ou auberge de jeunesse, repas sur le pouce ou dans des restaurants simples et transport en bus : env. **90 €**.
Petit budget avec nuitées dans un hôtel confortable, au moins un repas complet dans un restaurant et déplacements en bus ou en train : env. **150 €**.
Budget moyen avec hébergement dans un hôtel confortable, petit-déjeuner et deux repas dans un restaurant courant, déplacements en voiture de location : env. **200 €**.
Petite folie avec hébergement dans un hôtel chic ou une belle chambre d'hôte, dîner dans un restaurant gastronomique, déplacements en voiture de location : env. **300 €**.

Services ou articles	**Prix moyen*** (taxes incluses, pourboires non inclus)
Un lit en auberge de jeunesse (dortoir)	35/55 $
Une chambre double dans un hôtel de grande chaîne	200/300 $
Une chambre double dans un B & B	100/200 $
Une chambre double dans un hôtel de luxe (Fairmont, lodges, etc.)	à partir de 400 $
Un repas simple dans un restaurant (boissons comprises)	10/30 $
Un repas dans un bon restaurant (boissons comprises)	45/75 $
Bouteille d'eau minérale (1,5 l.)	2/3 $
Café (expresso)	4/5 $
Pinte de bière	5/8 $
Une location de voiture pour une semaine (catégorie A - kilométrage illimité)	600/900 $
Une location de camping-car pour une semaine (2 pers. - 200 km/j. en forfait)	1800 $
1 litre d'essence	1,5/2 $ selon la province
Frais d'entrée dans un parc naturel (une journée, par adulte)	11 $
Pass annuel valable dans 80 sites nationaux (par adulte)	75,25 $
Une nuit dans un camping	25/70 $
Une nuit de camping sauvage dans un parc national	15/21 $
Une entrée dans un musée ou un site culturel (par adulte)	10/22 $
Excursion « nature » guidée	100 $
Vol en hydravion (30mn par adulte)	150/250 $
Trajet aéroport/centre-ville en taxi	30/50 $
Ticket de bus/métro en centre-ville (adulte)	3/3,50 $

*Moyenne ne prenant pas en compte les localités non touristiques, nettement moins chères.

de prendre les repas sur place et de profiter d'activités de loisir telles que des randonnées à cheval. L'hébergement se fait en dortoir, en chambre, en camping ou en chalet.

Dude Ranchers'Assn – duderanch.org.

BC Guest Ranchers'Assn – bcguestranches.com.

Camps de chasse et de pêche et lodges

Les camps sont accessibles à pied, en hydravion ou en bateau privé. Pour séjourner dans un lodge, établissement hôtelier de style rustique situé en pleine nature, le plus souvent dans les parcs nationaux (voir le site de chaque parc), il faut s'y prendre longtemps à l'avance.

Auberges de jeunesse

On en compte une quarantaine à travers le pays. Elles donnent accès à un hébergement convivial et bon marché, en dortoirs ou chambres individuelles, équipé de douches, de machines à laver et d'une cuisine en libre accès.

hihostels.ca.

Outre les auberges affiliées, on trouve de nombreux *hostels* privés, notamment dans les grandes villes.

Campus universitaires

Pendant les vacances d'été, de nombreuses universités louent des **dortoirs** (linge fourni, salles de bains communes) pour une somme modique. Contactez l'établissement ou l'office de tourisme local !

Campings

Généralement ouverts de mi-mai à début septembre et installés dans les parcs provinciaux ou nationaux, les campings présentent des équipements variés : douches, toilettes et branchements pour camping-car, simple emplacement pour sa tente ou bungalow rustique. D'attrayantes oTENTik, structures à mi-chemin entre la tente et la cabine, peuvent désormais être réservées dans une trentaine de parcs.

parcs.canada.ca/voyage-travel/hebergement-accommodation.

Le **camping sauvage** est autorisé sur une grande partie des *Crown Lands*, les terres appartenant à la Couronne. Le guide *Backroad Mapbook* recense ces zones province par province.

backroadmapbooks.com.

Sur place de A à Z

Activités de plein air

Le Canada est un véritable lieu de prédilection pour la pratique des activités sportives et de loisirs de plein air. Cependant, avant de vous lancer, estimez vos capacités, équipez-vous correctement et informez-vous sur les mesures de sécurité et la météo. N'hésitez pas à faire appel à un professionnel en vous adressant aux voyagistes *(voir p. 563)*, aux prestataires privés, aux offices de tourisme et aux parcs nationaux et provinciaux.

Canoë, kayak, rafting

La multitude de lacs, rivières et côtes océanes a favorisé le développement du canoë, du kayak et du rafting. Les fleuves et rivières des parcs de l'Ontario et de la Colombie-Britannique représentent des destinations de choix.

Équitation

Les parcs des Rocheuses et les Prairies (Riding Moutain, Cypress Hills, Cowboy Trail...) se prêtent bien aux randonnées à cheval de plusieurs jours tout comme les Cariboo où de nombreux ranchs organisent des séjours équestres.
« Hébergement », p. 568.

Motoneige

Un vaste réseau de pistes balisées donne accès à des zones plus ou moins isolées, offrant, pour ceux qui le souhaitent, une découverte du territoire en itinérant. Très prisée des Canadiens, cette activité bénéficie d'une bonne infrastructure.

Patin à glace

Chaque commune possède sa patinoire mais, l'hiver, les patineurs évoluent surtout sur les lacs ou les rivières gelés aménagés à cet effet, comme le canal Rideau, à Ottawa.

Pêche et chasse

Le Canada est une destination idéale pour la pêche et la chasse. Nombre de structures organisent des séjours thématiques.
www.canada-outfitters.com.

Randonnées

Les parcs, comme ceux très fréquentés de l'Alberta et de la Colombie-Britannique, comptent de nombreux sentiers balisés très bien entretenus, et fournissent des conseils pour organiser son périple.
gemtrek.com – Cartes topographiques.
alltrails.com – Sentiers tous niveaux.

Ski et snowboard

Les conditions climatiques et le relief sont favorables à la pratique du ski alpin, du ski nordique (cross-country) et du snowboard au Canada, en particulier dans les montagnes de l'Alberta et de la Colombie-Britannique.
skicanada.org – Stations, locations de matériel et conditions d'enneigement.

Traîneau à chiens

S'il est possible dans certains parcs, comme Banff ou Rinding Mountain, de s'élancer en traîneau à chiens, le Yukon, les Territoires du Nord-Ouest et particulièrement le Nunavut ont développé cette activité pour le tourisme.

Vélo et VTT

Des circuits cyclotouristiques et VTT sont proposés, notamment dans les parcs naturels. Les grandes villes comptent également de plus en plus de pistes cyclables et la pratique du vélo y est encouragée.

GUIDE
MICHELIN
VOYAGE & CULTURES
Provence
Bouches-du-Rhône | Vaucluse
Corée du Sud
ÎLES CANARIES
*Disponibles en version numérique
POUR CHAQUE
DESTINATION
IL Y A
UN
GUIDE
MICHELIN
VOYAGE & CULTURES
MICHELIN
© Unsplash - Silas Baisch

Alcool

L'âge limite pour acheter et consommer de l'alcool varie en fonction des provinces. Le taux d'alcool maximal légal est fixé à 0,08 g/l.

« Grand angle » dans la partie « Découvrir le Canada ».

Ambassades et consulats

France – 42 Sussex Dr. - Ottawa - 613 789 1795 - ca.ambafrance.org. Consulats généraux à Montréal, Toronto et Vancouver.

Belgique – 360 r. Albert - suite 820 - Ottawa - 613 236 7267 - canada.diplomatie.belgium.be. Consulat général à Montréal.

Suisse – 5 Marlborough Ave. - Ottawa - 613 235 1837 - www.eda.admin.ch/ottawa. Consulats généraux Montréal et Vancouver.

Banque

Monnaie

L'unité monétaire est le dollar canadien ($ CA, noté « $ »dans le guide) qui se divise en 100 cents. Il existe des billets (en polymère et très colorés) de 5 $, 10 $, 20 $, 50 $ et 100 $ et des pièces de 1 cent, 5 cents, 10 cents, 25 cents, 1 $ et 2 $. 1 $ = env. 0,66 € (novembre 2024).

Change

Les aéroports disposent souvent de guichets de change aux plages horaires assez étendues. La plupart acceptent les cartes de crédit.

Cartes bancaires

Les cartes bancaires sont acceptées un peu partout. Elles permettent aussi de retirer des dollars 24h/24 dans les guichets automatiques des banques, situés dans les zones à forte fréquentation.

Les loueurs de véhicule et la plupart des hôtels de chaîne exigent une carte de crédit comme garantie de paiement.

Horaires

Les banques sont généralement ouvertes en semaine de 9h30 à 16h (18h le vendredi) ; certaines le samedi matin.

Cannabis

La consommation à des fins récréative est autorisée depuis 2018 pour les personnes de plus de 18 ans. La production, la vente, les limites et modalités de consommation varient selon les provinces.

canada.ca.

Électricité

Le courant alternatif est de 110 V et 60 Hz. Les appareils européens nécessitent des adaptateurs universels à fiches à broches plates, disponibles dans les magasins spécialisés dans l'électronique ou le voyage, et dans les aéroports.

Jours fériés

Les jours ci-dessous sont fériés dans tout le Canada.

1er janvier – New Year's Day

Vendredi saint – Good Friday

Lundi de Pâques – Easter Monday

Lundi précédant le 25 mai – Victoria Day (Fête de la Reine)

1er juillet – Canada Day (Fête du Canada)

1er lundi de septembre – Labour Day (Fête du Travail)

2e lundi d'octobre – Thanksgiving (Fête de l'Action de grâces)

11 novembre – Remembrance Day (Journée du Souvenir)

25 décembre – Christmas Day

26 décembre – Boxing Day

Il existe aussi des jours fériés provinciaux ou territoriaux.

« Grand angle » dans la partie « Découvrir le Canada ».

Musées, sites, monuments

1004 lieux historiques nationaux ont été créés afin de sauvegarder le patrimoine et la mémoire du pays ; 171 sont gérés par Parcs Canada.

En 2024, 22 sites figurent sur la **liste du patrimoine mondial de l'Unesco**, tandis que 47 sont présents sur la **liste indicative du patrimoine mondial de l'Unesco**.

« Parcs nationaux », ci-dessous, et parcs.canada.ca.

Période d'ouverture

Dans les moyennes et grandes villes, les sites touristiques sont généralement ouverts toute l'année. Ailleurs, beaucoup ferment entre le deuxième week-end d'octobre et avril.

Parcs nationaux

Les parcs nationaux, les réserves et les aires marines nationales de conservation, tout comme les lieux historiques nationaux *(voir ci-dessus)*, ont pour but de préserver des sites exceptionnels tout en les rendant accessibles au public. Leur accès est payant ; gratuit pour les moins de 18 ans.

parcs.canada.ca.

Pass

Si vous comptez passer plusieurs jours dans un parc ou visiter plusieurs sites, il existe des **laissez-passer** annuels (prix en fonction du lieu) et une **carte d'entrée Découverte** annuelle donnant accès à 80 sites nationaux *(75,25 $/pers. ; 151,25 $/7 pers. maxi pour un véhicule)*. Le coût d'un pass annuel est généralement amorti en sept jours.

Où se procurer un pass – Il s'achète (en espèces ou par carte de crédit) au guichet des parcs ou en ligne.

Comment installer le pass – Pour les parcs, suspendez-le au rétroviseur de votre véhicule, avec la date de validité visible de l'extérieur, ou disposez-le sur le tableau de bord, côté conducteur. Pour les sites historiques nationaux, présentez-le au bureau d'accueil.

Centres d'accueil

Ils fournissent gratuitement cartes et brochures et conseillent sur les formules d'hébergement, les activités de plein air et les programmes d'interprétation.

Photographie

Par simple courtoisie, ne prenez jamais de photos de *pow wow* ou autre manifestation rituelle autochtone sans en avoir demandé la permission aux participants.

Poste

Implantés dans les centres commerciaux, les parapharmacies et les supérettes, les bureaux de poste possèdent des horaires très flexibles, soir et week-end compris.

www.canadapost-postescanada.ca.

Pourboires

Les pourboires, au même titre que les taxes, ne sont pas inclus dans les prix affichés. Ils font partie de la rémunération des employés et à ce titre, deviennent incontournables si vous êtes satisfait du service. Au restaurant, le pourboire représente 15 à 20 % de l'addition, avant les taxes. Si vous payez par carte bancaire, vous pouvez ajouter le pourcentage ou le montant souhaité au moment du paiement. Au bar, vous pouvez laisser 1 $ par verre. Lors d'une excursion guidée, il est d'usage de laisser un pourboire de 5 $ par accompagnateur.

Restauration

Vous trouverez tous les types de restaurants et toutes les sortes de cuisine possibles, allant de l'en-cas bon marché au repas gastronomique coûteux.

Notre sélection

Retrouvez « Nos adresses » dans la partie « Découvrir le Canada ». Nous avons classé les établissements par catégories de prix *(voir tableau p. 569)*.

Shopping

Les **commerces** sont généralement ouverts en semaine de 9h ou 10h à 18h (jusqu'à 21h parfois les jeudi et vendredi), et le samedi de 9h à 17h. Dans la plupart des villes, les magasins sont ouverts le dimanche après-midi. Les petites boutiques des stations essence ouvrent plus longtemps.

Souvenirs

Retrouvez « Nos adresses » dans la partie « Découvrir le Canada ».

Art et artisanat

Les boutiques des musées représentent des sources d'approvisionnement de qualité. Vous pouvez aussi vous rendre sur les marchés ou encore directement dans les ateliers de fabrication. Certains objets, comme les sculptures sur pierre inuites, sont certifiés authentiques à l'aide d'une vignette émise par le gouvernement canadien.

Spécialités culinaires

« Saveurs locales », p. 526.

Autres souvenirs

Le dernier cri de l'**équipement de western** (stetsons, vestes frangées, bandanas colorés, ceinturons, etc.) se trouve notamment dans les magasins de Calgary.

Taxes

Les prix affichés n'incluent pas la **taxe à la vente** *(sales tax)* qui est calculée au moment du paiement en caisse. Elle se compose d'une **taxe nationale** de 5 % sur les produits et les services (TPS en français ou GST - Goods and Service Tax - en anglais) à laquelle s'ajoute, dans la majorité des provinces, une **taxe de vente provinciale** (TVP). L'alcool est soumis à d'autres taxes, identiques dans tout le pays, et celles concernant l'hébergement varient selon les villes.

« Grand angle » dans la partie « Découvrir le Canada ».

Téléphone

Appels internationaux

Pour **appeler l'Europe**, composez le 011 + l'indicatif du pays (Belgique : **32** ; France : **33** ; Suisse : **41**) + le n° du correspondant sans le 0 initial.

« Téléphoner au Canada », p. 568.

Appels nationaux

Appel interurbain - Composez le 1 + l'indicatif régional (3 chiffres) + le n° du correspondant (7 chiffres).

Appel intra-urbain - Composez l'indicatif régional (3 chiffres) + le n° du correspondant (7 chiffres).

Opérateur - Composez le 0.

Renseignements - Composez le 411 pour un numéro à l'intérieur de la zone d'appel ; 1 + indicatif régional + 555 1212 pour un numéro relevant d'une autre zone.

Numéros gratuits - Sauf indication contraire, les numéros de téléphone précédés de l'indicatif **800**, **866**, **877** et **888** sont gratuits à l'intérieur du Canada, mais ne sont pas toujours opérationnels hors du continent nord-américain.

Téléphone portable français - Certains opérateurs proposent des options mensuelles USA/Canada à des tarifs peu élevés sinon désactivez l'option « données à l'étranger » ainsi que la 4G ou la 5G. Utilisez le wifi sur place pour l'Internet mobile, sinon votre facture risque d'exploser !

Transports intérieurs

Avion

L'avion s'avère pratique pour couvrir les longues distances.

Air Canada – ✆ 1 888 247 2262 - www.aircanada.com.

Air Transat – ✆ 1 855 333 1101 - www.airtransat.com.

WestJet – ✆ 1 888 937 8538 - www.westjet.com.

Porter Airlines – ✆ 1 888 619 8622 - www.flyporter.com.

Flair Airlines – ✆ 1 833 711 2333 - flyflair.com.

Pacific Coastal Airlines – ✆ 1 800 663 2872 - pacificcoastal.com.

Air North – ✆ 1 800 661 0407 - flyairnorth.com. Desserte du Yukon.

Les aéroports canadiens sont le plus souvent désignés par leur code IATA à trois lettres débutant par un Y.

Train

Le réseau ferroviaire à l'ouest du pays se limite aux dessertes autour de Toronto et à la (longue) ligne Toronto-Winnipeg-Saskatoon-Edmonton-Jasper (connexion pour Prince Rupert)-Vancouver, gérée par **Via Rail**. Les distances étant longues et les trains fort lents, les trajets peuvent durer plusieurs jours. Une autre manière de voyager... d'autant que les trains sont confortablement équipés de couchettes, restaurant, etc.

Via Rail – ✆ 1 888 842 7245 - www.viarail.ca.

Trains touristiques – Ils empruntent des itinéraires traversant des paysages spectaculaires. Par exemple, le **Polar Bear Express** *(ontarionorthland.ca/fr/voyager/train-passagers-polar-bear-express)* dévoile les magnifiques paysages du nord de l'Ontario. Le **Rocky Mountaineer** *(rockymountaineer.com)*, et sa version grand luxe, le **Royal Canadian Pacific** *(royalcanadianpacific.com)*, parcourent les paysages enchanteurs des Rocheuses canadiennes.

Autocar

Le Canada bénéficie d'un important réseau d'autocars. Ne vous attendez néanmoins pas à la densité et à la régularité de dessertes de l'Europe. Le marché se partage entre de nombreuses compagnies dont : **Rider Express** *(riderexpress.ca)* dans le Manitoba, Saskatchewan, Alberta et Colombie-Britannique, **Red Arrow** *(redarrow.ca)* en Alberta, **Ebus** (myebus.ca) en Alberta et Colombie-Britannique, **Megabus** *(ca.megabus.com)*, **Book A Ride** *(bookaride.ca)* et **Greyhound Canada** *(www.greyhound.com)* en Ontario ou encore **Flixbus/Greyhound** *(flixbus.ca)* dans plusieurs provinces. D'autres compagnies prennent le relais à l'échelle locale.

Bateau

Des **traversiers** (ou ferries) relient nombre de territoires canadiens. Pour tout renseignement, adressez-vous aux offices de tourisme régionaux.

www.bcferries.com et www.ferries.ca.

Urgences

Pompiers, police, urgences médicales – ✆ 911.

De nombreuses zones rurales n'ont pas de service téléphonique pour les urgences. Faites alors le « 0 » et l'opérateur vous communiquera le numéro à appeler.

Voiture

Le Canada dispose d'un réseau routier bien entretenu. En hiver, la plupart des autoroutes et des routes principales sont déblayées et ouvertes à la circulation, mais mieux vaut s'enquérir de leur état

avant le départ. Dans le nord et hors des grandes artères, les routes ne sont pas toujours revêtues. Enfin, en s'éloignant des villes, la présence d'animaux sauvages sur la route augmente, surtout la nuit.
www.caa.ca, www.etatdesroutes.com/canada et les pages « Pratique » situées au début de chaque région du guide.

Routes touristiques

La **Transcanadienne**, longue de 7820 km, traverse le pays, de Victoria, (C.-B.) à St. John's (Terre-Neuve-et Labrador) en passant par les dix provinces canadiennes.
« Types de séjour » p. 560.

Législation routière

Limitation de vitesse – Sauf indication contraire, elle est de 100 km/h sur autoroute, 90 km/h sur route secondaire et 50 km/h en ville.

Phares – Ils doivent toujours être allumés, même en plein jour.

Pneus – L'hiver, pneus neige et trousse d'urgence sont obligatoires.

Ceinture de sécurité – Elle est obligatoire pour tous les passagers.

Feux de signalisation – Ils sont généralement de l'autre côté du carrefour, mais il faut marquer l'arrêt avant l'intersection.

Feu rouge – Il est autorisé de tourner à droite au feu rouge, après avoir marqué un arrêt complet, sauf dans certaines villes du Québec.

Cars scolaires – Les clignotants allumés des cars de ramassage scolaire arrêtés signalent l'arrêt total de la circulation dans les deux sens, pour permettre aux enfants de traverser en toute sécurité.

Priorité – La priorité est indiquée pour chaque intersection. Le piéton est toujours prioritaire.

Location de voitures

Les principales sociétés de location sont présentes dans les grands aéroports et dans les gares principales. Des comptoirs sont également présents dans les quartiers d'affaires des grandes villes. Au Canada comme aux États-Unis, les voitures de location sont à **boîtes automatiques**. Les tarifs sont extrêmement variables : comparez toujours les prix entre les différentes compagnies en consultant également leurs sites français ou belges. Et n'oubliez pas

Distances (en km)	Calgary	Dawson City	Edmonton	Montréal	Ottawa	Québec	Toronto	Vancouver	Winnipeg
Calgary		2785	298	3712	3509	3950	3400	974	1329
Dawson City	2785		2527	6262	6059	6500	5950	3587	3877
Edmonton	298	2527		3735	3533	3973	3423	1161	1352
Montréal	3712	6262	3735		200	242	544	4684	2375
Ottawa	3509	6059	3533	200		438	403	4482	2172
Québec	3950	6500	3973	242	438		788	4922	2612
Toronto	3400	5950	3423	544	403	788		4373	2063
Vancouver	974	3587	1161	4684	4482	4922	4373		2299
Winnipeg	1329	3877	1352	2375	2172	2612	2063	2299	

les sites d'intermédiaires comme Sunnycars (sunnycars.fr) qui offrent l'avantage de tarifs « tout compris ».

Budget – www.budget.ca.

Entreprise – www.enterprise.ca.

Hertz – www.hertz.ca.

Avis – www.avis.ca.

Alamo – www.alamo.ca.

National – www.nationalcar.ca.

Certains contrats n'incluent pas les routes non revêtues.

Âge – Il faut être âgé de plus de 21 ans (voire 25 ans) et avoir le permis de conduire depuis plus d'un an.

Assurance – L'assurance collision n'est pas comprise dans le contrat de base ; l'assurance tout risque nécessite un supplément.

Conducteur – Seule la personne ayant signé le contrat est autorisée à conduire. Un supplément est nécessaire pour les autres conducteurs.

Paiement – Le règlement de la location et de la caution se fait uniquement par carte de crédit.

Essence – Faites le plein juste avant de rendre la voiture pour éviter les déconvenues à la facturation.

Frais d'abandon (ou aller simple) – Rendre sa voiture ailleurs qu'au point de départ est tentant au Canada, tant les distances sont importantes. Attention cependant, les frais inhérents à cette option vont de 100 à 500 $ selon les compagnies et les provinces. Comparez les offres !

Location de camping-car

Les voyages en camping-car étant très prisés, il est conseillé de réserver le véhicule parfois plusieurs mois à l'avance ou de se renseigner auprès des voyagistes *(voir p. 563)*.

cruiseamerica.com ; canadream.com.

Carburant

Petro-Canada propose cinq qualités d'essence, à savoir : de l'ordinaire (indice octane 87) ; de l'intermédiaire (indice octane 89) ; et du super (indice octane 91 ou 94). Vérifiez bien l'indice recommandé pour votre voiture afin d'éviter toute conséquence dramatique pour le moteur.

Très utile, l'application pour mobile **Petro-canada** permet d'identifier les stations d'essence proches de vous et leurs prestations.

Accidents

Les postes de secours sont bien indiqués sur les grandes routes. En cas d'accident, alertez la police locale et ne quittez pas les lieux avant d'y être autorisé par les agents chargés de l'enquête (toujours se munir des papiers du véhicule et du contrat de location).

Covoiturage

Une option à envisager si l'offre de transport ne vous satisfait pas.

amigoexpress.com ; ridesharing.com/en-ca.

Agenda

Retrouvez toutes les manifestations dans « Carnet pratique » de la partie « Découvrir le Canada ».

Février

Montréal (Q.) – Festival Montréal en lumière : l'un des plus grands festivals d'hiver au monde.
Ottawa (O.) – Winterlude : bal de neige.
Whitehorse (Yuk.) – Yukon Sourdough Rendez-vous. Grande fête avec les talents du Yukon.
Winnipeg (Man.) – Festival du voyageur.
Yukon – Quest International Sled Dog Race.

Mars

Moose Jaw (Sask.) – Music Festival : orchestre et chorale.
Ottawa (O.) – Festival canadien des tulipes.

Avril-juin

Coupe Stanley – Phase finale du championnat de hockey sur glace.

Avril-novembre

Niagara-on-the-Lake (O.) – Shaw Festival : théâtre contemporain.

Mai-novembre

Stratford (O.) – Festival de théâtre.

Juin

Aboriginal Day – Journée nationale des Autochtones (21 juin).
Manitoulin Island (O.) – Pow Wow.

Juillet-août

Nanaimo (B.-C.) – Great World Championship Bathtub Race and Nanaimo Marine Festival.
Winnipeg (Man.) – Folk Festival.
Yellowknife (T. N.-O.) – Folk on the Rocks.
Toronto (O.) – Caribbean Carnival.
Calgary (Alb.) – Calgary Stampede : rodéo.
Gimli (Man.) – Festival islandais.
Dawson City (Yuk.) – Discovery Day.

Août

Edmonton (Alb.) – Fringe Theatre Adventures.
Saskatoon (Sask.) – Folkfest : festival multiculturel.
Winnipeg (Man.) – Folklorama.
Yellowknife (T. N.-O.) – Old Town Ramble & Ride Festival.

Août-septembre

Toronto (O.) – Canadian National Exhibition : grande foire de Toronto.

Septembre

St. Catharines (O.) – Niagara Wine Festival : fête du vin.
Toronto (O.) – Toronto International Film Festival.

Septembre-octobre

Vancouver (C.-B.) – International Film Festival.

Octobre

Kitchener-Waterloo (O.) – Oktoberfest, le plus grand festival bavarois d'Amérique du Nord.

Octobre-novembre

Edmonton (Alb.) – Canadian Finals Rodeo.
Toronto (O.) – Royal Agricultural Winter Fair : foire agricole.

Novembre-janvier

Niagara Falls (O.) – Winter Festival of Lights : spectacle laser.

Livres et films

Romans

« *Littérature* » p. 551.

ATWOOD Margaret, **La Servante écarlate**, 1987. Récit de science-fiction dystopique et manifeste féministe.

BOYDEN Joseph, **Le Chemin des âmes**, 2005. Retour d'un jeune Autochtone cree dans le nord de l'Ontario à la fin de son engagement dans la Première Guerre mondiale.

BOYDEN Joseph, **Les Saisons de la solitude**, 2009. Deux Autochtones anishabes, deux destins, un peuple.

BOYDEN Joseph, **Dans le grand cercle du monde**, 2014. Confrontation entre un jeune jésuite français, un chef de guerre huron et une captive iroquoise.

CHRISTIE Michael, **Lorsque le dernier arbre**, 2021. Saga familiale des années 1930 jusqu'à un inquiétant futur proche.

DAVIES Robertson, **Fantômes et Cie**, 1991. Deux siècles de l'histoire du Canada à travers les aïeux du héros, devenu fantôme.

DAVIES Robertson, **Les anges rebelles**, 1981. Satire de la vie universitaire canadienne qui s'inscrit dans la trilogie Cornish avec *Un homme remarquable* et *La Lyre d'Orphée*.

DICKNER Nicolas, **Nikolski**, 2005. Trois jeunes gens dans leur nouvelle vie à Montréal.

FINDLEY Timothy, **Le Dernier des fous**, 1967. Huis clos familial dans la campagne canadienne.

FORD Richard, **Canada**, 2012. Réfugié dans un rude village du Saskatchewan, le jeune Dell Parsons tente de construire sa vie.

FRISON-ROCHE Roger, **Nahanni**, 1969. Expédition le long de la rivière Nahanni, dans les Territoires du Nord-Ouest.

FROMM Pete, **Le Lac de nulle part**, 2022. Expédition sur les lacs canadiens sous forme de thriller.

GALLANT Mavis, **Laisse couler**, (nouvelles), 2008. Histoires de Canadiens.

GRÉGOIRE Isabelle, **Fille de fer**, 2022. Enjeux féministes, environnementaux et sociétaux dans le Grand Nord.

HAIG-BROWN Roderick, **Le Printemps d'un pêcheur**, 1951. Déambulations dans les grands espaces de l'Ouest sauvage.

HUSTON Nancy, **Cantiques des plaines**, 1993. Saga familiale dans les plaines de l'Alberta aux 19e et 20e s.

JEAN Michel, **Kukum**, 2019. Une Québécoise adopte le mode de vie des Innus.

JEAN Michel, **Maikan**, 2021. Les terribles conditions de vie des jeunes Innus, placés d'office dans un pensionnat pour Autochtones.

LAFERRIÈRE Dany, **Chronique de la dérive douce**, 2012. La découverte de Montréal à 23 ans.

LONDON Jack, **L'Appel de la forêt**, 1903. Retour à la vie sauvage d'un chien domestique sur fond de ruée vers l'or.

MUNRO Alice, **De côté de Castle Rock**, 2010. Saga d'une famille écossaise en exil au Canada, de 1818 à nos jours.

OWL Grey, **La dernière frontière**, 1931. Vie quotidienne dans le Grand Nord canadien, sauvage.

POULIN Jacques, **Le Vieux Chagrin**, 1989. Un romancier solitaire trouve sa muse et retrouve son inspiration dans la quête d'une mystérieuse plaisancière.

RICHLER Mordecai, **Le Cavalier de Saint-Urbain**, 1971. Un réalisateur montréalais, accusé d'agression

sexuelle, passe au crible sa vie pendant les années 1960.
RICHLER Mordecai, **Solomon Gursky**, 1989. Un de ses descendants tente de retracer la vraie vie de Solomon Gursky.
TREMBLAY Michel, **La Traversée du continent**, 2007. De Ste-Maria-de-Saskatchewan à Montréal, la traversée du Canada à travers les yeux d'une enfant.
WAGAMESE Richard, **Jeu Blanc**, 2012. Récit initiatique d'un jeune Ojibwé placé dans un pensionnat pour Autochtones.

Polars et romans noirs

MICHAUD Andrée A., **Bondrée**, 2014. Thriller autour de mystérieuses disparitions en forêt.
PENNY Louise, **Nature Morte**, 2011. Premier tome des enquêtes d'Armand Gamache.
St JOHN MANDEL Emily Pete, **L'Hôtel de Verre**, 2020. « Et si vous avaliez du verre brisé »... comme point de départ de ce roman puzzle entre l'île de Vancouver et Toronto.
THORNLEY Scott, **Jusqu'à la moëlle**, 2022. Enquête sur les bords du lac Ontario.

Films

« Théâtre, médias et cinéma », p. 556.
ANNAKIN Ken, **L'Appel de la forêt**, 1972. D'après le roman de Jack London (voir Sanders, ci-après)
ARCAND Denis, **Le Déclin de l'empire américain**, 1986. Chronique sociétale dans le milieu universitaire à travers quatre couples.
ARCAND Denis, **Les Invasions barbares**, 2003. Les personnages du *Déclin de l'empire américain*, 17 ans plus tard.
CANUEL Érik, **Bon Cop, Bad Cop**, 2006. La difficile collaboration entre deux policiers, l'un québécois et l'autre ontarien, pour tenter de résoudre un meurtre.
CHAPLIN Charlie, **La Ruée vers l'or**, 1925. Classique du cinéma muet illustrant la ruée vers l'or dans le Klondike.
DOLAN Xavier, **Mommy**, 2014. La relation conflictuelle entre un adolescent turbulent et sa mère.
EGOYAN Atom, **De beaux lendemains**, 1997. Les déchirements d'une communauté villageoise après un tragique accident de bus scolaire.
FALARDEAU Philippe, **Monsieur Lazhar**, 2011. À Montréal, un immigré algérien est embauché au pied levé pour remplacer une enseignante de primaire qui vient de se pendre.
GONZÁLEZ IÑÁRRITU Alejandro, **Le Revenant**, 2015. L'aventure tragique d'un groupe de trappeurs dans le Dakota du Nord tournée au Canada.
GROSS Paul, **Men with Brooms**, 2002. L'épopée d'une équipe canadienne de curling pour accéder au championnat.
JOHNSON Amy Jo, **The Space Between**, 2017. Un homme découvre que son fils n'est pas le sien et part en quête de réponses.
KUNUK Zacharias, **Atanarjuat**, 2001. Première fiction inuite.
LEE Ang, **Le Secret de Brokeback Mountain**, 2005. Le Canada prête son cadre à un amour secret entre deux jeunes cow-boys du Wyoming.
MCGOWAN Michael, **Sept jours**, 2008. Condamné par la maladie, un jeune professeur entreprend un *road trip* entre Toronto et Tofino.
POULIOT Jean-François, **La Grande Séduction**, 2003. Comment faire venir un médecin à Ste-Marie-la-Mauderne, en rendant plus attrayant ce petit village portuaire. Une comédie québécoise à succès.
SANDERS Chris, **L'Appel de la forêt**, 2020. Une nouvelle adaptation

du roman de Jack London, avec Harrison Ford.

SCOTT Ken, **Starbuck**, 2011. Comédie québécoise sur un adulte qui découvre, ayant été donneur de sperme, qu'il est le géniteur de 533 enfants !

VALLÉE Jean-Marc, **C.R.A.Z.Y.**, 2005. L'histoire d'un adolescent au milieu d'une famille de 5 garçons.

VANIER Nicolas, **Le Dernier Trappeur**, 2004. Film documentaire présentant une année de la vie d'un trappeur dans les Rocheuses du Yukon.

VILLENEUVE Denis, **Polytechnique**, 2009. Le drame survenu à l'école Polytechnique de Montréal, d'après le récit de deux étudiants.

WRIGHT Edgar, **Scott Pilgrim contre le monde**, 2010. Un film culte, sorte de *Street Fighter* comique à travers des lieux emblématiques de Toronto.

Séries

DRUCKMAN Neil et MAZIN Craig, **The Last of Us**, 2023. La série post-apocalyptique bénéficie des formidables paysages de l'Alberta.

PODEMSKI Jennifer et MOSKOVITCH Hannah, **Little Bird**, 2023. La quête identitaire d'une enfant autochtone du Saskatchewan enlevée à sa famille lors des rafles des années 1960.

SHOSTAK Murray, **Heartland**, depuis 2007. Déjà 17 saisons pour cette saga familiale habitant un ranch dans les Rocheuses canadiennes.

PAYTON/BLACKIE, **Frontier**, 2016-2018. Au 18e s., combat d'un hors-la-loi contre une puissante compagnie de commerce de fourrures au bord de la baie d'Hudson.

REITMAN Catherine, **Workin' Moms**, 2017-2023. Parcourez les différents quartiers de Toronto dans le sillage de femmes qui reprennent leurs vies professionnelles après un congé maternité.

Les nostalgiques pourront revoir les séries « cultes » des années 1980 que sont **21 Jump Street** et **Degrassi** (Les années collège), qui se déroulent respectivement à Vancouver et Toronto.

Notes

Nous indiquons entre parenthèses les **provinces ou territoires** auxquels chaque lieu appartient ; ils sont abrégés de la façon suivante : Alberta (Alb.), Colombie-Britannique (C.-B.), Nunavut (N.), Ontario (O.), Québec (Q.), Saskatchewan (Sask.), Territoires du Nord-Ouest (T. N.-O.), Yukon (Yuk.).
Autres abréviations : National Park (NP), Provincial Park (PP), National Historic Site (NHS).

A

Accords du lac Meech 540
Acte d'union 534
Activités 572
Adresses utiles 566
African Lion Safari (O.) 356
Agawa Canyon (O.) 417
Agriculture 513
Alaska 480
Alberta 206
Alcool 574
Alert Bay (C.-B.) 103
Algonquin PP (O.) 409
Algonquins (Nation autochtone) 300
Ambassades et consulats 566, 574
Amethyst Mine Panorama (O.) 422
Amundsen, Roald 536
Appalaches 521
Architecture 550
Art actuel 549
Art des Premières Nations 543
Art inuit 545
Arts premiers 543
Assiniboine Park and Zoo (Man.) 284
Assurance 568
Athabasca Falls (C.-B.) 167
Athabasca, glacier (C.-B.) 166
Atlas Coal Mine (Alb.) 241
Atlin (C.-B.) 460
Atlin PP (C.-B.) 460
Audy, lac (Man.) 276
Aurores boréales 292, 465, 521
Austin (Man.) 287
Auyuittuq NP (N.) 504
Avatar Grove (C.-B.) 94
Avion 563

B

Badlands (Alb.) 239
Baffin, région (N.) 502
Baie Georgienne (O.) 402
Baleines (observation) 98, 525
Bamfield (C.-B.) 96
Banff (Alb.) 179
Banff NP (C.-B., Alb.) 179
Banff Park Museum NHS (C.-B.) 180
Banque 574
Barclay Sound (C.-B.) 96
Barker, Billy 142
Barkerville Historic Town (C.-B.) 143
Bar U Ranch (Alb.) 224
Basses terres de l'Hudson 521
Basses terres des Grands Lacs 520
Bathurst Inlet (N.) 505
Batoche (Sask.) 262
Battlefield Monument (O.) 380
Battleford (Sask.) 262
Bayfield (O.) 360
BC Forest Discovery Centre (C.-B.) 91
Bear Creek (Yuk.) 479
Beausoleil Island (O.) 408
Bethune Memorial House (O.) 408
Bibliographie 581
Black Diamond (Alb.) 222
Blackfoot (Nation autochtone) 201
Bleriot Cable Ferry (Alb.) 242
The Blue Mountains (O.) 405
Bonanza Creek (Yuk.) 478
Bondar, Roberta 418
Botanical Beach (C.-B.) 94
Bouclier canadien 520
Bow Falls (Alb.) 180
Bow, lac (Alb.) 164
Bow, vallée (C.-B.) 183
Bow Valley Parkway (C.-B.) 183
Bragg Creek (Alb.) 222
Brantford (O.) 357

Brant, Joseph....301, 357
Britannia Mine Museum (C.-B.)....66
Bruce Peninsula NP (O.)....403
Buckley Bay (C.-B.)....100
Buffalo Nations
Luxton Museum (Alb.)....180
Buffalo Paddock (Alb.)....202
Burgess Shale (C.-B.)....192
Burlington (O.)....356
Butchart Gardens (C.-B.)....83

C

Cabane de Grey Owl (Sask.)....256
Cabot, Jean....530
Calder, Frank....117
Calgary (Alb.)....213
Bridgeland-Riverside....219
Calgary Tower....216
Calgary Zoo....219
Central Library....217
Chinatown....216
Devonian Gardens....214
Downtown....214
East Village....217
Eau Claire....217
Fort Calgary....218
Glenbow Museum....215
Heritage Park Historical Village....220
Kensington....217
Rouleauville....219
Scotiabank Saddledome....218
Stampede Park....218
Stephen Avenue Walk....215
Studio Bell....217
Telus Spark Science Centre....219
Victoria Park....218
Cambridge Bay (N.)....505
Cambridge (O.)....356
Cameron Lake (Alb.)....202
Campbell River (C.-B.)....100
Canada-Uni....534
Canadian Energy Museum:
Home of Ledux #1 (Alb.)....252
Canadian Warplane
Heritage Museum (O.)....356
Canadien Pacifique (train)....216
Canal Welland (O.)....350
Canmore (Alb.)....183
Capilano Canyon (C.-B.)....63
Capilano River Regional
Park (C.-B.)....64
Cap Merry (Man.)....294
Cardston (Alb.)....232
Cariboo (C.-B.)....140
Carmacks (Yuk.)....470
Carr, Emily....44, 80, 82, 113, 334
Cartier,
George-Étienne....302, 432, 535
Cartier, Jacques....530
Cascades of Time Gardens (Alb.)....180
Castle Junction (C.-B.)....195
Cathedral Grove (C.-B.)....96
Cathedral PP
and Protected Area (B.-C.)....148
Cave and Basin NHS (Alb.)....180
Champlain, Samuel de....301, 532
Charlotte, reine d'Angleterre....125
Chemainus (C.-B.)....99
Chicken (Yuk.)....480
Chickite, Max....100
Churchill (Man.)....6, 292
Cinéma....556
Climat....519, 566
Cochrane (Alb.)....225
Col Chilkoot (Yuk.)....470
Comox (C.-B.)....100
Compagnie de la baie
d'Hudson....37, 118, 208, 533
Compagnie
du Nord-Ouest....37, 118, 208, 533
Confédération....302, 534
Cook, James....37
Coombs (C.-B.)....95
Cordillère canadienne....521
Cormorant, île de (C.-B.)....102
Cottonwood House
Historic Site (C.-B.)....143
Courtenay (C.-B.)....100
Cowboy Trail (Alb.)....210, 222, 225
Cranmer, Doug....61, 103
Cree (Nation autochtone)....207
Crowfoot, glacier (Alb.)....164
Crypt Lake (Alb.)....202
Custer, George....238
Cypress Hills (Alb., Sask.)....235
Cypress PP (C.-B.)....63

D

Daajing Giids (Queen Charlotte City) (C.-B.) 125
Danse 555
Davidson, Reg 127
Davidson, Robert 127
Dawson City (Yuk.) 7, 473
Dawson, George Mercer 125, 488
Décalage horaire 568
Delta du Mackenzie (T. N.-O.) 491
Dénés 487
Detah (T. N.-O.) 500
Diana Lake PP (C.-B.) 111
Dinosaur PP (Alb.) 7, 243
Dinosaur Trail (Alb.) 241
Discovery Claim (Yuk.) 478
Domaines vinicoles (C.-B.) 147
Douanes 567
Drake, Francis 37
Dredge No. 4 (Yuk.) 478
Dresden (O.) 362
Drumheller (Alb.) 239
Duncan (C.-B.) 91

E

Eagle Canyon Suspension Bridge (O.) 422
Eagle Pass (C.-B.) 153
East Coulee School Museum (Alb.) 240
Eastend (Sask.) 237
Echo Valley PP (Sask.) 269
Économie 511
Edenshaw, Jaalen 126
Edith Cavell, mont (Alb.) 172
Edmonton (Alb.) 245
Électricité 574
Elk Falls PP (C.-B.) 101
Elk Lakes PP (Alb.) 186
Elora (O.) 359
Emerald Lake (C.-B.) 193
Englishman River Falls (C.-B.) 96
Entwistle (Alb.) 225
Erickson, Arthur 60
Érié, lac (O.) 300, 364
Ermatinger/Clergue (O.) 416
Evansburg (Alb.) 225
Explorateurs 530

F

False Creek (C.-B.) 56
Family Compact 308
Fanshawe Pioneer Village (O.) 362
Fathom Five National Marine Park (O.) 403
Faune 523
Field (C.-B.) 191
Films 582
Fisgard Lighthouse NHS (C.-B.) 84
Fish Creek PP (Alb.) 221
Fishing Lakes (Sask.) 269
Five Finger Rapids (Yuk.) 470
Flore 522
Formalités 567
Fort Battleford (Sask.) 262
Fort Calgary (Alb.) 218
Fort Chipewyan (T. N.-O.) 497
Fort Langley NHS (C.-B.) 65
Fort Macleod (Alb.) 230
Fort Malden (O.) 363
Fort Nelson (C.-B.) 461
Fort Rodd Hill (C.-B.) 84
Fort Saint James (C.-B.) 118
Fort Smith (T. N.-O.) 496
Fort Steele Heritage Town (C.-B.) 198
Fort Walsh (Sask.) 237
Fort Wellington (O.) 377
Fort William (O.) 421
Fourrures 514, 532
Franklin, John 487
Fraser Canyon (C.-B.) 135
Fraser, Simon 37
Frobisher, Martin 487

G

Gamadiis (Port Clements) (C.-B.) 127
Garibaldi PP (C.-B.) 67
Gastronomie 526
Gatineau (parc de la) (Q.) 398
Gatineau (Q.) 390
Gendarmerie royale du Canada 236
Gingolx (Kincolith) (C.-B.) 118
Ginseng 138
Gitxsan (Nation autochtone) 112, 114
Glacier NP (C.-B.) 155
Goderich (O.) 359

Golden (C.-B.) 156
Gold River (C.-B.) 101
Graham Island (C.-B.) 123
Grandes plaines intérieures 521
Grands Lacs (O.) 300
Grasslands NP (Alb.) 238
Gravenhurst (O.) 408
Grey Owl 256
Gristmill (C.-B.) 147
Grosbeak Lake (Alb. et T. N.-O.) 496
Gros Cap (O.) 417
Groseilliers, Médard Chouart des 207, 301
Groupe des Onze 371
Groupe des Sept 334, 548
Gulf Islands NP Reserve (C.-B.) 101
Gwaii Haanas NP Reserve (C.-B.) 128

H

Haïda Gwaii (C.-B.) 123
Haïda Heritage Site (C.-B.) 128
Haïda (Nation autochtone) 123, 126
Hamber PP (Alb.) 175
Hamilton (O.) 353
Handicapés 567
Hat Creek Ranch (C.-B.) 140
Head-Smashed-In Buffalo Jump (Alb.) 231
Hearne, Samuel 487
Hébergement 568
Hector Lake (Alb.) 164
Height of the Rockies PP (Alb.) 186
Heiltsuk (Nation autochtone) 108
Hell's Gate (C.-B.) 136
Henday, Anthony 208
Hernandez, Juan Perez 125
Hoodoos (Alb.) 182, 240
Hoodoo Trail (Alb.) 239
Hope (C.-B.) 135
Horse Thief Canyon (Alb.) 242
Horsheshoe Bay (C.-B.) 66
Hudson, Henry 487
Huron, lac (O.) 300, 360
Hurons (Nation autochtone) 301, 308, 407

I

Icefields Parkway (C.-B.) 159
Indépendance 536
Inglis (Man.) 208
Ingraham Trail (T. N.-O.) 500
Inside Passage 107
Inuit (Nation autochtone) 487, 529
Inuvik (T. N.-O.) 492
Iqalugaarjuup Nunanga TP (N.) 505
Iqaluit (N.) 502
Iroquois (Nation autochtone) 300, 301, 308
Irricana (Alb.) 221
Itijjagiaq Trail (N.) 503

J

Jack Miner's Bird Sanctuary (O.) 364
Jasper (Alb.) 170
Jasper NP (Alb.) 170
Johnston Canyon (C.-B.) 183
Jolliet, Louis 301
Jours fériés 574
Juan de Fuca Marine Trail (C.-B.) 84

K

Kakabeka Falls PP (O.) 421
Kalamalka, lac (C.-B.) 150
Kamloops (C.-B.) 137
Kananaskis Country (Alb.) 183, 186, 224
Kane, Paul 416
Kangiqsliniq (N.) 504
Kaslo (C.-B.) 200
Keewatin (N.) 504
Kelowna (C.-B.) 149
Kelsey, Henry 208
Keno City (Yuk.) 471
Kettle Valley Steam Railway (C.-B.) 149
Kicking Horse Mountain Resort (C.-B.) 156
Kimberley (C.-B.) 199
Kingston (O.) 374
Kinsol Trestle (C.-B.) 91
Kispiox (C.-B.) 116
Kitchener-Waterloo (O.) 358
Kitikmeot, région (N.) 505
Kitseguecla (C.-B.) 113

Kitwancool (C.-B.) 113
Kitwanga (C.-B.) 113
Kivalliq, région (N.) 504
Kleinburg (O.) 334
Klondike 246, 476
Klondike Gold Rush (Yuk.) 469
Kluane Lake (Yuk.) 481
Kluane NP and Reserve (Yuk.) 482
Knight, Peter 210
Kootenay, lac (C.-B.) 200
Kootenay, rocheuses (C.-B.) 198
'Ksan (C.-B.) 115
'Ksan Historical Village & Museum (C.-B.) 115

L

Ladysmith (C.-B.) 99
Lake Cowichan (C.-B.) 94
Lake Louise (Alb.) 184
Lake Superior Drive (O.) 417
Lake Superior PP (O.) 417
Lang Pioneer Village (O.) 373
Langues 516
La Salle, René Robert Cavelier de 301
Laurier, Wilfrid 209
La Vérendrye, Pierre Gaultier de Varennes 208
Laxgalts'ap (Greenville) (C.-B.) 117
Leduc (Alb.) 246
Lethbridge (Alb.) 233
Liard River Hot Springs PP (C.-B.) 462
Ligue des cinq nations 301
Littérature 551
Little Qualicum Falls (C.-B.) 96
Loi sur les Indiens 538
London, Jack 476
London (O.) 361
Long Beach (C.-B.) 97
Long Sault Parkway (O.) 380
Longview (Alb.) 224
Louise, lac (Alb.) 184
Lower Fort Garry (Man.) 286

M

Macdonald, John A. 302, 535
Mackenzie, Alexander 37, 487
Mackenzie, William Lyon 308
Malahat Drive (C.-B.) 90
Maligne Canyon (Alb.) 172
Maligne Lake (Alb.) 173
Maligne, vallée (C.-B., Alb.) 172
Manitoba 206
Manning PP (C.-B.) 138
Marble Canyon (C.-B.) 195
Marble, île (N.) 504
Marquette, Jacques 301
Marsh Lake (Yuk.) 463
Martin, Mungo 83
Massacre de Cypress Hills 236
Masset (C.-B.) 127
Mayerthorpe (Alb.) 226
Mayo (Yuk.) 471
McKay, mont (O.) 419
McLaughlin, Robert Samuel 371
Medicine Lake (Alb.) 172
Mennonite Heritage Village (Man.) 287
Michigan, lac (O.) 300
Midland (O.) 407
Midnight Dome (Yuk.) 479
Miette Hot Springs (Alb.) 174
Miles Canyon (Yuk.) 467
Millarville (Alb.) 222
Mille Îles (O.) 376
Minnewanka Loop, lac (Alb.) 182
Mississauga 308
Mistaya Canyon (C.-B.) 164
Mohawk (Nation autochtone) 437
Monashee (C.-B.) 152
Montagnes inuitiennes 522
Montréal (Q.) 8, 428
Avenue McGill College 439
Banque de Montréal 428
Basilique-cathédrale Marie-Reine-du-Monde 438
Basilique Notre-Dame 429
Bateau-Mouche 433
Biodôme 445
Boulevard Saint-Laurent 443
Canal de Lachine 446
Centre des sciences 433
Chapelle N.-D.-de-Bon-Secours 432
Château Ramezay 429
Christ Church Cathedral 439

Cité d'archéologie et d'histoire de Montréal 436
Complexe culturel Place des Arts 441
Croisières 433
Espace pour la vie 445
Esplanade Place-des-Arts 440
Fondation Phi 436
Insectarium 446
Jardin botanique 445
Maison du Calvet 432
Maison Papineau 432
Marché Bonsecours 432
Marché Jean-Talon 444
MEM - Centre des mémoires montréalaises 442
Mile End 444
Mont Royal 442
Musée d'Art contemporain 441
Musée des Beaux-Arts 440
Musée d'Histoire naturelle Redpath 440
Musée Marguerite-Bourgeoys 432
Musée McCord Stewart 439
Observatoire de la Tour de Montréal 445
Oratoire Saint-Joseph 442
Parc du Mont-Royal 442
Parc olympique 444
Petite Italie 444
Place d'Armes 428
Place d'Youville 436
Place Jacques-Cartier 429
Place Ville-Marie 438
Planétarium Rio Tinto Alcan 446
Plateau Mont-Royal 443
Pointe-à-Callière 436
Quartier chinois 444
Quartier des spectacles 440
Quartier du Parc olympique 444
Rue Bonsecours 432
Rue Saint-Jacques 428
Rue Saint-Paul 432
Saute-Moutons 433
Sir-George-Étienne-Cartier NHS 432
Square Dorchester 436
Tour du Port de Montréal 436
Université McGill 440
Vieux-Montréal 428
Vieux-Port 433
Moose Jaw (Sask.) 271
Moraine Lake (Alb.) 185
Mount Assiniboine PP (C.-B.) 197
Mount Revelstoke NP (C.-B.) 153
Mount Robson PP (C.-B.) 174
Mouvement automatiste 548
Mouvement des modernistes 548
Mouvement plasticiste 548
Muncho Lake PP (C.-B.) 462
Musique 553

N

Nahanni NP Reserve (T. N.-O.) 9, 493
Naikoon PP (C.-B.) 128
Nanaimo (C.-B.) 99
Nancy Island (O.) 406
Nanoose Bay (C.-B.) 99
National Marine Conservation Area Reserve (C.-B.) 128
Nelson (C.-B.) 200
New Hazelton (C.-B.) 113
Niagara Falls (Chutes du Niagara) (O.) 9, 343
Niagara Glen (O.) 348
Niagara-on-the-Lake (O.) 349
Niagara Parks Botanical Gardens (O.) 348
Ninstints, île (C.-B.) 130
Nipigon Bay (O.) 423
Nipissing, lac (O.) 413
Nisga'a Memorial Lava Bed PP (C.-B.) 117
Nisga'a (Nation autochtone) 116
Norquay, mont (Alb.) 182
North Bay (O.) 413
North Pacific Historic Cannery Village (C.-B.) 111
Nouvelle-France 301, 531
Nunatta Sunakkutaangit Museum (N.) 503
Nunavik (Q.) 488
Nunavut 488, 502, 537

O

Ogopogo 150
O'Hara, lac (C.-B.) 193

Okanagan, lac (C.-B.) 149
Okanagan, vallée (C.-B.) 146
O'Keefe Ranch (C.-B.) 150
Old Fort Erie (O.) 350
Old Hazelton (C.-B.) 115
Old Masset (C.-B.) 127
Ontario 297
Ontario, lac (O.) 300, 318
Oshawa (O.) 370
Osoyoos (C.-B.) 148
Ottawa (O.) 8, 382
Billings Estate NHS 394
Bytown Museum 385
ByWard Market 388, 400
Canada Agriculture ans Food Museum 394
Canada Aviation and Space Museum 395
Canada Science and Technology Museum 395
Canadian Museum of Nature 393
Canadian War Museum 393
Canal Rideau 386
Canal Rideau (LHN) 385
Centre Block 383
East Block 384
Fairmont Château Laurier 388
The Glebe 394
Hog's Back Falls 397
Laurier House NHS 393
Musée de la Banque du Canada .. 388
National Gallery of Canada 389
National Arts Centre 388
Nepean Point 390
Notre Dame Cathedral Basilica ... 389
Ottawa River Parkway 397
Parliament Hill 383
Peacekeeping Monument 389
Promenades du canal Rideau 397
Rideau Falls 396
Rideau Hall 396
Rockcliffe 397
Senate of Canada Building 388
Sparks Street Mall 388
Supreme Court 388
Sussex Drive et Rockcliffe Parkway 396
Tin House Court 389
West Block 384
Ouimet Canyon PP (O.) 422
Ours 294, 524
Ovayok TP (N.) 506

P

Pacific Rim NP Reserve (C.-B.) 89
Pacific Rim Visitor Centre (C.-B.) 97
Paint Pots (C.-B.) 196
Pangnirtung (N.) 503
Parcs et réserves nationaux 524, 575
Parcs provinciaux 525
Parcs territoriaux 525
Parker Ridge (Alb.) 166
Parkland County (Alb.) 252
Parksville (C.-B.) 99
Passage intérieur 107
Pays des cottages 405
Peace Canyon, barrage (C.-B.) 460
Peel, rivière (T. N.-O.) 492
Peinture 546
Penetanguishene (O.) 406
Péninsule ontarienne (O.) 353
Penticton (C.-B.) 149
Permafrost 486
Peterborough (O.) 371
Peter Lougheed PP (Alb.) 186
Petroglyphs PP (O.) 373
Pétrole 219, 512
Pétuns 308
Peuplements préhistoriques 528
Peyto Lake (Alb.) 164
Photographie 575
Pincher Creek (Alb.) 224
Pine Lake (T. N.-O.) 496
Pioneer Acres of Alberta (Alb.) 221
Point Pelee NP (O.) 364
Population 515
Port Alberni (C.-B.) 96
Port Clements (Gamadiis) (C.-B.) 127
Port Hardy (C.-B.) 103
Port McNeill (C.-B.) 102
Port Renfrew (C.-B.) 94
Poste 575
Potlatch 538
Pourboires 575
Pow wow 139, 246
Prairies, Les 205
Prelude Lake TP (T. N.-O.) 500

Premières Nations ... 538
Prescott (O.) ... 377
Prince Albert NP (Sask.) ... 255
Prince of Wales Fort (Man.) ... 293
Prince Rupert (C.-B.) ... 109
Printemps érable ... 542

Q

Qaummaarviit TP (N.) ... 503
Quadra Island (C.-B.) ... 101
Qualicum Beach (C.-B.) ... 95
Qu'Appelle, vallée de la (Sask.) ... 268
Québec (Q.) ... 540
Queen Charlotte City (Daajing Giids) (C.-B.) ... 125
Queenston Heights (O.) ... 348
Queenston (O.) ... 348

R

Radisson, Pierre ... 207, 301
Radium Hot Springs (C.-B.) ... 196
Rankin Inlet (N.) ... 504
Rattenbury, Francis ... 56, 77
Rearguard Falls (C.-B.) ... 175
Rébellion des métis ... 536
Rébellion du Haut-Canada ... 309
Rébellion du Nord-Ouest ... 260
Red Coat Trail ... 236
Red Rock Canyon (Alb.) ... 202
Régime politique ... 510
Regina (Sask.) ... 265
Régions naturelles ... 520
Registre des Indiens ... 538
Reid, Bill ... 44, 60, 125, 127
Restauration ... 575
Revelstoke, barrage (C.-B.) ... 153
Revelstoke (C.-B.) ... 153
Reynolds-Alberta Museum (Alb.) .. 252
Richmond (C.-B.) ... 64
Riding Mountain NP (Man.) ... 275
Riel House NHS (Man.) ... 284
Riel, Louis ... 208, 260, 536
Robson, mont (C.-B.) ... 174
Rocheuses (C.-B., Alb.) ... 7, 33, 159
Rocky Mountaineer (train) .. 13, 176, 178
Rocky Mountain House (Alb.) ... 225
Rogers Pass (C.-B.) ... 155
Rosedale suspension bridge (Alb.) ... 240
Route 5 (T. N.-O. et Yuk.) ... 496
Route 50 (O.) ... 364
Route 97 (C.-B.) ... 148
Route de l'Alaska (C.-B., Yuk.) ... 459
Route de l'Argent (Yuk.) ... 471
Route du Klondike (Yuk.) ... 468, 470
Royal Botanical Gardens (O.) ... 356
Royal Canadian Mounted Police Training Academy (Sask.) ... 267
Royal Tyrrell Museum (Alb.) ... 242
Ruée vers l'or ... 142, 467
Rupert du Rhin, prince ... 110

S

Safdie, Moshe ... 46
Saint Albert (Alb.) ... 251
Saisons ... 566
Saskatchewan ... 206
Saskatchewan Aviation Museum and learning Centre (Sask.) ... 262
Saskatchewan Science Centre (Sask.) ... 268
Saskatoon (Sask.) ... 257
Sault Sainte Marie Canal (O.) ... 416
Sault Sainte Marie (O.) ... 415
Saumon (observation et pêche) ... 136
Sayward (C.-B.) ... 102
Scarborough Bluffs (O.) ... 334
Scenic Marine Drive (C.-B.) ... 83
Scott, Thomas ... 209
Sculpture ... 548
Secord, Laura ... 302
Secwépemc Museum and Heritage Park (C.-B.) ... 137
Selkirk (C.-B.) ... 471
Selkirk, mont (C.-B.) ... 152
Seven Oaks (massacre) ... 279
SGang Gwaay (C.-B.) ... 130
Shannon Falls (C.-B.) ... 66
Shopping ... 576
Shuswap Lake (C.-B.) ... 138
Sicamous (C.-B.) ... 152
Similkameen, vallée de la (C.-B.) ... 147
Sinclair Canyon (C.-B.) ... 197
Sirop d'érable ... 526
Sitting Bull ... 238

Skagway (Yuk.) 468
Skaha, lac (C.-B.) 148
Ska-Nah-Doht Iroquoian Village (O.) 362
Skeena, vallée (C.-B.) 112, 116
Skidegate (C.-B.) 125
Sleeping Giant PP (O.) 422
Snow, Michael 320
Société des faux visages 301
Sooke Potholes PP (C.-B.) 94
Souvenirs 576
Spiral Tunnels (C.-B.) 192
Spirit Island (Alb.) 173
S.S. Moyie (C.-B.) 200
Stampede 220
Stawamus Chief Monolith (C.-B.) 66
Steinbach (Man.) 287
St. Jacobs (O.) 358
Stone Mountain PP (C.-B.) 461
Stratford (O.) 359
Strathcona PP (C.-B.) 101
Structurisme 549
Sturgeon Falls (O.) 413
Sudbury (O.) 412
Sukanen Ship Pioneer Village and Museum (Sask.) 273
Sulphur Mountain (Alb.) 181
Sundre (Alb.) 225
Sunwapta Falls (Alb.) 167
Supérieur, lac (O.) 300
Superior, lac (O.) 422
Swan Lake Christmas Hill Nature Sanctuary (C.-B.) 83

T

Taxes 576
Telegraph Cove (C.-B.) 102
Téléphone 568, 576
Terrace (C.-B.) 112
Territoires du Nord-Ouest 485
Terry Fox Monument (O.) 422
Teslin Lake (Yuk.) 463
Teslin (Yuk.) 463
Théâtre 556
Thelon Wildlife Sanctuary (N.) 505
Thirty Thousand Islands (O.) 408
Thompson Canyon (C.-B.) 137
Thompson, David 37
Thomson, Tom 332
Thousand Islands NP (O.) 376
Thousand Islands Parkway (O.) 376
Thuléens 545
Thunder Bay (O.) 419
Tobermory (O.) 402
Tofino (C.-B.) 98
Tombstone Territorial Park (Yuk.) . 479
Top of the World Highway (Yuk.) .. 480
Toronto (O.) 6, 305
Aga Khan Museum 332
The Annex 327
Art Gallery of Ontario 314
Bata Shoe Museum 327
Black Creek Pioneer Village 332
Brookfield Place 307
Cabbagetown 331
Campbell House Museum 314
Canadian Broadcasting Centre 316
Casa Loma 328
Chinatown 329
City Hall 312
CN Tower 318
Commerce Court 307
Court House 314
Distillery Historic District 318
Downtown 305
Eaton Centre 312
Elgin and W. G. Theatre Centre 312
Entertainment District 316
Fairmont Royal York Hotel 306
Financial District 306
Fort York NHS 321
Gardiner Museum of Ceramic Art 325
Gay Village 331
Gerrard India Bazaar 331
Gooderham Building 317
Greektown 331
Harbourfront Centre 320
Kensington Market 329
Koreatown 330
Little Italy 330
Mackenzie House 312
McMichael Canadian Art Collection 333
Museum of Contemporary Art (MOCA) ... 330

Old City Hall 313
Old town of York (Vieille-Ville) 316
Ontario Parliament 322
Ontario Place 321
Osgoode Hall 313
The Path 306
Quartier de l'hôtel de ville 312
Queen's Park 322
Queen Street West 330
Ripley's Aquarium of Canada 319
Rogers Centre 319
Roncesvalles Village 331
Roundhouse Park 320
Royal Bank Plaza 307
Royal Ontario Museum 322
Roy Thomson Hall 316
Scotia Plaza 310
Spadina 328
St. Lawrence Market 317
Sun Life Centre 310
Textile Museum of Canada 314
The Beaches 331
Toronto-Dominion Centre 310
Toronto Holocaust Museum 333
Toronto Islands 320
Toronto Reference Library 327
Toronto's First Post Office 318
Toronto Stock Exchange 310, 513
Toronto Zoo 334
Union Station 306
University of Toronto 322
Yonge-Dundas Square 312
Yonge Street 310
York Square 327
Yorkville 327
Totems Road (C.-B.) 113
Traîneau à chiens 507, 572
Traité de Paris 533
Traité d'Utrecht 532
Transcanadienne (route) 83, 135, 542, 578
Transports intérieurs 577
Trent-Severn Waterway (O.) 372
T.rex Discovery Centre (Sask.) 237
Tseax, rivière (C.-B.) 116
Tsimshian (Nation autochtone) 112
Tuktoyaktuk (T. N.-O.) 492
Turner Valley (Alb.) 222

U

Ucluelet (C.-B.) 97
Ukrainian Cultural Heritage Village (Alb.) 252
University of Alberta Botanic Garden (Alb.) 252
Upper Canada Village (O.) 379
Upper Hot Springs (Alb.) 181
Urbanisme 550
Urgences 577

V

Vancouver (C.-B.) 9, 42
Aquarium 53
BC Place Stadium 56
Bill Reid Gallery 44
Canada Place 47
Cathedral Place 44
Chinatown 51
Chinatown Millenium Gate 51
Chinese Canadian Museum 51
Dr. Sun Yat-Sen Cl. Chinese Garden 51
English Bay Beach 55
False Creek 56
Gastown 50
Granville Island 58
Granville Street 44
Grouse Mountain 64
Harbour Centre Tower 50
H.R. MacMillan Space Centre 59
Jeux olympiques 57
Kitsilano 58
Library Square 46
Lighthouse Park 62
Lonsdale Quay 62
The Mall 44
Maple Tree Square 50
Marine Building 50
Museum of Anthropology (MOA) at the UBC 60
Museum of Vancouver 58
Queen Elizabeth Park 62
Rive nord 62
Robson (quartier) 43
Robson Square 44
Robson Street 43
Roedde House Museum 56

Rogers Arena ... 57
Science World ... 54, 57
Seawall ... 53
Stanley Park ... 51
Stanley Park Drive ... 52
Jardins du campus de UBC ... 61
UBC ... 59
Vancouver Art Gallery ... 44
Vancouver Maritime Museum ... 59
Vancouver Public Library ... 46
VanDusen Botanical Garden ... 61
Waterfront ... 47
West End ... 54
Yaletown ... 56
Vancouver, George ... 37
Vancouver Island (C.-B.) ... 89
Vernon (C.-B.) ... 150
Victoria (C.-B.) ... 76
Art Gallery of Greater Victoria ... 81
Bastion Square ... 80
Carr House ... 80
Chinatown ... 80
Craigdarroch Castle ... 82
Fairmont Empress Hotel ... 76
Fisherman's Wharf Park ... 82
Fort Street ... 81
Helmcken House ... 80
Maritime Museum of British Columbia (MMBC) ... 77
Market Square ... 80
Miniature World ... 77
Parliament Buildings ... 77
Royal British Columbia Museum ... 78
Thunderbird Park ... 80
Vikings ... 530
Ville-Marie ... 437
Voiture ... 577
Voyagistes ... 563

W

W.A.C. Bennett, barrage (C.-B.) ... 459
Wanuskewin Heritage Park (Sask.) 261
Wasaga Beach (O.) ... 405
Waskesiu Lake, village (Sask.) ... 256
Waterton (Alb.) ... 201
Waterton Lakes NP (Alb.) ... 201
Waterton Park (Alb.) ... 224
Watson Lake (Yuk.) ... 463
Wells Gray PP (C.-B.) ... 140
Western Development Museum (Sask.) ... 261, 263, 269, 272
Wetaskiwin (Alb.) ... 252
Whirlpool Aero Car (O.) ... 347
Whistler (C.-B.) ... 66
Whistlers, mont (Alb.) ... 171
Whitehorn, mont (Alb.) ... 185
Whitehorse (Yuk.) ... 465
White Water Walk (O.) ... 347
Whyte Museum of the Canadian Rockies (Alb.) ... 180
William A. Switzer PP (Alb.) ... 176
Willmore Wilderness PP (Alb.) ... 176
Windsor (O.) ... 363
Winnipeg (Man.) ... 277
Canadian Museum for Human Rights (CMHR) ... 282
Dalnavert ... 283
Exchange District ... 278
The Forks ... 282
Legislative Building ... 283
Manitoba Museum ... 278
Prairie Dog Central ... 286
Royal Aviation Museum of Western Canada ... 285
Royal Canadian Mint ... 284
Saint-Boniface ... 283
Seven Oaks House Museum ... 286
Ukrainian Cultural and Educational Centre ... 281
Winnipeg Art Gallery (WAG) ... 283
Wood Buffalo NP (T. N.-O.) ... 495
Writing-on-Stone PP (Alb.) ... 234

Y

Yale (C.-B.) ... 136
Yaletown (C.-B.) ... 56
Yellowhead Highway (Alb.) ... 174
Yellowknife (T. N.-O.) ... 498
Yoho NP (C.-B.) ... 191
Yoho, vallée (C.-B.) ... 192
York Factory (Man.) ... 294
Yorkton (Sask.) ... 269
Yukon, fleuve (Yuk.) ... 480

Z

Zeidler, Eberhard ... 47

Carte générale
Rabats de couverture

Cartes des régions
1 Colombie-Britannique et Rocheuses 34-35
2 Provinces des Prairies 204
3 Ontario 298-299
5 Territoire du Yukon 454

Cartes des circuits
Banff et ses environs 182
Chutes du Niagara, Plan I 349
Chutes du Niagara et environs, Plan II 347
Chutes du Niagara, Plan III 344
Cowboy Trail 223
Haïda Gwaii 124
Île de Vancouver 92-93
Jasper et ses environs 173
Lake Louise et le Yoho NP 184
Monts Columbia Monashee et Selkirk 154
Parcs des Rocheuses 160-161
Vallée de la Red Deer 241
Vallées du Skeena et de la Nass 113
Vancouver (Environs de) 65
Yellowknife et ses environs 500

Plans de villes
Calgary 214
Edmonton, Plan I 248
Edmonton, Plan II 248
Hamilton 354
Kingston 375
Montréal et ses environs 430-431
Montréal, Plan II 434-435
Ottawa et environs, Plan I 396
Ottawa, Plan II 392
Ottawa, Plan III 384
Regina 266
Saskatoon 259
Sault Ste Marie 417
Toronto, Plan I 333
Toronto, Plan II 326
Toronto, Plan III 311
Vancouver, Plan I 54-55
Vancouver, Plan II 46-47
Victoria 79
Winnipeg, Plan I 280
Winnipeg, Plan II 281

Cartes thématiques
Fuseaux horaires 568
Provinces et territoires 511
Les grandes régions naturelles 519
Les premiers explorateurs 529
Les Premières Nations et les Inuits 539
La Nouvelle-France en 1750 531

Plan de transport
Vancouver 48-49

Note au lecteur

LÉGENDE DES CARTES ET PLANS

Curiosités et repères

- Itinéraire décrit, départ de la visite
- Église
- Mosquée
- Synagogue
- Temple
- Temple : bouddhique - hindou
- Bâtiment
- Monastère - Phare
- Fontaine
- Point de vue
- Château - Ruine ou site archéologique
- Citadelle et fort
- Barrage - Grotte
- Monument mégalithique
- Tour génoise - Moulin
- Temple - Vestiges gréco-romains
- Autre lieu d'intérêt, sommet
- Distillerie
- Palais, villa, habitation
- Cimetière : chrétien - musulman - israélite
- Oliveraie - Orangeraie
- Mangrove
- Gravure rupestre
- Pierre runique
- Église en bois
- Église en bois debout
- Parc ou réserve national
- Bastide

Axes routiers, voirie

- Autoroute
- Assimilée
- Échangeur : complet - partiel
- Route
- Rue piétonne
- Escalier - Sentier, piste
- Tunnel

Informations pratiques

- Information touristique
- Parking - Parking - relais
- Gare : ferroviaire - routière
- Voie ferrée
- Ligne de tramway
- Départ de fiacre
- Métro - RER - Tramway
- Station de métro (Lima , ...) (Calgary, ...)(Montréal)
- Téléphérique, télécabine
- Funiculaire, voie à crémaillère
- Chemin de fer touristique
- Transport de voitures et passagers
- Transport de passagers
- Bac (Bateau)
- Observatoire
- Magasin
- Poste
- Poste Japon
- Hôtel de ville
- Palais de justice
- Palais de justice Japon
- Préfecture
- POL. Police
- Gendarmerie
- Musée de plein air
- Hôpital - Hôpital musulman
- Marché couvert
- Aéroport
- Parador, Pousada (Établissement hôtelier géré par l'État)
- Station thermale
- Source thermale
- Embarcadère

Topographie, limites

- Récif corallien
- Marais - Désert
- Frontière - Parc naturel

Sports et loisirs

Piscine : de plein air - couverte
Plage - Stade
Port de plaisance - Voile
Plongée - Surf
Refuge - Promenade à pied
Randonnée équestre
Golf - Base de loisirs
Parc d'attractions
Parc animalier, zoo
Parc floral, arboretum
Parc ornithologique réserve d'oiseaux
Planche à voile, kitesurf
Pêche en mer ou sportive
Canyoning, rafting
Aire de camping - Auberge
Arènes
Base de loisirs, base nautique ou canoë-kayak
Canoë-kayak
Promenade en bateau

Comprendre les symboles utilisés dans le guide

LES ÉTOILES

★★★ **Vaut le voyage** ★★ **Vaut le détour** ★ **Vaut la visite**

HÔTELS ET RESTAURANTS

9 ch.	Nombre de chambres		Wi-Fi
7,5 €	Prix du petit-déjeuner en sus		Piscine
50 €	Prix de la chambre double, petit-déjeuner compris		Carte de crédit non acceptée
bc	Menu boisson comprise	P	Parking réservé à la clientèle
	Air conditionné dans les chambres	Tram	Station de tramway la plus proche
	Restaurant dans l'hôtel	M	Station de métro la plus proche
	Établissement servant de l'alcool (à l'étranger)		

SYMBOLES DANS LE TEXTE

	À faire en famille		Organisme de tourisme
	Pour approfondir		Astuce, conseil
	Promenade à pied		Adresse coup de cœur
	Randonnée à vélo	A2 B	Repère sur le plan
	Facilité d'accès pour les personnes à mobilité réduite		Tourisme écoresponsable

Collection sous la direction de Philippe Orain

Responsable d'édition et rédactrice en chef du guide : Camille Bouvet

Secrétariat d'édition : Florence Picquot

Rédaction : John G. Anderson, Camille Bouvet, Laurent Gontier, Françoise Klingen, Marion Liautaud, Laurence Michel, Cynthia Ochterbeck, Philippe Pataud Célerier, Nicolas Peyroles, François Sichet, Delphine Storelli, Léonie Vyas

Ont contribué à ce guide : Gabriel Dragu, Aura Mardari et Leonard Marius Pandrea (plan transport) (**Cartographie**), Véronique Aissani, Carole Diascorn (**Couverture**), Marion Capéra, Pierre-Olivier Signe, Marie Simonet (**Iconographie**), Alexandra Papa (**Données objectives**), Bogdan Gheorghiu, Cristian Catona, Andreea-Karina Gruia, Hervé Dubois, Pascal Grougon (**Prépresse**), Dominique Auclair (**Pilotage**)

Plans et cartes : © MICHELIN 2024

Conception graphique
Christelle Le Déan, Sandro Borel, Justeciel (maquette intérieure)
Véronique Aissani, Marie-Pierre Renier (couverture)

Régie publicitaire et partenariats
contact.clients@editions.michelin.com

Contacts
Vous souhaitez nous contacter ?
Rendez-vous dans la rubrique contact de notre site internet :
editions.michelin.com

Parution 2025

MICHELIN Éditions
Société par actions simplifiée au capital de 487 500 EUR
57 rue Gaston Tessier – 75019 Paris (France)
R.C.S. Paris 882 639 354

Dépôt légal : 02-2025 – ISSN 0293-9436
Compograveur : MICHELIN Éditions, Paris
Imprimeur : Chirat, St-Just-la-Pendue
Imprimé en France : 11-2024

Sur du papier issu de forêts bien gérées.